DICIONÁRIO DO TEATRO BRASILEIRO

Coordenação:	J. Guinsburg
	João Roberto Faria
	Mariangela Alves de Lima
Equipe de realização:	J. Guinsburg
	João Roberto Faria
	Mariangela Alves de Lima
	Nanci Fernandes – *Secretária executiva*
	Rubens Brito
	Silvia Fernandes
	Eudinyr Fraga

Colaboradores:

- Adélia Nicolete (AN)
- Alcides F. Ramos (AFR)
- Amilton Monteiro (AM)
- André Carreira (AC)
- Ana Maria Amaral (AMA)
- Carlos Eugênio de Moura (CEM)
- Christine Greiner (CG)
- Edélcio Mostaço (EM)
- Eduardo Tessari Coutinho (ETC)
- Eudinyr Fraga (EF)
- Felisberto Sabino da Costa (FSC)
- Flávia CamargoToni (FCT)
- Flávio Luiz Porto e Silva (FLPS)
- Ilka Marinho Zanatto (IMZ)
- Ingrid Dormien Koudela (IDK)
- J. Guinsburg (JG)
- J.C. Serroni (JCS)
- João Roberto Faria (JRF)
- Lauro Machado Coelho (LMC)
- Leda Maria Martins (LMM)
- Lúcia Romano (LR)
- Luís Alberto de Abreu (LAA)
- Luiz Fernando Ramos (LFR)
- Mariangela Alves de Lima (MAL)
- Maria Lúcia de Souza Barros Pupo (MLSBP)
- Maria Thereza Vargas (MTV)
- Maria Sílvia Betti (MSB)
- Mário Fernando Bolognesi (MFB)
- Marta Metzler (MM)
- Marta Morais da Costa (MMC)
- Matteo Bonfitto (MB)
- Nanci Fernandes (NF)
- Neyde Veneziano (NV)
- Rachel Fuser (RF)
- Renato Cohen (RC)
- Rosangela Patriota (RP)
- Rosyane Trotta (RT)
- Rubens José Souza Brito (RJSB)
- Sérgio Sálvia Coelho (SSC)
- Silvana Garcia (SG)
- Silvia Fernandes (SF)
- Tania Brandão (TB)
- Valmir Santos (VS)
- Valmor Beltrame (VB)
- Walter Lima Torres (WLT)

Supervisão editorial:	J. Guinsburg
Preparação de texto:	Nanci Fernandes
Revisão:	Marcio Honorio de Godoy
Capa:	Sergio Kon
Ilustração de capa:	Cacilda Becker, em *Esperando Godot*; Matheus Nachtergale, em *O Livro de Jó* e teatro popular de bonecos, em desenhos de Sergio Kon
Produção:	Ricardo W. Neves
	Sergio Kon
	Raquel Fernandes Abranches

DICIONÁRIO DO
Teatro BrasileirO
TEMAS, FORMAS E CONCEITOS

coordenação

J. Guinsburg

João Roberto Faria

Mariangela Alves de Lima

SERVIÇO SOCIAL DO COMÉRCIO - SESC SP
ADMINISTRAÇÃO REGIONAL NO ESTADO DE SÃO PAULO

Presidente do Conselho Regional: Abram Szajman
Diretor Regional: Danilo Santos de Miranda
Superintendentes: Ivan Giannini (Comunicação Social), Joel Naimayer Padula (Técnico-social), Luiz Deoclécio Massaro Galina (Administração) e Sérgio José Battistelli (Assessoria Técnica e de Planejamento)

EDIÇÕES SESC SP

Gerente: Marcos Lepiscopo
Gerente Adjunto: Walter Macedo Filho
Coordenação Editorial: Clívia Ramiro
Produção Editorial: Juliana Gardim
Colaborador: Marta Colabone

Dados Internacionais de Catalogação na Publicação (CIP)
(Câmara Brasileira do Livro, SP, Brasil)

Dicionário do teatro brasileiro : temas, formas e conceitos / coordenação J. Guinsburg, João Roberto Faria, Mariangela Alves de Lima. – 2. ed. rev. e ampl. – São Paulo: Perspectiva: Edições SESC SP, 2009.

Bibliografia.
ISBN 978-85-273-0750-5 (Perspectiva)
ISBN 978-85-98112-88-6 (Edições SESC SP)

1. Teatro brasileiro 2. Teatro brasileiro – Dicionários
I. Guinsburg, J. II. Faria, João Roberto. III. Lima, Mariangela Alves de.

09-05021   CDD-792.098103

Índices para catálogo sistemático:

1. Brasil : Teatro : Dicionários   792.098103

2ª edição resvista e ampliada

Direitos reservados à
EDITORA PERSPECTIVA S.A.

SESC São Paulo
Edições SESC SP

Av. Brigadeiro Luís Antônio, 3025
01401-000 São Paulo SP Brasil
Telefax: (11) 3885-8388
www.editoraperspectiva.com.br

Av. Álvaro Ramos, 991
03331-000 São Paulo SP Brasil
Tel. (55 11) 2607-8000
edicoes@sescsp.org.br
www.sescsp.org.br

2009

Nota prévia

Por iniciativa da Editora Perspectiva, vários estudiosos do teatro brasileiro e especialistas em diversas áreas do saber teatral foram convidados a elaborar esta obra que tem por objetivo principal reunir e organizar a terminologia e o temário da linguagem do teatro moderno em sua versão e uso em nosso país.

Não se trata, pois, de um dicionário de termos técnicos, cujos significados podem ser os mesmos em diferentes contextos idiomáticos e culturais. O interesse, aqui, está centrado em temas, formas e conceitos que abrangem o nosso fazer teatral, na perspectiva do presente mas também do seu passado, e no que diz respeito tanto à dramaturgia quanto à encenação. Sem ser um dicionário histórico do teatro brasileiro, a história se faz presente nos verbetes, sempre que necessário para melhor acompanhar as inflexões de um determinado conceito ao longo do tempo.

Isso significa, para dar um exemplo concreto, que não se terá aqui uma conceituação extensa do que seja, digamos, o "teatro épico", mas um verbete no qual são privilegiadas as apropriações dos recursos épicos por parte dos nossos dramaturgos, artistas e encenadores, em momentos diferentes da história do teatro brasileiro. O mesmo raciocínio vale para os demais verbetes em que são apresentadas questões relativas à estética teatral, às formas dramáticas e ao universo da encenação. Não se pode esquecer que, ao longo da sua história, o nosso teatro estabeleceu um diálogo profícuo com modelos estrangeiros, a partir dos quais muitas criações originais se desenvolveram, justificando a metáfora antropofágica criada por Oswald de Andrade. Por outro lado, há que lembrar também que se poucos conceitos nasceram e se desenvolveram, em solo brasileiro, em nenhum outro dicionário de teatro o leitor encontrará verbetes como "teatro desagradável", expressão criada pelo dramaturgo Nelson Rodrigues num texto de 1949, para explicar as características de algumas das suas peças, ou "teatro essencial", nos termos empregados pela atriz Denise Stoklos.

Como o objetivo da presente obra é o de oferecer um léxico do teatro brasileiro, tal qual ele se apresenta contemporaneamente para os que o estudam, não se encontram aqui entradas por nomes de dramaturgos, encenadores, artistas ou títulos de peças e espetáculos. Do mesmo modo que a história, também os criadores aparecem em meio às questões de estética teatral.

Resta acrescentar que este dicionário só pôde ser realizado porque contou com a colaboração de dezenas de especialistas nos mais diversos campos do saber teatral. Sua existência deve-se sobretudo a uma realidade nova e estimulante, oriunda do enorme desenvolvimento dos cursos de teatro, em nível de graduação e pós-graduação, nas universidades brasileiras nos últimos três decênios. Registramos, pois, nosso agradecimento a todos os colaboradores que deram o melhor de si na confecção dos verbetes. À equipe de realização do dicionário, dirigimos um agradecimento

NOTA PRÉVIA

especial. Pudemos contar com o eficiente trabalho de secretaria de Nanci Fernandes e com as leituras críticas e revisões de Sílvia Fernandes e Rubens Brito. Somos igualmente gratos a Maria Thereza Vargas pela ajuda como leitora atenta e conscienciosa da primeira versão deste dicionário. Lembramos também que no início dos trabalhos recebemos a colaboração inestimável de Eudinyr Fraga. Antes de nos deixar, ele redigiu vários verbetes e nos deu sugestões valiosas.

Uma obra feita a tantas mãos pode apresentar um ponto menos alto aqui e ali. Se temos a modéstia de o confessar, ressaltamos, por outro lado, o pioneirismo da empreitada. Este dicionário, aberto a sugestões de acréscimos em suas reedições, representa o primeiro esforço coletivo de especialistas brasileiros a fim de sintetizar num repertório específico o estudo e a reflexão sobre o nosso teatro a partir de um ponto de vista moderno e contemporâneo.

J. Guinsburg
João Roberto Faria
Mariangela Alves de Lima

O TEATRO REGISTRADO

Adélia Prado[1] nos dá uma chave importante para pensarmos sobre o papel das manifestações artísticas em nossa sociedade: uma tentativa de aproximação com o divino. Indecifrável, o mistério que o circunda, em vez de afugentar a curiosidade, a alimenta e a faz crescer cada vez mais. Assim, a necessidade de buscar explicações e de ampliar o saber passa a ser incorporada à existência humana. Ao serem registradas, perpetuam um modo de compreender o mundo, fundamental para a permanente formação das culturas. O movimento de propagá-las e de difundi-las diz respeito não somente à imposição de formas de ver mas também à busca de intercâmbio e de diálogo sobre assuntos caros à humanidade.

Ao receber o convite para sermos parceiros na edição desse *Dicionário do Teatro Brasileiro*: Temas, Formas e Conceitos, nós, do SESC São Paulo, revisitamos nossa ação, cujo projeto norteador tem na cultura a base e o movimento de transformação. Nossa concepção de cultura, voltada para a formação da cidadania, procura manter os fins marcadamente educativos, tanto no sentido de fornecer instrumentais que auxiliam os indivíduos na busca do conhecimento, na sua expressão pessoal e na sua vida em sociedade, como também pela iniciação, pela aprendizagem e domínio de técnicas de expressão e aquisição de saberes, de tal modo que cada um possa melhor consumir a produção cultural e, ao mesmo tempo, exprimir seus anseios e necessidades.

A presente síntese dos termos do teatro moderno utilizados no Brasil vem ao encontro desse propósito, pois, ao mesmo tempo que os organiza, possibilita compreender um modo de pensar o teatro no país, incentivando pesquisas, a formação profissional e de plateias, além de novos modos de apropriação do fazer teatral.

Salvo o momento de sua realização, o teatro é sempre passado. Por isso sua intrínseca relação com a memória, conservadora de sensações e de conhecimentos, os quais, ao serem evocados, são atualizados e recriados no presente. É com a memória que fincamos nosso pertencimento a um grupo social, ora lembrando, ora esquecendo as experiências individuais e coletivas. O teatro, assim como a história, tem trazido à tona o que a oficialidade, por vezes, faz questão de apagar: narrar o inenarrável, sendo fiel aos anônimos cujas histórias tecem a imaginação e o universo de nossas marcas simbólicas.

---

1. "O inaudito é a essência porque toda ficção é uma tentativa de dizer o inefável. A palavra chega perto, chega à margem, mas nunca é absoluta. É um verbo ainda humano, não o verbo divino. Esse é o encanto da poesia, que é o verbo que mais se aproxima. Não adianta você explicar e explicar a criação, lançar olhares psicológicos ou filosóficos sobre uma determinada obra. A beleza da forma permanece diante de você como um mistério. E a alma vive do mistério, que ela intui, mas não decifra". Adélia Prado. Entrevista para o jornal *Folha de S.Paulo*, Ilustrada, 14/11/2005.

Que este *Dicionário*, ao agarrar essa arte tão fugidia e, ao mesmo tempo, tão profunda, seja um importante meio de conservar as memórias de nossa identidade, incentivando, sempre, a busca de dizer o inefável. Tanto melhor se não perdermos a oportunidade da reunião e do diálogo entre atores e público. Tanto melhor se pudermos sempre registrar.

Danilo Santos de Miranda
Diretor Regional do SESC de São Paulo

Lista de verbetes

Abolicionista (Teatro)
Absurdo (Teatro do)
Adaptação
Agit-prop (Teatro de)
Agressão (Teatro de)
Alegoria
Alta comédia
Alternativo (Teatro)
Amador (Teatro)
Anarquista (Teatro)
Animação (Teatro de)
Antropofagia (Teatro e)
Antropologia teatral
Aparte
Apontador
    Ver Ponto
Apontar
    Ver Ponto
Apoteose
A-propósito
Arena (Teatro de)
Armorial
Arquitetura teatral
    Ver Edifício teatral
Arremedilho
Arte contra a barbárie
Ator
Ator (Teatro do)
Augusto
Auto
Auto da paixão
Auto pastoril
Auto sacramental

Babau
Bailes de máscaras
Baixa comédia
Barroco (Teatro)
Benefício
Besteirol
Bife
Boi de mamão
Bolso (Teatro de)
Boneco
Boneco de haste ou bengala
Boneco de mesa ou balcão
Boneco de vara
Boneco plano
Bonecões/bonecos gigantes
Bonecos (Teatro de)
Bonecos (Teatro popular de)
Bonequeiro
Bonifrates
Botar boneco
Branco
Brincadeira/brinquedo
Brincante
Brincar
Bumba meu boi
Burleta

Cabala
Cabaré
Cabeções
    Ver Bonecões/ bonecos gigantes
Caco
Café-concerto

LISTA DE VERBETES

Calunga
Calungueiro
Canastrão
Cançoneta
Característico (Ator)
Carnaval
Caroca
Casa da ópera
Cassemiro/cassemiro coco
Catequese (Teatro de)
    Ver Auto, Auto da paixão,
    Auto sacramental
Cavalo-marinho
Cena cômica
Cenografia
Cenotecnia
Censura
Centro
Chanchada
Circo-teatro
Claque
Clássico (Teatro)
Clichê
Clown
Clown branco
Colaboração
    Ver Processo colaborativo
Comédia
Comédia de caráter
Comédia de cordel
    Ver Cordel (Teatro de)
Comédia de costumes
Comédia de intriga
Compadre/comadre
Companhia teatral
Confidente
Congadas, congados, congos
Conservatório dramático
Contracultura (Teatro e)
Coplas
Cordel (Teatro de)
Coringa (Sistema)
Corista
Coro
Cortina
Criação coletiva
Crítica teatral
Crueldade (Teatro da)

Dama-galã

Dança dramática
Dança-teatro
Deixa
Desagradável (Teatro)
Dialético (Teatro)
    Ver Épico (Teatro)
Didático (Teatro)
Diretor
    Ver Encenador
Distanciamento
Documentário (Teatro)
    Ver Jornal (Teatro)
Domicílio (Teatro a)
Drama burguês
    Ver Realista (Comédia)
Drama de casaca
Drama fantástico
Drama histórico
    Ver Drama romântico
Drama romântico
Dramalhão
Dramaturgista

Edifício teatral
Empanada
Emploi
Encenador
Engajado (Teatro)
    Ver Militância (Teatro da),
    Político (Teatro)
Ensaiador
Ensino do teatro
Enterro
Entrada
Entremez
Épico (Teatro)
Escravidão (Teatro e)
    Ver Abolicionista (Teatro)
Esquete
Essencial (Teatro)
Estereótipo
Esticomítia
Estranhamento
    Ver Distanciamento
Etnocenologia
Experimental (Teatro)
Expressionista (Teatro)

Fandango
Fantoche

LISTA DE VERBETES

Farsa
Festival
    Ver Benefício
Filodramáticos
Físico (Teatro)
Formas animadas (Teatro de)
Fórum (Teatro)

Galã
Garagem (Revista de)
Grupos teatrais

Happening (Teatro e)
Herói humilde

Ídiche (Teatro)
Imigrante (Teatro do)
    Ver Amador (Teatro),
    Anarquista (Teatro),
    Filodramáticos, Operário (Teatro)
Independente (Teatro)
    Ver Militância (Teatro da)
Infantil (Teatro)
Ingênua
Interculturalismo
Invisível (Teatro)
Ironia dramática

Janeiro
Jesuítico (Teatro)
    Ver, Auto, Auto da paixão,
    Auto sacramental, Barroco (Teatro)
João Redondo
Jogo teatral
Jogral
Jornal (Teatro)

Lambe-lambe (Teatro de)
Legislação teatral
Lírico (Teatro)
    Ver Ópera no Brasil

Mágica
Mágico
    Ver Prestidigitador
Mambembe
Mamulengo
Manipulação à vista/manipulação direta
Manipulador
Marcação

Maricota
Marionete
Marionetização do ator
Marote
Máscara
Melodrama
Merda
Militância (Teatro da)
Mímica
Miota
Míticas (Peças)
Modernismo (Teatro e)
Moderno (Teatro)
Mogiganga
Momo
Monólogo
Multiculturalismo
    Ver Interculturalismo
Multimídia (Teatro)
Music hall
Musicado (Teatro)
Musical (Teatro)
Mutação
Mutação à vista do público

Nacional e popular
Narrador
Naturalista (Teatro)
Negro (Teatro do)
Nova dramaturgia

Objetos (Teatro de)
Ópera dos mortos
Ópera no Brasil
Ópera-cômica
Ópera seca
Operário (Teatro)
Opereta
Oprimido (Teatro do)

Palhaço
Pantomima
Papel
Papel (Teatro de)
Paródia
Pássaros juninos
Pateada
Peça benfeita
Peça didática
Pedagogia do teatro

LISTA DE VERBETES

Performance
Poesia (Teatro e)
Político (Teatro)
Ponto
Popular (Teatro)
Pós-moderno (Teatro)
Prestidigitador
Processo colaborativo
Provérbio dramático

Quiproquó

Radionovela
Radioteatro
Raisonneur
Realista (Comédia)
Rebolado (Teatro)
Repertório (Teatro de)
Reprise
Resistência (Teatro de)
Revista (Teatro de)
Revista de ano
Romântico (Teatro)
Rua (Teatro de)

Sainete
Salameu
Silhueta
   Ver Sombras (Teatro de)
Simbolista (Teatro)

Sociedades teatrais
   Ver Legislação teatral
Solilóquio
Sombras (Teatro de)
Soubrette
Surrealista (Teatro)

Te-Ato
Teatrão
Teatro de Grupo
Teatro e Cinema
Teatro-educação
Teleteatro
Tese (Teatro de)
Timbaleiro
Títere
Títere de mesa
Tony de *soirée*
Tragédia
Tropicalista (Teatro)

Universitário (Teatro)

Vanguarda (Teatro de)
Vaudeville
Vedete
Ventríloquo

Zarzuela

A

ABOLICIONISTA (TEATRO)

A luta pelo fim da escravidão teve no teatro brasileiro um de seus grandes aliados. No decênio de 1880, tornou-se comum a programação de espetáculos cuja renda devia reverter na alforria de um escravo. COELHO NETO conta em seu romance *A Conquista* que o abolicionismo tinha na classe teatral muitos simpatizantes e mesmo alguns fanáticos pela causa, como o ator e empresário Dias BRAGA, o *ator** cômico VASQUES e artistas como Guilherme de AGUIAR, AREIAS, GALVÃO, PEIXOTO e Eugênio de MAGALHÃES. Além disso, era no Teatro Recreio Dramático que se reuniam as pessoas interessadas em ouvir os discursos inflamados dos políticos abolicionistas.

Um dos episódios marcantes dessa época foi a proibição da peça *O Escravocrata*, de Artur AZEVEDO e Urbano DUARTE, em 1882. Artur já havia feito representar um ano antes a *comédia* O Liberato*, de crítica à escravidão, em tom ameno. Mas *O Escravocrata* era um drama de adultério envolvendo um escravo e sua senhora, com um filho como resultado dessa relação, que subiria à cena caso não fosse interditado pelo *Conservatório Dramático**. Os autores então o publicaram em 1884, escrevendo um prefácio para protestar contra a *censura** e ao mesmo tempo explicar por que não lutaram pela sua liberação: "Os trâmites seriam tão demorados, e a ideia abolicionista caminha com desassombro tal, que talvez no dia da primeira representação do *Escravocrata* já não houvesse escravos no Brasil. A nossa peça deixaria de ser um trabalho audacioso de propaganda para ser uma medíocre especulação literária. Não nos ficaria a glória, que ambicionamos, de haver concorrido com o pequenino impulso das nossas penas para o desmoronamento da fortaleza da escravidão" (AZEVEDO, 1985, II: 180).

No mesmo ano de 1884, Aluísio AZEVEDO, irmão de Artur, adaptou seu romance *O Mulato* para o teatro e agitou, no Rio de Janeiro, a questão da escravidão e do preconceito racial, introduzindo, no desfecho da *adaptação**, palavras que não se encontram no romance. O protagonista, moribundo, reforça o viés abolicionista do drama, morrendo com estas palavras na boca: "Cristo sofreu muito, mas não era filho de uma escrava".

Peças abolicionistas ou ao menos antiescravagistas já vinham sendo escritas no Brasil, desde a segunda metade do decênio de 1850. No livro *O Teatro no Brasil sob Dom Pedro II (2ª parte)*, Lothar HESSEL e Georges RAEDERS arrolam mais de duas dúzias de peças teatrais escritas entre 1859 e 1887, na categoria "teatro abolicionista". Entre elas, vale a pena destacar os dramas *Mãe*, de José de ALENCAR (1860), *Sangue Limpo*, de Paulo EIRÓ (1861), *Cancros Sociais*, de Maria Angélica RIBEIRO (1866), e *Gonzaga ou A Revolução de Minas*, de Castro ALVES (1867). (JRF)

 Negro (Teatro do).

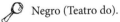 Mendes, 1982; Sayers, 1958.

ABSURDO (TEATRO DO)

Denominação dada pelo crítico Martin ESSLIN à geração de dramaturgos surgidos após a II Guerra Mundial. BECKETT, IONESCO, ADAMOV, por exemplo, apresentam a condição humana sob a atmosfera de uma angústia metafísica, denunciando o absurdo da falta de sentido da existência, absurdo que se reflete também na própria estrutura das suas peças, pela recusa dos modelos dramatúrgicos tradicionais. As obras desses autores se caracterizam pela ausência de personagens concretas, pela inexistência de conflitos e pela ausência de uma visível mensagem ideológica. O teatro do absurdo nunca chegou a influenciar fortemente a dramaturgia brasileira, mais preocupada com a realidade objetiva. Guilhermino CÉSAR, Yan MICHALSKI e mais alguns viram a obra do gaúcho QORPO SANTO como precursora dessa dramaturgia, embora outros prefiram vê-la como surrealista (FRAGA: 1988a). Mas encontramos traços de absurdidade em algumas peças de Hilda HILST (*O Verdugo*, *O Rato no Muro*), em *Hoje Comemos Rosas*, de Walmir AYALA, com feição mais de modismo, de Moysés Baumstein, *O Manuscrito*, levada na EAD, e *O Asno Dourado*, n'*O Excluso*, de Ari CHEN, e mesmo em *A Morta*, de Oswald de ANDRADE, esta última configurando um absurdismo *avant la lettre*. Em um dos textos de Hilda HILST, *O Rato no Muro*, um grupo de freiras, confinadas numa casa religiosa, entrega-se obsessivamente a confissões e recriminações, relacionadas, sobretudo, com as marcas de seres que um dia lá estiveram e que nunca ficam claramente explicitados. A linguagem é metafórica, as palavras são ambíguas e o próprio local da ação tem a inconsistência de uma projeção mental, de algo que tenta se articular, buscando transcender o mundo físico que, na realidade, não parece ter efetiva existência. (EF)

 Surrealista (Teatro), Vanguarda (Teatro de).

 Esslin, 1968; Fraga, 1988.

ADAPTAÇÃO

Dá-se o nome de adaptação às peças que são escritas a partir de outros textos que originalmente não pertencem ao gênero dramático, tais como romances, contos, cartas, memórias etc. O trabalho de adaptação pode ser feito pelo próprio autor do texto, por um escritor dramático ou qualquer pessoa especialmente contratada para isso, por um *dramaturgista** – no sentido do termo alemão *Dramaturg* –, pelo *encenador**, ou ainda por todos os envolvidos na concepção do espetáculo, caracterizando a autoria coletiva.

No teatro brasileiro, as adaptações de romances aparecem já no século XIX, mas em número reduzidíssimo. Sabe-se que *A Moreninha*, de Joaquim Manuel de MACEDO; *O Guarani*, de José de ALENCAR; *O Mulato*, de Aluísio AZEVEDO, chegaram ao palco, mas não se formou uma tradição para tornar esse tipo de atividade algo comum. Na verdade, a recorrência às adaptações teatrais é um fenômeno do nosso tempo. Nem mesmo as mais importantes *companhias** e *grupos teatrais** surgidos nas décadas de 1940, 50 e 60 – como Os Comediantes, o Teatro Brasileiro de Comédia (TBC), o Arena, o Oficina, o Opinião, a Companhia Nydia LICIA-Sérgio CARDOSO, o Teatro Popular de Arte de Maria Della COSTA e Sandro POLLONI, a companhia TÔNIA-CELI-AUTRAN, ou o Teatro dos Sete – valeram-se abundantemente de adaptações. Apenas o Arena, num breve período, entre 1963 e 1965, encenou alguns clássicos (*A Mandrágora*, de MAQUIAVEL; *O Tartufo*, de MOLIÈRE; *O Melhor Juiz, o Rei*, de LOPE DE VEGA; *O Inspetor Geral*, de GÓGOL), adaptando-os à realidade brasileira ou, como queria Augusto BOAL, "nacionalizando-os".

Por outro lado, algumas das principais montagens do teatro brasileiro contemporâneo nasceram de adaptações muito felizes como, por exemplo, a de *Macunaíma*, rapsódia de Mário de ANDRADE, que ANTUNES FILHO levou à cena em 1978, contando com a colaboração de Jacques THIÉRIOT, que criou os diálogos, e do elenco, que teve liberdade para modificá-los quando necessário para maior eficácia em cena. Outros espetáculos marcantes e bem-sucedidos dos últimos tempos foram: *Feliz Ano Velho* – adaptação do relato autobiográfico de Marcelo Rubens PAIVA, feita pelo dramaturgo Alcides NOGUEIRA e dirigida por Paulo BETTI, em 1983; *A Hora e a Vez de Augusto Matraga* – adaptação do conhecido conto de Guimarães ROSA, dirigida por ANTUNES FILHO, em 1986; *Fragmentos de um Discurso Amoroso* – adaptação de vários textos de Roland BARTHES, feita por Teresa de ALMEIDA e dirigida por Ulysses CRUZ, em 1988; *Trilogia Kafka: Um Processo* e *Trilogia Kafka: Uma Metamorfose*, adaptações feitas e dirigidas por Gerald THOMAS, em 1988; *Orlando*, adaptação do romance homônimo de Virgínia WOOLF, feita pelo escritor Sérgio SANT'ANNA e dirigida por Bia LESSA, em 1989. A mesma diretora, dois anos depois, levou à cena uma adaptação das *Cartas Portuguesas*, original português de 1669, dado como sendo de autoria da freira Mariana ALCOFORADO. O *diretor** Antônio ARAÚJO, à frente de seu grupo, Teatro da Vertigem, vem privilegiando as adaptações que são o resultado de um *processo colaborativo** dos *atores**, do dramaturgo e do *encenador**, tendo já realizado os seguintes espetáculos: *O Paraíso Perdido*, adaptação do poema de MILTON, feita por Sérgio de CARVALHO, e encenada em 1992; *O Livro de Jó*, adaptação de uma parte do Antigo Testamento, feita por Luís Alberto de ABREU e encenada em 1995; e *Apocalípse 1.11*, feita por Fernando BONASSI, em mais uma incursão bíblica do grupo, e encenada em 1999.

Outro filão bastante explorado em nossos palcos é o das adaptações de romances e contos de escritores brasileiros. Em alguns casos, o objetivo é puramente comercial, visando atingir os estudantes dos cursos pré-vestibulares. Mas alguns dos bons espetáculos do último quartel do século XX, nasceram de adaptações de obras importantes de escritores como José de ALENCAR, Machado de ASSIS, Lima BARRETO, Monteiro LOBATO, Mário de ANDRADE, Oswald de ANDRADE, Guimarães ROSA, Clarice LISPECTOR, Jorge AMADO, Dalton TREVISAN, Rubem FONSECA, Caio Fernando ABREU, Luís Fernando VERÍSSIMO e Zélia GATTAI, entre outros.

As adaptações têm seduzido alguns dos encenadores brasileiros contemporâneos por permitirem, em muitos casos, uma autoria não apenas cênica, mas também dramatúrgica. Ou seja, durante os ensaios a adaptação sofre cortes, acréscimos, modificações enfim, que nascem das intervenções dos atores e principalmente do encenador. Com a autoridade que adquiriu no *teatro moderno**, o encenador pode também "adaptar" uma peça teatral, isto é, submetê-la a uma leitura tão pessoal, que o resultado no palco o transforma numa espécie de coautor. Na criação do espetáculo *Nelson Rodrigues, o Eterno Retorno*, em 1981, ANTUNES FILHO foi ainda mais longe, condensando quatro peças do dramaturgo num único espetáculo. Mas, de um modo geral, são as peças estrangeiras aquelas que sofrem mais modificações quando encenadas entre nós. Não é incomum que no próprio programa da peça apareçam as palavras "tradução" e "adaptação" como complementares entre si. Em 1992, para dar um exemplo concreto, houve uma montagem de *Macbeth*, de SHAKESPEARE, com "tradução e adaptação" do diretor Ulysses CRUZ.

A maior ou menor fidelidade ao texto original depende dos objetivos do encenador ou do grupo teatral responsável pela montagem. Um bom exemplo de adaptação radical, ou mesmo de apropriação de um autor estrangeiro, são os dois primeiros espetáculos do grupo Asdrúbal Trouxe o Trombone. Tanto o *Inspetor Geral*, de GÓGOL (1974), quanto *Ubu Rei* (1975), de JARRY, foram livremente adaptados por Hamilton Vaz PEREIRA. O mesmo se pode dizer da apropriação que José Celso Martinez CORRÊA fez de *Hamlet*, de SHAKESPEARE, em seu espetáculo *Ham-let*, em 1993.

Segundo Patrice PAVIS, é cada vez mais comum que o termo *adaptação* seja empregado no sentido de "tradução". É notável, ele escreve, "que a maioria das traduções se intitule, hoje, adaptações, o que leva a tender a reconhecer o fato de que toda intervenção, desde a tradução até o trabalho de reescritura dramática, é uma recriação, que a transferência das formas de um gênero para outro nunca é inocente, e sim que ela implica a produção do sentido" (1999: 10-11). Ainda segundo PAVIS, o que caracteriza a adaptação é a extrema liberdade que tem o adaptador em relação ao texto original. Ele pode realizar cortes, reorganizar a narrativa, reduzir ou aumentar o número de personagens ou do espaço ficcional, concentrar ou distender a ação no tempo, entre outros procedimentos. O que importa é que "adaptar é recriar inteiramente o texto considerado como simples matéria". (JRF)

 Dramaturgista, Grupos Teatrais, Processo Colaborativo, Radionovela, Radioteatro, Teleteatro.

 Boal, 1975a; Fernandes, 2000a; George, 1990; Guzik, 1986; Kossoy, 1996; Magaldi, 1997.

AGIT-PROP (TEATRO DE)

O teatro de agitação e propaganda, ou simplesmente *agit-prop*, fez-se presente na Rússia revolucionária logo nos primeiros momentos, alimentado pelo desejo urgente de participação das organizações de trabalhadores e associações culturais independentes. Contando com o apoio das novas forças políticas que favoreceram a emergência de um teatro instrumentalizado para fins de agitação e propaganda, em uma extensão até então desconhecida pela história, as trupes agitpropistas desenvolveram modos engenhosos e ágeis de comunicação com as comunidades, em uma Rússia de dimensão continental e predominantemente analfabeta, disseminando notícias da Revolução e insuflando o ânimo revolucionário.

Associadas ao clima político e contaminadas pela liberdade formal de uma vanguarda militante e inovadora, as trupes engendraram um repertório de modalidades cênicas que se impôs também como elemento de ruptura com as formas tradicionais do teatro. Valendo-se da tradição da cultura popular, valorizando em especial as formas curtas, compuseram seu repertório com os *jornais-vivos*, os processos de agitação, os *melodramas** revolucionários e outras variações que introduziam conteúdos políticos, "tingindo de vermelho" formas emprestadas do circo, do *cabaré**, do *guignol*, entre outras. Dos principais grupos soviéticos, o Blusa Azul (1923-1928), ligado à União dos Sindicatos moscovitas, foi provavelmente o coletivo mais atuante dentro e fora da URSS.

Mais tarde, quando a Revolução entra em fase de consolidação, as trupes tendem à profissionalização e à assimilação pelos organismos institucionais de cultura, voltando-se para temas mais amplos de campanhas e abandonando as formas de intervenção.

Da União Soviética, o *agit-prop* disseminou-se por praticamente toda a Europa pela via dos partidos comunistas nacionais. Nos países capitalistas, o teatro de *agit-prop* tornou-se um movimento de resistência e de ação corrosiva contra o regime. Na Alemanha, principal foco desse teatro nos anos de 1920-30, o *agit-prop* adotou um perfil mais radical. Ao repertório soviético já consagrado acrescentou outras modalidades de teatralizações, em especial os conjuntos corais – falados, cantados e de movimento –, trazidos da tradição da cultura popular operária alemã. Quando a situação se tornou de alto risco, alvo dos grupos paramilitares nazistas, os grupos de *agit-prop* mantiveram uma presença mais sutil e engendra-

ram formas subliminares de atuação (o chamado "teatro indireto" ou "teatro invisível"), visando a conscientizar a população contra os perigos do ascendente nazismo. Um dos principais grupos alemães em atuação na época foi O Porta-Voz Vermelho (1927-1936), responsável também pela edição de uma revista homônima, principal veículo de difusão do movimento.

No Brasil, podemos entender a produção teatral dos Centros Populares de Cultura, os CPCs, da União Nacional dos Estudantes, como modalidades de atuação agitpropista. Surge no ambiente universitário, atrasado algumas décadas no que se refere às matrizes, mas na vanguarda do *revival* agitpropista da Europa e América dos anos de 1960.

O CPC legou-nos a novidade de um ativismo cultural de rua, misturando ao ambicioso projeto de arte popular uma prática diversificada entre o *agit-prop* e o teatro nos moldes profissionais. Embora tenha ficado mais ou menos restrito ao meio estudantil, mais politizado que outros segmentos da população, cumpriu ali seus propósitos de agitação, respaldado em uma entidade da categoria, a UNE, e mantendo vínculos com organizações políticas, como a Ação Popular, que garantiam o ânimo da mobilização.

Ainda entre nós, guarda também clara semelhança e afinidade com o *agit-prop* o *teatro do oprimido**, criado e desenvolvido por Augusto BOAL: o *teatro fórum**, o *teatro invisível** e, antes deles, as experiências com *teatro jornal**, são todas formas de aproximação e intervenção teatral da realidade inventadas pelos grupos agitpropistas históricos. (SG)

 Militância (Teatro da), Político (Teatro).

 Barcellos, 1994; Berlinck, 1984; Garcia, 1990; Ivernel, 1977; Peixoto, 1989; Vianna Filho, 1983.

AGRESSÃO (TEATRO DE)

A expressão *teatro agressivo* foi utilizada por Anatol ROSENFELD para caracterizar um tipo de espetáculo da década de 1960, que repercutiu também no teatro brasileiro. É difícil defini-lo unilateralmente, já que há diferentes formas de agressão, sejam indiretas, por palavras e gestos, sejam um pouco mais diretas, porque procuram dialogar cara a cara com o espectador – como em *Tom Paine*, de Paul FOSTER, ou *Missa Leiga*, de Chico de ASSIS, ambas sob direção de Ademar GUERRA, em 1970 e 1972, respectivamente –, sejam explicitamente diretas, partindo mesmo para a agressão física, forçando a participação do público – como em *Roda Viva*, de Chico BUARQUE DE HOLLANDA, dirigida por José Celso Martinez CORRÊA, em 1968, na qual os *atores** brandiam pedaços de fígado cru de boi, salpicando de sangue, às vezes, o rosto de pessoas do público. José Celso, aliás, declarava não compreender por que esse espectador poderia sentir-se agredido ao ser induzido a manter uma conversa com um ator, acrescentando que o problema de alguém do público ser tocado era algo que não tinha nada de mais. Evidentemente, a agressividade sempre esteve presente na dramaturgia ocidental, desde seus primórdios. Vejam-se ÉSQUILO, SÓFOCLES, ARISTÓFANES e SÊNECA. SHAKESPEARE, por exemplo, manda arrancar os olhos de Gloucester em pleno palco no *Rei Lear* (cena VII – II ato), e faz entrar Lavínia, violentada, com as mãos cortadas e a língua arrancada em *Tito Andrônico* (cena IV – II ato). Vale lembrar a agressividade reprimida pelo verniz social em peças de STRINDBERG ou mesmo de IBSEN, além de outras formas de agressividade no teatro norte-americano do século XX, com Tennessee WILLIAMS (*De Repente, no Verão Passado*), e no inglês, com Harold PINTER *(Volta ao Lar)*, e os *angry young men* (John OSBORNE, Arnold WESKER, John ARDEN, Brendan BEHAN, John WHITING).

No Brasil, além de *Roda-Viva*, podemos citar alguns outros espetáculos, como *O Rei da Vela*, de Oswald de ANDRADE, direção de José Celso Martinez CORRÊA (1967), e *A Vida Escrachada de Joana Martini e Baby Stompanato*, de Bráulio PEDROSO, de 1970. Neste, a atriz Marília PÊRA arengava debochadamente ao público, solicitando uma chave para o seu cinto de castidade. Também nas peças de Nelson RODRIGUES encontra-se agressão aos valores morais da sociedade burguesa, com a profusão de incestos, assassinatos, violência sexual e mutilações.

O "teatro agressivo" visava, em geral, atingir categorias sociais que constituíam, na época, o público regular – o burguês médio, o espectador comum, que nas palavras de José Celso Martinez CORRÊA deveria ser degolado "na base da porrada", como se lê em seu *Manifesto/Entrevista*, de 1968, no qual pregava um "teatro anárquico, cruel, grosso com a grossura da apatia em que vivemos" (1998: 98). ROSENFELD observou que essas formas de agressividade (indireta ou direta) podiam ter "o significado específico de uma agressão destinada a romper com os padrões da estética tradicional que concebe a arte como um campo lúdico, isolado da vida real" (1976a: 53). Com o que, aliás, concordava José Celso, que recusava o espectador pequeno-burguês que via o teatro apenas como um meio de diversão tranquilo.

Os exemplos de agressividade no teatro são inúmeros: *O Último Carro*, de João das NEVES (1975), *Apareceu a Margarida*, de Roberto ATHAYDE (1973), *Maria Manchete, Navalhada e Ketchup*, de Ísis BAIÃO (1975), e boa parte da dramaturgia de Plínio MARCOS. O espetáculo adquiria, muitas vezes, características de *happening**. O ator Renato BORGHI, quando integrante do Teatro Oficina, declarou: "Seria necessário criar o que chamaríamos talvez de *teatro dialético** brasileiro da crueldade. *Teatro da crueldade** que não é o inglês, o europeu, o de GENET. Que não é o da marginalização, da exceção. Mas a crueldade do cotidiano brasileiro que deve ser revelado em toda a sua pequenez ridícula [...]. Através do teatro dialético da crueldade, mostrando através do humor, do sadismo e do deboche, queremos criar um espelho, revelando, desnudando, colocando em xeque todo o insólito, o grotesco e o absurdo do cotidiano brasileiro" (1982: 153-154). Descontada a confusão estabelecida entre o teatro da crueldade, de ARTAUD, e o "teatro agressivo", percebe-se que este último visava dar maior conscientização ao público, utilizando obscenidades, blasfêmias e teatralizações de comportamentos eróticos, até mesmo simulação de atos sexuais, procurando obter uma conjunção entre espectadores e atores, na busca de "um desejo quase religioso de catarse, de uma grande purgação coletiva", observava ROSENFELD que, ao mesmo tempo, advertia: "Fazer da violência o princípio supremo, em vez de apenas um elemento num contexto estético válido, afigura-se contraditório e irracional" (1976.: 56), pois conduziria o público a reagir, ou fisicamente, ou abandonando, simplesmente, as salas de espetáculo. Isto sem esquecer que a propalada agressividade poderia ser uma forma de pactuar com ela e auferir dividendos, ao mesmo tempo que a utilização de tais procedimentos, de forma gratuita, poderia torná-los, paradoxalmente, ingênuos e até mesmo risíveis. Atualmente, *grupos teatrais** parecem interessados em reviver tais procedimentos, seja no exterior (*La Fura del Baus*, em Barcelona, por exemplo), seja no Brasil, com o *Teatro da Vertigem*, de Antônio ARAÚJO (*O Livro de Jó* e *Apocalipse 1, 11*). Nesta última montagem havia até um ato sexual explícito, realizado por profissionais do gênero. Disso tudo se conclui que a acepção "teatro de agressão" necessita ser compreendida não no sentido literal, mas sim na dependência das propostas de produção do espetáculo. (EF)

 Te-ato.

 Corrêa, 1998; Silva, A. S., 1981.

ALEGORIA

Figura capital na narrativa da moralidade – tipo de peça do teatro medieval –, é a personificação de um conceito. Empregada como recurso pedagógico, deveria estimular a atividade intelectual do público ao ocultar, sob a representação, uma "verdade" que é preciso descobrir. Sendo figuração de uma verdade teológica, portanto abstrata e universal, a alegoria permeia, além da moralidade, a iconografia, a sermonística, a filosofia e a pedagogia do Medievo (LAUAND, 1986). Na estilística inaciana, preside às representações instrutivas feitas por meio de *autos**, procissões, festas e sob a forma de *disputatio* (diálogo representado nos colégios, em latim, como exercício retórico). Há exemplos abundantes referidos nos documentos internos da Companhia de Jesus sobre espetáculos promovidos com esse recurso nas missões europeias e do Oriente. São, no entanto, escassas as fontes sobre essa atividade no Brasil, onde o contingente missionário foi reduzido e insuficiente em face da vastidão territorial do país. Primordiais para a ilustração desse recurso são os autos atribuídos a ANCHIETA, em que personagens são investidas da função de presentificar preceitos morais e religiosos (vícios, virtudes), dogmas (graça e eucaristia), realidades de interesse coletivo (Igreja e a cidade simbolizando a harmonia entre o poder religioso e o civil) e personagens históricas e mitológicas cuja decifração converge para a valoração de experiências contemporâneas do público. Quanto a este último desígnio, Décio de Almeida PRADO deslinda exemplarmente o componente circunstancial das duas figuras alegóricas, o Governo e a Vila de Vitória, que se defrontam no *Auto da Vila de Vitória* (c. 1583 – 1586): "Na *Vila de Vitória* amplia o foco cênico e ideológico abrangendo portugueses e espanhóis, além dos índios. Pouco antes, em 1580, o trono de Portugal, havendo ficado vacante, coubera em herança a FELIPE II, rei da Espanha. Segundo se depreende da peça e de certos indícios históricos, a transmissão de poder entre os dois países não se efetuara sem despertar alguma ebulição. O texto aproveita a oportunidade para dar em breves palavras uma lição tanto quanto possível completa sobre a organização do Estado e as relações entre governantes e governados" (1993a: 31).

Com as mesmas intenções civilizatórias, predominando, contudo, a preceptiva laica, as festividades civis parateatrais do período colonial utilizam-se do procedimento alegórico. Em ambos os empregos, religioso e civil, a alegoria se constrói como um instrumento publicitário e deve destacar-se visualmente do conjunto da festa como um signo não verbal, ainda que secundada por diálogos. Fernão CARDIM descreve, em 1583, uma procissão na Bahia promovida pela confraria estudantil em que integra o cortejo "uma nau à vela por terra, mui formosa, toda embandeirada, cheia de estudantes, e dentro nela iam as Onze Mil Virgens ricamente vestidas, celebrando seu triunfo" (SOUSA, 1960, I: 94). Por meio do simbolismo da nau representa-se a duplicidade da epopeia marítima portuguesa tornando sincrônicas a perspectiva da Companhia de Jesus e da Coroa: espelhar no Novo Mundo o país do colonizador e conquistar almas para o intemporal Reino de Cristo. O recurso dialógico soma-se ao signo visual quando, das janelas que ladeiam o cortejo, endereçam-se ao povo as personagens Cidade, Anjo e Colégio.

Nos séculos XVII e XVIII, à medida que se restringem as expedições jesuíticas missionárias (o zelo catequético se exerce de modo mais sedentário nos colégios), as festas cívicas adotam o formato processional e monopolizam o uso público da alegoria nos espetáculos oferecidos à população dos maiores povoamentos. Como figuração de um referente profano e cívico, as alegorias históricas prevalecem sobre as alegorias morais em festas congratulatórias promovidas pelas autoridades na Bahia, no Rio de Janeiro, em Cuiabá e nas cidades mineiras que se desenvolvem na região aurífera. Profusamente empregadas nos *autos sacramentais** de CALDERÓN DE LA BARCA, dramaturgo encenado no Brasil no século XVII, as alegorias literárias vão gradualmente se desvencilhando da função instrutiva e assumindo um caráter ornamental. É sobretudo no domínio peculiar da *ópera**, utilizando como apoio analógico a mitologia greco-romana, que o procedimento alegórico persiste nos séculos XVII e XVIII. No "teatro em música" do período colonial, observa o historiador Lorenzo MAMMI, a transculturação dos mitos tem um propósito civilista, correspondendo ao desígnio do Iluminismo pombalino. Uma cena arcádica com libreto de autor brasileiro, representada em Belém do Pará em 1793, apresenta "três personagens alegóricas: a ninfa Pará (protetora da cidade), o Gênio tutelar do Estado e o rio Gojará [...]. O primeiro elemento a chamar a atenção nesse texto é, sem dúvida, a inclusão dos índios num papel que, numa composição arcádica tradicional, seria dos pastores" (MAMMI, 2001: 43-44).

A derivação popular desse emprego ocorre no *teatro de revista**, miscelânea do documental, do fantástico e do maravilhoso que domina os palcos cariocas nas duas últimas décadas do século XIX. Em uma das suas constantes menções metateatrais, Artur AZEVEDO explica de modo singelo o investimento alegórico: "TRIBOFE. – Mas, pelo que dizes, tribofe não é pessoa, é coisa. FRIVOLINA – É coisa, que será personificada por ti, ou antes, por nós". (AZEVEDO, 1986: 55)

Sob a influência da poética *simbolista**, adotando como matéria de representação a dinâmica da psique, dramaturgos das três primeiras décadas do século XX retomaram a personagem alegórica. Paulo GONÇALVES integra essa vertente com peças de repercussão no panorama teatral do período: *A Comédia do Coração* e *As Mulheres não Querem Almas*, ambas encenadas em 1925. *Máscaras* (c. 1933), peça em versos de Menotti DEL PICCHIA, inscreve-se nessa tendência ao personificar o masculino e o feminino.

Novamente com função instrutiva, mas desta vez para representar a transitoriedade das formas históricas, a alegoria será retomada pelo *teatro político** da década de1960. Alegorias do poder constituído, da classe dominante, do proletariado e do modo de produção começam a proliferar no teatro brasileiro por meio do incitamento teórico-prático do Teatro de Arena de São Paulo e dos grupos de agitação e propaganda reunidos sob a sigla de Centros Populares de Cultura. Para esses grupos, contudo, a "verdade" oculta sob a figura não será unívoca, mas indício de uma contradição histórica. O Índio, o Padre e Caminha, personagens da *peça didática** *O Auto dos 99%*, encenada para uma plateia de estudantes pelo Centro Popular de Cultura em 1962, funcionam, respectivamente, como representações alegóricas do povo, da Igreja Católica e do governo, em uma fábula que examina o problema da exclusão dos pobres do sistema de ensino. "A alegorização da linguagem, ainda que em baixo grau, torna-se necessária desde o golpe de 1964. Passa-se a utilizar um certo ciframento da linguagem (como se percebe também nos textos analógicos do Arena) onde se trabalha com personagens representativas de determinadas ideias. Já não se pode ter o operariado, mas o Mudo e a Muda, dele representantes. Já não se podem discutir questões pertinentes à classe operária, mas tem-se que discutir a repressão que sua voz sofreu, bem como a nova voz de oposição, o estudante" (SOARES, 1983: 66). A partir de 1968, quando o regime militar criminaliza, através do Ato Institucional Nº 5, as manifestações de opinião, o modo alegórico passa a ser utilizado como uma forma de ocultamento do conflito político. (MAL)

 Auto, Auto da Paixão, Auto Pastoril, Auto Sacramental, Barroco (Teatro), Político (Teatro).

 Rebello, 1977; Saraiva, 1965.

ALTA COMÉDIA

*Comédia** que se define pela qualidade dos procedimentos cômicos utilizados pelo escritor. Ao contrário da *baixa comédia**, que lança mão de recursos farsescos para provocar o riso franco e a gargalhada, a alta comédia utiliza sutilezas de linguagem, alusões, jogos de palavras e ironia, visando alcançar a inteligência e a sensibilidade do espectador, a fim de fazê-lo sorrir. De um modo geral, a alta comédia é ambientada no interior de classes mais favorecidas ou, no mínimo, de classe média alta. Seu alvo predileto são os modismos ou comportamentos humanos, retratados por meio da dialogação viva, repleta de frases de espírito, achados verbais, ironia, a que se acrescenta, inúmeras vezes, farta dose de amargo cinismo. No teatro ocidental, a dramaturgia de Oscar WILDE é exemplo perfeito de tal gênero, a que não falta, inclusive, aguda crítica social.

No Brasil, as características da alta comédia podem ser encontradas em peças de vários autores que procuraram recriar no palco certos costumes das classes mais favorecidas. José de ALENCAR, por exemplo, afirmou que teve a intenção de escrever uma alta comédia quando pôs em cena *O Demônio Familiar*, em 1857. Em plena *belle époque*, João do RIO reproduziu a elegância e a frivolidade dos ricos em *Eva* e mesclou ao seu drama *A Bela Madame Vargas* cenas características desse gênero cômico. Outros autores e peças podem ser mencionados como bons exemplos da utilização dos recursos da alta comédia: FRANÇA JÚNIOR: *As Doutoras*; Paulo GONÇALVES: *As Mulheres não Querem Almas, Núpcias de D. João Tenório*; Oduvaldo VIANNA: *Amor, Feitiço*; Guilherme FIGUEIREDO: *Um Deus Dormiu lá em Casa*; Henrique PONGETTI: *Amanhã, se Não Chover, Manequim*; Abílio Pereira de ALMEIDA: *Pif-paf, A Mulher do Próximo*; Silveira SAMPAIO: *Trilogia do Herói Grotesco: Da Inconveniência de Ser Esposa, Da Necessidade de Ser Polígamo, A "Garçonnière" do meu Marido*; Jorge ANDRADE: *Os Ossos do Barão*; Millôr FERNANDES: *É...*, Clô PRADO: *Diálogo de Surdos*. (EF)

Realista (Comédia).

Aguiar, 1984; Faria, 1987; Prado, 1988.

ALTERNATIVO (TEATRO)

A partir de meados da década de 1970, a arte brasileira experimentou diversos caminhos, entre eles o marginal, o independente, o desbunde, o udigrúdi, designações geralmente vinculadas às heterodoxas práticas contraculturais. A designação de alternativo ganha destaque no início dos anos 80.

O que pode ser considerado alternativo, desde então? Observem-se duas perspectivas: a artística e a de produção. Na primeira, são incontáveis os grupos e espetáculos montados que, deliberadamente, se posicionaram contra as convenções estabelecidas, em vieses tão díspares quantos são eles em número, tornando impossível as classificações. Na segunda, um marco seguro é o surgimento do *grupo** Tá Na Rua, sob o comando de Amir HADDAD, em 1978. Sua inovação está não só no repertório, farsesco, sarcástico, festivo, como especialmente em seu formato administrativo, de teatro gratuito, realizado nas ruas. Outra importante iniciativa é a criação do Grupo Pau-Brasil, em 1977, dirigido por ANTUNES FILHO, grupo que originou a formação do CPT (Centro de Pesquisa Teatral) em 1980, ligado ao SESC-SP, em cujas preocupações com a pesquisa se encontram defesas das injunções de bilheteria. A Cooperativa Paulista de Teatro, fundada em São Paulo no mesmo ano, inaugura um novo modelo administrativo, embora albergando grupos de tendências muito variadas e infinitas soluções artísticas, cuja sobrevivência se evidencia como sólida iniciativa fora dos padrões do mercado. O grupo Terreira da Tribo, de Porto Alegre, igualmente encontrou soluções inovadoras para subsistir: cursos, oficinas e um decidido apoio comunitário, desde sua fundação, em 1978, liberando recursos financeiros para a pesquisa de suas encenações e o gratuito *teatro de rua** que empreendem.

Outros grupos cooperativados podem ser lembrados: Dzi Croquettes (RJ), TUCA (SP), A Comunidade (RJ), Viajou sem Passaporte (SP), Asdrúbal Trouxe o Trombone (RJ), Os Farsantes (SP), Pod Minoga (SP), Pão & Circo (RJ). (EM)

Contracultura (Teatro e), Experimental (Teatro), *Happening* (Teatro e).

Arrabal, Lima e Pacheco, 1979-1980; Fernandes, 2000b.

AMADOR (TEATRO)

O teatro amador, como a designação indica, é aquele praticado por um grupo de pessoas que apreciam o teatro, executam-no com dedicação, mas sem dele tirar proveito econômico. Em caso de lucro, a importância cobrirá os gastos da montagem ou será encaminhada para entidades previamente escolhidas.

Essa prática teatral assume vários aspectos: simples diversão, reflexão ou crescimento de uma comunidade, rememoração de outras culturas (espetáculos realizados por imigrantes nas línguas de origem, por seus descendentes ou estrangeiros), pregação ideológica e, por último, uma significação que foi de suma importância para o desenvolvimento do teatro brasileiro: assumir seriamente o compromisso de realizar montagens nem sempre viáveis para o teatro profissional. Este último intuito compensatório, expresso por meio de um repertório, pode contemplar textos clássicos, modernos, as técnicas de encenação atuais e procedimentos experimentais no domínio do texto e do espetáculo, procurando acrescentar, revolucionar ou, no mínimo, refletir sobre a arte do teatro. Nesse sentido, é o teatro amador uma das forças propulsoras da mudança e da atualização do panorama teatral.

No Brasil, as manifestações dos amadores remontam aos primórdios da colonização. Nas viagens marítimas do período colonial ocorreram as primeiras encenações a cargo dos marujos. Um desses registros, em particular, nos diz respeito. Refere-se à nau de guerra Nossa Senhora de Nazaré, que partiu de Lisboa em 1746, tendo como destino o Brasil e cujo diário de bordo registra a representação, em pleno mar, de um *entremez** "feito com muita graça dos representantes e gosto dos ouvintes". (MOURA, 2000: 56).

Recuando no tempo, não é forçada a afirmação de que as representações comandadas por José de ANCHIETA, os espetáculos cívicos e religiosos nos séculos XVII e XVIII, foram realizados graças à vocação inata para a arte de representar de alguns dos habitantes da terra. Cuiabá, por exemplo, "cidade distante do mar [...] possuía, não obstante, uma apreciável tradição teatral, legada da mineração. Com o propósito de homenagear uma alta autoridade judiciária, formaram-se, em 1790, vários conjuntos amadores – ou de curiosos, na linguagem da época – que acabaram por representar, durante um mês, cerca de uma dezena de espetáculos" (PRADO, 1993a: 68).

Eram esses aficionados que, no século XIX, nas capitais das províncias ou em localidades mais distantes, entretinham a população. Sabe-se que em Curitiba (PR) existiam, em 1875, sete associações de amadores. Em Vitória (ES), o jornal *Dezenove de Dezembro* chamava atenção para o grupo Sociedade 7 de Setembro e, na mesma província, em Barra de São Mateus e Itapemirim, registraram-se os nomes das agremiações Terpsichore e Sociedade Dramática Particular, respectivamente (GAMA, 1981: 32).

No Rio Grande do Sul, "a estreita e rala povoação de Casais", na falta de intérpretes de profissão, "mui raros", lança, em 1828, as bases da Sociedade do Teatrinho, *célula-mater* de quarenta *grupos** que foram surgindo no decorrer do século. Entre estes, contava-se a afamada Sociedade Dramática que homenageou o conde de CAXIAS, à época governador da Província. A 17 de abril de 1845 foi levada à cena, "*com todo capricho e proficiência*, nada mais nada menos que a grande peça *Otelo*, cujo desempenho embasbacou o general legalista e, decerto, fez erguer-se do túmulo o espantado fantasma de SHAKESPEARE" (DAMASCENO, 1956: 21). Foi também com SHAKESPEARE que se surpreendeu o viajante alemão Robert AVÉ-LALLEMANT em 1858, ao ser convidado para assistir a *Sonho de Uma Noite de Verão* na língua da sua própria pátria. Relata o viajante: "Subiu o pano e começou o prólogo. Mas as transformações do poeta inglês tinham sido antecipadas pelos *atores** que representavam perante nós; as heroínas principais eram homens em trajes femininos, que aliás desempenhavam bem o *papel** de moças... O público, sobretudo a rapaziada, ficou encantado. Nunca tinham visto coisa igual. As graças ditas no palco eram ouvidas com júbilo e mesmo repetidas" (DAMASCENO, 1956: 362).

Mas se esse viajante, que assistindo ao espetáculo em um teatrinho modesto e simpático, comparava-o ao de sua cidade natal (Lübeck), nem sempre as outras cidades contavam com locais adequados para resistir a comparações. Na falta de casas apropriadas para exibições teatrais, armavam-se palcos improvisados nas praças ou residências. Em Passos (MG) convocavam-se, em 1874, famílias para que trouxessem bancos e cadeiras e, a céu aberto, apreciassem as representações. Da mesma forma, o jornal *O Mossoroense*, de Mossoró (RN), lembrava à assistência, em 1872, por ocasião da encenação de *A Justiça*, peça de Camilo Castelo BRANCO, a cargo do Teatro Recreio Dramático: "Todos os sócios deverão mandar suas cadeiras das quatro horas em diante" (NONATO, 1967: 21).

Esse teatro familiar integrava-se perfeitamente à vida cotidiana das cidades. Em Salvador (BA), em 1857, funcionava regularmente, na rua do Caquende, um Teatro Familiar sob as ordens do major Polidoro BITTENCOURT, animador e ator. A respeito desse teatro, Sílio BOCCANERA JÚNIOR ainda ouviu uma testemunha ocular: "Fazia gosto assistir-se a um espetáculo. Saía-se de lá agradavelmente impressionado pela maneira corretíssima da interpretação dos papéis. Pareciam mais atores consumados da escola clássica" (RUY, 1959: 99-100). O mesmo se dava em Teresina, no Piauí, em casa de João Isidoro FRANÇA, que desde 1852 entretinha a população da cidade com *farsas** e dramas (TITO FILHO, 1975: 20). Em São Paulo, o poeta Paulo EIRÓ improvisou um teatrinho na Rua Direita, em Santo Amaro, e ali, em 1854, fez estrear três *comédias**: *Traficante de Escravos, Chegamos Tarde* e *Terça-feira de Entrudo* (SCHMIDT, 1959: 75-6).

Não teve caráter familiar o movimento teatral organizado pelos estudantes dos Cursos Jurídicos, que haviam se iniciado em São Paulo em 1828. Vivendo em um estado de espírito romântico, os estudantes eram grandes amadores teatrais e foram precursores de todas as organizações estudantis. Na verdade, organizaram muito bem o teatro, fascinados por essa forma de expressão direta e viva. Uma das primeiras iniciativas conjuntas dos estudantes da nova escola foi alugar, por um período de cinco anos, o Teatro da Ópera, estabelecendo-se nesse lugar, num primeiro momento, como atores. Em 1830, não sem algumas batalhas, está formada a Sociedade Acadêmica, da qual faziam parte Sebastião Dias da MOTTA, José Maria de Souza PINTO, Bernardo AZAMBUJA e Josino do NASCIMENTO (este último encarregado, com sucesso, dos papéis femininos). O repertório era bastante conhecido: *O Filantropo, Sganarello, O Juiz de Paz da Roça, O Triunfo da Natureza*. Por ocasião da apresentação desta última peça, o diretor da Academia, em ofício, defendendo-se por não ter impedido a apresentação em dia impróprio, aproveita para elogiar os alunos-atores: "Portaram-se dignamente, fazendo uma função em que adquiriram louvores pelo desempenho da peça, brilhantismo da cena e boa ordem em tudo" (AMARAL, 1979: 31).

Amadurecendo um pouco, o teatro acadêmico juntou à vocação literária – presente em muitos alunos – o interesse pelo palco, gerando uma dramaturgia bastante singular. Não foram produzidas obras-primas, mas peças preocupadas com a construção de uma nação livre. Convencidos da importância do teatro, os alunos sabem perfeitamente, em 1860, o que podem exigir das artes cênicas: "O teatro é um recinto onde, ao passo em que nos distraímos, corrigimos os costumes, aprendemos a dar valor às mais delicadas manifestações da inteligência e da arte e, sobretudo, a esse apurado bom gosto que diverte e educa insensivelmente as plateias (CARLIONI, 1860: 64).

Não têm a mesma sisudez paulista as primeiras organizações amadorísticas da Corte. J. Galante de SOUSA transcreve no seu livro *O Teatro no Brasil* as observações de Carl SEIDLER, inscritas em *Dez Anos no Brasil*, sobre um grupo de amadores franceses existente no Rio de Janeiro entre 1825 e 1826: "Arrendaram-no (um teatro) comerciantes e fabricantes aqui residentes, e fazem representar muito bem, com notável perícia e graça, as mais recentes produções dramáticas francesas, sobretudo *comédias** e *vaudevilles**. É verdadeiramente digno de admiração como esses jovens, que só tarde podem sair de seus escritórios, ainda acham lazer e gosto para ensaiar tão bem as peças" (SOUSA, 1960, I: 146). Outra sociedade, na Rua da Quitanda, frequentada por Machado de ASSIS, apresentou a sua peça *Quase Ministro!*

Também os clubes fluminenses não dispensavam organizações dramáticas: Alydea Dramática e Ateneu Dramático Ester de Carvalho situavam-se no centro da cidade. Estendendo-se aos subúrbios, havia o importante Recreio Dramático Riachuelense e, no Engenho Novo, o Grupo Dramático São João Batista. Alguns deles tinham teatro próprio e chegavam a imprimir modestos folhetos informativos.

No Norte, no Sul ou no Centro do país, a tradição amadora passou para o século XX, vigorosa e imprescindível no cotidiano da população. Em 1918, *Os Sinos de Corneville*, anunciada como peça de autoria de Frutuoso ALEXANDRE, foi o grande sucesso do Grêmio Dramático Familiar, grupo idealizado com a finalidade de "proporcionar espetáculos de simples diversão às famílias do *boulevard* Visconde de Rio Branco em Fortaleza (CE)". O local, modesto "entre muros", abrigava um palco "sobre barricas de bacalhau, cobertas de palhas de coqueiro" (COSTA, 1972: 98). Pode-se constatar, portanto, que ainda não foram abandonadas as trupes familiares. Em Salvador, o Yankee Teatro, em 1918, "realizou na residência do Coronel Alexandre MAIA mais um espetáculo [...], uma comédia de VEBER, *Um Camarote para Fausto*, em seguida *Que Bilontra!*, com a participação do próprio Alexandre MAIA" (FRANCO, 1994: 43).

Rio de Janeiro e São Paulo foram pródigos em associações de amadores durante o século XX. A extensa movimentação e a diversidade de propósitos das organizações matizavam e davam um encanto especial a encontros semanais dos amadores com seu público. No Rio de Janeiro, funcionavam os grupos Hodierno Clube, Furtado Coelho, Salas Ribeiro, Grupo Dramático Anticlerical, Ginástico Português, Ideia Livre. Em São Paulo estavam sediados Os Alunos de Talma, Gil Vicente, Amor all'Arte, Filodramático Social, Primeiro de Maio e La Propaganda. Exemplaridades reveladoras de um todo que congregava tendências que pouco tinham em comum.

Se alguns grupos proporcionavam horas de lazer, outros serviam a grandes causas reivindicatórias de justiça social. Espanhóis e italianos mantiveram durante décadas sociedades amadoras com um repertório eloquente: *Hambre, Guerra e Rivoluzione, Los Martires* são alguns dos títulos.

Por outro lado, a elite também organizava suas festas e representações com o concurso de moços e moças com um certo pendor para o palco. *Reisada*, espetáculo baseado nas pesquisas folclóricas de Affonso Arinos de Melo FRANCO, foi levado ao palco do Teatro Municipal de São Paulo em 1916. Em 1919, *O Contratador dos Diamantes*, do mesmo Affonso ARINOS, estreava sob o patrocínio da exemplar Sociedade de Cultura Artística e da Prefeitura de São Paulo. Em 1926, o grupo encenava *Sarau no Paço de São Cristóvão*, peça de circunstância escrita por Paulo SETÚBAL em honra da Princesa LEOPOLDINA. Alfredo MESQUITA, pondo em destaque *O Contratador* ("belíssimo e riquíssimo espetáculo"), vê nessas apresentações – em virtude da escolha dos textos, das encenações cuidadosas e dos figurinos e cenários rigorosamente de época – antecedentes dos grupos amadores que iriam favorecer a modernização do teatro paulista (MESQUITA, 1967: 20). O próprio MESQUITA, baseado nessas encenações de ARINOS, levou em São Paulo, em 1936, *Noite de São Paulo*, fantasia em que era autor, *diretor** e figurante; no mesmo gênero, dirige *Casa Assombrada* em 1938, e em 1939 encena *Dona Branca*, na qual novamente faz quase tudo. Nessas três encenações de Alfredo MESQUITA estreiam para a fase seguinte de profissionalização no TBC: Abílio Pereira de ALMEIDA, Geraldo JORDÃO, Marina FREIRE e Décio de Almeida PRADO (MESQUITA, 1977: 24/25).

Contudo, é no final dos anos de 1930 que o teatro amador se torna um movimento organizado, com possibilidades de abrir novos e mais amplos horizontes para a cena brasileira. Essa forma programática de agir sobre toda vida teatral começa a tomar forma em 1938, com a criação do Teatro do Estudante do Brasil, grupo do Rio de Janeiro liderado pelo diplomata Paschoal Carlos MAGNO. Entusiasmado com aquilo que havia presenciado na Inglaterra, onde grupos de estudantes representavam SHAKESPEARE, trouxe a ideia para o Brasil. Aqui, com o auxílio da atriz Itália FAUSTA, promoveu a montagem de *Romeu e Julieta*. O que foi imaginado como uma simples festa estudantil tornou-se um fato muito importante na história do teatro brasileiro. A presença de jovens de outra classe social – o elenco era formado por estudantes secundários e universitários – e a receptividade do público chamaram a atenção da crítica e dos profissionais do palco. Os amadores, conscientes da importância e da responsabilidade do trabalho artístico, haviam criado um espetáculo afinado com a época.

A repercussão dessa iniciativa favoreceu, logo a seguir, a formação do Teatro Universitário, fundado em 1939 sob a orientação de Jerusa CAMÕES e Mário BRASINI. Com simplicidade, a diretora relembra a intenção desse grupo: "Fazer teatro [...] com diversão, sem grandes revoluções cênicas. Coisas que nos alegrassem a vida. Por isso éramos um grupo alegre e interessante" (CAMÕES, 1978: 29). Não foi mero passatempo o Teatro Universitário e diferenciava-se do Teatro do Estudante pela sua característica de itinerância. Percorria bairros distantes, representava em fábricas, quartéis e escolas. Seu grande mérito foi contribuir para que jovens atores, orientados profissionalmente, formassem parte da talentosa geração dos anos de 1950.

Movido também pela boa acolhida dada aos estudantes de Paschoal, mas com mais recursos econômicos, contando com o apoio de intelectuais de prestígio e ligado a uma associação de artistas plásticos, surge, em 1938, mas estreando verdadeiramente em 1940, o grupo Os Comediantes. Na concepção de Tomás Santa ROSA, um de seus fundadores, o grupo deveria ser uma interpretação brasileira do movimento liderado na França por Jacques COPEAU. Entre as ideias de renovação cênica de COPEAU, havia alguma coisa que servia perfeitamente ao propósito do grupo: alçar o teatro ao nível das outras artes. Foram seus fundadores: Jorge de CASTRO, Luiza Barreto LEITE, Tomás Santa ROSA e Brutus PEDREIRA, logo seguidos por Agostinho OLAVO, Gustavo DÓRIA e ADACTO FILHO.

A Verdade de Cada Um, peça de Luigi PIRANDELLO, foi escolhida para o espetáculo de estreia por ser uma obra tão revolucionária quanto o grupo pretendia ser. Eram novos, entre nós, os processos de trabalho: estudo minucioso das personagens, *marcações** pensadas e recursos que procuravam expressar da melhor forma possível o pensamento do autor.

Bem acolhidas as primeiras montagens, o grupo pôde continuar até 1943, quando estreou *Vestido de Noiva*, peça de Nelson RODRIGUES dirigida por Zbigniew ZIEMBINSKI, um artista polonês refugiado da guerra. Um passo à frente tinha sido dado com o concurso de amadores. Haviam compreendido que não bastava renovar o repertório se, paralelamente, não houvesse uma direção de espetáculo segura das intenções do texto e, sobretudo, em perfeita harmonia com os princípios da modernidade cênica.

Delinearam-se, desse modo, no movimento amador, duas maneiras de proceder, de matizes diferentes, embora não fossem antagônicas. Predominavam no Teatro do Estudante os universitários, secundaristas e técnicos, atribuindo menor importância ao diretor. Os Comediantes, ligados ao movimento intelectual carioca, era um grupo mais ousado, maduro e exigente no que dizia respeito aos novos procedimentos do palco. Foram essas as duas linhas exportadas para outras iniciativas espalhadas pelo Brasil.

Em São Paulo, na década de 1940, permaneciam atuantes os ingleses (comandados por R. H. EAGLING e Alec WELLINGTON), as agremiações italianas como a Muse Italiche e o Doppolavoro e, ao mesmo tempo, apresentações esporádicas dos alunos da Faculdade de Filosofia da USP que, tendo fundado em 1936 o Teatro Universitário, por iniciativa de Georges RAEDERS, em 1939 levaram à cena, sob a direção de RAEDERS, a peça *Noite de Reis*, de SHAKESPEARE (GUINSBURG e FERNANDES: 1997: 144-147). Alfredo MESQUITA e Irene SMALLBONES (do grupo English Players) uniram-se em 1943 para formar o Grupo de Teatro Experimental – GTE, cujo ideário suplementava as pobres ofertas do profissionalismo: "Contribuir para a formação de um teatro nacional que seja nacional tanto nas peças e nos autores, como nos atores e cenógrafos [...] Serão levadas peças estrangeiras em traduções cuidadosas e de preferência escolhidas entre aquelas que não integram o repertório das companhias profissionais" (MAGALDI e VARGAS, 2000: 176).

Também estreando em 1943, o Grupo Universitário de Teatro – GUT, ligado à Universidade de São Paulo, privilegiava, no seu começo, o teatro de língua portuguesa: Gil VICENTE, Martins PENA e o contemporâneo Mário NEME. O grupo, sob a liderança de Décio de Almeida PRADO e Lourival Gomes MACHADO, apresentava-se na capital e, nos finais de semana, em cidades do interior. As boas realizações desses dois grupos, mais o elenco orientado pela atriz Madalena NICOL e a "Sociedade de Amadores Ingleses", estimularam o industrial Franco ZAMPARI a investir em uma casa de espetáculos adequada para dar continuidade a tais exibições teatrais inovadoras e de boa qualidade. Nascia dessa forma, em 1948, o Teatro Brasileiro de Comédia – TBC, iniciativa projetada para acolher amadores e que se tornaria, mais tarde, uma *companhia** profissional.

Na capital de Pernambuco surgia, em 1941, o Teatro de Amadores de Pernambuco, grupo liderado pelo médico Valdemar de OLIVEIRA, com a dupla característica de ser um grupo familiar e, ao mesmo tempo, devotado à qualificação do teatro como um todo. Durante décadas (o grupo ainda existe), membros da família Oliveira e amigos devotados mantiveram em cena um repertório eclético escolhido de acordo com a predileção do diretor. Em grande parte estrangeiro, o repertório correspondia ao desejo de Valdemar de OLIVEIRA: difundir a cultura por meio de uma dramaturgia inédita na cidade do Recife.

Também no Recife, tendo como alvo o público popular, estreava, em 1945, o Teatro do Estudante de Pernambuco, sob a orientação de Hermilo BORBA FILHO. Juntando o gosto dos participantes às informações que tinham sobre o grupo A Barraca, fundado e dirigido na Espanha por Federico García LORCA, o TEP perseguia o ideário lorqueano. Não chegou a ser um grupo móvel, como era inicialmente a intenção, mas exibiu-se fora de *edifícios teatrais** para plateias que desconheciam inteiramente o teatro. Encenou peças do repertório clássico e moderno e iniciou a teatralização de narrativas orais da cultura popular transpostas para o palco por dramaturgos ligados ao grupo. Foi um exemplo para a formação de outros conjuntos nos mesmos moldes e estímulo para uma nova vertente da dramaturgia brasileira.

No Rio de Janeiro, o Teatro da Universidade Católica, incentivado pelo então frade dominicano Sebastião HASSELMANN, afirmava o objetivo de levar o teatro às praças públicas e a ele se deve uma montagem de *Hipólito*, de EURÍPIDES, levada à cena nas escadarias do Ministério da Fazenda, em 1949. HASSELMANN teve grande influência sobre o grupo de alunos que fundaria O Tablado, em 1951. Sobre o ideário desse grupo, depõe Maria Clara MACHADO: "O teatro para nós era uma maneira de viver melhor – queríamos ainda salvar o mundo pela arte, pela enorme emoção de ver um trabalho bem acabado" (MACHADO, 1991: 236).

O salvacionismo e a preocupação com o bom acabamento não eram exclusividade de O Tablado. Ganhando credibilidade no decorrer dos anos 40, a maioria das associações amadorísticas não se contentava mais com divertir nem se socorria de um repertório desgastado. O Teatro do Estudante do Paraná, dirigido desde 1948 por Armando MARANHÃO, encenava textos estrangeiros identificados com seus ideais. Grupos nordestinos encenavam T. S. ELIOT e Paul CLAUDEL. Em Fazenda Nova, pequena cidade pernambucana, Luiz MENDONÇA e sua família restauravam, em apresentações ao ar livre, o Ciclo da Paixão, com imensa repercussão em todo o Estado.

Igualmente próspero durante os anos 40, o movimento teatral na cidade de Salvador registrava, em 1954, a presença de catorze agremiações amadoras. Entre elas, o grupo inovador do período é o Teatro de Cultura da Bahia, liderado por Nair da COSTA E SILVA. Integrado por intelectuais e estudantes universitários, era também apoiado por profissionais de formação mais sofisticada (FRANCO, 1994: 106).

Belo Horizonte, cidade que até 1965 não teve companhias profissionais, contou com a participação de amadores de altíssimo nível: João ETIENNE FILHO, Carlos KROEBER, Pontes de Paula LIMA e J. D'ANGELO foram responsáveis pela manutenção de uma atividade teatral sempre sintonizada com as vanguardas mundiais. Sob a direção de Jota D'ANGELO, entraram em cartaz *Crime na Catedral*, de T. S. ELIOT, e *Appolon de Bellac*, de Jean GIRAUDOUX. Desde 1959, sob o nome de Teatro Experimental, o grupo encena obras de Eugène IONESCO e Samuel BECKETT.

Em Porto Alegre, a preocupação com o *teatro de vanguarda** se manifesta no Teatro do Estudante do Rio Grande do Sul, criado em 1940 por Germano BONOW FILHO. O mesmo grupo chega a pleno desenvolvimento em 1948 sob a direção de Guilhermino CÉSAR, contando então com a colaboração de Walmor CHAGAS e José LEWGOY. Outros grupos se seguiram a esse num movimento marcado pelo interesse em relação à dramaturgia de alta qualidade. Graças a esses amadores, entraram em cena Fernando PESSOA, August STRINDBERG, Tennessee WILLIAMS, Samuel BECKETT e Eugène IONESCO. Até meados dos anos 60, foram os amadores os responsáveis pela atualização do teatro no Rio Grande do Sul.

No Estado de São Paulo, a vanguarda que os grupos amadores representaram nos anos 40 e 50 passou a integrar os quadros profissionais. Permaneceram no amadorismo alguns aficionados – tais como Clóvis GARCIA, Osmar Rodrigues CRUZ, Evaristo RIBEIRO, J. E. COELHO NETO, Oswaldo PISANI, Moisés LEINER e Vicente SCRIVANO –, organizando congressos, cuidando da interiorização do movimento para não deixar morrer uma forma de atuação artística que, sob o ponto de vista histórico, parecia já haver cumprido seu papel.

Em 1955, no II Festival de Teatro Amador, realizado na capital paulista, dos catorze grupos que se exibiram apenas um se destacou pela originalidade dos textos: o Teatro Lotte Sievers, com *A Cacatua Verde*, de Arthur SCHNITZLER. Em contrapartida, na mesma ocasião, dois outros elencos amadores, embora seguissem repertório em moda, distinguiram-se pela forma de agir e pela exposição de um pensamento inédito. Um deles, O Pequeno Teatro Popular, fundado em 1954 por Emílio FONTANA, optava pela forma itinerante e percorria pequenas cidades interioranas promovendo, ao lado das representações teatrais, mostras de artes plásticas e divulgação de livros. Enquanto isso, o Teatro Paulista do Estudante, incentivado por Ruggero JACOBBI e Carla CIVELLI, fora fundado em 1955 sob diretrizes inovadoras. Apresentava desta forma o seu ideário: "Embora muitos, levados por interesses outros, teimem em negar uma tradição cultural brasileira, ela existe. Possuímos uma cultura nossa e necessitamos incrementá-la. O teatro amador não pode se furtar a essa missão. Deve partir dos responsáveis por esse teatro uma verdadeira campanha de incentivo, de incremento e de defesa da nossa cultura. Embora o nível cultural do nosso povo seja na verdade baixo, nosso povo representa, escondido, nas mais variadas regiões. Nosso povo acalenta lendas, nosso povo é artista, nosso povo é poeta!" (VARGAS, 1967: 35).

O povo como artista-criador torna-se, nessa perspectiva, um novo sujeito das invenções dramáticas do teatro amador. Mais uma vez, o teatro amador ocupará a posição de vanguarda acolhendo e divulgando dois grandes textos da dramaturgia brasileira. No I Festival Brasileiro de Teatro Amador, realizado no Rio de Janeiro, é apresentado, em janeiro de 1957, o *Auto da Compadecida,* peça de Ariano SUASSUNA em que se fundem magistralmente a cultura popular e a escrita erudita. Em 1958, no I Festival de Teatro dos Estudantes promovido por Paschoal Carlos MAGNO na cidade do Recife, o grupo da Universidade do Pará encena o auto *Morte e Vida Severina,* de João Cabral de MELO NETO, dirigido por Maria SÍLVIA com músicas do folclorista Waldemar HENRIQUE. Embora não fosse inteiramente inédito – já havia sido apresentado pelo Coral Falado da USP sob a direção de Ruy AFFONSO –, a apresentação teatral no Recife foi vivenciada e compreendida por quem conhecia de perto o significado da obra. Desse modo, colocando pela primeira vez no circuito teatral a transmutação operada pelos escritores nordestinos sobre a arte popular, os amadores agregavam à nossa cultura teatral uma vertente de extraordinária importância para a década posterior.

Nos anos 60, a esperança de mudanças sociais envolveu grande parte do movimento amadorístico, agora capitaneado pelos estudantes. Esses novos grupos se interessavam por um tipo de dramaturgia, fosse nacional ou estrangeira, que fizesse pensar, questionar a situação social e promover transformações nos artistas e no público. IBSEN, BRECHT, SARTRE, SUASSUNA, GUARNIERI e Dias GOMES forneceram o repertório para grupos de todo o país. Alguns desses grupos sentiam necessidade de expor, em linguagem própria, os assuntos pertinentes à situação do momento. Foi o que fez o Teatro de Amadores Gráficos de Fortaleza, discutindo a reforma agrária no espetáculo *Terra Queimada,* texto escrito pelo diretor Domingos Gusmão de LIMA. Também desse modo agiu Mário de ALMEIDA escrevendo para o grupo Teatro de Equipe, de Porto Alegre, a peça *O Despacho.* Em breve essa peça se transformaria em um texto emblemático do *teatro de resistência*.*

Em São Paulo, o governo estadual ampara o movimento amador e, em 1965, auxilia o TUCA (Teatro da Universidade Católica), grupo orientado por Roberto FREIRE. O sucesso de *Morte e Vida Severina,* espetáculo de estreia dirigido por Silnei SIQUEIRA, com música de Chico BUARQUE DE HOLLANDA, leva o grupo ao Quarto Festival Mundial de Teatro em Nancy, na França, onde os estudantes paulistas ganham o primeiro prêmio.

O fato não somente deu prestígio ao TUCA como incentivou a formação de outros elencos universitários. No Rio de Janeiro, o Teatro da Universidade Católica apresentou *O Coronel de Macambira,* de Joaquim CARDOZO. Em São Paulo, em 1966, estreiam o TESE (Teatro Sedes Sapientiae), o TEMA (Teatro Mackenzie), o TUSP (Teatro da Universidade de São Paulo) e o Teatro do Onze, organizado pelo Centro Acadêmico da Faculdade de Direito da USP. Por esses grupos foram encenadas, respectivamente: *As Troianas,* de EURÍPIDES; *A Capital Federal,* de Artur AZEVEDO; *A Exceção e a Regra,* de Bertolt BRECHT; e *Vereda da Salvação,* de Jorge ANDRADE.

O agravamento da *censura*,* que, desde o golpe militar de 1964, vigiava todos os meios de comunicação, faz com que os amadores, independentes ou ligados às instituições de ensino, tentem se expressar através de metáforas. Aqueles que falam diretamente o que pensam, como é o caso dos criadores de *Canudos,* espetáculo inscrito na Mostra de Teatro de Salvador, em 1973, sofrem coerção. Esse espetáculo foi impedido de prosseguir a exibição sob a ameaça feita pelo diretor da faculdade, de convocar a tropa policial.

Sob a necessidade de libertar-se dessas amarras, surge outro tipo de reivindicação que não é apenas de transformação social, mas que contempla também o direito individual à expressão. Surgem dessa aspiração as *"criações coletivas*"* arquitetadas pela vanguarda internacional e logo exercitadas pelos amadores. Exemplos desse modo de invenções do espetáculo encontram-se em todo o movimento amador do país. Na Paraíba há *O Asilo,* encenado pelo Movimento de Cultura Artística da Paraíba, em 1972. O Diretório do Centro Acadêmico Biomédico de Vitória (ES) encena, em 1972, o espetáculo *São Mateus Colônia.* Esse processo de trabalho já havia sido adotado pelo TUCA, em São Paulo, que apresentou, em 1969, o espetáculo *Comala* e, em 1970, *O Terceiro Demônio.* Mais de dez anos passados, no Festival Brasileiro de Teatro Amador realizado em Ouro Preto, em 1986, oito grupos ainda apresentavam "criações coletivas". Não se tratava mais de uma opção inovadora, porém de uma estratégia para superar a crescente dificuldade de obter a autorização para encenar determinados autores.

Sempre houve dificuldades para a atuação dos amadores, mas o número crescente de participantes conduziu à formação de associações de auxílio mútuo. Começando pela organização de encontros e terminando por formalizar-se em Federações, uma geração de amadores teatrais forjou uma trama ligando todas as regiões do país e colaborando, de modo inegável, para a disseminação de informações em todos os planos da cultura. Começando com os Festivais Nacionais de Teatro de Estudantes organizados por Paschoal Carlos MAGNO, no final dos anos 50, esses eventos foram de extraordinária importância. Os Festivais do Recife (1958), Santos (1959), Brasília (1961), Porto Alegre (1962), Guanabara (1968), Aldeia de Arcozelo (1971), traduziram-se em "lições de vida [...] onde erros e acertos eram debatidos por pessoas competentes, num ambiente em que a troca era o que importava e a competição era esquecida" (AGUIAR, 1992: 32).

Os encontros periódicos não foram o bastante. Havia, segundo Maria Helena KÜHNER, "um sonho de união mais geral e permanente" (1987: 13). Meira PIRES criara, em 1954, a Sociedade Nacional de Teatro Amador (SONATA) e Maria HELENA, então funcionária do Serviço Nacional de Teatro, propõe ao setor público uma atuação direta para congregar e apoiar o amadorismo teatral. Nasce assim a FENATA, estruturada a partir de discussões com os grupos. Em 1976, cada Estado cria a sua fundação associada a uma CONFENATA (Confederação Nacional de Teatro Amador). A descentralização "abriu canais de comunicação com os agentes culturais em todos os níveis, possibilitando um processo de troca e de tomada compartilhada de decisões". (KÜHNER, 1987: 319).

Poucos grupos importantes resistiram na qualidade de "não profissionais" – designação agora em uso para o teatro amador. O Tablado, O Teatro Experimental de Artes de Caruaru, em Pernambuco, e o Teatro de Amadores de Pernambuco são os mais notórios. Quanto aos outros, a consciência da importância do seu trabalho levou-os à profissionalização e ao aperfeiçoamento teórico e prático adquirido em escolas.

Teatro amador feito por prazer, por e para grupos familiares e vizinhança, ainda surge em cidades do interior ou em bairros periféricos das cidades grandes. As organizações governamentais os apoiam, procurando preservar a identidade cultural de cada grupo, mas oferecendo apoio técnico e teórico de profissionais saídos do ensino formal.

Um exemplo pode ser extraído de informativo da Secretaria Municipal de Cultura de São Paulo, informando que cerca de mil pessoas acham-se envolvidas no projeto Teatro Vocacional (outra designação atual do amadorismo). O traço mais característico do amadorismo – a possibilidade de trabalhar coletivamente uma ação dramática sintonizada com a atualidade – encontra-se agora, ao que parece, nos bairros distantes. É onde o teatro procura ser um momento de cultura, reflexão e solidariedade. (MTV)

 Anarquista (Teatro), Filodramáticos, Ídiche (Teatro), Operário (Teatro), Universitário (Teatro).

 Brito, 1958; Nunes, vol. III, 1956; Prado, 1975; Silveira, 1976a.

ANARQUISTA (TEATRO)

O teatro foi tão importante quanto a imprensa libertária como meio de difusão do "saber revolucionário", ouvido e propalado por uma parte expressiva dos imigrantes italianos, espanhóis e portugueses desembarcados no Brasil desde meados do século XIX. Uma vez estabelecidos e organizados os imigrantes, surgiram agremiações com palcos próprios, possibilitando as veladas de sábado, quando encenações de peças, declamações de poesias, números musicais e conferências traduziam, para a plateia operária, durante algumas horas, os princípios do ideário anarquista atento à justiça e à igualdade social. Essa prática cultural do movimento operário e socialista do Ocidente teve continuidade, no País, em núcleos urbanos para onde convergiram os fluxos imigratórios.

O teatro, arte viva por excelência, servia de imediato à instrução, à discussão e ao combate. Uma edição do livro *Teatro Popolare 2*, de 1907, difundida entre os *grupos** italianos, recomendava a coletânea de textos aos "homens de boa vontade" e enfatizava, no prefácio, pontos básicos a serem atingidos: "A pátria, velha superstição que serve tão bem para manter os exércitos sanguinários e as polpudas negociatas; a religião, secular mentira que faz do homem um instrumento servil dos padres e dos ricos; a propriedade, instituição baseada na violência" (MOLINARI, 1907: 2).

O caráter universalista da doutrina fazia com que os textos franceses (vertidos para o italiano), espanhóis e italianos servissem perfeitamente às associações dramáticas em quaisquer dos locais onde fossem apresentados. O que se exigia do dramaturgo era a clareza das situações enfocadas e veemência para que permitissem suscitar gestos de luta. A repetição dos mesmos textos, como se fossem cartilhas elaboradas com cuidado para uma aprendizagem eficiente, demonstra que não havia preocupação com o ineditismo.

Responsabilità, de Jean GRAVE; *Senza Patria*, de Pietro GORI; *Triste Carnevale*, de autor desconhecido; *A Ceia dos Pobres*, de Campos LIMA; *Los Conspiradores*, de Felipe MORALES; *Viva Rambolot*, de Gigi DAMIANI; *O Infanticídio*, de Mota ASSUNÇÃO; *O Mestre*, de ROUSSEL; *Famintos, Maio e Pecado* (três peças de Santos BARBOSA); *O Fuzilamento de Ferrer* e *A Grande Data*, ambas de Carlos DIAS; *Crime Jurídico*, de Filomeno COELHO; *O Vagabundo* e *Amanhã*, de Manuel LARANJEIRAS, atravessaram por quase quatro décadas (1900-1936) os palcos anarquistas, sendo representadas em espanhol, italiano e português sem quase nenhuma queixa por parte dos comentaristas ou do público no que diz respeito à repetição.

Caso de permanência proposital no repertório é o *Primeiro de Maio*, de Pietro GORI, uma transposição poética em torno da esperança por um mundo que há de vir e que não se acredita muito distante: "Lá está... o país feliz... a terra é de todos como a luz e o ar..." (1923: 11-12). Sem individualizar personagens, a peça celebra o Dia do Trabalho e, pelo entusiasmo e encantamento que produzia nos espectadores, tornava-se um rito de crença oficiado sob a forma de teatro. O efeito encantatório fazia com que sua encenação fosse recomendada para ocasiões muito especiais: festejos, homenagens, comemorações de datas significativas para o movimento operário.

Ao lado dos textos poéticos de Pietro GORI e dos dramas com pendor romântico* ou melodramático*, pequenas farsas* animavam as veladas. De grande repercussão por anos a fio foram dois textos de Gregório Nazianzeno de Vasconcellos,

que adotara o pseudônimo de Neno VASCO. Filólogo e bacharel português residente no Brasil por alguns anos, escreveu *Greve de Inquilinos* e *O Pecado de Simonia*. As peças estrearam nos palcos anarquistas em 1907 e 1908 e são os primeiros textos próximos do sarcasmo e do riso brasileiros. Lembrando velhas farsas portuguesas, mas trazendo a ação para o Rio de Janeiro e aproximando-se do estilo de Martins PENA, as duas peças recorriam ao *quiproquó**, a falsos fantasmas, identidades trocadas, personagens escondidas e correrias em cena. Não se limitavam, contudo, à diversão inconsequente. Era um dever "propalar por meio de representações teatrais as ideias renovadoras", proclamava o grupo carioca Ideia Livre (CAFEZEIRO e GADELHA, 1996: 374). Por essa razão, em *Greve de Inquilinos* imiscui-se, entre brincadeiras, a tese do direito dos trabalhadores ao uso do prédio que construíram. Em *Pecado de Simonia* o padre explorador de uma viúva é desmascarado por um jovem operário anarquista. De permeio, entram na discussão os temas do amor livre, o militarismo e, evidentemente, o anticlericalismo. Uma nota publicada no jornal *A Plebe* (SP), em 17 de março de 1934, reafirma não só a aceitação e o longo trajeto da peça quanto indica a existência de esparsos grupos libertários no interior do Estado de São Paulo: "*O Pecado de Simonia*. Precisamos de vários exemplares [...] para atendermos a pedidos que nos fazem amigos do interior que pretendem representá-la. Quem tiver um exemplar que não precisar pode mandá-lo à nossa redação que será bem aproveitado" (VARGAS, 1980: 134.).

Autores brasileiros surgidos nos primeiros decênios do século XX não tiveram a mesma sorte de Neno VASCO. *Avatar*, do poeta e jornalista rio-grandense Marcelo GAMA, apesar de editada em 1905 por Pinto & Cia., foi, segundo registros obtidos até o momento, uma peça pouco representada. Há indicações de uma encenação no Rio Grande do Sul, mas a imprensa só a registra em 1908, quando foi levada à cena na Federação Operária do Rio de Janeiro, e em 1920, em São Paulo, quando apresentada no Salão Celso Garcia em uma cerimônia rememorando o fuzilamento de Francisco FERRER. O enredo condenava o autoritarismo militar e a exploração. Enfatizava a desgraça da pobreza e enaltecia o amor livre. Os versos, a linguagem apurada e a desesperança não agradaram aos operários, apesar da representação verídica da violência sofrida pelos pobres e da formulação de conceitos muito adiantados para a época.

É de Avelino FÓSCOLO, mineiro de Sabará e uma das personalidades mais curiosas entre os militantes anarquistas, a peça *O Semeador*. Órfão aos doze anos de idade, FÓSCOLO começou a trabalhar nas minas de Morro Velho, ao lado de trabalhadores escravos. Para fugir a esse semicativeiro, engajou-se na Companhia de Quadros Vivos, dirigida pelo americano KELLER, e pouco depois, em uma *companhia teatral** portuguesa dirigida por Antonio FERNAL, com a qual mambembou por Minas Gerais. Nesse período, escreveu a *opereta** *Os Estrangeiros*, sua primeira peça teatral. FÓSCOLO veio a ser jornalista, farmacêutico e, sobretudo, um modesto homem de teatro que procurava colocar em cena, com elencos amadores, alguma coisa que sacudisse a população de Taboleiro Grande (Paraopeba), onde residia. Inúmeras vezes montou *Gaspar, o Serralheiro*, de Baptista MACHADO. Impressionavam-no as frases enfático-revolucionárias do texto: "Esmola para o operário que ficou sem pão! / És operário, não és um vadio" (1937: 20). *O Semeador* não deixa de ser um breve encontro entre o regionalismo brasileiro e as pregações de TOLSTÓI. Traz para o palco uma personagem singular, um jovem que aprendeu na Europa o ideário anarquista e vai aplicá-lo na fazenda do pai: administrar a fazenda como uma posse comunitária, abolir os lucros e implantar a economia de troca. Se o texto escandalizou os proprietários das pequenas cidades, também, ao que parece, não teve sorte melhor nos maiores centros operários, onde a preocupação básica era com os problemas das fábricas, e não com os problemas do campo. Há apenas o registro de uma encenação da peça em São Paulo, onde foi apresentada em 1922, no Festival dos Sapateiros.

José OITICICA, figura importante do movimento anarquista brasileiro, foi também dramaturgo. A pregação libertária em seus textos coube invariavelmente à personagem do *raisonneur**. *Azalan, Quem os Salva* e *Pedra que Rola* – um "diálogo libertário de amor livre, comentado por toda a imprensa burguesa" (RODRIGUES, 1972: 79) – nunca foram representadas, tanto quanto se sabe, por trabalhadores. Há notícias, no entanto, de que as duas últimas peças fizeram parte, na temporada de 1920-1921, do repertório da Companhia Dramática Nacional, um conjunto profissional cuja primeira figura era a garibaldina Itália FAUSTA.

Dois dramaturgos proletários, Marino SPAGNOLO e Pedro CATALLO, residentes em São Paulo, são exemplaridades dentro do movimento anarquista. Figuras influentes nos bairros dessa cidade onde viveram (Belenzinho e Brás), devotados à causa, tiraram das observações do dia a dia e da vivência como trabalhadores os assuntos para suas obras. Marino SPAGNOLO, vidreiro e depois alfaiate, escreveu *Bandeira Proletária*, que, a partir do nome e do apelo final, foi recebida com muito entusiasmo quando, em 1923, o Grupo de Teatro Social a levou no Salão Celso Garcia. Sapateiro profissional, CATALLO escrevia e dirigia peças que "permitem entrever o nascimento de uma dramaturgia operária brasileira, com fisionomia própria, amalgamando todas as influências recebidas dos teóricos europeus numa arte própria" (VARGAS, 1980: 73). *Uma Mulher Diferente*, seu texto de maior relevância, questiona a burguesia, a exploração sexual da mulher, as infâmias do clero e as restrições ao controle de natalidade. Os atores *amadores**, recrutados entre gráficos, sapateiros, marmoristas, costureiras e tecelões, tinham, regularmente, a supervisão dos ensaiadores Lírio REZENDE, Mariano FERRER, Santos BARBOSA, Pedro CATALLO (em época mais recente) e o histórico Furtado MEDEIROS, no Rio de Janeiro. A este último refere-se Edgar RODRIGUES: "Um português dos Açores, que não era anarquista, mas contribuiu muito para o teatro social dos libertários incentivando a formação de grupos e ensinando a arte de representar aos operários" (1972: 79).

Em contraponto à fala libertária, desenhava-se a Primeira República tentando equilibrar-se e fortalecendo-se aos poucos entre eleições fraudulentas, a I Grande Guerra, epidemias e estados de sítio. Por outro lado, as indústrias se desenvolviam e, com elas, a classe trabalhadora, seus problemas e sua força social. Data de 1906 o Primeiro Congresso Operário Brasileiro. As agruras do trabalhador não eram, por essa razão, menores. Até quase a metade dos anos 20, coube aos socialistas e sobretudo aos anarquistas o papel preponderante na conscientização e na liderança das reivindicações trabalhistas. Embora os representantes da classe tenham enviado a Wenceslau BRAZ, em 1917, um plano de governo, os direitos mais elementares foram conquistados por meio de greves. De 1901 até 1913, atravessando os governos de Campos SALLES, Rodrigues ALVES, Afonso PENA e Nilo PEÇANHA, eclodiram 129 greves no Estado de São Paulo, em protesto quanto às condições desumanas de trabalho impostas aos menores de 5 a 12 anos.

Cabiam, portanto, ao *teatro anarquista**, além da conscientização, difusão cultural e descontração em clima de confraternização (o "baile familiar" encerrava os encontros semanais), as atribuições de expressar solidariedade aos companheiros presos e seus familiares, bem como de angariar fundos para a luta (o jornal *A Plebe* noticia, em 22 de outubro de 1920, a apresentação, no dia seguinte, da peça *Os Filhos da Canalha*, "para angariar recursos para os camaradas presos na Europa e na África").

Perseguidos com mais intensidade durante os governos BERNARDES e VARGAS, os grupos teatrais cumpriram, dentro das possibilidades, sua finalidade. Com a democratização em 1945, houve uma tentativa de revigoramento, embora o repertório fosse se esgotando a cada ano. Mesmo assim, o periódico *Dealbar* noticia, em 1967, a representação de *O Guerreiro*, de Waldir KOPEZKY, patrocinado pelo Centro de Cultura Social, em São Paulo. (MTV)

 Amador (Teatro), Filodramáticos, Operário (Teatro), Político (Teatro).

 Cadernos Ael, 1992; Cafezeiro e Gadelha, 1996; Prado, 2004.

ANIMAÇÃO (TEATRO DE)

Manifestação contemporânea do *teatro de bonecos** que, com *bonecos** ou não, coloca em cena outros elementos, como objetos, imagens, sombras, formas abstratas, que contracenam com *atores** e atores-animadores visíveis ou ocultos, mas mantendo sempre o foco principal de atenção nas figuras animadas. Ana Maria AMARAL afirma que a arte do teatro de animação é exercício e caminho para se chegar à essência das coisas: "o teatro de animação mostra o avesso, o inverso das coisas. Com elementos materiais, o imaginário é mais bem representado. Através de rostos rígidos (de madeira, pano ou papel) em movimento, a versatilidade da vida se mostra. Mas não se deve fazer dos objetos, formas ou bonecos simples réplicas do homem, mas, sim, expressar com eles a não realidade, o não-ser-sendo. Não realidade ou não-ser-sendo é ir além da realidade" (2005: 23).

A dramaturgia do teatro de animação, quase sempre, é não tradicional, sendo a música, os efeitos sonoros e a iluminação fundamentais. É uma linguagem que se expressa principalmente através de imagens que emitem códigos e despertam emoções.

No Brasil, essa manifestação acentua-se a partir da década de 1980, com novas expressões por parte de grupos antes mais tradicionais ou com o surgimento de novos grupos. O XPTO, de São Paulo, amplia o seu espaço cênico em *Coquetel Clown* (1989) e *Babel Bum* (1994), sempre misturando dança, *mímica** e bonecos; o Grupo Sobrevento, de São Paulo, entre outras produções, mantém em seu repertório a peça *Ubu!* (1996), uma *adaptação** da obra de Alfred JARRY, na qual, sob o conceito da supermarionete de E.G. CRAIG, embaralha os limites entre *teatro de bonecos** e teatro de ator, com a participação ativa de objetos na cena e uma banda de *heavy metal*; O Casulo, de São Paulo, com *Babel – Formas e Transformações* (1992) explora a relação homem/forma, usando principalmente formas geométricas para apresentar, em ciclos que se repetem, a construção e a desconstrução da Torre de Babel, uma metáfora das relações humanas; o Grupo Pia Fraus, de São Paulo, a partir de 1984, busca a integração entre os recursos do teatro de bonecos com a dança, a *máscara**, o circo e as artes plásticas. Na montagem de *Flor de Obsessão* (1996) – baseada na obra de Nelson RODRIGUES –, o grupo foi bem-sucedido, estabelecendo um jogo entre atores, bonecos e objetos. Muitas outras incursões nessa linguagem vêm sendo feitas, como, por exemplo, a experiência que o *grupo** Usina Contemporânea de Teatro, do Pará, apresentou com o espetáculo *À Deriva* (1992) – roteiro baseado em *A Tempestade*, de SHAKESPEARE. Igualmente a Cia. Pequod, do Rio de Janeiro, com montagens como *Sangue Bom* (1999) e *Filme Noir* (2004), nas quais são utilizados princípios técnicos da linguagem do cinema.

O trabalho dos grupos mencionados, somado ao de diversos outros espalhados pelo Brasil, contribui para superar ideias estereotipadas sobre o teatro de animação: a primeira, como linguagem artística destinada exclusivamente ao público infantil; a segunda, como teatro popular-folclórico. A ideia de teatro exclusivo para crianças está relacionada com o boneco, ora como brinquedo, ora como instrumento didático e educativo capaz de propiciar o aprendizado de conteúdos ou estimular a fantasia. Já a concepção popular-folclórica é formada com base nas referências do *mamulengo**, vista como expressão em que predominam o cômico e a crítica social e política. O equívoco está em ver o teatro de animação apenas segundo essas duas concepções, deixando de perceber que, além disso, reúne produções que se diferenciam e não se enquadram em tais perspectivas.

É importante destacar que, "partindo-se da perspectiva da atuação com objetos, descortina-se um universo artístico em constante expansão, em que o objeto pode ser animado, manipulado, manuseado, acionado, expressar-se por si, não mostrando nada mais do que ele mesmo, entre tantas outras invenções. Os avanços experimentados apontam, num futuro próximo, para novas possibilidades do teatro de animação, no que diz respeito ao ato performativo com objetos" (COSTA, 2008:10). (AMA e VB)

 Bonecos (Teatro de), Formas Animadas (Teatro de), Objetos (Teatro de).

 Amaral, 1991, 1997, 2005; Costa, 2000, 2007, 2008.

ANTROPOFAGIA (TEATRO E)

O "Manifesto Antropofágico", de Oswald de ANDRADE, publicado em 1928, mesmo ano da publicação de *Macunaíma*, de Mário de ANDRADE, foi uma primeira tentativa de sintetizar as diversas tendências vanguardistas europeias recebidas no Brasil, contaminando-as (ou devorando-as, como propunha Oswald) com o pensamento mítico do nosso selvagem, acrescidas das influências também míticas do elemento negro, tão presentes na cultura nacional. "Tupi or not tupi", já dizia ele. Assim, enterrava-se, em definitivo, a visão romântica do índio brasileiro ("o bom selvagem" de Gonçalves DIAS, ALENCAR e outros mais) e criava-se uma linguagem literária que se caracterizava não exatamente pela negação dos valores eruditos europeus, mas pela assimilação aos demais, já fortemente enraizados na psique nacional. De certa forma, retornava-se à atmosfera lúdica, debochada e agressiva da Semana de Arte Moderna de 1922. O popular (mesmo o popularesco) não é mais descartado. Aceitam-se, sem reservas, as contribuições do circo, do teatro de variedades e até mesmo os procedimentos da *ópera** italiana ou da ópera francesa no que têm de excessivo, tanto na produção como no espírito. Recursos advindos do Surrealismo, do Expressionismo, do irracional, enfim, mesclam-se à visão grotesca da realidade, não mais recusada, mas desejada. Ao mesmo tempo, a sexualidade não é mais assumida pudicamente, porém, ao contrário, de forma desenfreada, assim como a irreverência, a desmistificação da religião e da ordem constituída juntam-se à *paródia** do ufanismo, do progressismo, do desenvolvimentismo, numa atmosfera de piada e humor cáustico. A síntese anti-ilusionista deságua numa estética popular na qual as categorias do bom e mau gosto, do impuro e do puro desaparecem, descartando-se as preocupações psicológicas, resultando numa nova visão política do homem brasileiro e na recriação poética da realidade em que vive. Nessa realidade, os componentes não se harmonizam, mas, ao contrário, conservam suas características básicas, travando-se um diálogo que se torna altamente produtivo. Assim, quando nossos índios devoraram (literalmente) o Bispo Dom Pero Fernandes SARDINHA, teriam dado o primeiro passo para essa festa anárquica e debochada. A montagem de *O Rei da Vela*, de Oswald de ANDRADE, em 1967, pelo Grupo Oficina, sob a direção de José Celso Martinez CORRÊA, e a encenação de *Macunaíma*, de Mário de ANDRADE, em 1978, por ANTUNES FILHO (com a colaboração de Jacques THIÉRIOT e Naum Alves de SOUZA), são os dois marcos principais do teatro antropofágico. O qual, é preciso insistir, não recusa os elementos eruditos, mas os associa a técnicas vanguardistas, resultando numa linguagem cênica que pretende abarcar a totalidade teatral, sonho wagneriano da *Gesamtkunstwerk* (obra de arte total), agora tupinizado e africanizado. É em 1967/68 que explode o *tropicalismo** no cinema, com *Terra em Transe*, de Glauber ROCHA, e na música com Caetano VELOSO e Gilberto GIL, movimentos afins com o teatro antropofágico. (EF)

 Modernismo (Teatro e), Tropicalista (Teatro).

 George, 1985, 1990.

ANTROPOLOGIA TEATRAL

A antropologia teatral foi elaborada pelo diretor italiano Eugenio BARBA não apenas enquanto "ponto de vista sobre o teatro", mas como disciplina fundamentada cientificamente. É resultante de uma longa experiência teatral, marcada de forma determinante pelo encontro com o *diretor** polonês Jerzi GROTÓVSKI. De fato, muitos dos aspectos presentes nas formulações da antropologia teatral podem ser reconhecidos no livro que publicou em 1968, Em Busca de um Teatro Pobre, como a presença da "montagem" no trabalho do *ator** e a importância do "treinamento" como prática geradora de materiais que auxiliam a construção da expressividade do intérprete. Após a experiência com GROTÓVSKI, BARBA funda seu próprio grupo, o Odin Teatret, com sede em Holstebro, na Dinamarca. O trabalho de criação é pontuado por viagens, sobretudo aos países asiáticos, ao México e à América Latina, cujo caráter de estudo e de pesquisa de campo tem um papel determinante nas formulações da antropologia teatral.

Nas viagens BARBA reconhece, sobretudo no trabalho dos mestres-atores orientais, a existência de "princípios comuns", responsáveis pela construção da "presença", da "vida" e da "*bios*" cênica. Como resultado desse processo de estudo e experimentação prática com os atores do *Odin*, Eugenio BARBA funda, em 1979, a ISTA – *International School of Theatre Anthropology*, uma escola *itinerante* que promove encontros internacionais em diferentes partes do mundo, nos quais artistas de culturas diversas debatem e refletem, teórica e praticamente, sobre os princípios presentes em suas culturas teatrais. Desde o primeiro encontro da ISTA, em 1980, em Bonn, na Alemanha, vários outros se sucederam, um dos quais em Londrina, no Paraná, em 1994, organizado por Nitis JACON.

A continuidade dos encontros da ISTA e da prática artística de BARBA levou, por sua vez, à escritura de vários textos teóricos. Dois deles são fundamentais, pois buscam dar unidade teórica à antropologia teatral enquanto campo específico do saber: *A Arte Secreta do Ator – Dicionário de Antropologia Teatral*, escrito juntamente com Nicola SAVARESE, em 1991, e *A Canoa de Papel*, escrito por BARBA, em 1993. Nesses dois livros, encontram-se informações que dizem respeito tanto aos princípios, espécies de "denominadores comuns" das diferentes práticas examinadas, quanto à delimitação do próprio objeto de estudo. Se em *Arte Secreta* vários são os aspectos analisados, tais como "anatomia", "dilatação", "dramaturgia", "energia", "historiografia", "montagem", "ritmo", "técnica...", em *A Canoa de Papel*, escrito com a finalidade de ser um *Tratado de Antropologia Teatral*, BARBA realça, de maneira mais evidente, quatro princípios da *técnica extracotidiana*: o *equilíbrio precário, a dança das oposições, a incoerência coerente* e a *virtude da omissão*, além de trabalhar o conceito de *ação real* e, mais recentemente, o de *subpartitura*.

No Brasil, a antropologia teatral foi introduzida primeiramente por Luís Otávio BURNIER, ex-aluno de Étienne DECROUX e um dos membros consultivos da ISTA. Após sua experiência no exterior, passa a integrar o corpo docente do Departamento de Artes Cênicas da Universidade Estadual de Campinas, fundando em 1985 o Lume – Núcleo de Pesquisas Teatrais da Unicamp, juntamente com Carlos SIMIONI. A despeito da presença acentuada de elementos do Mimo Corpóreo de DECROUX e da eleição da cultura brasileira como objeto preferencial de estudo, a antropologia teatral é a base que fundamenta, inicialmente, o trabalho do *grupo**. Além do Lume, poucos são os grupos teatrais no Brasil que reconhecem a antropologia teatral como uma referência importante para a produção do trabalho artístico. Os mais significativos são Os Enganadores, fundado em 1997, em Porto Alegre, dirigido por Jackson ZAMBELLI; a Usina do Ator, fundado em Porto Alegre; a Cia. Teatral Avatar, criada em 1986, em Salvador, e dirigida por Paolo ATTO; o ARS Teatro, fundado em 1999, em São Paulo, dirigido por Beth LOPES. Apesar das inúmeras contribuições dadas por BARBA no sentido de aprofundar as percepções sobre o fenômeno teatral – e particularmente sobre os processos expressivos do ator –, o caráter "científico" de suas teorizações é hoje questionado. Segundo alguns estudiosos, dentre eles Marco DE MARINIS, membro consultivo da ISTA (DE MARINIS é professor na Università Degli Studi di Bologna), os "princípios" da antropologia teatral não levariam em consideração as significativas diferenças existentes entre os fenômenos teatrais examinados, responsáveis pela pregnância expressiva de cada um deles. Tais estudiosos afirmam que as elaborações de BARBA correm o risco de anular as especificidades das diferentes manifestações teatrais, que definem a identidade de cada forma expressiva.

Mesmo colocando-se em discussão alguns aspectos da antropologia teatral, é importante reconhecer que sua criação permitiu uma ampliação significativa de horizontes no que diz respeito às reflexões sobre o trabalho do ator, até então praticamente limitadas à polarização "identificação-distanciamento". Por meio da antropologia teatral, diferentes culturas passaram a ser objeto de estudo, transformando-se em referências geradoras de estímulos. Além disso, várias manifestações cênicas do passado, no Ocidente, foram resgatadas tendo como eixo a atuação do *performer*. Esse novo paradigma permitiu que a arte da atuação começasse a ser vista em sua complexidade, rompendo definitivamente uma hierarquia que em muitos períodos históricos colocou o trabalho do ator em um patamar inferior ao do texto e da encenação. (MB)

 Etnocenologia, Físico (Teatro).

 Barba, 1994; Barba e Savarese, 1983, 1995; Burnier, 2001; De Marinis, 1997; Ferracini, 2000; Grotowski, 1987.

APARTE

Um dos mais antigos recursos da convenção teatral, o aparte, quando dito por um personagem em cena, é ouvido apenas pelos espectadores e jamais pelos outros personagens. De um modo geral, o aparte popularizou-se como um dos instrumentos prediletos de autores cômicos, embora tenha sido usado nas *tragédias** clássicas francesas e nas tragédias de SHAKESPEARE. Nas *comédias**, o aparte é um comentário, uma reflexão, uma observação que o personagem faz para si mesmo e que, indiretamente, informa à plateia o seu estado de espírito, o seu caráter, os seus sentimentos verdadeiros, as suas reais intenções em determinada situação. Por estabelecer contrastes gritantes entre aquilo que o personagem diz para os outros em cena e para si mesmo, a sua eficácia cômica é garantida. O aspecto lúdico da representação pode realizar-se também com outra modalidade do aparte: aquele que é diretamente dirigido à plateia. Uma tipologia desse recurso teatral poderia arrolar várias possibilidades: "autorreflexividade, conivência com o público, tomada de consciência, decisão, dirigir-se ao público, *monólogo** interior etc." (PAVIS, 1999: 21). O Realismo e o Naturalismo baniram o aparte do palco por considerá-lo inverossímil, mas em suas várias possibilidades ele jamais deixou de ser aproveitado, tanto no passado quanto no presente. Sirvam de exemplos os dramaturgos brasileiros, principalmente os comediógrafos, que desde Martins PENA até os mais recentes autores do chamado teatro *besteirol**, passando por Joaquim Manuel de MACEDO, FRANÇA JÚNIOR, Artur AZEVEDO, QORPO SANTO, COELHO NETO, Joracy CAMARGO, Abílio Pereira de ALMEIDA, Ariano SUASSUNA, Millôr FERNANDES, Oduvaldo VIANNA FILHO, João BETHENCOURT, Juca de OLIVEIRA e muitos outros, vêm arrancando gargalhadas das nossas plateias. (JRF)

APONTADOR

 Ponto.

APONTAR

 Ponto.

APOTEOSE

Nas *mágicas**, o quadro final é chamado de apoteose porque deve impressionar pelo seu luxo, grandiosidade e beleza. Dedicada a um elogio ou à glorificação de um sentimento, de uma personalidade, de uma ideia, vale-se de todos os recursos visuais possíveis numa encenação, como explica um dicionário de teatro do século XIX: "As cores harmoniosas e a rica arquitetura de uma suntuosa decoração, o feliz agrupamento de vários *atores**, vestidos com figurinos cintilantes, as atitudes e as poses graciosas das dançarinas, a luz elétrica iluminando prodigiosamente o conjunto de artistas e a música com seu brilho e magnitude, tudo isso constitui um espetáculo soberbo que, encantando o espectador, age ao mesmo tempo sobre seus nervos e clama forçosamente pelo sucesso" (POUGIN, 1985, I: 46). A apoteose é, pois, um quadro criado pelos cenógrafos e maquinistas, a partir de uma indicação geralmente simples do dramaturgo. O autor brasileiro Moreira SAMPAIO, por exemplo, assim indicou a "apoteose final" de sua mágica *A Cornucópia do Amor*, encenada em 1895: "Deslumbrante templo do Amor. Em cena, a fada Generosa, Príncipe e Geraldina, Olho de Lince e a Princesa, o Rei e a Rainha" (1894: 140). No *drama fantástico* O Remorso Vivo*, de 1867, Furtado COELHO e Joaquim SERRA propuseram uma apoteose com um artifício muito apreciado na época: aquele que trazia figuras e personagens sobre nuvens: "Apoteose. O fundo abre-se e vê-se Maria sobre um trono de nuvens e no meio de anjos. O fundo todo iluminado" (sd: 73).

A partir do final do século XIX, a apoteose passou a figurar também nas *revista de ano**, tanto nos finais dos atos quanto nos desfechos propriamente ditos. O maior revistógrafo brasileiro, Artur AZEVEDO, serviu-se fartamente desse recurso, indicando, entre outras, as seguintes apoteoses: "Apoteose à paz", na revista *O Major*; "Apoteose à Exposição Industrial Brasileira, de 1895", em *A Fantasia*, revista que ao final do prólogo lançava enorme desafio aos maquinistas, com esta indicação: "Paisagem fantástica. O carro de Faetonte roda vertiginosamente sobre nuvens, conduzindo Dom Jaime e Ajudia. A Fantasia, voando, mostra o caminho a Faetonte. Fogos cambiantes" (1987b., IV: 253); "Apoteose a Victor Hugo (a orquestra executa *A Marselhesa*)", em *O Bilontra*. O último quadro de *O Mandarim* é assim sugerido: "Reprodução animada do grande quadro do combate naval do Riachuelo. Fogos cambiantes. A orquestra executa o Hino Nacional" (1985, II: 276). Na revista *O Tribofe*, a apoteose é precedida de uma explicação da personagem Quinota, que se dirige a Gouveia, dizendo-lhe: "As revistas de ano nunca terminam com um *couplet*, mas com uma apoteose. *(Vindo ao proscênio)* Minhas senhoras e meus senhores, o autor quis manifestar o seu respeito por dois brasileiros ilustres, falecidos em 1891... *(apontando para o fundo)* Benjamin Constant e Dom Pedro de Alcântara! *(mutação)* Quadro 12: Apoteose" (1986: 179).

Dois cenógrafos italianos se notabilizaram nos tempos de sucesso das mágicas e revistas de ano: Gaetano CARRANCINI e Oreste COLIVA. Sobre o primeiro, escreveu Artur AZEVEDO: "As suas apoteoses nunca deixam de apresentar alguma novidade e ele as tem pintado às centenas. Aí o cenário é sempre maquinado e o cenógrafo reclama a colaboração subalterna do carpinteiro; há flores, que se transformam em estrelas, colunas que giram, águas que jorram, grupos maravilhosamente combinados, harmonia de cores, efeitos de projeções luminosas etc." (1986: 267).

As transformações que sofreu o *teatro de revista** ao longo da primeira metade do século XX – no enredo, no tratamento dos assuntos, na música, nos figurinos das artistas etc. – não afetaram o prestígio da apoteose. Décio de Almeida PRADO, que acompanhou o declínio do gênero, observa: "Como estrutura, a revista se desintegrava, perdia a sua escassa unidade, transformava-se em *show*. Só um componente permanecia inalterável, ressuscitando passadas glórias: as apoteoses de fim de ato. Depois de rir com DERCY e COLÉ, éramos agraciados com um número do mais alto alcance patriótico ou humanitário. Uma homenagem, por exemplo, e não estou inventando, à valentia e à dedicação da enfermeira brasileira. As *girls*, que até então só haviam contribuído para o espetáculo com a exibição de suas exuberâncias carnais – nada de sensacional, diga-se de passagem –, desfilavam agora vestidas de branco, metidas num severo uniforme, com o ar entre contrito e marcial, tendo à frente, de bandeira em punho, a figura destemida de Anita GARIBALDI. As luzes piscavam, a orquestra redobrava de ardor sonoro e a *claque**, postada na galeria, puxava ruidosamente os aplausos finais" (PRADO, 1986: 256-257).

A exaltação patriótica nas apoteoses foi muito intensa nas revistas apresentadas nos períodos correspondentes às duas guerras mundiais e bastante comum em outras épocas. Relata uma estudiosa do assunto que, certa vez, Walter PINTO contou com a colaboração do Exército para criar uma apoteose que apresentava o Brasil enrolado na bandeira nacional. Ainda segundo essa fonte, eram as riquezas nacionais que forneciam a maior parte dos temas das apoteoses: "Pedras preciosas, artes, monumentos, florestas, cidades, grandes homens ou mulheres, heróis, grandes inventos vinham representados pelas *girls*, *vedetes** e *boys* em evolução na escada, o elemento indispensável à *cenografia** deste quadro final (VENEZIANO, 1991: 111)". (JRF)

 Mágica, Mutação, Mutação à vista do público, Rebolado (Teatro), Revista (Teatro de), Revista de ano.

 Paiva, 1991; Ruiz, 1988; Süssekind, 1986.

A-PROPÓSITO

Peça geralmente curta, de espírito cômico e paródico, escrita em função de algum acontecimento recente de grande repercussão, como um extraordinário sucesso teatral ou literário, um fato político fora do comum, um escândalo social, um incidente burlesco e coisas do gênero. Bastante apreciada no século XIX, essa forma dramática seduziu alguns intelectuais, comediógrafos e *atores**. Em 1878, por exemplo, motivado pela rumorosa acolhida do romance *O Primo Basílio*, de Eça de QUEIRÓS, na imprensa brasileira, o jornalista Ferreira de ARAÚJO escreveu um a-propósito com o mesmo título, que foi encenado no Teatro Fênix Dramática, no Rio de Janeiro. Moreira SAMPAIO e Augusto de CASTRO são autores, respectivamente, de *Bitu, Sampaio & Cia*, "*opereta** a-propósito" da *Filha de Maria Angu*, enorme sucesso de Artur AZEVEDO, em 1876, e de *Tchang-Tching-Bung*. Várias *cenas cômicas** do ator VASQUES foram escritas a propósito de alguma coisa. Entre outras, duas podem ser lembradas: *O Sr. Anselmo Apaixonado pelo Alcazar*, encenada em 1863, deveu-se às paixões que o Teatro Alcazar Lyrique e suas atrizes francesas despertaram nos habitantes do Rio de Janeiro; *Imperador e República*, de 1890, nasceu como resposta cômica à proclamação da República. Também merece menção o a-propósito em três atos *Indenização ou República*, de COELHO NETO e Emílio ROUÈDE. Representado em agosto de 1888, no Teatro Variedades Dramáticas, no Rio de Janeiro, tinha por finalidade, segundo o anúncio publicado nos jornais da época, "ridicularizar, sem ofender, os efeitos da lei de 13 de maio entre alguns fazendeiros que exigiam a indenização, sob pena de engrossarem o Partido Republicano se não a obtivessem". (JRF)

ARENA (TEATRO DE)

Espaço cênico definido por uma área central de representação que tem à sua volta o público. Esse antiquíssimo tipo de relação entre palco e plateia, anterior à disposição da cena italiana, foi utilizado entre nós pelo teatro religioso do século XVI, que situava algumas cenas nos adros das igrejas e permanece até hoje como a formalização privilegiada pelos folguedos populares apresentados ao ar livre e por alguns *circos-teatro**, que utilizam o picadeiro para apresentar *comédias**. No *teatro moderno** brasileiro, o formato da arena adotado como alternativa à cena italiana e com o intuito de renovar a linguagem cênica foi utilizado pela primeira vez em 1951, por um grupo de alunos da Escola de Arte Dramática de São Paulo, em um espetáculo encenado nas dependências da escola. Orientado pelo professor e crítico Décio de Almeida PRADO, o grupo apresentou *O Demorado Adeus*, de Tennessee WILLIAMS, sob a direção do aluno José RENATO PÉCORA. Com o mesmo formato, o elenco apresentou-se também fora da escola, na sala de exposições do Museu de Arte Moderna, em São Paulo, para uma plateia de quatrocentas pessoas, "e o resultado obtido foi de uma integral transmissão do texto e total compreensão da plateia" (PRADO, PÉCORA e TORLONI, 1951: 103). Valorizando a mobilidade do palco em arena e a relativa simplicidade dos recursos cenotécnicos necessários para esse espaço, os autores do primeiro experimento brasileiro mencionavam, como fonte teórica, o trabalho da produtora e *diretora** norte-americana Margo JONES relatado no livro *Theatre-in-the-Round* (1951). Considerações sobre as vantagens econômicas e sobre a especificidade estética desse formato foram apresentadas sob a forma de tese no Primeiro Congresso Brasileiro de Teatro realizado no Rio de Janeiro, entre 9 e 13 de julho de 1951, por Décio de Almeida PRADO, José RENATO PÉCORA e Geraldo Mateus TORLONI. Ao justificar o formato, os autores assinalavam, além desses atributos de mobilidade e economia, a adequação da arena ao naturalismo da interpretação: "Uma absoluta sinceridade é necessária, pois a proximidade torna claro qualquer recurso de técnica de representação, tão comumente empregada no palco normal" (PRADO, PÉCORA e TORLONI, 1951: 105). Assim, orientando-se por princípios de economia de recursos e verismo estilístico, mais tarde os ex-alunos da EAD inauguraram, em 27 de janeiro de 1955, o Teatro de Arena de São Paulo, em uma sala adaptada para esse formato. Na orientação artística inicial do conjunto, observava-se uma linha eclética de repertório, sintonizada com a totalidade das companhias profissionais da época. Alternavam-se obras artisticamente ambiciosas com outras puramente comerciais. Nessa fase, o Arena visava montar espetáculos com o mesmo apuro do

TBC, adotando, porém, uma forma de produção mais econômica e abolindo o ilusionismo da *cenografia** e da iluminação próprios do palco italiano. "No teatro de arena preocupamo-nos com um espetáculo mais puro. Sua verdadeira vedeta é o texto. Com a ausência de cenários e a proximidade do palco, toda a atenção se concentra sobre a peça e o desempenho", afirmaria o diretor José RENATO PÉCORA em uma entrevista de 1956 (MAGALDI, 1956: 27).

Com a montagem de *Escola de Maridos*, de MOLIÈRE, em 1956, sob direção de José RENATO, inicia-se a colaboração com o Teatro Paulista do Estudante, um grupo amador simpatizante do Partido Comunista Brasileiro. Dessa fusão e da presença de Augusto BOAL, contratado como diretor, vão resultar novas atribuições conceituais para o espaço em arena e, consequentemente, alterações no programa artístico da companhia. O palco em arena, considerado inicialmente uma forma cênica móvel e econômica, adequada para a popularização do teatro, passa a ser compreendido como um instrumento privilegiado para acolher o teatro protagonizado pelas classes populares. Na perspectiva dos teóricos do grupo, a simplicidade do aparato cênico emula a escassez em que vivem operários e camponeses. Igualmente a disposição circular dos espectadores, por eliminar o "ponto de vista do rei" e equalizar a visibilidade, torna-se a metáfora da democratização do espetáculo. A arena torna-se o palco emblemático do *teatro popular**. Dramaturgos como Gianfrancesco GUARNIERI, Oduvaldo VIANNA FILHO e Chico de ASSIS, participantes do grupo, escrevem peças filtradas por esse crivo ideológico.

O primeiro resultado dessa ressignificação da arena no teatro brasileiro é a estreia, em fevereiro de 1958, da peça *Eles Não Usam Black-Tie*, de Gianfrancesco GUARNIERI, peça ainda moldada sobre o estilo realista, mas entremeada por uma canção que prenuncia os recursos do *teatro épico**. Em 1960, com a estreia de *Revolução na América do Sul*, texto de Augusto BOAL, as técnicas dramatúrgicas e de espetáculo se modificam, incorporando procedimentos épicos extraídos da teoria brechtiana. Em encenações posteriores, o grupo se divorcia do realismo dos primeiros anos. A "lembrança aristofanesca" (MAGALDI, 1984: 41), o circo, o *teatro de revista**, os *autos** medievais, tornam-se fontes para a construção de textos e espetáculos que pretendem minimizar a função empática da cena e, em contrapartida, acentuar a função instrutiva.

Essa fusão entre fontes narrativas tradicionais e recursos do moderno teatro épico, teorizada e posta em prática nos espetáculos apresentados entre 1958 e 1969, repercute sobre todo o teatro brasileiro do período. A potencialidade do palco em arena para acolher as teses "revolucionárias" se expande através de uma bem articulada reflexão teórica feita por Augusto BOAL e Oduvaldo VIANNA FILHO. As teses do grupo difundem-se pelo país enquanto se deslocam os espetáculos da companhia, associando-se, desse modo, o formato do palco em arena e a impregnação ideológica que lhe conferiu o Teatro de Arena de São Paulo.

Nos vinte anos de ditadura que se seguiram ao golpe militar de 1964, o formato em arena multiplicou-se e grupos do Rio de Janeiro, Porto Alegre, Curitiba, João Pessoa e Salvador produziram espetáculos em palcos de formato circular, muitas vezes em espaços adaptados, emulando ao mesmo tempo o formato e o compromisso de resistência política dos pioneiros paulistas. Quando o Teatro de Arena de São Paulo é dissolvido pela repressão da ditadura, a associação entre a morfologia peculiar da arena e a atuação política permanece nas equipes que, fora do circuito profissional, continuam a fazer uma arte de *resistência**.

Em paralelo a esse efeito multiplicador sobre grupos de resistência à ditadura, alguns projetos arquitetônicos passam a considerar o espaço em arena como uma alternativa estética às convenções do palco italiano e, nesse sentido, uma alternativa espacial ideologicamente "neutra". O Teatro da Reitoria da Universidade Federal do Paraná, construído em 1958, e o Teatro do Parque Trindade, em Recife (1960), são iniciativas dessa ordem. O pequeno edifício que abrigou o primeiro palco em arena em São Paulo permanece no cenário teatral paulistano rebatizado como Teatro Eugênio Kusnet. Hoje, a fórmula "arena" tornou-se rotineira na produção de espetáculos no Brasil, sobretudo quando efetuados em espaços inusitados ou quando são modestos os recursos de produção. Em um ensaio sobre a morfologia do espaço cênico, o arquiteto e cenógrafo J. C. SERRONI questiona o relativo abandono desse formato pela arquitetura teatral contemporânea: "Por que será também que são raros os teatros em forma de arena no nosso país? Sabemos que trabalhar em forma de arena é complicado. É um teatro de palavra, de texto, geralmente *engajado**, difícil. Será pela falta de público ou pela falta de inquietação de nossos grupos e diretores? O fato é que contamos cerca de meia dúzia em todo país. E pensar que essa é a forma mais antiga para as encenações em todo mundo" (SERRONI, 2002: 34). (EF e MAL)

 Coringa (Sistema), Fórum (Teatro), Invisível (Teatro), Jornal (Teatro), Oprimido (Teatro do), Político (Teatro).

 Boal, 1975a; Campos, 1988; *Dionysos*, 1978b; Mostaço, 1983; Prado, 1988.

ARMORIAL

Projeto cultural de um grupo de músicos, escritores, artistas plásticos e dramaturgos pernambucanos, o Movimento Armorial Brasileiro tornou-se público no dia 18 de outubro de 1970 através de uma exposição de artes plásticas, de um concerto intitulado *Três Séculos de Música Nordestina: Do Barroco ao Armorial*, e de um texto programático de Ariano SUASSUNA. Nestes termos definia a poética do movimento: "A Arte Armorial Brasileira é aquela que tem como característica principal a relação entre o espírito mágico dos folhetos do Romanceiro popular do Nordeste (literatura de cordel), com a música de viola, rabeca, ou pífano que acompanha suas canções e com a xilogravura que ilustra suas capas, assim como o espírito e a forma das artes e espetáculos populares em correlação com este Romanceiro" (VASSALO, 2000: 147-148). Manifestações teatrais concebidas sob a inspiração desses postulados formalizam-se, segundo uma estudiosa da obra de SUASSUNA, "em um tipo de *teatro épico** ou narrativo que existiu no antigo Oriente, na Idade Média, nos *autos** vicentinos, nos *autos sacramentais** do Século de Ouro espanhol e ainda viceja nos folguedos nordestinos ao ar livre, associando-se a inúmeras representações folclóricas" (VASSALO, 2000: 150). Nacionalista no intento e anti-ilusionista no que diz respeito aos recursos do espetáculo, o estilo armorial se contrapõe ao naturalismo da corrente regionalista. "Todas as grandes fases de criação do teatro de todos os países têm sido momentos em que os grandes autores teatrais souberam unir as grandes criações poéticas da *comédia** ou da *tragédia** ao senso do espetáculo, à vida do palco, com *atores** e cenas que tinham muito de circo, com o texto literário formando uma unidade harmoniosa com vários outros elementos espetaculares de encantação – a música, o malabarismo dos atores, o ritmo, o canto", escreveu o mentor do movimento (SUASSUNA, 1992: 299). Na conceituação desse programa são retomados epistemas caros ao Romantismo: a universalidade da arte enraizada no localismo, a marca indelével da origem (ou passado histórico) na experiência contemporânea e a recorrência à cultura popular como fonte de inspiração para a arte erudita. O programa estético formulado corresponde, em grande parte, à obra ficcional do próprio Ariano SUASSUNA e pode-se dizer que, nesse sentido, é uma justificação da experiência. Além da prédica estética, o movimento teve um caráter institucional ao influir sobre o setor público, com consequências notáveis sobre a política cultural do Estado de Pernambuco. A Orquestra Armorial de Câmara de Pernambuco, o Quinteto Armorial e o Balé Popular do Recife são conjuntos estáveis, apoiados pelo poder público, cujo repertório se pauta sobre esse programa de vocação polissêmica.

Para a difusão nacional e internacional do movimento, contribui até hoje o trabalho de Antônio NÓBREGA. Bailarino, dramaturgo, compositor, cantor e instrumentista, NÓBREGA é um ex-integrante do Quinteto Armorial. Em 1986 transferiu-se para São Paulo, onde dirige o Teatro-Escola Brincante. Desde então, vem criando espetáculos que excursionam pelo país e por festivais internacionais, popularizando a prédica armorial. Intérprete excepcional de mais de uma dezena de encenações (entre outras: *Maracatu Misterioso, Brincante, Figural, O Sol do Meio Dia, Segundas Histórias* e *Na Pancada do Ganzá*), suas encenações transcriam cenicamente peculiaridades estilísticas de artistas de outras linguagens (ALEIJADINHO, Artur Bispo do ROSÁRIO, GARRINCHA, cantadores e *brincantes** de projeção no cancioneiro popular nordestino) e personalidades da história brasileira, como ZUMBI dos Palmares. (MAL)

 Brincante, Nacional e Popular.

 Santos, 1999; Vassallo, 1993.

ARQUITETURA TEATRAL

 Edifício Teatral.

ARREMEDILHO

Forma embrionária de vários gêneros cômicos, o arremedilho consistia na imitação jocosa de papéis sociais ou personagens históricas feita por *jograis** em locais públicos e por bobos nas cortes. Estudiosos como Carolina MICHAELIS e Oscar PRATT consideram esta a mais antiga forma de teatro peninsular e o historiador Fidelino FIGUEIREDO localiza, no século XII, a primeira referência a essa modalidade de representação, advertindo sobre a importância dessa manifestação teatral ibérica que precede todas as outras nos registros históricos (BUENO, 1969: 4 e FIGUEIREDO, 1944: 75). Diferindo do *momo** por representar caracteres, o arremedilho dissolveu-se na forma mais complexa do *auto** quinhentista, uma vez que este vinculava personagens a situações dramáticas com um nível maior de elaboração. No entanto, o recurso de imitar a linguagem, o comportamento e o ideário de personalidades familiares ao público para submeter traços reconhecíveis à deformação cômica é incorporado ao teatro cômico vicentino e, posteriormente, às reverberações do teatro ibérico na cena brasileira. Desde os autos jesuíticos, representados no período colonial, a literatura dramática brasileira agrega ao simbólico e ao alegórico esse modo de historicização da personagem, ridicularizando personalidades contemporâneas do público. Assim, os chefes tamoios Guaixará e Aimberé são figuras maléficas no auto *Na Festa de São Lourenço*: "velhos inimigos dos jesuítas, promovidos agora, por suas últimas façanhas, a demônios graduados..." (PRADO, 1993a: 24). A ficção, neste caso, deve deixar nítida a memória do referente lembrando aos espectadores que esses caciques se aliaram aos "invasores" franceses contra o domínio hispânico. Por se basear na possibilidade de associação imediata de função social, época e lugar, e dispensar a reflexão crítica profunda, essa forma de comicidade reaparece nas *revistas** escritas por autores brasileiros desde o século XIX até os anos 30 do século XX. Luiz IGLEZIAS atribui "à representação de tipos políticos da época" o sucesso do gênero revista e faz, no seu livro *O Teatro da Minha Vida* (1945), um breve histórico de imitações bem-sucedidas de personalidades públicas do século XIX e das três primeiras décadas do século XX. A conotação política desses arremedilhos modernos foi fatal para sua sobrevivência, uma vez que o Departamento de Imprensa e Propaganda do Estado Novo, criado em 1937, proibiu a aparição em cena da figura do ditador Getúlio VARGAS. No entender de Silveira BUENO, "tal forma cênica ainda hoje vive nos nossos *teatros populares**, onde nos 'atos variados', sequência de números declamados ou cantados, sem nexo prévio, aparecem sempre os imitadores que, sem exceções, costumam receber os melhores aplausos" (1969: 5). Grandes comediantes do teatro brasileiro, como OSCARITO e Afonso STUART, "especializaram-se" durante algum tempo na imitação de Getúlio VARGAS, o mais célebre dos nossos caudilhos. Outro *ator** exponencial da cena brasileira, Jaime COSTA, inspirou-se em um interventor paulista (posteriormente governador eleito) ao protagonizar a peça *O Comício* (1957), de Abílio Pereira de ALMEIDA. Décio de Almeida PRADO observa no seu livro *Exercício Findo* a adequação necessária entre o estilo do intérprete e a personalidade que se deseja imitar: "Jaime COSTA, seja dito em seu louvor, não era hipócrita. Era cínico. Mas de um cinismo inacreditável, franco, direto, desse cinismo que fala alto, que mente sem pestanejar, sabendo de antemão que acabará sendo perdoado. Quando Abílio Pereira de ALMEIDA quis pintar em *O Comício* o nosso populismo demagógico em seus aspectos mais desavergonhados, já quase de teatro de revista, foi Jaime COSTA quem chamou para protagonista" (1987a: 156). Vocábulo específico do léxico teatral por significar a imitação que associa gesto, expressão verbal e conduta do objeto representado, está atualmente em situação de sinonímia com a palavra *caricatura*, advinda esta do repertório da representação iconográfica. (MAL)

 Saraiva, 1965.

ARTE CONTRA A BARBÁRIE

Movimento desencadeado essencialmente por grupos de teatro de São Paulo, a partir de 1998. O desejo de trocar experiências nos planos da produção e da criação de espetáculos motivou uma série de reuniões em algumas sedes ou edifícios teatrais da cidade. No entanto, a luta por políticas públicas para o setor se impôs como eixo. Havia a percepção de que os coletivos estavam ensimesmados em suas estratégias de sobrevivência, em prejuízo da organização da chamada classe artística – um contraste com mobilizações mais enfáticas sob o regime da ditadura militar.

Batizados como Espaço da Cena, os encontros levaram à politização do discurso dos artistas e à adoção tática de divulgar manifestos. O primeiro deles, em abril de 1999, embasou a defesa de uma efetiva política de Estado para a cultura, e não à mercê do governo de turno. O documento irradiou influência em outras regiões do Brasil, ao longo da década seguinte. O seu trecho final reflete a tônica de uma época: "O teatro não pode ser tratado sob a ótica economicista. A cultura é o elemento de união de um povo que pode fornecer-lhe dignidade e o próprio sentido de nação. É tão fundamental quanto a saúde, o transporte e a educação. É, portanto, prioridade do Estado. Torna-se imprescindível uma política cultural estável para a atividade teatral. Para isso são necessárias, de imediato, ações no sentido de: definição da estrutura, do funcionamento e da distribuição de verbas dos órgãos públicos voltados à cultura; apoio constante à manutenção dos diversos grupos de teatro do país; política regional de viabilização de acesso do público aos espetáculos; fomento à formulação de uma dramaturgia nacional; criação de mecanismos estáveis e permanentes de fomento à pesquisa e experimentação teatral; recursos e políticas permanentes para a construção, manutenção e ocupação dos teatros públicos; e criação de programas planejados de circulação de espetáculos pelo país. Esse texto é expressão do compromisso e responsabilidade histórica de seus signatários com a ideia de uma prática artística e política que se contraponha às diversas faces da barbárie – oficial e não oficial – que forjaram e forjam um país que não corresponde aos ideais e ao potencial do povo brasileiro".

Esse texto seminal foi subscrito por sete núcleos (Companhia do Latão, Folias D´Arte, Monte Azul, Parlapatões, Patifes & Paspalhões, Pia Fraus, Tapa e Teatro União e Olho Vivo), além de personalidades como o diretor e cenógrafo Gianni RATTO, o pesquisador Fernando PEIXOTO, o ator Umberto MAGNANI e o dramaturgo Aimar LABAKI, entre outros.

No início, os protagonistas rejeitavam a designação "movimento", mas a acepção vingou. Temia-se engessamento pela formalização ou institucionalização. O arte contra a barbárie não possui porta-voz ou representante. Ninguém fala em seu nome, só o coro dos grupos, por meio de manifestos.

O resultado mais visível dessa vigília permanente foi a articulação junto à Câmara dos Vereadores e à Secretaria Municipal da Cultura em favor da criação do Programa Municipal de Fomento ao Teatro para a Cidade de São Paulo, mais conhecido como Lei de Fomento (número 13.279, de 8 de janeiro de 2002). Uma comissão de artistas elaborou o projeto de lei. Galerias e plenário foram ocupados com o intuito de conscientizar os políticos, que o aprovaram por unanimidade.

Em resumo, a Lei de Fomento determina que a Prefeitura de São Paulo destine uma fatia do orçamento anual para "selecionar e apoiar a manutenção e criação de projetos de trabalho continuado de pesquisa e produção teatral visando o desenvolvimento do teatro e o melhor acesso da população ao mesmo". Em valores de 2008, equivale a cerca de R$ 9 milhões, repartidos entre os projetos eleitos por comissão em dois editais, um a cada semestre. O programa reintroduziu o investimento direto em cultura após duas décadas de vigência majoritária das leis de isenção fiscal, notadamente a Lei Rouanet, criada em 1991, que permite às empresas destinar parte de seu imposto de renda às produções.

A Lei de Fomento quase caiu em 2005, após a sucessão municipal. Novamente, os artistas mobilizaram-se por meio de passeatas, manifestos e artigos do periódico O Sarrafo, publicação capitaneada por grupos, que atingiu nove edições. No embate ideologia versus responsabilidade social da arte, prevaleceu a segunda.

Outro importante reflexo do movimento foi a criação do Redemoinho – Movimento Brasileiro de Espaços de Criação, Compartilhamento e Pesquisa Teatral, que envolve cerca de 70 grupos ou entidades ligadas às artes cênicas em 11 Estados. Sua origem está no encontro realizado pelo Galpão Cine Horto em 2004, em Belo Horizonte, onde se repetiu no ano seguinte. As demais edições foram organizadas em Campinas, pelo Barracão Teatro, em 2006, e em Porto Alegre, pela Tribo de Atuadores Ói Nóis Aqui Traveiz, em 2007.

Entre os desafios traçados recentemente pelo arte contra a barbárie, está o reconhecimento pela sociedade e pelas autoridades públicas de programas correspondentes à Lei de Fomento nas esferas estadual e federal.

O movimento e a Lei de Fomento também afetaram conceitos e estéticas. Estimularam os grupos a abrir ou consolidar seus próprios espaços; a investir em *processos colaborativos**; a aprofundar as investigações cênica e dramatúrgica. "Esse programa é e deve ser exemplo e modelo de uma política cultural de Estado que alcance todo o Brasil" (FERNANDES E ÁUDIO:152), frisou o Teatro da Vertigem no livro em que seus integrantes e pesquisadores descreveram a criação do espetáculo *BR-3*, encenado no leito e nas margens de um trecho do rio Tietê, em 2006. Outro parâmetro de como essa arte vem contracenando de forma mais concreta com a cidade é o fenômeno das salas alternativas na Praça Franklin Roosevelt, na região central, que cativa públicos de bairros e classes sociais os mais díspares. (VS)

ATOR

Entendido como produção simbólica, o trabalho do ator é, em qualquer contexto temporal e geográfico, uma criação ficcional mediada pelo corpo humano. O que pode caracterizar o ator no teatro brasileiro é, portanto, a atribuição de diferentes acepções de fundo histórico a esse signo primordial. Quer seja indiretamente, por meio de relatos testemunhais ou de modo direto, quando o ator fala da sua arte, os documentos que permitem reconstituir essa figura central do teatro refletem, antes de tudo, o lugar que ocupa na economia do espetáculo. Ainda que do ponto de vista fenomenológico seja ele o eixo em torno do qual giram os outros elementos de composição da cena, o seu poder de decisão é variável. No *teatro de catequese** concebido e realizado pelos jesuítas no século XVI, o significado de ato subjacente na palavra *ator* não reveste o sujeito que o executa uma vez que, nessa concepção instrumental da cena, os participantes desempenham uma função cujo desígnio é mais didático do que artístico. *Autos** remanescentes e testemunhos contemporâneos inscritos na correspondência entre os membros da Companhia de Jesus referem-se à manifestação espetacular, aos gêneros dramáticos e à origem étnica e social dos participantes sem ponderar a atuação.

Somente no século XVIII surgem menções de difícil distinção entre "atores", "comediantes" e "*máscaras**". Décio de Almeida PRADO comenta o depoimento de um viajante francês que, tendo assistido a uma festividade ao ar livre na Bahia, em 1817, reclama dos "maus atores que representaram uma *comédia** medíocre, *La Monja Alférez*" (1993a: 61-62). Nas *Cartas Chilenas,* poema satírico atribuído a Tomás Antônio GONZAGA, referências às festividades cívicas em Vila Rica, por volta de 1780, incluem as menções a um "máscara prendado" e a uns "maus comediantes quando fingem as pessoas dos grandes nos teatros" (JANCSÓ e KANTOR, 2001, II: 762 e 768). No contexto da obra, o emprego dessas duas designações sugere a distinção entre o ator de comédia e o de *tragédia**, uma vez que o "máscara prendado" atua em um *arremedilho** e o termo *comediante* refere-se ao malogro na representação de uma figura de alta projeção social. São ambas, no entanto, nominações não confirmadas por documentos de outra ordem. No mesmo período e no mesmo lugar, um relato testemunhal de uma festa cívica menciona "insignes representantes" e "gravíssimas figuras", denominações que Décio de Almeida PRADO atualiza mostrando que estão no lugar de "atores" e "personagens". Atestam-se, por meio dessa tradução, lacunas no vocabulário do autor do relato (PRADO, 1993a: 63). Quer sejam óperas, *entremezes** cômicos ou tragicomédias, as manifestações teatrais registradas nas mais prósperas cidades portuárias, ou nos centros da produção aurífera, têm em comum o semiamadorismo, e essa característica contribui para rodear de uma espécie de limbo os praticantes da arte cênica. São as primeiras tentativas de profissionalização, ocorridas nos dois últimos decênios do século XVIII, que indicam a restauração etimológica que irá devolver ao ator a função de agir sobre a produção teatral.

Levando em conta o critério cronológico, o primeiro contrato a estipular funções e remuneração para intérpretes foi lavrado em cartório em São Paulo, em 1770. Nesse documento, assume a tarefa empresarial o alferes Antonio Joaquim de OLIVEIRA. "Os cachês mais elevados eram os da *primeira dama* e do *primeiro ator,* num montante de 8$000 mensais; o maestro, Salvador MACHADO, recebia bem menos: 3$000 mensais. Alguns dos atores eram analfabetos. Estipulava uma das cláusulas do contrato que os *cômicos* deveriam respeitar o texto da peça, sem lhe acrescentar *cacos** de sua invenção, destinados a atrair sobre si a atenção do público, provocando-lhe o riso." (HESSEL e RAEDERS, 1974: 65). Sobre esse raro registro documental fundam-se especulações de historiadores a respeito do estatuto social e fenomenológico do intérprete. Considerando em primeiro lugar o local em que foi lavrado o contrato, um dos centros urbanos de menor relevo econômico e cultural durante o período do vice-reinado, infere-se que em centros urbanos mais abastados, como Bahia, Minas Gerais e Rio de Janeiro, tenham ocorrido precedentes. *Companhias** com um certo nível de organização econômica e hierarquia de funções artísticas podiam ser convocadas para atuar em determinadas ocasiões, embora não fosse possível mantê-las regularmente em cartaz. Ainda que de modo episódico, a atuação começa a ser exercida e compreendida como um ofício, e são os documentos contábeis do período do vice-reinado que permitem concluir que, para a celebração de festas cívicas, era possível contratar e remunerar atores. Outras considerações podem ser aventadas: sob o nome genérico de comediantes distinguem-se atores e atrizes, ou seja, no século XVIII há mulheres representando personagens femininas. Note-se ainda que, ao mencionar o "primeiro ator" e a "primeira dama", o documento identifica um centro gravitacional em torno do qual iriam orbitar intérpretes secundários.

Incidente capital para a nossa história, a chegada de D. JOÃO VI ao Brasil, em 1808, afeta indiretamente a posição do ator na sociedade da época. Em meio ao esforço do então Príncipe Regente da Coroa portuguesa para dotar culturalmente o território onde se vê exilado, está o estímulo ao desenvolvimento da arte cênica. Escuda-se no princípio de que o teatro é, entre outras artes, um instrumento civilizador. A convite, transferem-se para o Rio de Janeiro as melhores companhias portuguesas do período, instalando-se no Teatro São João, um edifício construído com o aval e algum apoio financeiro da Coroa. Dessas companhias deriva o conceito de *atuação* hegemônico no decorrer do século XIX. Quem se encarrega de explicitá-lo pela primeira vez é João CAETANO dos Santos, primeiro ator-empresário brasileiro. Reproduzindo em grande parte fontes europeias e parcialmente escudado em DIDEROT, escreve dois opúsculos: *Reflexões Dramáticas*, em 1837, e *Lições Dramáticas*, publicado pela primeira vez em 1862. Em ambos, o conceito de *atuação* vincula-se à noção de *papel**: "O estudo de um papel, ou sua criação, na frase da arte, é de onde parte a reputação do ator. É, portanto, de absoluta necessidade estudar-se os tipos na sociedade ou na história, segundo as épocas em que eles existem ou existiram" (CAETANO, 1956: 13). Variáveis estilísticas derivadas do repertório dramático não alteram substancialmente esse conceito ao longo do século. Compete ao ator a representação de papéis e, quer sejam criações advindas da escola romântica, realista ou peças cômicas sem nenhuma pretensão nobiliárquica, o seu trabalho tem como alvo a credibilidade da personagem. "O seu jogo é todo convenção, criando, por assim dizer, uma natureza para si, comovendo-se, arrebatando-se e exasperando-se até o ponto que lhe convém" (CAETANO, 1956: 11).

Do ponto de vista da conceituação, o que se inicia com a prática e a teorização de João CAETANO é o constante espelhamento da atuação nos meios intelectuais. Atores tornam-se foco central de reflexões sobre o estado da cultura brasileira na medida em que são agentes do processo civilizador da nação, agora independente. Jornalistas, dramaturgos, ensaístas e literatos de todos os matizes se dedicam a analisar textos e interpretações, contemplando, em primeiro plano, a literatura dramática e, secundariamente, a adequação entre o trabalho do ator e a personagem inscrita no texto. Prova desse foco privilegiado sobre a literatura é o divórcio entre intelectuais e profissionais do palco que, nas duas últimas décadas do século, têm como pomo da discórdia o florescimento do *teatro musical** ligeiro e a proporcional anemia do teatro sério. Gêneros desprestigiados, ainda que liderados por intérpretes estimados pelo público, não estimulam comentários críticos da imprensa e, como consequência, são escassas as informações sobre os recursos estilísticos empregados pelos intérpretes dessa vertente.

A contraprova dessa cisão acentuada no final do século inscreve-se em um texto de Paulo BARRETO, redigido em 1899, sobre o desempenho da atriz Lucília SIMÕES: "Farto das trampolinices chatas dos nossos atores e da inépcia dos nossos críticos, sinto-me alegre em lembrar-me da arte, da arte colossal da Verdade, que é como uma corrente caudalosa, levando tudo, derruindo tudo com a impetuosidade brutal da análise" (FARIA, 2001: 638). Nesse comentário, sem dúvida singular por sua adesão aos epistemas *naturalistas**, introduz-se uma hipótese de atuação mais moderna: "Pintar tão bem, desaparecer tanto que um outro *eu* viva dentro de si" (FARIA, 2001: 640). Enquanto a maior parte do teatro profissional está, nesse final de século, pautando-se por um conceito de *papel**, a estética naturalista, que não vicejou nos palcos brasileiros, permite a Paulo BARRETO prever o engajamento emocional do intérprete na criação da personagem. Trata-se, no entanto, do vislumbre do caminho que os europeus começam a trilhar e que não tem seguimento histórico imediato no teatro brasileiro.

No primeiro período republicano, o ator reina sobre o palco de modo absoluto: escolhe o repertório, empresaria e, muitas vezes, escreve as peças. Sem que se alterem substancialmente as funções no espetáculo, as quatro primeiras décadas do século XX caracterizam-se pela hegemonia da atuação sobre os outros valores do espetáculo. O repertório, assim como todos os recursos técnicos da encenação, valoriza o desempenho do ator central, e é sobre ele que se concentram a atenção da crítica e a simpatia do público. Como consequência, são as características e habilidades do ator que norteiam o programa das companhias. Ator e personalidade tornam-se, nesse contexto, indistintos. Em 1883, um folhetim de Francisco Corrêa VASQUES veiculava esta opinião sobre o desempenho do protagonista na peça *Kean,* de Alexandre DUMAS: "Edmundo KEAN, o grande ator inglês, precisa ser representado por um ator que esteja de acordo com essa personagem. O prestígio de seu nome, as explosões do seu gênio e do seu grande talento, que por tanto tempo encheu de pasmo os teatros da Inglaterra, esse nome tem necessidade absoluta de repousar sobre os ombros de quem se chamou João CAETANO, ou de quem se chama hoje ROSSI e SALVINI" (FERREIRA, 1939: 255). De acordo com essa norma, a semelhança entre o ator e o *papel** amplia-se até a posição social do intérprete, ou seja, à estatura ficcional elevada deve corresponder a proeminência de quem representa. Na história do nosso teatro, é um princípio orientador duradouro. Vejamos, a título de exemplo, este comentário do crítico Mário NUNES redigido em 1938, às vésperas da renovação do *teatro moderno**, e reproduzido em obra posterior: "Os três artistas de comédia que se impuseram à atenção geral nos últimos vinte anos são casos personalíssimos, senhores todos três de características individuais de agrado certo: cinismo elegante, comicidade real, sensualismo espiritualizado – que seus felizes possuidores com inteligência exploram intensivamente" (1956, I: 16). No livro *Panorama do Teatro Brasileiro,* obra capital para o entendimento da nossa evolução cênica, Sábato MAGALDI resume, sem a valoração negativa dos combatentes do século XIX, as características genéricas da atuação que prevaleceram no teatro profissional nas primeiras quatro décadas do século XX: "A improvisação de efeitos cômicos, o gosto pelos 'cacos', o desequilíbrio do conjunto, não organizado em verdadeira equipe, contribuíam para situar sempre em primeiro plano a figura do astro, senhor absoluto do palco" (1997: 195).

Criadores legendários reinando sobre o palco lideram o teatro brasileiro até o final dos anos 40, e para eles os dramaturgos escrevem papéis sob medida. Começam a perder o poder de atração quando grupos *amadores**, constituídos primeiramente por profissionais liberais cariocas e estudantes universitários paulistas, sintonizam-se com a vanguarda teatral europeia em que predomina, na construção do espetáculo, a orientação do *diretor**. No moderno teatro brasileiro, cujo marco convencionado é a estreia da peça *Vestido de Noiva,* de Nelson RODRIGUES, em 1943, dirigida pelo *encenador** polonês Zbigniev ZIEMBINSKI, consolidam-se no âmbito profissional vários projetos de renovação cênica que contestam o protagonismo do ator na concepção do espetáculo. O deslocamento do foco do ator para o encenador é explicitado pelo crítico Décio de Almeida PRADO aos seus leitores em uma crítica publicada em 1947: "Presenciamos então, já no nosso século, esse fato inacreditável: a fama e o prestígio dos *metteurs en scène* obscurecerem a dos atores, e mesmo a dos autores" (2001: 113).

Disciplinado, trabalhando sob a batuta unificadora de um diretor, tendo como objetivo profissional a ligação com conjuntos estáveis, o ator do teatro moderno brasileiro perde a aura estelar e adquire, em contrapartida, a qualificação de intérprete. De modo majoritário, os atores se inserem agora em companhias cuja direção artística escolhe o repertório. Tal como o virtuose da orquestra, o ator precisa conhecer a fundo a obra em que se encaixa, estar atento à batuta do encenador e, ainda assim, conseguir extrair um desempenho original das frases da partitura que lhe cabem. É uma nova época que exige qualificação técnica e intelectual a um só tempo e, em razão disso, surgem escolas para a preparação de intérpretes. História da civilização, história da arte, técnicas adequadas a diferentes estilos e perspectivas panorâmicas da dramaturgia permeiam grades curriculares e constituem também parte da prática de encenação (CARVALHO, 1989). Ainda que subordinado à peça e ao diretor, esse ator-intérprete tem a sua esfera criativa própria fundada em um conhecimento mais profundo do que faz. Nesse sentido, há um comentário de Décio de Almeida PRADO sobre uma atuação que o aproxima das considerações de Paulo BARRETO feitas a propósito do desempenho de Lucília SIMÕES: "Pretendíamos falar sobre a intérprete e voltamos à personagem. Era inevitável: em nossa memória, como em nossa afetividade, Pega Fogo e Cacilda BECKER permanecerão agora para sempre ligados. Evocar um, é lembrar outro. Se não fosse a arte maravilhosamente reveladora da atriz, estaríamos aqui tentando recapturar a figurinha desse rapazinho de cabelo de fogo que encontrou, na conversa de um dia, consolo e justificativa para quatorze anos de humilhação?" (PRADO, 2001: 267). Na sua realização mais acabada, chegando ao patamar mais alto de desenvolvimento, o ator-intérprete pode sobre-determinar uma vez mais o espetáculo.

Outro conceito de *atuação* começa a entrar no panorama teatral no final da década de 1950. Impulsionada a princípio por uma vaga nacionalista, a ideia de que o teatro deve representar a "realidade brasileira" contamina tal conceito. Capitaneada pelo Teatro de Arena de São Paulo e teorizada por Augusto BOAL, a poética do "ator brasileiro" mescla-se ao ideário da revolução social. Nos grupos ideológicos que proliferam nesse período, em geral inspirados na estética do grupo paulistano, consolida-se uma plataforma de negação do ator-intérprete. Invertendo o preceito aristotélico, a História, em vez da Arte, é a disciplina privilegiada, uma vez que a função do ator é transformá-la. O modelo sobre o qual se pautam as formalizações é a "realidade brasileira", e da observação direta devem nascer formas de enunciação, gestos e a própria dinâmica do espetáculo.

Para essa mimese do contingente, formulada em oposição à ideia do teatro atemporal e universal, concorrem teorias de interpretação que os atores brasileiros começam a compulsar, debater, contestar e, por vezes, misturar. O Teatro de Arena, núcleo instigador dessa nova fase, recorre primeiramente ao estudo da obra de STANISLÁVSKI. Em um relato que reconstrui as fontes teóricas do seu trabalho, Augusto BOAL registra a apropriação sincrônica de teorias que, no seu lugar de origem, foram formuladas em sucessão temporal: "Queríamos ajudar a construir um tipo de teatro brasileiro, e como não tínhamos nenhum outro instrumental, o melhor que nos parecia daquele momento era o STANISLÁVSKI [...] Queríamos sentir as emoções dos personagens, na tríade personagem-pessoa-personalidade, queríamos realmente deixar de lado nossa personalidade e ir dentro da nossa pessoa, buscar todos os diabos que estão lá dentro e botar estes diabos para fora. [...] Fizemos isto, e em nosso caso particular, durante algum tempo começamos a ter medo também de que esta emoção que desenvolvíamos, esta criação de personagem às vezes tão sinceros, tão autênticos, porque éramos nós mesmos, que ela pudesse, através da empatia, levar o espectador a aceitar de uma forma um pouco fatalista as tragédias que apresentávamos" (1987: 251). A essa autocrítica de uma forma de atuação vivencial e emotiva corresponde a formulação do *sistema coringa**, uma técnica de *distanciamento** apoiada na teoria brechtiana. Variantes do *teatro do oprimido** vão sendo formuladas por BOAL de acordo com a constituição dos grupos que orienta e são, até hoje, utilizadas por grupos e comunidades que recorrem ao teatro como meio de instrução e ferramenta de atuação social. Em todos esses casos, o alvo do ator não é a interpretação da personagem de acordo com o programa definido pelo dramaturgo e, tampouco, a transubstanciação da personalidade em arte. É antes a *persona* social que comanda as soluções criativas, e esta se define, por sua vez, na relação com a situação de classe do público.

No final dos anos 60, as teorias e práticas de atuação se diversificam de um modo que, tendo em vista a lenta história pregressa do teatro brasileiro, parece-nos vertiginoso. Em São Paulo, o Teatro Oficina recorre, em um só espetáculo – *O Rei da Vela* (1967) –. ao *distanciamento** épico e ao resgate dos tipos cômicos do teatro de variedades do início do século XX. Pela primeira vez, a vanguarda teatral observa, reconhece e restaura características formais do passado teatral. Técnicas de composição superpostas tornam-se uma constante e, ao mesmo tempo, intensificam-se os estudos teóricos no interior dos grupos de *vanguarda**. As hipóteses de atuação formuladas por Antonin ARTAUD, os exercícios de GROTÓVSKI e a assimilação indireta desses teóricos por meio de grupos norte-americanos, chegam às escolas e aos elencos com rapidez. Estabelece-se, no decorrer dos anos 70, um fluxo regular de informações sobre a arte do ator, fenômeno devido em parte à oferta de cursos de graduação universitária para artistas de teatro.

Em um estudo publicado em 1988, Mauro MEICHES e Sílvia FERNANDES, afastando-se da vertente historicista, propõem um modo de estudar a arte do ator baseados na observação de estilos resultantes do processo criativo. A cena contemporânea ao estudo apresentaria, segundo a análise desses autores, "três grandes tendências: a encarnação, o distanciamento e a interpretação de si mesmo" (1988: 6). Sob essa proposta, ainda de imensa valia para a observação das metamorfoses do ator contemporâneo, há a ideia de que, pelo menos no campo teórico, é cada vez mais inoperante distinguir o "ator brasileiro". A *performance**, a *criação coletiva**, o *processo colaborativo**, a interatividade midiática e o uso da pessoa como matéria da arte constituem práticas simultâneas nos centros de produção teatral do país e do mundo. Aqui e acolá vivem ainda, fora do âmbito do teatro profissional, os correspondentes dos nossos *brincantes** cultuando tradições cênicas. A eles o ator de vanguarda recorre ocasionalmente para alguns empréstimos, mediando a apropriação com os instrumentos da antropologia. Sua pulsação, no entanto, está sincronizada com a da cena internacional. (MAL)

 Antropologia Teatral, Ator (Teatro do), Característico (Ator), *Emploi*, Encenador, Ensaiador, Físico (Teatro), Grupos Teatrais, *Performance*, Processo Colaborativo.

ATOR (TEATRO DO)

Essa denominação é empregada pelos historiadores do teatro brasileiro para caracterizar um período de cerca de quarenta anos, entre 1910 e 1950, quando a atividade teatral girou em torno de um artista dotado de carisma e poder financeiro como dono de uma *companhia** dramática. Leopoldo FRÓES, Procópio FERREIRA, Jaime COSTA, Dulcina de MORAES e Raul ROULIEN são os artistas mais representativos desse teatro do ator, também chamado de "velho teatro" pelo crítico e historiador teatral Décio de Almeida PRADO, por não ter incorporado as inovações do *teatro moderno**, relativas à arte da interpretação e da encenação.

No Brasil, a verdade é que o teatro escorado na figura do primeiro ator remonta ao Romantismo, que alçou o *ator** à posição de vedete do teatro. A própria formação do teatro brasileiro está ligada ao encontro do grande ator e empresário João CAETANO com o poeta Gonçalves de MAGALHÃES, autor da peça *Antonio José ou O Poeta e a Inquisição*, encenada em 1838. No Realismo, que vem em seguida, também um ator se notabilizou no palco e nos bastidores, como empresário. Furtado COELHO foi rival de João CAETANO e dirigiu vários teatros e companhias. Depois dele, muitos artistas tiveram suas próprias companhias dramáticas, como Francisco Corrêa VASQUES, Jacinto HELLER, Ismênia dos SANTOS e Dias BRAGA, entre outros.

O teatro do ator do século XX ganhou enorme impulso com as peças de cunho regionalista que surgiram logo após a época da I Grande Guerra. Em São Paulo, no fim do ano de 1916, Leopoldo FRÓES encenou *Flores de Sombra*, de Cláudio de SOUZA. O espetáculo foi levado ao Rio de Janeiro em 1917, com grande sucesso, datando daí o ressurgimento da *comédia de costumes**. Com a interrupção da vinda de companhias estrangeiras devido à guerra, a nova dramaturgia se consolidou; o enfoque temático voltou-se para a exaltação das virtudes campestres e dos subúrbios, em contraposição à Europa, como se pode ver, por exemplo, nas *comédias** de Gastão TOJEIRO, cujo principal texto é *Onde Canta o Sabiá*, e Armando GONZAGA, cujos principais sucessos foram *A Flor dos Maridos* e *Cala a Boca, Etelvina*.

No teatro do ator as representações ocorriam diariamente, sem descanso. Geralmente, os textos permaneciam em cartaz por dois ou três dias, no máximo uma semana, o que exigia uma organização eficiente para renovar o repertório. As companhias tinham atividades diárias de oito horas: quatro para ensaios no período da tarde e quatro para os espetáculos noturnos. Os elencos eram constituídos por atores que se especializavam em *papéis** adequados a seu tipo físico e idade. Os homens podiam ser *galãs**, *centros** cômicos, centros-dramáticos ou *atores característicos**; as mulheres eram *ingênuas**, *damas-galã**, damas-centrais ou caricatas. Essa nomenclatura vinha do século XIX. A orientação geral do espetáculo, visto que não existia a figura do *encenador**, era dada pelo *ensaiador**, que tinha funções muito importantes na economia interna da companhia: era ele quem traçava a mecânica cênica, quem dispunha sobre móveis e acessórios e fazia a *marcação** para os atores. Mas acima dele reinava a vontade e por vezes a experiência do "grande ator", o dono da companhia dramática. Procópio FERREIRA, por exemplo, tinha dramaturgos contratados para escrever peças para ele, condição assegurada pelo extraordinário sucesso que conseguira ao protagonizar *Deus Lhe Pague*, de Joracy CAMARGO, em 1932. Sabe-se, também, que atores como Procópio FERREIRA ou Leopoldo FRÓES não gostavam muito de ensaiar. Nas estreias, confiavam em sua experiência de palco e numa figura emblemática do teatro daquele tempo: o *ponto**, que lia, em voz baixa, as falas dos personagens a fim de que os artistas repetissem as suas partes em voz alta. Sem o rigor que será exigência da encenação moderna, os artistas podiam improvisar e introduzir *cacos**, alguns fazendo dessa habilidade uma espécie de marca registrada, como é o caso de Dercy GONÇALVES. De certa forma, desde que não deformassem os personagens, os artistas estavam autorizados a acrescentar aos textos todos os acréscimos que lhes sugerisse a fantasia, suprindo dessa forma as eventuais deficiências das peças. (NF)

 Ator, Característico (Ator), Comédia de Costumes, *Emploi*, Papel.

 Magalhães Jr., 1966; Prado, 1984b, 1988; Victorino, 1937.

AUGUSTO

Contrariamente à sublimidade que a raiz latina do termo sugere, no circo o augusto é associado ao seu oposto. A matriz semântica é devida ao dialeto berlinense do século XIX. Em 1869, em Berlim, no Circo Renz, o cavaleiro Tom BELLING teve uma apresentação desastrosa, que custou o seu afastamento do espetáculo por imposição do diretor. Essa proibição fez com que o artista passasse o seu tempo usando gracejos com os colegas. Certa vez, brincando com uma peruca velha, Tom vestiu-a ao contrário e adicionou alguns nós aos cabelos, tornando-os eriçados. Ao mesmo tempo, vestiu um grande paletó pelo avesso. Completamente desajeitado, ele se exibia aos amigos quando foi surpreendido pelo diretor do espetáculo, que admirou o tipo e resolveu devolver o artista ao picadeiro com essa nova caracterização. Ao entrar, atrapalhado, BELLING tropeçou e caiu com o rosto no chão e o nariz resultou avermelhado. O público, então, em profundo deleite, começou a gritar "*Aujust!, Aujust!*" (no dialeto berlinense), querendo designar com isso o ridículo da personagem.

A principal característica física do augusto é o nariz vermelho e o desajuste com sua vestimenta, quase sempre maior que o homem. A maquiagem, por sua vez, não cobre totalmente a face, tal como o *clown branco**, mas procura realçar partes do rosto, a partir das cores básicas primárias, branco, preto e vermelho. O seu perfil enfatiza a estupidez, o indelicado, o rude, retomando, assim, a original característica do *clown**, o camponês rústico que não se enquadra na ordem urbana. No Brasil, ele é simplesmente chamado de *palhaço**, termo, aliás, que se estende ao seu contraponto (originalmente o *clown* branco).

1a. Augustos do passado:

José Manoel Ferreira da Silva, o POLYDORO. Filhos e netos também se dedicaram à arte clownesca; Francisco AZEVEDO; Albano Pereira Neto, o FUZARCA; Benjamin de OLIVEIRA, o palhaço negro, importante artista na consolidação do *circo-teatro** no Brasil; LANDA; Kaumer Pery, o TICO-TICO; Pery François, o FORMIGUINHA; Afonso Schumann, o PERIQUITO; João CARDONA; Otelo Queirolo, o CHIC-CHIC; José Carlos Queirolo, o CHICHARRÃO (apontado como um dos grandes palhaços brasileiros, deixou uma família de palhaços, com seu filho TORRESMO e seu neto PURURUCA); Abelardo Pinto, o PIOLIN, tomado como símbolo entre os modernistas da Semana de Arte Moderna de 1922, provavelmente o mais conhecido dos palhaços brasileiros; George Savalla Gomes, o CAREQUINHA, que teve papel de destaque na televisão brasileira; Waldemar SEYSSEL, que também se destacou em programas televisivos no Brasil; Os OZON; Alcides Queirolo, o RIPOLIN, filho de Alcides QUEIROLO; Bartolo e Alfredo OLIMECHA, TOMÉ E MAITACA; PINGOLIN, PISCA-PISCA e CHICO BIRUTA (estes três últimos se destacaram no circo paulistano, na década de 1980, especialmente em *comédias**); Nerino e Roger AVANZI, pai e filho na criação do PICOLINO; Sílvio ZANCHETTINI, o LIGEIRINHO.

1b. Augustos da atualidade:

CHUPETIN, XERETIN E XUMBREGA, do Circo Popular do Brasil; CHEVROLÉ; PARAFUSO, do Circo di Roma; Abílio da Silva Júnior, o FAÍSCA, do Circo Astley; Sérgio Ayres, o CHUPETINHA e Willian Ayres, o PINTINHO, do Circo Brother's; Raul Gregório Nogueira, o BIRINHA, do Super Circo Bira; Fernando Guimarães Brandão, o GORI-GORI, do Circo Vostok; Rodrigo Maciel Camargo, o BOCHECHINHA, do Circo Real; Osmar dos Santos, o PIQUITO, exímio artista de *entradas*, comédias* e melodramas**, atua em pequenos circos do interior paulista; VARETA; SALGADINHO, do Circo Real Argentino; Valdir Sampietro Leme, o JURUBEBA, do Circo Sandriara; Júlio César Medeiros, o CREMOSO, e o chileno Manoel Naum Savala Monteiro, o CHARLEQUITO E NENÊ, do Circo Beto Carrero; Ailton Soares Macedo, o BONITINHO, do Circo Brasil 2000; Nei Ayres Neto, o RECO-RECO, do Circo Roger; Antonio Quintino da Silva, o PAÇOCA e Gilmar Pedro Querubim, o PINGOLÉ, do Circo Spacial; Alexandre Francisco Pinheiro, o PAÇOQUINHA, do Circo di Napoli; Jurandir Rosalino Filho, o CAQUITO, do Circo Weber e Circo Miami 2000; o mímico KUXIXO, do Circo Garcia; o menino Henrique Graziani, o TIRIRICA, do Circo Xangai; Geraldo Passos, o BIRIBINHA (Circo di Monza), segue a personagem deixada por seu pai, como também o seu sobrinho, ADRIANO (Circo Teatro Biriba); PUXA-PUXA e BATATINHA, do Circo Maravilha; Marcelo Benvenuto, o SERELEPE, que também segue a tradição familiar do Circo-Teatro Serelepe; José Renato de Almeida, o BEBÉ, que atua em comédias no Circo-Teatro Bebé; Gilson Oliveira, o PISCA-PISCA, que mantém um pavilhão de zinco onde encena comédias e dramas (Teatro Popular de Curitiba Pisca-Pisca); SONECA e PIRULITO, do Circo di Mônaco; BATATINHA e o ANÃO COCA-COLA, do Circo Balão Mágico; MOTOCA e BABALU, do Garden Circo; TUTUCA, BOMBINHA E BILISCADA, do Circo Gitano; ESPIGÃO, FAÍSCA e PERLOTINHA, do Pop Circo; XUXU e PIRULITO, do Circo Raniere; GOSTOSINHO, SUKITA e SALSICHA, do Circo Washington; CHEIROSINHO e GOSTOSINHO, do Circo de Las Vegas; BIRRINHA, do Circo Pallesty Itália; CAÇOLÃO e CHOCOLATE, do Circo Real Bandeirantes; FUTRICA, do Circo Estrela; PIPO, PEBOLIM e REAL, do Circo Shalom; FAÍSCA e CACARECO, do Parque Circo Las Vegas; PARAFUSO, do Circo Rostok.

A lista é incompleta e muitos outros palhaços ainda levam a comicidade circense nos picadeiros e palcos do Brasil, quase sempre atuando no anonimato (MFB).

 Clown, *Clown* Branco, Palhaço, Tony de *Soirée*.

 Bolognesi, 2003; Ruiz, 1987; Torres, 1998.

AUTO

Denominação popular genérica dada às representações teatrais na Península Ibérica desde o século XIII. Aplicava-se indistintamente às composições dramáticas de caráter religioso, moral ou burlesco. Gil VICENTE utilizou, para uma mesma peça, as designações de "auto" e "tragicomédia". No Brasil, há notícias de representações de autos profanos em um período anterior a 156l, data em que Manuel da NÓBREGA, provincial da Companhia de Jesus, encomendou ao noviço José de ANCHIETA a composição de um auto comemorativo adequado aos propósitos de conversão religiosa dos missionários jesuítas. A primeira dessas peças de instrução e devoção, da qual restam somente fragmentos sem título, recebeu, para fins editoriais, a denominação de *Auto da Pregação Universal*. Foi encenada na aldeia de Piratininga, entre 1561 e 1562, e adaptada para festividades cívicas e religiosas em outros aldeamentos. Do repertório dramático inaciano representado durante o século XVI sobreviveram vinte e cinco composições, sendo onze delas enfeixadas sob a denominação de auto. Nos textos atribuídos a ANCHIETA, há singularidades notáveis que os distinguem do sistema textual ibérico. Escrito o primeiro auto em três línguas (tupi, português e espanhol), e incorporando à estrutura narrativa os cerimoniais indígenas, tornou-se um modelo para as peças de *catequese** posteriores, ao mesclar diferentes tradições literárias, cênicas e culturais. Em uma única obra, o *Auto da Vila de Vitória*, intercalam-se *adaptações** de versos populares, temas da moralidade e do milagre, crítica de costumes com tratamento farsesco e referências à mitologia greco-romana. Entremeados os episódios por cantos e danças e moldada a estrutura narrativa sobre o cerimonial indígena do recebimento (acolhida ritual feita aos estrangeiros), os autos anchietanos são documentos príncipes da prática pedagógica de educação através da arte. Para as encenações, realizadas ao ar livre e em datas festivas, concorriam todos os habitantes dos aldeamentos.

Nos séculos XVII e XVIII, tendo decrescido a influência da Companhia de Jesus, as representações destinadas à catequese circunscreveram-se aos colégios e, em consequência, torna-se escassa a denominação *auto*. Ressurge na nomenclatura teatral do século XX como um referente para o *teatro moderno** brasileiro em razão da sua tríplice atribuição de festa popular, obra de catequese e empreendimento de miscigenação cultural. Luís da Câmara CASCUDO considera autos as *danças dramáticas** do ciclo natalino em que há "assuntos figurados", enfeixando, sob essa designação, as lapinhas, pastoris, marujadas, cheganças e outras festividades populares associadas ao calendário litúrgico. Na reapropriação do termo feita por Ariano SUASSUNA em *Auto da Compadecida* (1956), são relevadas as características de instrução moral e religiosa implícitas nessa forma textual. Pode-se dizer que o fulcro dessa composição, considerada por muitos estudiosos uma das obras-primas da dramaturgia brasileira do século XX, é a prédica sobre a virtude teologal da caridade. A partir da década de 1950, a função apologética da catequese inaciana é preenchida por outro sentido, o da instrução política. Inspirado nos procedimentos dos autos jesuíticos, mas animado pelo propósito da redenção social, emerge como tendência hegemônica da produção teatral o *teatro didático**, cujo propósito é instruir a população pobre sobre os mecanismos de exploração do sistema capitalista e exortá-la ao combate. Arte militante, tendo como motivo central circunstâncias sociais e econômicas, era produzida por grupos ideológicos e utilizava, na escritura, procedimentos e temas da cultura popular rural e urbana. São exemplares significativos dessa vertente *O Auto do Estudante Inquieto*, de Pedro CALMON, representado no Teatro de Arena da Faculdade Nacional de Arquitetura, em 1954; o *Auto da Justiça* (1962), de Francisco VENTURA; o *Auto dos 99%* (1962), redigido pelo grupo dirigente do Centro Popular de Cultura – CPC (RJ) da União Nacional dos Estudantes; e o *Auto das Sete Luas de Barro*, de Vital SANTOS (1971). Há, assim, numerosa e significativa produção de autos comemorativos, produzidos por ocasião de efemérides cívicas ou religiosas, peças de instrução política ou moral que recebem a denominação de auto, e igualmente obras que, celebrando a herança das tradições ibéricas do período quinhentista, incorporam aos temas contemporâneos recursos estilísticos dos textos e das encenações dos primeiros autos. Esse gênero dá continuidade ao modelo vicentino e constitui, por força da incidência, uma tradição da literatura dramática do Nordeste brasileiro, sendo que a essa linhagem filiaram-se dramaturgos exponenciais do século XX, como Ariano SUASSUNA, Hermilo BORBA FILHO, Joaquim CARDOZO, Isaac GONDIM FILHO e João Cabral de MELO NETO. Este último autor deu à acepção teatral da designação auto o significado de peça de instrução jurídica no poema dramático *O Auto do Frade*. Em decorrência da sua origem de celebração associada ao calendário litúrgico, duas modalidades consagraram-se como formalizações constantes na dramaturgia brasileira: o *auto pastoril** (ou de Natal) e o *auto da paixão**. (MAL)

 Alegoria, Auto da Paixão, Auto Pastoril, Auto Sacramental.

 Ávila, 1978; Bueno, 1969; Cardim, 1939; Carreter, 1970; Figueiredo, 1944; Saraiva, 1965.

AUTO DA PAIXÃO

Denominada sucessivamente mistério, *auto** e drama, a teatralização dos episódios do ministério, do julgamento e do martírio de Cristo é, desde o século XIV, revivida durante o tempo litúrgico da Quaresma. Na relação de obras do *teatro jesuítico** do século XVI, predominam os motivos hagiográficos (vidas de santos) e representações associadas à Igreja triunfante, em razão do empenho sedutor da catequese. O assunto do sacrifício de Cristo, solene e contaminado de tragicidade, expressa-se com maior frequência pela forma processional durante os séculos XVII e XVIII nos aldeamentos e pequenas cidades onde a população desempenha os *papéis** dessa cena magna do cristianismo. Essa forma de cortejo, que atravessa as cidades rememorando os quatorze incidentes da travessia de Jesus até o Calvário, é revivida até hoje em todo o país, sendo uma das últimas manifestações do teatro católico ritual.

Desde o início do século XX, contudo, a Paixão torna-se tema para autores e *companhias** profissionais que, em observância aos preceitos católicos de abstinência e austeridade durante a Semana Santa, suspendem as representações do repertório profano. Os episódios referidos pelos Evangelhos são, sob esse tratamento autoral, livremente agrupados e submetidos a um trato estilístico diverso, adequado aos recursos do palco italiano e à formação de *atores** habituados a trabalhar com personagens. Beneficiando-se da separação entre Igreja e Estado no regime republicano, a literatura dramática pode tratar com relativa liberdade interpretativa as personagens da Escritura Sagrada, e muitas companhias produzem versões singulares do tema. As peças do século XX, arquitetadas para o palco italiano, dispensam a estrutura de "passos" adotada pelo teatro processional do Medievo e combinam livremente episódios da Sagrada Escritura com o objetivo de criar uma evolução dramática semelhante à progressão causal do drama. Em consequência, rareia a denominação *auto* e a narrativa do sacrifício de Cristo pode revestir-se de outras designações. A mais célebre dessas representações no teatro brasileiro é *O Mártir do Calvário*, peça de Eduardo GARRIDO estreada em 1902 no Rio de Janeiro, sob a direção de Eduardo VICTORINO. Foi classificada pelo autor como "um mistério em 5 atos e dezesseis quadros", enfatizando-se dessa forma a relação com o teatro religioso peninsular (GARRIDO, 1904). Esse texto permanece até hoje nos repertórios dos *circos-teatro** que se deslocam pela periferia das metrópoles brasileiras, sendo, em razão dessa popularidade, a mais significativa formalização moderna do "auto da paixão". Foi encenada por um dos mais importantes *grupos** de Belo Horizonte, o Grupo Galpão, sob a direção de Gabriel VILLELA, em 1994, com uma concepção cênica inspirada no Barroco mineiro e rebatizada de *A Rua da Amargura – 14 Passos Lacrimosos sobre a Vida de Jesus*. Mário NUNES (1956), ao inventariar nas quatro primeiras décadas do século XX o movimento teatral no Rio de Janeiro registra, no repertório das mais importantes companhias da capital, vários títulos referentes aos episódios do sacrifício cristão encenados durante a Semana Santa, porém nem sempre menciona os autores, indicando o aspecto circunstancial dessa vertente dramatúrgica cuja finalidade era, ao que parece, a de sustentar a receita das companhias durante o período em que seriam considerados indecorosos os espetáculos de entretenimento. (Ex.: *Maria Madalena*, de Batista CEPELOS, e muitas outras das quais só restam os títulos).

No moderno teatro brasileiro, um autor exponencial, Ariano SUASSUNA, incluiu episódios da Paixão ("A Negação de Pedro, o Beijo do Jardim, Alguma Coisa do Julgamento e da Morte") na peça *A Pena e a Lei* (1960), adotando o procedimento de teatro dentro do teatro e fazendo com que os episódios sejam representados por atores que, por sua vez, representam *títeres** de *mamulengo**. *Jesus Homem*, peça de Plínio MARCOS encenada em 1980, entrelaça ao tema da redenção espiritual o problema da revolução social, atribuindo a Judas a função de antagonista dramático do cristianismo pacifista. O apóstolo traidor é, nessa perspectiva, um militante equivocado por ter-se aliado aos judeus ricos (burguesia) tentando libertar a Judéia do jugo romano. Mantém-se, contudo, nesta peça de intuito social e em outras escritas durante os últimos três decênios do século XX, a característica de peça de devoção. Em toda a América Latina observa-se, a partir do Concílio Vaticano II, a tendência para ressignificar o auto da paixão através de ilações sociais e políticas. Por essa razão, desde a estreia, em 1980, a peça de Plínio MARCOS tem sido encenada por grupos *amadores** ligados às Comunidades Eclesiais de Base e sediados junto aos movimentos sociais urbanos e rurais.

Outra das importantes manifestações contemporâneas do auto da paixão é a representação anual realizada, desde 1952, no município de Fazenda Nova, em Pernambuco. Acontecimento teatral que atrai milhares de espectadores, baseou-se de início no texto *O Drama do Calvário*, escrito em parceria por Luiz MENDONÇA e Osíris CALDAS e parcialmente baseado na peça de Eduardo GARRIDO. Joel PONTES descreve o engrandecimento paulatino desse espetáculo de massas no âmbito da cultura pernambucana: "Grupos de atores passaram a ser ensaiados simultaneamente no Recife e em Caruaru, enquanto a comparsaria se preparava em Fazenda Nova – os próprios habitantes do local, rústicos como os discípulos de Cristo. Pouco a pouco, e de ano para ano, o espetáculo foi se engrandecendo pela participação de conjuntos corais do Recife e Olinda, bailarinas para o regalo de Pilatos, roupas especiais desenhadas por Victor MOREIRA, participação dos mais destacados halterofilistas na figuração dos soldados romanos, cavaleiros..." (1966: 133-134). Em l962 outra peça, *Jesus*, escrita por Plínio PACHECO e José PIMENTEL, substitui o drama de Luiz MENDONÇA. Nesse mesmo ano, inicia-se a construção de uma cidade cenográfica chamada Nova Jerusalém, área de 70.000 metros quadrados que replica a arquitetura de Jerusalém. Nesse local, o espetáculo permanece até hoje estruturado sobre bases fixas, iniciando-se na Quarta-feira de Trevas e terminando no terceiro dia, a Sexta-feira Santa, permitindo a restauração da forma processional do auto e revivendo a lembrança do tempo prolongado dos ciclos. Para o historiador Joel PONTES, o espetáculo pernambucano diferencia-se da Paixão bávara tanto na formalização cênica, por reviver o caráter processional e incorporar como objetos cênicos contribuições anacrônicas dos intérpretes (ex-votos), quanto na preferência pela simplicidade estilística das cenas no Novo Testamento. (MAL)

 Alegoria, Auto Pastoril, Auto Sacramental.

 Ávila, 1978; Bueno, 1969; Cardim, 1939; Carreter, 1970; Figueiredo, 1944; Saraiva, 1965.

AUTO PASTORIL

Forma derivada de um diálogo da liturgia cristã (*Quem queritis in presepe, pastores, dicite?/ Saluatorem Christum Dominum, infantem pannis involutum, secundum sermonem angelicum*), o auto pastoril é representado por toda a Europa desde o século XI em língua vernácula, e se agrupa, nos documentos eclesiais, sob o título de *Officium Pastorum*. Associado ao calendário litúrgico, pode receber a denominação de *auto** de Natal. Segundo exegeses do Evangelho de São Lucas perpetuadas pelo rito católico, os pastores simbolizam a condição dos humildes da Terra, que o cristianismo dignificou ao torná-los testemunhas da Natividade. Deslocando-se gradualmente da igreja para o adro, do culto para a festividade, o pastoril conserva, nas variantes sacra e profana, o motivo da peregrinação de um grupo de pastores em direção ao lugar de nascimento de uma criança que será adorada nas peças sacras ou louvada nas peças profanas. Entre as obras mais estimadas de Gil VICENTE, há autos pastoris de devoção, como o *Auto de Mofina Mendes* (1537), e obras laicas como o *Auto da Serra da Estrela* (1527), peça de circunstância celebrando o nascimento de uma infanta da casa real portuguesa (CARRETER, l970). No Medievo tardio, aproximadamente por volta do século XIV, as cenas da peregrinação se alongam e, em consequência, os pastores tornam-se protagonistas, relegando a Natividade à função de epílogo ritual. Intrometem-se desse modo, nas celebrações religiosas, temas circunstanciais como a corveia e o duro cotidiano do camponês sob o regime feudal. Através das personagens humildes, insinua-se também a comicidade dos costumes livres e da linguagem vulgar. Assim, mesclando o humilde ao sublime, a existência cotidiana à epifania, essa forma teatral representa exemplarmente o realismo cristão (AUERBACH, 1970).

Em razão dessa permeabilidade ao real e da vinculação ao universo agrário, o pastoril é matriz de inúmeras criações da literatura teatral brasileira. Também no âmbito da cultura popular, a estrutura narrativa e as personagens subsistem até hoje nas *danças dramáticas** encenadas no Nordeste durante as comemorações natalinas. No repertório do *teatro jesuítico** do século XVI, há a menção de quatro representações acrescidas do qualificativo "pastoril" e, embora tenham desaparecido os manuscritos, pode-se supor que tenham características semelhantes às das peças do mesmo gênero representadas em toda a Europa durante as festividades do Advento, do Natal e da Epifania. A escassa documentação sobre o repertório teatral brasileiro dos séculos XVII e XVIII não faz referência à encenação de autos pastoris, embora registre a continuidade de dramatizações comemorativas do Natal nos colégios da Companhia de Jesus.

É na segunda metade do século XX, em razão do projeto modernista de revalorização das fontes históricas da cultura brasileira, que a modalidade do auto pastoril reassume um lugar importante na dramaturgia. Peças devocionais de proeminentes autores católicos inspiram-se nessa modalidade e adotam com frequência o subtítulo de *Auto de Natal*, indicativo da intenção de restabelecer o pacto entre o teatro e a liturgia cristã. *Um Menino nos Foi Dado* (1943), *Nosso Senhor Nasceu em Belém* (l949) e *Carneirinho, Carneirão* (1951) foram escritas por D. Marcos BARBOSA para a instrução das comunidades católicas e são, até hoje, representadas em paróquias de todo o país. A dramaturga, encenadora e professora Maria Clara MACHADO escreveu, em l953, para o teatro-escola O Tablado, uma *"farsa*-mistério"* intitulada *O Boi e o Burro no Caminho de Belém*, que integra o repertório dessa instituição de ensino. Publicado em l966 (desconhece-se a data da escritura), *O Menino Atrasado*, auto de Natal de Cecília MEIRELES, é também um poema dramático de intuito catequético destinado ao público infantil. Nessa obra poética de estatura excepcional são nítidas as fusões modernistas: a versificação observa a tradição vicentina (versos de sete sílabas, estrofe em quadras), as personagens sugerem analogias trans-históricas (os anjos são "como os do ALEIJADINHO" e os Reis Magos "três roceiros" trazendo como oferta queijo, melado e rapadura) e há procedimentos sincretistas de associação entre as figuras do pastoril popular e da literatura culta, entre elementos do culto católico e dos cultos africanos.

Paralela a essa vertente religiosa há a profana, que, como fizera Gil VICENTE, celebra alegoricamente o nascimento humano. No corpo da moderna dramaturgia brasileira, a obra de maior destaque dessa linhagem humanista é *Morte e Vida Severina*, "auto de Natal pernambucano" escrito por João Cabral de MELO NETO, em l955, e encenado com grande repercussão nacional e internacional pelo TUCA (Teatro da Universidade Católica de São Paulo), em l966. Décio de Almeida PRADO considerou essa peça "o poema dramático por excelência da literatura moderna" (1987a: 100), prevendo ainda que o apelo reivindicatório da obra, aliado à sua alta estatura artística, a tornaria tão emblemática do século XX quanto o poema *Navio Negreiro* o fora do século XIX. Na escritura, o poema funde à narrativa bíblica figuras profanas do pastoril popular, atribuindo-lhes, contudo, um tratamento trágico. O metro é o heptassílabo, preferido dos trovadores populares, mas a Cigana tem, por exemplo, a dimensão do orago greco-romano. De modo singular, nessa vertente dramatúrgica João Cabral de MELO NETO entrelaça ao motivo evangélico o Mito da Queda, extraído do Antigo Testamento. Severino, o retirante da saga, sai do alto da mata (associada simbolicamente ao Éden) e desce em direção à cidade. Dramaturgos sintonizados com a preservação da cultura regional, como Luiz MENDONÇA e Hermilo BORBA FILHO, também atribuíram à saga dos pastores o sentido de uma procura de redenção social que impulsiona os pobres até a cena da Natividade. Nesses autores, contudo, a vinculação intencional com o folguedo popular e o intuito de endereçar-se a uma plateia também de estrato popular determinam um tratamento farsesco. (MAL)

 Alegoria, Auto da Paixão, Auto Sacramental.

 Barbosa, 1959; Bueno, 1969; Machado, s.d.; Marinelli, 1971; Meireles, l966; Vicente, 1951.

AUTO SACRAMENTAL

Designação do teatro litúrgico em língua espanhola, o auto sacramental difere das outras manifestações do teatro religioso na Península Ibérica por ter-se tornado, a partir do século XVII, um baluarte artístico da Contrarreforma. O modo alegórico das representações do Medievo concentra-se, nesse período, sobre os dogmas da eucaristia e da santidade de Maria, pontos nodais da dissensão entre católicos e reformados. Encenações suntuosas, prestigiadas pela Igreja Romana e pela monarquia católica, contribuíram para tornar essa modalidade textual a expressão emblemática do poderio espanhol. LOPE DE VEGA e Pedro CALDERÓN DE LA BARCA, os dois maiores autores desse "Século de Ouro" do teatro espanhol, escreveram, além de *comédias**, autos sacramentais modelares, prestigiados até hoje pelo teatro mundial. No Brasil colonial, sujeito à dominação espanhola de 1580 a 1640, a influência desse auto emblemático da Contrarreforma é obstada, segundo Lothar HESSEL e Georges RAEDERS (1974: 17-27), pelo desinteresse dos castelhanos no desenvolvimento econômico e cultural da colônia portuguesa. Na historiografia do teatro brasileiro dos séculos XVII e XVIII, são mencionados alguns autos sacramentais autóctenes e representações na língua original de comédias palacianas de CALDERÓN DE LA BARCA. Não foram encontradas menções aos autos sacramentais desse autor. A julgar pelos documentos desse período, o interesse dos autores teatrais laicos por "conceitos representáveis" não se manifesta na colônia portuguesa com a mesma intensidade que na Europa, onde o catolicismo disputa palmo a palmo os territórios conquistados pela Reforma. Historiadores da época colonial notam que há registros de obras intituladas "autos sacramentais", que não foram até hoje localizadas, notadamente três títulos atribuídos ao autor baiano Gonçalo Ravasco Cavalcanti de ALBUQUERQUE, sem notícia de representação (CORRÊA, 1994: 35).

Justamente no século XVII, quando essa modalidade se afirma e chega ao apogeu na Espanha, o *teatro jesuítico** declina no Brasil sem que outra forma de teatralidade venha a ocupar o seu lugar. Mesmo o moderno teatro brasileiro, que a partir da década de 1950 se inclina para a encenação dos textos clássicos da dramaturgia mundial, não deu especial atenção à dramaturgia hispânica, privilegiando o quinhentismo português. A figuração de postulados teológicos, o uso recorrente do metateatro e a temática eucarístico-mariana, elementos característicos do auto sacramental, são retomados na obra teatral de Ariano SUASSUNA, que menciona, em vários depoimentos, a inspiração no auto calderoniano. Em um dos seus ensaios sobre o *teatro épico**, Anatol ROSENFELD menciona as possibilidades estéticas dessa modalidade para a linguagem do teatro contemporâneo: "Deve-se acentuar que, apesar do vasto mundo integrado na dramaturgia de LOPE DE VEGA e CALDERÓN, e apesar da extrema liberdade no tratamento de lugar e tempo, há, em suas obras, uma concentração surpreendente. Neste sentido, os 'autos sacramentales' de CALDERÓN representam a glorificação e o aperfeiçoamento máximos do mistério medieval no sentido estético. Em condensação alegórica extraordinária, apresentam a visão universal do drama medieval, mormente a interpretação da Eucaristia. Ainda assim conservam, não só no sentido profundo, mas também na amplitude do material absorvido, o caráter épico ao fundir no seu ritual cênico denso o Velho e o Novo Testamento, lendas, sagas, histórias, símbolos e parábolas e mesmo temas da mitologia antiga" (1985: 60). É a argumentação de ROSENFELD, que, fazendo-se as mudanças devidas para um léxico mais atual, ampara as explicações do diretor Gabriel VILLELA para seus espetáculos, notadamente para a criação de *A Vida é Sonho*. (MAL)

 Alegoria, Auto, Auto da Paixão, Auto Pastoril, Barroco (Teatro).

 Ávila, 1978; Bueno, 1969; Cardim, 1939; Carreter, 1970; Figueiredo, 1944; Saraiva, 1965.

B

BABAU

Teatro popular de bonecos* do Nordeste, cujo personagem central é o *boneco** babau ou Doutor Babau. Essa denominação era frequente em certas zonas dos Estados da Paraíba e Pernambuco, e acredita-se que, por influência do importante mamulengueiro, Severino Alves DIAS, que também tinha o apelido de Dr. Babau. Conforme BORBA FILHO (1982:76), seu trabalho exerceu grande influência sobre mamulengueiros que o sucederam, como: CHEIROSO – Augusto Barreto; Manoel AMENDOIM, de Goiana, PE; e Mestre GINU – Januário de Oliveira. A palavra *babau*, além de designar "Acabou-se! É tarde! Está tudo perdido! Não há remédio!" também se refere às figuras totêmicas do *bumba meu boi** representando espíritos de bichos. (AMA e VB)

 Bonecos (Teatro Popular de).

 Borba Filho, 1966b, 1982.

BAILES DE MÁSCARAS

Os bailes de máscaras vinham de longa tradição na Europa e ocorriam tanto nos salões da aristocracia quanto nos populares festejos do *carnaval**. A soprano italiana Clara DELMASTRO, que fazia parte da companhia lírica italiana contratada em 1844 para o Teatro de S. Pedro de Alcântara, na Corte, foi quem promoveu os primeiros bailes de máscaras realizados no Rio de Janeiro. Ela também se dedicou à organização de concertos e espetáculos, nos quais tomava parte, e suas iniciativas empresariais eram noticiadas com certa regularidade pela imprensa carioca. DELMASTRO foi a grande rival da incensada Augusta CANDIANI, talvez a mais prestigiosa cantora lírica a se estabelecer na capital do Império, no século XIX. Eis como um jornalista de *A Província de S. Paulo* as via: "…Rouxinóis de além-mar recém-vindos ao Rio de Janeiro… gorjeavam divinas volatas nos castos e virgens ouvidos dos cariocas; seus maviosos cantos ressoando a vez primeira nas brisas da Guanabara expandiam eflúvios inebriantes, causavam calafrios e vertigens de entusiasmo no diletantismo do S. Pedro!" (MOURA, 1978: 93).

Decorridos apenas três anos de sua estreia em Roma, encenou-se no Rio de Janeiro, em 1862, a *ópera** *Un Ballo in Maschera*, de Giuseppe VERDI, libreto de SOMMA, com elenco inteiramente italiano. O compositor francês AUBER, que se dedicava sobretudo à *ópera-cômica**, compôs, em 1833, uma ópera, com libreto de SCRIBE, e é neste texto que se baseou a obra de VERDI, originalmente intitulada *Gustavo III*. Ambas as obras inspiraram-se no assassinato do soberano liberal sueco Gustavo III, morto com um tiro nas costas durante um baile de máscaras em Estocolmo, em fins do século XVIII. O cenário de *Un Ballo in Maschera* foi situado pelo libretista em uma cidade europeia, mas a *censura** oficial levantou objeção, pois o enredo incluía uma conspiração bem-sucedida contra um príncipe governante. O autor do libreto contornou a dificuldade, transpondo a ação para a distante cidade de Boston, nos Estados Unidos. A tragicidade da ópera de VERDI está, como notamos, muito distante da animação dos bailes de máscaras carnavalescos.

Bailes de máscaras, carnavalescos, realizaram-se em 1852, em benefício do construtor do Teatro Provisório, "... Casarão enorme, cor-de-rosa, sem nenhuma elegância arquitetônica, no dizer de todos aqueles que o conheceram", segundo informa Ayres de ANDRADE (1967, II: 27-28), mas que durante 23 anos, até a sua demolição ocorrida em 1875, foi o centro da vida musical carioca.

Notícia colhida na imprensa hebdomadária de uma próspera cidade do Vale do Paraíba (Guaratinguetá, então forte centro cafeeiro) nos dá uma pequena ideia do que seria um desses bailes. Respeita-se, na transcrição, a ortografia da época, o que realça o sabor do evento:

"Despertamos finalmente aos sons ruidosos e phreneticos das festas carnavalescas... forão suas 3 noutes prehenchidas pelos bailes masqués, onde tudo correu às mil maravilhas e na mais apurada regularidade, não se perdendo de vista o acatamento.

Os salões abriram-se ricamente ornados, e o ebullicio dos concurrentes fascinava até mesmo os profanos nesse genero de divertimento.

Aqui via-se o pastor Argos, zelloso pela sua Yo, cuja guarda lhe fora confiada; alli, Mercurio, arrimado em seu caducêo, symbolo da paz, fazia ouvir os maviosos sons de sua lyra; mais além estava a deusa Vênus, junto de seu astucioso filhinho.

Este divertimento parecia ser presidido pelas Muzas, que de mãos dadas nos extasiavão. A reunião de todas essas personagens encantava maravilhosamente, convidando as reminiscencias dos tempos heroicos da antiga Grécia.

Nada faltou para provar-se que esta boa terra busca atingir as metas da civilização.

Já não podemos vacilar, diante da asserção de Peletant – le monde marche. Temos encetado a senda do progresso e oxalá, que possamos sempre amover d'ella os espinhos que a costumão juncar". ("Os Progressistas" – *O Parahyba*, 6 fev. 1864). (CEM)

BAIXA COMÉDIA

O contrário de *alta comédia**, ou seja, a *comédia** que se aproxima da *farsa**, por apelar constantemente aos recursos burlescos na criação das ações, situações, linguagem e personagens. Na baixa comédia, os procedimentos cômicos predominantes são simples, diretos e até mesmo rasteiros: pancadaria, disfarces, cacoetes de linguagem, extravagâncias de todo tipo, situações absurdas ou quase inverossímeis, tipificação exagerada das personagens. Ao contrário da alta comédia – que busca despertar no espectador um riso contido, ou apenas um sorriso, porque baseada no dito espirituoso, na ironia, nas alusões sutis, na inteligência dos diálogos –, a baixa comédia quer provocar a gargalhada, o riso solto e desinibido. Essa diferença não implica um juízo de valor. Tanto uma forma quanto outra podem gerar obras-primas ou peças ruins.

No Brasil, os procedimentos da baixa comicidade aparecem já em nosso primeiro comediógrafo, Martins PENA, cuja estreia ocorreu em 1838 com a pequena comédia *O Juiz de Paz da Roça*. A partir daí, uma longa tradição cômica se firmou no país e a maior parte das *comédias de costumes** escritas ao longo dos séculos XIX e XX fez uso dos recursos do baixo cômico. É o que se nota nas obras de Joaquim Manuel de MACEDO, FRANÇA JÚNIOR, Artur AZEVEDO, Cláudio de SOUZA, Gastão TOJEIRO, Oduvaldo VIANNA, Armando GONZAGA, para citar os mais importantes. Além da comédia de costumes, outras formas populares de comédia beberam na fonte da baixa comicidade: a *opereta**, o *teatro de revista**, a *cena cômica**, os *esquetes** e as comédias circenses.

No teatro brasileiro contemporâneo, há um uso generalizado dos recursos do baixo cômico. Todo o teatro popular do Nordeste, por exemplo, os aproveita. E alguns artistas, como Ariano SUASSUNA, Joaquim CARDOZO, Francisco PEREIRA DA SILVA, Altimar PIMENTEL e Antônio NÓBREGA, dando-lhes tratamento erudito, criaram algumas obras-primas. Em São Paulo, o dramaturgo Luís Alberto de ABREU e o *diretor** Ednaldo FREIRE lançaram-se à pesquisa do universo da cultura popular e já encenaram várias peças do projeto "Comédia Popular Brasileira". O objetivo foi o de "fixar a vertente da comédia popular no mesmo grau de importância de outros gêneros na renovação da cena contemporânea" (ABREU, 1997: 20). Para eles, o exemplo veio de outros dramaturgos que haviam trilhado o mesmo caminho: Renata PALLOTTINI, Lauro César MUNIZ, Chico de ASSIS, César VIEIRA e Carlos Alberto SOFFREDINI. A força do teatro feito com o aproveitamento da baixa comicidade, igualmente a partir de pesquisas na história do teatro, encontra-se também no trabalho do grupo paulista Parlapatões, Patifes e Paspalhões, liderado por Hugo POSSOLO e Alexandre ROIT e em atividade desde o início dos anos de 1990. (JRF)

 Comédia, Comédia de Costumes, Comédia de Intriga, Farsa, Quiproquó.

 Prado, 1999; Santos, 2002.

BARROCO (TEATRO)

Designação genérica para a atividade teatral desenvolvida ao longo da colonização, interrompida com o traslado da família real em 1808, elevando o Brasil à condição de vice-reinado.

Não se encontram assentadas, até o momento, as premissas básicas que permitam uma avaliação detalhada da atividade teatral na América Portuguesa, seja porque os dados se mostram insuficientes, seja porque os analistas privilegiam apenas um ou outro aspecto dessa produção, ocasionando apreensões díspares sobre o período. Entre Múcio da PAIXÃO (1917), Lafaiete SILVA (1938), J. Galante de SOUSA (1960) e Sábato MAGALDI (1962), os historiadores de nossa literatura e teatro minimizam o fenômeno barroco, ali vislumbrando um desalentador vazio cultural. Antonio CANDIDO (1971) criou a noção de *sistema literário*, que pressupõe a existência de autores, obras e público em interação regular. O caráter formativo e de sistematização de um gosto e de uma estética daí decorrentes, nesse caso, foi deslocado para o Romantismo, deixando as atividades precedentes em condição preparatória, subdesenvolvida, tão somente tentativas. Aplicando tal raciocínio, Décio de Almeida PRADO (1993a e 1999) privilegia a produção dramatúrgica como indispensável para a existência do teatro, alinhando-se, portanto, junto àqueles que avaliam o Barroco como período cênico pobre, destituído de traços formadores junto às manifestações do palco nacional.

Tal perspectiva historiográfica, contudo, evidencia limitações e recalques, notadamente sob duas perspectivas: a primeira, ao centrar no texto, no autor e na produção dramatúrgica o foco principal da condição valorativa, deslocando os fenômenos maiores atinentes ao espetáculo (e às artes cênicas, em modo amplo) para fora das considerações; a segunda, por insistir na qualificação do fenômeno teatral como um tronco orgânico, em contínuo desenvolvimento, sem atentar para a natureza e especificidade das diversas práticas cênicas históricas, desiguais entre si e, em muitos casos, excludentes, fruto de mentalidades díspares. A época e a sociedade barrocas já foram qualificadas, por diversos estudiosos, entre os quais WÖLFFLIN (1952), HATZFELD (1964) e MARAVALL (1997), como configurações sociopolíticas e culturais *embasadas pela teatralidade*. Ou seja, reproduziam, em seus rituais e práticas cotidianas, a noção mesma de *espetáculo* como modo de existência, elevando a *representação* a um patamar superlativo. Dentre alguns de nossos analistas que abraçam tal visada, embora nem sempre concordes entre si quanto a aspectos restritos das atividades cênicas, destacam-se Gilberto FREYRE (obras principais), Affonso RUY (1959), Otto Maria CARPEAUX (1990), Affonso ÁVILA (1994a, 1994b), Edwaldo CAFEZEIRO (1996) e Magda Jaolino TORRES (2000).

No plano internacional, as sociedades europeias dos séculos XVII e XVIII parecem ter encontrado na *ópera** um especial instante luzidio no qual ver e ser visto, entre pomposas frisas e camarotes, era tomado como signo maior de poder e civilidade. Em paralelo às festas, numerosas e engalanadas, manifestas quer em sua variante privada quer pública, a contraparte popular e aberta desse fenômeno emergirá com os *festejos* – diversificados, repletos de potencialidades expressivas e funções representacionais –, momentos em que o lúdico, o jocoso e o satírico exacerbavam-se, enlaçando num mesmo tempo-espaço senhores e escravos, nobres e plebeus, através de diagramas interacionais que ensejavam situações ambíguas e alegóricas, propiciadoras de transgressões e êxtases, diante das demonstrações do poder que, em todas elas, ali estava diretamente implicado. No Brasil-colônia, tais traços mostrar-se-ão ainda mais pronunciados, em função da complexa miscigenação e aculturação que fundia as etnias que conformavam as populações. À *loucura* barroca, uma dimensão da anomia sociológica que acometia tais sociedades envoltas em frenesi, arrebatamento, quimeras e maravilhamentos, irão mesclar-se os sentimentos da acedia, da melancolia, do culto ao terror, à morte, à separação do mundo, numa densa hibridização de sentidos e afecções que abrem espaço para a disparidade e a simultaneidade como antíteses existenciais coexistentes. O grotesco, o *chiaro/oscuro*, os torneios verbais, as hipérboles, os anacolutos, as gongóricas metáforas, as expressões esdrúxulas, constantemente invocadas na retórica artística barroca, irão deslocá-la para territórios mentais que pressupõem a teatralidade e a representação como denominadores comuns possíveis a tanta labilidade nos modos de ser e conceber o mundo.

O Barroco pode ser considerado o último estilo internacional, tendo penetrado, a partir da Itália, nas demais regiões europeias no instante mesmo em que sua geografia, à custa das guerras de conquista, oposições religiosas e disputas entre casas régias, está moldando aquilo que, em breve, será desenhado como os Estados nacionais. Uma simetria tensionada opõe – e em alguns casos aproxima – o estatuto jurídico do absolutismo divino e a propagação da fé católica, ambos atrelados ao suntuoso estilo barroco, tornando os jesuítas os protagonistas mais notáveis dessa cruzada artística e ideológica.

A Companhia de Jesus, criada por Ignácio de LOYOLA, em 1540, um braço da Santa Sé após o Concílio de Trento, enviou seus agentes às mais longínquas regiões do planeta – das novas possessões americanas até os confins do Extremo Oriente –, tornando a Europa, especialmente a mediterrânea e aquela sobre a qual os HABSBURGOS lançam tentáculos dinásticos, seu amplo território de militância. Gerações e gerações de aristocratas e jovens oriundos das classes abastadas encontraram nos colégios da Companhia os fundamentos das doutrinas contrarreformadas e o aporte teológico destinado a sustentar uma moral e suas crenças políticas, ao lado dos estudos humanísticos que incluíam, entre outros saberes, a poesia, a retórica, a lógica, a música e o teatro. Dentro dos colégios, nos púlpitos, nas praças públicas, a educação jesuítica torna-se onipresente, assim como se estende pela diplomacia e confessionários reais, atingindo por ressonância as ensolaradas praias tropicais do Brasil, nos versos cerimoniosos de NÓBREGA e ANCHIETA. Do soberano até o mais incógnito silvícola, todo o universo passa então a ser vislumbrado como um *theatrum mundi*. O que, na poesia de SHAKESPEARE, reluz como "all the world's stage, and all the men and women merely players" (em *As You Like It*).

Os primeiros espetáculos representados no Brasil, segundo o historiador jesuíta Serafim LEITE, foram *autos**, introduzidos pelos colonizadores em continuidade às práticas correntes na Metrópole, ainda antes da chegada da Companhia de Jesus. De 1557 data *Conversão do Gentio*, diálogo inaugural escrito pelo Pe. Manuel da NÓBREGA, primeiro provincial aqui aportado. Será por intermédio de José de ANCHIETA, entremeses, que se desenvolverá, em modo amplificado, o *teatro da missão* jesuítica no Brasil. Em 1583 os religiosos Cristóvão de GOUVEIA, Padre Visitador, e Fernão CARDIM, ministro do Colégio de Évora, percorrem povoados da costa brasileira, inspecionando a evangelização. O extenso relatório que prepararam enfeixa as mais seguras informações sobre as atividades dos colégios de então, nos quais há destaque para o teatro. Entre as oferendas recebidas na excursão, incluíam-se os *diálogos*, que consistiam nas representações teatrais que poderiam, inclusive, incluir *mímica**, dança e música. Noutro trecho do informe, anotam as condições sob as quais essas representações eram realizadas: "Debaixo da ramagem se representou pelos índios um diálogo pastoril em língua brasílica, portuguesa e castelhana, e têm eles muita graça em falar línguas peregrinas, máxime a castelhana (CARDIM, 1939: 258). É conveniente lembrar que nos encontramos em pleno período da dominação hispânica, uma vez que Portugal foi submetido pelo país vizinho entre 1580 e 1640, constituindo o espanhol a língua culta da época, suplantando o latim.

É em Salvador, todavia, que esta série de representações devotas alcança seu ápice, com a encenação do *Auto das Onze Mil Virgens*, por ocasião da entronização de um crânio daquelas donzelas trazido pelo Padre Visitador, apoiado em rico busto lavrado em prata. Os festejos estendem-se por três dias, em típico formato das grandes festas barrocas ibéricas. A portentosa encenação inicia-se pela manhã, incluindo, entre outros atavios, uma nau sobre rodas, manipulada por estudantes que, segurando os mastros do grandioso pálio que a recobria, causaram euforia junto à multidão. No navio seguiam as virgens, a cuja passagem a Cidade e o Colégio (personagens alegóricas) saudavam, assim como a multidão, apinhada nas ruas e janelas dos sobrados. À tarde, representou-se o sacrifício das donzelas, posteriormente enterradas pela mesma legião de anjos que, pela manhã, postara-se ao longo de seu cortejo naval, fazendo o público chorar e soluçar juntamente com os *atores**.

Como se observa, os artefatos teatrais aqui desenvolvidos guardam grandes semelhanças com aqueles utilizados nos *autos sacramentais** ibéricos, não faltando tiros de escopeta e fogos de artifício para mais abrilhantar o regozijo, destinado a inebriar a multidão, oferecendo-lhe, para além de uma mimese teatral, verdadeira oportunidade de deslumbramento ao vivenciar o ato de fé. Os autos sacramentais espanhóis tiveram por origem as comemorações adjacentes ao *Corpus Christi* para, em breve tempo, adquirirem a conotação de inequívoca demonstração do poder real.

No comentário de Armando CARDOSO S. J., esta representação das *Onze Mil Virgens* ocorrida na Bahia em 1581 é referida por José de ANCHIETA numa carta do ano seguinte, fazendo crer tratar-se de uma *adaptação** de seu primitivo texto, *Auto de São Vicente à Bahia*, apresentado no Espírito Santo anos antes (ANCHIETA, 1977: 20). Esta característica de traslado e adaptação às circunstâncias locais de textos detentores de uma mesma estrutura era bastante frequente então, bem como o relativo ou total anonimato entre autores e adaptadores. O que explica, por outro lado, as condições em que nos chegaram as obras de José de ANCHIETA, o mais profícuo autor de nosso primeiro século. Dele são conhecidos oito textos teatrais integrais, além de fragmentos, assim como poemas eucarísticos, encômios, laudações diversas e cartas, redigidos em português, espanhol e tupi.

Sua primeira e mais consagrada obra é o *Auto da Pregação Universal*. Era ainda irmão jesuíta, muito moço e, sendo o melhor conhecedor da língua indígena (havia composto, em 1555, uma gramática ou *Arte da Língua Geral*), recebeu de NÓBREGA a incumbência de produzir uma peça que substituísse aquela que os moradores de São Vicente tinham a intenção de encenar nas festividades natalinas de 1560 ou 1561. Tais circunstâncias são auspiciosas: revelam que a prática teatral já era corrente entre os colonos, desmentindo a tese do vazio teatral afirmada por alguns analistas; indica também, por outro lado, como o teatro passou a sofrer vigilância, tornando-se instrumental pedagógico, recorrendo às línguas então faladas e não ao latim recomendado pelas *Ordenações* da Companhia. O *Auto da Pregação* se utiliza, segundo as personagens, das três línguas em curso na Colônia.

Em seu aspecto mais amplo, o teatro anchietano representa uma passagem entre as formas cênicas renascentistas e as barrocas, com notável influência de Gil VICENTE. A estrutura dos textos, todavia, faz avançar a expressividade dos modelos sobre os quais se apoiou, albergando usos e costumes correntes entre os nativos, com um notável aproveitamento das práticas cerimoniais católicas, incluindo recursos alegóricos e emblemáticos, insertos num contexto referencial brasileiro, próprios às suas audiências de destino. Assim podem ser resumidos seus passos principais: o encontro, distante do povoado, com um visitante ilustre conduzido à taba pelos guerreiros através de um caminho engalanado; a reunião com os chefes indígenas, ou a saudação ao Ereiúpe, a que se segue a hospedagem na casa e a narração da viagem; o terceiro momento é a discussão entre os chefes indígenas sobre o futuro do viajante, se será devorado ou deixado em liberdade na tribo, a que se segue, um ou outro, cerimônias que incluem dança, música e canto; se o visitante é bom, e conservado entre eles – como é sempre o caso dos padres –, o chefe faz uma pregação sobre suas virtudes, culminando a trama na alegre efusão de sentimentos entre os partícipes da encenação.

Tal dramaturgia ressalta o aproveitamento da *ars oratória* índia, levada a efeito pelos jesuítas como inteligente emprego das características vigentes entre os chefes nativos: hábeis oradores, distinguiam-se exatamente pelo uso da palavra persuasiva acompanhada de gestos e interjeições, detentores de uma liderança natural no seio das comunidades, típicas formações organizadas em torno de uma cultura oral. Esta "retórica cultivada pelos índios, na percepção dos missionários, está na base da eleição do ensino da doutrina em chave retórica, visando formar *atores-oradores--cristãos-índios*. Aí se insere o *teatro da missão* na sua dupla função terapêutica aristotélica: ser bom não só para quem o vê, mas também para quem o faz", conforme destaca uma historiadora (TORRES, 2000: 49-50).

Temos, portanto, para além da catequese, uma mais estruturada constituição de identidade social, indispensável não apenas para alicerçar uma crença mas, com ênfase, para inserir o indígena nas complexidades de uma civilização, alicerçada sobre outros paradigmas socioculturais. Tais dimensões do problema, no qual o teatro da missão ocupa relevante papel, não foram ainda devidamente enquadradas pelos nossos historiadores teatrais que, simplesmente debruçados sobre o texto dramático, deixam de atentar para o arco das implicações trazidas com o espetáculo e suas múltiplas requisições expressivas. A *Ratio Studiorum*, conjunto de normas que institucionalizou a palavra como centro da pregação e da evangelização, destacava a necessária prática teatral – na Europa, dentro dos colégios; nas colônias, nos diversos empreendimentos conjugados à missão – como um de seus centros irradiadores.

É o que se irá observar, em modo mais amplo e sistematizado, já no século XVII, quando a Companhia de Jesus fundou, naquele territorio idealmente concebido como autônomo, as Missões Jesuíticas dos Guaranis, entre os rios Paraguai, Prata e o Oceano Atlântico: uma república teocrática índia, cujo principal contrato entre seus integrantes se apoiava exatamente sobre a palavra, única depositária de valor ético entre populações ágrafas. Aquele *orador virtuoso*, síntese desse tipo de iniciação-criação pedagógica das Missões, é igualmente um ator, uma vez que as práticas representacionais desenvolvidas naqueles territórios entre as Américas Portuguesa e Espanhola extrapolavam o ofício religioso, desdobrando-se em formas híbridas avizinhadas da ópera e da dança.

Aquelas incursões dos missionários visavam, como se verificou *a posteriori*, não apenas habilitar novos atores como, com ênfase, combater os antigos; ou, em outras palavras, dar curso à recomendação do Padre NÓBREGA, dissuadindo os colonos de eles próprios criarem um espetáculo teatral, para aceitarem um novo texto escrito por ANCHIETA.

Com a escassez de registros, uma vez que a imprensa era proibida pela Metrópole, os documentos sobre o período são poucos e indiretos. Em bibliotecas lisboetas constam informações sobre outros autores brasileiros da época, não jesuítas, embora os textos se encontrem desaparecidos: José Borges de BARROS, Ravasco Cavalcanti de ALBUQUERQUE e Frei Francisco Xavier de SANTA TEREZA, escritores de *comédias** e tragicomédias. Alguns títulos e mesmo poemas de Gregório de MATOS ("a uma comédia que fizeram os pardos confrades de Nossa Senhora do Amparo", "a umas comédias que se representaram no sítio da Cajaúba", "a um frade a quem uma freira pediu o hábito para fazer um *entremez**" etc.) evidenciam que a prática teatral fora do âmbito missioneiro era então corrente na Bahia, objeto até mesmo de escárnio e sátira na pena do poeta (Cf. CAFEZEIRO & GADELHA, 1996).

Além do *teatro jesuítico**, em suas duas variantes – *teatro de colégio* e *teatro da missão* –, e da produção leiga vinculada ao repertório existente, com amplo aproveitamento do chamado *teatro de cordel** lusitano, o Barroco brasileiro conheceu outro significativo modo de espetáculo: a festa. Fechadas e palacianas ou abertas e populares, movidas pelas celebrações religiosas ou laicas, são inúmeras, pródigas, verdadeiras integrações cênicas entre agentes e espectadores. A festa possui alguns elementos estruturais de destaque: a cenarização urbanística, os quadros-vivos alegóricos, os carros triunfais, os grupos fantasiados ou engalanados que desfilavam em júbilo, a formação da procissão que, integrando todos os partícipes, desfazia os contornos rígidos entre agentes e espectadores (Cf. ARAÚJO, 1997; ÁVILA, 1994a; JANCSÓ e KANTOR, 2001 e TINHORÃO, 2000).

Ainda que esparsa a documentação disponível, supõe-se que as festas se iniciaram logo após a Descoberta, quando as nascentes comunidades erguiam um templo, um santo era louvado, bênçãos e inaugurações sucediam-se, fiéis às práticas ibéricas. A motivação cívica ou cívico-religiosa – batalhas vencidas, resistência ao inimigo invasor, comemorações de datas ligadas à Corte – ofereciam renovadas oportunidades de regozijo. Entre estas, encontravam-se os batizados, casamentos, aniversários reais, bulas papais e conquistas ultramarinas, formando um tecido mítico de comemorações frequentes cujas metas visavam mais consolidar o poder – material e espiritual – da Terra-Mãe. As crônicas mais antigas registram as grandes festividades ocorridas em 1641, quando da chegada da notícia da restauração do trono português, no Rio de Janeiro, coincidentes com a Páscoa.

Ao longo do século XVIII, são mais regulares os apontamentos sobre tais festas, coletados em diversos estudos por Rubens Borba de MORAES, consoantes com a expansão territorial da Colônia: Bahia (1709, 1718, 1727, 1753, 1762), Rio de Janeiro (1747, 1749, 1750, 1752, 1763), Pernambuco (1745, 1751), Belém do Pará (1752, 1794), Mato Grosso (1772, 1785, 1790), comportando, todas elas, encenações teatrais (ÁVILA, 1994a: 149-150). A festa baiana de 1727 encontra-se pormenorizadamente descrita num opúsculo editado em Lisboa dois anos após, "obedecendo à organização consagrada dos eventos do gênero, com sermões, procissão alegórica, ofício de ação de graças, luminárias, serenatas, teatro e danças públicas", como salienta Affonso ÁVILA (1994a: 150). As comédias apresentadas, cujos títulos em espanhol não escondem o acentuado gosto pela vocalidade hispânica, eram em número de seis, apresentadas durante quinze dias.

Verdadeiro documento de teatralidade é o *Triunfo Eucarístico*, narrativa de Simão Ferreira MACHADO, por ocasião da inauguração da Igreja do Pilar, em Ouro Preto, em 1733. Consignando que tal festividade era continuação natural de mais antigas práticas ali desenvolvidas, o que faz recuar o uso de tais celebrações para o século anterior, a crônica é abundante em detalhes sobre a rua aberta entre dois templos, os estandartes levados pelos fiéis, a complexa trama coreográfica que mesclou grupos de irmandades e devotos, conjuntos musicais, carros de triunfo, personagens a cavalo, *alegorias** de mão com temas mitológicos, cartazes com poemas, cada participante empenhado na maior distinção pelo porte de trajes adamascados e de veludo, dourados e prateados refulgindo ao sol, ornados de pedrarias. A arquitetura efêmera destaca arcos erigidos nas ruas, guirlandas e outros adereços nos pórticos, sacadas e balcões, além de colchas estendidas nas janelas, criando uma atmosfera feérica que, à noite, mais se intensificava pela presença de milhares de luminárias e velas, além dos fogos pirotécnicos preparados. Um tablado erguido defronte à igreja matriz serviu aos cômicos que ali levaram as comédias *El Secreto a Voces*, *El Principe Prodigioso* e *El Amo Criado*, a primeira de CALDERÓN DE LA BARCA, a segunda de autor desconhecido e a terceira de Rojas ZORRILLA. Em seu prólogo, destaca o autor que Ouro Preto era "mais que esfera da opulência... teatro da religião" (ÁVILA, 1978: 2), evidenciando o perfil espetacularista que recobria a sociedade barroca do tempo.

No mesmo viés, temos o *Áureo Trono Episcopal*, documento anônimo de 1749, quando da posse de Dom Manoel da CRUZ, bispo transferido do Maranhão para Mariana. Além dos elementos festivos antes destacados em Ouro Preto, surge aqui a presença da música coral sacra, acrescendo-se as danças de carijós ou gentios da terra e negros, formando duas alas. Dez poetas disputaram a primazia do concurso efetivado, visando louvar e enaltecer a figura do bispo, no típico formato empreendido pelas academias literárias do período.

As procissões, a despeito do caráter religioso a que idealmente correspondiam, constituíam outra prática teatral diversificada. José Ferreira de MATOS anotou, em 1745, no Recife, a procissão de São Gonçalo Garcia, na qual a figura da Ásia, a cavalo e ricamente paramentada, liderava outros destaques: Zelo, Aplauso, Pregação, Martírio, Meditação, alinhados entre carros triunfais e alegóricos conduzindo Santa Bárbara, a Senhora do Terço, misturados a Júpiter, uma Águia e uma Hidra. Os melhores sobrenomes da província encarnavam tais figuras emblemáticas, ocasião de êxtase representacional, ostentação e exibição, tornando a procissão um ato muito mais espetacular que religioso (Cf. ARAÚJO: 1997).

Deve-se a Francisco CALMON a aguda descrição conhecida como *Relação das Faustíssimas Festas* ocorridas em Santo Amaro, Bahia, em 1760, por ocasião dos desposórios de Dona MARIA I e Dom PEDRO III, futuros herdeiros da Coroa portuguesa. Rico em pormenores, o relato permite conhecer com minúcias as práticas festivas de então. Iniciadas a 1º de dezembro daquele ano, estendem-se até o dia 22, ensejando a apresentação de diversas danças dramáticas: as *farsas** mouriscas, as cavalhadas, as encamisadas, a dança dos alfaiates, dos meninos índios, além de *congos** e cacumbis, trazidos da África pelos negros. A coroação dos festejos dá-se com a encenação de *Anfitrião*, de autor desconhecido (possivelmente Antônio José da SILVA, que escrevera *Anfitrião ou Júpiter e Alcmena*, em 1736), patrocinada "pelos oficiais de justiça, letrados e requerentes" (CALMON, 1982: 25). Fonte primária para a fixação de diversos folguedos que, posteriormente, serão identificados como na raiz da cultura popular de diversas regiões brasileiras, esta *Relação* documenta, sobretudo, os hábitos barrocos em curso, o típico modelo de festa ibérica aqui possível.

As *Cartas Chilenas*, redigidas sob pseudônimo por Tomás Antônio GONZAGA, em 1786, invectivam contra os excessos do governador Luís da Cunha MENEZES – satirizado como o Fanfarrão Minésio –, esbanjador de dinheiros públicos, num momento em que as minas estão esgotadas e tanta ostentação se lhe afigura um despropósito. A grandiloquência do evento é testemunhada pela construção de dois lagos artificiais, além de milhares de tigelinhas de óleo espalhadas em toda a cidade, fornecendo luminosidade noite adentro. Três noites de ópera, ironizadas pelo poeta como "repetidas pela boca de mulatos", fazem supor as limitações dos intérpretes, recrutados entre negros forros e mulatos, devidamente branqueados com alvaiade, uma vez que os atores profissionais eram raros.

Merece atenção, ainda, outra típica manifestação celebrativa barroca: o espetáculo lutuoso. Na *Relaçam Fiel das Reaes Exéquias* (1751), uma pormenorizada descrição dá conta das celebrações ocorridas em São João Del Rei – incluindo "estupenda e majestosa arquitetura" –, quando da morte de D. JOÃO V. O monumento fúnebre, erigido na praça defronte à igreja, ostentava emblemas e poemas em latim, todo ele revestido em flores de ouro e prata. Guarnecido com esqueletos e demais adereços fúnebres, o templo e a praça abrigaram as evoluções das irmandades em complexa coreografia e diálogos cantados (Cf. ÁVILA, 1994a: 170-178).

No Pará e Maranhão, documentam-se as montagens de obras hoje desaparecidas de Tomás do COUTO (1668-1715) e Salvador de MESQUITA, autor de um texto em latim editado em Roma, em 1646. Manuel Botelho de OLIVEIRA (1636-1711), baiano que editou em Lisboa, possui dois textos mais ambiciosos: *Amor, Engaños y Celos* e *Hay Amigo para Amigo*, perífrases indisfarçáveis de criações de Rojas ZORRILLA e LOPE DE VEGA. Mas será Antônio José da SILVA, o Judeu (1705-1739), o autor mais característico do século XVIII, grande sucesso aqui e em Lisboa, para onde se mudou. A ele são creditadas, entre outras criações, *Esopaida, Os Encantos de Medeia, Anfitrião ou Júpiter e Alcmena, Guerras do Alecrim e da Manjerona, As Variedades de Proteu*.

Entre os árcades inconfidentes, a dramaturgia foi cultivada por Manuel Inácio da Silva ALVARENGA, autor de um texto perdido, *Eneias no Lácio*, e Cláudio Manoel da COSTA, que escreveu *O Parnaso Obsequioso*, além de traduzir *Mérope*, de MAFFEI, e sete peças de METASTASIO, o mais prestigiado dramaturgo europeu encenado na Colônia.

Pouco restou documentado sobre as condições de produção e artefatos empregados no teatro desenvolvido nesses séculos. O mais consistente informe refere-se a Cuiabá, onde, em torno da década de 1790, organizaram-se vários grupos de *amadores** que, num festival, encenaram desde *tragédias** até *óperas cômicas**. Figuram ali autores como VOLTAIRE e Antonio de SOLIS, entre outros típicos exemplos do *teatro de cordel* existente há séculos em Portugal, ou seja, adaptações simplificadas de óperas e textos clássicos dos repertórios francês e italiano. O espectador anônimo que documentou a efeméride consignou, entre outros pormenores de interesse, a presença do negro VICTORIANO como intérprete de Bajazet em *Tamerlão na Pérsia*, a mais longínqua nominação de um ator profissional brasileiro (MOURA, 1976).

Afora os palcos e tablados improvisados referidos em diversas regiões, a mais remota notícia sobre um *edifício teatral** o situa em Salvador. Há registros da construção, por volta de 1729, de um Teatro da Câmara de Salvador, e de sua demolição em 1734 (RUY, 1958: 459). Mais importante, porém, foi o teatro aberto por iniciativa do Padre VENTURA em meados do século XVIII, no Rio de Janeiro, com o nome de *Casa da Ópera** (ou, ainda, Ópera dos Vivos, em oposição à *Ópera dos Mortos**, outro local circunscrito ao teatro de *mamulengos**), e que foi destruído por um incêndio em 1769. O teatro de Ouro Preto, que importou artistas de Padre VENTURA para sua inauguração, data de 1770, permanecendo como o mais antigo edifício teatral preservado na América do Sul. (EM)

Alegoria, Auto, Auto da Paixão, Auto Pastoril, Auto Sacramental.

BENEFÍCIO

O chamado "espetáculo em benefício", ou simplesmente "benefício", nasceu provavelmente na França. Segundo Arthur POUGIN, autor de um dicionário de teatro publicado em 1885, o primeiro caso registrado remonta a 1735, quando os artistas da Comédie Française entregaram toda a renda de um espetáculo a uma atriz que havia perdido seus bens num incêndio. No século XVIII, os benefícios ocorreram esporadicamente para socorrer um artista acidentado ou em dificuldades financeiras. Houve mesmo um espetáculo, em 1783, para ajudar os pobres de Paris, assolados por um inverno rigorosíssimo. Já no século XIX, o benefício tornou-se uma prática comum na vida teatral e passou a ser considerado uma forma de remuneração dos artistas ou dos autores dramáticos, previsto inclusive em contrato.

Foi assim que se popularizou no Brasil, conforme se pode notar nos anúncios dos espetáculos teatrais para esse fim, amplamente divulgados nos jornais. Além disso, os benefícios podiam transformar-se numa festa para o artista, numa demonstração de seu prestígio junto ao público e à imprensa. Machado de ASSIS, quando crítico teatral do jornal *O Espelho*, assim descreveu o benefício da atriz Gabriela da CUNHA, em dezembro de 1859: "Com este drama [*Romance de um Moço Pobre*, de Octave FEUILLET] fez benefício a Sra. D. Gabriela. Artista reconhecida e legitimada por uma longa série de criações e triunfos, a Sra. D. Gabriela encontrou nos entusiasmos espontâneos de uma plateia ilustrada uma dessas ovações que honram o público honrando ao artista. Eram reverências conscienciosas que enfeitavam mais uma vez de flores e de cantos o nome ilustre da primeira atriz do Ginásio" (1950c.: 148).

Não apenas os artistas das *companhias teatrais** brasileiras tinham direito aos benefícios. Também os artistas estrangeiros que o país acolheu, principalmente nos três últimos decênios do século XIX, aproveitaram esse costume para ganhar um pouco mais de dinheiro, além de flores e presentes ou mesmo joias valiosas. Artur AZEVEDO nos deixou uma descrição pitoresca de uma dessas noites de entusiasmo, quando a grande atriz italiana Eleonora DUSE representou *A Dama das Camélias* no Imperial Teatro D. Pedro II, no Rio de Janeiro. Eis o que escreveu no *Diário de Notícias* de 19 de julho de 1885: "A ovação começou depois do 3º ato. A beneficiada foi repetidamente chamada ao proscênio e entusiasticamente aclamada pelo público. Alguns pombinhos voaram de uma frisa e foram cair no palco. Há muito tempo que esses inocentes bichinhos não tomavam parte nas ovações teatrais. No intervalo do 3º para o 4º ato, Sua Majestade o Imperador mandou chamar a DUSE ao seu camarote. Quando, correspondendo ao imperial convite, ela passou pelos corredores do teatro, as numerosas pessoas que aí se achavam saudaram-na ainda ruidosamente, freneticamente. O monarca, depois de conversar algum tempo com ela, brindou-a com um riquíssimo bracelete de ouro e brilhantes". Ao final do espetáculo, no palco, a atriz ganhou ainda outros presentes, flores e versos de seus admiradores.

É claro que nem sempre os benefícios eram realizados em clima de festa. O mesmo Artur AZEVEDO, em junho de 1899, aproveitou sua coluna no jornal *O País* para pedir aos leitores que fossem ao Teatro Recreio Dramático prestigiar o espetáculo em benefício de Jacinto HELLER, que passava por extremas dificuldades financeiras na velhice, depois de uma vida dedicada ao teatro, como *ator**, *ensaiador** e empresário. Também eram comuns os benefícios para ajudar as famílias de atores que morriam pobres. E há ainda que lembrar as dificuldades muitas vezes enfrentadas pelos artistas menos famosos, que chegavam a se encarregar da venda dos bilhetes para levar mais público ao teatro. No livro *Espírito Alheio* (1916: 265-269), Múcio da PAIXÃO relata o caso engraçado do ator PEIXOTO e do ensaiador Adolfo de FARIA, que certa vez, no Rio Grande do Sul, saíram às ruas para vender os bilhetes de seu benefício, só encontrando recusas. O único "velhote risonho" que os recebeu com simpatia e que julgaram um possível espectador era... o porteiro do teatro!

Seja como festa artística, seja como forma de ajuda financeira, o benefício sobreviveu ao século XIX, mas, aos poucos, desapareceu completamente dos costumes teatrais brasileiros. (JRF)

BESTEIROL

Denominação dada a um conjunto de peças surgidas a partir do final da década de 1970, no Rio de Janeiro e em São Paulo, compostas de pequenos *esquetes**, calemburgos, piadas, jogos de palavras e situações de *nonsense*. Tudo é motivo para a sátira, desde os modismos verbais até os comportamentais. As cenas abusam da caricatura, do traço grosso, do exagero, e não perdoam os equívocos e as ambiguidades sexuais, sobretudo as homossexuais. As peças se articulam em torno do *ator**, apelando para sua capacidade de improvisar (ou, mais que isso, dar a impressão de). Utiliza-se bastante o travestimento feminino, esboçando-se, até mesmo, ligeiras críticas sociais. De certa maneira, o besteirol se origina das *cortinas** do antigo *teatro de revista**. Seu sucesso, principalmente com o público carioca, e a projeção dos seus intérpretes através dos meios televisivos fizeram sua fortuna e levaram ao surgimento de *grupos** análogos em outros centros teatrais brasileiros (a montagem de *A Bofetada*, pela Cia. Bahiana de Patifaria, conheceu enorme sucesso nos palcos paulistanos, por exemplo). O gênero, sem dúvida, exige dos intérpretes extrema flexibilidade interpretativa e capacidade de improvisação que lhes permita, de certa forma, perceber o "clima" do público para que possa manipulá-lo e conduzi-lo. Seu comportamento tem qualquer coisa da convenção revisteira do compadre*. Entre os seus principais autores (inúmeras vezes, também principais intérpretes), estão Miguel FALABELLA (*As Sereias da Zona Sul; Loiro, Alto, Solteiro, procura...*), Pedro CARDOSO (*Todo Mundo tem Problemas – Sexuais*), Guilherme KARAM, Mauro RASI, Vicente PEREIRA e Jorge FERNANDO. O resultado artístico do besteirol não ultrapassou, até o momento, o divertimento inconsequente, apesar da grande aceitação popular. O filósofo e estudioso do fenômeno teatral Gerd BORNHEIM denomina o gênero de "teatro de entreatos", acrescentando que "o cacófato é proposital". A seu ver, se a arte contemporânea se manifesta pelo signo da fragmentação e pela ruptura, o besteirol corresponderia a esta exigência da efemeridade e da transitoriedade envolvendo a ideia de uma "arte pura". Evidentemente, os eventuais preconceitos críticos contra o gênero advêm da sua completa despreocupação literária e da sua indisfarçável gratuidade. As cenas se sucedem e se apagam da mente do espectador, sem nenhuma pretensão de permanecer. BORNHEIM afirma mesmo que tal gratuidade "ajuda a explicar também algo que talvez só nas aparências lhe seja radicalmente oposto: as peças do desesperançado Samuel BECKETT, em suas últimas criações" (1998: 196). (EF)

 Esquete.

 Marinho, 2004.

BIFE

Também denominado *tirada*. Longa intervenção de uma personagem, oferecendo ao intérprete a possibilidade de exibir seus recursos técnicos ao público. Distingue-se do *solilóquio** e do *monólogo** por se pressupor sempre a presença de outro personagem em cena. As peças brasileiras do passado estão repletas de bifes, decorrentes da necessidade das personagens de se explicar ou de explicar a situação em que se encontram, o que dá a esse recurso, inúmeras vezes, um tom discursivo. O diálogo da cena IV do segundo ato de *Antônio José ou O Poeta e a Inquisição*, de Gonçalves de MAGALHÃES, entre o protagonista e Mariana; a enorme intervenção de Samuel n'*O Jesuíta*, de José de ALENCAR, na cena IV do segundo ato; o longo diálogo entre Maurício e Hermínia na cena III do segundo ato de *O Canto sem Palavras*, de Roberto GOMES, são bons exemplos de bifes no teatro brasileiro. (EF)

BOI DE MAMÃO

A brincadeira de boi de mamão é uma das expressões cênicas populares mais difundidas no litoral do Estado de Santa Catarina, onde diversos grupos se apresentam com frequência no período que antecede o Natal e vai até o Carnaval. No entanto, conforme Nereu do Vale PEREIRA: "O Boi catarinense tem ciclo carnavalesco, sendo grave erro apresentar-se entre Natal e Festas de Reis" (1996:7). Por tradição, os grupos se apresentam nesse período, porém, nos últimos anos, houve mudanças nesse calendário, que se ampliou para todo o ano, principalmente durante os festejos juninos.

A brincadeira de boi de mamão é uma narrativa que conta a morte e a ressurreição do Boi. Sua morte se dá por motivos vários ou, até mesmo, sem razão aparente, e a ressurreição acontece a partir da visita do Doutor, que fala em uma linguagem na qual aparecem expressões eruditas, por vezes sem sentido, tentando com ironia demonstrar sua origem de homem letrado, conseguindo propositalmente o riso da plateia. A causa da "cura" do Boi varia de grupo para grupo, podendo ser devido aos préstimos médicos, às palavras mágicas pronunciadas por Mateus, ao trabalho do Benzedor ou, ainda, à cachaça, cuja garrafa passa de mão em mão e é oferecida ao dançador que está escondido sob o boneco-máscara que forma o corpo do Boi. Toda a trajetória da chegada com festa, morte e ressurreição é acrescida de intervenções de outras personagens que os participantes chamam de figuras ou bichos. "A passagem dessas figuras constitui-se em cena isolada, com sentido próprio, mas, ao mesmo tempo, parte indispensável do brinquedo. As personagens da brincadeira se dividem em humanas (Mateus, Vaqueiro, Doutor) e personagens animais e fantásticas, apresentadas como bonecos-máscaras (Boi, Maricota, Cavalinho, Cabra, Urubu, Cachorro, Urso, Macaco e Bernúncia). Todo grupo é constituído por uma orquestra, que, além dos músicos, reúne os cantores liderados pelo Chamador, uma espécie de diretor de cena responsável por cantar as tradicionais músicas, anunciar a sequência da brincadeira e, às vezes, improvisar versos. Um grupo de Boi reúne cerca de 30 a 40 homens divididos em distintas tarefas na organização e apresentação da brincadeira. São músicos instrumentistas, cantores, intérpretes e dançadores" (BELTRAME, 1995:19).

A presença feminina, quando acontece, tem sua atuação restrita ao *coro**, para cantar os refrões das músicas. Em Santa Catarina existem diversas formas de apresentá-lo, mantendo um núcleo de personagens fixas. Mas existem variações nas músicas e personagens secundárias que, se aparecem num grupo, já não se encontram em outros. Essa variação se dá nos agrupamentos da mesma cidade e se altera, ainda mais, quando comparados a grupos de regiões distintas. No entanto, todos se denominam boi de mamão. (VB).

 Beltrame, 1995, 2007; Pereira, 1996; Soares, 1978.

BOLSO (TEATRO DE)

Diz-se de produções despretensiosas, realizadas em salas diminutas, com poucos recursos de produção e pequeno elenco, visando ao entretenimento sem maiores consequências. Na decênio de 1950, o dramaturgo, *ator** e *diretor** Silveira SAMPAIO lançou no Teatro de Bolso, em Ipanema, Rio de Janeiro, a sua "trilogia do herói grotesco", com as peças *A Inconveniência de ser Esposa*, *Da Necessidade de ser Polígamo* e *A Garçonnière do meu Marido*, nas quais satirizava, com agudo senso de humor, os preconceitos e contradições da burguesia da zona sul do Rio. Mais tarde, Aurimar ROCHA ocupou durante muito tempo esse teatro, com um repertório que procurava a mesma linha de produção. (EF)

BONECO

Nome genérico dado às figuras especialmente construídas para encenação teatral, representando seres humanos, animais ou entidades abstratas e míticas. A confecção de bonecos para a cena exige conhecimentos e habilidades na escolha dos materiais, na invenção de mecanismos e estruturas, com o objetivo de atender à necessidade de movimentos e ações de cada personagem e à poética do espetáculo. Tanto os materiais com os quais são confeccionados os bonecos quanto os movimentos que realizam em cena colaboram com a dramaturgia do espetáculo. (AMA e VB)

BONECO DE HASTE OU BENGALA

O boneco de haste é considerado o pai da *marionete**, o boneco de fios. É um tipo de boneco utilizado em muitos espetáculos de teatro tradicional na Itália, na Bélgica e norte da França. O boneco de haste recebe essa denominação por ser confeccionado com uma haste rígida presa a sua cabeça para sustentar o corpo. Geralmente são adicionados fios nas mãos e nas pernas para ampliar as possibilidades de movimento e expressão do boneco. Ele sempre é manipulado de cima para baixo, e caminha apoiado no piso do espaço de representação. (VB)

BONECOS DE MESA OU BALCÃO

São *bonecos** manipulados sobre uma mesa, balcão, pedestal ou base, quase sempre com articulações. A presença desse tipo de bonecos se deve em grande parte à influência do *teatro de bonecos** japonês, o teatro *bunraku*, que apresenta uma manipulação codificada e muito detalhada, sendo comum até três *atores**-manipuladores animarem um só boneco. A partir da década de 1950, essa arte exerceu muita influência nos teatros de bonecos europeus e consequentemente também nos grupos brasileiros contemporâneos.

O uso de bonecos de mesa ou balcão fez surgir, no Ocidente, um novo modo de animação de bonecos: a *manipulação à vista/manipulação direta**. O boneco é confeccionado com diversas articulações e bastões que o ator-bonequeiro utiliza para animá-lo. É comum os atores-bonequeiros se vestirem de preto para se tornar "invisíveis" com o apoio da cortina de luz. Esse procedimento também pretende dar ênfase à presença do boneco/objeto, tornando-o o foco da cena. Com frequência, bonequeiros afirmam que fazem *teatro de animação** inspirados no *bunraku* japonês; esse termo, porém, tem sido inapropriadamente usado como sendo apenas um estilo técnico, quando na verdade se trata de uma manifestação teatral com conteúdos e características próprias. Muitos são os grupos que se especializam nessa forma de expressão no Brasil. Um dos primeiros espetáculos de grande repercussão no Brasil foi *Cobra Norato* (1979), do Grupo Giramundo de Belo Horizonte. Destacam-se ainda os trabalhos *A Bruxinha* (1986) e *Cidade Azul* (1996), da Cia. Truks de São Paulo, que teve largas plateias infantis. Outros grupos conquistam os adultos com propostas cênicas muito originais, como a montagem de *Maria Farrar* (1995), de B. BRECHT, do Grupo As Julietas, e *Bonecrônicas* (1993) do Grupo Anima Sonho, da cidade de Porto Alegre; *Beckett* (1992), do Grupo Sobrevento, Rio de Janeiro; *Sangue Bom* (1996), da Cia. Pequod, do Rio de Janeiro; *Sevé* (2002), da Zero Cia. de Bonecos, de Belo Horizonte; e *O princípio do Espanto* (2002), da Cia. Morpheus Teatro, de São Paulo. (AMA e VB)

 Bonecos (Teatro de); Manipulação à Vista/Manipulação Direta.

 Amaral, 1997, 2002.

BONECO DE VARA

Boneco confeccionado com uma ou mais varas presas ao corpo (cabeça) e extremidade das mãos, com o objetivo de ampliar seus movimentos. Porém, nas últimas décadas, bonequeiros desenvolveram numerosas variações, incluindo mecanismos para mover olhos, boca e outras partes do corpo do boneco. Com tais alterações ele recebe a denominação de *boneco de vara* com mecanismos. As varas mais utilizadas na confecção desse tipo de boneco são de madeira, arame ou metal. Sua manipulação se dá de baixo para cima e o bonequeiro trabalha de pé e quase sempre oculto pela *empanada** ou tapadeira. Seus movimentos são mais limitados quando comparados com os movimentos do boneco de luva ou *fantoche** e os *bonecos de mesa ou balcão**. Mas adquirem grande leveza ou fluidez de movimentos quando são adequadamente animados. Os bonecos de vara são comuns tanto nos trabalhos dos nossos artistas populares, como os mamulengueiros, quanto nos grupos de teatro. No Brasil, o Teatro Dadá de Curitiba, sob a direção de Euclides COELHO, O Teatro Gibi do Rio de Janeiro, encenando textos de Maria MAZZETTI e os trabalhos de Virginia VALLI se destacam como pioneiros no uso de bonecos de vara em seus espetáculos, já no final dos anos de 1960. Nas décadas seguintes outros grupos, tais como o Grupo Carreta, no Rio de Janeiro; o Teatro de Bonecos do Dr. Botica, em Curitiba; o Grupo Caixa do Elefante em Porto Alegre, passaram a utilizar bonecos de vara em seus espetáculos, agregando variações e mecanismos. (VB)

BONECO PLANO

Silhueta recortada presa a uma vareta que serve para sua animação. Ao corpo do boneco podem ser agregados objetos, articulações presas a fios ou outras varetas, contribuindo desse modo para ampliar e enriquecer os seus movimentos. Federico García LORCA chamava esses bonecos de "*títeres** planistas" por serem elementares, simples; no entanto, além de sua rápida e fácil confecção, constituem um bom recurso para *brincar** e contar histórias. Uma variação desse tipo de boneco é usada, com frequência, no *teatro de sombras** e aí recebe o nome de *silhueta*. (VB)

 Parício, 2006.

BONECÕES/BONECOS GIGANTES

Bonecões são *máscaras** de corpo inteiro, apoiadas em estruturas de madeira movidas por uma pessoa que as sustenta nos ombros, alcançando, às vezes, mais de 3 metros de altura. Usados em desfiles de rua, a sua força está no impacto causado por sua presença, tanto pela escala de tamanho como pelo grotesco de suas figuras, que levam, algumas vezes, críticas alusivas a tipos das comunidades em que se apresentam. Estão ligados aos cortejos, ou seja, relacionados com o teatro processional. Pertencem à tradição dos mascarados carnavalescos, uma manifestação universal presente em todas as expressões de festas populares.

No Brasil, estão presentes em diversas regiões, principalmente nas cidades do interior, sempre ligados aos desfiles de carnaval ou festas religiosas. Em São Paulo e Minas Gerais ainda existem remanescentes dessa tradição que se manifestam nas Festas do Divino Espírito Santo e em períodos carnavalescos. Até bem pouco tempo atrás, testemunhamos desfiles de cabeções em São Bento do Sapucaí e São Luís do Paraitinga, onde Zé Pereira vem acompanhado por Maria Pereira; em Santana do Parnaíba, surgem também com nomes de Maria Angu e João Paulino. Registra-se a presença dessa manifestação em todo o litoral norte paulista e litoral sul fluminense.

No Maranhão, um Estado muito rico nessas manifestações, existe a Caipora, boneca gigante do *bumba meu boi**, e Cavalo Velho, bonecão que surge durante as Caretas, nome dado às brincadeiras de Reisado realizadas em Caxias; e há também o Baratinha, outro cabeção que veste os foliões em várias cidades do interior maranhense.

Esses são apenas alguns dos muitos *cabeções** que existem por todo o país.

Porém, Pernambuco é certamente o Estado brasileiro onde essa atividade tem seu maior florescimento. No passado, houve o bando do Zé Pereira, que, com grande alarde, saía pelas ruas de Recife, anunciando o *carnaval** com bumbos, clarins e tambores. E Zé Pereira é o nome como ficaram depois conhecidos os grandes *bonecos** que participavam dessas *brincadeiras**. Hoje, em Olinda, são famosos os seus cabeções, que representam figuras típicas da comunidade. Um dos mais representativos é o boneco gigante "Homem da Meia-Noite", criado por Benedito da SILVA em 1932. Conforme NUNES (2004:23), o nome surgiu do seguinte fato: "Todo dia, exatamente à meia-noite, um homem bonitão fazia o mesmo trajeto de volta para casa na Rua do Bonsucesso. Algum tempo depois, sua rotina fora descoberta pelas donzelas que o aguardavam espionando, todas as noites, por trás das frestas de janelas e portas, sempre naquele horário". Desde a sua criação o gigantesco boneco, com seu estandarte e uma orquestra de frevo sai pelas ruas de Olinda fazendo o mesmo trajeto realizado pelo homem mencionado na história, arrastando uma multidão de pessoas que canta e dança.

Muitos outros bonecos gigantes foram criados em Olinda, destacando-se A Mulher do Meio-Dia (1967), Menina da Tarde (1974) e Menino da Tarde (1976) e atualmente saem, no carnaval da cidade, aproximadamente 500 cabeções ou bonecos gigantes.

A atividade envolve o trabalho de muitos artistas locais, destacando-se a persistente atividade de Silvio BOTELHO (1956), artista e animador cultural que, desde 1976, cria bonecos gigantes e em suas pesquisas desenvolveu técnicas de confecção que tornam os bonecões mais leves, fáceis de animar, sem descaracterizá-los (NUNES, 2004:24).

O que se constata é que em muitas cidades os bonecos gigantes são cada vez mais presentes no período carnavalesco e cumprem sua função de animar a festa. (AMA e VB)

 Borralho, 2005; Nunes, 2004.

BONECOS (TEATRO DE)

Gênero teatral em que *bonecos** representam personagens antropomorfos, zoomorfos e míticos; nesses espetáculos, o ator-animador quase sempre não é visível, colocando-se atrás de anteparos, a *empanada**.

A escolha da técnica usada na confecção dos bonecos determina o tipo de manipulação a ser realizada no espetáculo. Existem diversas possibilidades de criação de espetáculos com bonecos que podem ser: *de luva*, também conhecidos como *fantoches**, com apenas cabeça e mãos, sendo o corpo feito comumente de tecido, tipo camisolão; *de vara** e *varetas*, bonecos, quase sempre de corpo inteiro, sustentados por uma vara, às vezes também com varetas para a manipulação das mãos e dos pés; *de fios*, mais conhecidos como *marionetes**, construídos de corpo inteiro numa reprodução mais exata do humano, movidos por fios sustentados no alto pelo ator-bonequeiro que quase sempre se utiliza de um mecanismo, um controle central para animá-lo; *mesa ou balcão**, bonecos construídos de corpo inteiro e com articulações em todas as suas juntas, manipulados por pequenas varas presas à cabeça, mãos e pés; esses bonecos também podem ser controlados diretamente pela mão do manipulador. Todos esses tipos de bonecos, muitas vezes, possuem articulações de olhos, boca e até língua, controladas por fios internos.

Nas distintas manifestações do *teatro de bonecos popular** do Brasil, predominam os bonecos de luva ou fantoches, mas existe uma gama enorme de técnicas mistas: bonecos de luva, de luva e fio, de vara, de vara e fio. Fernando Augusto dos SANTOS explica: "O sistema de fio nos *mamulengos**, tanto no caso de bonecos de luva ou de vareta, difere do sistema de fio das marionetes, nas quais os fios saem da marionete e são ligados a um dispositivo de madeira, que permite o controle e o movimento, a manipulação se processa sendo executada de cima para baixo. No caso do mamulengo, os fios são sempre manipulados de baixo para cima, isto é, no sentido contrário à manipulação das marionetes" (1979: 155).

As marionetes, num determinado período, foram muito conhecidas devido às incursões de companhias estrangeiras nas principais cidades do país, como o teatro Piccoli di Podrecca. Consequentemente, nas décadas de 1940 e 1950, surgiram alguns grupos nacionais, apresentando espetáculos de produção apurada, de textos tradicionais e literários. E, paralelamente às manifestações populares do Nordeste, desenvolveu-se, em diversas cidades da região Sudeste, um teatro de bonecos com pretensões artístico-pedagógicas, impulsionado pelos propósitos artísticos da Escola Pestalozzi, que foi depois tomando variadas direções. No final dos anos 70, já existe um movimento consolidado de grupos atuantes, seja mantendo a forma tradicional, seja com grupos que partiram para novas pesquisas artísticas e técnicas. Entre estes: o Grupo Giramundo, dirigido por Álvaro APOCALYPSE, em Minas Gerais; O Mamulengo Só-Riso, dirigido por Fernando Augusto Gonçalves SANTOS, em Pernambuco; os Grupos Carreta, dirigido por Manoel KOBACHUK, Revisão, dirigido por Maria Luiza LACERDA, Navegando, dirigido por Lucia COELHO, o Contadores de Histórias, de Marcos e Rachel RIBAS, no Rio de Janeiro; O Casulo, dirigido por Ana Maria AMARAL, e Vento Forte, de Ilo KRUGLI, em São Paulo; o Grupo Gralha Azul Teatro, dirigido por Hector GRILLO, em Santa Catarina; o Cem Modos, dirigido por Luiz FERRÉ, no Rio Grande do Sul. Outros grupos ainda se desenvolveram ligados a centros de pesquisa, como o Grupo Laborarte, no Maranhão, e o Centro de Animação, no Paraná. A partir dos anos de 1980, as experiências de linguagem continuam ampliando cada vez mais as perspectivas dessa arte. Em São Paulo se destacam as propostas sempre novas do Grupo Sobrevento, as buscas do Pia Fraus, do Grupo XPTO, do Grupo Cidade Muda, Cia. Truks. Em Minas Gerais, registra-se o Grupo Giramundo, Cia. Teatro Zero, o Grupo Catibrum. No Rio Grande do Sul, o Grupo Anima Sonho e A Caixa do Elefante. No Paraná o Grupo Filhos da Lua. Nas diversas regiões do Brasil os grupos criam suas poéticas, evidenciando que o teatro de bonecos mistura-se aos poucos com manifestações híbridas das linguagens cênicas, passando a ser conhecido como *teatro de animação**. (AMA e VB)

 Animação (Teatro de), Formas Animadas (Teatro de), Objetos (Teatro de).

 Amaral, 1991, 1994, 1997; Costa, 2000; Santos, 1979.

BONECOS (TEATRO POPULAR DE)

Expressão cênica resultante da contribuição de diversas etnias europeias, africanas e ameríndias, desenvolveu-se no Brasil um *teatro popular** com personagens próprias, inspiradas nos *arquétipos* do povo. Em algumas dessas manifestações é possível reconhecer elementos oriundos da *Commedia dell´Arte*. Manifestando-se em várias partes do país, sua expressão mais rica está no Nordeste do Brasil com o *mamulengo**. O teatro popular de bonecos brasileiro se manifesta em diversas regiões com denominações diferentes. Quase sempre, os nomes das personagens principais definem a *brincadeira**, ou os apelidos dos seus apresentadores, como *babau**, Mané Gostoso, Cheiroso.

As nomenclaturas mais conhecidas são: *mamulengo** (Pernambuco); *cassemiro coco**, *cassemiro** ou cassemirinho (Maranhão, Ceará e Roraima); *babau** e *joão redondo** (Rio Grande do Norte, Paraíba e Goiás); Mané Gostoso (Bahia); Babau (Norte e Nordeste); Cheiroso (Pernambuco); Brighela (sul de Minas e Bahia), com poucos remanescentes hoje em dia; João Minhoca (Rio de Janeiro e S. Paulo); em Minas Gerais também aparece como Brighela, mas já é uma memória quase extinta.

Altimar PIMENTEL, ao estudar essas manifestações, afirma: "Algumas formas populares de expressão artística, de modo claro ou velado, revelam a consciência de seus criadores sobre a exploração de que eles próprios são vítimas, na condição de trabalhadores rurais, e incorporam o protesto dos seus iguais padecentes sob o poder autoritário dos senhores de terras" (2007:106).

O autor descreve este teatro como "primitivo, irreverente, malicioso, e como uma das criações populares mais autênticas, pela tipificação da sociedade rural e temática desenvolvida. Os espetáculos são quase sempre ao ar livre, com o Mestre escondido da visão dos espectadores por trás da *empanada**. Permanece em pé durante todo o espetáculo e é auxiliado, sempre, por um garoto ou a esposa, que lhe entrega os bonecos previamente dispostos na ordem de entrar em cena. O auxiliar também apresenta *títeres** que contracenam com aqueles sustentados pelo Mestre" (PIMENTEL, 2007:114). Em certas regiões, como no estado do Pernambuco, o Mestre é auxiliado pelo Contramestre, que frequentemente também assume a tarefa de animar bonecos.

Em frente à empanada, sentados em bancos ou cadeiras, ficam os instrumentistas. Compõem parte importantíssima do espetáculo: executam músicas adequadas a cada cena e dialogam com os títeres; respondem a inquirições e interferem na cena com *apartes**. [...] Os espectadores, à semelhança dos componentes da troupe, igualmente participam do espetáculo, indo de momentos de hilaridade incontida ao insulto ao vilão, à exaltação do herói, conversando com os títeres, advertindo-os de perigos.

A trama, desenvolvida toda de improviso, segue um roteiro tradicional e culmina com a vitória do "herói" sobre o "vilão". Inclui o mais variado número de personagens humanas, fantásticas e animais, de modo a exigir dos Mestres recursos vocais e imaginação para a caracterização de cada títere. "Alguns desses personagens são arquétipos sociais, outros servem de *decorum* para a ambientação da trama ou revelam a crença religiosa local" (PIMENTEL, 2007:115).

Os registros sobre a prática do teatro popular de bonecos no sul do Brasil, com as características acima mencionadas, são incipientes. No entanto, recentemente, estudos de DAL BÓ (1997), EMMEL (2007), PETTY (2007) confirmam a existência de grupos familiares ou titeriteiros solistas, de ascendências italiana e alemã, que atuaram com os *burattini* e o *Kasperle* (teatro popular de bonecos da Itália e Alemanha) na região Sul em meados do século XX.

No Paraná, Dante SANTAGUIDA e sua família, radicados na cidade de Londrina, apresentavam, no período de 1955 a 1980, espetáculos com os tradicionais Puppi (bonecos de haste e fios) no restaurante Dante, de propriedade da sua família. SANTAGUIDA trouxe da Itália os bonecos e a dramaturgia desses espetáculos, mas herdou principalmente a tradição dos Puppi, tão popular no sul da Itália. Seus espetáculos percorreram todo o Estado do Paraná. Segundo Mendonça (1984:37), "A cada espetáculo ficava o brilho da interpretação habilmente articulada pelo invisível animador que por trás de cada cena dava vida ao desempenho dos bonecos".

Em Santa Catarina, o tradicional teatro de bonecos alemão Kasperle ou Kasper (Gaspar) foi presença bastante viva no Vale do Itajaí, na região de Blumenau. Nessa transposição para a região Sul, o Kasperle abandona algumas características de origem — como, por exemplo, parte da irreverência, insubordinação às autoridades, destempero verbal —, e assume um tom mais educativo e até didático. Em Pomerode, as apresentações do teatro do Sr. Hildor EMMEL, no período compreendido entre 1959 e 1964, transcendem os limites da família e dos amigos e tornam-se uma das atrações mais esperadas das festas da igreja local. Em Jaraguá do Sul, registra-se no período de 1957 a 1977 o Teatro da Móin-Móin, protagonizado pela imigrante alemã Margarethe SCHLÜNZEN, que apresentava seu teatro em escolas, creches e festividades locais. (AMA e VB)

 Bonecos (Teatro de), Bumba Meu Boi, João Redondo, Mamulengo.

 Beltrame, 1995; Borba Filho, 1966a, 1966b; Borralho, 2005; Dal Bó, 1997; Dutra, 1998; Emmel, 2007; Petty, 2007; Pimentel, 1988, 2007; Santos, 1979.

BONEQUEIRO

Apresentador, *diretor**, criador e confeccionador dos personagens, muitas vezes também o autor de espetáculos de *bonecos**. Sinônimo: titeriteiro, marionetista, mamulengueiro, mestre ou dono da *brincadeira**, no Norte e Nordeste; calungueiro, no Rio Grande do Norte. Alguns artistas, tais como Manoel KOBACHUK e Marilda KOBACHUK, em Curitiba; Mario de BALENTTI, em Porto Alegre; Catin NARDI, em Belo Horizonte; Fernando SANTANA, no Rio de Janeiro; Paulo NAZARENO, em Rio do Sul (SC), têm dedicado boa parte do seu percurso profissional à tarefa de confeccionar bonecos para outros grupos teatrais além dos bonecos para seus próprios espetáculos.

Atualmente, o artista que trabalha com *teatro de bonecos**, *teatro de animação**, *teatro de formas animadas**, vem sendo conhecido como ator-manipulador, ator-bonequeiro ou ator-animador. Nessa concepção, a principal função do bonequeiro é atribuir vida ao boneco ou objeto aparentemente inerte. Sua principal tarefa consiste na transformação do boneco/objeto em sujeito da cena, induzindo o público a acreditar que é um personagem e que age com independência, autonomia, e "não é manipulado". Mas, atualmente, existem concepções distintas sobre o trabalho do bonequeiro. Segundo Felisberto Sabino da COSTA, o trabalho desse artista "caracteriza-se pela multiplicidade quanto às proposições de atuação. Poder-se-ia dizer que os termos ator-animador, ator-manipulador ou ator-bonequeiro já não dão conta do fenômeno do ator que se expressa com um objeto, dado que a atuação não reside apenas na animação ou manipulação de um boneco, mas no exercício cênico intermediado ou coparticipado com um objeto. Este não constitui um fim em si, mas uma "ponte" (uma ligação entre) o atuante e o espectador. Em suma, tem-se um ator cuja escolha é expressar-se com um objeto. Não se trata de advogar outra terminologia, somente atentar para o fato de os termos ator-animador ou ator-manipulador não abarcarem toda a complexidade do fenômeno da atuação com bonecos e objetos" (COSTA, 2008:13). (AMA e VB)

 Amaral, 2002; Beltrame, 1995; Costa, 2007, 2008.

BONIFRATES

Termo usado no século XVIII para designar boneco*, personagem do *teatro de bonecos**. A origem da palavra vem do latim *bonus frater*. Segundo Luiz EDMUNDO, "O teatro de bonifrates supria no século XVIII, entre nós, a deficiência de palcos e casas de espetáculos. Era uma ingênua diversão do povo" (1932: 447). (AMA)

 Edmundo, 1932.

BOTAR BONECO

Expressão popular nos Estados do Ceará e Pernambuco para designar o ato de apresentar um espetáculo de *bonecos**. A expressão também é corrente entre os brincantes do *cavalo-marinho**. Botar boneco ainda designa briga, desordem, confusão. Nesses casos é comum a manchete de algum jornal local trazer a seguinte chamada: "Vereador é detido após botar boneco". Ou, em casa, é frequente os pais dizerem: "o menino bota boneco na hora do banho". Ao ouvir o bonequeiro cearense dizer que vai *botar boneco* isso significa que ele vai *brincar**, que haverá apresentação de teatro, um teatro popular de bonecos que utiliza, com frequência, o recurso da pancadaria para resolver os conflitos entre seus protagonistas, e para provocar o riso na plateia. (AMA e VB)

 Coelho, 2007; Oliveira, 2002, 2007.

BRANCO

O mesmo que lapso de memória. "Sofri um branco", ou seja, "esqueci o texto". (EF)

BRINCADEIRA/BRINQUEDO

Designação dada às manifestações cênicas populares no Norte e no Nordeste. Os participantes são, por extensão, os *brincantes**. Brinquedo, no sentido de jogo, conforme Hermilo BORBA FILHO, é a designação medieval para o ato de representar. (1966a:17). Nesse sentido, brincar alinha-se aos verbos *to play* (inglês) e *jouer* (francês), que podem ser compreendidos, entre outros significados, como representar (atuar) e jogar (ato de brincar/representar). (AMA, FSC)

 Brincante

BRINCANTE

Assim se denominam os participantes de espetáculos populares do Norte e do Nordeste do país. Derivação de "brinquedo" ou "*brincadeira**", esta designação exprime, no entender de Hermilo BORBA FILHO, a inconsciência dos praticantes da natureza teatral dos espetáculos populares (1966: 22). Encenados com a dupla função de diversão e rito social associado ao calendário litúrgico e apresentando tipificação complexa (*autos** natalinos, folias carnavalescas e dramatizações de temas náuticos, mouriscos e justas cavaleirescas), esses espetáculos são realizados por elencos mais ou menos fixos, treinados para a repetição de convenções literárias, musicais e gestuais. O brincante é, portanto, um intérprete qualificado de formalizações tradicionais que se endereça a um público igualmente instruído para avaliar o talento e a habilidade do artista. Nesse sentido, difere do folião que, em festas populares não dramáticas, engrossa o caldo dos cortejos sem ter neles uma participação definida. São múltiplas as exigências desses espetáculos nortistas e nordestinos em que se articulam com os diálogos a execução de música instrumental, o canto, a dança e as partes improvisadas de interação com o público.

De um modo geral, os brincantes das diversas comunidades se especializam em determinados *papéis** ou "figuras", estabelecendo-se nesses não profissionais uma hierarquia para honrar os mais hábeis intérpretes de personagens protagônicas. Nesses casos, associam-se o nome do intérprete e o da personagem que o celebrizou, e Antonio PEREIRA, por exemplo, prestigiado intérprete pernambucano do *bumba meu boi** O Boi Misterioso de Afogados, assume na vida civil a patente da sua personagem e torna-se o Capitão Antonio PEREIRA (BORBA FILHO, 1966a: 22). Brincantes cujo talento, excelência técnica e assiduidade são reputados excepcionais, tornam-se orientadores dos *grupos**. A reverência da comunidade manifesta-se pelo título de "mestre" com que são saudados na vida cotidiana. Cerca-os a aura que envolvia os mestres das corporações de ofícios.

No decênio de 1960, momento em que se associam no âmbito das ciências sociais o tema da identidade e a categoria *nacional-popular**, a atenção dos teóricos e dos dramaturgos volta-se para a valorização das características desses intérpretes. Autores nordestinos, sobretudo, concebem, para intérpretes do teatro profissional, personagens e tramas inspirados em técnicas e recursos expressivos dos brincantes. Ariano SUASSUNA, Hermilo BORBA FILHO, Joaquim CARDOZO e Altimar PIMENTEL estão entre os mais importantes dramaturgos dessa tendência. No entanto, é graças ao Movimento Armorial que se consolidam os primeiros conjuntos profissionais a estudar sistematicamente os procedimentos dos brincantes que se tornam, desse modo, uma técnica transferível para outras modalidades cênicas. O mais significativo desses conjuntos é o Balé Popular do Recife, grupo constituído por ocasião do lançamento do Movimento Armorial (complementando o conjunto musical Quinteto Armorial) que, apesar do nome, produz espetáculos em que o texto, a dança e a música se misturam de modo equânime.

Deve-se a Antônio NÓBREGA, músico de formação erudita e membro do Quinteto Armorial, a mais consequente assimilação das práticas do brincante. Fundador do Teatro Brincante, casa de espetáculos e escola sediada em São Paulo desde 1992, NÓBREGA promove o ensino da arte do brincante em cursos endereçados a intérpretes e educadores. Eis como define o brincante: "Brincante é o nome como os artistas populares se autonomeiam: brincantes ou fogazães, e, mais para o Sudeste, folgadeiros. Eles têm uma percepção inconsciente de que, no momento em que atuam, estão brincando, no sentido mais amplo da palavra. Como no inglês, em que *to play* é tanto atuar como brincar. *Jouer*, do francês, também. Então, brincante seria uma reminiscência de um português mais antigo. O brincante popular é a pessoa que atua, canta, toca ou dança. Não que faça necessariamente tudo isso, embora alguns deles reúnam tudo isso em si. Os cursos que fazemos geralmente chamam-se a *arte do brincante*. Então, estamos afirmando essa história" (PEREIRA, 1998: 62). (MAL)

 Armorial.

BRINCAR

Atuar, interpretar ou o ato de se apresentar denominado pelos artistas populares brasileiros que participam de manifestações como *bumba meu boi**, *cavalo-marinho**, *mamulengo**. As populações das regiões e contextos nos quais elas existem também as denominam pelo verbo *brincar*. Conforme Adriana Scheneider ALCURE, "isto traz uma diferença marcante se pensarmos que o verbo que indica a ação num contexto do teatro convencional, por exemplo, é o de *representar*, *atuar*. Interessante notar que exceto no português, o verbo que indica essa ação em outras línguas tem o duplo significado de 'brincar' ou 'jogar'. Em alemão *spielen*, em inglês *to play*, em francês *jouer*" (ALCURE 2007: 65). Ao usar a expressão brincar no boi, brincar no *mamulengo* ou brincar no *cavalo-marinho*, esses artistas recuperam o sentido lúdico e evidenciam aspectos importantes como o recorrente uso da improvisação, do riso e o sentido de festa presente nessas manifestações. (VB)

 Brincadeira/Brinquedo

 Alcure, 2007.

BUMBA MEU BOI

Folguedo popular que apresenta o Boi como presença central. É uma expressão dramática popular que tem em comum uma dramaturgia que conta a morte e a ressurreição do Boi. Na brincadeira, aflora-se o tempo cíclico da fertilidade, numa sucessão de cenas alusivas ao animal. O boi é confeccionado em uma armação leve, envolta por panos, e é animado por um *brincante**, que se denomina "miolo", "alma" ou outras correlações. O bumba meu boi compõe-se de elementos culturais europeus, africanos e indígenas. A maior ou menor incidência destes pode ser percebida por intermédio dos instrumentos musicais, dos figurinos, dos bailados, dos personagens e do arcabouço cênico-dramatúrgico. Câmara CASCUDO (1962:140) nos diz que o termo *bumba* é uma interjeição, e *bumba meu boi* seria "Bate!", "Chifra, meu Boi!", voz de excitação repetida nas cantigas do auto".

O bumba meu boi é considerado umas das expressões do teatro de bonecos popular do Brasil, e é encontrado em diversas localidades do país com denominações peculiares. "É comum encontrar o Boi-Bumbá ou simplesmente Boi na região amazônica, principalmente nos Estados do Pará e do Amazonas. No Nordeste brasileiro, denomina-se Bumba meu Boi (nos Estados de Pernambuco, Maranhão, Ceará e Rio Grande do Norte). No interior desses mesmos estados, é possível encontrar ainda denominações como: Boi Surubi ou Boi de Reis (Ceará) e Boi Calemba (Rio Grande do Norte e Pernambuco). Já em Alagoas, aparece como Reisados, e na Bahia, como Terno de Boi. Recebe o nome de Boi Pintadinho no Estado do Rio de Janeiro. No Rio Grande do Sul denomina-se apenas Boizinho. Em Santa Catarina e parte do litoral paranaense, existe o *boi de mamão**. Levantamento mais detalhado, com certeza, poderia registrar a existência do folguedo em outras regiões do país" (BELTRAME, 1995:19).

O brinquedo mescla teatro, dança e música, que podem ser articulados de variadas formas, conforme o contexto em cada região brasileira e, até mesmo, sofre transformações em pequenas comunidades nas quais está inserido. Há grupos em que não se encontra mais o entrecho dramático, centrando-se apenas na dança envolvente e contagiante. Em outros, o auto é encenado apenas com a participação dos brincantes. Em suas transformações, o tema constante de morte/ressurreição enriquece-se, a cada ano, de elementos contemporâneos, seja no que se refere a acontecimentos sociopolíticos seja nas inovações apresentadas nas confecções de figurinos e aderços, em que tradição e contemporaneidade convivem de forma harmoniosa. Como observa Tácito BORRALHO, "o Bumba meu boi é uma expressão de teatro popular, viva, que se reinventa, que se transforma, enquanto mantém sua tradição" (2006:159).

Quando ocorre o auto, este se caracteriza pela natureza anárquica do entretecido e sofre variações conforme as regiões em que se apresenta. Para Hermilo BORBA FILHO, o auto provém "de uma aglutinação de reisados em torno do reisado principal que teria como motivo a vida e a morte do Boi. O reisado, ainda hoje, explora um único assunto proveniente do cancioneiro, do romanceiro, do anedotário de determinada região" (1982:5), mas no caso do bumba meu boi, ainda de acordo com o autor, os reisados se juntaram para formação de cenas isoladas, culminando com a apresentação do Boi, mantendo uma linha muito tênue, a do Capitão que é servido em suas peripécias por Mateus, Bastião e Arlequim; os diálogos – mistura de improvisação e tradicionalismo – assemelham-se à técnica empregada pelos comediantes da velha comédia popular italiana" (1982:5). Em meio à diversidade apresentada pelo auto no território brasileiro, na região amazônica e parte do Nordeste, por exemplo, quase todos são baseados em alguma versão da lenda da Mãe Catirina, com a presença significativa do universo indígena. Assim, no Maranhão, em uma dessas versões, temos o seguinte roteiro: Pai Francisco, ou Cazumba, embora idoso, engravida Catirina, que em virtude desse fato deseja comer a língua do mais saboroso novilho do patrão. Insuflado pela mulher e temeroso de que ela venha a perder o filho, Pai Francisco mata o Boi. É então perseguido pelos caboclos de Pena, que o prendem. Após várias peripécias, envolvendo muitos personagens, o auto termina com a ressurreição do animal. O desenrolar da teatralização é dividido em etapas, e principia pelo Guarnicê, momento primeiro do encontro; entoa-se, em seguida, o Lá-vai, para avisar aos participantes o local da celebração. Por fim, tem-se a Licença, solicitação para apresentar o brinquedo e a Saudação, que consiste em toadas de louvação ao Boi e ao dono da casa. No Maranhão, o auto denomina-se matança, comédia ou palhaçada. Em algumas localidades do país, em vez de o boi morrer, ele adoece.

Os grupos do Maranhão são organizados em "Sotaques", que se diferenciam pelos instrumentos musicais, pelos bailados e pelos figurinos. O sotaque de Zabumba, originário da cidade de Guimarães, conta em sua base percussiva com zabumbas, maracás e pandeirinhos. O sotaque de Matraca, também conhecido como "sotaque da Ilha" apresenta matracas, maracás, pandeiros e tambores. O sotaque da Baixada ou de Pandeirões surgiu na cidade de Pindaré-MA e compõe-se de pandeirões pandeiros médios, maracás e tambores. O sotaque de Pandeiro de Costa de Mão, originário da região de Cururupu, tem como característica a percussão dos pandeiros com as costas das mãos. O sotaque de Orquestra é considerado o mais recente, e sua composição musical conta com instrumentos de cordas (violão e banjo), de sopro ou metais (trombone, trompete e sax) e de percussão.

As manifestações do bumba meu boi apresentam diversos personagens, que variam em quantidade e em configuração, conforme as características das regiões brasileiras. Em geral, enquadram-se em três categorias: os humanos, que surgem como personagens típicos universais e como representativos locais, os animais e os fantásticos. Assim, no que concerne a algumas figuras da região Nordeste, conforme pesquisa de Hermilo BORBA FILHO (1966a:27), temos: Capitão Boca-Mole, o dono da festa; os cômicos Mateus e Bastião, seus principais servidores; Catirina, negra "despachada"; o valentão Tuntunqué, Arrelequim, um serviçal; Padre; Dr. Penico Branco; Engenheiro etc. (humanos). Ema, Boi, Burrinha, Cobra etc. (animais). Caipora; Diabo; Jaraguá, um fantasma de cavalo; Morto Carregando-vivo; Mané Gostoso, um bonecão de cerca de três metros de altura etc. (fantásticos). Ao passo que no boi-bumbá amazônico tem-se a presença do pajé que faz ressuscitar o animal, no *boi de mamão** de Santa Catarina encontramos o personagem fantástico Bernúncia, que não ocorre nos Estados da região Norte-Nordeste.

De acordo com Mário de ANDRADE, embora essa manifestação popular "não seja nativamente brasileira, mas ibérica e europeia, e coincidindo com festas mágicas afronegras, se tornou a mais complexa, estranha e original de todas as nossas danças dramáticas" (1959:27). Na região Nordeste, as apresentações do folguedo são realizadas no período natalino. Na Amazônia (incluindo o Maranhão e o Piauí) as celebrações acontecem no ciclo das festas juninas. O boi de mamão ocorre, principalmente, durante o carnaval. Entretanto, devido ao turismo e a outros eventos, podem ocorrer apresentações em outras épocas do ano.

Não há consenso quanto à origem do bumba meu boi no país. Argumenta-se que teria nascido, no final do século XVIII, no meio dos escravos, dos mestiços, dos agregados de engenhos e de fazendas, de trabalhadores pobres das cidades interioranas. Não havia a participação feminina, sendo todos os papéis do brinquedo representados por homens. Para outros pesquisadores, a matriz estaria ligada a alguns elementos do boi de canastra, de Portugal, que não apresenta entrecho dramático, sobressaindo tão somente o aspecto lúdico. O fato é que, tal como ocorre em nosso país, o bumba meu boi adquiriu características singulares, tornando-se uma manifestação brasileira. Segundo Câmara CASCUDO, a referência escrita mais antiga feita no Brasil é de autoria do Padre Miguel do Sacramento Lopes GAMA (1791-1852), na edição de 11 de janeiro de 1840, do periódico *O Carapuceiro*, na cidade do Recife (1962:197). Contudo, referenciado em pesquisa de Maria Laura Viveiros de Castro CAVALCANTI, Tácito BORRALHO nos diz que o bumba meu boi começa a ser registrado em São Luís a partir de 1820 (2006:91).

O *cavalo-marinho**, manifestação tradicional da Zona da Mata de Pernambuco, pode ser apontado como uma das derivações do bumba meu boi. No âmbito da cultura erudita, o tema da morte e do renascimento do boi inspirou textos dramatúrgicos de alta estatura. *O Coronel de Macambira* (1965), *De uma Noite de Festa* (1971), de Joaquim CARDOZO, e *O Desejado*, de Francisco PEREIRA DA SILVA (1973). (AMA, FSC, VB)

Bonecos (Teatro Popular de), Dança Dramática, Mamulengo.

 Andrade, 1959; Beltrame, 1995, 2007; Borba Filho, 1966a; Borralho, 2006; Cascudo, 1962.

BURLETA

Assim é chamada a peça cômica entremeada de canções e números de dança que, "sem preocupações estéticas, retira a sua substância e sua forma a um só tempo da *comédia de costumes**, *da opereta**, *da revista** e, até com relação a certos efeitos cenográficos, da *mágica**" (PRADO, 1999: 148). A burleta diferencia-se da revista por ter sempre um fio condutor de enredo, embora tais divisões não sejam rígidas. O próprio Artur AZEVEDO denomina *O Tribofe* de "revista" e posteriormente a burleta *A Capital Federal*, que é uma reescritura de *O Tribofe*, de "*comédia** opereta". Gênero bastante admirado pelo público carioca nas últimas duas décadas do século XIX, foi cultivado por Artur AZEVEDO (*A Viúva Clark, O Cordão, O Mambembe*), Joaquim Manuel de MACEDO (*Antonica da Silva*) e outros menos conhecidos. Em pleno século XX, o produtor Pascoal SEGRETO constituiu, no Rio de Janeiro, a Companhia de Revistas e Burletas do Teatro São José, que atuou de 1911 a 1926. Do seu repertório, constituído por mais de 200 peças, constavam inúmeras burletas. Para se ter uma ideia do sucesso do gênero, basta lembrar as 1.500 representações da burleta *Forrobodó*, de Luiz PEIXOTO e Carlos BETTENCOURT, com música de Chiquinha GONZAGA, a partir de junho de 1912, no Rio de Janeiro. Em São Paulo, ainda uma cidade provinciana em 1917, a Cia. Arruda, de Sebastião ARRUDA, encenou *Uma Festa na Freguesia do Ó*, burleta evidentemente de temática paulistana. O termo caiu em desuso, substituído atualmente por *comédia musical*. (EF)

 Musicado (Teatro).

 Ênio e Vieira, 2002; Prado, 1986.

C

CABALA

No meio teatral, esse termo é utilizado para se referir às conspirações que são feitas para provocar o fracasso de uma determinada peça, a despeito de ter ou não valor artístico. São os desafetos do autor que organizam a cabala, motivados por interesses de toda ordem, sejam artísticos, pessoais, morais, religiosos ou políticos. A história do teatro brasileiro não registra, oficialmente, muitos casos, embora devam ter ocorrido aqui e ali, principalmente em cidades menores, onde é mais fácil mobilizar a opinião pública e boicotar um espetáculo. Um exemplo concreto de cabala bem realizada, segundo José de ALENCAR, deu-se no Rio de Janeiro, em 1875, quando seu drama *O Jesuíta* foi encenado por Dias BRAGA. A deserção do público, na estreia e na segunda e última récitas, deveu-se em parte à intolerância e ao fanatismo tanto dos maçons quanto dos ultramontanos, descontentes todos com as características do protagonista do drama, argumentou o escritor, em artigo publicado num jornal da época. (JRF)

 Faria, 1987.

CABARÉ

O teatro de cabaré constituiu-se como um tipo de teatro – fronteiriço à *revista** – que se desenvolveu em algumas capitais europeias, em fins do século XIX e primeiras décadas do século XX. No Brasil, foi um modelo de teatro reverenciado por alguns espetáculos e *companhias** nos anos de 1980, mas nunca se desenvolveu na mesma proporção das experiências estrangeiras.

A configuração espacial do teatro de cabaré era, na sua origem, a de um palco relativamente menor do que o do teatro convencional, adaptado a um cabaré. Na Paris da segunda metade do século XIX, qualquer bar ou café que servisse bebidas alcoólicas e refeições poderia ser chamado de *cabaret*. O primeiro local a desenvolver uma programação característica desse tipo de teatro foi o cabaré Gato Preto, em Paris. Antigo café no bairro de Montmartre, foi transformado pelo pintor Rudolphe SOLIS, em 1881, num lugar de apresentação de números musicais, danças e *esquetes** cômicos, ou de *teatro de sombras** e de *bonecos**, tudo sempre coordenado por um mestre de cerimônias. SOLIS optou pela denominação *cabaret* porque percebia as atrações variadas do espetáculo apresentado como pratos no cardápio de um restaurante. O novo formato reuniu as atrações do *vaudeville** e da *revista** ao ambiente etílico e esfumaçado dos cafés, atraindo jovens artistas como Guy de MAUPASSANT, Erik SATIE e Claude DEBUSSY, entre outros. Um segundo cabaré parisiense, o Militon, foi inaugurado por Aristide BRUANT, em 1885 e, a partir daí, dezenas de outros proliferaram pela capital francesa e por outras capitais europeias, sempre agregando a vanguarda dos artistas da época. O Militon, com uma programação semelhante à do Gato Preto, serviu, por exemplo, de laboratório para que a atriz Yvette GUILBERT experimentasse uma nova maneira de falar no teatro, mais adequada às demandas da emergente escola *naturalista**. Essa vocação de espaço para a experimentação teatral continuou se confirmando nas adaptações da ideia do teatro de cabaré em outros países europeus. Na Alemanha, surgiram em 1901 o Bunte Bühne (Palco e Miscelânea), e o Schall und Rauch (Barulho e Fumaça), ambos em Berlim. Este segundo foi idealizado pelo, então jovem, futuro *encenador** alemão Max REINHARDT. Em Munique, o Elf Scharfrichter (Onze Carrascos) tinha como atração o dramaturgo Frank WEDEKIND, que ali apresentava canções macabras acompanhando-se ao violão. Outra atração dos cabarés de Munique era o *ator** Karl VALENTIM, que escrevia e encenava seus próprios esquetes cômicos e viria a ser uma referência para Bertolt BRECHT. Na Rússia, o primeiro cabaré com atrações teatrais a surgir foi o Letuchaya Mysh (O Bastão), que acolhia as festas dos atores do Teatro de Arte de Moscou e apresentava cenas curtas baseadas nos clássicos da literatura e do folclore russos. Em 1908, foi inaugurado em São Petersburgo o Krivoe Zerkalo (Espelho Curvo). Seu criador foi o encenador e teórico do teatro Nikolai EVREINOFF. Ali encenou ele *paródias** e monodramas. Na Suíça, em Zurique, em 1916, o poeta Hugo BALL criou o Cabaret Voltaire, no qual se apresentava cantando ao piano ou em recitais de poesia simultânea, ao lado de Tristan TZARA e Hans ARP. Naquela ex-cervejaria, transformada em cabaré no modelo francês, germinariam as sementes do movimento Dadá que, naquele mesmo ano, revolucionaria a arte europeia e norte-americana. Depois da I Guerra Mundial, os cabarés se consolidaram, principalmente em Berlim, como locais de manifestação do dissenso e do debate político. Em 1929, surgiu o Katacomb (Catacumba), que se tornou um reduto antinazista. Em 1935, todos os cabarés da Alemanha foram fechados, e alguns dos artistas que neles trabalhavam foram enviados a campos de concentração. O musical *Cabaré*, de KANDER e EBB, que estreou na Broadway em 1966, e que em 1972 foi adaptado para o cinema por Bob FOSSE, é um retrato fiel dessa fase áurea dos cabarés alemães. No mundo de língua inglesa, os clubes noturnos com atrações cômicas e musicais nunca foram chamados de cabarés. A partir da década de 1960, porém, alguns pequenos teatros, como o Second City de Chicago, o The Premisses de São Francisco e o The Proposition de Boston, nos Estados Unidos, e o The Establishment de Londres, na Inglaterra, dirigidos por jovens artistas vindos da universidade, passaram a apresentar espetáculos marcados pela improvisação e pela irreverência, que evocavam a estética teatral dos antigos cabarés europeus.

No Brasil, o teatro de cabaré nunca foi uma realidade, talvez pela força que o *teatro musicado** e o *teatro musical** sempre tiveram, desde o século XIX, seja nas suas formas mais grandiosas, seja no formato de *bolso**, ou de *garagem**. Nos anos de 1980, no entanto, influenciadas pelo movimento que, nos Estados Unidos, vinha revivendo o *glamour* dos cabarés europeus, surgiram experiências teatrais que se estruturaram a partir daquela referência. Entre elas, destacam-se as montagens de *Cabaré Valentim*, a partir de textos do ator alemão Karl VALENTIM, por Buza FERRAZ, em 1982, e, naquele mesmo ano, *Teatro do Ornitorrino canta Brecht & Weill* e *Mahagony Songspiel*, de BRECHT & WEILL, pelo grupo Ornitorrinco. Em 1988, o espetáculo *Emoções Baratas*, de José POSSI NETO, transformou um clube noturno de São Paulo, o Avenida Clube, em espaço teatral para tratar da cultura negra e reverenciou a tradição do cabaré. (LFR)

Café-concerto, *Music Hall*, Musical (Teatro).

CABEÇÕES

Bonecões/Bonecos Gigantes.

CACO

Exclamações, expressões, frases ou mesmo falas curtas que não constam do texto original são às vezes improvisadas pelos *atores** em cena, para suprir eventuais lapsos de memória ou para realçar um efeito cômico ou dramático. Num saboroso depoimento feito no Museu da Imagem e do Som de São Paulo, a atriz Elizabeth HENREID lembrou um fato de sua carreira teatral que exemplifica como o caco, geralmente um recurso presente em espetáculos cômicos, pode estar presente em um espetáculo sério. Interpretando o papel de Ismênia, na *tragédia* Antígona*, de SÓFOCLES, no TBC, e contracenando com Cacilda BECKER, que fazia a protagonista, sofreu um total *branco** de memória. Sem conseguir solucionar o problema, começou a improvisar, discorrendo sobre o falecido irmão da personagem, Polinices, que estaria no céu, a brincar com anjinhos. Cacilda, embora surpresa, permaneceu estática, em postura trágica, "antigônica", aguardando que Elizabeth recuperasse o texto, enquanto emitia lamentos abafados, procurando disfarçar o riso. O caco, por vezes, tem um rendimento tão extraordinário que passa a fazer parte do espetáculo, incorporado ao texto da peça. Artistas de *comédias de costumes** utilizam-no conscientemente para atualizá-las, sobretudo quando permanecem por longo tempo em cartaz. O chamado teatro *besteirol** e a dramaturgia de Juca de OLIVEIRA, Marcos CARUSO, Jandira MARTINI, por exemplo, proporcionam aos intérpretes várias possibilidades de introduzir cacos nos espetáculos. Seguramente, o melhor exemplo de artista que faz do caco uma característica fundamental de seu trabalho é Dercy GONÇALVES, para quem o original é mero pretexto para dar vazão à sua desenfreada criatividade. (EF)

CAFÉ-CONCERTO

As origens do café-concerto remontam à segunda metade do século XVIII, quando surgiram em Paris, nas proximidades dos teatros dos *boulevards* e do Palais Royal, os primeiros estabelecimentos em que se podia beber e ouvir música. Eram os chamados cafés-cantantes, que foram se transformando com o passar dos tempos, até encontrar a sua forma definitiva a partir de meados do século XIX. Com atrações musicais e teatrais – *cançonetas**, duos, *cenas cômicas**, *operetas** curtas, *esquetes** maliciosos etc. –, o café-concerto popularizou-se e conquistou o grande público parisiense entre os anos de 1850 e 1914. Local para beber, fumar, passear, conquistar amantes, atraía o público masculino ávido por diversão fácil. De um modo geral, os cafés-concerto eram instalados "em terrenos ajardinados, tendo ao fundo um palco geralmente coberto, onde se apresentavam artistas dos mais variados gêneros. Diante do palco estendiam-se as mesas onde eram servidas bebidas e refrescos, como consumação justificativa do preço do espetáculo [...]. Aí surgiram as *cocottes*, jovens de boa aparência que, sentando-se às mesas, estimulavam o consumo de bebidas, cigarros e charutos, para aumentar a receita da noite". (ROCHA, 1989: 6).

Como tudo o que fazia sucesso em Paris logo repercutia no Rio de Janeiro, o primeiro café-concerto inaugurado entre nós trouxe de lá os artistas e o repertório, conforme se lê numa história do teatro brasileiro. A 25 de fevereiro de 1858, abria as portas ao público fluminense o Salão do Paraíso, posteriormente denominado *Folies Parisiennes*, com o seguinte programa de estreia:

"*Les deux normands en goguette*, duo cômico por D'IHOTE e BOYREAU;
Chiméne, grande ária por GUILLEMET;
L'Hyppodrome, por Mlle. VICTORINE;
Reviens mon fils, por Mlle. CAROLINE;
Pas de l'écharpe, dançado por Mlle. EMMA". (PAIXÃO, s.d.: 236).

Um ano depois, também inspirado no café-concerto parisiense, foi inaugurado no Rio de Janeiro o Alcazar Lyrique. A 17 de fevereiro de 1859, na estreia, seus artistas franceses representaram um *vaudeville** em um ato de Marc MICHEL e LABICHE, *La Perle de la Cannebière*, e vários números curtos – cançonetas, cenas cômicas etc. No anúncio dos jornais, uma nota lembrava que "*L'Alcazar est ouvert toute la journée aux public et aux consommateurs*". Sem perder as características originais – o público continuaria a ser servido nas mesas –, esse teatro passou a representar peças mais longas, principalmente as operetas francesas, que invadiram nossos palcos a partir de 1865, quando *L'Orphée aux Enfers*, de OFFENBACH, constituiu-se num sucesso extraordinário. Considerado por alguns intelectuais da época – Machado de ASSIS, José de ALENCAR, Joaquim Manuel de MACEDO, entre outros – como responsável pela decadência da dramaturgia de cunho literário, o Alcazar popularizou o teatro cômico e *musicado**, que foi absolutamente hegemônico nos três últimos decênios do século XIX. A boa acolhida do público aos espetáculos alegres, ao teatros instalados em jardins arejados, fez com que os cafés-concerto se espalhassem pela cidade do Rio de Janeiro dessa época, nas proximidades do Passeio Público, na Lapa e no Largo do Machado. No início do século XX, segundo Luiz EDMUNDO, eram seis as principais casas desses espetáculos em que imperavam as cançonetas importadas de Montmartre, marcadas pelo duplo sentido, malícia e mesmo pornografia: "O *Moulin-Rouge*, na Praça Tiradentes, com o seu moinho simbólico, pintado a vermelho e em tudo igual ao famoso *Caf-Conc* de Montmartre, erguido junto à *place Pigalle*; o *Guarda-Velha*, metido no sopé da montanha de Santo Antônio, dentro de um delicioso quadro de amendoeiras aprateleiradas, de caramanchões e de palmeiras, com umas mesinhas de ferro pintadas a tinta verde; o *Alcazar Parque*, para os lados da Lapa, no Beco do Império; o *Cassino*, o *Parque Fluminense*, no Largo do Machado, e, finalmente, a *Maison-Moderne*, no lugar onde hoje existe o edifício Pascoal Segreto" (1957, III: 471-472).

Obviamente, esses estabelecimentos de diversão, frequentados quase que exclusivamente por homens e cocotes, existiram em várias outras cidades brasileiras, não apenas na forma mais luxuosa e teatralmente aparelhada do café-concerto, mas principalmente na forma mais modesta do café--cantante ou ainda das toscas "casas de chope", que proliferaram principalmente no Rio de Janeiro, onde a vida noturna era mais agitada. (JRF)

 Cabaré, *Music Hall*, Musical (Teatro).

 Faria, 2001; Tinhorão, 2005.

CALUNGA

Designação de *boneco** no Rio Grande do Norte, onde é comum agregar ao nome do artista a expressão calungueiro. Chico DANIEL (1941-2007), um dos mais importantes artistas do teatro popular de bonecos, aprendeu a profissão observando o trabalho de seu pai Daniel das Calunga, também conhecido como Daniel CALUNGUEIRO. Nesse Estado, o trabalho dos calungueiros Irmãos RELAMPO foi muito apreciado na década de 1980, período no qual se dedicaram a essa arte. No Maracatu pernambucano as bonecas que as mulheres dançarinas, as damas-do-paço, levam nas mãos durante o cortejo também são denominadas calungas. (AMA e VB)

 Canella, 2007.

CALUNGUEIRO

Bonequeiro*, denominação dada ao artista do teatro popular de bonecos no Estado do Rio Grande do Norte. (VB)

 Calunga.

CANASTRÃO

Gíria teatral para designar o mau *ator**, incapaz de dar veracidade à personagem, seja pela inadequada expressão vocal ou corporal, seja pela incompreensão do texto. Alguns atores constroem sua personalidade teatral dentro de determinadas características interpretativas que, incorporadas conscientemente, originam um tipo fixo, que acaba por determinar-lhes um estilo cênico, configurando uma forma de "canastrice". Mesmo aqueles que representam de maneira excessiva (atualmente se emprega a expressão inglesa *overacting*, ou simplesmente *over*: "ator *over*") podem ser classificados como canastrões. Curiosamente, tais intérpretes recebem inúmeras vezes o beneplácito, se não mesmo a admiração, de certa parcela do público. Nelson RODRIGUES, sempre provocador e paradoxal, defendeu a categoria: "A verdadeira vocação dramática não é o grande ator ou a grande atriz. É, ao contrário, o canastrão, e quanto mais límpido, líquido e ululante, melhor. O grande ator é inteligente demais, consciente demais, técnico demais. O canastrão, não. Está em cena como um búfalo da Ilha de Marajó. Sobe pelas paredes, pendura-se, no lustre e, se duvidarem, é capaz de comer o cenário. Por isso mesmo chega mais depressa ao coração do povo" (1997: 35-36).

O termo *canastrão* depende, não se pode esquecer, do gosto de uma época. Alfredo MESQUITA, no seu depoimento para o Serviço Nacional de Teatro, afirma que Odilon AZEVEDO era "talvez o pior dos piores, a lástima das lástimas" (1977: 20). O ator, contudo, marido da atriz Dulcina de MORAES, com quem dividia a direção da Companhia, era bem considerado pelo público e mesmo por grande parcela da crítica, sobretudo a anterior à renovação do teatro brasileiro. Também Vicente CELESTINO, cantor e ator de grande prestígio popular, a partir de certo momento, passou a ser considerado como tal, o que não perturbava a sua enorme aceitação popular. (EF)

CANÇONETA

Pequena canção, geralmente espirituosa, cômica, satírica ou mesmo maliciosa, que se transformou num dos principais atrativos dos cafés-cantantes e dos *cafés-concerto**. O seu aparecimento data do início do século XIX, quando alguns teatros parisienses passaram a preencher o tempo entre os atos das peças com um artista que se apresentava sozinho no palco, cantando uma cançoneta, por vezes também denominada *cena cômica**, já que, de fato, "eram pequenas cenas com um único personagem, divididas em *coplas**, entre cada uma das quais havia por vezes um fragmento falado" (POUGIN, 1985, I: 156).

No Brasil, as cançonetas foram primeiramente apresentadas em francês, em cafés-concerto como o Salão do Paraíso (1858) e o Alcazar Lyrique (1859), no Rio de Janeiro. Depois, migraram para o interior das *revistas de ano**, cantadas em português, e também para espaços ainda mais populares, como os cafés-cantantes e as casas de chope, como explica José Ramos TINHORÃO: "Transformada por força do gosto do público carioca quase exclusivamente em canção humorística, a cançoneta – que não chegaria a constituir gênero musical determinado, mas teria o nome usado como rótulo para qualquer cantiga engraçada ou maliciosa pelo duplo sentido – permaneceu por mais de meio século como especialidade de artistas-cantores não apenas daqueles cafés-cantantes e cafés-concerto (e logo das 'revistas de ano'), um dos novos locais de diversão que se abriam para atender às camadas mais baixas na capital. A cançoneta chegava, assim, à arena dos circos e aos estrados que faziam de palco nos chopes-berrantes, estes já anunciando pela própria ironia da oposição entre 'cantante' e 'berrante' a definitiva proletarização do estilo que descia ao nível do público dos tomadores de chope" (1998: 213-214). Esses espaços mais populares fizeram nascer dezenas de cançonetistas, entre eles alguns que conseguiram gravar discos para a nascente indústria fonográfica, como Eduardo das NEVES, Mário PINHEIRO e Benjamin de OLIVEIRA.

Deve-se lembrar, também, que boa parte do sucesso popular das cançonetas deveu-se ao prestígio da revista de ano, um dos gêneros teatrais prediletos do carioca. Na virada do século XIX para o XX, autores como Artur AZEVEDO ou Moreira SAMPAIO, com a colaboração dos músicos brasileiros e portugueses, escreveram cançonetas, tangos e lundus que atrizes como Pepa RUIZ ou Cinira POLÔNIO tornaram famosos em todo o país. É esse repertório, saído do teatro, que será gravado nos primeiros discos brasileiros, dando origem a um casamento duradouro entre o *teatro de revista**, que lançava as músicas, e as gravadoras, que as registravam. (JRF)

 Cabaré, Café-concerto.

 Azevedo, VI, 1995.

CARACTERÍSTICO (ATOR)

O termo já foi empregado em dois sentidos diferentes no teatro brasileiro. Um sentido mais recente, de ordem mais geral, tem sido empregado para abarcar uma boa parte dos *atores** engajados no teatro brasileiro do século XIX e do início do século XX, definindo-os, assim, por oposição aos *capocomici*, os primeiros atores líderes de *companhias**. Seriam a maioria dos atores em atividade, os intérpretes menores, devotados aos esforços de caracterização, do uso do físico aos adereços, opostos, portanto, aos primeiros atores que trabalhavam explorando o seu carisma e personalidade.

O outro sentido do termo, mais antigo, seria sinônimo de *caricato*. Abarcava, segundo a antiga noção de *emploi**, os atores que desempenhavam *papéis** típicos nas *comédias** e *farsas**. Era empregado para atores e atrizes, usando-se, no masculino, também a denominação de vegete. No caso das atrizes, designava as velhas típicas, equivalentes às *duègnes* francesas, uma importação das *dueñas* espanholas. Dentre os tipos possíveis, abrangia as velhas ridículas e pretensiosas, as governantas impertinentes, as más conselheiras e alcoviteiras, as velhacas interesseiras, os velhos gaiteiros e desfrutáveis, de aparência exótica, arrogantes e caricaturais.

Os atores especializados nesses papéis deviam dominar a arte da caracterização, com amplo uso da maquiagem, das perucas, dos apliques, tiques e trejeitos corporais e faciais.

Foram atores característicos notáveis no teatro brasileiro: BRANDÃO, o popularíssimo, Júlia LOPES, Alda GARRIDO, Dercy GONÇALVES, Ítala FERREIRA, Ema D'ÁVILA, MESQUITINHA, Manuel DURÃES, Otília AMORIM, GRIJÓ SOBRINHO, Manoel VIEIRA, SILVA FILHO,

OSCARITO, GRANDE OTELO, Violeta FERRAZ, COLÉ, Celeste AÍDA, Pedro DIAS. (TB)

 Ator (Teatro do), Centro, Dama-galã, *Emploi*, Galã, Ingênua, Papel, *Soubrette*.

 Antunes, 2002; Bastos, 1908; Brandão, 2002; Corvin, 1991; Griphus, 1884; Prado, 1988; Rangel, s.d.; Sousa, 1960; Victorino, 1937.

CARNAVAL

O carnaval é, originalmente, uma festa religiosa da cultura cristã, com manifestações diferenciadas em todo o mundo e características que variam conforme o país que se observe e a época sobre a qual essa observação se detenha. Em linhas gerais, marca o momento intermediário entre as festividades natalinas, do nascimento de Cristo, e a Quarta-feira de Cinzas, que define o início da Quaresma e do período do martírio que levará à crucificação do Messias. Exatamente por representar um momento de passagem entre a alegria e a dor, entre o nascimento e a morte, o carnaval é um período de suspensão das leis de convivência e das regras de comportamento, de inversão dos sexos e das posições sociais. Ao longo dos séculos, esse caráter geral foi se afirmando de maneiras específicas em cada cultura e assumiu, em algumas delas, aspectos francamente teatrais, ou que aproximam a sua celebração de formas teatrais reconhecíveis, como as desenvolvidas ao longo da Idade Média, com seus milagres e moralidades.

No Brasil, o teatro nasceu a partir dessas formas religiosas europeias: os autos-de-fé, a procissão e uma dramaturgia repleta de *alegorias**, remetendo a personagens da mitologia cristã. Talvez por isso o carnaval tenha assumido no Brasil um formato tão teatral e característico, diante da diversidade de manifestações em que ocorre nas culturas contemporâneas. Se, inicialmente, no período da colonização, não se confundiam as procissões religiosas e o entrudo, eco do carnaval europeu trazido pelos portugueses, nas últimas décadas do século XIX já havia convergências com os carros alegóricos, canalizando as energias carnavalescas e o desregramento correspondente. Lê-se numa obra sobre o assunto:

"Outra faceta a ser mais profundamente estudada na História do Carnaval carioca é sua ligação com o teatro. Sempre andaram muito unidos um e outro.

[...] Em 1877 um jornal noticia: 'O espetáculo do Congresso Dramático terá lugar mesmo que chova e depois dele se realiza um baile à fantasia'. Naquele tempo, como hoje, as peças representadas nas proximidades do carnaval e durante ele estavam ligadas à folia e muitas vezes delas saíam piadas que os carnavalescos aproveitavam para sua festa. Em 1893 a Companhia do Teatro Pedro de Alcântara apresentava o *Tim-tim-por-tim-tim às Avessas*. 'Imagina-se – anunciavam eles – *que além de mil outros atrativos, os homens serão mulheres e as mulheres serão homens*'. Para comemorar o carnaval e apresentar uma inovação inverteu os papéis dos artistas. As mulheres faziam os dos homens e os homens os das mulheres. Depois da representação os artistas, ainda com suas roupas da peça, jogavam-se nos braços da folia: o baile pegava fogo" (MORAES, 1958: 280).

Inversamente, o teatro torna-se um tema dos cortejos e bailes carnavalescos. Citando novamente o livro de Eneida de MORAES: "Em 1896 os Feninianos num carro alegórico, criticavam o teatro brasileiro apresentando-o como um palhaço acompanhado de uma mulher nua, com xaranga e muitos pares maxixando. Dizia *O País*: '*realmente é isso o nosso teatro*', mas o ator Martins, repimpado no alto do carro alegórico exclamava: – *Vou reformar isso!*" (1958: 280)

Num depoimento sobre as estreitas relações entre o teatro e o carnaval nas primeiras décadas do século XX, Modesto de ABREU se refere à participação de profissionais de teatro na preparação dos desfiles:

"Não é saudosismo. É a pura realidade. O verdadeiro carnaval carioca foi o de vinte e cinco, trinta, quarenta anos passados. Sim, porque, naquela época, o carnaval realizava, em todos os sentidos, uma interessante e fecunda simbiose com o teatro. A começar pela organização dos préstitos das grandes sociedades – Democráticos, Tenentes do Diabo e Feninianos, isto é, carapicus, baetas e gatos. Para começar: as alegorias e os carros de crítica eram pintados pelos maiores cenógrafos dos teatros. Ângelo LAZARY (recentemente falecido) e Jaime SILVA, depois, e sucessivamente Públio MARROIG, André VENTO, Hipólito COLOMBO (um admirável continuador de LAZARY), Modesto KANTO (principalmente escultor) e Miguel BILLOTA (que começou sua carreira cenográfica no antigo Clube Ginástico Português, belo viveiro de amadorismo teatral).

Os enredos das sociedades eram escritos por autores teatrais. Nos desfiles figuravam belas atrizes e atores cômicos, aquelas aparecendo nas complicadas maquinarias dos carros de fantasia; estes, os atores, nos de crítica, dizendo versos e improvisando diálogos espirituosos. [...] Para o segundo (Clube Mimosas Cravinas) fiz a reconstituição da tragédia *Ester*, de RACINE, e que é um formoso episódio bíblico da história do povo hebreu" (1956: 17).

Na segunda metade do século passado, esse processo de fusão das referências das festas religiosas com as formas populares e laicas de celebração, como as rodas de samba e os pagodes, cristalizou-se num formato de carnaval originalíssimo que, além dos desfiles de carros alegóricos e de foliões fantasiados, comuns nos carnavais de outros países e culturas, passava a apresentar-se como um verdadeiro espetáculo dramático, cujo enredo se desenvolvia diante de plateias cada vez mais espectadoras e menos atuantes. O Desfile das Escolas de Samba do Rio de Janeiro e todas as suas derivações que se espalharam pelo Brasil, moldando aquele formato às culturas regionais, representam o exemplo de uma teatralidade singular, tipicamente brasileira. Na verdade, um desfile de escola de samba guarda muita proximidade com a estrutura e a forma do espetáculo teatral. Mesmo as definições do teatro de um ponto de vista estritamente dramático, com trama a desenvolver-se de forma clara e compreensível diante de uma plateia, ajustam-se perfeitamente aos procedimentos desenvolvidos pelas escolas de samba e seus carnavalescos, verdadeiros *encenadores**. A prova maior dessa transformação da celebração carnavalesca em efetivo espetáculo é que dois aspectos tradicionais na definição do carnaval – que são a supressão da condição de espectador, substituída pela de agente da folia, e a não competitividade quando se trata de jogos, exemplificada na inversão de regras (ganha a corrida o mais lento, ou o mais gordo) – modificam-se radicalmente. No desfile do Sambódromo, o que era a rua torna-se estádio, aqueles que eram os *brincantes** tornam-se espectadores e a competição entre as escolas, acirradíssima, é baseada em regras sofisticadas e muito rígidas (o tempo rigoroso do desfile, por exemplo). Está-se muito próximo, aqui, das Dionisíacas de Atenas, na Grécia do século V antes da era cristã, com seus competidores, o seu público massivo e a definição dos vitoriosos a partir de um júri selecionado. Efetivamente, não é um exagero afirmar que os desfiles carnavalescos tornaram-se o mais popular e consagrado formato do *teatro musical** brasileiro. Essa afirmação vale também para variações regionais que essa espetacularização do carnaval no Brasil gerou, como a disputa entre os blocos e afoxés, em Salvador, na Bahia, e as tradições carnavalescas derivadas do boi-bumbá, no Maranhão.

Entre os artistas que contribuíram para a consolidação do carnaval como espetáculo destacam-se: nos anos de 1950 e 60, Arlindo RODRIGUES e Fernando PAMPLONA, que sofisticaram o aparato cenográfico dos desfiles e investiram no fortalecimento da dramaturgia; nos anos de 1970, Joãozinho TRINTA, que mesclou ao desfile dos sambistas formatos mais antigos, como os carros alegóricos das chamadas sociedades que desfilavam no Rio de Janeiro no início do século XX, bem como as fantasias luxuosas dos chamados ranchos, também dos primórdios do carnaval carioca; nos anos de 1980, esse desenvolvimento alcançou o ápice com os desfiles de Fernando PINTO, talentoso artista que fundiu as perspectivas do carnavalesco e do encenador e introduziu, na grandiosidade dos desfiles, o espírito crítico e corrosivo do *teatro político**, sintetizando a influência do *teatro-de-revista** e de um *grupo teatral** brasileiro, que foi o Teatro Oficina. Fernando PINTO morreu em 1988, aos quarenta e dois anos. Na sua última entrevista disse: "É uma estética brasileira, de brilho, de plumas e paetês. É um estilo brasileiro. Porque tem aquela coisa do palco italiano, do palco inglês, do palco grego. Então, eu acho que o palco brasileiro é a passarela. E isso porque, sem dúvida nenhuma, a forma de teatro mais forte no Brasil é a escola de samba. É ela que agrega, em termos de *atores** e espectadores, a coisa maior do mundo" (PINTO, 1988: 25).

Ao mesmo tempo, já é possível perceber contrainfluências do carnaval na formatação do teatro brasileiro. O melhor exemplo é o novo Teatro Oficina, projetado pela arquiteta italiana, radicada no Brasil, Lina BO BARDI. O espaço é conceituado para ser um *"teatro rua*"*, que, por certo, sugere uma inspiração nos desfiles carnavalescos, mas pode também remeter ao teatro medieval, cujo formato moldou o teatro brasileiro nos três primeiros séculos de sua existência. (LFR)

 Alegoria, Brincante.

 Stanton & Banham, 1996.

CAROCA

Boneco de vara*, personagem presente nas brincadeiras do *mamulengo** e *cavalo-marinho** nos Estados de Pernambuco e Paraíba. A dança é uma das principais características do caroca e nele se destacam suas pernas, quase sempre manipuladas por varetas, que executam movimentos frenéticos. Tais movimentos, exagerados, constituem mais um dos efeitos cômicos da sua apresentação. É um personagem que quase sempre se apresenta no início da brincadeira. (VB)

 Alcure, 2007.

CASA DA ÓPERA

Foram batizados desse modo *edifícios** destinados à representação teatral construídos no século XVIII nas povoações mais prósperas da colônia. O aposto "ópera" não indica, portanto, destinação ao *teatro lírico**, mas o prestígio que o gênero adquirira na metrópole. Embora em nada se assemelhem ao drama musicado, recebem essa denominação as *comédias** intercaladas por música de Antônio José da SILVA. Machado de ASSIS, a esse respeito, nota o intuito enobrecedor do vocábulo: "Nenhuma de suas peças – *óperas** é o nome clássico –, nenhuma é isenta de expressões baixas e até obscenas, com que ele, segundo lhe argúia um prelado, 'chafurdou na imundície'" (1950c: 303). A primeira casa desse nome foi erigida em Minas Gerais, em Sabará, em 1737 (ÁVILA, 1978). Um documento citado pelo historiador J. Galante de SOUSA (1960, I: 110) menciona um edifício denominado Ópera dos Vivos, no Rio de Janeiro, construído em data incerta (c. 1748) por iniciativa do Padre VENTURA, que teria sido o primeiro a apor essa denominação a uma casa de espetáculos na capital. Com funcionamento documentado por fontes diversas, a Casa da Ópera, de propriedade do cidadão português Manuel Luís FERREIRA, foi inaugurada aproximadamente em 1776. Outras edificações com o mesmo nome foram construídas em Salvador na segunda metade do século XVIII. O primeiro teatro baiano com esse nome é a Casa da Ópera da Praia, edificada por iniciativa da Câmara, em 1760, e a segunda a casa da ópera (1798), que atravessou o século XIX com a denominação popular de Ópera Velha (RUY, 1959: 33-34). Outras se ergueram nas cidades mineiras de Vila Rica (1770), São João Del Rei (1778) e Paracatu (1780), em Minas Gerais, em Recife (1772) e em São Paulo (1793). Na cidade fluminense de Campos, a denominação transpôs o século uma vez que a primeira foi construída em 1795 e outra, a Nova Casa da Ópera, em 1819. Embora variado o repertório apresentado nesses locais, há entre eles o traço comum de adotar o patronato de um gênero que, na metrópole, correspondia à profissionalização e laicização da atividade teatral. A seu modo ingênuo, com construções precárias e repertório misto, que não excluiu obras religiosas e cerimônias comemorativas, as "casas da ópera" brasileiras correspondem, no corpo senão no espírito, à iniciativa pombalina de "estabelecer uma liturgia civil alternativa à Igreja, confirmar a aliança entre a monarquia esclarecida, classe intelectual e burguesia emergente, mediar e administrar os contrastes sociais" (MAMMI, 2001: 38). Somente uma dessas construções resistiu aos acidentes, ao desgaste do tempo e à mania de demolição dos nossos urbanistas: a Casa da Ópera de Vila Rica, inaugurada em 6 de junho de 1770. Alterou-se contudo a denominação do prédio e a da própria cidade. Chama-se agora Teatro Municipal de Ouro Preto e, tanto quanto se sabe, é o edifício teatral mais antigo da América do Sul (SERRONI, 2002: 88-89). (MAL)

 Edifício Teatral.

CASSEMIRO/CASSEMIRO COCO

Personagem de *teatro de bonecos popular**, conhecido no Maranhão e em Roraima, para onde foi levado por migrantes maranhenses durante o ciclo da borracha. É conhecido como Casimiro Coco no Estado do Ceará e como Cassemir Coco nos Estados de Alagoas e Sergipe. Altimar PIMENTEL explica a origem do seu nome: "por se tratar de um teatro de fantoches tipo luva, em que a pancadaria predomina, a expressão *Cassemir Coco* parece-me derivar de *passe-me o coco* (cabeça) ou seja, me dê a cabeça para levar paulada" (2007: 105).

Estudos de Tácito BORRALHO (2007: 147), afirmam que: "o Casemiro Coco apresenta fortes traços comuns a outros *brinquedos** do nordeste, como o *mamulengo** e o *joão redondo**, tanto na estrutura e linguagem (boneco de luva) quanto no conjunto dos personagens, nas formas de apresentação, na alta expressão de comicidade, na interação com o público realizada pelo titereiro ou pelos músicos, palhaços e mágicos. Constata-se a duplicidade de nome: Cassemiro Coco é ao mesmo tempo o nome do personagem principal e nomenclatura que identifica a manifestação". Por extensão, cassemirada é a designação dada a apresentações ou *brincadeiras**. (AMA e VB)

 Borralho, 2007; Pimentel, 2007; Coelho, 2007.

CATEQUESE (TEATRO DE)

 Auto, Auto da Paixão, Auto Sacramental.

CAVALO-MARINHO

Manifestação cênica que se organiza com a presença de *brincantes** muitos deles mascarados e mais raramente bonecos, encontrada nos Estados de Pernambuco e Paraíba. Cavalo-marinho, chamado de *brincadeira** por seus realizadores, é também uma manifestação espetacular de múltiplas origens, possui numerosos personagens fixos, mais conhecidos como *figuras* que se apresentam em passagens características, formando os enredos, as histórias por eles improvisadas. O enredo básico gira em torno de uma festa-baile que o Capitão Marinho oferece aos Santos Reis do Oriente. O folguedo mistura música, canto (toadas), dança e poesia (loas). A música e o canto, fios condutores da brincadeira, são executados pelo Banco (nome dado ao grupo de músicos que toca sentado num banco). Durante uma apresentação, chegam a estar em cena 70 personagens, divididos em diversas cenas. Além do Capitão, que surge montado num cavalo, esse auto e brincadeira popular apresenta diversas categorias de máscaras que vão desde o boneco-máscara até a maquiagem-máscara, utilizada por determinados brincantes que encarnam os "palhaços" Mateus e Bastião, contratados pelo dono da festa para tomar conta do terreiro.

Estudos de ALCURE (2007) e OLIVEIRA (2002) afirmam que a estrutura do folguedo é fragmentada e aberta, e pode ser assim resumida: registra-se a presença do Mestre que comanda a brincadeira; há uma sequência de passagens curtas, enredos que são improvisados no momento da apresentação, porém o improviso não é uma prática totalmente livre, segue parâmetros ditados pela tradição e pela própria estrutura da brincadeira, e é nessas lacunas que se vê o improviso; a música é um recurso amplamente utilizado entre as cenas; os personagens possuem temas musicais específicos; a presença de conjunto musical executando a música ao vivo; a comicidade como destaque na representação; o conhecimento do brinquedo e sua transmissão se dão oralmente e através da observação; a apresentação dura em geral a noite toda; e o espaço cênico, por excelência, é a roda, onde o público interage constantemente com os brincantes.

O cavalo-marinho integra um conjunto de manifestações cênicas populares brasileiras e deve ser visto, segundo Mariana OLIVEIRA, como: "uma verdadeira estrutura animada. Seja pela energia vigorosa que emana de seus brincadores, entusiasmados e dispostos a 'melar os pés de poeira' durante toda uma noite de festa, seja pela ideia de movimento que perpassa todos os aspectos da brincadeira. Movimento dos corpos dançantes ativos e ligeiros [...]. Movimento no tempo de sujeitos que brincam e contribuem para a estrutura sempre transitória do Cavalo Marinho, espaço de convergência de saberes e de diferentes manifestações, tais como Reisados, Bumbas meu boi, Mamulengos, Batuques, Danças de São Gonçalo do Amarante, louvações do catolicismo popular e cultos do Xangô e da Jurema, que ali um dia se imbricaram por obra não de projeto definido mas de *bricolagem* [...]. Movimento também no jogo da cena, na dinâmica do brinquedo, que o mestre vai 'manobrando' ou 'manuseando' ao longo da apresentação, observando com atenção certas diretrizes da tradição, mas também reservando lugar para o novo" (OLIVEIRA, 2007: 85). Hoje, apresenta-se principalmente por contrato nas festas de rua de pequenos municípios por ocasião do Natal, do Ano-Novo e das homenagens aos santos padroeiros nos meses de dezembro e janeiro. (FSC e VB)

 Alcure, 2001, 2007; Oliveira, 2002, 2007.

CENA CÔMICA

Menor que uma *comédia** em um ato, maior que uma *cançoneta** e interpretada por um único *ator**, a cena cômica foi uma espécie de *entremez**, que teve, no século XIX brasileiro, alguns cultores. Geralmente escrita em versos, com partes faladas e cantadas, tinha espírito satírico, paródico, burlesco e crítico, abordando temas os mais variados, tanto os de natureza social, ligados aos costumes da época, quanto os políticos. O maior e mais famoso autor de cenas cômicas entre nós foi o ator cômico Francisco Corrêa VASQUES, que escreveu dezenas dessas pequenas peças com um personagem que ele mesmo interpretava, declamando e cantando. Seis delas foram publicadas por Procópio FERREIRA no mesmo volume em que apresentou uma elogiosa biografia do ator: *Amor em Liquidação, Variações de Flauta, A Volta ao Mundo em Oitenta Dias a Pé, Legalidade e Ditadura, Rocambole no Rio de Janeiro* e *O Zé Pereira Carnavalesco*. (JRF)

 Ferreira, 1939.

CENOGRAFIA

Cenografia, no dicionário Aurélio, é definida como a "arte e técnica de projetar e dirigir a execução de cenários". Segundo Gianni RATTO e Cyro Del NERO (dois grandes cenógrafos brasileiros contemporâneos), a cenografia pode ser definida pela expressão: *grafia da cena*. Há um livro publicado no ano de 2001, em Londres, por uma estudiosa do assunto chamada Pamela HOWARD, que traz cerca de 500 definições de cenografia elaboradas por diferentes profissionais de todo o mundo. Isso nos faz ter ideia da complexidade da definição desse termo. No entanto, a função não é especificamente técnica e, por essa razão, a definição que adotamos é a seguinte: "Cenografia é o espaço cênico dramatizado [...]. Dramático no sentido de encontrar uma atmosfera, comover por meio do espaço. Ser teatral. Um espaço só se torna cenografia quando inserido num contexto dramático, em cena, com a presença de uma narrativa, de *atores**, de luz e de som" (HOWARD, 2002: 13).

Alguns cenógrafos afirmam que tudo é cenografia: a cidade, o banheiro da sua casa, uma ruína abandonada... Na realidade, tudo isso só se tornará cenografia quando participante de uma ação dramática.

Não se deve confundir cenografia com cenário. O cenário está dentro da cenografia, que é muito mais abrangente. Pode-se afirmar corretamente: "A cenografia do espetáculo era composta de diversos cenários". Cenário é todo o conjunto dos diversos materiais e efeitos cênicos (telões, bambolinas, bastidores, mobiliário, luzes, formas, objetos cênicos, cores etc.) que serve para criar a realidade visual ou a atmosfera dos locais onde decorre a ação dramática.

Hoje, a cenografia discute o espaço e não se baseia apenas nas características dos panos de fundo ou no uso da perspectiva, como ocorria até o início do século XX. Dois grandes pensadores dessa linguagem, Adolphe APPIA e Gordon CRAIG, o primeiro ainda no último decênio do século XIX, refletiram sobre a verticalidade e o volume da caixa do palco e mudaram esse conceito para algo muito mais espacial. Para isso, contribuiu bastante o surgimento da iluminação elétrica, da qual foram também os primeiros grandes experimentadores.

No Brasil, esse conceito chegou um pouco mais tarde, em 1943. As realizações cenográficas antes desse marco inicial do *teatro moderno** brasileiro consideravam a concepção visual da cena como uma função subalterna ao texto dramático. Apoiavam-se em grande parte nas técnicas de *trompe-l'oeil* da pintura acadêmica e destinavam-se a cercar de uma ambientação verossímil a narrativa dramática. No teatro de prosa, competia ao cenário indicar ou sugerir o espaço e o tempo determinados pela narrativa. Quanto aos gêneros de "teatro ligeiro", como o *teatro musicado** ou as *mágicas**, as soluções visuais, desvinculadas da tarefa ilusionista, tinham desígnio ornamental. Foram muito prestigiados pela imprensa carioca dos últimos dois decênios do século XIX os criadores dessas composições animadas por prodígios cenotécnicos: "Mas quem efetivamente dava vida ao universo de fantasia da mágica eram os pintores de telões, os maquinistas, os contra-regras, os figurinistas e os cenógrafos. Por meio de truques extraordinários, eram capazes de simular no palco as erupções de um vulcão, um ciclone, o fogo do inferno, a vida na lua, uma inundação" (FARIA, 2001: 149).

Do ponto de vista conceitual, as funções de ambientar e ornamentar se alternam no teatro profissional nas três primeiras décadas do século XX, embora o contágio da estética modernista seja notável na estilização das superfícies pintadas das cenografias que se referem, por vezes, ao cubismo e a procedimentos de abstração. Há cenógrafos de renome, mencionados constantemente pela imprensa como uma garantia da qualidade dos espetáculos, indicando-se, desse modo, uma preocupação crescente dos artistas e do público com o trato e o visual da cena. No entanto, são as virtudes pictóricas que se exaltam nos comentários das realizações de Hipólito COLOMBO, Ângelo LAZARY, Jaime SILVA, Henrique MANZO, Paim VIEIRA, Juvenal PRADO e Rômulo LOMBARDI, profissionais mais disputados pelas *companhias** lideradas por atores sediadas no Rio de Janeiro. São cenógrafos-pintores, formados por escolas de pintura acadêmica e, de um modo geral, autodidatas no domínio da *cenotecnia**. Não trabalham ainda com "a concepção de espaço cênico que já vigorava no exterior, isto é, a cenografia como linguagem. (O cenógrafo) é ainda um intermediário entre o técnico e o artista criador, e se lhe é permitido circular com mais autonomia dentro do seu trabalho, ainda é contratado essencialmente para resolver um problema criado pela construção dramática, ou seja, dar forma a um conteúdo pré-determinado" (BEZERRA, 1999: 27).

Durante as cinco primeiras décadas do século XX, a denominação adotada para o profissional é indistintamente "cenógrafo" e "decorador", sugerindo concomitância entre as funções indicativas e ornamentais. É notável o fato de que Tomás Santa ROSA, embora seja o primeiro cenógrafo do moderno teatro brasileiro, utilize, em sua obra teórica, *Teatro e Realidade Mágica,* publicada em 1953, a palavra francesa *décor* e se pronuncie textualmente a favor da conotação ambiental do termo: "A importância do *décor* é bem outra. É necessário dar-lhe o papel que exatamente tem: de complemento do espetáculo. A justeza de suas linhas, o discreto sublinhar da ação, bastam-lhe para exercer com nobreza a sua função" (1953: 56).

Consideramos a cenografia de *Vestido de Noiva*, assinada por Tomás Santa ROSA para o espetáculo dirigido por ZIEMBINSKI, em 1943, o marco inicial da moderna cenografia brasileira. Ele já se apoiava na cenografia pesquisada por APPIA e também trabalhava com planos, criando ambientações com signos próprios. Daí por diante tivemos uma grande evolução na cenografia e os anos de 1950 foram marcados por um trabalho cenográfico fecundo saído das montagens do TBC (Teatro Brasileiro de Comédia) em São Paulo. Vários importantes cenógrafos italianos para cá vieram e deixaram sua marca e contribuição ao desenvolvimento de nossa cenografia. Entre eles podemos destacar: Aldo CALVO, Bassano VACCARINI, Mauro FRANCINI e Gianni RATTO. A cenografia nesse período era ainda muito influenciada pelas realizações e conceitos europeus.

No Rio de Janeiro, além de Santa ROSA, firmou-se no panorama teatral carioca dos decênios de 1940 e 1950 do século XX, Pernambuco de OLIVEIRA, artista formado no Teatro do Estudante, um dos primeiros conjuntos empenhados na modernização do nosso teatro. Nos anos 60, podemos destacar o surgimento de cenógrafos que impulsionaram a busca pela especificidade da expressão brasileira. Para isso colaboraram novos e importantes grupos, como o Teatro de Arena, em São Paulo, o Teatro Oficina, também em São Paulo, e o Tablado, no Rio de Janeiro. Dentre esses cenógrafos, podemos mencionar Flávio IMPÉRIO, Lina BO BARDI, Luís Carlos Mendes RIPPER, Anísio MEDEIROS e Napoleão Moniz FREIRE.

Nos anos 70, com o surgimento de outros grupos, alguns importantes cenógrafos se destacaram, entre eles: Hélio EICHBAUER e Naum Alves de SOUZA. Como resultado de modificações no modo de produção dos espetáculos criados coletivamente, a hierarquia dos elementos de composição alterou-se, passando a atribuir o mesmo peso ao signo visual e ao signo verbal. Em *criações coletivas**, como as do grupo Asdrúbal Trouxe o Trombone, a cenografia era concebida por todos os participantes, do mesmo modo que a narrativa e o modo de composição das personagens.

Firmaram-se, nos anos 80, algumas significativas parcerias entre *diretores** e cenógrafos. Foram os casos de ANTUNES FILHO e J. C. SERRONI; Fauzi ARAP e Flávio IMPÉRIO; Gerald THOMAS e Daniela THOMAS; Bia LESSA e Fernando MELO; Moacyr GÓES e José DIAS; Cacá ROSSET e José de ANCHIETA. Uma nova safra de jovens cenógrafos emerge no último decênio do século, entre eles: Marcos PEDROSO, Charles MÖELLER, Gringo CARDIA, Gelson AMARAL e Simone MINA.

O Brasil tem-se destacado internacionalmente através da participação em festivais e, especialmente, na Quadrienal de Cenografia de Praga, o maior evento nessa área existente desde 1967. Recebeu em 1995 a Golden Triga, o prêmio máximo dado a cada quadrienal a um país. A mostra brasileira, nesse ano, era composta por trabalhos de J. C. SERRONI, Daniela THOMAS e José de ANCHIETA. (JCS)

Cenotecnia, Edifício Teatral.

CENOTECNIA

É a técnica de executar e fazer funcionar cenários e demais dispositivos cênicos para espetáculos teatrais, operísticos, *shows* e eventos. O termo aplica-se ainda a todo aparato técnico teatral capaz de servir ao espetáculo, e mais especificamente à cenografia. Dizemos que é a cenotecnia que dá vida aos cenários, que possibilita a mágica no palco e as surpresas durante as apresentações. Cenotecnia é sinônimo de cenotécnica.

Normalmente, é a cenotecnia que designa todos os equipamentos cênicos. A luz, os elevadores, os pisos móveis, alçapões, varas para içar cenários etc. Basicamente, a cenotecnia de um teatro se constitui de um piso técnico (o do palco), onde se apresentam os *atores**. Normalmente é de madeira, com partes móveis denominadas *quarteladas*. Há também outro piso técnico superior, que chamamos de urdimento, onde estão suspensas as varas de equipamentos de luz ou de sustentação da *cenografia**. Por alguns séculos, essas varas foram fixas, movimentadas manualmente pela força, ou contrapesadas. Hoje, já temos varas também motorizadas.

Teatros para *ópera**, ou grandes teatros para *musicais**, têm outros equipamentos de cenotecnia, como elevadores cênicos, palcos giratórios, varandas e pontes internas ao palco. Toda cenotecnia também necessita de cortinas, pernas laterais, panos de fundo e bambolinas ao alto para o mascaramento da cena.

Muitas vezes, uma determinada cenografia vai em busca, para atender às suas necessidades, de outros recursos cenotécnicos que não sejam os equipamentos fixos do teatro. A questão central do equipamento cenotécnico é, portanto, adequar-se à evolução de todos os aspectos da linguagem cênica: "Começamos a receber um número imenso de equipamentos desenvolvidos no exterior sob uma outra realidade, e sem um domínio real de suas funções. Como tudo o que é novo e estimulante, muitos dos nossos *encenadores**, cenógrafos e iluminadores correm o risco de se deixar levar apenas pela novidade. Isso é perigoso e temos de estar atentos para que essa tecnologia não interfira negativamente, competindo de forma desleal com o texto ou com um ator em cena" (SERRONI, 2002: 36). (JCS)

Cenografia, Edifício Teatral.

CENSURA

A censura teatral remonta à antiga Roma. A palavra *censor* vem do latim *censore*, que significava o funcionário encarregado do censo, no sentido atual de recenseamento, e, também, aquele que zelava pelos bons costumes. É provável que a função de censor, como vigilante de manifestações teatrais, tenha surgido pela primeira vez em Roma, devido ao alto grau de licenciosidade do teatro romano, e pelo fortalecimento do cristianismo a partir do quarto século. Já no final do século II da era cristã, TERTULIANO, baseado no princípio de que não há espetáculo sem violenta agitação da alma, atacava o teatro em seu tratado *De Spectaculis*. Dois séculos depois, em *Confissões*, de 397 d.C., SANTO AGOSTINHO condena o teatro por excitar as paixões, mas perquire, com mais profundidade, sobre o interesse humano pelas emoções trágicas. Em 413 d.C., em *A Cidade de Deus*, SANTO AGOSTINHO responsabiliza o paganismo pela decadência romana e retoma as teses de PLATÃO contra os poetas, sugerindo o banimento do teatro. O ataque de AGOSTINHO é contra as formas populares de teatro, já que acreditava que a *tragédia** e a *comédia**, por preservarem a castidade da linguagem, são menos nocivas.

A censura sobre o teatro só se intensificará ao longo do primeiro milênio, levando, praticamente, ao banimento do teatro enquanto atividade regular. Entre os séculos IV e VIII da era cristã, não existem registros de manifestações teatrais marcantes, o que não quer dizer que não ocorressem, clandestinamente, no âmbito das festas populares. Será dentro dos mosteiros medievais, a partir do século IX, e nas igrejas, nos séculos seguintes, que o teatro, até como derivação necessária da liturgia cristã, vai reaparecer de maneira sistemática e oficial. A partir de sua reaparição, o teatro voltou a ser admitido, mas continuou sendo controlado rigidamente pelas autoridades políticas e religiosas. Se a censura prévia às obras literárias, na Europa Ocidental, deixou de existir depois do Renascimento (por exemplo, na Inglaterra, desde 1695), a censura ao teatro sobreviveu nas grandes democracias ocidentais até o século XX. Em geral, ela serviu à Igreja e ao Estado, tornando-se uma prática regular de controle político utilizada pelos governos e pelo clero, com poder de aliviar ou suprimir, nos dramas e em suas encenações, quaisquer elementos que fossem contrários aos interesses ou valores dominantes. Se a censura literária regulava a publicação de livros, a censura teatral caracterizou-se sempre pelo impedimento à realização de espetáculos sem prévia aprovação da dramaturgia correspondente, o que, necessariamente, cerceava a liberdade artística e intelectual do dramaturgo.

No Brasil, a censura teatral também foi exercida, desde o início da colonização, pela Igreja e pelos representantes da Coroa portuguesa. Já no século XVI, as formas de teatralidade implícitas nos ritos praticados pelos índios são ferozmente combatidas pela Igreja, principalmente a Companhia de Jesus, cujos agentes são encarregados de catequizar os gentios para a fé cristã. O *teatro jesuítico**, tomado a partir dos *autos** do padre José de ANCHIETA, além de cumprir a função catequética, concorria com a teatralidade implícita nos ritos religiosos e sociais praticados pelos índios brasileiros antes da colonização e com os *entremezes** trazidos pelos primeiros colonos vindos logo após o descobrimento. Dessa forma, é possível dizer que a censura teatral no Brasil nasce junto com aquilo que se convencionou chamar de primeiro teatro brasileiro, com referência à primeira dramaturgia em moldes ocidentais produzida no país.

No primeiro século da colonização, as apresentações teatrais foram relativamente livres até 1584, com encenações de peças em português, tupi ou espanhol. A partir daí, surge a obrigatoriedade de as peças serem encenadas em latim, o que se revelou uma exigência de implementação difícil, já que o público permanecia alheio aos espetáculos. É então permitido o uso do vernáculo em diálogos de *farsas** e outros modos populares, permanecendo a obrigação do latim para as tragédias e comédias – "cousas mais escolásticas e graves" (SOUSA, 1960, I: 90). Outra interdição marcante, nos séculos XVI e XVII, foi a proibição de *papéis** femininos nos espetáculos representados nos colégios jesuítas – com exceção de santas virgens –, provocada pela promulgação da lei geral da Companhia de Jesus, em 1589, especificamente no item *Ratio Studiorum*.

Ao longo do século XVIII, prossegue o controle rígido pela Coroa portuguesa e pela Igreja da atividade teatral. Em 13 de março de 1726, o bispo D. José FIALHO proíbe, em sua pastoral, espetáculos teatrais nas igrejas, e, em outra pastoral, de 1734, vai mais longe, proibindo a exibição de comédias mesmo fora das igrejas. Quase quarenta anos depois, em 1771, a interdição ao teatro é abrandada. Um alvará de 17 de julho de 1771 aconselha "o estabelecimento dos teatros públicos regulados, pois deles resulta a todas as nações grande esplendor e utilidade, visto serem a escola onde os povos aprendem as máximas sãs da política, da moral, do amor à pátria, do valor, do zelo e da fidelidade com que devem servir aos soberanos, e por isso não só são permitidos mas necessários" (SOUSA, 1960, I: 109).

No início do século XIX, com a vinda da família real portuguesa para o Brasil, começam a se esboçar nas práticas teatrais brasileiras formatos mais europeus, com a importação de procedimentos cenotécnicos e cenográficos que permitiam espetáculos de maior porte, em teatros com capacidade para maior público. O teatro torna-se, a exemplo do que acontecera nos dois séculos anteriores nas principais capitais europeias, o centro da atividade cultural. Nessa nova dinâmica social, em que os espetáculos no principal teatro da Corte reuniam a família real, os nobres e burgueses e a população mais humilde, tornava-se necessário um controle mais efetivo sobre as representações teatrais. Um primeiro ato preventivo e indireto de censura ao teatro ocorre já em 10 de maio de 1808, determinando que a polícia exercesse o controle sobre o que era exibido nas "casas de diversão" (KHÉDE, 1981: 55). Depois da Independência, a primeira Constituição Brasileira, de 1824, assegurou os direitos de pensamento e expressão livres, mas logo em 29 de novembro daquele ano o desembargador Francisco Alberto Teixeira de ARAGÃO, Intendente Geral da Polícia da Corte e Império do Brasil, instituiu a censura no teatro com um edital, estabelecendo as medidas de segurança que se deviam observar nos teatros do Rio de Janeiro. Cinco anos depois, em 21 de julho de 1829, o mesmo Intendente recebeu a ordem, através do Aviso n. 123, de examinar as peças que houvessem de ir à cena no Teatro de São Pedro de Alcântara. No ano seguinte, também em 21 de julho, a Decisão n. 141 recomendava aos presidentes das províncias a proibição de peças, em teatros públicos ou particulares, que ofendessem as corporações e as autoridades. Um aviso de 19 de novembro de 1836, expedido ao juiz de paz do primeiro distrito do Sacramento, recomendou a este que lesse as peças antes que fossem à cena e que não permitisse representações inconvenientes "aos fins por que foram instituídos tais estabelecimentos" (SOUSA, 1960, I: 309). Outro artigo, o de n. 137 do Regulamento n. 120, de 3 de dezembro de 1841, prescreveu o seguinte: "Nenhuma representação terá lugar sem que haja obtido a aprovação e o visto do Chefe de Polícia ou delegado, que o não concederão quando ofenda a moral, a religião e a decência pública" (SOUSA, 1960, I: 309).

A censura ao teatro consolidava-se como um atributo exclusivo da polícia, a ser exercido em âmbito local, nos municípios. Os poderes públicos eram obrigados a reservar camarotes para os policiais em seus teatros, e o regulamento interno do Teatro de São Pedro de Alcântara, na capital do Império, autorizava a polícia a prender imediatamente o *ator** que, por gestos ou palavras, ofendesse as autoridades ou cometesse algum abuso moral. Esse controle do teatro pela polícia nunca deixou de existir, no Brasil, até o final do século XX e, a partir de 1843, passou a ser reforçado com outro organismo de controle, o *Conservatório Dramático Brasileiro**. Idealizado desde 1839 e finalmente instituído em abril de 1843, o Conservatório Dramático existiu durante 37 anos, em dois períodos: 1843-1864 e 1871-1897. Uma disposição governamental de novembro de 1843 determinou que todas as peças do Teatro de São Pedro de Alcântara fossem censuradas pelo Conservatório Dramático. Três meses depois, essas atribuições do Conservatório Dramático foram estendidas aos dois outros grandes teatros do Rio de Janeiro à época: o São Januário e o São Francisco. Em 19 de julho de 1845, o Decreto n. 425 estabeleceu as normas para a censura no teatro e fortaleceu a posição do Conservatório, que censurou, só naquele ano, 288 peças. A partir daí, o Conservatório Dramático passou a dividir com a polícia a responsabilidade pela censura teatral e a disputar com as autoridades policiais a primazia como órgão censor. À polícia cabia zelar pelo que era apresentado nos teatros subvencionados pelo Governo, ou subsidiados pelas loterias. Nesse sentido, o Decreto n. 622, de 24 de julho de 1849, criou o cargo de inspetor dos teatros subvencionados, cabendo a esta nova função inspecionar se os teatros cumpriam as obrigações determinadas para receberem os subsídios do Governo. Ao Conservatório Dramático, por sua vez, continuava cabendo o poder de impedir um texto dramático de chegar ao público como espetáculo. Mas se uma peça, ainda que liberada pelo Conservatório, acabava, depois de encenada, sendo proibida pela polícia, a instituição da censura literária se esvaziava. Exemplar dessa tensão entre polícia e Conservatório é o Aviso n. 296, de 17 de dezembro de 1851, em que o Imperador PEDRO II determina que a censura exercida pelo Conservatório Dramático deveria ser respeitada pela polícia "na parte literária", não estando autorizados os policiais a desfazer as correções feitas pelo Conservatório ou permitir a representação de qualquer parte previamente suprimida por aquela instituição. O mesmo aviso esclarecia, porém, "que de nenhum modo fica vedado ao mesmo Chefe de Polícia e a seus delegados o exercício da atribuição que lhe confere o citado artigo do Regulamento, e antes cumpre que continuem a exercê-lo em toda a plenitude, devendo para esse fim, não obstante as supressões e emendas ou correções feitas pelo Conservatório na parte literária, fazer quaisquer outras que sejam relacionadas pelas públicas conveniências; podendo nesse caso negar a sua aprovação às peças já revistas, e até proibir que se elas representem, embora tenham sido aprovadas pelo Conservatório na parte literária" (SOUSA, 1960, I: 313). É o que vai acontecer em 1858 com a peça *As Asas de um Anjo*, de José de ALENCAR, que, liberada pelo Conservatório Dramático, foi proibida pela polícia depois de três apresentações da montagem realizada no Teatro Ginásio Dramático.

No século XX, a censura ao teatro pela polícia prosseguiu como uma prática regular, ocorrendo nas mais diversas instâncias e através de diferentes órgãos, até o final dos anos de 1980. "Antigamente a moralidade aparecia no fim das fábulas. Hoje ela precisa se destacar no princípio, a fim de que a polícia garanta o espetáculo" (ANDRADE, 1976a: 7). A frase do personagem Hierofante, na peça *A Morta*, de Oswald de ANDRADE, de 1937, retrata um século de censura policial ao teatro: seja na República Velha, até 1930, seja no Estado Novo, de 1937 a 1945, ou no curto período democrático a partir de 1946, ou ainda na Ditadura Militar, entre 1964 e 1985, e pelo menos até a Constituinte de 1988. O que diferencia os tipos de censura exercidos em cada uma dessas fases é a intensidade e as razões que os justificavam. Se no século XIX a censura policial e a própria vigilância do Conservatório estavam preocupadas principalmente em resguardar o Imperador e sua família, a partir da República, e na primeira metade do século XX, a censura restringe-se a limitar excessos contra a ordem constituída, seus representantes e a família brasileira, entendida como um corpo a quem se deveria preservar com a imposição de limites morais ao teatro.

A partir de 1964, com a Ditadura Militar, introduz-se, no raciocínio da censura, um novo elemento, a censura política, que, se não tinha deixado de se manifestar outras vezes no passado, assumia agora contornos ideológicos inusitados. É notável o peso que os critérios políticos, espelhando a conjuntura mundial da Guerra Fria entre os blocos comunista e capitalista, vão passar a ter na ação dos organismos federais de censura durante as décadas de 1960, 70 e 80. A lei que vigorava em 1964 ainda era da Constituinte de 1946 e estabelecia que todas as peças deviam ser submetidas à divisão de censura do Departamento Federal de Segurança Pública. Isso permitia que o regime militar tivesse controle total sobre a liberação das peças para encenação. Em função do grande número de peças censuradas, a classe teatral mobilizou-se e, em 1968, houve passeatas e manifestações massivas reunindo atores, dramaturgos e produtores de teatro contra a censura, sob a liderança da atriz mais importante da época, Cacilda BECKER. Em dezembro de 1968, com a promulgação do Ato Institucional n. 5, que suspendia as garantias individuais, o rolo compressor da censura às atividades teatrais intensificou-se. À censura dos espetáculos somou-se a agressão de elencos por grupos paramilitares contrários às ideias expressas nas representações – o caso mais conhecido deu-se com a invasão do Teatro Ruth Escobar, em 1968, quando o Grupo Oficina encenava *Roda Viva*, de Chico BUARQUE.

Foi um tempo em que uma simples delação de qualquer cidadão incomodado com uma certa cena poderia levar à suspensão de um espetáculo, mesmo que tivesse sido liberado oficialmente. Em função disso, uma estética teatral do subterfúgio e da simbolização de situações opressivas vingou ao longo das décadas de 1970 e 80, até o fim do regime militar. Nos livros *O Palco Amordaçado* (1979) e *O Teatro sob Pressão: Uma Frente de Resistência* (1985), o crítico Yan MICHALSKI historia com detalhes como se deram as relações tumultuosas entre o teatro brasileiro e a censura, no período de 1964 a 1979. Entre os mais perseguidos pela censura encontram-se vários dos maiores dramaturgos brasileiros do século XX, como Plínio MARCOS, Jorge ANDRADE, Oduvaldo VIANNA FILHO, Dias GOMES e Gianfrancesco GUARNIERI. Entre os encenadores que tiveram mais dificuldades com a liberação de seus espetáculos destacam-se José Celso Martinez CORRÊA, do Teatro Oficina, e Augusto BOAL, do Teatro de Arena.

A situação começou a mudar no fim dos anos de 1970, com o lento e gradual processo de abertura política. Em 1979, foi criado o Conselho Superior de Censura, a partir de um item previsto na lei de censura de 1946, que até então não tinha sido regulamentada. Faziam parte desse Conselho, que era presidido pelo ministro da Justiça, representantes de vários ministérios e de associações de classe. Os quinze membros do Conselho eram acionados sempre que algum recurso fosse interposto em função da censura de um espetáculo ou de qualquer outro bem cultural no âmbito das "diversões públicas", pela instância regular da Divisão de Censura. Nos anos em que funcionou, o Conselho, por ser integrado inclusive por representantes da classe teatral, relembrou, no seu caráter ambíguo, o Conservatório Dramático do século anterior. Se de um lado pretendia ser um espaço para que os artistas censurados tivessem uma segunda chance e pudessem contar com opiniões mais abalizadas que a dos censores diretamente ligados à polícia, por outro legitimava a censura e naturalizava o seu exercício. Com a Constituinte de 1988, foi criada uma nova lei eliminando qualquer censura que não fosse apenas classificatória e, no início dos anos de 1990, os organismos especiais de censura policial ao teatro foram desativados.

Se a censura teatral no Brasil foi uma constante nos séculos XIX e XX, o que variou foi a voragem dos censores contra os textos e as encenações produzidas. Nos períodos de ditadura, a censura ao teatro foi mais feroz, porém mesmo nos curtos períodos democráticos nunca deixou de ser exercida, perenizando, quase até o fim do século passado, essa prática tão difundida desde o início da colonização. Ironicamente, essa constância da censura teatral brasileira, aliada ao rigor dos trâmites para a liberação de qualquer espetáculo, legou à memória do teatro brasileiro um de seus maiores patrimônios. Mais de sete mil textos censurados ao longo de várias décadas do último século, reunidos pelo teatrólogo Miroel SILVEIRA, que os retirou dos espólios do Serviço Federal de Censura em São Paulo, formam hoje, na Escola de Comunicações e Artes da Universidade de São Paulo, o Arquivo Miroel SILVEIRA. (LFR)

 Conservatório Dramático, Legislação Teatral, Resistência (Teatro de).

CENTRO

De acordo com a antiga noção de *emploi**, o centro seria a figuração do idoso com idade acima de 50 anos, porém com uma função dramatúrgica fundamental para o andamento e a resolução da ação. Ele materializava o poder, as forças estáveis do jogo social, mas atuava também como conselheiro, *confidente**, permitindo a revelação de peculiaridades dos *galãs** e primeiros *papéis** em geral. É, portanto, papel de importância na ação dramática e de razoável dificuldade, defendido por *atores** de renome, com frequência atores de idade mais avançada que não mais podiam atuar como galãs. De acordo com o gênero, atendia a designações mais específicas: centro dramático ou centro cômico, no drama e na *comédia**; centro nobre, na *alta comédia**; centro rústico, na peça de costumes, e centro cínico em qualquer gênero.

Jacinto HELLER, Miguel Arcanjo de GUSMÃO, Antonio José AREIAS, Átila de MORAES, Ferreira de SOUZA foram atores brasileiros que se projetaram atuando nessa especialização. (TB)

 Característico (Ator), *Emploi*, Papel.

 Bastos, 1898, 1908; Brandão, 2002; Corvin, 1991; Gonçalves, 1982; Griphus, 1884; Rangel, s.d.; Sousa, 1960; Victorino, 1937.

CHANCHADA

Palavra advinda do *lunfardo*, gíria argentina, significa literalmente *porcaria* e é utilizada para designar peças, filmes e programas televisivos de baixo nível. A chanchada, de um modo geral, apela para a comicidade escrachada, vulgar, escatológica, grosseira, e utiliza recursos do circo e do *teatro de revista**. Seus traços paródicos, sua atmosfera agitada e de *nonsense* a aproximam da *farsa**. Distingue-se da farsa, contudo, na medida em que não tem a mesma conotação popular, "refletindo antes o gosto e os costumes da classe média" (PRADO, 1993a: 75). A afirmativa parece ser verdadeira no que se refere aos primeiros decênios do teatro brasileiro do século XX. Com o desenvolvimento do nosso cinema, sobretudo nos filmes paródicos e carnavalescos da Atlântida, com OSCARITO, GRANDE OTELO, Zezé MACEDO e tantos outros, a chanchada torna-se objeto de consumo das camadas menos favorecidas. Ainda é uma denominação corrente no *circo-teatro** para designar os *esquetes** cômicos. Absorvida pela televisão e aplicada em programas humorísticos, ainda hoje faz muito sucesso.

No teatro brasileiro do passado, a chanchada seduziu vários autores, como Eurico SILVA, Armando GONZAGA e Paulo MAGALHÃES, e artistas como Alda GARRIDO, Procópio FERREIRA e Dercy GONÇALVES. É possível detectar ecos chanchadísticos até mesmo em Oswald de ANDRADE (*O Rei da Vela*), Nelson RODRIGUES (*Viúva, porém Honesta*), Augusto BOAL (*José, do Parto à Sepultura*) e Abílio Pereira de ALMEIDA (*Dª Violante Miranda*). Nas peças do *besteirol** dos anos de 1980, encontram-se em abundância os recursos cômicos da chanchada. (EF)

CIRCO-TEATRO

O circo-teatro é um espetáculo enraizado na tradição e que, enfrentando toda espécie de vicissitudes, vem resistindo ao tempo e continua a se impor à preferência do público, cuja composição social pouco difere daquela que se observa entre os artistas que para ele se apresentam. Operários, trabalhadores braçais, pequenos assalariados e suas famílias constituem esse público fiel, o qual, apesar da atração exercida pelos atuais meios de comunicação – a televisão mais do que todos –, prestigia os artistas circenses, em sua sofrida peregrinação pelas periferias das cidades.

As propostas do circo-teatro são bem mais modestas do que aquelas das grandes empresas circenses, que atuam em áreas mais próximas ao centro e atraem um público de poder aquisitivo maior.

A estrutura-padrão de uma apresentação dessa modalidade de circo assim se ordena, segundo o conceito definido pelos próprios artistas: a *primeira parte* ou *picadeiro*, em que ainda se encontra presente a essência do espetáculo circense, resultado de um aprendizado comum, de uma longa experiência transmitida de geração a geração e de colega a colega; a *segunda parte* é o *show* dos artistas "que vêm de fora"; a *terceira parte* é a encenação de uma peça de teatro.

A primeira parte pode consistir de números de trapézio, malabarismo, contorcionismo e pirofagia e não é inusitado participarem dela crianças das famílias circenses, que desde muito cedo iniciam seu aprendizado. A grande atração é, porém, o *palhaço** e seu companheiro, o *clown**, que também pode ser uma criança ou um adolescente. O palhaço é figura de enorme importância e ele é o chamariz do circo; do sucesso que alcança depende o sucesso do circo em determinada praça.

O *show* dos artistas também é uma possibilidade ou mesmo garantia de sucesso. Eles vêm de programas de certo prestígio na televisão ou no rádio, nos quais se apresentam como cantores ou *atores** e já são conhecidos da plateia circense. Têm também grande aceitação as duplas caipiras e as lastimosas letras de suas modas, que eventualmente se transformam em peças teatrais e chegam a constituir um repertório.

Chega enfim a terceira parte, a "apresentação da peça", escolhida em sintonia com as características e preferências do público dos bairros por onde excursiona o circo. Em dias sucessivos, podem alternar-se dramas e *comédias**, a depender da reação da plateia.

O repertório, bem estabelecido, não apresenta grandes novidades, mas dá espaço para improvisações quanto aos diálogos e pode acolher fatos do momento ou a inventividade de um intérprete. Esse repertório é constituído de *comédias** ou *chanchadas**, a maior parte de autor desconhecido (*O Morto que não Morreu, O Macumbeiro da Vila Industrial, O Casamento de Chico Biruta*), peças sertanejas (*A Marca da Ferradura*, do conhecido cantor e compositor TONICO, da dupla sertaneja TONICO E TINOCO) e dramas ditos sérios, como, por exemplo, *O Mundo não me quis, Escrava Isaura, A Cabana do Pai Tomás, O Bandido da Serra Morena* e *O Céu uniu Dois Corações*, de Antenor PIMENTA, um dos mais representados e de maior sucesso no universo do circo-teatro. Textos como *Maconha, o Veneno Verde* ou *A Erva do Diabo*, filiam-se diretamente ao cinema, no caso o filme de Emil JANNINGS, *Tentação da Carne*, da década de 1920. Dramas de temática religiosa também têm grande aceitação, tais como *O Milagre de Nossa Senhora da Aparecida* e *A Paixão de Cristo*, que se encena na Sexta-Feira Santa.

Ao contrário do que ocorre com a maior parte das empresas teatrais, o empresário circense se confunde sempre com a figura do proprietário do circo. Ele é o dono da estrutura material do circo; é ele quem estipula as relações de trabalho com seus assalariados; cabe-lhe o planejamento da política de ingressos; estabelece a linha de repertório, investiga ou manda realizar investigações que lhe permitam detectar qual o ponto da cidade mais favorável às temporadas do circo; procura estabelecer contatos pessoais com autoridades ou indivíduos em posições de influência que o possam auxiliar de alguma maneira, tendo em vista o êxito de seus objetivos ou ainda movimentando todo um esquema de divulgação, com características muito próprias e cujo bom desempenho é essencial à continuidade do circo-teatro.

Esse empresário é quase sempre um circense, nas suas origens familiares ou na sua opção de vida, tomada às vezes na infância. Geralmente filho e neto de circenses, casado com circense, muitas vezes encoraja seus filhos a seguir a profissão, incorporando-os a suas atividades. Em torno dessa constelação familiar gravitam outras constelações, formadas por pequenas famílias assalariadas que desempenham no circo uma série muito diversificada de funções (artistas, capatazes, cenotécnicos), sujeitas a um regime salarial bastante duro que, no entanto, vem mascarado pelo proprietário do circo através de uma atitude patronal típica: a exiguidade do salário não deve ser tomada como um fato em si, segundo o patrão, mas deve ser complementada por uma visão mais abrangente, pois o assalariado mora no próprio espaço destinado ao empreendimento circense, em caravanas ou barracas que fornecem a seu morador condições mínimas de conforto (água e luz, pagos pelo patrão).

Quanto ao equipamento, um circo-teatro medianamente bem-sucedido conta com lonas, mastros, cadeiras, arquibancadas, madeiramento de palco, aparelhagem de luz e som, instrumentos musicais, um pequeno guarda-roupa e caravanas.

Os cenários são concebidos em razão da extrema mobilidade do circo e variam de acordo com a maior ou menor prosperidade do empreendimento. Boa parte dos figurinos é confeccionada por elementos do circo ou comprada fora, havendo, no entanto, exemplos de circenses que possuem seu próprio guarda-roupa.

O empreendimento circense é, via de regra, economicamente precário, sobretudo devido à concorrência da televisão. Daí a necessidade de uma política de preços de ingressos extraordinariamente flexível, adaptada não só às condições específicas de cada bairro onde o circo se apresenta, como também às variações climáticas, fundamentais no que diz respeito ao comparecimento dos espectadores. (CEM)

 Palhaço.

 Bolognesi, 2003; Duarte, 1995; Vargas, 1981.

CLAQUE

Pessoas contratadas por empresários ou pelos próprios intérpretes para aplaudir, entusiasticamente, as entradas no palco dos *atores** principais ou as grandes cenas das peças, visando a influenciar o julgamento da audiência. Sua origem regride até o século V, na Grécia, e às exibições de NERO, na Roma Imperial. A função só começa a adquirir status profissional na França, no início do século XIX, quando seus membros passam a receber alguma importância em dinheiro ou bilhetes gratuitos. Grandemente utilizada nos ambientes operísticos, nos quais subsiste até hoje, sobretudo nos pequenos centros urbanos, sua utilização variou de país a país. No Brasil, existiu até a metade do século XX, recebida, às vezes, com hostilidade pela plateia pagante. Intervindo nas entradas das estrelas da *companhia**, nas cenas de bravura (final de longas tiradas, cenas de exaltação e fúria, árias, no caso específico do gênero *lírico**), era presença constante no *teatro de revista**. Desapareceu totalmente do teatro nacional, talvez existindo em locais provincianos. (EF)

CLÁSSICO (TEATRO)

Rigorosamente, o Brasil não teve um teatro clássico como aquele que se desenvolveu na França ao longo do século XVII. Nossa vida teatral, naquela altura, era paupérrima, de modo que não tivemos dramaturgos escrevendo *tragédias** ou *comédias** a partir dos modelos oferecidos por CORNEILLE, RACINE e MOLIÈRE. O mesmo se pode dizer do século XVIII. Ainda que em sua segunda metade tenham sido construídos vários *edifícios teatrais** no Rio de Janeiro, São Paulo, Salvador, Porto Alegre, Recife e nas cidades históricas de Minas Gerais, as poucas peças escritas por autores brasileiros não seguiram os padrões clássicos da tragédia ou da comédia. A partir do final do século XVIII e nas três primeiras décadas do XIX, o classicismo teatral sofreu violentos ataques dos adeptos do Romantismo nos principais países europeus. Ecos do debate chegaram ao Brasil e intelectuais da primeira geração de estudantes da Faculdade de Direito do Largo de São Francisco posicionaram-se a favor da tragédia clássica, contra o *drama romântico**. Em 1833, Justiniano José da ROCHA, Francisco Bernardino RIBEIRO e Antônio Augusto de QUEIROGA publicam um longo texto intitulado "Ensaios sobre a Tragédia", na *Revista da Sociedade Filomática*, no qual recomendam aos futuros dramaturgos brasileiros: "... Em vossos dramas pensai como CORNEILLE, escrevei como RACINE, movei como VOLTAIRE" (FARIA, 2001: 316). Tudo indica que o conselho não foi seguido. Nosso primeiro dramaturgo importante do período romântico, Gonçalves de MAGALHÃES, escreveu duas tragédias – *Antonio José ou o Poeta e a Inquisição* (1838) e *Olgiato* (1839) –, mas sem seguir rigorosamente os preceitos clássicos. Depois dele, poucos escritores escreveram tragédias, até porque o gênero estava em declínio, substituído, no gosto do público, pelo *melodrama** e pelo drama romântico. (JRF)

 Comédia, Tragédia.

CLICHÊ

Palavra de origem francesa que designa, primariamente, a chapa gravada em metal destinada à reprodução fotográfica nos jornais, passando esse sentido à sua acepção mais abrangente para designar frases, expressões ou situações que, à semelhança daquelas matrizes fotográficas, podem ser infinitamente reproduzidas; sinônimo de chavão, frase feita, ideia estereotipada, lugar-comum.

Trivializadas pela repetição, algumas expressões são exemplos de clichês: "sentir um nó na garganta", "chorar lágrimas de sangue", "sofrer como um condenado", "estimo saúde e prosperidade", "bom Natal e próspero ano-novo", "minhas congratulações" etc. Mas também as situações podem conhecer um destino assemelhado, quando perpassadas pelas emoções óbvias: o triângulo amoroso, o ladrão arrependido, a meretriz de bom coração, o pai turrão e inflexível, a mãe zelosa e altruísta etc. Os clichês formam o polo oposto da originalidade, redundâncias que almejam uma economia significante e uma rápida assimilação de seus contornos por parte da plateia.

Do ponto de vista estilístico, o clichê pode apresentar duas características estruturais de emprego: 1) um uso constitutivo da expressividade de seu autor; e 2) um recurso de estilo, apresentado, referido ou transposto como uma "citação". Ou seja, ter seu uso largamente empreendido sem deixar de ser eficaz. Uma cena estruturada com base em clichês ajuda a rapidamente situar seu contexto, numa economia de tempo e meios expressivos, libertando o artista para fazer a ação progredir, complicar-se, desviar-se ou incorporar outra ação paralela sem que, necessariamente, a cena de clichê seja ruim.

Existem clichês de autores, épocas, estilos, gerações e mesmo movimentos artísticos, revelando que sua contaminação é sempre ampla e indica um modismo rapidamente assimilado. Em *Bonitinha, mas Ordinária,* o dramaturgo Nelson RODRIGUES explora com criatividade vários clichês: a frase "O mineiro só é solidário no câncer", repetida diversas vezes pelo pusilânime Peixoto, é assimilada por outras personagens que, ao deslocarem seu sentido primeiro, transformam-na numa metáfora poderosa no curso da trama. Ao final da peça, para evidenciar como o casal se redime, Edgar diz a Ritinha que ambos "vão beber a mesma água de sarjeta" para, em seguida, caminharem rumo a um nascer do sol, num acúmulo de clichês que consubstanciam a felicidade, na típica chave da imaginação folhetinesca. Nas peças do CPC, o Centro Popular de Cultura da União Nacional dos Estudantes, os patrões são sempre "lacaios do imperialismo" e o povo "subdesenvolvido", clichês que marcam o contexto sociopolítico do início da década de 1960.

Raciocinando sobre a existência de autores inventores (que descobrem processos ou inauguram tendências), autores mestres (que combinam essas descobertas) e autores diluidores (epígonos de criatividade limitada), Ezra POUND situa os três ângulos que parecem conformar essa oscilante dialética entre a originalidade e o clichê ao longo dos tempos.

No campo teatral, podemos flagrar não apenas clichês relativos a frases ou situações, mas igualmente aqueles relativos à interpretação de *atores**, da *cenografia**, da iluminação, da *marcação**, de *encenadores** e de todas as demais expressões artísticas que concorrem para estruturar um espetáculo. (EM)

 Pound, 1976.

CLOWN

Clown é um termo inglês que remonta ao século XVI. Deriva de *cloyne, cloine, clowne,* e sua matriz etimológica reporta a *colonus* e *clod*, cujo sentido aproximado seria homem rústico, do campo. *Clod*, ou *clown*, indicava também o *lout*, homem desajeitado, grosseiro, e *boor*, camponês, rústico. Na *pantomima** inglesa, o *clown* era o cômico principal e tinha as funções de um serviçal. No universo circense, ele é o artista cômico que participa das *entradas** e *reprises**, explorando o desajuste e a tolice em suas ações. Até meados do século XIX, no circo, o *clown* tinha uma participação exclusivamente parodística das atrações circenses e o termo, nesse caso, designava todos os artistas que se dedicavam a satirizar o próprio circo. Posteriormente, passou a designar um tipo específico de personagem cômica, também chamada de *clown branco**, por conta do predomínio da cor branca em sua maquiagem, que tem no outro *palhaço**, o *augusto**, o seu contrário. O plural *clowns* é usado para designar a dupla cômica. No Brasil, no meio circense, é comum ouvir-se o termo *crom* em referência àquele palhaço que tem a função de escada, ou de palhaço secundário, necessário à preparação do desfecho cômico. É ele quem opera como contraponto preparatório às piadas e *gags* do palhaço principal.

A primeira caracterização do *clown* deu-se no teatro de moralidades inglês, da segunda metade do século XVI. Inicialmente secundário, aos poucos, no entanto, ele foi se definindo como uma personagem importante e passou a ser "obrigatório" em todas as peças inglesas. Suas principais características eram a gratuidade de suas intervenções e a liberdade para a improvisação. O sucesso nos palcos facilitou a migração para o teatro das feiras ambulantes. Esse *clown* aproximava-se do bufão quanto à forma de inserção nas cenas, mas distanciava-se deste, visto que já trazia uma maquiagem carregada nos *estereótipos**.

Para a consolidação do *clown* circense concorreram a pantomima inglesa e a *Commedia dell'Arte*. As personagens da *comédia** italiana foram incorporadas em uma cena predominantemente *mímica**, acrescida de música e dança. A tradição italiana encontrou-se com a dos *clowns* ingleses, provocando uma aproximação de tipos. Desse encontro resultou uma sugestiva fusão que serviu de embrião para o *clown* circense. Isso se deu a partir da caracterização externa (indumentária e maquiagem, principalmente) e do estilo de interpretação dos *atores**. A consolidação do tipo *clown* ocorreu no final do século XVIII e veio a se consolidar na primeira metade do XIX, especialmente a partir da criatividade de um ator inglês do teatro de variedades, Joseph GRIMALDI, considerado o "pai" dos *clowns*. (MFB)

 Augusto, *Clown* Branco, Palhaço, Tony de Soirée.

 Bolognesi, 2003; Ruiz, 1987; Torres, 1998.

CLOWN BRANCO

O *clown* branco é um tipo específico de *palhaço**. É uma depuração das influências originais do *clown** primitivo e do Pierrô do século XIX. Sua maquiagem abandonou os traços grotescos que se viam nos primeiros *clown*s, especialmente em GRIMALDI, e se voltou para uma pureza romântica, melancólica, sentimental e rica em plasticidade do Pierrô, tal como interpretado por Jean-Gaspard DEBURAU, no Teatro dos Funâmbulos, em Paris, nas primeiras décadas do século XIX.

O *clown* branco tem como característica a boa educação, refletida na fineza dos gestos, e a elegância nos trajes e nos movimentos. Mantém o rosto coberto por uma maquiagem branca, com poucos traços negros, geralmente evidenciando sobrancelhas, e os lábios totalmente vermelhos. A cabeça é coberta por uma boina em forma de cone. A roupa traz muito brilho. O tipo, assim, recupera, no registro cômico, a elegância da tradição aristocrática presente na formação do circo contemporâneo.

A consolidação do *clown* branco só foi possível graças à possibilidade de expansão da arte clownesca nos circos europeus, especialmente após a queda da política de privilégios que predominava no teatro francês, que restringia o uso da palavra nos espetáculos aos teatros oficiais. Em 1864, com a queda dessa política, o uso da palavra se estendeu aos outros espetáculos, inclusive ao circense. A incorporação do diálogo facilitou a criação de uma dupla cômica antagônica, que oscila entre um tipo dominante, o *clown* branco, e um tipo dominado, o *augusto**. Entre as décadas de 1870 e 1880, os *clowns* circenses buscaram na *comédia**, erudita ou popular, a motivação para a ampliação do repertório cômico do circo. Com isso, os palhaços puderam explorar temas que extrapolavam os limites da *paródia** nas habilidades dos artistas do circo.

O circo brasileiro não tem uma tradição acentuada do *clown* branco em seus espetáculos. Na atualidade, esse tipo praticamente desapareceu, mas suas funções foram incorporadas por outros palhaços (*augustos**), também denominados contra-augustos, ou então pelo apresentador, ou mesmo por um *ator** sem a vestimenta cômica. Embora não haja registro de nenhum *clown* branco, na atualidade, nos circos brasileiros, no passado tivemos: Alcebíades PEREIRA; Júlio TEMPERANI, o *clown* Fifi; Mario ALCIATI; Germano MANGE; Albert SCHUMANN; João CARDONA; Harry QUEIROLO; Aylor PINTO, filho de PIOLIN; PINATI; um dos parceiros de PIOLIN; Fred VILLAR, parceiro de CAREQUINHA; PEQUE, irmão de RIPOLIN. (MFB)

 Clown.

 Bolognesi, 2003; Ruiz, 1987; Torres, 1998.

COLABORAÇÃO

 Processo Colaborativo.

COMÉDIA

A longa tradição e a rica história da comédia fazem com que a sua definição tenha de ser obrigatoriamente multifacetada. Em princípio e em termos gerais, ela poderia ser situada como o gênero oposto à *tragédia**, identificando um tipo de peça teatral em que os personagens pertencem a uma humanidade menor e cujas peripécias conduzem a trama a um desfecho feliz, mas a opção está longe de esgotar as nuanças que o termo apresenta. No caso, existe também o interesse em distinguir a comédia da *farsa**, que seria uma irmã menor mais irreverente e ousada, menos comportada e dotada de ambições literárias mais estreitas. O recurso à etimologia indica outras implicações, pois a palavra *comédia* origina-se provavelmente do grego *kômos*, termo que designa a algazarra festiva, típica dos cortejos de celebração a Dioniso e marcada pelo vinho, pela transgressão e pela licenciosidade. A história do gênero, portanto, não pode ser dissociada de sua definição.

Essas festividades possuíam forte apelo popular. Tratava-se, a princípio, de um teatro ou de uma teatralidade espontâneos, rudimentares; ele teria sido o ponto de partida para o aparecimento, no século VI a.C. entre os dóricos e na Sicília, de representações mais acabadas, qualificáveis como *farsas**, *pantomimas** ou mesmo cenas inspiradas na mitologia. Essa forma teatral, no entanto, acontecia sob o estigma de manifestação inferior, estigma em boa parte derivado de sua vinculação à expressão popular. Assim, a comédia demorou a ser aceita nos festivais teatrais promovidos na Ática. O nascimento simultâneo da tragédia e da comédia revela a condição primordial dos dois gêneros, o seu funcionamento como respostas a um mesmo questionamento humano; a comédia seria o duplo e o antídoto do mecanismo trágico (PAVIS, 1999: 53). As duas atenderiam, contudo, a estruturas de comunicação bem diferentes – enquanto a tragédia revela uma série obrigatória e necessária de motivos que desembocam na catástrofe, a comédia se alimenta do repentino, das mudanças de ritmo, do acaso, da inventividade dramatúrgica e cênica (PAVIS, 1999: 53).

A comédia é o chão e a raiz do teatro brasileiro. O gênero cômico é o de mais longa e densa história em nosso palco, e o tema, por si só, poderia inspirar reflexões alentadas de filósofos e historiadores. Começou a ser praticado nos palcos brasileiros ainda no século XVIII, iniciando-se aí uma história contínua de representações que privilegia o gênero e não pode ser associada à tragédia ou ao drama, cujas existências foram marcadas, aqui, por trajetórias descontínuas, mesmo que não se tenha clareza absoluta a respeito do rol de espetáculos encenados nesse primeiro século.

Ainda assim, vale frisar também que a história da comédia brasileira como dramaturgia data do século XIX. A primeira comédia escrita por autor brasileiro representada em nosso território foi o texto de estreia de Martins PENA, *O Juiz de Paz da Roça*, apresentado em 1838 pela companhia do *ator** João CAETANO. Ainda que a comédia estivesse longe de ser o gênero mais nobre e respeitado do momento, pois sobrevivia sobretudo como ato complementar das noites teatrais cujo centro sempre era o *drama romântico**, a tragédia neoclássica ou o *melodrama**, foi precisamente a comédia que vicejou ao longo do século. O próprio Martins PENA passou das peças em um ato para o texto em três atos – *O Noviço* é considerado sua obra-prima –, mudança que traduz o sucesso alcançado. Estudioso da tradição ocidental do gênero, em especial das comédias francesa e italiana, iniciou, no Brasil, não só uma tradição de comédia, mas especificamente uma história da *comédia de costumes**, vertente mais forte do palco brasileiro, ao lado da farsa; a *comédia de caráter** e a *comédia de intriga** não chegaram a se aclimatar em larga escala no país.

Joaquim Manuel de MACEDO foi o seguidor imediato de Martins PENA, responsável por uma obra mais inclinada a cortejar o gosto popular. José de ALENCAR, romancista celebrado, também optou por escrever comédias e orientou as suas peças cômicas para o sentido de elevação e requinte que norteava o teatro francês de seu tempo; buscou assinar textos que se distanciassem da farsa e do riso desabrido em favor do divertimento cerebral e do sorriso. Assim, FRANÇA JÚNIOR, no final do século, seria o herdeiro mais fiel da obra de PENA, com obras cômicas retratando os costumes de seu tempo em que, volta e meia, transparecem coloridos farsescos. O final do século XIX foi, aliás, um momento de plena afirmação dos gêneros qualificados como ligeiros, com a aclamação da *revista**, da *opereta**, da *burleta**. Nesse cenário projetou-se o maior autor do teatro brasileiro cômico, Artur

AZEVEDO, pródigo na concepção de *revistas-de-ano** e notável na autoria de comédias, ainda que a sua produção nesse gênero não tenha sido tão extensa quanto o seu *teatro musicado**.

O início do século XX foi marcado por um crescente movimento nacionalista, que favoreceu a atuação de comediógrafos consagrados sob a denominação genérica de Geração Trianon, nome da casa de espetáculos da Avenida Rio Branco no Rio de Janeiro que, a partir de 1915, abrigou algumas *companhias** dedicadas ao gênero ou textos de alguns desses autores. Considera-se que o movimento sobreviveu até a década de 1920, mas é difícil defini-lo como intervenção artística ou estética, pois os autores reunidos sob tal denominação (Oduvaldo VIANNA, Gastão TOJEIRO, Abadie Faria ROSA, Armando GONZAGA, Viriato CORRÊA) não apresentam características comuns ou identidades favoráveis a uma aproximação dessa natureza. Houve, antes, uma aproximação política no sentido de buscar valorizar o texto "declamado" diante das peças musicais e os valores brasileiros contra o poderio das companhias estrangeiras, em especial as companhias portuguesas, desvinculadas de preocupações com uma dramaturgia local.

Alguns autores se projetaram ao longo do século XX, mantendo a comédia de costumes na ordem do dia; Silveira SAMPAIO, Gláucio GIL, Millôr FERNANDES escreveram textos marcados por um forte desejo de atualidade crítica, testemunhos de uma forma de viver da classe média da Zona Sul carioca. João BETHENCOURT tem assinado comédias em que há uma preocupação com a universalidade, tom que não predominou no movimento carioca qualificado como "teatro do *besteirol**", do final do século XX, em que os autores (Vicente PEREIRA, Mauro RASI, Miguel FALABELLA) procuravam registrar com acidez *flashes* efêmeros do cotidiano de uma classe média jovem bastante voltada para suas pequenas mazelas e ocupações.

A comédia no Brasil é também uma história de atores, pois foi com certeza a arte do ator o elemento decisivo para a grande projeção do gênero. Uma longa cadeia de construção do reinado da comédia foi iniciada a partir do português Vítor Porfírio de BORJA, um dos primeiros atores que se transferiram para o Brasil. Em Lisboa, atuara no Salitre e no Bairro Alto, especializando-se em papéis femininos por volta de 1787, em virtude da proibição, então vigente em Portugal, de que as mulheres trabalhassem como atrizes. No Brasil, foi um dos mestres de João CAETANO e certamente inspirou Martins PENA. No século XIX, o grande cômico brasileiro foi o ator VASQUES, discípulo de João CAETANO, admirado por Artur AZEVEDO. No século XX, projetaram-se intérpretes como Leopoldo FRÓES, Alda GARRIDO, OSCARITO, MESQUITINHA, Procópio FERREIRA, Jaime COSTA, Bibi FERREIRA, Jorge DÓRIA, Marília PÊRA. (TB)

 Alta Comédia, Baixa Comédia, Comédia de Caráter, Comédia de Costumes, Comédia de Intriga, Farsa, Realista (Comédia), *Vaudeville*.

 Arêas, 1990; Aristóteles, 1966; Berthold, 2000; Brandão, 2001; Conesa, 1991; Faria, 2001; Magaldi, 1998; Prado, 1988; Sousa, 1960.

COMÉDIA DE CARÁTER

Quando a ênfase em uma *comédia** é a exposição em detalhes do caráter dos personagens ou a sua trama é construída a partir de um personagem central, cujo caráter é explorado em minúcias, costuma-se definir a peça como comédia de caráter. Por tradição, MOLIÈRE é considerado o criador desse tipo de comédia. No entanto, a atribuição não é correta, pois a comédia de caráter só teria surgido realmente no final do século XVII e no início do XVIII, projetando-se com LA BRUYÈRE e REGNARD. Nos textos de MOLIÈRE em que existe um personagem cômico titular – *O Misantropo, O Avarento* –, não há verdadeiramente um caráter, mas a manifestação exacerbada, descontrolada, de um mania, que não chega a ofuscar a intriga e seus desdobramentos. Na autêntica comédia de caráter, a intriga, a ação e, consequentemente, a progressão dramática são reduzidas ao máximo: tornam-se apenas situações cômicas, meros pretextos para a apresentação do caráter. No teatro brasileiro, a comédia de caráter não se projetou como especialidade cômica; dos textos do teatro universal aqui representados, destacou-se sobretudo *O Avarento*, montado por *atores** como Procópio FERREIRA e Jorge DÓRIA, avaliado como veículo para a expressão de potencialidades histriônicas. A especialidade não atraiu a atenção dos autores nacionais, que se inclinam antes para a *comédia de costumes** e a *farsa**. (TB)

Comédia.

Arêas, 1990; Berthold, 2000; Forestier, 1991; Magaldi, 1998; Pavis, 1999; Prado, 1987a, 2001, 2002; Sousa, 1960.

COMÉDIA DE CORDEL

 Cordel (Tearro de)..

COMÉDIA DE COSTUMES

Comédia centrada na pintura dos hábitos de uma determinada parcela da sociedade contemporânea do dramaturgo. O enfoque privilegia sempre um grupo, jamais um indivíduo, e é em geral de natureza crítica ou até mesmo satírica – o que não impede que, por vezes, certos autores consigam um notável efeito realista na reprodução dos tipos sociais, apesar da necessária estilização cômica. Sua origem remonta ao século XVII e, segundo os estudiosos do gênero, CORNEILLE e MOLIÈRE retrataram costumes em suas *comédias**, subordinando-os porém à sátira de um tipo social ou à intriga. Teria sido DANCOURT o verdadeiro iniciador da comédia de costumes no último decênio do século XVII, "por ter sabido criar uma pintura dos costumes independente da *comédia de intriga** e da *comédia de caráter**" (CANOVA, 1993: 71). Mas a tradição que se firmou, ao longo dos séculos seguintes, preferiu o modelo de CORNEILLE e MOLIÈRE. Ou seja, a comédia de costumes em estado puro não vingou: "As tradições teatrais impuseram a necessidade de uma intriga" (VOLTZ, 1964: 98).

No Brasil, a comédia de costumes apoiada na comicidade da intriga e dos tipos sociais retratados foi o gênero predileto de várias gerações de dramaturgos, a começar por Martins PENA, nosso primeiro comediógrafo, considerado por não poucos dos seus contemporâneos "o MOLIÈRE brasileiro". No ano de 1838, poucos meses depois da representação de *Antonio José ou O Poeta e a Inquisição*, *tragédia** de Gonçalves de MAGALHÃES que inaugurou o período *romântico** do nosso teatro, a *companhia** dramática de João CAETANO pôs em cena a primeira de uma série de pequenas comédias do autor: *O Juiz de Paz da Roça*. Despretensioso, Martins PENA queria apenas divertir o espectador com um enredo simples, construído, como dezenas de comédias, em torno de um jovem casal de namorados que enfrenta obstáculos para se unir no final. Mas, juntamente com esse enredo, a pecinha apresentava uma notável descrição do funcionamento precário da justiça num meio social específico, a roça. Apesar da estilização cômica e dos recursos farsescos, o realismo de algumas cenas, certos hábitos dos personagens e até mesmo das roupas que deviam usar, conforme as indicações das rubricas, era prova inconteste da capacidade de observação do comediógrafo, confirmada em seguida pelo conjunto de sua obra. Nascia, assim, a comédia de costumes no Brasil, sob a inspiração provável de autores como Gil VICENTE, MOLIÈRE e Antônio José. da SILVA

Habilidoso para criar enredos, situações e personagens engraçados, Martins PENA esmerou-se igualmente como fotógrafo do mundo à sua volta, criando um painel tão amplo e exato dos costumes da roça e da cidade do Rio de Janeiro que um dos principais críticos literários do século XIX, Sílvio ROMERO, num rasgo de entusiasmo, escreveu: "Se se perdessem todas as leis, escritos, memória da história brasileira dos primeiros cinquenta anos deste século XIX, que está a findar, e nos ficassem somente as comédias de PENA, era possível reconstruir por elas a fisionomia moral de toda essa época... Não há no autor fluminense a poesia de ARISTÓFANES nem as máximas de MENANDRO; existe, em compensação, o intenso realismo dos observadores modernos" (ROMERO, 1901: 87-88).

Forma pouco valorizada a princípio, seja por força dos preconceitos de escritores românticos e intelectuais do período em relação ao uso dos recursos do baixo cômico, seja pela posição secundária que ocupava nos espetáculos da época, a comédia de costumes à maneira de Martins PENA conquistou o gosto do público e de vários escritores ao longo de muitas décadas. Ainda no século XIX, serviu aos propósitos de Joaquim Manuel de MACEDO, FRANÇA JÚNIOR e Artur AZEVEDO, entre vários outros, que a consolidaram. Todos eles exploraram e aprofundaram os caminhos abertos por Martins PENA, introduzindo em peças mais longas as formas populares de comicidade e ao mesmo tempo trazendo para o palco algumas facetas da vida brasileira. Ainda no século XIX, em outra vertente teatral, alguns dramaturgos retrataram os costumes das famílias abastadas, de uma pequena burguesia em ascensão. José de ALENCAR, Quintino BOCAIUVA e Pinheiro GUIMARÃES, entre outros, aboliram os recursos cômicos farsescos e criaram enredos para retratar e moralizar os costumes domésticos do seu tempo.

Os ânimos nacionalistas na época da I Guerra Mundial levaram vários comediógrafos a retomar a tradição da comédia de costumes populares. A partir do sucesso de *Flores de Sombra*, de Cláudio de SOUZA, representada em São Paulo e no Rio de Janeiro em 1916, prepara-se o terreno para um período de grande florescimento do teatro brasileiro, que ao longo dos anos de 1920 reconquista o prestígio junto ao público. Para isso contribuem artistas como Leopoldo FRÓES, Procópio FERREIRA e Apolônia PINTO, além dos autores de comédias de costumes Gastão TOJEIRO, Armando GONZAGA, Viriato CORRÊA, Oduvaldo VIANNA e vários outros.

O sucesso que faziam artistas e dramaturgos, apoiados em temas e formas do teatro do século XIX, é tão grande que se torna empecilho para a modernização dos textos e da nossa vida cênica. Quando essa geração perde terreno junto ao público, na década de 1940, a comédia de costumes adapta-se aos novos tempos e ganha alguma sofisticação com Silveira SAMPAIO, Millôr FERNANDES e João BETHENCOURT. Se durante os anos da ditadura militar o gênero fica em recesso, por força da censura, nos anos de 1980 e 90 afirma-se novamente como uma tendência forte do teatro brasileiro, como se percebe na produção de autores tão diversos como Naum Alves de SOUZA, Juca de OLIVEIRA, Jandira MARTINI, Marcos CARUSO, Flávio de SOUZA e Domingos OLIVEIRA, entre muitos outros. (JRF)

 Comédia, Farsa.

 Arêas, 1990; Heliodora, 2000; Magalhães Jr., 1971, 1972; Prado, 1999.

COMÉDIA DE INTRIGA

É considerada oposta à *comédia de caráter**, pois o seu motor é a valorização da ação, com as personagens esboçadas ou esquematizadas enfrentando rápidas sucessões de acontecimentos. A psicologia fica em posição secundária, ofuscada pela ação, muito embora exista com frequência a opção pelo painel de costumes. Alcançou grande sucesso nos séculos XVII e XVIII. No teatro italiano, do qual se originou, a aclamação pelo público levou ao surgimento de um esboço geral de trama de grande longevidade, cujo ponto de partida era o desejo do jovem amoroso de conquistar a sua amada, contra os desígnios de personagens mais velhas. Como o amoroso é uma personalidade contemplativa, precisa da ajuda de um criado, que será o grande artífice do encontro do casal, através de extenso rol de truques e reviravoltas da ação, com disfarces, trocas, *imbróglios* e até mesmo a exposição do(s) velho(s) antagonista(s) ao ridículo. No século XVII, foi praticada por diversos autores, ainda que recusada por CORNEILLE. ROTROU, MONTFLEURY e MOLIÈRE, que foram mestres da modalidade, mas o grande clássico do gênero foi escrito pelo último, com *As Malandragens de Scapino*. No século XVIII, apesar do sucesso da *comédia** espanhola e da projeção das comédias de caráter e de costumes, ela se manteve em pauta graças aos italianos. BEAUMARCHAIS, com *O Barbeiro de Sevilha*, teria assinado o seu último grande sucesso.

No teatro brasileiro, a comédia de intriga nunca chegou a ser uma referência forte, dominante, em virtude do largo sucesso alcançado pela *farsa** e pela *comédia de costumes**. Ainda que alguns autores – Artur AZEVEDO, Silveira SAMPAIO, Vicente CATALANO, Gláucio GIL, João BETHENCOURT entre outros – tenham se preocupado vez por outra em avivar as linhas da ação para alcançar maior comicidade, é impossível falar em uma tradição local devotada a este tipo de comédia. (TB)

 Comédia, Farsa, *Vaudeville*.

 Arêas, 1990; Berthold, 2000; Forestier, 1991; Magaldi, 1998; Pavis, 1999; Sousa, 1960.

COMPADRE / COMADRE

Denominação genérica dada às figuras dos apresentadores das *revistas de ano**. Oriundos do modelo francês, que influenciou a revista de ano portuguesa, os compadres (*compère* e *comère*) foram obrigatórios nas *revistas** brasileiras até a eclosão da I Grande Guerra, quando, separados do resto do mundo, desenvolvemos um modelo tipicamente nosso que sepultou o *compère* e também a *comère*.

Mais que uma personagem, o *compère* era uma convenção revisteira: era aquele que deveria fazer a ligação "comentada" entre os quadros. Essa função poderia ser exercida por uma personagem com nome e personalidade próprios. A imagem de compadre mais comum estava entre o *clown** e o *cabaretier,* um cômico trapalhão que, geralmente, se apresentava vestido a rigor.

O compadre atravessava toda a revista reunindo, em si, vários atributos: comentarista, dançarino, cantor, bufão, contador de piadas. Como função dramática, a ele cabia "costurar" os quadros e dar unidade à revista. Como personagem, tinha o objetivo de procurar ou encontrar algo e misturava-se no enredo, complicando as situações. Como *ator**, deveria exibir as virtudes dos grandes cômicos populares, estabelecendo um pacto com a plateia. Por isso, esse *papel** era geralmente reservado ao primeiro cômico da *companhia**, que o deveria desempenhar com brilho e desenvoltura, já que, muitas vezes, o improviso se fazia necessário.

O compadre, como um camaleão, poderia se travestir de outras personagens, não como um substituto de outro ator, mas como um elemento a mais de comicidade e interferência na trama.

Era muito comum compadres atuarem em dupla (como um *clown branco** e um *clown augusto**): o primeiro mais bobo e o segundo mais vivo e esperto. Quando a dupla formava um casal, a comadre (*comère*) era sempre mais culta e requintada. Ela sabia falar francês e, ao traduzir e explicar os termos ao seu parceiro popular e ingênuo, informava também a plateia. Antológica é a dupla "Tribofe e Frivolina" (a musa das revistas de ano) em *O Tribofe*, de Artur AZEVEDO.

O compadre costumava ser uma importante personagem do fio condutor, isto é, entrava na "trama revisteira" ao mesmo tempo em que desempenhava a função de aglutinador e apresentador. Em *A Fantasia*, de Artur AZEVEDO, Dom Jaime e Ajudia saem do Parnaso, caem no Rio de Janeiro e se transformam nos compadres da revista. Momo e Carnaval foram chamados para ser os compadres da revista *Comeu!,* de Artur AZEVEDO, e seguiram sendo compadres da maior parte das revistas carnavalescas no Brasil. O herói grego Ulisses aliou-se a um marceneiro aposentado, o Lucas, para compor a dupla de compadres de *Tintim por Tintim,* de Sousa BASTOS, a revista que passava em revista a cidade de Lisboa. Na revista *Bendengó* (1889), Raul PEDERNEIRAS e Figueiredo COIMBRA mostram, poeticamente, como a mecânica revisteira dependia desta figura chamada compadre:

"Não há revista que quadre
Sem esse grande elemento;
A revista sem compadre
É como um balão sem vento!
Uma luva sem botão,
Um livro sem folhas ter!
É como um braço sem mão,
Como um cego que quer ver.
Consinta pois, que ora insista,
É coisa grave e sabida;
Não ter compadre a revista
É como um corpo sem vida!
Assim, pois, para que quadre
E dos princípios à vista.
'Des que se arranje compadre
'Stá quase pronta a revista!" (VENEZIANO, 1991: 116) (NV)

 Revista (Teatro de), Revista de Ano.

 Rebello, 1984; Ruiz, 1988.

COMPANHIA TEATRAL

Associação de pessoas, grupo organizado reunido em torno do objetivo de fazer teatro, cujas origens remontam ao início dos tempos modernos. As companhias surgiram na Europa Ocidental inspiradas nas guildas, corporações e associações profissionais medievais. Mas, ainda que se possa recuar a localização de suas primeiras manifestações para os tempos finais do Medievo, essa opção parece desprovida de sentido se um critério auxiliar, para definir a companhia teatral, for o reconhecimento de seu profissionalismo e, consequentemente, de sua independência, sua capacidade para atingir o seu objetivo principal por seus próprios meios. Os primeiros empreendimentos teatrais coletivos organizados no Medievo eram dependentes de instituições sociais, como a Igreja, escolas ou outras associações, como aquelas que reuniam estudantes, advogados ou artesãos, ou foram concebidos por nobres ou autoridades que se responsabilizavam em algum grau pela manutenção do conjunto. Em todos esses casos, não é possível reconhecer ainda a existência de uma vida profissional autônoma dedicada ao teatro, muito embora, feita a ressalva, se possa usar a denominação de "companhia" para descrever tais equipes. Em geral, as companhias continuaram em ação, ou mesmo surgiram no início dos tempos modernos, e foram a tônica do século XVI, século que foi marcado também pela construção dos primeiros *edifícios teatrais** públicos. Antes do século XVI, as condições de vida dos *atores** europeus não estavam distantes daquelas vigentes nos estados de servidão e vagabundagem; podiam ser raptados, torturados e presos sem processo e até assassinados por seus superiores, não tinham liberdade de movimentação e precisavam se submeter a várias restrições impostas pela Igreja e pelos governantes (SMITH, 1930).

Ainda que não exista clareza documental absoluta sobre o aparecimento das primeiras companhias profissionais dignas plenamente desse nome, tudo indica que a sua pátria foi o território italiano e o seu palco a nascente *Commedia dell'arte*. Muito embora os atores ambulantes, trovadores, menestréis e bufões existissem desde o Medievo, a possibilidade de sua profissionalização e a consequente organização em conjuntos mais ou menos estáveis foi um dos traços definidores do teatro do início da Idade Moderna; a sobrevivência desses primeiros conjuntos dependia fortemente de sua eficiência como grupos itinerantes e o seu deslocamento constante difundia as novas formas de organização por outros territórios, gerando um quadro dinâmico de intercâmbio cultural.

Talvez se possa atribuir a Ângelo BEOLCO de Pádua, o RUZANTE, a primazia na organização de uma companhia teatral. No *carnaval** de 1520, ele se apresentou em Veneza pela primeira vez, à frente de um pequeno grupo de atores; graças ao conhecimento de um rico patrício, conseguiu entrar em contato com círculos eruditos e, em 1529, foi convidado pelo duque Ercole D'ESTE para se apresentar em Ferrara. RUZANTE, cujo teatro apresentava características híbridas, misturando o erudito e o popular, escreveu textos explorando tipos e caracterizando-os através de diferentes dialetos; dessa forma, abriu caminho à constituição da *Commedia dell'arte*, com suas personagens-tipo, sem dúvida um estímulo favorável à organização de conjuntos estáveis de atores especializados em *papéis** fixos.

As viagens constantes e o estabelecimento dos atores italianos em Paris durante o século XVII favoreceram a difusão do teatro profissional que propunham por toda a Europa – França, Inglaterra, Espanha, Portugal, Alemanha e Rússia sofreram a sua influência.

A companhia teatral será a forma de organização produtiva básica da classe teatral do século XVIII ao XX, momento histórico em que surgiram outras modalidades de articulação, como os *grupos** e as carreiras individuais independentes. Em geral, elas foram lideradas por primeiros atores e apresentaram, por um longo tempo, estruturas rígidas de distribuição dos seus integrantes, a partir da especialização de cada um – a observância do *emploi**, forma de classificação dos atores norteada pela preocupação de estabelecer leis para o campo da arte, cujo profundo sentido político pode ser exemplificado no gesto de NAPOLEÃO I, que publicou no Decreto de Moscou uma lista de *emplois* (Cf. PAVIS, 1999). No século XX, com o aparecimento e a consagração dos *diretores**, estes passaram a ser os líderes de muitos conjuntos, enquanto a dinâmica interna deixava de ser estratificada segundo as especializações para dar margem às noções modernas de elenco, comediantes, trabalho de equipe e *criação coletiva**.

O teatro brasileiro recebeu a noção de *companhia* através de Portugal que, por sua vez, foi influenciado pelo teatro francês e pelas cenas espanhola e italiana. A primeira companhia profissional que o país conheceu foi a empresa portuguesa de Antonio José de PAULA, ator de projeção na metrópole; em virtude da proibição pela rainha Dona MARIA I do exercício da profissão de atriz pelas mulheres, o elenco era masculino, com os papéis femininos feitos por travesti. O ator retornou a Portugal em 1794 com algum dinheiro, fato que atesta a existência de interesse por teatro na colônia (Cf. SOUSA, 1960). Apesar da atmosfera favorável, não existem indícios de que os elencos nacionais estruturados no século XVIII – e mesmo nos primórdios do século seguinte – tenham conquistado a oportunidade de existência profissional estável.

Assim, o início do século XIX foi marcado pelo predomínio de conjuntos portugueses. Logo após a inauguração do Real Teatro de São João, em 1813, a casa foi ocupada por uma companhia portuguesa de teatro liderada por Mariana TORRES; do elenco faziam parte Antonio José PEDRO, considerado excelente trágico, qualificação que também se estendia à líder do conjunto, e Vítor Porfírio de BORJA, cômico que viria a ser *ensaiador** e professor de João CAETANO. Atribui-se tradicionalmente ao ator João CAETANO a criação da primeira companhia dramática brasileira, fundada em Niterói a 2 de dezembro de 1833 com atores brasileiros; observe-se, contudo, que todo o padrão de produção, as referências artísticas e a relação com a plateia eram de inspiração portuguesa, atmosfera que irá perdurar até o século XX. João CAETANO organizou diversas companhias ao longo de sua vida, sempre em colaboração com sua esposa, Estela SEZEFREDA, atriz consagrada; enfrentou a rivalidade de Germano Francisco de OLIVEIRA, também *capo* de companhia. Outros atores de projeção foram Florindo Joaquim da SILVA, também líder de empresa dramática, e Maria VELLUTI.

As mudanças do gosto estético e das inclinações dramatúrgicas ao longo do século XIX criaram novas oportunidades de trabalho e alguma renovação, ainda que superficial, da cena, mas não afetaram a estruturação das companhias, mesmo que tenha despontado em pequena escala uma figura nova, a do empresário administrador. A observação sintetiza o significado da companhia organizada em 1855 pelo empresário Joaquim HELEODORO, no Teatro Ginásio Dramático, contando com atores tais como Maria VELLUTI, Adelaide AMARAL, Antônio de Sousa MARTINS, Luís Carlos AMOEDO, entre outros, empresa que seria a proponente do novo *teatro realista**. Outras companhias se projetaram sob a liderança de Furtado COELHO, Francisco Corrêa VASQUES, Jacinto HELLER, Ismênia dos SANTOS, Dias BRAGA.

O final do século XIX e o início do XX foram marcados pelo florescimento do teatro ligeiro, situação que ocasionou o aparecimento de companhias dotadas ainda da mesma estrutura dezenovista, porém com número extenso de componentes, arregimentados por contratos de curta duração, para atuar nas *operetas**, *revistas**, *comédias** e *burletas**, sob a batuta, por vezes, de empresários "de fora", quer dizer, capitalistas sem relação direta com o trabalho teatral específico. Projetaram-se, então, as companhias da atriz Cinira POLÔNIO, a Empresa Pascoal SEGRETO, a de Leopoldo FRÓES, a de Eduardo VICTORINO, a de Cristiano de SOUZA, o Teatro Pequeno, a de Alexandre AZEVEDO, a Companhia Dramática São Paulo (depois Companhia Dramática Nacional, mais tarde Companhia Dramática Itália Fausta), a de Abigail MAIA, a de Procópio FERREIRA, a de Eva TODOR e seus artistas, a de Dulcina de MORAES.

A renovação teatral que foi iniciada a partir de 1938, com a estreia de *Romeu e Julieta*, direção de Itália FAUSTA, à frente do Teatro do Estudante do Brasil, e de *Vestido de Noiva*, de Nelson RODRIGUES, direção de ZIEMBINSKI, em 1943, com o grupo Os Comediantes, não acarretou a extinção das companhias teatrais convencionais – elas sobreviveram ainda por um longo tempo. Os jovens começaram a difundir uma ideia diferente de organização dos elencos, até então norteada pela noção de conjunto e de atores-comediantes, propondo a ruptura com o velho conceito de *emploi* e a hierarquia das especializações. Aos poucos a prática se estendeu do amadorismo para o teatro profissional; em 1948 foi organizado, no Rio de Janeiro, o embrião daquela que viria a ser a Companhia Maria Della COSTA (Teatro Popular de Arte), a primeira companhia profissional moderna estável a se organizar no país que conseguiu continuidade de trabalho. Na mesma data, foi inaugurado o edifício do Teatro Brasileiro de Comédia – TBC, em São Paulo, que passou a contar, no ano seguinte, com uma companhia artística estável, mantida pelo mecenato de industriais paulistas. Nos anos de 1950, as companhias de atores calcadas nesses dois exemplos proliferaram: Madalena NICOL-Ruggero JACOBBI, TÔNIA-CELI-AUTRAN, Nydia LICIA-Sérgio CARDOSO, Cacilda BECKER, Teatro dos Sete, são alguns dos melhores exemplos da estrutura em que uma equipe de atores amalgamada procurava exercer o seu ofício sob a liderança de um diretor-artista.

Ao longo do século XX, atendendo a um clamor que vinha soando alto desde o século anterior e que, ao menos em parte, se inspirava na Comédie Française, o poder público tratou de organizar companhias oficiais de teatro no Rio de Janeiro, sob a liderança de um *ensaiador** ou de um *diretor**, sem alcançar sucessos consideráveis e sem obter a chance da continuidade de trabalho, pois a existência de cada uma foi bem curta. Figuram na lista a Comédia Brasileira (1940/1945), a Companhia Dramática Nacional (1953/1954), o Teatro Nacional de Comédia (1956/1967). A forma de organização em companhia começou a desaparecer nos anos de 1960 gradualmente, com a projeção das produções independentes e do regime de cooperativa, ao mesmo tempo em que os setores mais jovens passaram a preferir a articulação em *grupos teatrais**, estrutura mais coletiva, menos hierarquizada. No final do século XX, a nomenclatura voltou a surgir – Companhia dos Atores, Atores de Laura – mas escoltando uma outra forma de associação, o regime de percentagens. (TB)

 Encenador, Grupos Teatrais, Moderno (Teatro), Repertório (Teatro de).

Bastos, 1908; Berthold, 2000; Brandão, 2001, 2002; Michalski e Trotta, 1992; Prado, 1988; Scala, 2003; Silva, 1936; Sousa, 1960.

CONFIDENTE

O personagem confidente é uma convenção do velho teatro. Nas *tragédias**, tem a função de ouvir as confissões dos protagonistas, que assim abrem o coração para que a plateia conheça os seus sentimentos. Fazendo breves interrupções ou perguntas para disfarçar o que seria na verdade um *monólogo** dirigido aos espectadores, o confidente quase não age. Teoricamente, sua importância para a trama é nenhuma. Há casos, porém, em que o confidente ganha alguma relevância, como ocorre, por exemplo, com a personagem Oenone, que interage com Fedra, na tragédia homônima de RACINE. Tal recurso praticamente desapareceu da cena teatral com a estética realista, avessa às convenções teatrais, embora possa aparecer aqui e ali, de modo muito discreto, em diálogos travados entre uma personagem principal e uma coadjuvante. No teatro brasileiro, podem ser consideradas confidentes as personagens Lúcia – criada de Mariana, na tragédia *Antonio José ou o Poeta e a Inquisição* (1838), de Gonçalves de MAGALHÃES – e Paula – camareira de Leonor no drama *Leonor de Mendonça* (1846), de Gonçalves DIAS. (JRF)

CONGADAS, CONGADOS, CONGOS

Congadas, congados e congos são designações alternativas para o folguedo popular de motivação africana cuja representação dramática se realiza nas ruas e praças públicas das cidades interioranas do Norte, Centro e Sul do Brasil, particularmente junto às igrejas. Os *autos**, especificamente como aparecem no Brasil, nunca existiram em território africano. É elaboração dos escravos já no país, com material negro.

A época de realização é diversificada, não sendo possível vincular-se o folguedo a transcursos cíclicos. Os congadeiros reverenciam os santos de sua predileção, especialmente Nossa Senhora do Rosário e São Benedito, mas também o Divino Espírito Santo, Santa Ifigênia, São Sebastião e outros.

Congadas, congados, congos variam segundo as partes e os enredos que desenvolvem, mas sempre apresentam bailados de espadas ou bastões, entremeados por diálogos entre personagens solistas, ou entre estes e o *coro**. Podem identificar-se como: 1) desfiles pelas ruas em direção a cenários religiosos, ou cortejos, cujos participantes entoam versos, desempenhando passos coreográficos rápidos e simples (único tipo que não apresenta parte dramática); 2) lutas entre mouros e cristãos; 3) dramatização com os personagens Rei do Congo e Rainha Ginga (Rainha Njinga Nnandi, Rainha de Angola, falecida a 17 de dezembro de 1663, defensora da autonomia do seu reinado contra os portugueses); 4) encenação de "embaixadas", que é a parte dramática propriamente dita, com encontros guerreiros; 5) desenvolvimento de "embaixadas diplomáticas" entre realezas distantes (pacíficas). O número de personagens varia de acordo com as possibilidades humanas dos grupos que representam, dentro da movimentação permitida pelo texto do folguedo. Os personagens são o Rei, a Rainha, Príncipes, Secretários e Embaixadores, seguidos por cargos da hierarquia militar. A indumentária se aproxima dos figurinos da nobreza oficial antiga, destacando-se as vestimentas de personagens como o Rei e a Rainha, por serem mais enfeitados. O rei carrega o cetro, em alguns casos substituído por um guarda-chuva. Todos os dançadores carregam espadas ou, em seu lugar, bastões. Não há, entretanto, uma uniformidade na caracterização dos diversos grupos que permita uma generalização. Há sempre um conjunto instrumental para fazer o acompanhamento musical. Os instrumentos de percussão (pandeiros, atabaques, caixas, zabumbas) são mais comuns, mas aparecem também os de corda (viola e violões) e ainda agogôs, marimbas, triângulos, chocalhos e reco-recos. Os primeiros registros sobre congadas, congados, congos apresentam como participantes indivíduos negros, escravos ou já libertos. Com o passar do tempo, aos poucos, mulatos e brancos passaram a integrar os diferentes grupos. Atualmente, há coletividades de dançadores constituídas predominantemente por caboclos. Para os intérpretes, que pertencem, em geral, a categorias profissionais assalariadas de baixa remuneração (operários, lavradores), o folguedo constitui um meio de ascensão dentro da própria classe, funcionando como instrumento de projeção de seus integrantes, tanto no âmbito da própria coletividade, como também diante de outras comunidades. A distribuição dos *papéis** da representação dramática espelha a posição dos seus intérpretes na classe a que pertencem. (MM)

 Dança Dramática.

 Barroso, 1996; Cascudo, 1988; Rabaçal, 1976.

CONSERVATÓRIO DRAMÁTICO

Instituição criada para incentivar a arte teatral e estimular os autores nacionais, o Conservatório Dramático Brasileiro nunca foi além da prática da *censura** teatral, prejudicando muitas vezes os próprios artistas e intelectuais que ajudaram a criá-lo. Foi instituído em 1843 e existiu, numa primeira fase, até 1864. Em 1871 foi recriado e permaneceu ativo até 1897. Vários intelectuais, artistas e escritores importantes integraram os quadros do Conservatório Dramático. Entre eles: Martins PENA, Araújo PORTO-ALEGRE, Gonçalves de MAGALHÃES, José Rufino Rodrigues de VASCONCELOS, Machado de ASSIS, Joaquim Manuel de MACEDO, João CAETANO e Castro ALVES.

Em 1839, ocorreu a primeira iniciativa do governo regencial de estabelecer uma comissão de censura. Quatro anos depois, em 30 de abril de 1843, instalava-se o Conservatório Dramático. Nos seus artigos orgânicos, aprovados um mês antes, a nova instituição pretendia "promover os estudos dramáticos e melhoramento da cena brasileira por modo que esta se torne a escola dos bons costumes e da língua" (SOUSA, 1960, I: 330). Seu principal objetivo seria "animar e excitar o talento nacional para os assuntos dramáticos e para as artes acessórias – corrigir os vícios da cena brasileira, quanto caiba na sua alçada – interpor o seu juízo sobre as obras, quer de invenção nacional, quer estrangeiras, que ou já tenham subido à cena, ou que se pretendam oferecer às provas públicas, e finalmente dirigir os trabalhos cênicos e dramáticos aos grandes preceitos da Arte, por meio de uma análise discreta, em que se apontem e combatam os defeitos, e se indiquem os métodos de os emendar" (SOUSA, 1960, I: 330-331).

Essas pretensões, aparentemente edificantes, nunca puderam realizar-se, já que ao Conservatório coube apenas a tarefa inglória da censura e, mesmo assim, muitas vezes desautorizada pelas autoridades policiais, que continuaram podendo vetar uma peça eventualmente liberada. O Conservatório era dirigido por um Conselho de 18 membros e exercia a censura dos textos teatrais e literários através de comissões formadas por três membros, escolhidos entre os próprios conselheiros ou entre cidadãos ilustres. A princípio, o presidente encaminhava o texto a dois pareceristas, podendo recorrer a um terceiro antes de ele próprio emitir um parecer final. Por desmandos de seu primeiro presidente, Diogo Soares da Silva de BIVAR, era comum que peças já liberadas pelos dois primeiros pareceristas fossem censuradas pela vontade arbitrária de BIVAR.

Que a arbitrariedade era a regra e não a exceção, isso pode ser ilustrado com vários exemplos envolvendo o dramaturgo Martins PENA. Ele foi um dos signatários do primeiro estatuto do Conservatório e seu segundo secretário na primeira diretoria. Como conselheiro, viu pareceres seus, favoráveis à liberação de peças, serem desrespeitados e, também, uma peça sua, como *Dona Leonor Teles de Menezes*, ser liberada por dois pareceristas antes do veto do "júri dramático", última instância decisória prevista no artigo sétimo do estatuto. Afastando-se do Conservatório em 1846, Martins PENA vai realizar a crítica desses procedimentos arbitrários nas crônicas semanais que escreveu no *Jornal do Comércio*, entre setembro de 1846 e outubro de 1847. No dia 17 de janeiro de 1847, ele ironiza os procedimentos da instituição que ajudara a criar, escrevendo: "[…] Nesta capital, enfim, que se chama Rio de Janeiro, havia uma associação mais ou menos literária, composta de… todo o mundo e de mais alguns literatos de polpa com o fim de fecundar o solo dramático brasileiro e fazer crescer e medrar a arte teatral no império. A essa sociedade o governo protetor das letras, querendo dar um sinal de sua atenção e fazer-lhe a honra, cometeu a atribuição policial da censura das composições dramáticas, para vedar a representação de peças imorais, de declamações que solapassem as bases da sociedade civil, religiosa ou política […]. Era de crer que a sociedade nomeasse uma comissão de seu seio, composta dos seus membros mais hábeis para exercerem essa censura sobre todas as peças, com igual critério, igual espírito de acertar… Em vez disso, eis aí como se procedeu: o presidente da associação reservou-se o direito de regular esse trabalho, e na lista enorme de sócios escolhe, não sabemos se por capricho ou por escala, dois a quem remete a composição dramática para ser revista. Um após outro a examina, cada um dá sua *tenção* escrita, na forma dos antigos tribunais de justiça, sem combinar com a opinião do colega, sem saber qual essa opinião nem qual esse colega. Afinal, o presidente toma as duas tenções: se estão conformes, lavra a decisão que delas se conclui: senão examina ele a composição dramática e adota um dos dois pareceres, o que mais lhe apraz. Desse modo extravagante de exercer-se a censura dramática seguem-se irregularidades esquisitíssimas." (PENA, 1965: 110).

O fato de Martins PENA criticar apenas os procedimentos, mas não a censura em si mesma, dá a medida da tolerância que os escritores brasileiros do século XIX tiveram em relação ao Conservatório Dramático. O poeta Gonçalves DIAS, no prefácio de seu drama *Leonor de Mendonça*, em 1846, vai expressar essa relação ambígua frente à instituição, procurando favorecer a necessidade da crítica literária em detrimento da censura policial: "A culpa quem a tem não é o Conservatório Dramático, folgo de o poder dizer com a verdade; o Conservatório tem homens de conhecimento, de consciência e de engenho, homens que são a flor da nossa literatura e os mestres do nosso teatro [...] Mas digo que esses literatos dramaturgos não podem ser úteis ali, porque executam fielmente a lei que é um regulamento policial ao invés de ser uma medida puramente literária" (FARIA, 2001: 353).

Um último exemplo dessa ambiguidade do Conservatório – entre a atividade de crítica edificante à literatura dramática e o mero controle da moral e dos bons costumes – e de como ela se refletia na expectativa dos intelectuais e escritores que ali militavam, é o artigo de Machado de ASSIS, "O Conservatório Dramático", publicado em 1860, pondo reparos nos procedimentos da instituição. Machado começa distinguindo aquilo que chama de funções moral e intelectual do Conservatório. A primeira atende o resguardo da sociedade de eventuais indecências que sejam propostas pelos dramaturgos. A segunda, pela qual ele zela com mais denodo, é a de julgar o mérito literário em si mesmo. Machado vê nas atividades do Conservatório um desvio dessa segunda responsabilidade e, no final do artigo, indica a solução: "Basta uma reforma pronta, inteiriça, radical e o Conservatório Dramático entrará na esfera dos deveres e direitos que fazem completar o pensamento de sua criação" (FARIA, 2001: 502).

Infelizmente, a receita de Machado nunca foi aplicada e o Conservatório nunca atuou no sentido da crítica literária, permanecendo sempre, apenas, como um órgão de censura acessório, subordinado em última instância à censura policial. (LFR)

 Censura.

 Khéde, 1981.

CONTRACULTURA (TEATRO E)

Disseminado principalmente a partir da década de 1960, o chamado movimento de contracultura teve no teatro um importante difusor do sentimento de revolta contra as instituições que o inspiravam. Herdeiro da rebeldia das vanguardas do início do século, plantado no terreno irrigado pela cultura *beat* e insuflado pelos ares dos *happenings** e outras modalidades de livre expressão artística como a *action painting*, embalado ao som do *jazz* e do *rock*, o teatro que se expande pelas ruas e em locais alternativos não apenas veicula valores que se opõem à tradição burguesa como rompe, também, com o modo dominante de produção teatral, inventando procedimentos coletivos de criação e definindo novas relações com o público.

Um dos principais grupos que atuaram nos Estados Unidos e constituíram emblemas da contracultura foi o Living Theatre, liderado por Julian BECK e Judith MALINA. Buscando conciliar influências em aparente dissonância, como BRECHT e ARTAUD, preservando um espírito anárquico que aderia a todos os temas censurados pelo *establishment* americano como as drogas, o sexo livre, a igualdade racial e de classe, a luta pelos direitos civis em todas as instâncias e o antibelicismo, a trajetória do Living, revelando a melhor síntese da contracultura, aponta para a fusão entre comportamento e revolução, entre arte e vida.

Outros focos importantes para a difusão da contracultura, em especial o teatro, foram os cafés, como o Café Cino e o Café La Mamma (depois ampliado com o La Mamma Repertory Theatre e o La Mamma Experimental Theatre Club) e todo o circuito *off-off-Broadway*. Das produções isoladas que marcaram época e ganharam selo representativo da contracultura, destaca-se o musical de *rock Hair*. Originalmente produzido na *off-Broadway*, logo foi assimilado pelo circuito Broadway, e sua mensagem política original, um libelo contra a guerra do Vietnam, cedeu lugar ao escândalo provocado pela nudez dos *atores**, situação fartamente explorada pelos produtores da peça.

No Brasil, foram manifestações vinculadas à contracultura o *tropicalismo**, a imprensa *underground*, constituída por importantes órgãos como *O Pasquim* e *Bondinho*, o cinema marginal, ou *Marginália*, de Neville D'ALMEIDA, Rogério SGANZERLA, Ozualdo CANDEIAS e Júlio BRESSANE, entre outros. O grande divulgador da contracultura entre nós foi o jornalista e autor de teatro Luiz Carlos MACIEL.

No teatro, o grupo Oficina inicia essa tendência, especialmente em sua fase de ruptura, quando José Celso Martinez CORRÊA dá novo rumo à história do coletivo, mergulhando na experiência anárquica de *Gracias, Señor*. Um pouco antes, em 1970, o Oficina recebeu o Living Theatre e os dois grupos tentaram, contando ainda com a colaboração de integrantes do Grupo Lobo, argentino, uma confusa e malsucedida experiência de trabalho em conjunto. Merece ainda destaque o dramaturgo José VICENTE, cuja peça *Hoje é Dia de Rock*, encenada pelo Teatro Ipanema, sob direção de Rubens CORRÊA, repercutiu fundo na sensibilidade da juventude carioca da época, enlevada por sua linguagem poética e encenação envolvente. (SG)

 Alternativo (Teatro), Crueldade (Teatro da), Tropicalista (Teatro).

 Arap, 1998; Biner, 1968; Maciel, 1973, 1978, 1981; Silva, A. S., 1981.

COPLAS

As coplas (em francês, *couplets*) são composições em versos destinadas a serem musicadas e cantadas. As coplas, no *teatro musicado**, são parte integrante do texto dramático. Portanto, a autoria das coplas é do dramaturgo. Na *revista**, as coplas vêm sempre carregadas de grande dose de humor.

Foram a *ópera** romântica e a *opereta** que ofereceram à revista um modelo que se tornou convenção: as coplas de apresentação. No Romantismo, após o recitativo, as árias cantadas transformavam-se, a cada entrada de um novo personagem, em árias de apresentação. O objetivo era fazer com que cada personagem, ao adentrar na cena, se apresentasse cantando, dizendo nome, profissão e, até, a que veio.

A ária de apresentação passou à opereta e à revista, tornando habitual a apresentação dos tipos, personagens. Para as *alegorias**, principalmente, esse procedimento era constante, já que não poderia haver desvio de significação. Quase todas as alegorias entravam em cena com seu *couplet*, o qual não dispensava o verbo ser: "Sou a moda"; "Sou o câmbio"; "Sou a república"; "Sou a rua do Ouvidor". Tudo poderia ser personificado, desde que corretamente apresentado. Ao público, no *teatro popular**, cabiam todas as explicações. Por exemplo:

"Eu sou a Revista de Ano*
Brasileira;
Quem diz que as artes profano,
Diz asneira.
Aqui, como em toda a parte,
Sou benquista,
Porque há sempre um pouco de arte
Na revista" (AZEVEDO, 1987b: 562).

Eram muito comuns, também, os *couplets* amorosos e as coplas para os *solilóquios**. Por isso, no final de *O Tribofe*, de Artur AZEVEDO, há uma *cena cômica** da qual o público ria porque sabia as regras do jogo. O personagem Gouveia, apaixonado, perguntava à Quinota: "– E o *couplet* final?" E Quinota, de forma metalinguística e faceira, respondia: "– As *revistas de ano** nunca terminam com um *couplet*, mas com uma *apoteose**!..." (NV)

 Veneziano, 1991.

CORDEL (TEATRO DE)

Na acepção original portuguesa, a expressão designa os textos teatrais impressos ou manuscritos em cadernos de aproximadamente 20 x 15cm, *in-quarto*, com 16 páginas (ou 32, raramente mais), que eram postos à venda pendurados em um barbante – o cordel – pregado nas paredes ou nas portas, pelas ruas de Lisboa. Os cegos, que tinham autorização para vendê-los, expunham não apenas teatro, mas também poemas, narrativas, vida de santos, folhetins, anedotas. Esse tipo de literatura aparece também em outros países da Europa, como Espanha e França.

O teatro de cordel surge no Seiscentos, atravessa os séculos XVII, XVIII e chega ao XIX. Os textos são curtos, cômicos, sempre úteis e moralizantes, compostos em geral de dois quadros, sem ligação entre si: o primeiro apresenta os personagens, traça um conflito rudimentar (ou nem isso) e prepara o segundo quadro; este, que em geral se passa em lugares públicos, realiza o desejo dos personagens. A linha de ação é interrompida pela inserção de árias e números musicais que não necessariamente têm a ver com o enredo. Anedotas e trocadilhos da época também são inseridos no texto. É um teatro de atualidade, cujos diálogos tratam do cotidiano, apresentando tipos de convenção (velho, *galã**, damas, graciosos). As peças têm um desfecho convencional e um tanto abrupto, e desembocam sempre em confusão. Embora houvesse o texto escrito (que era muitíssimo lido), as encenações baseavam-se nos valores do *teatro popular** de improvisação. Os espetáculos, que se podiam apresentar na rua ou em casas particulares ou ainda nos teatros, nos intervalos das "peças sérias", caracterizavam-se como divertimento espalhafatoso, representado a traço grosso.

Esse tipo de peças, certamente trazido pelas *companhias** portuguesas no século XIX, tornou-se então muito comum no Brasil, e era usado para finalizar os espetáculos teatrais (depois da apresentação de um drama ou de uma *tragédia**), que eram entremeados ainda de árias e números de dança sérios ou jocosos.

Na acepção descrita acima, não há registro de teatro de cordel escrito no Brasil. Os folhetos compostos no Nordeste do país, que constituem a literatura de cordel brasileira, não apresentam textos escritos especificamente para teatro.

No Brasil, no final do século XX, a expressão ganha, porém, uma nova acepção. Teatro de cordel designa a atividade de encenar *adaptações** das histórias em verso consagradas nas brochurinhas populares nordestinas. Alguns cordelistas atribuem ao folclorista baiano João AUGUSTO a "criação" desse teatro de cordel no Brasil. João AUGUSTO adaptou folhetos de Minelvino Francisco SILVA, Rodolfo Coelho CAVALCANTE, José da Costa LEITE, entre outros autores, e dirigiu os espetáculos sempre calcados no humor popular. São também chamados de teatro de cordel os espetáculos apresentados por contadores de histórias, com a função didática de divulgar os folhetos, mesmo sem a adaptação propriamente dita para a cena. (MM)

 Arêas, 1987; Bastos, 1908; Cascudo, 1988; Cavalcante, 1973; Costa, 1973.

 www.teatrodecordel.com.br;
www.teatroemcordel.com.br

CORINGA (SISTEMA)

Técnica concebida pelo dramaturgo, teórico e *diretor teatral** Augusto BOAL, análoga ao efeito de *distanciamento** (ou estranhamento) da teoria brechtiana. De forma ainda experimental, essa técnica é exercitada pela primeira vez na concepção de *Arena Conta Zumbi* (1965) e sistematizada durante o processo de criação do espetáculo *Arena Conta Tiradentes,* encenado pelo Teatro de Arena de São Paulo em 1967. A formulação teórica, assinada pelo diretor Augusto BOAL, é publicada no mesmo ano como prefácio à edição da peça, advogando a conversão da técnica em método: "*Coringa* é o sistema que se pretende propor como forma permanente de se fazer teatro – dramaturgia e encenação. Reúne em si todas as pesquisas anteriores feitas pelo Arena e, neste sentido, é súmula do já acontecido. E, ao reuni-las, também as coordena e, neste sentido, é o principal saldo de todas as suas etapas" (BOAL e GUARNIERI, 1967: 28). Em linhas gerais, consistiria na desvinculação *ator**/personagem, ou seja, diferentes atores revezam-se nos *papéis**, utilizando a *máscara** (características psicológicas ou sociais) das personagens para que o espectador pudesse reconhecê-las. Desta forma, os atores colocavam-se na mesma perspectiva de *narradores**, interpretando, portanto, "a totalidade da peça", já que atuariam e se veriam atuar. Deveria existir um ecletismo de gêneros, oscilando entre a *chanchada** e o *melodrama** e um ecletismo de estilos (realista, expressionista ou qualquer outro que se tornasse necessário). Um pequeno conjunto apoiaria musicalmente o espetáculo, cantando mesmo, se necessário. Para evitar que o espetáculo se torne excessivamente abstrato, há a função "protagônica": o mesmo ator representa o protagonista, dentro de uma linha stanislavskiana ortodoxa, visando obter empatia com a plateia e estabelecendo nexo entre o emocional e o racional. Sábato MAGALDI observa que, ao preservar a possibilidade empática, o sistema arquitetado por BOAL difere da teoria brechtiana (MAGALDI, 1984: 78). O Coringa (como os coringas dos jogos de cartas) é polivalente, um comentarista explícito interpretando qualquer *papel** e assumindo qualquer função necessária ao desenvolvimento do espetáculo.

Anatol ROSENFELD, o grande teórico e crítico do teatro brasileiro, contesta duplamente BOAL. Primeiro, quando este afirma que a empatia é uma apreciação e não um valor em si, já que este estaria na própria obra. Para ROSENFELD, a apreciação denuncia, claramente, a existência de valores estéticos, caso contrário não existiria a aprovação do fruidor/público. Conclui que a empatia pode ser vista, em sentido figurado, como um valor estético. A segunda contestação refere-se à separação entre a função protagônica/naturalista/stanislavskiana e a função coringa/épica/brechtiana, vale dizer, à oposição entre o universal (o mito) e a realidade singular (o típico). Do que decorre uma contradição, pois o nível universal (o mito e, por conseguinte, o herói) ficaria com o estilo *naturalista**, cuja especificidade é contrapor-se à ideia de herói. "Antecipando a dúvida fundamental, diríamos: o herói é um mito e o Coringa é paulista de 1967, ou, mais de perto, a consciência contemporânea avançada. Não há coexistência entre os dois" (ROSENFELD, 1982: 24).

O sistema coringa tem ainda um objetivo econômico por possibilitar espetáculos de grande mobilidade feitos com um número fixo de atores para a apresentação de qualquer peça, independentemente do número de personagens, reduzindo o ônus de cada montagem. No que diz respeito ao objetivo político, os recursos épicos do sistema devem endereçar-se à compreensão do espectador estimulando o viés crítico, obrigando-o a rever sua visão do mundo, enquanto a permanência da função "protagônica" (o ator identificado com a personagem) convida à valorização positiva de um dos termos do conflito cênico. BOAL, portanto, aproxima-se das teorias do *teatro épico** brechtiano sem, contudo, recusar postulados de STANISLÁVSKI. Desse modo, o público "vive" uma experiência humana, mas também recebe o instrumental para observá-la.

Arena Conta Zumbi e *Arena Conta Tiradentes*, duas peças de autoria de Augusto BOAL e Gianfrancesco GUARNIERI, que punham em prática o sistema coringa, fizeram muito sucesso. Em 1970, o sistema é aplicado à encenação da peça *A Resistível Ascensão de Arturo Ui*, de Bertolt BRECHT, encenada pelo Teatro de Arena de São Paulo. Na apreciação crítica de Sábato MAGALDI, a direção "repetia a fórmula aplicada em *Tiradentes*, deixando de exprimir uma desejável criatividade" (MAGALDI, 1984: 93).

Em 1971, Augusto BOAL, o principal teórico do sistema coringa, é exilado. Sua atuação nos anos seguintes na Argentina, na França e na Alemanha difunde o método como uma das técnicas do *teatro político** contemporâneo, que BOAL enfeixa sob o título de *teatro do oprimido**. No âmbito do teatro brasileiro, o coringa subsiste como uma técnica influente e um dos modos de aclimatação do teatro épico brechtiano. O dramaturgo Gianfrancesco GUARNIERI continuará a utilizá-lo em suas peças, notadamente em *Castro Alves pede Passagem* (1971). O objetivo político do sistema, assim como as suas vantagens estratégicas de economia e mobilidade, facilitaram sua difusão entre os grupos ideológicos que, durante o regime militar, se empenharam na resistência à ditadura adotando a perspectiva da classe trabalhadora para resgatar episódios das lutas sociais protagonizadas por operários e camponeses. A dramaturgia dos grupos Núcleo 2 do Arena, Teatro União e Olho Vivo e do Forja foi, em larga medida, tributária do sistema coringa. De modo simplificado, resumindo-se à possibilidade de um mesmo intérprete desempenhar diferentes papéis, a técnica do coringa é ainda utilizada como meio de baratear a produção de espetáculos, desvinculando-se aos poucos da função de distanciamento inerente à perspectiva do *teatro engajado**. (EF)

 Arena (Teatro de).

 Boal, 1975a; Campos, 1988; Mostaço, 1983; Prado, 1988.

CORISTA

Eram chamados de coristas os homens e mulheres que atuavam conjuntamente em espetáculos musicais, fossem de *ópera**, *opereta** ou *revista**. Nesta última recebia, às vezes, se fosse homem, a denominação genérica de *boy* (homem) e *girl* (mulher). (EF)

CORO

Desde o teatro grego, coro designa um grupo homogêneo de dançarinos, cantores e *narradores** que toma a palavra coletivamente. A partir do momento em que, no teatro grego, a forma dramática tornou-se predominante, o coro passou a desempenhar a função de comentarista da ação.

As primeiras *tragédias** consistiam de uma série de intervenções corais, em que um corista principal (corifeu) respondia aos demais, que compunham o coro. Aos poucos, outros *atores** passam a dar respostas e o diálogo instaura-se como norma, passando o coro a ter a função de comentar a ação dramática. A partir de então, no teatro ocidental, esse recurso da tragédia sofreu diversas formas de apropriação.

No período medieval, por exemplo, desempenhou funções didáticas e pessoais. Em peças como *A Trágica História do Doutor Fausto* (c.1588), de MARLOWE, foi utilizado na separação entre os atos. Já sobre sua presença na dramaturgia moderna, SCHILLER assim avaliou: "O coro presta ao trágico moderno serviços ainda mais essenciais que ao poeta antigo, justamente porque transforma o mundo moderno comum em mundo poético antigo, porque torna inutilizável para ele tudo o que resiste à poesia, e o impele para o alto, para os motivos mais simples, mais originais e mais ingênuos. [...] O coro não é ele mesmo um indivíduo, mas um conceito universal, mas esse conceito se representa por uma poderosa massa sensível, que se impõe aos sentidos pelo preenchimento que sua presença provoca. O coro abandona o círculo estreito da ação para se estender sobre passado e futuro, sobre épocas e povos distantes, sobre o humano em geral, para extrair os grandes resultados da vida e transmitir lições de sabedoria. [...] O coro *purifica*, portanto, o poema trágico ao separar a reflexão da ação, e justamente por meio dessa separação ele mesmo se arma com força poética" (2004: 191-193).

Essa força poética do coro, de acordo com PAVIS (1999: 73-75), assumiu diferentes funções: a) função estética desrealizante; b) idealização e generalização; c) expressão de uma comunidade; d) força de contestação. No entanto, há que recordar que na dramaturgia ilusionista, sobretudo no século XIX, teve a sua participação reduzida sintetizada em uma única personagem, o *raisonneur**, a quem competia clarificar as relações entre o microcosmo da peça e o macrocosmo das ideias gerais. Permaneceu em outras formas de expressão, fossem elas dramáticas ou cômicas, embora, no século XX, sua presença tenha sido quase sempre associada ao *distanciamento**.

Nesse sentido, no que se refere à dramaturgia brasileira o coro foi apropriado não só em diferentes momentos históricos, mas também por autores com perspectivas estéticas e temáticas totalmente diversas. Por exemplo, na *revista** *O Tribofe*, de Artur AZEVEDO, o coro comenta a cena construída pela rubrica, assim como a antecipa: "(*Uns apreciam o Panorama, outros conversam, outros escrevem as suas impressões no álbum dos visitantes. Cena muito animada.*) CORO – Oh! Que belo Panorama!/Que trabalho! que primor!/Ganhará dinheiro e fama/O Senhor Comendador!" (1987b.: 45). Em outros momentos do texto, embora as situações sejam distintas, o coro mantém a mesma função, isto é, apresentando personagens e/ou situações. Tal recurso narrativo está presente em outros trabalhos de AZEVEDO, tais como: *O Major* e *A Capital Federal*. Neste último, existem passagens em que o coro assume a crítica da situação e apresenta-se como expressão de uma comunidade, na medida em que sua fala corresponde à indignação das vítimas, ao serem enganadas pela Agência de Alugar Casas: "CORO – Que ladroeira!/Que maroteira!/Que bandalheira!/Pasmado estou!/Viu toda a gente/Que o tal agente/Cinicamente/Nos enganou!" (1987b.: 332). Coube aos modernistas reavivar a presença do coro que reaparece na produção dramática de Mário de ANDRADE e nas peças de Oswald de ANDRADE. Neste último a função coral é derrisória, prefigurando a operação crítica brechtiana.

O coro também está presente na dramaturgia de Nelson RODRIGUES. Em *Anjo Negro*, por exemplo, o coro é protagonizado pelas *pretas descalças*, que iniciam o primeiro e o segundo quadros do Primeiro Ato e o primeiro quadro do Terceiro Ato, com o intuito de desenvolver uma função estética desrealizante, ao comentarem os acontecimentos que propiciaram a situação dramática vivenciada por Virgínia e Ismael. Além desses comentários, existem antecipações de desenlaces futuros, tal qual na última cena, quando o coro cerca a cama em que estão os protagonistas: "SENHORA – Ó branca Virgínia!/SENHORA (*rápido*) – Mãe de pouco amor!/SENHORA – Vossos quadris já descansam!/SENHORA – Em vosso ventre existe um novo filho!/SENHORA – Ainda não é carne, ainda não tem cor!/SENHORA – Futuro anjo negro que morrerá como os outros!/SENHORA – Que matareis com vossas mãos!/SENHORA – Ó Virgínia, Ismael!/SENHORA (*com voz de contralto*) – Vosso amor, vosso ódio não têm fim neste mundo!/TODAS (*grave e lento*) – Branca Virgínia/TODAS (*grave e lento*) – Negro Ismael..." (1993: 623).

Acerca da composição do coro em *Senhora dos Afogados*, Sábato MAGALDI fez a seguinte apreciação: "A peça dá grande relevo ao coro fantasmal dos vizinhos, que se desdobra em múltiplas funções, à maneira do coro grego. Ele começa fazendo os comentários normais, muitas vezes obtusos, das pessoas alheias aos conflitos. Alinham-se as opiniões impessoais, como lugares-comuns anônimos. Em certos momentos, os vizinhos trazem informações úteis ao desenrolar da trama ou à ciência do público. Nelson toma com o coro avançadas liberdades dramáticas" (2004a: 73/74).

O denominado *teatro engajado** também se utilizou do coro, a fim de enfatizar temas e/ou ideias importantes para a ação dramática. Em *A Mais-Valia vai Acabar, Seu Edgar*, de Oduvaldo VIANNA FILHO, o coro é trabalhado de diferentes maneiras. Torna-se *expressão de uma comunidade* quando se apresentam o *Coro dos Desgraçados*, representando a classe operária, e o *Coro dos Capitalistas*, personificando a burguesia. Nessas situações, as intervenções visam comentar, sob a ótica das classes sociais, o tema e/ou o acontecimento apresentado. Em outra circunstância, o *coro* anuncia o momento seguinte da ação: "CORO – Mais dois minutos de descanso!/Mais dois minutos de descanso" (1981: 229), assim como apresenta explicitamente, no decorrer da narrativa, a força de contestação: "CORO – Está rindo! É ele o ladrão! Quem ri neste mundo é bobo, está dormindo, se enganou, é criança, rico ou ladrão, pão, pão!" (1981: 253).

Nas obras coletivas do CPC, encontra-se *O Auto dos 99%* (Antônio C. FONTOURA, Armando COSTA, Carlos E. MARTINS, Cecil THIRÉ, Marco Aurélio GARCIA e Oduvaldo VIANNA FILHO), em que o coro ora expressa uma comunidade ora assume a contestação. No primeiro caso: "CORO – Índio melhor caçador,/Índio melhor caçador,/Tem dor,/Tem dor,/Índio vai morrer!/Vai diminuir o que comer" (PEIXOTO, 1989: 107). No segundo: "CORO – Finalmente, finalmente!/O primeiro vestibular./Felizmente, felizmente!/Não vão mais nos explorar,/Vamos estudar,/Vamos estudar,/Nos libertar" (PEIXOTO, 1989: 115).

Por sua vez, na dramaturgia produzida no âmbito do Teatro de Arena de São Paulo, *Revolução na América do Sul* destaca-se não só por sua narrativa épica, mas por recorrer ao coro em algumas situações, preferencialmente na função de representar uma comunidade (*Coro dos candidatos* e *Coro do povo*), e em outros momentos da narrativa, *cena cinco*, por exemplo, quando o coro, ao mesmo tempo que comenta a situação de José da Silva, indaga sobre as suas próximas escolhas.

Na trilha do *teatro épico**, BOAL, juntamente com Gianfrancesco GUARNIERI, intensificou suas pesquisas em termos da narrativa. Nessas circunstâncias, construiu sistematizações que propiciaram a criação do *sistema coringa**, apresentado, pela primeira vez, nos espetáculos *Arena conta Zumbi* e *Arena conta Tiradentes*. Esse recurso narrativo continuou a ser utilizado por BOAL em outros textos, tal como *Torquemada*, e tornou-se, em sua dramaturgia, o equivalente à função que o coro assumiu em trabalhos de outros escritores, como foi asseverado no livro *Teatro do Oprimido e Outras Poéticas Políticas*: "O Coro da tragédia grega, que tantas vezes atua como moderador, analisa também o comportamento dos protagonistas. O *raisonneur** das peças de IBSEN quase nunca tem uma função especificamente dramática, revelando-se a cada instante porta-voz do autor. O recurso do 'Narrador' é também frequentemente usado, como o foi por Arthur MILLER. [...] Essas são algumas das muitas soluções possíveis e já oferecidas. No sistema do *Coringa*, o mesmo problema se oferece e uma solução parecida se propõe. Em todos estes mecanismos citados, o que mais nos desagrada é a camuflagem que a sua verdadeira intenção termina por assumir. O funcionamento da técnica é escondido, envergonhadamente. Preferimos o despudor de mostrá-lo como é e para que serve. A camuflagem acaba criando um 'tipo' de personagem muito mais próximo dos demais personagens do que da plateia: 'Coros,' 'narradores' etc., são habitantes da fábula e não da vida social dos espectadores. Propomos o *Coringa* contemporâneo e vizinho do espectador" (1975a: 196).

Outros criadores utilizaram-se do coro. No *Auto do Frade* (1984), de João Cabral de MELO NETO, uma única personagem singular, Frei Caneca, é cercada por falas corais do povo: A Gente nas Calçadas, A Gente no Largo, Um Grupo no Pátio. Chico BUARQUE, por exemplo, o fez em suas incursões teatrais: *Roda Viva, Calabar, o Elogio da Traição* e *Ópera do Malandro*. Na primeira, o coro apresenta-se cenicamente através do Povo, assumindo, dessa maneira, o papel da comunidade. Na segunda, o coro tem presença episódica, no início da peça, durante a exposição do enredo, o que pressupõe uma intervenção estética desrealizante. Já na terceira, o coro manifesta-se nas apresentações musicais, estabelecendo contrapontos nas letras das canções, em uma multiplicidade de funções, isto é, ora anuncia a ação de forma desrealizante, ora assume o papel de comunidade.

Embora um levantamento mais minucioso pudesse revelar outras importantes referências sobre o assunto, destacam-se também as criações dramatúrgicas recentes de Sérgio de CARVALHO e Luís Alberto de ABREU para o Teatro da Vertigem. Em *Paraíso Perdido*, o coro acompanha a narrativa em uma perspectiva de idealização e generalização, na medida em que a ele cabe a representação da "humanidade" e/ou da "condição humana". *O Livro de Jó*, por sua vez, contém vários elementos épicos, a começar do tema que, a partir das Sagradas Escrituras, é de domínio coletivo. A fim de que não pairem dúvidas, o Mestre, ao mesmo tempo que narra, adverte os espectadores sobre a prudência de bem observar o que será compartilhado, sendo as intervenções do coro pontuais e mantendo as intenções cênicas surgidas no espetáculo. (RP)

 Distanciamento, Épico (Teatro), Narrador

CORTINA

Rápidos quadros cômicos interpretados, numa *revista**, à frente da cortina colocada atrás do pano de boca, que se levantava no início do espetáculo, só baixando no final. Esses números tinham como finalidade, além de divertir o público, possibilitar complexas mudanças de cenários, que estavam sendo feitas atrás da cortina. (EF)

CRIAÇÃO COLETIVA

A criação coletiva surge com os conjuntos teatrais que, nas décadas de 1960 e 70, associam todos os elementos da encenação, inclusive o texto, em um mesmo processo de autoria baseado na experimentação em sala de ensaio. Na Europa, esse método de construção cênico-dramatúrgica está ligado a *encenadores** – como Peter BROOK, Giorgio STREHLER, Ariane MNOUCHKINE e Luca RONCONI – que, à frente de uma *companhia**, propõem novas formas de atuação e de espacialização, muitas vezes se apresentando fora das salas convencionais. Nos Estados Unidos, grupos como Living Theatre, Open Theatre e Performance Group buscam o contato direto com o público, abordando questões da sociedade contemporânea a partir de uma visão crítica e libertária.

No Brasil, onde a criação coletiva floresceu junto aos *grupos** da década de 1970, diversos espetáculos fizeram história, entre eles: *O&A*, 1968 e *Terceiro Demônio*, 1972, pelo TUCA; *Cypriano e Chan-ta-lan*, ópera-bufa do grupo Pão e Circo, 1971; *Somma, ou os Melhores Anos de Nossas Vidas*, 1973, pelo Grupo de Niterói; *Luxo, Som Lixo ou Transanossa*, 1972; *Rito do Amor Selvagem*, 1972; *Gente Computada Igual a Você*, do Dzi Croquettes, 1973; *Trate-me Leão*, do grupo Asdrúbal Trouxe o Trombone, 1977; *Mistério Bufo*, da Companhia Tragicômica Jaz-O-Coração, 1979. Nessas obras, elaboradas em processos extensos, a improvisação dos *atores** se concentra muitas vezes em aspectos vivenciais, o que resulta em farto material e espetáculos de longa duração. A forma de produção cooperativada, a restrita ficha técnica e a confecção coletiva dos objetos e elementos de cena produzem uma linguagem que expressa a identidade cultural do grupo.

Embora a criação coletiva tenha angariado a imagem de negação da técnica e de espontaneísmo, ela deve ser considerada um modo de criação a que correspondem diversos métodos, alguns sistematizados pelo *diretor** – como aquele praticado pelo grupo La Candelária (Colômbia) – e outros que, mesmo não descritos, serviram de material para teóricos que se debruçaram sobre o estudo da criação em grupo. Entre os diversos métodos, existem certas características comuns à criação coletiva, principalmente no que diz respeito à motivação dos grupos alimentados pelas ideias do *teatro de vanguarda** e pela rebeldia contra os padrões estabelecidos, sejam eles sociais, estéticos ou morais. Do ponto de vista da linguagem, há em geral uma ênfase do corpo e da ação, originada no ponto de partida do processo criativo: o jogo entre os atores e a improvisação funcionam como alfabeto com que o grupo escreve suas ideias.

Entre os grupos brasileiros dos anos de 1970, o Pod Minoga (SP) conjuga a maior estabilidade de integrantes à menor hierarquização de funções. A criação coletiva percorre todas as etapas de concepção e realização do espetáculo. Não há autor nem diretor. Flávio de SOUZA, Dionísio JACOB, Mira HAAR, Regina WILKE, Ângela

GRASSI, Naum Alves de SOUZA e Carlos MORENO permaneceram juntos em quase todos os espetáculos. *Folias Bíblicas*, 1977, e *Salada Paulista*, 1978, são seus trabalhos mais conhecidos. O grupo realizou, entre 1972 e 1980, sete espetáculos em criação coletiva sem que o texto, à exceção dos dois últimos, jamais fosse escrito: em cada apresentação, o roteiro de ações criado a partir das improvisações permitia que a palavra se mantivesse permeável ao imprevisto.

Já no Asdrúbal Trouxe o Trombone (RJ), que chega à criação coletiva depois de dois espetáculos, a composição da estrutura narrativa de *Trate-me Leão* antecede o início dos ensaios e se constitui como um trabalho de colaboração entre os atores (que selecionam fragmentos de qualquer origem pelo critério da identificação com questões da vida pessoal e do cotidiano), o diretor (que identifica núcleos temáticos no material apresentado e submete ao grupo um primeiro esboço de cenas) e artistas convidados a levar ao grupo contos, poemas e músicas. Só depois de pronto o roteiro inicia-se o trabalho de improvisação.

O que possibilita essa prática de criação cênico-dramatúrgica a partir do trabalho dos atores é uma forma de atuação fisicalizada e irreverente, gerada em um contexto histórico-cultural de valorização do corpo e negação das regras. Em *Ubu Rei*, por exemplo, segundo espetáculo do Asdrúbal, já havia uma linguagem de atuação em comum que permitiria, no trabalho seguinte, a criação coletiva: o crítico Yan MICHALSKI mapeia as características dessa atuação quando escreve no *Jornal do Brasil*, a 31 de outubro de 1975, que "grande parte do conteúdo da mensagem é transmitida sistematicamente através da atitude, do gesto, do movimento e do ritmo corporal dos atores", recursos que eles "dominam com uma generosa riqueza de detalhes e com um surpreendente preparo técnico".

Um dos espetáculos mais emblemáticos desse modo de criação, também pelo seu caráter inaugural, foi *Gracias, Señor*, montado pelo Teatro Oficina em 1972, quando o grupo opta por se configurar como uma comunidade. Com oito horas de duração, divididas em dois dias, a montagem abandonava os limites da narrativa aristotélica e da ficção e se aproximava de uma vivência que englobava palco e plateia. O espetáculo se estruturava em oito cenas temáticas. Entre elas, "Aula de Esquizofrenia" utilizava repolhos para simbolizar cérebros submetidos à lobotomia; a "Divina Comédia" mostrava os mecanismos de repressão da indústria cultural; a "Ressurreição dos Corpos" partia para o contato físico entre atores e espectadores com a ideia de transmitir energias vitais; a "Barca" fazia uma viagem marítima para uma utópica liberação dos corpos; o "Novo Alfabeto" brincava com um bastão e o passava entre os presentes; e, ao final, "*Te-Ato**" fazia daquele bastão o veículo para uma ação transformadora dos participantes. Inspirado pelo contato do Oficina com o Living Theatre e, em especial, pela influência de *Paradise Now*, o espetáculo *Gracias, Señor* gerou polêmica por pretender conduzir a plateia a uma mudança de pensamento e de atitude a partir da condução explícita do grupo.

Há casos em que a criação, embora coletivizada, se dá sob a condução do encenador, que se utiliza desse procedimento para uma obra determinada, sem torná-lo uma marca de sua estética. Mantendo as demais funções do espetáculo, ele amplia o trabalho do ator até a criação da cena e da dramaturgia, sem contudo colocar em discussão a concepção. É o caso de *Macunaíma*, em que o projeto de recriar no teatro a obra de Mário de ANDRADE foi concebido e assinado pelo diretor ANTUNES FILHO tendo, no processo, a participação de sua equipe.

Hoje, muitos grupos se servem de técnicas da criação coletiva para pesquisar novas linguagens e construir uma obra autoral. O Grupo Galpão (MG) realizou, na década de 1980, vários espetáculos utilizando esse método – entre eles, *E a Noiva não quer Casar, Ó Procê vê na Ponta do Pé, A Comédia da Esposa Muda*. A Tribo de Atuadores Oi Nóis Aqui Traveiz (RS), fundada em 1978, trabalha com improvisações para, a partir de uma obra literária ou dramatúrgica e de textos teóricos relacionados ao tema que se quer abordar, criar uma escritura cênica própria, feita de fragmentos; na contramão da história, o grupo se encarrega, como há trinta anos, de todos os elementos da cena, sem contratação de profissionais especializados. Em ambos os casos, a criação coletiva tem mais o sentido de engajamento dos integrantes em todo o processo de criação e realização de cada obra do que aquele de um espaço vazio onde o grupo exprime a própria subjetividade – o que pode ser considerado um importante diferencial entre seu uso hoje e naquele período em que o método se disseminou.

Depois de virtualmente desaparecer dos palcos durante os anos de 1980 e 90, a criação coletiva gera descendentes. O *processo colaborativo** marca o retorno a vários elementos constitutivos dessa prática: dramaturgia em aberto, longos percursos de elaboração e sistema de trabalho coletivo. Há, porém, diferenças significativas entre os dois momentos. O conjunto teatral já não é mais o grupo que se mantém junto por afinidade pessoal, mas uma companhia profissional cujos integrantes podem variar muito de um espetáculo para outro e cujo vértice está na concepção do encenador. (RT)

 Grupos Teatrais, Processo Colaborativo.

 Fernandes, 2000b; Garcia, 1988; Lima, 1979-1980.

CRÍTICA TEATRAL

Pertencendo a duas áreas jornalísticas em crise, o jornalismo cultural e o opinativo, a crítica teatral no Brasil, talvez por ter como objeto uma *performance* ao vivo particularmente sensível a seu veredicto, acaba cedendo à pressão de artistas, editores e leitores de se tornar meramente indicativa, confundindo-se na expectativa de todos com divulgação.

Na história do teatro do Brasil, de forma cíclica ou simultânea, várias fórmulas foram utilizadas, dando conta em proporções diferentes das várias exigências a serem satisfeitas pela crítica: a divulgação do evento, a cobrança por melhores resultados, a orientação teórica em diálogo com os criadores, o registro histórico, a teorização estética complementar à criação.

1. O crítico jornalista

Conforme sugerido acima, mais do que o cinema, artes plásticas ou literatura, cujo objeto estético já está definido ao chegar ao público, e mais do que outras artes ao vivo como dança e música, cuja temporada é mais curta, o teatro é particularmente vulnerável à crítica, podendo ao longo de suas apresentações modificar-se diante de sua recepção seja por parte dos artistas envolvidos no espetáculo, seja por parte do público influenciado por ela.

É extremo o exemplo da Broadway, cujas produções milionárias são avaliadas no mesmo dia da estreia, dependendo da acuidade imediata do crítico para definir seu sucesso. Raramente no Brasil cabe ao crítico esta responsabilidade (com possível exceção de Barbara HELIODORA no Rio de Janeiro), havendo mesmo uma ética implícita que não recomenda a presença do crítico no dia da estreia, em geral mais um evento social do que uma apresentação representativa do espetáculo.

No entanto, durante muito tempo, o resenhista anônimo que registra em termos enfáticos uma estreia teatral foi o representante único da crítica (MAGALDI e VARGAS, 2000). Enquanto prestador de serviços, noticiando e registrando espetáculos, pode outrossim se tornar um importante fomentador do movimento cultural. É o caso de Paschoal Carlos MAGNO (1906-1980) que, ao lado de sua militância no teatro estudantil e em descentralizadores festivais de teatro, manteve uma coluna no jornal carioca *Correio da Manhã* até 1961. Embora não distinguisse muito os valores, sua coluna foi "uma espécie de boletim teatral diário para o país inteiro... sempre com carinho e estímulo", na opinião de Sábato MAGALDI (1997: 282)

Hoje em dia ainda, muitas cidades médias, sem oportunidade de temporadas regulares em seu teatro, registram apresentações teatrais pontuais essencialmente enquanto visitas de artistas ilustres, com escassa avaliação estética. Quando a faz, no entanto, o jornalista crítico, tomando gosto pela matéria, pode se tornar um crítico jornalista, se especializando ao longo da carreira, como é o caso atualmente de Nelson de SÁ, Beth NÉSPOLI e Valmir SANTOS, na imprensa paulista. No entanto, a atual prática consagra a separação da "matéria" jornalística, notícia do dia da estreia, que se faz porta-voz das intenções do espetáculo, e a crítica propriamente dita, avaliação posterior que expressa a opinião de quem assina, em geral em espaço menor.

2. O crítico reformador

Não existe bom teatro no Brasil. Tal balanço em tábula rasa surge na imprensa brasileira já em 1844 (FARIA, 2001: 337-343), em artigo de Émile ADET, refletindo as restrições que o primeiro crítico brasileiro, Justiniano José da ROCHA, vinha fazendo desde 1836 ao *teatro romântico**.

De tempos em tempos, uma provocação semelhante costuma anunciar um ciclo novo: o crítico não se limita mais a registrar sucessos comerciais e instiga o público a exigir mais do teatro. Tal foi o papel, entre outros, de Miroel SILVEIRA, entre 1947 e 1957, na *Folha da Manhã*, e Yan MICHALSKI entre 1963 e 1982, no *Jornal do Brasil*: "A meu ver, a nossa tarefa prioritária consistiria em colocar nas mãos dos leitores recursos que os capacitem a uma fruição mais plena e consciente do ato de ver teatro.[...] E, pelo menos indiretamente, podemos assim às vezes levá-lo à conclusão de que um teatro mais exigente, que ele normalmente teria tendência de evitar, pode ser para ele tão ou mais gratificante quanto as comédias comerciais que ele normalmente teria tendência de procurar" (MICHALSKI e TROTTA, 1992: X-XI).

A provocação sistemática, no entanto, pode levar o crítico a se tornar um polemista que disputa a ribalta com os criadores, como foi o caso, por exemplo, de Paulo FRANCIS no *Diário Carioca* entre 1957 e 1963, com uma postura agressiva que o levou a um folclórico episódio de agressão física com o ator Paulo AUTRAN.

Na outra ponta do espectro do crítico reformador, ao resistir à vaidade de se tornar personagem, está a "crítica cúmplice" de Décio de Almeida PRADO, segundo a fórmula de Ana BERNSTEIN (2005). Entre 1946 e 1968, enquanto crítico do jornal *Estado de São Paulo*, acompanhou de perto os anos de ouro do teatro paulista, do surgimento do Teatro Brasileiro de Comédia a suas ramificações, em diálogo permanente e respeitoso com atores e diretores, para quem sempre foi visto enquanto professor. No conceito de Mariangela Alves de LIMA, atual titular do mesmo jornal, "até hoje não emergiu no horizonte da arte cênica uma assinatura crítica tão perspicaz e tão influente quanto a desse crítico paulistano" (BERNSTEIN, 2005).

3. O crítico historiador/teorizador

A capacidade que o crítico deve ter de discernir o relevante em meio ao panorama teatral, no calor da hora e contra ou a favor do julgamento do público geral, o habilita a passar do cronista ocasional a um historiador/teorizador que se consagra como fonte segura para a posteridade. Pode também, ao comparar o que se faz com o que já se fez, debruçar-se sobre o passado, e resgatar do esquecimento artistas importantes, como fez Almeida PRADO com João CAETANO, entre muitos exemplos. Fazem parte deste grupo nomes importantes para a cultura brasileira, como Gustavo DÓRIA, Henrique OSCAR, Sábato MAGALDI, Ilka ZANOTTO, Jefferson DEL RIOS, Anatol ROSENFELD, Clóvis GARCIA, Jacó GUINSBURG e João Roberto FARIA.

4. O crítico criador

No sarcasmo que se apresenta injustamente como senso comum, o crítico seria um criador frustrado e rancoroso, cuja falta de talento o condena a prejudicar a criação dos outros. Não é preciso muito para desfazer o equívoco: na grande maioria dos críticos citados acima, vemos pensadores que se formaram nos palcos, enquanto atores e diretores. No século XIX, Furtado COELHO passa de crítico a ator-empresário com grande sucesso; enquanto que Machado de ASSIS e Artur AZEVEDO conheceram um grande prestígio simultaneamente enquanto críticos e criadores.

No panorama atual, temos o exemplo de Alberto GUZIK, que entre 1971 e 2001 foi um dos maiores críticos paulistas, e desde então tem uma bem--sucedida carreira enquanto dramaturgo e ator.

No entanto, diante do esvaziamento crítico da mídia impressa, na qual o julgamento estético fica subjugado à divulgação de interesses mercadológicos, a frágil ética do colunismo social coloca em suspeição, enquanto competição desleal, qualquer um que ouse pensar e criar ao mesmo tempo. Resta a esperança que nas novas mídias, tal a Internet, a instituição dos "blogs", democráticos espaços de discussão, possa vir a suprir a indispensável função de crítica teatral no Brasil. (SSC)

 Bernstein, 2005; Faria, 2001; Magaldi, 1997; Magaldi e Vargas, 2000; Michalski e Trotta, 1992.

CRUELDADE (TEATRO DA)

A expressão define sumariamente o teatro idealizado por Antonin ARTAUD no decênio de 1930. O objetivo primordial seria fazer com que o espectador fosse submetido a um violento choque emotivo, capaz de libertá-lo das forças obscuras que o dominavam, segundo o autor, no estágio em que então se encontrava a civilização ocidental. Trata-se de crueldade, portanto, em um sentido peculiar, relacionado com uma reflexão intensa a propósito da arte no mundo ocidental. A busca que conduziu ARTAUD ao teatro da crueldade havia sido iniciada nos anos de 1920, em Paris, a partir da constatação de que a tradição ocidental do teatro só levara os palcos a um racionalismo alienado, ao psicologismo, ao divertimento ou ao teatro pelo teatro. A vivência da cultura europeia, na fervilhante atmosfera parisiense, levou-o a um forte sentimento de repulsa, em virtude da constatação do abismo intelectual existente na separação entre corpo e pensamento, o divórcio entre pensamento e linguagem.

O desencanto e o desejo de combate fizeram com que aderisse ao Surrealismo, em 1924; mas a deliberação de não considerar nada além da sensibilidade profunda e a opção de recusar qualquer hipótese de revolução social ou mesmo estética, fizeram com que rompesse, em 1926, com os *surrealistas** liderados por BRETON. No ano seguinte, com Roger VITRAC e Robert ARON, fundou o Teatro Alfred Jarry, empreendimento que sobreviveu até 1929, com um total de onze apresentações em que se procurava fazer com que a encenação fosse um ato único e perigoso, do qual não se poderia sair intacto. Apesar do fracasso do empreendimento, ARTAUD considerava fundamental buscar este novo teatro, a seu ver urgente e necessário.

Afinal, em 1931, ao conhecer o teatro balinense na Exposição Colonial, ARTAUD acreditou ter encontrado a linguagem corporal que considerava essencial para uma nova cena; tratava-se de uma exploração rigorosa do corpo e do espaço a partir de possibilidades dos músculos e dos nervos não exploradas no Ocidente, capaz de ir além da matéria. Surgiu assim a percepção de uma metafísica do corpo, a sugestão de uma nova abordagem do trabalho do *ator**, condição fundante para a proposição de uma nova encenação, norteada pela violência sensorial. O livro *O Teatro e seu Duplo*, de 1938, reúne os escritos desse período no qual ARTAUD procurou dar vida ao teatro da crueldade, por meio de uma sociedade anônima que encenou apenas *Os Cenci*, texto de sua autoria inspirado em SHELLEY e STENDHAL. Para ARTAUD, é fundamental que o ator trabalhe para conquistar a imanência do gesto, rompendo as convenções cristalizadas, afastando-se do realismo, para obter uma linguagem não imitativa; o ator deve ser treinado como um atleta do coração, para que mostre, através de seu corpo, a base orgânica das emoções e a materialidade das ideias. A condição essencial para conquistar tais recursos expressivos seria a entrega total ao instante da criação.

As ideias formuladas por ARTAUD em defesa do teatro da crueldade exerceram grande influência em todo o teatro do século XX. Marcaram a trajetória de autores e *encenadores**, como Jean GENET, Joe ORTON, ARRABAL, Peter BROOK, BARRAULT, Jean VILAR, Roger BLIN. Alguns conjuntos procuraram absorver as discussões que propôs, destacando-se entre outros o Teatro Laboratório de Jerzi GROTÓVSKI, o Living Theatre de Julian BECK, o Bread and Puppet Theatre. No Brasil, ARTAUD foi influência decisiva no Grupo Oficina, na carreira do ator Rubens CORRÊA e do *diretor** Márcio VIANNA, e ainda repercute na atualidade nos trabalhos de *grupos** tais como o Teatro da Vertigem e a Companhia Amok Teatro.

A discussão sobre o teatro da crueldade chegou ao país nos anos de 1960, em sintonia com os movimentos de liberação juvenil e da contracultura que marcaram o final da década. A sua difusão no meio teatral foi promovida em particular pelo Grupo Oficina, que começou a incorporar as ideias de ARTAUD à sua planilha de estudos, em 1967, opção que se refletiu na concepção da montagem de *O Rei da Vela*, de Oswald de ANDRADE. A seguir, a montagem de *Roda Viva*, de Chico BUARQUE, em 1968, por José Celso Martinez CORRÊA, ainda que fora do Oficina, representou a adesão inconteste do diretor ao teatro da crueldade. Em 1970, o contato com o grupo argentino Lobos e a visita ao Brasil do grupo norte-americano Living Theatre, este desde 1955 buscando fazer teatro a partir de uma estrutura comunitária e em atrito com o mercado, marcaram o início de uma nova fase para o grupo Oficina, expressa com clareza na polêmica encenação de *Gracias, Señor*, uma *criação coletiva** longamente preparada que estreou em 1972 e que acabou proibida em todo o território nacional. A montagem beirava o *happening*;* pretendia abolir a separação palco-plateia e sacudir o público de seu "torpor pequeno burguês", propondo a fórmula que se tornou popular como teatro agressivo, sem alcançar sucesso de público e de crítica. (TB)

 Contracultura (Teatro e).

 Artaud, 1995, s.d..; Brandão, 1983; Corvin, 1991; Guinsburg e Silva, 1981; Hartnoll, 1983; Magaldi, 2003; Mostaço, 1982; Pavis, 1999; Rosenfeld, 1969.

D

DAMA-GALÃ

Segundo a antiga noção de *emploi**, que determinava funções fixas para os *atores** envolvidos em um espetáculo ou associados a uma *companhia teatral**, a dama-galã era a especialização que abarcava os primeiros *papéis** femininos, em geral exercidos pela atriz empresária que organizava a companhia, titulava o conjunto ou recebia a atribuição por decisão do empresário ou organizador da empresa.

Os atributos considerados essenciais para o exercício da função não eram simples: a dama-galã deveria revelar a mulher no seu esplendor, deveria ser bela, fascinante, culta, insinuante, dotada de forma física impecável e de educação esmerada; deveria ser capaz de intensa expressividade, para expor a violência da *tragédia**, as crises internas do drama, as sutilezas da *alta comédia** ou as situações de impasse da *comédia**. Tais atributos teriam uma localização etária bem definida – a dama-galã estaria entre os 25 e os 35 anos (Cf. RANGEL, s.d.). Essa exigência, contudo, não impedia que grandes estrelas ultrapassassem o limite superior, persistindo em atividade mesmo que o esplendor estivesse um tanto longe. Tal insistência, no teatro brasileiro, fez com que Eduardo VICTORINO assinalasse alguns comentários negativos; o principal exemplo é relativo à atriz Ismênia dos SANTOS, que apesar da idade e do físico avantajado, insistia em representar damas jovens, ainda que não caísse no ridículo por força de seu imenso talento, como observou o comentarista (1937: 22-30).

Por vezes, era possível localizar uma progressão na carreira de algumas atrizes, que passavam de *ingênuas** a damas-galãs e, mais tarde, a damas-centrais. Eduardo VICTORINO também fez observações contrárias à insistência de escalação de Dulcina de MORAES como ingênua no início da carreira da atriz, ressalvando que a sua especialização mais adequada era a de dama-galã, função que passou a ocupar mais tarde, em sua companhia. Outras atrizes que atuaram nesta especialização foram Adelaide AMARAL, Cinira POLÔNIO, Hermínia ADELAIDE, Helena CAVALIER, Dita BALSEMÃO, Iracema de ALENCAR, Apolônia PINTO, Lucinda SIMÕES e Lucília PERES. As quatro últimas, com o passar do tempo, passaram à função de dama-central, condição que registraria a maturidade feminina, por vezes *confidente** da heroína, voltada para a sensibilidade e o enternecimento, abarcando a faixa etária dos 40 aos 45 anos. Leolinda AMOEDO foi uma atriz considerada notável dama central. (TB)

 Característico (Ator), *Emploi*, Papel.

 Bastos, 1908; Brandão, 2002; Corvin, 1991; Garraio, s.d.; Gonçalves, 1982; Griphus, 1884; Sousa, 1960.

DANÇA DRAMÁTICA

Bailado popular caracterizado pelo encadeamento de danças, com enredo e representação dramática, ou não. A locução *dança dramática* foi criada por Mário de ANDRADE ao estudar o material por ele coletado entre 1928 e 1929, no Norte e Nordeste do Brasil, buscando terminologia para contemplar a ideia de um entrecho dramático de fundo, distinguindo, porém, tais bailados dos *autos** e loas. Em seu *Dicionário Musical Brasileiro*, define loa como: "Poesia, ou, às vezes excertos de poesia e mesmo uma simples estrofe, intercaladas entre os números de cantos nos autos, reisados e 'brinquedos' pelos personagens. As Loas são faladas. Originariamente devem ter sido mesmo Loas no sentido português, poesias de louvor dirigidas a Deus, Nossa Senhora, algum santo. Ainda aparece com este sentido nos 'brinquedos' menos deformados. Mas já está de sentido muito mais generalizado atualmente e corresponde a qualquer verso falado introduzido nos brinquedos. Mesmo a sua finalidade única atualmente se percebe bem que é permitir algum descanso entre as danças cantadas estafantemente musculares, ou permitir que alguns executantes possam mudar de indumentária pro número seguinte da representação. O recitador da Loa a diz andando mais ou menos rapidamente dum lado pra outro, em voz monótona, sem nenhuma expressão, puro movimento de memória vocal sem participação quase nenhuma de controle intelectual. Nos brinquedos cômicos (*bumba meu boi**, por exemplo) é às vezes acompanhado por outra personagem que imita o passeio de cá pra lá e repete a última palavra de cada verso" (ANDRADE, 1989: 287).

E embora acredite que os autos antigos estejam na origem dos bailados populares, define-os como "dramas religiosos mesclados de canto e dança", "mais representados que bailados, mais falados que cantados, e com intermédios de dança e cantoria." (ANDRADE, 1982, I: 29)

Ao historiar a fixação dessas manifestações populares entre nós, Mário de ANDRADE recorre a leituras sobre o teatro ibérico dos séculos XVI e XVII e pôde diagnosticar, ainda, a contribuição de costumes religiosos antigos, especificamente nos cortejos que integram grande parte desses bailados. A partir de 1935, seguramente, emprega a expressão *dança dramática* explicando-a, em sua mais completa versão, em 1944: "Nunca houve um nome genérico designando englobadamente todas as nossas 'danças dramáticas'. Foi por isso que me utilizei desta expressão, sem recusar a palavra 'bailado', mas a evitando como nome geral, para as nossas danças dramáticas populares, por causa dos confusionismos que ela poderia acarretar, dado aos conceitos técnicos e eruditos que a fixaram já. Assim eu reúno sob o nome genérico de 'danças dramáticas', hoje bastante adotado pelos nossos folcloristas musicais, não só os nossos bailados folclóricos que desenvolvem uma ação dramática propriamente dita, como é o caso especialmente dos *Congos** nordestinos, mas também todos os bailados coletivos que, junto com obedecerem a um assunto preliminar obrigando a uma indumentária e a uma coreografia característica que os dramatiza, ainda respeitam o princípio da 'suíte', isto é: obra musical constituída pela seriação de várias peças coreográficas diferentes" (ANDRADE, 1944).

Mário de ANDRADE concluíra terem as danças dramáticas inspiração mágica e religiosa celebrando a morte e a ressurreição de algum mito ou personagem, como Jesus Cristo, um santo ou rei, um vegetal ou animal, como o boi. Conseguira diagnosticar três tradições que teriam confluído para as suas estruturas fundamentais: no cortejo coreográfico, as tradições pagãs das Janeiras e Maias, os cortejos reais africanos e as procissões católicas com folias de índios, pretos e brancos; os vilancicos religiosos e as celebrações das lutas de cristãos e mouros pelos ibéricos (ANDRADE, 1982, I: 33).

Durante aquela viagem de pesquisa do final da década de 1920, o musicólogo e escritor paulista teve a oportunidade de, pela primeira vez, documentar danças dramáticas completas – algumas delas com mais de um exemplo –, anotando as melodias, descrevendo indumentárias e coreografias, inclusive. Pretendia publicar obra em muitos volumes, intitulada *Na Pancada do Ganzá*, acolhendo também as contribuições dos cantadores de cocos, desafios e toadas de vário gênero. Trabalhou com intensidade até 1935, quando assumiu a direção do Departamento de Cultura da cidade de São Paulo, sendo que só a partir de 1939 retomará parcelas de seus escritos anteriores. Assim, em 1944, ao rever um dos textos sobre o qual já se debruçara para edições parciais em periódicos, enumerou as danças dramáticas por ele recolhidas ao longo de suas pesquisas: reisados; *bumba meu boi**; cordões de bichos; cheganças de mouros e de marujos (marujada, *fandango**, barca, nau catarineta); *congos; congada ou congado**; moçambique; cucumbis; taieiras; maracatu; quilombos; dança dos meninos índios; caboclinhos; caiapós; tapuias;

auto dos pajés; os caboclos de Itaparica; cana verde e dança dos velhos.

Coube a Oneyda ALVARENGA preparar as edições póstumas, publicando a íntegra da pesquisa de Mário de ANDRADE em seis volumes: *Música de Feitiçaria, Danças Dramáticas do Brasil, Os Cocos* e *As Melodias do Boi e Outras Peças*. Convidada para coordenar a seção de folclore da *Enciclopédia da Música Brasileira* (1977), ela informa, no verbete "danças dramáticas", que a partir de 1947 os folcloristas brasileiros adotaram as palavras *folguedo* e *auto* para designar essas manifestações. (FCT)

 Bumba Meu Boi, Congadas, Congados, Congos, Fandango, Pássaros Juninos.

 Alvarenga, 1982; Marcondes, 1977.

DANÇA-TEATRO

A fonte do termo *dança-teatro* ou *teatro-dança*, como também tem sido amplamente usado, é a Alemanha dos anos de 1920 e 30. Rudolf von LABAN chamava de dança-teatro as experiências que buscavam uma corporeidade inédita, capaz de responder às transformações da vida moderna. Para tanto, testava diferentes conexões entre dança, palavra (sobretudo poemas) e ações cotidianas, tendo sido um dos primeiros a diagnosticar o desaparecimento de uma experiência corpórea em que tradições privadas e coletivas relacionavam-se com as memórias voluntárias e involuntárias, os cultos e os ritos, para dar lugar àquilo que Walter BENJAMIN chamou de "experiência defunta", ou seja, uma experiência que sacrificava os recursos naturais e físicos da rememoração, como um verdadeiro inventário de eventos vividos que, paradoxalmente, acabavam por se tornar estrangeiros. A pesquisa acerca de uma "corporeidade" viva será continuada por Kurt JOOSS, que relacionará princípios labanianos à sistematização de movimento proposta pelo balé clássico, aliada ainda a uma investigação de novas possibilidades de exploração da ação dramática em grupo, sobretudo a partir da temática sociopolítica (o grande exemplo é sua obra-prima *A Mesa Verde*). Quase quarenta anos depois, a discípula mais importante de JOOSS, Pina BAUSCH, retomará algumas ideias do mestre, recontextualizando-as à luz de novas questões.

Entre o final dos anos de 1960 e o começo da década de 70, BAUSCH, Johann KRESNIK e Gerhard BOHNER estrearam espetáculos independentes e, ao mesmo tempo, conectados à emergência de um novo modo de conceber o corpo em cena. Alguns dos princípios elaborados por esses artistas relacionavam-se à tentativa de transformar sentimentos em conhecimento, rompendo a dualidade entre razão e emoção, e também ao rompimento da ilusão da reversibilidade do tempo, buscando caminhos possíveis a partir de uma linguagem metafórica, que se referia a algo que provavelmente já sabemos, mas sob um ângulo ainda não considerado. As peças não eram, portanto, apenas fantasias, mas partiam da experiência tornada consciente. Não ambicionavam transformar o mundo, mas apenas tornar possíveis as transformações. Definições pré-dadas de todo tipo eram consideradas mortais para o movimento. O objetivo era explorar a existência com todos os sentidos, partindo, muitas vezes, de procedimentos tragicômicos, como parecia característico à própria organização da vida.

Especialmente após os anos de 1980, muitos experimentos artísticos aparentados surgiram em outros países, com uma grande diversidade de procedimentos sugerindo estratégias diferentes para contaminar dança e teatro. Não há fórmulas prontas nem modelos a serem obedecidos, mas apenas uma precisão de estratégias, sem a qual não parece possível emergir uma síntese no corpo do intérprete-criador.

No Brasil, é durante o decênio de 1970 que começam as experimentações cênicas de dança-teatro. Célia GOUVÊIA, recém-chegada da Escola Mudra de Maurice BÉJART (na qual havia estudado com Juliana Carneiro da CUNHA e os coreógrafos franceses Maguy MARIN e Dominique BAGOUET, entre outros), começa a mostrar suas criações no Teatro de Dança do Teatro Ruth Escobar (1975). Em *Caminhada* (1974) e em *Pulsações* (1975), o cruzamento de domínios começa a ser evidenciado, não apenas a partir da interdisciplinaridade proposta pela formação de BÉJART, mas pelas pontes posteriores com a obra de Alwin NIKOLAIS, cujo tema de investigação dizia respeito à dramaturgia do corpo construída a partir do estudo das imagens. No mesmo período, Marilena ANSALDI dá início a uma investigação bastante particular, que busca novas pontes entre corpo, palavra, dança e teatro, na construção daquele que seria um "teatro total". Destacam-se, por exemplo, *Isso ou Aquilo?* (1975)

Por Dentro, por Fora (1976), *Escuta Zé!* (1977), que trazia uma discussão cênica das teorias reichianas, e *Sopro de Vida* (1979). Em 1979, *Corpo 1*, de Takao KUSUNO, ainda recém-chegado ao Brasil, marcava outra possibilidade de exploração da dança-teatro a partir do butô japonês, que instaurava, de fato, uma nova frente, aproximando-se mais da *performance**. Em 1980, *As Galinhas*, do próprio KUSUNO, com Renée GUMIEL, Ismael IVO e Dorothy LERNER, dá continuidade à pesquisa e inaugura novas corporeidades. Mas muitas outras experiências construíram espécies de eixos temporais simultâneos. Em 1973, Francisco MEDEIROS já havia dirigido *Scapus*, reunindo *atores** e bailarinos, alunos e não alunos, em um espetáculo "não coreografado" por Ruth RACHOU. Eram algumas das primeiras experiências laboratoriais do corpo, em que se testavam a interiorização de personagens e a improvisação de movimentos. Intérpretes-criadores como Mara BORBA, Sonia MOTTA, Clarice ABUJAMRA, J.C. VIOLLA, Lala DEHEINZELIN, Denilto GOMES, Carmen PATERNOSTRO e Val FOLLY fizeram incursões pela dança-teatro durante as décadas de 1970 e 80. Como parte dos chamados Inventores da Dança (1987), Vera SALA, Dagmar DORNELLES e Fernando LEE também estudaram novas dramaturgias do corpo, assim como outros criadores independentes, como Mariana MUNIZ (*Paidiá*, 1989) e Umberto da SILVA (*O Homem que não Botava Ovo*, 1988). Nos anos de 1990, destacam-se as investigações de Sandro BORELLI, Renata MELLO (sobretudo a partir de *Bonita Lampeão*, 1994), cuja parceria com o dramaturgo e *diretor** José Rubens SIQUEIRA é marcante na cena brasileira; assim como os remanescentes da extinta *companhia** Terceira Dança, de Gisela ROCHA, como Miriam DRUWE e Lara PINHEIRO, que chegou a fazer cursos na Folkwang Schule. Antecipando aquilo que parece insinuar-se como um novo rumo para a dança-teatro no Brasil, a obra de Marta SOARES é inaugural, aliando, em sua formação, princípios importantes a partir da conexão LABAN-BARTENIEFF e o butô japonês, com uma pesquisa consistente acerca da temática *surrealista** francesa e seus desdobramentos nas artes plásticas. (CG)

 Físico (Teatro).

 Fernandes, 2000; Hinzmann e Merschmeier, 2000; Hoghe, 1986; Katz, 1994; Servos, 2001; Vaccarino, 1995.

DEIXA

Palavra ou gesto de um *ator** que sinaliza o momento de seu interlocutor entrar em cena ou falar. Também indica aos técnicos nos bastidores (iluminador, encarregado de som) o momento em que devem intervir. Atualmente, os atores são treinados a não ficar tão estreitamente ligados às deixas, mas sim ao sentido da frase. No teatro brasileiro do passado, havia inclusive o costume de se entregar aos atores, responsáveis por *papéis** menos importantes, apenas a parte da peça em que atuavam, acompanhada das deixas que deviam memorizar. Isso criava a estranha situação de alguns artistas só tomarem pleno conhecimento da totalidade da peça nos ensaios corridos. (EF)

 Bastos, 1908.

DESAGRADÁVEL (TEATRO)

Expressão criada por Nelson RODRIGUES para designar algumas de suas peças. Em 1949, cansado das acusações feitas por alguns críticos, que o recriminavam por ter abandonado o caminho que o levara ao grande sucesso de *Vestido de Noiva*, em 1943, o dramaturgo escreveu um artigo intitulado exatamente "Teatro Desagradável" para se explicar e se defender. Provocador, reiterava o seu interesse pelos temas mórbidos, imorais e monstruosos, dizendo que suas peças recentes, *Álbum de Família*, *Anjo Negro* e *Senhora dos Afogados*, eram "obras pestilentas, fétidas, capazes, por si sós, de produzir o tifo e a malária na platéia" (1949: 18). Nelson queria que, pelo acúmulo e abundância de elementos agressivos e mórbidos, tais como incestos, infanticídios, parricídios, crimes em geral, violações, mutilações, prostituição, homossexualismo, sexualidade desenfreada, taras as mais diversas, o espectador fosse agredido e obrigado a repensar o lado apodrecido da sua personalidade e, por extensão, da sociedade aparentemente organizada em que vivia. Poder-se-ia dizer: um teatro destinado "a abrir coletivamente os abscessos", na acepção empregada por ARTAUD na obra *O Teatro e seu Duplo*, de 1938. Nelson, da mesma forma que ARTAUD, que provavelmente não conhecia, formulou um conceito de teatro como uma forma pestífera, cuja função seria drenar a imensa purulência moral de uma sociedade que identifica a libido com o sujo e o infamante, quando deveria vê-la como algo natural e vigoroso. Por isso, assim concluía sua resposta aos críticos: "Peçam tudo, menos que eu renuncie às atrocidades habituais dos meus dramas. Considero legítimo unir elementos atrozes, fétidos, hediondos ou que seja, numa composição estética. Qualquer um pode, tranquilamente, extrair poesia de coisas aparentemente contraindicadas. Isso é tão óbvio, que me envergonho de repeti-lo. E continuarei trabalhando com monstros. Digo monstros, no sentido que superam ou violam a moral prática e quotidiana. Quando escrevo para teatro, as coisas atrozes e não atrozes não me assustam. Escolho meus personagens com a maior calma e jamais os condeno. Quando se trata de operar dramaticamente, não vejo em que o bom seja melhor que o mau. Passo a sentir os tarados como seres maravilhosamente teatrais. E no mesmo plano de validade dramática, os loucos varridos, os bêbados, os criminosos de todos os matizes, os epiléticos, os santos, os futuros suicidas"(1949: 20-21). (EF)

 Míticas (Peças).

DIALÉTICO (TEATRO)

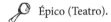 Épico (Teatro).

DIDÁTICO (TEATRO)

Sobre a *tragédia** e sobre os sentimentos que ela deveria suscitar naqueles que a presenciam, ARISTÓTELES assim se manifestou: "É pois a tragédia imitação de uma ação de caráter elevado, completa e de certa extensão, em linguagem ornamentada e com várias espécies de ornamentos distribuídas pelas diversas partes do [drama], [imitação que se efetua] não por narrativa, mas mediante *atores**, e que, suscitando o 'terror e a piedade', tem por efeito a purificação dessas emoções" (1966: 74). Este texto, considerado a principal matriz dos estudos e das experiências teatrais no Ocidente, ao refletir sobre o impacto que a tragédia deveria causar em seus espectadores, anunciou a purificação das emoções, uma vez que as ações elevadas suscitam exemplos e ensinamentos. Quanto ao aspecto propriamente cognitivo da experiência artística, a poética aristotélica conectava a fruição e o caráter mediático da representação. "Sinal disto, é o que acontece na experiência: nós contemplamos com prazer as imagens mais exatas daquelas mesmas coisas que olhamos com repugnância, por exemplo, [as representações de] animais ferozes e [de] cadáveres" (1966: 71).

Esses dois epistemas, o primeiro de implicações morais (purificação) e o segundo de conotação operativa (refere-se a um modo de acesso aos fenômenos) balizaram as correntes de pensamento que, ao longo da história, se ocuparam da função educativa da arte. Como observou Patrice PAVIS, o teatro que convida seu público a refletir e/ou a compreender questões específicas é, em última instância, didático. Porém, histórica e esteticamente, passou-se a identificar como teatro didático aquele "constituído por um teatro moralizador (as *moralidades* no final da Idade Média) ou *político** (o *agit-prop** ou os *Lehrstücke* brechtianos) ou pedagógico (as *peças didáticas** ou pedagógicas, o *teatro de tese**, as *parábolas*, as fábulas filosóficas)" (1999: 387).

A partir desses referenciais, pode-se localizar no teatro brasileiro alguns momentos significativos para o teatro didático. O primeiro, sem dúvida, remete à educação religiosa no Brasil Colônia, onde "os jesuítas souberam usar bem o teatro como elo entre a proposta racional pedagógica e a fantasia humana, criada de acordo com o mundo em que se vive. Não buscaram, prioritariamente, nem a arte nem a estética nem mesmo a diversão, mas percebiam como o prazer poderia ser um fator de envolvimento positivo: se o público-alvo se divertisse, estaria, ao mesmo tempo, em condições de ser mantido numa sadia, ainda que controlada, atividade. Além disso, os jesuítas buscavam atingir precisamente as crianças pois estas poderiam vir a influenciar de forma efetiva os próprios pais, levando-os a abandonar seus usos e costumes *pervertidos*" (CORRÊA, 1994: 26).

Nesse sentido, com referência ao teatro brasileiro desse período e sobre a autoria das peças, deve-se atentar para a seguinte consideração de CACCIAGLIA: "Os próprios autores não tinham um cuidado excessivo com suas obras, a maioria delas escritas em papel de ínfima qualidade, quando não em folhas de árvores ou em outro material precário. Incêndios, naufrágios, saques, atos de pirataria e a negligência fizeram o resto.

Os jesuítas, levados pelo zelo missionário e não pelo desejo da glória artística, não assinavam suas obras dramáticas, as quais eram frequentemente refeitas de qualquer maneira sobre modelos precedentes, ou compostas em comum por diversos escritores ocasionais" (1986: 8).

Ao lado dessa experiência no período colonial, no decorrer do século XX o teatro brasileiro viveu uma intensa produção de peças didáticas. A vontade de integrar o discurso político à criação estética, com vistas a contribuir para a conscientização das camadas subalternas da população, orientou as peças identificadas com aquilo que Mariangela Alves de LIMA denominou de *nacionalismo crítico*, fossem elas produzidas nos Seminários de Dramaturgia do Teatro de Arena, fossem elaboradas por outras *companhias** ou *grupos teatrais**.

Com relação a essas criações artísticas, deve-se recordar que, geralmente, as personagens foram construídas em uma perspectiva coletiva, isto é, os conflitos possuem cunho social e/ou histórico e as suas ações tornam-se explicativas do próprio processo.

Em *Eles Não Usam Black-tie* (Gianfrancesco GUARNIERI), por exemplo, o caráter pedagógico manifesta-se no embate estabelecido entre o indivíduo, representado por Tião e por sua ambição de ascensão social/econômica, e o coletivo, simbolizado por Otávio e pela defesa intransigente do trabalho conjunto e de uma concepção solidária de mundo. Dessa forma, o desenrolar do conflito dramático, demonstrando como a solidariedade tirou Otávio da cadeia e fortaleceu o movimento grevista, buscou, ao mesmo tempo, transmitir alguns ensinamentos a Tião e ao público, no sentido de revelar a força da união e do grupo social, quando articulado em prol de interesses comuns.

Na mesma direção está *Chapetuba Futebol Clube* (Oduvaldo VIANNA FILHO), cuja ação dramática opõe, de um lado, jogadores unidos em torno do interesse comum, a vitória que garantirá a todos bons resultados, inclusive a entrada na 1ª divisão do campeonato, e, de outro lado, Maranhão, que, motivado por questões pessoais, aceita o suborno do time adversário e sacrifica seus companheiros. Em *Quatro Quadras de Terra* e *Brasil, Versão Brasileira*, VIANINHA discute a necessidade da organização sindical e dos esforços de solidariedade, a fim de que segmentos sociais possam atingir os seus objetivos, isto é, no caso da primeira, destacando como a desunião dos camponeses faz com que o proprietário de terras consiga mandá-los embora sem pagar-lhes o que é devido. Já em *Brasil, Versão Brasileira*, texto escrito para o Centro Popular de Cultura da UNE (CPC da UNE), há uma reflexão envolvendo nacionalismo *versus* imperialismo e, tendo em vista essa dicotomia, como deveriam atuar os trabalhadores em relação ao "empresário nacional".

Contribuir para que o outro seja esclarecido acerca de sua condição social é a intenção de *Revolução na América do Sul* (Augusto BOAL) e *A Mais-Valia vai acabar, Seu Edgar* (Oduvaldo VIANNA FILHO), que lançam mão de diversificados recursos cênicos para explicar aos trabalhadores a maneira pela qual eles são explorados. São peças que demonstram de que forma o estabelecimento das relações sociais e econômicas propiciou a existência de empregadores e empregados.

Tais premissas orientaram a escrita de peças como: *Não tem Imperialismo no Brasil* (Augusto BOAL); *O Petróleo ficou Nosso* (Armando COSTA); *Petróleo e Guerra na Argélia* (Carlos Estevam MARTINS); *Auto dos 99%* (Antônio C. FONTOURA, Armando COSTA, Carlos E. MARTINS, Cecil THIRÉ, Marco A. GARCIA e Oduvaldo VIANNA FILHO). Estas versaram sobre temas candentes e atuais da década de 1960, com o intuito de suscitar no seu público um aprendizado sobre a necessidade da apropriação dos meios de produção pela burguesia nacional (contra o imperialismo norte-americano) e, por outro lado, fomentar na classe operária a consciência dos seus direitos.

Os temas e a estrutura dramática dessas peças demonstram que a viabilidade de um *teatro didático* implica estabelecer um nível de recepção adequado por parte do público, a quem o espetáculo se dirige. Nesse aspecto, os textos mencionados foram elaborados no período anterior ao golpe militar de 1964 e, de acordo com as análises de conjuntura do momento, as atividades teatrais do CPC da UNE, do Movimento de Cultura Popular de Pernambuco, do Teatro de Arena de São Paulo, entre outros, deveriam contribuir sistematicamente para a educação das massas a fim de que a luta política fosse intensificada. Para tanto, os *esquetes** eram elaborados no calor dos acontecimentos e encenados nas ruas e/ou na carroceria de um caminhão. Assim, pode-se depreender, nesse momento, a presença de um teatro explicitamente *político**, ou melhor, *engajado**.

Com a ascensão dos militares ao poder, o teatro continuou a desenvolver uma produção de cunho político e pedagógico, porém não mais clamando pela luta imediata, e sim pela construção de uma resistência em favor da liberdade. Sob essa perspectiva, surgem Arena conta Zumbi e Arena conta Tiradentes, ambas de BOAL e GUARNIERI, textos em que, por meio do diálogo passado/presente o espectador é pedagogicamente convidado a compreender aquilo que está sendo representado no palco. Tal iniciativa marcou também a Feira Paulista de Opinião, em 1968, que apresentou Animália (Gianfrancesco GUARNIERI), A Lua Pequena e a Caminhada Perigosa (Augusto BOAL), peças que defenderam teses a respeito da luta armada e dos impasses da resistência democrática.

Através de caminhos diferenciados, Augusto BOAL, Oduvaldo VIANNA FILHO, Gianfrancesco GUARNIERI, Paulo PONTES, Armando COSTA, além de outros autores, continuaram a escrever e a se preocupar com o caráter pedagógico de suas peças. Porém, historicamente, esse teatro didático transformou-se, ou seja, em momentos de acirramento político a mensagem era direta, as mediações eram menores, a fim de atingir o maior número possível de pessoas. Após a decretação do AI-5, em 1968, e com o recrudescimento da censura*, a dramaturgia e o teatro brasileiro continuaram em atividade. Contudo, novos tempos reclamaram outras proposições estéticas e pedagógicas.

Nesse ínterim, o Teatro de Arena de São Paulo passou a atuar também na periferia da cidade com o teatro jornal*, em uma releitura do agit-prop* russo, com o objetivo de levar informações e debates a esses locais. Pertenciam a essa equipe de trabalho, entre outros atores*, Celso FRATESCHI, Denise DEL VECCHIO, Dulce MUNIZ, Edson SANTANA, que, após o encerramento das atividades do Arena, criaram o grupo teatral Núcleo e, em meados da década de 1970, saíram do circuito profissional do teatro e foram para a periferia, criando o Núcleo Independente.

É evidente que o aspecto pedagógico do trabalho não se perdeu, mas a maneira pela qual este foi estimulado transformou-se significativamente. É possível afirmar que a relação de aprendizagem passou também a vir do público e não a se concentrar apenas no palco, isto é, a vivência do público presumido passou a ser um importante elemento de composição do espetáculo. Nessa linha de processo criativo encontra-se também o grupo Forja, ligado ao Sindicato dos Metalúrgicos de São Bernardo do Campo, que teve à frente o ator e diretor Tin URBINATTI. Entre as suas iniciativas, além de espetáculos e esquetes* para campanhas salariais, foram elaborados textos teatrais, como Pensão Liberdade. Aliás, essa e outras iniciativas (União e Olho Vivo, Galo de Briga e Truques, Traquejos e Teatro etc.), foram estudadas por Silvana GARCIA no livro O Teatro da Militância.

Em meio a esses trabalhos, não se pode esquecer o aspecto didático-pedagógico das atividades do teatro do oprimido*, sob a coordenação de Augusto BOAL, tais como: teatro fórum* e teatro legislativo. Estas têm sido desenvolvidas junto a movimentos sociais (MST, por exemplo) e a grupos comunitários, com o intuito de estimular o debate e construir canais e formas de reivindicação de direitos.

Atualmente, a Companhia do Latão, que tem como referência de pesquisa e de trabalho a produção teórica e artística de Bertolt BRECHT, vem desenvolvendo espetáculos e dramaturgia que visam estimular o debate e a intervenção política do teatro nas questões do Brasil contemporâneo. Nesse sentido, A Comédia do Trabalho e O Nome do Sujeito podem ser qualificadas como representantes do teatro didático. (RP)

 Peça Didática.

 Garcia, 1990; Peixoto (org.), 1989.

DIRETOR

 Encenador.

DISTANCIAMENTO

Historicamente, como é possível depreender da Poética de ARISTÓTELES, a tragédia* é "imitação de uma ação de caráter elevado, completa e de certa extensão, em linguagem ornamentada e com várias espécies de ornamentos distribuídas pelas diversas partes do [drama], [imitação que se efetua] não por narrativa, mas mediante atores*, e que, suscitando o 'terror e a piedade', tem por efeito a purificação dessas emoções" (1966: 74). Do ponto de vista formal, a tragédia possui elementos referentes ao drama (presença de diálogos e de ações vividas) e ao épico (prólogo, *coro**, personagem-*narrador** etc.). Essa perspectiva híbrida na construção das narrativas teatrais esteve presente em outros momentos históricos, porém aquele ao qual BRECHT opôs o *teatro épico** vem a ser o da *dramaturgia clássica*, da *peça benfeita**, localizada no âmbito do Realismo e do Naturalismo.

Assim como as experiências épicas antecedem às experiências brechtianas, vale dizer o mesmo em relação ao distanciamento. De acordo com Patrice PAVIS, "este princípio estético vale para qualquer linguagem artística; aplicado ao teatro, ele abrange as técnicas 'desilusionantes' que não mantêm a impressão de uma realidade cênica e que revelam o artifício da construção dramática ou da personagem" (1999: 106). Ou, em outros termos, tal procedimento é resultado de práticas artísticas que possuem historicidades e linguagens próprias, como pode ser observado no teatro asiático, pois "tanto os teatros clássicos do Japão como da China e da Índia se distinguem pelo simbolismo de gestos rigorosamente codificados, extremamente formalizados e lentos. É um gesto *salmodiante* que corresponde à recitação salmodiante. A convencionalização dos gestos é acentuada pelo uso de *máscaras**, quer integrais, quer parciais ou apenas espessamente pintadas na face, com o fito de criar tipos fixos e convencionais, inteiramente avessos a qualquer diferenciação psicológica. Num teatro em que a realidade é padronizada ao extremo da abstração, não admira que personagens femininas sejam apresentadas por especialistas masculinos" (ROSENFELD, 1985: 113).

Essa oportuna citação de Anatol ROSENFELD permite o reconhecimento da existência de múltiplas perspectivas estéticas na cena teatral e, em algumas delas, o distanciamento esteve na origem do processo criativo. Tal evidência reflete-se, por exemplo, na seguinte afirmação de Luiz Francisco REBELLO: "...Pela desarticulação do cômico até aos limites do burlesco, descurando as subtilezas da análise dos costumes ou dos caracteres, a estrutura da *revista** afasta-se do modelo aristotélico para se acercar da forma épica, que BRECHT definiu lapidarmente no célebre *Ensaio sobre a Ópera*, publicado em 1931, com o texto do segundo *Mahagonny*, em que, designadamente, *cada cena existe de per si e não em função das outras*" (VENEZIANO, 1991: 91).

Sob esse aspecto, deve-se destacar que talvez seja possível inferir que a partir das *comédias** (grega e latina) da denominada tradição *popular*, da *Commedia dell'arte*, entre outras, constituíram-se técnicas narrativas que, posteriormente, foram incorporadas aos referenciais do distanciamento. Um exemplo dessa afirmação, na dramaturgia brasileira, encontra-se no *teatro de revista** e nas *revistas de ano** de Artur AZEVEDO. Nestas, para além da utilização do *coro** e de canções, a estrutura dramática possui ela própria elementos de distanciamento. Em *O Tribofe* (1891), a primeira aparição da personagem Frivolina, a musa das revistas de ano, ocorre por meio da execução de *coplas** (quadra para cantar), no início da cena II, do Quadro 1. Após interpretar a canção, Frivolina apresenta-se ao público e é interrompida por um espectador (interpretado por um ator), que revela conhecê-la porque esta personagem já foi utilizada em outra peça do mesmo autor. Nesse confronto, ele, ao discutir a própria estrutura do espetáculo, estabelece comparações com revistas dos anos anteriores. Indignado com a falta de criatividade, retira-se da sala de espetáculos e convida os demais a fazerem o mesmo. Como a solicitação não é atendida, Frivolina retoma sua apresentação e dirige-se ao *ponto** para recordar a sua fala e voltar ao início do espetáculo, mencionando a inauguração do Panorama do Rio de Janeiro. Como se vê, essa cena expõe publicamente os mecanismos que a compõem, assim como as indagações da personagem/espectador discutem a própria escrita teatral e a ideia de processo criativo, o que contribui para a quebra do *ilusionismo*.

Outro momento da dramaturgia brasileira em que o distanciamento foi utilizado, em período anterior à presença das peças e dos textos teóricos de BRECHT no país, pode ser observado em *O Rei da Vela*, de Oswald de ANDRADE. Ao lado de outros procedimentos, esse recurso cênico foi assim apreciado por Sábato MAGALDI: "O Cliente propõe um acordo: uma pequena redução no capital, e isso depois de haver dito que não se utilizou da lei contra a usura. Abelardo I chama essa lei de 'coisa imoral e iníqua' e pergunta ao Cliente: 'Foi meu automóvel que parou diante do seu casebre para pedir que aceitasse o meu dinheiro?'. Abelardo I expulsa-o, tranquilo porque 'a polícia ainda existe...'. Ao que o Cliente replica: 'Para defender os capitalistas! E os seus crimes!'. Só resta a Abelardo I mandar executar o Cliente, ou, em outras palavras: 'Fuzile-o. É o sistema da casa'. Expulso o Cliente, Abelardo I diz a Abelardo II para não entrar mais ninguém: '...esta cena basta para nos identificar perante o público. Não preciso mais falar com nenhum dos meus clientes. São todos iguais'. Com intuição genial dos processos anti-ilusionistas, de que ele devia ter ciência somente por informações a respeito de MEIERHOLD e PISCATOR (já que BRECHT apenas se iniciava e não era ainda muito divulgado nem na França), Oswald utiliza aí a técnica do 'distanciamento' ou 'estranhamento', com duas vantagens. A primeira é a de simplificar o que pretende exibir para os espectadores, não os cansando com várias cenas idênticas. O diálogo com esse Cliente tem mérito exemplar completo. E a segunda é a de manter viva a capacidade de raciocínio da plateia que pensa imediatamente, movida pelo convite à crítica, feito por Abelardo" (2004b.: 68).

Embora o distanciamento tenha sido um recurso utilizado por diferentes dramaturgos brasileiros, deve-se recordar que essa discussão ganhou destaque através da recepção dos textos teóricos e da dramaturgia de Bertolt BRECHT no país, pois, à semelhança das trajetórias vivenciadas pela noção de *teatro épico**, esta apropriação perseguiu o debate estabelecido entre a denominada *peça benfeita** e as conquistas teatrais advindas do Expressionismo, das temáticas sociais e da perspectiva de engajamento dos artistas russos (MEIERHOLD e MAIAKÓVSKI) e alemães (PISCATOR e BRECHT).

A respeito da presença de BRECHT no Brasil, observe-se inicialmente que foram encenadas, em 1951, *A Exceção e a Regra*, pela Escola de Arte Dramática (EAD), sob direção de Alfredo MESQUITA, e, em 1958, *A Boa Alma de Setsuan*, pelo Teatro Maria Della Costa, sob direção de Flamínio BOLLINI. No entanto, por intermédio de discussões que ocorreram sobretudo no Teatro de Arena de São Paulo, as preocupações estéticas e políticas do dramaturgo alemão ganharam maior amplitude quando os jovens autores da época (Augusto BOAL, Oduvaldo VIANNA FILHO, Gianfrancesco GUARNIERI, Chico de ASSIS, entre outros) passaram a compreender os ensinamentos brechtianos como pilastras fundamentais para a construção de uma dramaturgia comprometida com a realidade brasileira.

Com esse intuito, foram elaborados textos inspirados nas temáticas histórico-sociais de BRECHT, mas sem a incorporação das implicações formais das mesmas (*Chapetuba Futebol Clube*, de VIANINHA, pode ser considerado um exemplo) e criações dramatúrgicas que promoveram um diálogo mais intenso com as perspectivas épicas, tais como: *A Mais-valia vai Acabar, Seu Edgar* (Oduvaldo VIANNA FILHO); *O Auto dos 99%* (Oduvaldo VIANNA FILHO/Marco Aurélio GARCIA/Cecil THIRÉ/Carlos Estevam MARTINS/Armando COSTA); *Revolução na América do Sul* (Augusto BOAL). Tais peças escolheram como temas a teoria da mais-valia de MARX, a conjuntura brasileira do início da década de 1960 e as relações sociais sob a ótica do capitalismo, respectivamente, com vistas a refletir sobre os mecanismos que permitiriam a transformação social. Ao lado disso, os autores utilizaram vários procedimentos estéticos imputados ao teatro épico, a saber: *slides*, cartazes, canções, *coro**, personagens dirigindo-se diretamente ao público, comentários de algumas situações, entre outros.

Por sua vez, as personagens que atualizam tais situações dramáticas não possuem dimensões individuais. Pelo contrário, conduzem as ações do ponto de vista coletivo, isto é, social. Tal afirmativa torna-se evidente quando se observa que, em *A Mais-Valia...* estão em cena os Desgraçados e os Capitalistas; em *Auto dos 99%*, por sua vez, surgem os índios, os estudantes, entre outros. Já em *Revolução na América do Sul*, apesar de o protagonista ser José da Silva, o espectador está diante não de um indivíduo e de seus dilemas particulares, mas de um operário e de todas as circunstâncias nas quais as privações, a que ele e sua família estão submetidos, são representações das condições de vida de uma classe social e de seus desdobramentos no âmbito econômico e político.

O que chama a atenção nas peças teatrais relacionadas até o momento, sejam elas de motivações explicitamente ideológicas ou tenham temáticas mais abrangentes, é a opção pelo cômico, com vistas a realizar o distanciamento e enfatizar o exercício crítico. Nessas circunstâncias, torna-se oportuno recordar a seguinte passagem do livro *O Nome da Rosa*: "O riso libera o aldeão do medo do diabo, porque na festa dos tolos também o diabo aparece pobre e tolo, portanto controlável. Mas este livro poderia ensinar que libertar-se do medo do diabo é sabedoria. Quando ri, enquanto o vinho borbulha em sua garganta, o aldeão sente-se patrão, porque inverteu as relações de senhoria: mas este livro poderia ensinar aos doutos os artifícios argutos, e desde então ilustres, com que legitimar a inversão" (ECO, 1983: 533).

Essa instigante passagem, ao mesmo tempo, apresenta o caráter subversivo do riso e remete a uma discussão de grande importância para a história da crítica em geral, na medida em que qualquer estudo sistemático das histórias literárias e/ou teatrais constata, tanto na poética clássica, quanto em estudos modernos, a existência de uma hierarquia que privilegia temas/narrações trágicas e/ou dramáticas em detrimento da *comédia** e da *farsa**. Dessa feita, o cômico torna-se um importante mecanismo para aproximar a platéia dos acontecimentos narrados no palco, da mesma maneira que *distancia* por não propiciar, de imediato, o exercício da identificação entre palco e platéia. Não é por outra razão que as encenações de *O Rei da Vela*, em 1967, pelo Grupo Oficina, em São Paulo, e em 2000, pela Companhia dos Atores, no Rio de Janeiro, optaram por destacar o viés cômico, em especial da personagem Abelardo I, evidenciando assim situações de estranhamento.

Ainda na matriz do *teatro engajado**, recuperando-se as peças *Arena conta Zumbi* e *Arena conta Tiradentes*, verificar-se-á que nelas, embora haja opção pela narrativa épica das situações dramáticas, o distanciamento não se efetivou cenicamente, visto que os protagonistas, Zumbi e Tiradentes, respectivamente, foram construídos, dramaticamente, como heróis de Palmares e da Inconfidência Mineira. Assim sendo, na condição de heróis, foram enfatizados os seus aspectos positivos, o que, em última instância, impossibilitou um exame crítico, em termos históricos, das experiências de luta representadas cenicamente, como bem observaram, à época, os críticos Décio de Almeida PRADO e Sábato MAGALDI. Tal aspecto foi tão decisivo nessa discussão que Augusto BOAL, um dos autores dos textos, em uma reflexão sobre *Arena conta Tiradentes*, assim justificou o seu procedimento: "BRECHT cantou: 'Feliz o povo que não tem heróis'. Concordo. Porém nós não somos um povo feliz. Por isso precisamos de heróis. Precisamos de Tiradentes" (1975a: 222).

Por outro lado, foram encenadas peças, dentre as quais *Frank V* (F. DÜRRENMATT), em 1973, com direção de Fernando PEIXOTO, que procuraram construir olhares brechtianos. No exemplo mencionado, a narrativa concentrou-se na dinâmica de poder e de especulação do sistema bancário. Com efeito, a concepção cênica do espetáculo buscou construir um distanciamento entre aquilo que ocorria no palco e as expectativas que, naquele momento histórico, motivavam o público de teatro, em sua maioria composto por segmentos sociais comprometidos com a resistência democrática e com a luta pelo Estado de Direito.

Em meio a essas considerações, vale lembrar que, como bem observou Patrice PAVIS, em BRECHT, "o distanciamento não é apenas um ato estético, mas sim político: o efeito de estranhamento não se prende a uma nova percepção ou a um efeito cômico, mas a uma desalienação ideológica. O distanciamento faz a obra-de-arte passar do plano do seu procedimento estético ao da responsabilidade ideológica da obra-de-arte" (1999: 106). Nesse sentido, o que organizou a sua dramaturgia foi, essencialmente, uma concepção dialética do processo histórico, a partir da qual as suas personagens representavam, cenicamente, narrativas em que uma visão de processo e de lutas sociais constituíram um *a priori* da elaboração artística. Exemplos desse procedimento estão em peças como *Mãe Coragem* e *Galileu Galilei*, entre outras. Ambas foram encenadas algumas vezes no Brasil. Em relação à primeira, a mais recente montagem ocorreu em 2002, sob a direção de Sérgio FERRARA e protagonizada por Maria Alice VERGUEIRO, que buscou todos os símbolos da cena épica de BRECHT, ao lado de um trabalho de interpretação que enfatizou a condição de comerciante da "Mãe Coragem" e não de seus sentimentos maternos, que poderiam, em última instância, psicologizá-la. Ou, nas palavras da própria intérprete: "É uma mulher dotada de contradições, de dúvidas, que toma decisões certas às vezes e erra outras tantas. Alguém que corre riscos e sabe que o mundo é duro. Ela batalha por seus filhos, mas não se anula por eles, não se esquece nunca de si mesma, isto é, de sua carroça, que é como um prolongamento dela, o instrumento de seu comércio, sua casa, seu lugar na terra. E a guerra, como diz ela, 'é isto: uma bonita fonte de renda'" (VERGUEIRO, 2002: 4-5).

O destaque para as ponderações de VERGUEIRO levanta um outro dado de importância fundamental para as discussões sobre o distanciamento, a saber: a formação e o trabalho de ator. No Brasil, historicamente, há que se recordar o impacto que os ensinamentos de Constantin STANISLÁVSKI tiveram na formação de atores/atrizes dos grupos e *companhias** orientados por Eugênio KUSNET, ator e professor de interpretação formado na Rússia. Ministrando cursos e trabalhando em coletivos da vanguarda teatral como o Teatro de Arena de

São Paulo e o Teatro Oficina, KUSNET introduziu o Método, fundado no realismo psicológico, em grupos que ao mesmo tempo se familiarizavam com a técnica do distanciamento. A alternância e por vezes a combinação desses procedimentos aparentemente opostos contribuíram para a flexibilidade estética e teórica desses grupos de *vanguarda**. Exercitavam a mimese realista com competência e podiam fraturar essa aparência com a intromissão de técnicas de distanciamento. O espetáculo *Os Inimigos*, peça de GÓRKI encenada pelo Teatro Oficina, em 1966, combinava a representação ilusionista com recursos espetaculares (luz, som e *cenografia**) de função analógica e narrativa.

Esse aspecto formativo deve ser considerado no campo das reflexões sobre o distanciamento, como observou Fernando PEIXOTO, em seu comentário sobre o texto *Nova Técnica de Interpretação*, de B. BRECHT: "O ator não deve apresentar seu texto como uma improvisação do momento, mas sim citá-lo. Para um distanciamento das falas e das ações, (BRECHT) aconselha três recursos a serem utilizados nos ensaios: a transposição para a terceira pessoa do singular, a transposição para o passado, dizer o texto precedido de instruções e comentários do autor sobre a personagem e a ação que diz ou executa. Todo sentimento deve se refletir exteriormente, isto é, deve ser transformado em gestos" (1991: 333).

Desse ponto de vista, deve-se considerar que a promoção do efeito de distanciamento (*Verfremdungseffeckt* – Efeito V) requer um investimento intelectual e artístico na formação de atores, dramaturgos, isto é, de profissionais de teatro que optem por esta perspectiva de trabalho. Um importante exemplo desse tipo de iniciativa está nas atividades da Companhia do Latão. Bertolt BRECHT tornou-se interlocutor privilegiado de suas criações estéticas, na medida em que encenou *Santa Joana dos Matadouros*, e inspirou-se nos textos teóricos do dramaturgo alemão para escrever a peça *Ensaio sobre o Latão*. Já *A Comédia do Trabalho* e *O Nome do Sujeito* foram concebidos à luz dos referenciais estéticos e políticos que envolvem tanto a narrativa épica, quanto as premissas orientadoras do distanciamento. Com efeito, o trabalho dramatúrgico, interpretativo e cênico da Companhia desenvolve-se em diálogo constante com as perspectivas de BRECHT.

Por outro lado, vale destacar outro aspecto fundamental para essa discussão sobre o distanciamento, isto é, a recepção dos espetáculos. Na maioria dos estudos sobre o tema, os processos criativos envolvendo dramaturgia, cena e interpretação mobilizam integral e exclusivamente as reflexões. Entretanto, a construção teatral envolve palco e plateia e, desse ponto de vista, como viabilizar a efetiva comunicação entre ator e público? Este talvez tenha sido um dos mais importantes desafios do distanciamento na experiência teatral brasileira. (RP)

 Coro, Épico (Teatro), Narrador.

DOCUMENTÁRIO (TEATRO)

 Jornal (Teatro).

DOMICÍLIO (TEATRO A)

O teatro feito em residências, por *amadores** ou grupos formados para esse fim, foi uma prática comum no Brasil do século XIX. As pessoas reuniam-se em saraus literários para ouvir poemas declamados ou para assistir à representação de pequenas *comédias** ou *cenas cômicas**. Já a apresentação profissional de artistas ou *grupos teatrais** é fenômeno recente. Sabe-se, por exemplo, que em suas origens, por volta de 1958, o Grupo Oficina lançou mão desse recurso para angariar fundos para futuras encenações e que seu repertório, nessas ocasiões, compunha-se de três peças em um ato: *Antônio*, de ZERBONI, *O Guichê*, de TARDIEU, e *Geny no Pomar*, de Charles TOMAS. Na última década do século XX, o teatro a domicílio teve um bom representante no *ator** Raul OUROFINO, que fez alguns espetáculos no estilo *one man show*, em São Paulo e Rio de Janeiro, sob a direção de Irene RAVACHE. (EF)

DRAMA BURGUÊS

 Realista (Comédia).

DRAMA DE CASACA

Denominação dada às peças que surgiram depois do Romantismo, por causa das roupas usadas em cena. Se nos *dramas históricos** românticos eram absolutamente necessários os figurinos de época, porque as ações situavam-se no passado, nos dramas de casaca, ao contrário, os artistas trajavam-se como os espectadores da platéia, uma vez que a ação dramática situava-se no presente. Assim, no lugar da capa e da espada, a casaca. Na França, autores como Alexandre DUMAS FILHO e Émile AUGIER popularizaram esse tipo de peça, que era também denominada *comédia realista**, a partir da década de 1850. No Brasil, entre 1855 e 1865, vários escritores aproximaram-se do teatro realista de origem francesa, apropriando-se de seus modelos. Dentre eles, destaca-se José de ALENCAR, que escreveu algumas comédias realistas – ou dramas de casaca – como *O Demônio Familiar*, *O Crédito* e *As Asas de um Anjo*. (JRF)

 Realista (Comédia).

 Aguiar, 1984; Faria, 1987, 1993.

DRAMA FANTÁSTICO

Na segunda metade do século XIX, foram comuns as representações de dramas fantásticos nos teatros do Rio de Janeiro. Eram peças que combinavam as características da *mágica** e do *dramalhão**, ou seja, os truques cênicos da primeira e o enredo mirabolante do segundo, com possíveis incursões pelo sobrenatural. A mistura de elementos de diferentes formas dramáticas tornou-se quase uma regra do teatro voltado para o grande público. Anunciadas nos jornais como peças "de grande aparato" ou "de grande espetáculo", por causa da riqueza das montagens, os dramas fantásticos dividiram o seu prestígio com outros gêneros mistos, como a *opereta**-mágica e a *revista** cômico-fantástica, entre outras possíveis combinações. Sem preocupações literárias, esse tipo de peça queria apenas divertir, impressionar, assustar ou encantar o espectador. Um bom exemplo é o drama fantástico *As Proezas de Satanás*, do escritor irlandês BOUCICAULT, representado no Teatro S. Luís, em dezembro de 1881. O anúncio publicado nos jornais da época trazia os títulos dos quadros, que dão uma ideia precisa do que o espectador via em cena: "O Anjo das Trevas", "O Palco Infernal", "Satanás Triunfa", "O Espectro da Morte", "Anjo e Demônio", "O Carrasco de Londres" e "O Inferno!".

Outro exemplo é *A Meia-noite*, de J. DORNAY, representado em abril de 1890 no Teatro Variedades Dramáticas e anunciado como "drama fantástico em 5 atos, 8 quadros, ornado de música, bailados, cantos populares, visualidades, aparições de espectros, tempestades, combates etc.". Ainda digno de menção é o "drama fantástico de grande espetáculo, em 1 prólogo, 4 atos e 6 quadros", *O Remorso Vivo*, que teria contado com a colaboração de Machado de ASSIS. Ao estrear em fevereiro de 1867, no Teatro Ginásio Dramático do Rio de Janeiro, apenas o *ator** Furtado COELHO e o escritor e jornalista Joaquim SERRA assumiram a sua paternidade, ao lado de Artur NAPOLEÃO, responsável pela música. Devido ao grande sucesso, o drama voltou inúmeras vezes à cena, inclusive na estreia da famosa *companhia dramática** de Dias BRAGA, em 1883, no Teatro Recreio Dramático. Sua autoria suscitou, então, diversas versões. Segundo J. Galante de SOUSA, "Sanches de FRIAS dá como autores Furtado COELHO, Machado de ASSIS e Joaquim SERRA. Artur BARREIROS, na sua 'Resenha Teatral' (*Revista Ilustrada*, Rio de Janeiro, 26 out. 1878), indica Joaquim SERRA, Vieira de CASTRO, Machado de ASSIS e Ferreira de MENESES" (1979: 102). Múcio da PAIXÃO dá outros detalhes, informando que o drama foi projetado na casa de Furtado COELHO, numa ceia: "Ficou nessa ocasião combinado que se escreveria a peça em colaboração pelos comensais. Furtado escreveu o prólogo e o 1º ato, Joaquim SERRA o 2º, Ferreira de MENESES o 3º e Machado de ASSIS o último, circunstância essa ignorada por muita gente"(1916: 476). Registre-se que até hoje nenhum biógrafo de Machado de ASSIS conseguiu comprovar essa colaboração. Mas a amizade que o ligava a todos os envolvidos na redação de *O Remorso Vivo* é forte indício de que talvez tenha participado da empreitada. O drama, fiel ao seu gênero, tem personagens reais e personagens fantásticas e passa-se numa cidade da Prússia – o prólogo, em 1850, os quatro atos quinze anos depois. E o enredo, melodramático, gira em torno de um mau pai, que abandona mulher e filha, que esbanja parte da fortuna pelo mundo e que, de volta à cidade natal, é confrontado com o passado, atormentado pela "Sombra do remorso", personalizada em cena. Vale lembrar que, assim como o *melodrama**, o drama fantástico – ou pelo menos algumas das suas características – teve vida longa no *circo-teatro**. (JRF)

DRAMA HISTÓRICO

 Drama Romântico.

DRAMA ROMÂNTICO

O drama romântico é uma forma teatral que nasceu em oposição à *tragédia** clássica. Se nesta vigoram as regras impostas pela poética do Classicismo, naquele as regras são abandonadas em nome da liberdade de criação artística. Em outras palavras, isso significa que, de um modo geral, o drama romântico dispensa as unidades de tempo e espaço, mistura elementos da tragédia e da *comédia**, desobedecendo à unidade de tom, e alarga a ação mostrada em cena por meio da complicação do enredo e da multiplicação dos personagens. Essa revolução formal vem acompanhada de uma revolução no conteúdo: o drama romântico não busca os seus temas na Antiguidade clássica, mas fundamentalmente no passado nacional, como bem definiu Victor HUGO no prefácio de *Marie Tudor*: "Se houvesse um homem hoje que pudesse realizar o drama como nós o compreendemos, este drama [...] seria o passado ressuscitado em benefício do presente; seria a história que nossos pais fizeram, confrontada com a história que nós fazemos" (HUGO, 1964: 414). Esclareça-se que o drama romântico apresenta vastos painéis históricos, nos quais se movimenta toda a sociedade. Ao lado dos reis e nobres, o povo também aparece, não apenas como figurante, mas, por vezes, fornecendo o herói para a peça, como em *Kean*, de Alexandre DUMAS, *Chatterton*, de Alfred de VIGNY, e *Ruy Blas*, de Victor HUGO. O segundo tema forte do drama romântico é a paixão amorosa, de caráter avassalador. Na tragédia clássica também há lugar para a paixão, mas o conflito é interiorizado e a ação contida pelo formalismo do verso alexandrino e pela regra das conveniências. Já no drama romântico a paixão arrasta o protagonista para os confrontos com a sociedade, suas leis e código moral, gerando enredos de forte impacto sobre a plateia. O adultério, o incesto, a bastardia, o suicídio, o assassinato, ao lado do ciúme, da ambição, da traição, do amor desesperado e insensato são os sentimentos que alimentam a maioria das peças escritas no período romântico.

Essa verdadeira revolução teve em SHAKESPEARE o seu modelo. E seu início remonta à segunda metade do século XVIII, quando os escritores alemães do movimento *Sturm und Drang* ("Tempestade e Ímpeto") começaram a contestar a hegemonia da tragédia clássica francesa. As peças e os escritos teóricos de LESSING, HERDER, GOETHE, SCHILLER, LENZ, SCHLEGEL, entre outros, abriram o caminho para a vitória do drama romântico nos demais países europeus. Na França, onde a batalha contra o Classicismo foi mais acirrada, Victor HUGO e Alexandre DUMAS inspiraram-se em SHAKESPEARE para escrever vários dramas históricos. O primeiro, no célebre prefácio a *Cromwell*, de 1827, sublinhou a importância do escritor inglês: "Eis-nos chegando à sumidade poética dos tempos modernos. SHAKESPEARE, é o drama; e o drama, que funde sob um mesmo alento o grotesco e o sublime, o terrível e o bufo, a tragédia e a comédia" (HUGO, s.d.: 36-37). Aí está, sintetizada, a essência do drama romântico, forma teatral que deve ser entendida como a superação das dicotomias e regras preconizadas pela poética clássica. Afinal, se "tudo o que está na natureza está na arte", então não é possível separar o sublime do grotesco; ao contrário, é preciso combiná-los, uma vez que "se cruzam no drama como se cruzam na vida e na criação" (HUGO, s.d.: 42).

A compreensão do drama romântico no Brasil não se deu de imediato. Nosso primeiro dramaturgo importante, Gonçalves de MAGALHÃES, inclinou-se pela tragédia neoclássica ao escrever *Antônio José ou O Poeta e a Inquisição* e *Olgiato*, peças encenadas em 1838 e 1839, respectivamente. Nessa mesma época, Martins PENA e Luís Antônio BURGAIN, francês radicado no Rio de Janeiro, preferiram a forma do *melodrama**. É com Gonçalves DIAS que o drama romântico surge no cenário teatral brasileiro. Entre 1843 e 1850, ele escreve *Beatriz Cenci*, *Patkull*, *Leonor de Mendonça* e *Boabdil*. São dramas de amor, ódio, ciúme, nos quais o autor demonstra que conhecia SHAKESPEARE e as formulações teóricas de Victor HUGO. Corajoso, nem mesmo o tema do incesto ele deixou de abordar, e logo em sua primeira peça, pagando um alto preço por isso: *Beatriz Cenci* foi considerada imoral e proibida, pelo Conservatório Dramático Brasileiro, de ser representada. O que chama a atenção nos dramas de Gonçalves DIAS é que nenhum se passa no Brasil. O autor buscou inspiração na crônica histórica de países europeus, procedendo à maneira de SHAKESPEARE, que nunca ficou preso à história de seu país.

A "cor local" desejada pelos românticos aparece em outros autores brasileiros do período. Joaquim Manuel de MACEDO escreve *O Cego* (1849), drama que se passa nos arrabaldes do Rio de Janeiro, em 1825, e *Cobé* (1852-1854), uma das poucas tentativas do drama indianista, ao lado de *A Voz do Pajé* (1860), de Bernardo GUIMARÃES. Outra vertente buscada foi a do drama da escravidão, assunto contemporâneo e controvertido. Carlos Antônio CORDEIRO, com *O Escravo Fiel* (1859); José de ALENCAR, com *Mãe* (1860); e Rodrigo Otávio de Oliveira MENESES, com *Haabás* (1861), mostram que a "cor local" nem sempre é um aspecto positivo da vida nacional. Com Álvares de AZEVEDO, a forma do drama romântico se desintegra; em *Macário* (1851-1852) ele acrescenta o elemento fantástico no enredo, distanciando-se dos ensinamentos de Victor HUGO. Nesse panorama, foi o drama histórico que ganhou a preferência dos dramaturgos brasileiros. O nacionalismo romântico exigia que nosso passado fosse resgatado, tanto para evocar os costumes, quanto para lembrar os acontecimentos marcados por algum ato de heroísmo. Os primeiros que merecem ser citados são Joaquim Norberto de Sousa SILVA e Francisco Adolfo de VARNHAGEN, que escreveram dois dramas sobre o mesmo assunto. Ainda que não sejam bem arquitetados, *Amador Bueno ou a Fidelidade Paulistana*, do primeiro, encenado em 1846, e *Amador Bueno*, do segundo, publicado em Lisboa, em 1847, realizam o ideal romântico de levar à cena o passado nacional. Em São Paulo, Paulo Antônio do VALLE evocou os costumes coloniais paulistas em *Caetaninho ou o Tempo Colonial* (1848).

Vários outros dramaturgos surgem por volta de 1850, como se lê num dos volumes da *História da Inteligência Brasileira*, de Wilson MARTINS (1977: 393-531). Como ele acompanha, ano por ano, a produção literária brasileira, a leitura das partes relativas ao teatro permite observar o que acontecia no Rio de Janeiro e em outras cidades do país, em termos de dramaturgia. Impressiona o número de autores que apareceram no período e de peças que permaneceram inéditas ou que foram publicadas de modo tão precário que se perderam com o passar do tempo. Entre as que sobreviveram e que se destacaram porque foram encenadas ou porque apresentam alguma qualidade artística, estão quatro dramas históricos de assunto nacional. Agrário de MENESES, na Bahia, escreve *Calabar,* em 1856; José de ALENCAR, no Rio de Janeiro, *O Jesuíta*, em 1860; Paulo EIRÓ, em São Paulo, *Sangue Limpo*, em 1861; e Castro ALVES, no Recife, *Gonzaga ou a Revolução de Minas*, em 1867. Esses quatro dramas apresentam uma certa unidade. A luta pela liberdade e pela independência os aproxima, bem como, no caso dos dois últimos, o ideal abolicionista.

Ao estudar esse repertório, Décio de Almeida PRADO observou: "O drama histórico nacional nunca esteve isento de contaminação com o melodrama" (1996: 195). De fato, em todas as peças aqui arroladas, em maior ou menor escala, os recursos do *melodrama** são aproveitados: reviravoltas no enredo, revelações surpreendentes, excessos retóricos, maniqueísmo na construção das personagens etc. As exceções ficam por conta das melhores realizações de Gonçalves DIAS – *Leonor de Mendonça* em especial –, Álvares de AZEVEDO e José de ALENCAR. (JRF)

 Romântico (Teatro).

Faria, 2001; Guinsburg, 1978, 1999; Lefèbvre, 1992; Lioure, 1963; Prado, 1972, 1993a; Ubersfeld, 1993.

DRAMALHÃO

Peça teatral marcada pelos exageros sentimentais, pela inverossimilhança, pelos *clichês**, por todas as convenções do velho teatro. Sua presença nos palcos brasileiros do século XIX foi imensa. Vindos de Portugal, traduzidos do francês ou escritos por brasileiros, os dramalhões, feitos por dramaturgos secundários, nasceram do que havia de pior nos *melodramas**. Sem qualidade literária, esse tipo de peça foi alvo constante das críticas de intelectuais ou escritores como Machado de ASSIS e Artur AZEVEDO. O primeiro, quando foi crítico teatral e folhetinista, nunca escondeu sua aversão ao "dramalhão cosido a facadas", para usar os termos que estão no conto *A Causa Secreta* (ASSIS, 1950b.: 102). O segundo, sempre que censurado por escrever *operetas** e *revistas de ano**, revidava dizendo que preferia uma boa peça cômica e musicada a um "dramalhão pantafaçudo" (Faria, 2001: 608). Ambos deram definições sabo-

nador meticuloso quanto o encenador-pedagogo preocupado com a formação artística e ética do ator brasileiro. Seu espetáculo *Macunaíma*, baseado em Mário de ANDRADE e estreado em 1978, ou as diversas incursões nas peças de Nelson RODRIGUES, estabelecem um percurso paradigmático que confirma a vocação autoral desse encenador demiurgo.

Se, por um lado, o trabalho autoral do encenador ganha grande reconhecimento, como foi o caso de *Macunaíma*, por outro lado, os anos de 1970 também são marcados por um processo de trabalho motivado pela criação coletiva e organizado através de grupos cooperativados sem a intermediação do empresário, com o papel do encenador não totalmente rejeitado, mas vigorosamente submisso a uma vontade do coletivo. A eclosão da expressão corporal, que coloca em evidência o corpo individual do ator e o corpo coletivo do elenco, parece tratar de um efeito perante o jugo centralizador do encenador. Sem perder de vista o humor e a irreverência, destacam-se nesta linha de trabalho os grupos Asdrúbal Trouxe o Trombone, Ornitorrinco, Ventoforte, Mambembe, Pod Minoga e Tá na Rua (FERNANDES, 2000b.). São resultados deste movimento o surgimento de processos de *distanciamento** visando à quebra da ilusão, como o *escracho*, e uma dramaturgia do coletivo que desembocaria no *besteirol**.

Já os anos de 1980 e 90 são marcados por uma corrente dita de pesquisa de linguagem, em que muitas vezes as imagens produzidas em cena se sobrepõem ao resíduo literário. E, neste sentido, as experiências de Bia LESSA dentro do projeto SESC – Ensaios, ou as montagens de Gerald THOMAS (*Electra Concreta* e *Kafka*) atestam esta vertente. Neste mesmo período, despontam jovens encenadores formados segundo uma orientação universitária, a partir de núcleos de liderança, que estabelecem uma segunda corrente, e é aí que novas tendências e antigos propósitos se confundem e são reanimados. A valorização da cultura popular, brasilidade, ou mais especificamente da mineiridade, está na base da linguagem cênica que selou definitivamente a associação do Grupo Galpão com o encenador Gabriel VILLELA. Esta mesma corrente abarca as encenações de Antônio NÓBREGA, formado no Movimento Armorial, ou ainda o caso de Luiz Carlos VASCONCELOS à frente do Teatro Piolin. A retomada de um teatro de orientação marxista e preocupado com os problemas sociais atuais é a tônica das montagens de grupos como o Folias d'Arte, Companhia do Latão e Companhia Ensaio Aberto, dentro de um *processo colaborativo** mediado pela figura do encenador. Já a produção de uma linguagem que se dedica a enfatizar os aspectos poéticos da cena encontra ressonância em grupos como o TAPA, o Teatro do Pequeno Gesto, os F. Privilegiados, Teatro Armazém, Intrépida Trupe, entre outros.

O campo de atuação do encenador ou diretor teatral, no mercado de trabalho brasileiro, é amplo, porém específico. Hoje, apesar da inexistência de companhias teatrais estáveis instaladas em teatros públicos, a formação do jovem encenador vem cabendo aos cursos universitários. Ofício sem dúvida marcado por uma necessidade de expressão opinativa e espírito analítico, regra geral o diretor teatral atua tanto como o encenador de um espetáculo, quanto diretor de atores. Encenador, animador cultural ou pedagogo, interagindo em instituições de lazer e cultura ou como diretor artístico, programador cultural na área de artes cênicas junto a instituições culturais ligadas à atividade teatral, ele pode atuar tanto no interior de uma instituição pública ou privada quanto ser capaz de promover com autonomia seu próprio projeto de trabalho. (WLT)

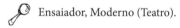 Ensaiador, Moderno (Teatro).

ENGAJADO (Teatro)

Militância (Teatro da), Político (Teatro).

ENSAIADOR

Denominação que se usava no "velho teatro" brasileiro – o do século XIX e três primeiras décadas de XX – para designar a figura do *diretor**. Cabia ao ensaiador a arrumação dos móveis e objetos de cena, podendo mesmo opinar sobre os figurinos dos atores. Aliás, se a peça não era "de época", seria responsabilidade dos atores providenciar os figurinos. Mais que tudo, cabia ao ensaiador a tarefa de *marcação** dos *papéis**, objetivando a clareza e a máxima propriedade na movimentação cênica. Exigia-se ainda desse profissional que tivesse bastante experiência da mecânica do palco e das possibilidades de cada *ator**, dadas as condições muitas vezes precárias das encenações e da sua alta rotatividade (numa mesma semana poderiam ser encenadas três peças). Como a qualidade do espetáculo ficava, em geral, sob a responsabilidade dos atores mais talentosos, com capacidade, inclusive, de improvisar, deduz-se que o papel do ensaiador era de pouca importância criativa, interessando muito pouco à crítica especializada e ao público. Essa função tornou-se anacrônica a partir de meados da década de 1940, quando o diretor passou a ser o responsável pelas montagens das companhias profissionais. Em 1954, período em que o moderno teatro brasileiro pautava-se primordialmente pela estética da unidade conceitual do espetáculo, o Serviço Nacional de Teatro publicava um guia prático intitulado *Escola Teatral de Ensaiadores* acrescido do subtítulo *Da Arte de Ensaiar*, obra do ensaiador Otávio RANGEL. Anacrônico ao tempo em que foi publicado, o livro é, não obstante, um valioso documento da operosidade artesanal dos ensaiadores. Embora não aspirando ao "artístico", na medida em que se limitavam a operacionalizar a encenação, mobilizavam, contudo, um vasto horizonte de conhecimentos relativos a escolas estéticas, estilos, gêneros e noções de composição ligadas à cubagem do palco italiano. Também não escapavam da sua esfera de competência aspectos exteriores da interpretação: "Reportando-me às atribuições (do ensaiador): tendo por praxe moralizadora dar início ao ensaio no horário constante da 'tabela de serviço', com o *ponto** ao seu lado; é de capital observância, logo que os atores e atrizes tenham de cor os seus papéis, fixá-los em definitivo no tom da representação; libertar gestos e mãos que tanto preocupam os neófitos; corrigir dicções imperfeitas e articulações deficientes ou exageradas" (RANGEL, 1954: 140). (EF)

 Marcação.

 Rangel, sd.

ENSINO DO TEATRO

Ao longo da história do Brasil existiram diversas iniciativas de abordagem ou utilização do teatro no processo educativo, bem como de formação educacional de pessoas voltadas para a arte teatral. A Companhia de Jesus desenvolveu, em seus colégios, uma sólida estrutura de uso escolar comparável àquela praticada na Europa. MOLIÈRE e GOLDONI, por exemplo, estudaram em colégios jesuítas e ali aprenderam os rudimentos da dramaturgia. Nos estabelecimentos de ensino o teatro era utilizado com a dupla função de formação religiosa e de veiculação do conteúdo de outras disciplinas, como o estudo de línguas e retórica.

Quanto ao ensino formal da arte do teatro, a institucionalização é tardia e descontínua. Em meados de 1861, João CAETANO criou uma escola de teatro no Rio de Janeiro, inspirando-se no Conservatório de França. Buscando superar a condição marginal, discriminada e subalterna da classe teatral de seu tempo, o projeto continha itens curriculares como "Da Reta Pronúncia", "Da Declamação e Esgrima" e "Da História". Em 1863, ano de sua morte, em uma carta endereçada ao Marquês de OLINDA, João CAETANO informava que a escola não atraíra um número suficiente de alunos para poder funcionar regularmente.

Em 1843, é criado o *Conservatório Dramático Brasileiro**, no Rio de Janeiro, que não foi propriamente uma escola de teatro, mas uma agremiação de incentivo à dramaturgia. Chamava a atenção para a "boa prosódia e nítida compreensão dos papéis desempenhados". Pensava-se, na época, no aperfeiçoamento do fazer artístico e das formas de apreciação da arte teatral através de debates em sessões culturais.

A instituição da escola de teatro é recente. Antes, os *atores** eram instruídos no seio da classe teatral e suas funções eram bastante estáveis, com representação de *papéis** do mesmo tipo ao longo de toda a vida. No *teatro moderno**, torna-se bem mais complexo o trabalho do ator e de todos os envolvidos com a arte teatral. O ator, por exemplo, não pode mais se fixar em um estilo ou em convenções. Deve dominar técnicas para trabalhar com variados tipos de texto e com gestos e entonações diferenciados, exigindo um período de formação que justifica a existência de escolas. Instituições de ensino de teatro são criadas em várias cidades brasileiras a partir do século XX.

A Escola Dramática Municipal, atual Martins Pena, inicialmente subordinada ao Teatro Municipal, foi formalmente criada em 1911 pela administração municipal do Rio de Janeiro. Com um Regimento que previa disciplinas como

"Elementos de Estética", "Arte de Dizer", "Arte de Representar" e "Fisiologia das Paixões", contemplava, em primeiro plano, a formação do intérprete. Foi oficializada em 1922. Seu primeiro diretor foi o escritor e dramaturgo COELHO NETO e seria o diretor quem assumiria, por mais de uma década, o ensino de Literatura Dramática nessa instituição. Eminentes intelectuais cariocas integraram-se ao corpo docente e a disciplina Prosódia foi ministrada por José OITICICA, renomado filólogo catedrático do Colégio Pedro II. Nessa escola estudaram figuras capitais do teatro brasileiro na primeira metade do século XX, a saber: Iracema de ALENCAR, Davina FRAGA, Procópio FERREIRA, Carlos MACHADO e Sadi CABRAL.

Em 1939, o Serviço Nacional de Teatro instituiu o Curso Prático de Teatro, depois transformado em Conservatório Nacional de Teatro. Essa escola destinava-se a formar intérpretes para a arte dramática e incluía na formação as disciplinas de Dança e Canto. Em 1958, a regulamentação do Conservatório Nacional de Teatro passa a exigir o nível ginasial para admissão, formando, por meio de cursos de três anos, atores, cenógrafos e bailarinos. Os alunos da área de formação de atores, cursando mais um ano, poderiam habilitar-se como *diretores teatrais**. Com a criação da FEFIEG – Federação das Escolas Isoladas do Estado da Guanabara, em 1969, o Conservatório Nacional de Teatro é desvinculado do Serviço Nacional de Teatro e incorporado à FEFIEG com o nome de Escola de Teatro.

Em São Paulo, Alfredo MESQUITA criou, em 1948, a Escola de Arte Dramática; após 20 anos em que formou importantes elementos para o teatro em geral, em 1966 (Decreto 46.419 de 16/06/1966) ela foi incorporada à Universidade de São Paulo e, a partir de sua estrutura original, foram desmembrados a atual EAD – que forma atores em nível médio de ensino – e o Departamento de Teatro, atual Departamento de Artes Cênicas, que promove a formação de críticos, dramaturgos, diretores, atores e professores de teatro, ambas as unidades fazendo parte da Escola de Comunicações e Artes.

Na Bahia, em 1955 o reitor Edgar SANTOS criou na UFBA – Universidade Federal da Bahia – a Escola de Teatro, Música e Dança, visando propiciar a formação de diretores, atores e professores de teatro.

Em 1957, a intensa produção teatral porto-alegrense e o desejo dos artistas de um aprofundamento teórico e técnico, conduziram à implantação, na Universidade Federal do Rio Grande do Sul, do Curso de Arte Dramática (CAD). Inicialmente ligado à Faculdade de Filosofia, o CAD era liderado por Ruggero JACOBBI, diretor teatral italiano especialmente convidado como professor do curso. No ano de 1967, em decorrência das determinações legais dispondo sobre os cursos de teatro em nível superior, o Curso de Arte Dramática tornou-se Centro de Arte Dramática, assumindo a formação em nível superior de diretores de teatro e professores de arte dramática e, em nível médio, de atores de teatro. Por força da reforma universitária, no ano de 1970, o Centro de Arte Dramática desligou-se da Faculdade de Filosofia e passou a integrar o Instituto de Artes, constituindo então o Departamento de Arte Dramática (DAD).

Vários outros cursos de teatro em nível superior foram criados em todo o país e, com a Lei n. 5692/1971, dá-se a criação dos Cursos de Licenciatura em Educação Artística, alguns deles oferecendo Habilitação em Artes Cênicas, destacando-se a USP, UNICAMP, UFPE, UFPB, UFRN, UDESC, UFSC, UFMA, UFAL, UFES, UFSM, UFU, UFRJ e UnB.

No que diz respeito a instituições não formais de ensino do teatro, podemos registrar o curso do Teatro Duse, idealizado por Paschoal Carlos MAGNO em 1952, o Tablado, de Maria Clara MACHADO, o Centro de Artes Laranjeiras, criado por Yan MICHALSKI, todos no Rio de Janeiro, a Escola de Teatro Macunaíma, criada por Silvio ZYLBER e o Centro de Pesquisa Teatral, de ANTUNES FILHO, ambos em São Paulo, entre muitos outros instalados em várias capitais do país.

Em 1965, a Lei Federal n. 4641 criou as categorias profissionais de Diretor de Teatro, Professor de Arte Dramática e Cenógrafo, com formação em nível superior, e Ator, Contrarregra, Sonoplasta e Cenotécnico, com formação em nível médio.

O Conselho Federal de Educação, no âmbito de sua competência, estabeleceu os currículos mínimos para os cursos superiores através do Parecer n. 608/65, ao passo que o modelo estabelecido pela Portaria n. 727/1965 para o ensino médio das escolas federais, foi levado em consideração pelos Conselhos Estaduais.

Por sua vez, o Ministério do Trabalho e da Previdência Social, em Portaria de 11/09/1968, baixou instruções para a regulamentação do exercício profissional de artistas e técnicos em espetáculos de diversão, efetivada em 24/05/1978 pela Lei n. 6533.

O Parecer n. 608/1965, da Câmara do Ensino Superior, é portanto a primeira legislação atinente ao ensino superior de Teatro, fixando currículos para os cursos de Direção, *Cenografia** e Professorado em Arte Dramática, com base em modelo que já vinha sendo adotado pelo Conservatório Nacional de Teatro. De acordo com o citado Parecer, os cursos de Cenografia e Direção Teatral tinham a duração de três anos letivos, com tempo útil de 2.160 horas, acrescidas de mais 720 horas para a formação do Professor de Arte Dramática. Um fator decisivo para a implantação do Professorado de Arte Dramática foi a criação da matéria Arte Dramática no Ensino Fundamental, como uma das Práticas Educativas previstas pela Lei de Diretrizes e Bases/1961.

A partir da obrigatoriedade da Educação Artística, estabelecida pela Lei Federal n. 5692/1971, o Conselho Federal de Educação reformulou os currículos dos cursos de Teatro em nível superior, criando a Licenciatura em Educação Artística, com Habilitação Plena em Artes Cênicas, e a seguir o Bacharelado em Artes Cênicas, com as Habilitações Direção Teatral, Cenografia, Interpretação e Teoria do Teatro.

O profissional de nível superior da área de Teatro é, atualmente, formado em Cursos de Graduação – Bacharelado ou Licenciatura – e em Cursos de Educação Artística com Habilitação em Artes Cênicas. (IDK)

 Jogo Teatral, Pedagogia do Teatro, Teatro-educação.

 Caetano, 1956; Gonçalves, 1982; Sousa, 1960.

ENTERRO

Improvisações que se faziam na década de 1950 na última apresentação da montagem. Consistiam en *cacos**, brincadeiras despretensiosas, às vezes imperceptíveis para o público. Por exemplo, na última apresentação de *A Calça*, de STERNHEIM, pelo Teatro Lotte Sievers, no Pequeno Auditório do Teatro de Cultura Artística, em janeiro de 1953, colocou-se sal e pimenta em líquido a ser ingerido por um ator; costurou-se o jornal, que deveria ser lido, no sofá. Na derradeira montagem de *Os Ratos*, de HAUPTMANN, pelo mesmo conjunto e no mesmo teatro (setembro de 1953), a porta de um dos cenários foi trancada por dentro, impedindo a entrada ou saída de personagens. Chegava-se até a veicular, na imprensa, a ocorrência "de enterro na despedida da montagem". Tais procedimentos recebiam o aval dos artistas, mesmo quando desconheciam a sua possibilidade. A plateia, em geral, reagia favoravelmente, divertindo-se com a reação dos intérpretes. Por ser procedimento pouco profissional e desrespeitoso para com o público pagante, caiu em desuso. (EF)

ENTRADA

A entrada clownesca é um *esquete** curto encenado pelos *palhaços** nos circos e se caracteriza por ser uma espécie de intervalo cômico entre as atrações circenses. A origem do termo *entrada* é desconhecida. Ele pode referir-se às paradas circenses efetuadas como formas de divulgação do espetáculo, quando os artistas exibiam uma síntese de seus talentos na porta de entrada dos circos franceses. Outra provável origem do termo diz respeito à entrada breve e satírica das intervenções dos *clowns** nos espetáculos equestres. Neste caso, o termo *reprise** seria o mais adequado, pois a atração circense estaria sendo reprisada, às avessas.

A entrada tomou forma a partir da segunda metade do século XIX. Dois fatores influenciaram sua solidificação: a) a exploração do jogo dialogado nas entradas, a partir da liberação do monopólio dos teatros e do diálogo para todos os palcos da França; b) a sedimentação da necessária oposição entre o elegante *clown branco** e o desajeitado *augusto**. O ano de 1864, na França, teve destaque nessa história, pois trouxe ao circo a liberdade do uso da palavra. Com isso, criaram-se as entradas dialogadas que apresentam uma tensão cômica entre o *clown* branco e o augusto.

Nas entradas, de modo geral, o *clown* antecipa ao público a realização de uma tarefa extraordinária, ou então se propõe a narrar uma estória fantástica. O seu intento é continuamente perturbado pelo augusto, que surge como o desorganizador dos planos do *clown* branco. Dada a agilidade do espetáculo de circo, as entradas tomaram a forma de uma *comédia** curta, com os diálogos reduzidos ao mínimo indispensável, cuja realização depende da capacidade criativa e de improvisação dos palhaços. Elas são *pantomimas** dialogadas, uma comédia curta com diálogos reduzidos ao essencial.

No Brasil, de modo geral, a entrada cômica é reservada à primeira aparição da dupla cômica no picadeiro, às vezes auxiliada pelo Apresentador. Nesse momento, o palhaço principal (também denominado excêntrico) faz farto uso da palavra, podendo unir vários *esquetes** em uma mesma entrada, estendendo ou retraindo a duração da mesma, de acordo com a interação da cena com a plateia. Mas as entradas também podem ser "montadas", isto é, com roteiro prévio seguido à risca. Nesse caso, a apresentação, de certa forma, fecha-se sobre si mesma e frequentemente faz uso de aparelhos inusitados (sempre em tamanho desproporcional) para provocar o riso, como um piano que explode ou a máquina fotográfica que atira etc. (MFB)

 Reprise.

ENTREMEZ

Nos banquetes da Idade Média, entre um prato e outro, eram apresentados alguns números cômicos, que posteriormente dariam origem a uma pequena *comédia** em tom burlesco, principalmente na Península Ibérica, onde o gênero se desenvolveu a partir do século XVI. Foi Lope de RUEDA quem deu forma definitiva ao entremez, colocando-o, na maioria das vezes, entre o 2º e 3º atos de uma peça mais longa e fazendo-o terminar sempre com cantos e danças. A finalidade de divertir não o impedia de pintar a sociedade com tintas precisas, sendo seus caracteres sempre plebeus, pois, como dizia LOPE DE VEGA: "Entremez de rei, jamais se viu" (1964, II: 1007-1008). CERVANTES foi o grande autor desse tipo de peça no Século de Ouro espanhol. No teatro colonial brasileiro, os entremezes, vindos diretamente da Espanha ou de Portugal, eram presença constante, mas nem sempre se distinguiam claramente das comédias e *farsas**. Assim, há notícias de que em Cuiabá, no dia 14 de agosto de 1790, foi encenado o "entremez ou comédia", *O Saloio Cidadão*, com base em *Le Bourgeois Gentilhomme*, de MOLIÈRE. Também no dia 29 de agosto do mesmo ano, subiu à cena o entremez, *O Tutor Namorado ou A Indústria das Mulheres*, talvez uma adaptação de *L'École des Femmes*, de MOLIÈRE. Quando o Governador e Capitão General de Mato Grosso, Luís de ALBUQUERQUE, navegava para o Brasil, houve uma encenação, no dia 18 de novembro de 1771, em pleno Atlântico, à altura do Cabo de Santo Agostinho, do "entremez intitulado *As Preciosas Ridículas*" (MOLIÈRE, novamente). Em Minas Gerais, Dom Frei João da CRUZ, em pastoral datada de 3 de julho de 1745, proíbe, sob pena de excomunhão, "comédias, *óperas**, bailes, *máscaras**, touros ou entremezes". "A prática do entremez, como complemento de espetáculo, chegara ao Rio de Janeiro trazida pelos artistas portugueses que aportaram aqui em 1829, na companhia encabeçada por Ludovina Soares da COSTA" (PRADO, 1999: 56). Nessa altura, era uma peça curta, de caráter e procedimentos populares (pancadarias, esconderijos, disfarces), visando aproveitar os dotes cômicos e a capacidade de improvisação de *atores** já experientes no gênero. N'*O Juiz de Paz da Roça*, comédia de Martins PENA, representada em 1838, a cena do julgamento final, com a festa subsequente, tem a estrutura típica de um entremez. (EF)

 Comédia, Farsa.

 Carreter, 1970; Rebello, 1977.

ÉPICO (TEATRO)

É preciso considerar, inicialmente, que a situação primitiva de *narrar* está na base da epopeia, composta basicamente pelos seguintes elementos: *acontecimento* (aquilo que é *narrado*), *público* (para quem se narra) e *narrador** (aquele que narra). O acontecimento, geralmente, é apresentado ao público no tempo passado, isto é, "o estado de calma reflexão em que o poeta épico expõe faz já parte do segundo aspecto da atitude narrativa, quer dizer, da atitude do narrador perante o seu objeto. Como expressão de grande distância com relação ao assunto narrado e da sua completa visão de conjunto, desenvolveu-se, precisamente na epopeia, um traço estilístico (poderíamos dizer também: uma técnica) que certamente só pode encontrar noutras narrativas, mas então sempre igualmente como sintoma da onisciência épica: a *antecipação*" (KAISER, 1985: 217). Nesse sentido, o que de imediato caracteriza o épico é a presença de uma *ação narrada no tempo passado ao público (leitor e/ou espectador)*.

Sob esse aspecto, o referido crítico literário aponta, no decorrer de sua conceituação, as possibilidades temporais contidas na narrativa épica quando utilizada no romance, pois dá ao narrador maior liberdade na condução do tempo, ao contrário do dramaturgo que se encontra ligado a uma seqüência temporal rígida. Assim, em princípio, a liberdade temporal estaria vedada ao dramaturgo, "pois a sua obra passa-se na expectativa constante do futuro. Excluindo os casos *enquadrados* (do sonho etc.), em que o passado se torna atualidade no palco, observamos no drama uma mudança na forma de apresentação sempre que é despertado o passado: só se pode dar-lhe vida por meio de palavras e, na verdade, de palavras épicas" (KAISER, 1985: 222).

À luz dessas análises, pode-se depreender, como bem adverte Anatol ROSENFELD em seu livro *O Teatro Épico*, que não há pureza de gêneros e, na maioria das vezes, "o uso da classificação de obras literárias por gêneros parece ser indispensável, simplesmente pela necessidade de toda ciência de introduzir certa ordem na multiplicidade dos fenômenos" (1985: 16). Nestas circunstâncias, estaria o teatro vinculado ao gênero dramático, no qual o texto é dito no palco e constituído, predominantemente, por diálogos. Porém, uma das pilastras do teatro ocidental, a *tragédia** e a *comédia** gregas, conservaram o *coro**, em que preponderam elementos líricos e/ou épicos.

Assim sendo, o teatro ocidental, em diversos momentos históricos, viu o elemento épico sendo incorporado a distintas formas de representação. Exemplos podem ser observados no teatro medieval, no qual a sua dramaturgia constituiu-se por uma mistura de estilos, assim como o palco simultâneo "corresponde de maneira estupenda à forma épica do teatro medieval" (ROSENFELD, 1985: 48). Ao longo dos séculos, é possível encontrar, em diferentes épocas, autores que incorporaram elementos épicos à sua dramaturgia, tais como William SHAKESPEARE, Gil VICENTE, LOPE DE VEGA, CALDERÓN DE LA BARCA, MOLIÈRE, entre outros.

No entanto, com o advento do drama moderno e a ideia da chamada *peça benfeita**, houve uma sacralização da forma teatral que privilegia o tempo presente da ação. Realismo e Naturalismo, as grandes correntes literárias da segunda metade do século XIX, refletiram-se, no campo específico da dramaturgia, como uma sugestão para que a cena se resumisse ao tempo presente, eliminando evidências ficcionais tais como o *aparte** e o *monólogo**.

No início do século XX, no âmbito do movimento expressionista alemão, os elementos narrativos voltam a imiscuir-se na dramaturgia. Na mesma Alemanha, Erwin PISCATOR, movido pelo compromisso histórico de transformação social, formulou a teoria e uma nova prática do teatro épico, construindo espetáculos sobre diferentes planos históricos intercalados por legendas, projeções cinematográficas e elementos anti-ilusionistas na *cenografia** e no figurino. O épico voltou à cena teatral e o dramaturgo e *diretor** Bertolt BRECHT encarregou-se de vincular decisivamente a forma épica ao *teatro político**.

A partir desse rápido panorama, é possível situar algumas iniciativas de teatro épico no Brasil. Em verdade, buscar essa presença nos palcos brasileiros envolve dois níveis de apreensão. O primeiro refere-se ao campo da encenação com a montagem de textos estrangeiros, tais como tragédias gregas (*Antígone*, *Medeia*, *As Bacantes* etc.), peças de BRECHT (*A Boa Alma de Setsuan*, *Galileu Galilei*, *Na Selva das Cidades*, *Tambores na Noite*, *Santa Joana dos Matadouros*, entre outras), além de inúmeros dramaturgos que, em seus trabalhos, lançaram mão de elementos épicos para a confecção de suas narrativas (G. BÜCHNER, Arthur MILLER, Paul CLAUDEL e Thornton WILDER são exemplares). O segundo nível de apreensão, por sua vez, remete à presença de elementos épicos na dramaturgia brasileira. De fato, as duas perspectivas possibilitam tal discussão, pois a opção por um texto estrangeiro requer um trabalho de pesquisa, de composição de personagem e de concepção cênica a fim de construir uma *cena épica*. Embora essa opção seja extremamente instigante, pois permite refletir sobre as possibilidades de reapropriação e ressignificação de um texto teatral, através de um universo sociocultural distinto daquele que o originou, esta sistematização privilegiará a presença épica na dramaturgia brasileira.

Para além dos *autos** jesuíticos, o *teatro de revista** é uma importante evidência, já que a sua estrutura afasta-se do modelo aristotélico e aproxima-se da forma épica, tal como observou Luiz Francisco REBELLO (*História do Teatro de Revista em Portugal*), ideia essa que foi corroborada por Neyde VENEZIANO (*O Teatro de Revista no Brasil: Dramaturgia e Convenções*). Tal afirmação pode ser verificada em *Tribofe (Revista Fluminense de 1891)*, de Artur AZEVEDO. Nesta, existem vários recursos épicos. Um deles manifesta-se na presença do coro, apresentando situações e/ou personagens, assim como diversas personagens assumem a condução da narrativa, tais como Frivolina. Ao lado disso, em momentos como a cena I, do Quadro 3, Bancos, Companhias e o Câmbio tornam-se personagens e apresentam-se ao público. Há ainda a interrupção da ação pela declamação de um poema e/ou execução de uma música, que marcam o texto. Esses recursos narrativos também estão presentes em *O Major, A Capital Federal, O Bilontra*, entre outras, do mesmo Artur AZEVEDO.

Elementos de narrativa épica também podem ser localizados em *O Rei da Vela*, de Oswald de ANDRADE. De acordo com Sábato MAGALDI, além de recursos de estranhamento e/ou *distanciamento**, as personagens representam grupos sociais e os diálogos estão fundamentados em situações históricas e não em perspectivas individuais.

Nessa direção, em termos formais, o texto de Nelson RODRIGUES, *Vestido de Noiva*, estruturado em diferentes temporalidades (presente/passado/alucinação), constrói uma cena épica por intermédio de distintas narrativas, isto é, em termos de exemplificação, se a personagem Alaíde conduz o plano do rememorar e da alucinação, o tempo presente pressupõe uma outra instância (narrador onisciente) para dar ciência ao espectador/leitor daquilo que ocorre na redação do jornal, no hospital e em casa de Alaíde.

Tais recursos estéticos e narrativos estão presentes em outros textos brasileiros. O dramaturgo paulista Jorge ANDRADE, por exemplo, em *A Moratória* construiu dois planos temporais, passado e presente, que ocorrem paralelamente por meio de uma justaposição. Nesse sentido, o que se observa é a presença de um narrador (onisciente) que, ao conhecer a trama, articula a exposição das ações dramáticas nos respectivos tempos. Diferentes temporalidades estruturaram *Rasto Atrás*, ou seja, tem-se presente/passado, mas este último foi desdobrado em reminiscências remotas e outras mais atualizadas. Já em *O Sumidouro*, os recursos narrativos são extremamente complexos. Utilizando-se da metalinguagem, "o personagem do dramaturgo Vicente surge em função mediadora, como o narrador que ao mesmo tempo evoca, comenta e distancia a ação dos bandeirantes. Escrevendo precisamente *O Sumidouro*, vive as cenas que, concatenadas, resultam na peça. Esta inclui, portanto, no seu enredo, o próprio processo da sua criação" (ROSENFELD, 1986: 613). Dentre as peças de ANDRADE, vale ressaltar a composição épica de *As Confrarias*.

Esse percurso revela que um estudo minucioso do épico nos palcos brasileiros é extenso e possui diversas possibilidades de abordagem. No entanto, foi no âmbito do *teatro engajado** que o épico esteve presente de maneira mais sistemática. A aproximação com os escritos teóricos e com a dramaturgia de BRECHT inspirou dramaturgos como Oduvaldo VIANNA FILHO, Augusto BOAL, Gianfrancesco GUARNIERI, Carlos Queiroz TELLES, entre outros.

Sob esse aspecto, o propósito de explicitar a relação entre arte e política fez com que temas com ênfase político-social predominassem na produção dramatúrgica brasileira das décadas de 1960 e 70. Nessas circunstâncias, após efusiva acolhida por parte da crítica e do público da montagem de *Eles Não Usam Black-tie* (G. GUARNIERI) pelo Teatro de Arena de São Paulo, em 1958, com direção de José RENATO, intensificaram-se as pesquisas com vistas a encontrar formas teatrais que pudessem se articular às emergências daquele momento histórico.

Foram inúmeras as iniciativas estéticas realizadas à luz do pensamento brechtiano, dentre as quais vale destacar *Revolução na América do Sul* (Augusto BOAL). Esse texto apresenta ao espectador um tema épico, isto é, os seus questionamentos transpõem o limite da ação teatral na medida em que o conflito é externo às situações vivenciadas pelas personagens. Neste caso em particular, trata-se de investigar os motivos pelos quais a revolução é necessária. A peça, composta por treze cenas independentes, expõe as seguintes dúvidas de José da Silva: as causas dos baixos salários, da miséria, da fome e do desemprego. Para viabilizar cenicamente esse tema, BOAL utilizou-se de recursos consagrados pelo teatro épico, tais como: o prólogo, em que as treze cenas trazem no título a síntese da ação dramática (por exemplo: *Cena Um: Por que motivo José da Silva pediu aumento de salário mínimo*); o palco não possui cenários e adereços, que são trazidos pelos *atores**; o espaço cênico é construído durante o espetáculo e não previamente. Ademais, a exposição das situações dramáticas são pontuadas por comentários do coro e do narrador, sendo que a este último coube a fala final da peça, com vistas a apresentar a própria concepção de teatro formulada por BRECHT, isto é, a capacidade da arte em transformar o homem e deste em transformar a sociedade: "NARRADOR – José é um que morreu./Mas vocês ainda não./Aqui acaba a Revolução./Lá fora começa a vida;/e a vida é compreender./Ide embora, ide viver,/Podeis esquecer a peça/Deveis apenas lembrar/que se teatro é brincadeira,/lá fora...é prá valer." (s/d.: 102-103)

A busca pelo épico, na carreira de BOAL, esteve presente também nos *musicais** *Arena conta Zumbi* e *Arena conta Tiradentes*, escritos em parceria com Gianfrancesco GUARNIERI, nos quais a opção por temas históricos, a fim de torná-los escudos para refletir sobre o presente (ditadura militar), acrescidos da criação e do desenvolvimento do *sistema coringa**, permitiram a narração de momentos em que as figuras heroicas foram essenciais para fixar imagens de luta e de resistência. Essa escolha também se apresentou em *A Lua Pequena e a Caminhada Perigosa* e *Torquemada*. Aliás, se tomarmos esses diálogos artísticos e políticos, tem-se o embrião do *teatro do oprimido** e dos *fóruns** de teatro coordenados, até hoje, por Augusto BOAL.

Já no caso de Oduvaldo VIANNA FILHO (VIANINHA), ele se aproximou dramaturgicamente das experiências épicas à época da escrita de *A Mais-Valia vai acabar, Seu Edgar* (1960), um musical que, por meio do humor, discutiu a condição de explorador do capitalista e a de espoliado do operário. Nesse sentido, a exposição da teoria da mais-valia permite aos operários conhecer a sua situação social e a necessidade de organização. Para tanto, as personagens representam categorias sociais (Capitalistas e Desgraçados) que narram, no palco, exemplos de opressão a partir de *esquetes** e de outros recursos, tais como: projeção de *slides*, exibição de cartazes, presença do coro, além de, em certos momentos, romper os limites palco/plateia por meio de falas dirigidas diretamente ao público. Recursos épicos também orientaram a escrita de *Os Azeredos mais Os Benevides*. Esse texto dramático, possuidor de uma estrutura rigorosa, expõe a impossibilidade de existir relações de amizade e compadrio entre patrões e empregados. Em *Se correr o Bicho pega, Se ficar o Bicho come* (em parceria com Ferreira GULLAR), inspirado na literatura de cordel e escrito em versos, os autores utilizaram-se da *farsa** para demonstrar os diferentes níveis de esperteza e desonestidade presentes na luta política. *Dura Lex Sed Lex no Cabelo só Gumex*, por sua vez, foi denominado pelo próprio autor de *revista**. Deve-se, ainda, acrescentar *Papa Highirte*, na qual a relação passado/presente desconstrói a aparente unidade proposta pelo drama político de MARIZ. Da mesma maneira, a técnica de colagem, as diversas temporalidades do passado, fragmentam a narrativa de *Rasga Coração*, assim como as intervenções musicais e o texto dito diretamente à plateia permitem a quebra da ação dramática.

Em verdade, no decorrer da década de 1970 os elementos épicos foram incorporados sistematicamente à dramaturgia brasileira. Um outro momento importante desse procedimento encontra-se em *Um Grito Parado no Ar* (Gianfrancesco GUARNIERI). Nesse texto de 1973, GUARNIERI construiu uma metáfora da conjuntura política daquele período a partir das dificuldades econômicas de um *grupo teatral** para montar o seu espetáculo. Mesclando processo criativo a crises existenciais, são apresentados os momentos de construção de cenas dramáticas e/ou personagens à luz da matéria-prima, isto é, o *processo* social, materializado por depoimentos coletados na rua pelos próprios atores. Por intermédio da metalinguagem, o teatro discute o próprio fazer teatral e as dificuldades advindas da situação econômica e social do país. Outra peça de GUARNIERI também digna de menção é *Ponto de Partida*. Escrita em 1976, narra e reflete sobre o assassinato do jornalista Vladimir HERZOG pelos órgãos da repressão em São Paulo. Com o intuito de driblar a *censura**, a trama foi ambientada em uma aldeia medieval do século XIII e, sob esse aspecto, de acordo com Kathrin SARTINGEN (1998: 209-217), a estratégia passado/presente remete ao recurso utilizado por BRECHT na elaboração de *Galileu Galilei*, isto é, o passado tornando-se escudo para discutir o presente.

Outro dramaturgo que recorreu aos recursos épicos para compor alguns de seus textos foi

rosas do dramalhão. Machado, no conto *A Chinela Turca*, cuja ação se passa em 1850, apresenta o resumo de um deles, que um personagem lê para outro, nestes termos: "O drama dividia-se em sete quadros. Esta indicação produziu um calafrio no ouvinte. Nada havia de novo naquelas cento e oitenta páginas, senão a letra do autor. O mais eram os lances, os caracteres, as *ficelles* e até o estilo dos mais acabados tipos do romantismo desgrenhado. Lopo ALVES cuidava pôr por obra uma invenção, quando não fazia mais do que alinhavar as suas reminiscências. Noutra ocasião, a obra seria um bom passatempo. Havia logo no primeiro quadro, espécie de prólogo, uma criança roubada à família, um envenenamento, dois embuçados, a ponta de um punhal e quantidade de adjetivos não menos afiados que o punhal. No segundo quadro dava-se conta da morte de um dos embuçados, que devia ressuscitar no terceiro, para ser preso no quinto, e matar o tirano no sétimo. Além da morte aparente do embuçado, havia no segundo quadro o rapto da menina, já então moça de dezessete anos, um monólogo que parecia durar igual prazo, e o roubo de um testamento" (ASSIS, 1950. a: 125).

Artur AZEVEDO (1947: 6), por sua vez, escreveu o seguinte soneto:

"Que dramalhão! Um intrigante ousado,
Vendo chegar da Palestina o conde,
Diz-lhe que a pobre da condessa esconde
No seio o fruto de um amor culpado.

Naturalmente o conde fica irado:
— O pai quem é? — pergunta. Eu! lhe responde
Um pajem que entra — Um duelo — Sim!
Quando? Onde?
No encontro morre o amante desgraçado.

Folga o intrigante... Porém surge um mano,
E, vendo morto o irmão, perde a cabeça;
Crava um punhal no peito do tirano!

É preso o mano, mata-se a condessa,
Endoidece o marido... e cai o pano
Antes que outra desgraça aconteça".

Esses textos dizem tudo sobre aquilo que se pensava do melodrama ou do dramalhão nos meios intelectuais, na segunda metade do século XIX. Mas de nada adiantavam as críticas: o gênero fazia enorme sucesso junto às plateias populares, com seus enredos simples e personagens rasos, vivendo emoções fortes e lances pungentes. No início do século XX, o dramalhão migrou para o circo, onde teve vida longa, graças a artesãos que aprenderam o ofício, apresentando textos cujos títulos dispensam comentários: *O Filho Assassino, Os Irmãos Jogadores, O Punhal de Ouro, O Céu Uniu Dois Corações*. (JRF).

 Melodrama.

 Pimenta, 2005.

DRAMATURGISTA

Na Alemanha, desde o século XVIII, existe a figura do *Dramaturg* para diferenciá-la do *Dramatiker*, aquele que escreve o texto teatral. LESSING foi contratado, em 1767, para prestar assessoria técnica ao recém-criado Teatro Nacional de Hamburgo, da qual se originaram os ensaios publicados sob o título de *Dramaturgia de Hamburgo* (1767-1769). Ele teria sido um dos primeiros *Dramaturgs*. Sua função, atualmente, é colaborar com a direção, estudando, levantando e resolvendo problemas relacionados com a psicologia, a linguagem e o comportamento das personagens, os costumes e a época em que se desenvolve a ação, podendo, inclusive, auxiliar na tradução ou, se for o caso, na *adaptação**, redigindo, outrossim, notas para a imprensa ou para o programa. Esta colaboração pode se estender até mesmo à direção dos *atores**, à sua movimentação cênica, às suas atitudes e inflexões vocais. BRECHT, além de famoso dramaturgo (*Dramatiker*), foi também *Dramaturg*, nos anos de 1920. Peter BROOK narra, espantado (*Fios do Tempo*), que assistiu a um ensaio no Berliner Ensemble, de *Coriolano*, de SHAKESPEARE, na adaptação de BRECHT, dirigido pela viúva do dramaturgo, no qual colaboravam dois *Dramaturgs*! Em outros países, muitos *diretores** questionam essa função, que lhes parece decorrência lógica da sua própria atividade diretorial. A palavra foi incorporada ao contexto teatral brasileiro na sua grafia germânica, mas criou-se, ultimamente, o neologismo *dramaturgista*. Não é figura constante nas montagens nacionais, por motivos financeiros, inclusive. A ensaísta e professora Silvana GARCIA (*Luzes da*

Boemía, direção de William PEREIRA, *Em Lugar Algum*, direção de Beth LOPES, *A Terra Prometida*, de Samir YAZBEK), o também ensaísta e crítico Edélcio MOSTAÇO (*À Margem da Vida*, direção de Beth LOPES; *A Falecida,* direção de Gabriel VILLELA), Sérgio COELHO (montagens de Gerald THOMAS), por exemplo, atuaram como dramaturgistas de montagens paulistanas. Silvana GARCIA, inclusive, na montagem de *Farsas e Improvisos de Molière*, colaborou na organização e colagem de peças do dramaturgo francês, escrevendo até cenas de ligação entre os diversos textos, unindo, portanto, as funções de dramaturgista e dramaturga. No Rio de Janeiro destaca-se como dramaturgista a ensaísta e tradutora Fátima SAADI, que desenvolve seus trabalhos junto à Companhia de Teatro do Pequeno Gesto. (EF)

E

EDIFÍCIO TEATRAL

Quando falamos em teatro, podemos estar mencionando a manifestação artística de uma forma mais ampla. É possível falar sobre a interpretação, a dramaturgia, *atores** e atrizes, técnicos e *diretores teatrais**, enfim, do espetáculo resultante de todas estas funções, porém, também podemos pensar em teatro como o edifício, o espaço onde assistimos às mais variadas manifestações de teatro de prosa, música, dança, *ópera** ou eventos de natureza múltipla. O edifício teatral é uma arquitetura organizada para receber o público e os componentes do espetáculo. É o espaço construído especialmente para atender à apresentação de espetáculos.

O edifício teatral ou, de modo mais abrangente, o espaço teatral, existe há mais de 2000 anos. O primeiro edifício construído especialmente para tal função foi o teatro grego. Havia nas cidades gregas mais importantes anfiteatros ao ar livre com arquibancadas curvas que chegavam a mais da metade de um círculo e tinham a área de encenação (denominada *skene*) ao fundo e uma área circular do coro à frente, chamada *orchestra*. Em seguida, tivemos o teatro romano, um edifício adaptado do anfiteatro grego, já coberto na maioria das vezes e que extinguia a área do *coro**.

Durante a Idade Média, o renascimento do teatro manifestou-se primeiro no interior dos templos (aproximadamente no século XII), expandiu-se para os adros, para as praças e, finalmente, sob forma processional, para toda a cidade. Manifestações teatrais profanas tornam-se itinerantes e trupes de saltimbancos mambembam por estradas e cidades.

É no século XVI que o teatro se sedentariza outra vez em edificações erigidas com a finalidade de abrigá-lo. Na Inglaterra, surge um formato que receberia posteriormente a denominação de "teatro elisabetano", construído para abrigar as obras dos grandes dramaturgos do período, como Christopher MARLOWE, Ben JONSON, William SHAKESPEARE e Thomas KYDD. O primeiro desses edifícios foi o The Theatre, construído em Londres, em 1576, e o mais conhecido foi o Globe Theatre, finalizado em 1599 (há uma réplica construída recentemente). É um prédio com formato octogonal com níveis de arquibancadas ao redor, uma área fixa numa das faces e o palco com avanço para a área central, chamado palco elisabetano.

Também no final do século XVI, e mais frequentemente a partir do século XVII, tivemos o surgimento do teatro de palco italiano, que é a forma mais usual de edifício teatral até hoje em todo o mundo. É uma edificação dotada de duas áreas bem distintas: a do público e a do palco para a encenação. Este último é completamente separado da plateia, dos balcões, dos camarotes e galerias. Essa separação acontece por uma moldura, quase sempre com a presença de uma cortina que se abre durante as apresentações. Quando a cortina se abre, a separação torna-se simbólica, criando aquilo que se costuma chamar de "a quarta parede". Há exemplares importantes no Brasil dessa configuração: o Teatro Municipal do Rio de Janeiro, o Teatro Municipal de São Paulo, o Teatro Amazonas em Manaus, o Teatro da Paz em Belém, o Teatro São Pedro em Porto Alegre, entre tantos outros.

Na segunda metade do século XX, algumas outras formas de edifícios foram experimentadas. O formato mais usado hoje, além do italiano, é aquele que se chama "teatro total", ou de "uso múltiplo", denominado internacionalmente *black-box* (caixa preta). São espaços alternativos, experimentais e que podem ser usados das mais variadas formas. Caracterizam-se por utilizar um grande piso total, com uma grelha técnica ao alto que espelha em dimensão a superfície do piso. A disposição do público e da área de atuação é variável e organiza-se de acordo com a concepção do espetáculo. O público pode ocupar arquibancadas, cadeiras, sentar-se no chão ou ficar em pé. É a encenação que imprime ao espaço o seu caráter.

Essas são as formas mais conhecidas de edifícios teatrais, dentre as quais ainda poderíamos destacar o formato *arena**. Trata-se de um espaço circular, com uma área de atuação ao centro e todo o público disposto à sua volta. Além dessas formas mencionadas, é preciso deixar claro que desde que o espaço cênico passou a ser considerado como um elemento constitutivo da linguagem cênica, está sujeito a constantes reformulações.

Hoje, até a apropriação de espaços não convencionais como garagens, igrejas, presídios e salões de formas variadas, têm abrigado apresentações teatrais. A *rua** também tem dado lugar a várias manifestações teatrais, porém nossa atenção neste verbete é apenas relacionar aqueles espaços construídos especialmente para o espetáculo.

Todos esses formatos estão presentes na história do teatro brasileiro. Quanto ao primeiro edifício construído especialmente para abrigar representações teatrais, há registros da construção (c. 1729) e da demolição, em 1734, de um Teatro da Câmara de Salvador, embora não se tenham encontrado informes sobre o repertório apresentado nesse edifício. É este, segundo o pesquisador Affonso RUY, "o primeiro proscênio com bancadas para espectadores e mantido em caráter efetivo, foi levantado na Bahia, na Casa da Câmara da Cidade de Salvador, não se podendo precisar a época da sua inauguração com a mesma segurança do ano de sua demolição, que foi em 1734" (RUY, 1958: 459). Segue-se a este a Ópera dos Vivos, edificada pelo músico Padre VENTURA, no Rio de Janeiro, entre 1745 e 1748. Outros edifícios com o formato da cena italiana foram sendo erigidos ao longo do século XVIII, nas províncias de Minas Gerais e de Mato Grosso, onde se desenvolveu o ciclo econômico da mineração.

Em 1916, uma tentativa de restaurar o anfiteatro grego foi realizada no Rio de Janeiro, liderada pela atriz Itália FAUSTA e pelo empresário Cristiano de SOUZA, com a fundação do Teatro da Natureza. Idealizado para veicular um repertório grego ou "clássico" (*tragédias** gregas, *óperas** e textos modernos baseados em temas da mitologia grega e da história sagrada), o anfiteatro ocupou o Campo de Santana, área central da cidade e atual Praça da República. Segundo a descrição de Mário NUNES: "O vasto anfiteatro comportava setenta camarotes, mil lugares distintos, mil cadeiras e mil populares, havendo espaço para 10.000 pessoas em pé"(NUNES, 1956, I: 70). As condições climáticas da cidade, chuva torrencial e sol escaldante, fizeram malograr o empreendimento na primeira temporada. A partir da segunda metade do século XX, depois do primeiro edifício adaptado para formato do palco em *arena**, os partidos arquitetônicos de alguns edifícios construídos ou adaptados para atividades teatrais começam a considerar a tipologia do *teatro total* ou *de uso múltiplo*, onde as áreas de atuação e recepção do espetáculo podem ser modificadas segundo a conveniência de cada obra. Quantitativamente, no entanto, predomina a conformação italiana. "Herdamos essa forma de teatro ainda em meados do século XVIII, e até hoje ela predomina em nosso país. Certamente pouco se fez, mesmo já no século XXI, no sentido de encontrar outras formas de espaço cênico" (SERRONI, 2002: 33). (JCS)

 Arena (Teatro de), Casa da Ópera.

 Lima, 2000.

EMPANADA

Espaço cênico de *teatro de bonecos**, como é designado no Norte e Nordeste. É o anteparo, caixa-palco que esconde o ator-manipulador. Também é conhecida como tapadeira ou palquinho e, nas diferentes manifestações do teatro popular de bonecos, a empanada ainda recebe a denominação de barraca, tenda ou "torda". (AMA e VB)

EMPLOI

A palavra francesa *emploi* não tem correspondência exata em português. Significa um conjunto de *papéis** de uma mesma categoria, sob o ponto de vista "da aparência física, da voz, do temperamento, da sensibilidade, de características análogas e, portanto, suscetíveis de serem representadas por um mesmo *ator**" (CORVIN, 1991: 290). Esse tipo de ator foi contratado por todas as *companhias** dramáticas brasileiras do passado, que mantinham um repertório fixo de peças, e só com o surgimento das companhias modernas, a partir da década de 1940, tal hábito desapareceu. Com base em seu tipo físico, idade e aparência, os artistas especializavam-se em determinados papéis, que se repetiam nas várias peças que eram encenadas em sistema de rodízio. Os próprios dramaturgos escreviam muitas vezes com os olhos em determinado elenco de uma companhia dramática, criando personagens que se adequavam às características dos artistas. Assim, cada companhia procurava ter um número fixo de artistas, que eram classificados de acordo com a sua especialidade: *galã**, *dama-galã**, *ingênua**, *centro**, dramático ou cômico, dama central, lacaio etc. Essa classificação foi comum no teatro português e brasileiro do século XIX e três primeiras décadas do XX. Para dar um exemplo concreto, lembre-se que na companhia dramática Dulcina-Odilon, por volta de 1930 e 1940, Dulcina de MORAES era a dama-galã e seu marido Odilon era o galã. Já os pais da atriz, Átila e Conchita de MORAES, eram o centro dramático e a dama central. Curiosamente, ainda que sem apelar para a velha classificação, atualmente a televisão ressuscitou o hábito de contratar artistas que praticamente fazem o mesmo *papel** ao longo de muitos anos, em várias novelas. (EF)

 Ator (Teatro do), Característico (Ator), Centro, Dama-galã, Galã, Ingênua, Papel, *Soubrette*.

 Viotti, 2000.

ENCENADOR

O encenador é o agente responsável pela montagem do espetáculo teatral, encarregado de orientar, coordenar e estimular os diferentes artistas e técnicos envolvidos na concepção, execução e exibição de uma representação diante de uma plateia. Responsável pela opção estética do espetáculo, o trabalho do encenador se caracteriza por um amplo domínio de todos os signos que constituem a encenação: texto, espaço, atuação, iluminação, sonoplastia, tempo etc. Animador de um projeto cultural de curto, médio ou longo prazo, cabe igualmente ao encenador selecionar e julgar as ações dos membros da equipe técnica e artística adequando suas iniciativas à pesquisa por uma linguagem cênica única em relação aos diversos discursos criadores. É sua função ainda discutir, refletir e implementar medidas adequadas à produção material do espetáculo. Atualmente, a atividade do encenador é caracterizada por um projeto plural em constante adaptação ao meio no qual ele intervém. Seu trabalho teatral foi assimilado tanto pelos setores da indústria do divertimento, quanto pelas entidades governamentais encarregadas do planejamento e implementação de projetos culturais na esfera pública.

O termo *encenador* vem a ser a tradução direta do seu correspondente francês *metteur en scène*. Entretanto, junto aos práticos do teatro, à crítica especializada e ao público, o termo empregado mais frequentemente, entre nós, para expressar esse ofício, como foi descrito acima, é o de *diretor teatral**. Já se deparara com o problema Yan MICHALSKI (ROUBINE: 1982: 14-15), ao explicitar as nuanças sobre os termos *direção* e *encenação,* o primeiro sugerindo uma prática mais impositiva, autoritária e executiva, e o segundo deixando transparecer mais fortemente a ideia de uma obra de arte autônoma que privilegia seu foco criativo na linguagem estabelecida para a cena.

1. Precursores de uma nova prática

O espetáculo teatral, ao longo de sua história, sempre esteve sob os olhos atentos de um mestre de cerimônia ou de um *diretor* que organizava a representação e fornecia os meios materiais básicos para o acontecimento cênico: escolha dos *atores**, distribuição dos *papéis**, orientação dos ensaios, preparação da apresentação etc. Entretanto, o desempenho dessa função sempre esteve associado a vários integrantes da prática do teatro e, assim, houve: os autores-diretores; os empresários-diretores; os atores-diretores; os cenógrafos-diretores e até os músicos-diretores (ROSENFELD: 1993 e VEINSTEIN: 1955), antes do surgimento dessa figura que se responsabilizaria, inteiramente, pela unidade de sentido do espetáculo colocando-se como intermediário entre palco e plateia.

O surgimento do encenador, na segunda metade do século XIX, passou a nortear as grandes transformações das artes cênicas e, segundo J.-J. ROUBINE, a produção de um pensamento sobre a cena, aliada ao desenvolvimento de um modelo estético por parte dos encenadores e não mais por autores que ditavam as suas poéticas, possibilitou uma reformulação na concepção e realização do espetáculo teatral (2003: 138-139). A figura do moderno encenador, que emerge das experiências do Duque de SAXE-MEININGEN com sua trupe, entre 1874 e 1890, se destaca devido à orientação de uma pesquisa sobre a cor local, a fidelidade histórica e a caracterização dos atores, de acordo com o tempo da ação da peça, em montagens ensaiadas com rigor. Essas iniciativas influenciaram definitivamente as investigações que desenvolveram, posteriormente, André ANTOINE e Constantin STANISLÁVSKI.

ANTOINE, como fiel escudeiro das ideias de Émile ZOLA, que já havia, por sua vez, posto à prova a estética *naturalista** no romance, procurava a consagração agora sobre as tábuas. STANISLÁVSKI, passando pela fase do realismo histórico, encontrou em Anton TCHÉKHOV o material ficcional para igualmente encaminhar um novo processo criativo em relação à cena teatral. Verifica-se, portanto, que as encenações, tanto do Teatro de Arte de Moscou quanto do Théatre Libre, foram marcadas por fortes componentes oriundos dos estudos psicológicos e sociológicos. Assim, a figura do encenador nasce sob o signo do Naturalismo, isto é, do desafio de reproduzir com requinte de detalhes o real em cena: rigor histórico nas transposições; o meio determinando a ação dos personagens e uma composição psicológica na atuação dos papéis que levasse os atores a problematizá-los, ao contrário de simplesmente se servirem deles para se exibirem diante do público.

2. *Encenador*: servidor de dois patrões

"É preciso repetir que a encenação é uma arte que acaba de nascer; e que nada, absolutamente nada, antes do século passado, antes do teatro de intriga e de situações, tinha determinado sua eclosão" (ANTOINE: 2001, 26). Foi nestes termos que André ANTOINE, em 1903, celebrou o surgimento da moderna encenação e, concomitantemente, a função daquele artista que deveria realizar essa nova tarefa.

A irrupção deste novo prático da cena provocou um choque com o pensamento vigente, que durou até meados do século XX. Ao longo desse período, esteve reservado à obra literária, ao texto teatral, um lugar de destaque sob os refletores. Entretanto, a prática teatral do encenador não deixou de se questionar permanentemente acerca de duas tendências que alimentam o debate teatral até hoje: ser o fiel porta-voz do autor teatral, ou reivindicar para si a autoria do espetáculo? Esta parece ser uma questão tão antiga quanto o próprio teatro e, neste sentido, Anne UBERSFELD nos lembra que, quando da transposição de um texto (T1) instrumentalizado por uma atribuição de sentido, transformando-o em (T2) representação, o encenador parte em duas direções no intuito de realizar cenicamente sua obra: à condição material da realização de seu projeto e à compreensão e o entendimento do texto (T1). "O que constrói Vincent para o *Misantropo* não é o *Misantropo* de MOLIÈRE, mas a imagem que ele, Vincent, se dá da fábula do Misantropo e de suas implicações" (UBERSFELD, 1981: 283).

Coloca-se, na verdade, a questão autoral do encenador e seu esforço por uma cena autônoma, uma assinatura que identifica a obra estética, a encenação. E, neste sentido, em 1932, ARTAUD já afirmava que "aquilo que pertence à encenação deve ser retomado pelo autor, e aquilo que pertence ao autor deve ser devolvido igualmente ao autor, mas transformado ele também em encenador de modo a se acabar com essa absurda dualidade que existe entre o encenador e o autor" (1984: 143). Durante todo o século XX, a função do encenador não cessou de ser colocada à prova do ponto de vista de uma nova linguagem artística. Ainda em seu *Manifesto sobre o Teatro da Crueldade*, ARTAUD declara que "é ao redor da encenação, considerada não como um simples grau de refração de um texto sobre a cena, mas como o ponto de partida de toda criação teatral, que será constituída a linguagem-tipo do teatro. E é na utilização e no manejo dessa linguagem que virá abaixo a velha dualidade entre autor e diretor, substituídos por uma espécie de Criador único a quem caberá a dupla responsabilidade pelo espetáculo e pela ação" (1984: 119). Autoria de cena e autoridade artística, o foco de atenção do encenador se desloca do centralismo do texto para a emancipação da cena, que, por sua vez, passa a ser de fato o núcleo fundador daquilo que se vê sobre o palco, a teatralidade. A esta concepção artaudiana somam-se as contribuições de inúmeros homens de teatro, como APPIA e CRAIG, que colaboraram finalmente para que se chegasse à condição do encenador como o grande demiurgo.

3. A técnica a serviço da arte

No caso brasileiro, pode-se dizer que o trabalho do encenador foi precedido de algumas décadas pela técnica artística e de montagem teatral de que eram fiéis depositários os *ensaiadores** luso-brasileiros. Através do domínio dessa mecânica teatral, o teatro nacional prosperou economicamente, consagrou grandes astros, revelando inúmeros autores e, sobretudo, caminhou para a modernidade tendo cultivado uma cultura teatral genuína. Trabalhando diretamente subordinado ao gênero dramático (*comédia**, *tragédia**, *melodrama**, *teatro de revista**, *paródias** etc) e convencionando a atuação dos atores segundo os princípios de uma galeria de tipos muito bem definida, até a década de 1940 a cena brasileira foi tributária, igualmente, de um repertório sugerido por empresários, da verve satírica e da arte de compor dos autores de comédias, da técnica dos ensaiadores e do carisma dos grandes atores.

Da experiência de um círculo de *amadores** – o grupo Os Comediantes, em 1943 – aflorou a figura do encenador demiurgo que logo passou a estar associada ao *modernismo** teatral da cena brasileira. Fixando-se como um divisor de águas em relação aos procedimentos de trabalho do ensaiador luso-brasileiro, Zbigniev ZIEMBINSKI, polonês exilado no Brasil devido à II Guerra Mundial, estabeleceu, para a montagem de *Vestido de Noiva*, de Nelson RODRIGUES, um processo de trabalho novo, fora da rotina comercial de então. ZIEMBINSKI exigia para suas montagens um maior tempo na preparação da encenação; análise do texto em leitura de mesa; ensaios sistemáticos; reformulação da organização espacial em cena; o emprego minucioso da sonoplastia; a presença de efeitos de iluminação relacionados ao desenvolvimento da ação dramática em cena; a exigência de aprofundamento minucioso na atuação dos atores etc. (*DIONYSOS*, 1975; MICHALSKI, 1995: 53-115).

O incremento da função do encenador no teatro brasileiro e a sistemática desse ofício se devem igualmente à presença de outros estrangeiros, desta vez os diretores italianos contratados para trabalhar no TBC – Teatro Brasileiro de Comédia, empresa de capital privado, fundada e dirigida pelo empresário Franco ZAMPARI em 1948, em São Paulo.

O ideário de um teatro de arte, proclamado por Jacques COPEAU e, por conseguinte, assimilado e irradiado pela Academia de Arte Dramática de Roma, sob a orientação de Silvio D'AMICO, chegou ao Brasil na bagagem desses italianos que por aqui se fixaram ao longo de períodos diversos, confundindo parte de suas carreiras pessoais com a própria trajetória nascente de uma nova prática teatral brasileira: Adolfo CELI, Ruggero JACOBBI, Aldo CALVO, Gianni RATTO, Flamínio BOLLINI, Luciano SALCE, Bassano VACCARINI, Mario FRANCINI, Alberto D'AVERSA (RABETTI, 1989). Com esses encenadores e cenógrafos, de formação humanística e detentores igualmente de uma técnica teatral apurada e sólida formação cultural, deu-se o surgimento de uma cena que, ao mesmo tempo em que aspirava ao retorno comercial, promoveu a instauração de uma linguagem cênica na qual o ponto de partida era a fidelidade à palavra, ao texto teatral. Esta ação foi orientada segundo um repertório que mesclava autores modernos brasileiros e estrangeiros e grandes clássicos do repertório universal. Isto é, ao encenador cabia iluminar a palavra proferida pelo autor, amplificando, através dos meios da representação, a ideia central contida no texto, traduzindo cenicamente sua problemática. Ao revelar essa verdade intrínseca ao texto, reforçava-se a noção de *textocentrismo*, tão cara a COPEAU e aos *simbolistas** em sua luta contra os excessos do naturalismo. Entretanto, o que parece despontar num campo neutro como o brasileiro é a oscilação constante entre os espetáculos que são montados segundo uma ótica correspondente às ideias do autor e espetáculos estruturados segundo um certo teatralismo que busca conferir ao encenador a autoria da cena. Este era, por exemplo, o propósito específico da formação e experiência de Ruggero JACOBBI diante de dois procedimentos cênicos: *espetáculo condicionado* e *espetáculo absoluto* (RAULINO, 2000).

4. Encenadores brasileiros: aprendizagem e papel social

A formação do encenador brasileiro ou o seu aperfeiçoamento, ao longo da segunda metade do século XX, se dá basicamente junto aos mestres italianos, como foi o caso de ANTUNES FILHO, assistente no TBC, ou como o de Flávio RANGEL, convidado para ser o diretor artístico da prestigiada companhia, em 1958. Outras possibilidades foram: as agremiações culturais universitárias, no caso de José Celso Martinez CORRÊA, Amir HADDAD, Ademar GUERRA, em São Paulo; os primeiros cursos de teatro que procuravam irradiar uma sólida cultura humanística e uma técnica teatral moderna, sendo esse o caso de Fernando PEIXOTO e Antônio ABUJAMRA, em Porto Alegre, em curso implementado por Ruggero JACOBBI; ou, ainda, o exemplo de Ivan de ALBUQUERQUE e Rubens CORRÊA estudando na FBT – Fundação Brasileira de Teatro, coordenada por Dulcina de MORAES, tendo como professores ZIEMBINSKI e Adolfo CELI. Restava ainda a alternativa da prática de assistente de direção de um encenador já mais experiente, ou um estágio de formação ou aprimoramento junto a cursos regulares ou de curta duração no exterior – João das NEVES, Martim GONÇALVES, Augusto BOAL etc. –, bem como estágios junto a encenadores estrangeiros em companhias* teatrais estáveis subvencionadas. Esse foi o caso de José RENATO e Paulo Afonso GRISOLLI estagiando no TNP de VILAR ou no TNP de Villeurbanne de Roger PLANCHON.

Cada encenador elabora sua escrita cênica a partir de códigos específicos, com aspiração a conceber um universo particular que deve ser percebido, admirado, compreendido ou recusado pelo espectador. Partindo do pressuposto de Roland BARTHES de que a teatralidade, ou o trabalho do encenador, seria "o teatro menos o texto" (BARTHES, 1982: 41), a construção desse sistema significante que está na base de cada encenação, no caso do Brasil, aponta inúmeras tendências que vêm dialogando entre si desde os anos de 1960 até hoje.

O que se observa na prática teatral brasileira é que o papel do encenador ganha necessariamente uma orientação filosófica ou ideológica que passa a engravidar a leitura que ele faz do texto. Desta feita, não há montagem sem uma intermediação e atribuição de sentido à cena. E isto pode ser verificado mesmo no trabalho do encenador caracterizado pela crítica ou pela historiografia como filiado ao teatro comercial, e nesta expressão não há julgamento pejorativo ou demérito. Dois expoentes de nosso teatro poderiam ser enquadrados aí: João BETHENCOURT, além de encenador um autor teatral profícuo e mestre na arte do humor e da *comédia de costumes** moderna, e Flávio RANGEL, cujos espetáculos sempre foram de um rigorosíssimo apuro artístico e técnico (*Amadeus*, 1982; *Piaf*, 1983; *Cyrano de Bergerac*, 1985).

O papel social do encenador na sociedade brasileira, sobretudo entre as décadas de 1960 e 70, foi extremamente político e de grande responsabilidade social. As encenações estiveram comprometidas com a reação ao regime ditatorial (*teatro de resistência**). Fazendo o uso de metáforas, agindo diretamente, ou através de um discurso subliminar, os encenadores não deixaram de destacar aspectos de brasilidade empregando elementos de uma *contracultura**. Pode-se destacar o emblemático trabalho de encenadores cujos processos criativos são distintos entre si, mas que mesmo assim não deixam de lado a afirmação de um caráter nacionalista, reação natural após um período marcado pelo modelo eurocêntrico.

Em 1958, José RENATO, à frente do Teatro Arena, encena *Eles Não Usam Black-tie*, o texto de Gianfrancesco GUARNIERI que traduzia, para a cena teatral, a realidade do país por oposição ao repertório do TBC. Empregando um espaço pouco convencional, naquela época, o palco em *arena**, favorecendo a proximidade entre palco e plateia, José RENATO apresentou ao público brasileiro uma outra possibilidade de vivenciar o espetáculo teatral.

O Grupo Teatro Oficina, em 1967, liderado por José Celso Martinez CORRÊA, monta *O Rei da Vela*, expressão fulgurante de brasilidade através da apologia ao tupiniquim, dentro de uma estética *tropicalista** baseada nos princípios oswaldianos oriundos do Manifesto Antropofágico. Nos dias de hoje, o mesmo diretor, José Celso, se debruça sobre *Os Sertões,* de Euclides da CUNHA, estabelecendo um processo criativo extremamente instigante no qual se mesclam *criação coletiva**, processos improvisacionais e espaços não convencionais para as diversas etapas desse *work in progress*.

Fiel à frontalidade na relação palco-plateia, ANTUNES FILHO se destaca tanto como o ence-

F

FANDANGO

Na Espanha e em Portugal o fandango é uma dança, cuja música possui compasso ternário (3/4) ou binário composto (6/8). Na Espanha, onde nasceu, é cantada e sapateada. Em Portugal, é dança rural sem canto.

O fandango brasileiro apresenta características próprias. O termo, no Brasil, admite várias acepções e as denominações variam conforme a localidade: *marujada*, *barca*, *chegança de marujos*, *nau catarineta* são variantes encontradas.

Nos Estados do Sul do país e em São Paulo, o fandango é um baile popular, em que se executam várias danças regionais – danças de roda e sapateadas. Em São Paulo, aparece como uma espécie de *cateretê* ou como sinônimo de *chula*.

No Norte e no Nordeste, o fandango como baile não é conhecido. É, diferentemente, um *auto** popular do ciclo natalino, já tradicional desde o início do século XIX. Esta forma é manifestação original do Brasil, sem paralelo em Portugal, embora sua inspiração temática seja de origem portuguesa, narrando histórias desenvolvidas a partir do tema da expansão marítima. O espetáculo pode ser apresentado em um palco, na calçada de uma igreja ou em um barco alegórico. Os participantes vestem fardas de oficiais da Marinha para representar os personagens: Mar-e--guerra, Imediato, Médico (*papel** novo), Capitão, Piloto, Mestre, Contramestre, Calafate, Gajeiro, Saboia, Marujos e mais os *palhaços** Vassoura, Ermitão e Ração. Todos cantam e dançam ao som de instrumentos de corda (rabeca, violão, viola e, recentemente, cavaquinho e banjo), fazendo a percussão com um sapateado próprio. A música é de influência europeia. Em Pernambuco, representa-se a história de uma nau que sofre os efeitos de uma tempestade e que vaga durante sete anos e um dia. A fome ataca a todos. Decide-se, então, sortear um tripulante para ser morto e, assim, saciar a fome dos demais. Antes de executarem o Capitão, que foi sorteado, Nosso Senhor fará o milagre de chegarem todos vivos em terra de Espanha, enquanto o Satanás, encarnando-se no Gajeiro de proa, tentará de tudo para impedir que isso aconteça. Em alguns Estados como Ceará, Bahia e Paraíba, onde o fandango é chamado de *Barca*, aparecem, na representação, personagens mouros que atacam a nau e são vencidos e batizados, episódios que constituem a *chegança* ou *chegança de mouros*. (MM)

 Dança Dramática.

 Cascudo, 1988; Rocha, 1998.

FANTOCHE

É considerado por muitos como boneco de luva. Trata-se de uma das técnicas mais conhecidas na confecção de *bonecos**, por utilizar uma espécie de luva que veste a mão do manipulador para dar movimento ao fantoche. Tem tamanho e gestos que correspondem às dimensões e possibilidades gestuais do manipulador. A confecção do fantoche é bastante simples: cabeça e mãos são feitas geralmente de material resistente (frequentemente madeira, poliuretano, poliestireno, isopor ou *papier machê*), unidas entre si por uma roupa folgada de tecido, aberta em baixo, por onde o manipulador introduz sua mão. A maneira mais comum de animar o fantoche se dá dessa maneira: dedo indicador na cabeça, polegar e segundo dedo nas mãos. O manipulador, colocado atrás da tenda ou cortina, levanta a mão acima da cabeça e movimenta o fantoche. Existem diversas variações no modo de confeccionar e animar o fantoche nas quais o ator-bonequeiro utiliza dois ou três dedos para mover a cabeça do boneco, bem como fixa um bastão na cabeça, escondido dentro da luva (figurino) para animá-lo.

Boa parte dos personagens do nosso *mamulengo** é confeccionada com essa técnica. Em muitos países ainda existe um *teatro de bonecos popular**, cujos personagens são predominantemente fantoches e são conhecidos pelo nome da sua figura central: Pulcinella, por exemplo, pai da maioria dos heróis populares, remanescente da *Commedia dell'Arte* italiana. Napolitano de origem, sabe-se que provém das farsas atelanas. O casal Punch e Judy, personagens centrais do teatro de bonecos inglês, aparece em Londres pela primeira vez em 1662, com o nome de Pulcinella. Kasperle, herói popular do teatro de bonecos alemão, também é parente próximo do Pulcinella italiano e do Punch inglês, e muito popular no início do século XIX. Poliszynel, herói popular do teatro de bonecos francês, é atuante desde 1630, mas a partir da Revolução Francesa não se tem mais notícias de suas atuações. No entanto, surge na cidade de Lion, por volta do ano de 1800, o Guignol, teatro de bonecos que se tornou popular por toda a França. Petrushka, herói popular do teatro de bonecos russo, e Don Cristobal, personagem central do teatro de bonecos popular espanhol, pertencem à mesma linhagem.

No Brasil, até os anos de 1970, a expressão *fantoches* era largamente utilizada entre os grupos de teatro que trabalhavam com bonecos de luva. Nos anos de 1960, os Festivais de Marionetes e Fantoches da Guanabara registram os grupos de teatro participantes acrescentando ao lado do nome do grupo o termo *fantoche* para caracterizar a linguagem utilizada pelos elencos. Diversos grupos teatrais se tornaram conhecidos encenando espetáculos com bonecos de luva, ou fantoches. No Rio de Janeiro se destacam os trabalhos do Furabolo dirigido por Maria Luiza LACERDA; a equipe Bellan de Oscar BELLAN; em Niterói, o trabalho importante realizado por Judith ZILBERNSTEIN; em São Paulo, o Teatro de Fantoches Tio Panáceo e Azedinho e sua Turma, dirigido por Flavio BIANCONI; em Curitiba, Grupo Dadá, sob a direção de Euclides COELHO. Em São Paulo, entre 1977 e 1979, o Casulo – Centro Experimental de Bonecos – ainda utiliza o termo, atualmente em desuso, num trabalho denominado "Fantoches e Fantolixos". Mesmo assim, alguns grupos mantêm em seu repertório espetáculos nos quais predomina o uso do boneco de luva, sem, no entanto, se dedicarem exclusivamente a essa linguagem. Dentre eles, podem ser lembrados: Caixa do Elefante, de Porto Alegre; Grupo Merengue Teatro de Animação, Di Trento Produções, Miyashiro Teatro de Bonecos e o Grupo Simples Suspiro, em Curitiba; em São Paulo, o Teatro Por Um Triz e Grupo Sobrevento. (VB)

 Bonecos (Teatro de), Marionete.

 Caldas e Ladeira, 1989; Chesnais, 1947; *Mamulengo*, 1973-1989; Vasconcellos, 1987.

FARSA

A farsa é comumente identificada como um gênero do *teatro popular** desenvolvido na Idade Média, mas pode também ser pensada como uma técnica ou como uma estrutura que, remetendo a manifestações populares ancestrais, continua sendo utilizada em diversas formas de teatro, inclusive contemporaneamente. A origem da palavra é medieval e deriva do termo em latim *farsa*, que indica o ato culinário de estufar uma ave ou animal. Não por acaso, o cozinheiro é um personagem básico da farsa clássica, localizada na segunda metade do século XV. De fato, era comum nesse teatro medieval que se "estufasse" um programa de milagres ou moralidades com peças curtas, as farsas, e a própria liturgia da missa era por vezes "estufada" com *cenas cômicas**.

As características dessas farsas remontam às peças satíricas gregas e às *comédias** latinas, mas, historicamente, são consideradas farsas medievais cerca de duzentas peças curtas criadas na França a partir de 1450. O traço comum a todas essas peças é o de trazer à cena a vida cotidiana dos burgos e aldeias, sempre em pares de versos octossílabos com aproximadamente quatrocentas linhas. Não havia rubricas nos textos e as apresentações eram simples, com poucos recursos cênicos e muita movimentação dos *atores**.

Existe dúvida se, além da pura diversão, as farsas medievais pretenderiam ter um sentido moralizante retratando um mundo de perdição. O que é certo é que seus dois temas invariáveis eram o do marido traído e o do enganador enganado. A farsa mais antiga de que se tem notícia, *O Menino e o Cego*, é um exemplo acabado do segundo tipo, em que um personagem que se julga astuto acaba sendo ludibriado. Cerca de cinquenta desses textos históricos de farsa tratam do conflito conjugal, e um exemplo bem conhecido desse tipo é a *Farsa do Advogado Pathelin*.

Nos séculos XVI e XVII, a farsa desaparece como formato literário, mas permanece na tradição espetacular dos teatros populares de toda a Europa e repercute nas dramaturgias de SHAKESPEARE e MOLIÈRE. Nos séculos XIX e XX, dramaturgos como Eugène SCRIBE, Eugène LABICHE e Georges FEYDEAU, e artistas do cinema mudo, como Buster KEATON, Harold LLOYD e Charles CHAPLIN, lançaram mão dos recursos cômicos da farsa. Do mesmo modo, autores sofisticados como Samuel BECKETT, Eugène IONESCO e Jean GENET, utilizaram alguns desses recursos em suas dramaturgias.

No Brasil, elementos estruturais da farsa serviram indiretamente a muitos dramaturgos desde os primeiros gritos de uma dramaturgia nacional. É impossível, porém, não retornar à Europa para localizar a presença do dramaturgo que imortalizou o gênero na língua portuguesa. Gil VICENTE, quase contemporâneo do ciclo de farsas francesas do século XV, é autor de doze farsas, entre as quarenta e três peças que são associadas a esse misterioso personagem da história literária de Portugal. Aponta-se em suas farsas a virtude de ir além dos elementos básicos da farsa medieval, antecipando alguns desenvolvimentos renascentistas e colocando-se como um marco de transição – até porque também escrevia em espanhol – para o teatro de LOPE DE VEGA e CALDERÓN DE LA BARCA, no século XVII.

Entre os primeiros dramaturgos brasileiros, é Martins PENA, por escrever peças cômicas curtas, tratando de aspectos pitorescos da vida dos brasileiros nas décadas de 1820 a 1840, quem se aproxima mais do gênero da farsa. Na verdade, PENA nunca chamou nenhuma de suas comédias de farsas, mas elas têm, assim como os *entremezes** trazidos pelos atores portugueses para o Brasil, um sabor tipicamente farsesco.

O entremez, que é um gênero menos apoiado em recursos literários e mais baseado no improviso dos atores, tinha no máximo trinta minutos de duração e era apresentado como parte de programações mais amplas, ao lado de um drama ou *ópera**, números de dança e outras atrações avulsas. É exatamente nesse formato curto, sem muito rebuscamento literário e com muita ação cênica, que Martins PENA começa a escrever suas comédias, muitas das quais foram encenadas no Teatro São Pedro de Alcântara do Rio de Janeiro, entre 1838 e 1846, como complementos.

Como definiu um estudioso do teatro brasileiro: "A ação abusava das convenções da farsa popular; quanto a personagens, tipos caricaturais, burlescos, não raro repetitivos; quanto a enredo, disfarces, *quiproquós**, pancadaria em cena" (PRADO, 1999: 56). A descrição da comédia de PENA aproxima-se ainda mais da estrutura da farsa no comentário de Vilma ARÊAS sobre *O Judas em Sábado de Aleluia* (1844): "Não será difícil perceber, portanto, nesta peça, a preeminência do jogo de cena em relação à literatura: o ritmo faz-se extremamente rápido (12 cenas, a mais curta das peças de Martins PENA), girando os personagens em quadrilha (pela primeira vez temos a troca de casais contribuindo para a movimentação cênica) e definitivamente cessando a observação pela observação de detalhes pitorescos. A crônica do amor ou a corrupção da sociedade fazem parte da trama e compõem o perfil psicológico dos personagens, embora estes existam mais em função da ação do que da minúcia do traço de motivação interior. Trata-se de uma comédia decididamente farsesca, cujo protagonista é uma *máscara** 'que parece viva', no dizer de um personagem" (1987: 187).

Ao longo do século XIX e primeira metade do século XX, elementos estruturais da farsa continuam a aparecer na dramaturgia das formas mais populares do teatro brasileiro, como o *teatro de revista** e o *circo-teatro**. Autores como FRANÇA JÚNIOR e Artur AZEVEDO, ou Gastão TOJEIRO e Oduvaldo VIANNA, não deixarão de aproveitar as sugestões da farsa. Igualmente, alguns autores contemporâneos seguirão o mesmo caminho, bebendo diretamente na fonte da farsa, como é o caso de Ariano SUASSUNA, cuja *Farsa da Boa Preguiça* coroa, em 1960, uma dramaturgia que começara em 1956, com o *Auto da Compadecida*, a resgatar a cultura popular nordestina através de uma perspectiva erudita. Décio de Almeida PRADO define a contribuição de Ariano SUASSUNA para a dramaturgia brasileira contemporânea como refletindo todas as tradições da comédia popular: "Teatro popular, para o autor de *O Santo e a Porca*, baseada na *Aulularia* de PLAUTO, e a *Pena e a Lei*, derivada do fabulário nordestino, significa cruzar duas correntes que não se contradizem porque derivam da mesma fonte. Uma de natureza erudita, vem-nos de Roma, passando por Gil VICENTE, autor de essencial predileção de Ariano SUASSUNA. A outra, ao contrário, emana do povo, subindo ao palco profissional após ter hibernado em manifestações teatrais tão modestas e tão fundamente arraigadas em solo nordestino como as *danças dramáticas**, as *pantomimas** circenses e o *teatrinho de bonecos**.[...] Recebendo do povo não só personagens e sugestões de enredo, mas a própria forma de pequenos embustes, de ingênuas espertezas, de elementares jogos de palavra, com a incessante reviravolta de situações e a inevitável vitória final dos fracos sobre os fortes, o escritor brasileiro, sendo fiel à sua terra, se integra igualmente numa das mais respeitáveis tradições da literatura ocidental" (1988: 82).

Depois de SUASSUNA, o teatro brasileiro contemporâneo não se cansou de aproveitar, nos textos e no palco, os variados recursos cômicos da farsa. Eles estão presentes nas peças do chamado teatro *besteirol**, de autores como Mauro RASI, Vicente PEREIRA e Miguel FALABELLA, e nos espetáculos do grupo Parlapatões, Patifes & Paspalhões ou do grupo Fraternal Cia. de Artes e Malas-artes. A este segundo está ligado o dramaturgo Luís Alberto de ABREU, particularmente interessado na comédia popular enraizada na farsa, como se percebe nos textos que publicou no volume *Comédia Popular Brasileira*, em 1997. Os recursos farsescos são igualmente utilizados por dramaturgos como Marcos CARUSO, Jandira MARTINI, Noemi MARINHO e Juca de OLIVEIRA, entre outros, que fazem muito sucesso com peças francamente escritas para explorar a comicidade popular. Pertence ao primeiro o maior êxito nesse gênero, com a comédia *Trair e coçar... É só começar*, que estreou em 1986. (LFR)

 Baixa Comédia, Comédia, *Vaudeville*.

 Arêas, 1990; Marinho, 2004; Stanton e Banham, 1996; Vassalo, 1993.

FESTIVAL

 Benefício.

FILODRAMÁTICOS

A palavra de origem italiana *filodrammatici*, designando aqueles que cultivam ou são afeiçoados à arte dramática, chegou ao Brasil com a leva de imigrantes admitidos no país em larga escala a partir de 1870.

O jornalista Francisco PETTINATI, citado por Miroel SILVEIRA em *A Contribuição Italiana ao Teatro Brasileiro*, definiu muito bem o que significou, na verdade, essa forma peculiar de *teatro amador**: "Sua função obedecia a uma imperiosa necessidade do espírito italiano que não sabe, nem pode viver, sem o alimento artístico [...] Toda vila italiana se orgulha de suas associações filodramáticas que não têm apenas a finalidade recreativa, mas são também poderoso fator educativo" (1976: 199).

O imigrante, portanto, não se limitou a ser o braço forte nas fábricas e na lavoura. Trouxe com ele, também como ponto de honra, o dever de implantar o seu espaço cultural através da criação de sociedades de socorro mútuo, de jornais em sua língua de origem, de bibliotecas e centros lítero-musicais. Sensíveis e extrovertidos, os recém-chegados cultivaram o teatro, no qual *atores** da mesma nacionalidade e do mesmo estrato social, falando a língua italiana, expressaram e difundiram ideias, paixões e inquietações, não deixando ao acaso outra finalidade não menos importante: compensar com a atividade artística exercida nas escassas horas vagas a árdua e prolongada jornada de trabalho.

Os registros são vagos e escassos, mas cumpre reproduzi-los como manifestações exemplares e sinalizadoras da modéstia dessas realizações artísticas. Na cidade de Paracatu, em Minas Gerais, construiu-se, em 1888, o Teatro Filodramático, no Largo do Rosário, com planta desenhada por Victor de PAULA, segundo informa Affonso ÁVILA

(1978: 35). Porto Alegre, no Rio Grande do Sul, onde o núcleo italiano constituía, no período de 1882 a 1914, mais da metade do contingente imigratório, uma Sociedade Filodramática fez representar, em 1891, a *comédia**: *Non è Celoso*, e a peça *Arnaldo*, de Damasceno VIEIRA, vertida para o italiano. Foi essa sociedade, segundo Athos DAMASCENO em *Palco, Salão e Picadeiro* (1956: 261 e 275), a primeira tentativa de participação da colônia italiana nos movimentos culturais da cidade. Quatro anos depois, ainda em Porto Alegre, a Filodramática Felice Cavallotti apresentou, com muito sucesso, as encenações de *Il Figlio del Giustiziato, Caino, Un Matrimonio per Punizione, La Monaldesca*, intercalando a esse repertório atos variados.

Nos municípios de Paranaguá e Antonina, no Estado do Paraná, há também registros da atuação dos *filodrammatici*. Em Paranaguá é quase certo que, em 1850, a Sociedade Filodramática já tivesse um teatro próprio "na Rua do Ouvidor, próximo aos negócios de fazendas secas, armazéns e tabernas" (LACERDA, 1980: 55-56). Em 1873, atestando continuidade, foram apresentadas, como "meros entretenimentos", as peças *A Cruz do Juramento*, de Ernesto CIBRÃO, *O Defeito de Família*, de FRANÇA JÚNIOR, *O Senhor Anselmo Apaixonado pelo Alcazar*, cena cômica* do ator VASQUES, tendo a Sociedade Progresso Musical participado fazendo a *ouverture* da sessão. A presença do comediógrafo FRANÇA JÚNIOR e a referência ao célebre Alcazar, casa de espetáculos do Rio de Janeiro, indicam tentativas, embora tênues, de integração do imigrante italiano à cultura brasileira. Em Antonina, em 1905, o Grupo Filodramático Ibsen noticiou a apresentação dos espetáculos *Os Ladrões, Drama* e *Os dois Gênios*.

Na cidade de São Paulo, os grupos acompanharam a presença fortíssima da colônia italiana que, em meados do decênio de 1890, chegava a representar um terço da população, calculada em 150.000 habitantes. Sociedades de ajuda mútua, agremiações de ofícios, associações com fins culturais e clubes esportivos agregavam essa população, que se distribuía pelos bairros conforme as regiões de origem. No Brás, residiam os napolitanos, no Bixiga os calabreses, e no Bom Retiro os vênetos. O repertório oferecido ao público apelava para a emoção e para o riso (o riso acompanhando sempre os textos mais sérios), mas tendo o maior cuidado para que as peças não viessem a desmerecer estes princípios seguidos à risca: "Defender o caráter nacional dos participantes e elevar seu nível cultural".

Assim procediam os diretores do Clube Filodramático Vittorio Alfieri, que já em 1897, contando com 270 sócios, apresentava, em benefício de "*un povero italiano inabile al lavoro*", no Teatrinho do Cambuci, o drama *Il Pescatori di Balena* e a farsa *Acqua e Carbone* (SILVEIRA, 1976: 62). A tendência de cada um dos grupos – cuja mais forte atuação deu-se entre o final do século XIX e o final da década de 1920 – refletiu-se bem na escolha dos nomes. Poetas e heróis nacionais mesclavam-se aos reformadores da cena italiana e aos seus grandes intérpretes: Leopoldo Marenco, Giovanni Bovio, Eleonora Duse, Silvio PELLICO, Cesare CANTÚ, Gustavo Modena, Principessa dei Dollari, Dante Alighieri, Ermete Novelli, Paolo Ferrari, Belo Sexo, L'Amore all'Arte, entre muitos outros. A Filodramática Paolo Ferrari é uma das primeiras a aparecer no noticiário, também em 1897, com o drama *Riabilitazione*, de MONTECORBOLI, e no mesmo ano, inaugurando seu próprio "palco cênico", com *Bruno, il Dilatore*, de G. VENTURA. E a estimadíssima *rosa fragrante* dos filodramáticos, a L'Amore all'Arte, comemora precisamente em 1923 seus vinte e três anos de atuação no Brás com *La Porta Chiusa*, de Marco PRAGA.

Desde os primórdios, alguns desses grupos, não só os de São Paulo como aqueles de todo o país, assumiram posições contestatórias. As palavras *justiça* e *liberdade* estavam muito vivas ainda entre os que traziam na memória a época heroica das lutas para a reunificação da Itália. Também não eram poucos os que serviam à causa anarquista, como o Grupo Filodramático Libertário, de São Paulo, um dos primeiros a trazer para os palcos o "livro sagrado" dos anarquistas, o poema dramático *Primeiro de Maio*, de Pietro GORI.

Tiveram vida longa os filodramáticos, esmaecendo aos poucos com a integração crescente entre brasileiros e italianos e com a vitória do fascismo na Itália, dividindo incontestavelmente a "colônia" sediada no Brasil. Muse Italiche, um grupo dirigido pela lendária atriz Giorgina ANDALÒ, o Dopolavoro e o I Guitti, permaneceram ativos até os anos de 1950. I Guitti, dos irmãos Athos, Lélia e Lívio ABRAMO, foi justamente o último a ter notoriedade. Dirigido pelo crítico teatral Athos ABRAMO, empenhou-se na divulgação da dramaturgia italiana contemporânea.

Atores emblemáticos descendem das organizações filodramáticas paulistas: a tecelã Itália FAUSTA, que viria a ser a grande trágica do teatro brasileiro; Nino NELLO, que fez do tipo popular italiano a razão primordial de sua arte, e Lélia ABRAMO, que herdou dos *filodrammatici* o cultivo paciente da profissão e o ardor da militância política.(MTV)

 Amador (Teatro).

 Abramo, 1997; Magaldi e Vargas, 2000.

FÍSICO (TEATRO)

Criado no Reino Unido, o termo *teatro físico* define uma produção teatral eclética, identificada pela tensão entre expressividade e materialidade da cena, exposta no nome que a caracteriza: uma ação sobre a *fisicalidade* gera uma certa disposição do corpo, tendo em vista uma *teatralidade* específica. Seu lugar está numa região fronteiriça e de limites esfumados, na qual a presença corporal do *ator** e do espectador são fundamento.

KERSHAW (1992) vê a matriz do teatro físico nos grupos experimentais de ideologia não radical da Inglaterra dos anos de 1960, mais dedicados à pesquisa de linguagem teatral e à oposição à cultura oficial do que ao embate político direto. A explosão do teatro de Steven BERKOFF no Reino Unido, em fins daquela década, é associada ao primeiro momento de popularização desse modo de fazer teatral, amplamente sedimentado na cena inglesa em fase posterior, já na década de 1980. A liberdade na utilização do repertório expressivo do ator e dos elementos da cena proposta por BERKOFF resultou numa mistura refinada entre movimento e voz, com alto grau de estilização, que ainda inspira muitos espetáculos de teatro físico.

O teatro físico também pode ser caracterizado como uma versão singular da *mímica* pós-moderna**, que reinventa o teatro de movimentos por meio da fusão com outras artes e do resgate de formas da tradição teatral, como o teatro grego e a *Commedia dell'Arte*. A semelhança entre diversas criações do teatro físico, principalmente entre grupos da área teatral, explica-se, dessa forma, nas raízes comuns na pesquisa de Étienne DECROUX, mestre da mímica corpórea. Seguindo a tradição inaugurada por DECROUX, os professores Philippe GAULIER, Jacques LECOQ e Monika PAGNEUX tornaram-se os principais estruturadores e difusores do teatro físico europeu, dando continuidade à premissa de estilização (do gesto e da voz) como recurso próprio da cena, ao resgate de formas teatrais populares (tais como o *melodrama**, a bufonaria e o *clown**) e ao uso da improvisação, numa fusão de procedimentos e estilos que aposta no *processo colaborativo**. Na pedagogia do teatro físico, todos esses elementos convergem para a formação de um intérprete consciente de suas ferramentas expressivas, treinado na linguagem do teatro corporal e maduro para capitanear o processo criativo.

Na cena da dança europeia, o teatro físico passou a ser descrito como um gênero específico a partir dos anos de 1980, no confronto com a excessiva "atitude de abstração" da dança contemporânea (SANCHEZ-COLBERG, 1996). Seu processo de hibridação é semelhante ao do *teatro-dança**, mas numa "direção de contágio" diferente, partindo do teatro para abarcar a dança. Nesse caso, a hibridação opera por somatória de elementos, mas atua na estrutura dos processos de codificação, destruindo a consciência que as linguagens conheciam quando apartadas, gerando um estado de "atrito" entre elas.

Na genealogia desse modo de fazer teatral incluem-se as contaminações recíprocas entre as artes da dança e do teatro, ao lado de influências do circo, do *cabaré**, da mímica e da *performance**, sempre em nome de uma autonomia do teatro. A partir das propostas do teatro físico, dois aspectos da linguagem teatral pedem reconsideração: a dramaturgia e o trabalho do ator. A suspeita do Teatro Físico para com a linguagem verbal não se refere à negação do texto, mas critica a distância deste em relação à materialidade do evento teatral. Em nome dessa ênfase nos aspectos materiais da cena, o corpo é colocado em destaque, oferecendo alternativas à estruturação convencional da narrativa e contribuindo para uma ideia de espetacularidade relacionada à seleção do real, o que imprime um tipo de "presencialidade" cênica fora do alcance do imaginário (a ficção) e do simbólico (a linguagem), mas acessível na relação entre os corpos do ator e do espectador.

À versatilidade do ator do teatro textocentrista opõe-se o virtuosismo corporal do ator-*performer* do teatro físico. Essa disposição implicou modificações nos meios expressivos do intérprete, que veio somar ao seu repertório uma variedade de novos recursos, frutos da pesquisa de materiais gestuais e textuais, em busca de constituir as formas da teatralidade em seu próprio corpo. Numa atitude dramatúrgica, de escritura da cena através de seu gesto e movimento, esse ator abre mão da perspectiva da personagem psicológica e, muitas vezes, da orientação do *diretor** ou do dramaturgo. A experiência resultante não é uma "experiência fora-do-corpo", mas uma afirmação da "existência sobretudo-no-corpo", possibilitada pela organicidade da presença do ator.

Entre os grupos internacionais de teatro físico, o DV8 Physical Theatre e o Theatre de Complicité ocupam posição de destaque. Um dos responsáveis pela divulgação do termo na Europa, o DV8 situa sua discussão sobre dança nos corpos dos bailarinos, expostos ao desafio físico e psicológico: na materialidade do corpo em estado de risco, as convenções (sociais, expressas numa cultura, e da expressão, veiculadas através da dança) podem ser identificadas e confrontadas. O Complicité, por outro lado, diferencia-se no modo como apresenta facetas da cultura e do imaginário humanos através do *jogo teatral**, em espetáculos que se caracterizam pela criação colaborativa e pelo resultado polifônico. O grupo busca a reformulação do modelo de teatro de texto, mesmo quando suas criações partem de um texto dramático. Uma infinidade de outros grupos (Shared Experience, Clod Ensemble, Forced Entertainment, Told By An Idiot, Ridiculusmus, para citar alguns exemplos) soma-se a esses dois, sob as alcunhas de *teatro físico-visual, comédia* visual, teatro aéreo* e termos correlatos.

O Festival de Teatro Físico/Visual da Cultura Inglesa, realizado em São Paulo em 1994, foi responsável pela inauguração do termo Teatro Físico na mídia nacional. As *companhias** Pia Fraus (com o espetáculo Flor de Obsessão, direção de Francisco MEDEIROS), Linhas Aéreas (com Lado B, direção de Beth LOPES), Cia. de Teatro em Quadrinhos (com O Cobrador, direção de Beth LOPES) e Circo Mínimo (apresentando Deadly, criação de Rodrigo MATHEUS, com coreografias de Sandro BORELLI) figuram entre os premiados das diversas edições do evento. Representando o Teatro Físico brasileiro no exterior, alcançaram reconhecimento, indicando a maturidade das criações brasileiras de teatro corporal e visual, gestadas já nos primeiros anos do decênio de 1990.

O teatro físico europeu encontra sua tradução no Brasil numa espécie de reinvenção do termo, o que está longe de ser uma traição aos seus princípios. Ao mesmo tempo, adapta-se com rapidez à nossa realidade teatral complexa, na qual a hibridação é regra e não exceção: na cena nacional, criadores misturam em sua formação diferentes escolas; grupos assumem maior flexibilidade de propostas como estratégia de sobrevivência; tendências diversas coexistem, estimuladas pela distância das referências "tradicionais", dando lugar a boas doses de descompromisso com fronteiras estéticas mais rígidas.

À semelhança daquilo que ocorreu na Europa, também no Brasil o termo aproxima resultados espetaculares diversos. Teatro visual, circo novo, mímica corpórea, teatro de texto com fisicalidade extremada, teatro aéreo e outras variações contemporâneas participam da classificação. O *teatro essencial** de Denise STOKLOS, por exemplo, não pode ser separado da conceituação de um teatro físico brasileiro, ao acrescentar colorações pessoais a uma trama de conhecimentos e práticas cênicas que ecoa Antonin ARTAUD, Étienne DECROUX, Jerzi GROTÓVSKI e outras influências do teatro corporal.

XPTO, Acrobático Fratelli, La Mínima, Circodélico, Fráctons, Parlapatões, Nau de Ícaros, Teatro de Anônimo, Intrépida Trupe, Cia do Feijão, Lume, Cia Dani Lima e Trampolim compõem uma lista inconclusa de grupos nacionais de Teatro Físico, que indica a diversidade de cruzamentos entre circo, teatro, mímica e dança encontrados no Brasil e que o termo é capaz de abarcar. No exterior, essa produção recebe a distinção de original, sendo reconhecida como radical na maneira através da qual mistura linguagens, com sensualidade intensa e fundamento humanista.

No contexto nacional, no entanto, a adoção do termo teatro físico não parece satisfazer plenamente os grupos e criadores que empregam a soma de elementos característica desse modo de fazer teatral. Grande parte desses artistas já havia construído um percurso particular quando o termo apareceu na mídia e no vocabulário dos criadores brasileiros. Assim, ao invés de estabelecer um espaço diferenciado para uma produção que necessitava de destaque, fazendo frente aos espetáculos mais baseados no teatro de texto, como foi o caso do surgimento do termo no mercado teatral europeu, o nome teatro físico parece acrescentar, aos espetáculos nacionais, uma adjetivação desnecessária e, muitas vezes, desvantajosa. Num mercado desorganizado, em que as produções acotovelam-se para obtenção de incentivos ocasionais, patrocínios quase inexistentes, pautas muito disputadas nos teatros e reduzido espaço na mídia, as categorias podem isolar o artista em nichos restritivos, bloqueando outras perspectivas de verbas e de interesse do público. (LR)

 Antropologia Teatral, Dança-teatro, Essencial (Teatro), Mímica.

 Birringer, 1991; Romano, 2005.

FORMAS ANIMADAS (TEATRO DE)

Manifestação contemporânea do *teatro de bonecos**, sendo uma extensão dele e mais próximo do *teatro de animação**, uma vez que inclui, no mesmo espetáculo, outras modalidades como teatro de formas e imagens, de *objetos** e *atores** na contracena. (AMA)

 Animação (Teatro de), Bonecos (Teatro de), Objetos (Teatro de).

FÓRUM (TEATRO)

*Atores** improvisam uma cena para determinado público (operários, profissionais liberais, professores) e convidam os espectadores a subir ao palco comentando aquilo que lhes foi mostrado e, ao mesmo tempo, improvisando modificações que lhes pareçam satisfatórias. Haverá um mestre-de-cerimônias, denominado *coringa**, que manipulará os espectadores, provocando-os, esclarecendo dúvidas e sugerindo aos atores que representem as modificações propostas. Se a solução indicada lhe parecer inviável, ele paralisa a ação dizendo: "Isto é mágico!" (BOAL, *Stop*, il 1980:148). Trata-se de outra técnica do *teatro do oprimido**, desenvolvida por Augusto BOAL a partir de trabalhos em comunidades latino-americanas e aplicada internacionalmente por grupos de *teatro político**. (EF)

 Arena (Teatro de).

 Boal, 1983b.

Carlos Queiroz TELLES, em *A Semana* e *Frei Caneca*. O primeiro, na verdade, um roteiro teatral constituído por fragmentos de escritos e ideias dos artífices da Semana de Arte Moderna de 1922, incorporou enquetes feitas na cidade de São Paulo a respeito desse acontecimento. O espetáculo projetou *slides* e um filme (realizado por Jean-Claude BERNARDET), com vistas a expor cenicamente os feitos da referida Semana. Ao lado desses recursos, a composição da peça propõe distintos espaços teatrais para a sua montagem, isto é, durante a sua temporada, em 1972, no Studio São Pedro, a ação dramática iniciava-se no *hall* de entrada, desenrolava-se pelas escadarias, até chegar à sala de espetáculos, constituindo palcos simultâneos. Por sua vez, quando a ação concentrou-se no palco, houve textos apresentados diretamente aos espectadores, estabelecendo, assim, quebra dos limites entre palco e plateia. Já em *Frei Caneca* são atualizados alguns momentos da luta política e social de FREI CANECA do Amor Divino. Deve-se destacar a presença do personagem Cego da Penha, que assume no primeiro ato o *papel** de narrador, apresentando modinhas que recuperam várias perspectivas das lutas pela Independência do Brasil. No segundo ato, quem narra os acontecimentos em outras regiões do país, bem como o veredicto dos julgamentos dos revolucionários, é o personagem Meeirinho que, literalmente, passa pelo palco informando o ocorrido.

Nesse contexto, devem-se recordar os trabalhos de Chico BUARQUE DE HOLLANDA, sejam em coautoria, sejam individuais. Com relação a estes últimos, podem-se citar *Roda Viva* e *Ópera do Malandro*. O primeiro narra a ascensão e queda de um ídolo popular e, em 1968, recebeu uma encenação extremamente contundente de José Celso Martinez CORRÊA. Para além da presença do coro, previsto originalmente no texto, a concepção cênica do *diretor** construiu uma interpretação agressiva, tanto para os atores na composição das personagens, quanto da relação do palco com a plateia. Por sua vez, *Ópera do Malandro* é uma adaptação à história e à realidade brasileira da *Ópera de Três Vinténs,* de Bertolt BRECHT. Nesta, através de canções e situações envolvendo contrabandistas, policiais, dono de bordel, punguistas e prostitutas, Chico BUARQUE interpretou cenicamente o processo de modernização da economia brasileira à luz da Era Vargas, com o intuito de refletir também sobre a "modernização conservadora" implementada pelos governos militares (1964-1985).

No que se refere às parcerias, cabe menção às peças *Calabar, o Elogio da Traição*, escrita em conjunto por Chico BUARQUE e Ruy GUERRA, e *Gota d'Água*, também de autoria do primeiro em conjunto com Paulo PONTES. Em *Calabar*, os autores utilizam o coro e a intervenção musical como comentadores das situações vivenciadas a partir de um tema consagrado pela historiografia brasileira: a invasão holandesa. Porém, este é apreendido sob outro prisma, sob a ótica do mulato Calabar, que lutou ao lado das tropas holandesas. Por esse ato de traição à Corte Portuguesa, Calabar foi condenado à forca. Dessa maneira, a ação inicia-se com o desertor julgado e executado e, por meio da narrativa daqueles que com ele conviveram, surgem as seguintes perguntas: Quem foi esse homem? O que foi a sua traição? De qual ponto de vista foi ele julgado? Diversas interpretações surgem e Calabar não emerge como traidor e nem como herói, mas como um homem realizando escolhas em um determinado tempo histórico. Por sua vez, *Gota d'Água*, uma releitura de *Medeia*, de EURÍPIDES, para o Brasil da década de 1970, utilizou-se de recursos brechtianos como "falar contra a ação" e a introdução da música como comentário de situações dramáticas.

Nesse rol de textos dramáticos, devem figurar ainda *Paraíso Perdido* (Sérgio de CARVALHO), *O Livro de Jó* (Luís Alberto de ABREU) e *Apocalipse 1.1* (Fernando BONASSI), encenados pelo Teatro da Vertigem. Nestes, apreende-se uma narrativa épica orientando não só a peça, mas também a concepção cênica que dá materialidade ao espetáculo, presente não só nos espaços escolhidos (igreja, hospital e presídio, respectivamente), mas na própria perspectiva de cenários simultâneos, proveniente talvez das temáticas, originalmente religiosas,

Deve-se ressaltar que a escolha de temas históricos contribuiu, em larga medida, para a incorporação de elementos épicos, assim como revelou a inexistência de formas puras estabelecidas *a priori*. Em verdade, o que se constata, por essa visão panorâmica, é o fato de que a dramaturgia brasileira foi adquirindo níveis crescentes de complexidade, ao incorporar em seus textos distintas perspectivas narrativas e, sob esse aspecto, o épico muito contribuiu para que isso ocorresse.

Porém, é oportuno recordar que o impacto da obra de Bertolt BRECHT estimulou o privilégio de temas que poderiam ser alocados nas premissas dos movimentos sociais, tais como: questão agrária, organizações operárias, discussões sobre a estrutura de produção do capitalismo etc.

Em meio a tais experiências, não se pode esquecer que, no decorrer da década de 1990, tais preocupações tiveram presença destacada nos palcos brasileiros com as atividades da Companhia do Latão, título inspirado no trabalho do próprio BRECHT. Em sua trajetória artística, a referida *companhia**, após a encenação de textos estrangeiros, tem produzido a sua própria dramaturgia (*O Nome do Sujeito* e *A Comédia do Trabalho*) à luz do referencial brechtiano.

Esta breve exposição demonstra que o gênero épico foi apropriado de diversas maneiras pelo teatro brasileiro, desde aquela com intenções explicitamente políticas que, na maioria das vezes, se vincula ao pensamento brechtiano, até aquelas que se utilizaram de estratégias narrativas épicas, com o intuito de intensificar a força dos argumentos. Portanto, para observar e compreender esta presença tão intensa, é necessário romper-se com a ideia de forma e gênero puros, ou seja, os diversos referenciais têm contribuído de forma geral para intensificar a presença do épico no Brasil. (RP)

 Coro, Distanciamento, Narrador.

 Brecht, s/d.; Campos, 1988; Magaldi, 2004b.; Rosenfeld, 1985; Pavis, 1999; Szondi, 2001.

ESCRAVIDÃO (TEATRO E)

 Abolicionista (Teatro).

ESQUETE

Cenas curtas, cômicas em geral, que podem ser agrupadas, perfazendo um espetáculo inteiro, ou ser inseridas num espetáculo de variedades. Muito comuns no velho *teatro de revista**, os esquetes também fizeram sucesso em programas humorísticos no rádio. Atualmente, é na televisão que são mais aproveitados, embora o teatro não os tenha descartado por completo, como comprovam as *comédias** dos autores ligados ao gênero *besteirol**. (EF)

 Besteirol.

ESSENCIAL (TEATRO)

Denise STOKLOS, atriz, *diretora**, dramaturga, *performer*, escritora, nascida em Irati, no sudoeste do Paraná, criou a teoria do teatro essencial, exposta no volume *The Essential Theatre*, de 1992. Nessa obra, os dois primeiros textos intitulam-se "Manifesto of the Essential Theatre" (pp. 5-18) e "The Essential Theatre" (pp. 19-20) e são datados, respectivamente, de março de 1987 e maio de 1988. Neles, é possível ler uma concepção pessoal da função do teatro e sua correspondente forma cênica, bem como a importância conferida ao conceito de *teatro essencial*, no qual se unem uma reflexão sobre teatro e a biografia da atriz.

O manifesto contém as ideias norteadoras do teatro essencial que, sinteticamente, Denise STOKLOS apresenta com estas palavras: "Um teatro que contenha o mínimo possível de gestos, movimentos, palavras, figurino, cenário, acessórios e fatos, o mínimo. E que concentre o máximo de poder do próprio drama. Em que a figura humana no palco interprete a única alquimia: a única em que a realidade da atuação (da re-presentação) é mais vibrante do que o próprio tempo cronológico. Que critique esse tempo, que o revele".

O manifesto funde a reflexão sobre o teatro enquanto dramaturgia e encenação com a posição estético-política de Denise STOKLOS e sua biografia. Desta, provém não apenas o conhecimento de mundo que compõe o pensamento artístico e humano-social da atriz (como, por exemplo, a maternidade, a origem interiorana, a luta pela construção da identidade), mas também a aprendizagem do ofício (a experiência no palco, a relação com o público, a relação com o próprio corpo).

Num momento de proclamação da identidade, atinge as raias do feminismo mais participativo: "Meu trabalho é o de uma mulher do século XX. Como poderia não ser especial? Não, não abro mão de minhas marcas femininas. Nós temos toda a história a ser escrita. Somos novas, recém-chegadas e fortes".

O manifesto contém muitos desses momentos confessionais e pessoais, como a exemplificar uma ideia de essencialidade que deve passar pela natureza físico-biopsíquica de qualquer *ator**.

"Como atriz, diretora e autora – afirma Denise STOKLOS – estou também envolvida com poder, injustiças sociais, comportamentos padronizados, estética e a ética de estado do sistema patriarcal capitalista". Tal envolvimento, porém, é o de uma anarquista que odeia "a maioria das regras de nossa organização social" e o de uma artista que lança sobre os ombros do ator grande responsabilidade cênica, política, social, artística, "por acreditar no ator como a origem da própria teatralidade e como força utópica, como humanismo, como existencialismo, como a semiologia do drama".

Em síntese, o teatro essencial pode ser caracterizado por alguns princípios:

O ator é a fonte de toda a dramaturgia e do espetáculo.

Para tanto, cabe ao artista descobrir em sua biografia, em sua cultura e em seu corpo, a cultura, o pensamento e os recursos que lhe permitirão o desempenho afinado com o tempo histórico, com as ideias que nele circulam e, principalmente, a harmonia entre vida e arte. Cabe ao ator expressar-se "com os únicos meios de que o ator se serve como instrumentos: o corpo, a voz e a intuição. Com a voz: a palavra, o som, o canto. Com a intuição: o sentimento, o ritmo, a dramaturgia".

Denise STOKLOS considera-se uma anarquista "selvagemente feliz" e em busca constante do ir além dos limites pessoais e além da velha arte. Diz ela: "Minha função é representar o possível e único teatro que trouxe ao longo da vida como idiossincrasia de minha cultura. Tenho que saber como me coloco neste momento, sempre".

O palco deve primar pela ausência de decoração e pirotecnias

A essencialidade do espetáculo reduz os apelos visuais e, portanto, o palco evita cenários, figurinos abundantes, recursos tecnológicos, que segundo a atriz paralisam o desempenho do ator e distraem o público, dificultando a absorção mental do espetáculo.

O espetáculo se concentra nos gestos e nas palavras do ator. A música colabora para acentuar a ideia apresentada no palco. A atriz declara: "Com veemência e raiva, proclamo o fim do excesso. Pirotecnia mente. […] Quero o palco nu".

A dramaturgia apoia-se na história presente, no modo como o ator encara os desafios de seu tempo.

Segundo Denise STOKLOS, as peças devem ser estruturadas com base em "*monólogos**, música, gestos, trabalho teatral cuja leitura é feita através das suas imagens e do significado de suas palavras, ambos se complementando ou se confrontando".

Esclarecendo sua posição política, a atriz declara que não participa mais de demonstrações políticas ou movimentos contra a *censura**. Para ela, há hipocrisia tanto entre os que censuram quanto entre aqueles que dizem ser contra a censura. Categórica, rejeita a manipulação artística e a arte preconceituosa, defendendo a experimentação: "num tempo de vanguarda generalizada, só sobrevivem aqueles que avançam".

O público precisa ser estimulado a apreender uma nova forma de representar

Ressaltando que a presença da figura humana é o ponto mais importante de seu teatro, esteja ela no palco ou na plateia, Denise STOKLOS confessa que o objetivo maior de seus espetáculos é "comunicar, estimulando uma nova organização perceptiva". Esse objetivo teve êxito, conforme indica o público diversificado atingido pela atriz, fenômeno que ela explica como decorrência de sua maneira específica de encarar o teatro performático: "para um teatro performático é necessário pensar sobre estruturas metálicas, sobre trigais, sobre *haicai*".

O teatro tem por finalidade tratar de fatos e sentimentos que afetem os seres humanos em aspectos vitais

Tomando como base histórica e pessoal sua experiência no Brasil, a atriz afirma que deseja realizar um teatro centrado na ideia de apresentar no palco a resistência do povo abandonado pela "mãe-sociedade" e pelo "pai-Estado". Um trabalho, a seu ver, feito para as gerações futuras, pois não acredita em resultados imediatos.

Para que possa atingir esse estágio de transformação do modo de entender e viver o teatro, ela defende a ideia de que é "o teatro do ser humano que sobrevive". Seu objetivo é alcançar uma estética essencial, na qual haja unidade entre o palco e a figura do ator e criador: "Não quero uma estética que não me pertença. Eu desejo a síntese, a seiva. Quero a simplicidade do poder criador". (MMC)

 Físico (Teatro), Mímica, *Performance*.

ESTEREÓTIPO

No campo teatral, os estereótipos evocam especialmente certas classes de personagens, mas podem albergar também as situações dramáticas em que aparecem e o comportamento que manifestam, um tanto quanto mecanizadas, repetitivas, rudimentares em suas expressões. Facilitam o trabalho do dramaturgo que, num rápido desenho de contexto, deslinda o universo de transcurso da ação e quais forças nele atuam. A peça de *quiproquó** (da qual o *boulevard* é um gênero exemplar) é um bom modelo desse uso, na qual estereótipos movem-se com destreza em torno de uma ação que cada vez mais se complica, se enrola, vertiginosamente crescente, e destinada à exploração das variações, mas sem apresentar abalos estruturais.

Em períodos históricos dominados por modelos dramáticos esquemáticos (como as moralidades medievais, o neoclassicismo francês do século XVIII, o *melodrama**, a *peça benfeita** e o *boulevard* do século XIX, a dramaturgia soviética realista socialista), avultam os estereótipos de personagens e situações, refletindo uma visada comprometida com a previsibilidade, a permanência, a repetição, fatores que denotam um teatro de manutenção do *status quo*.

No âmbito do teatro brasileiro, diversas classes de estereótipos podem ser encontradas. No *auto** de catequese jesuítico, os diabos (em geral personificados em indígenas) ocupam esse *papel**. Na *comédia** do século XIX, o caixeiro da taverna, o juiz de paz da roça, o inglês maquinista, constituem figuras rapidamente assimiláveis pela plateia, ao lado dos políticos, juízes e jurisconsultos dos ministérios. O pai autoritário, a mãe lacrimosa, o vilão maligno, a heroína sofredora, entre outros, são estereótipos vigentes nos *melodramas** europeus e brasileiros.

Alguns autores modernos fazem bom uso deles, explorando com criatividade seus vieses satíricos ou paródicos, como as tias que despontam em Nelson RODRIGUES; os amarelinhos presentes em Ariano SUASSUNA; séries inteiras de criadas, pais de família, mães convencionais, que animam a *comédia de costumes** de autores como, entre outros: Abílio Pereira de ALMEIDA, João BETHENCOURT, Silveira SAMPAIO, Juca de OLIVEIRA, Jandira MARTINI e Marcos CARUSO.

Pertence ainda ao campo dos estereótipos a maior parte das criações destinadas ao *teatro de revista**, como o *compère (compadre**),* assim como aquela oriunda ou desdobrada a partir do *sistema coringa**, criado pelo Teatro de Arena de São Paulo, com o intuito de produzir espetáculos esquemáticos e de estrutura repetitiva. (EM)

 Clichê.

 Bentley, 1967; Boal, 1975a; *Enciclopedia Garzanti dello Spetacollo*, 1982; Veneziano, 1991.

ESTICOMÍTIA

Rápida troca de palavras e frases entre as personagens de uma peça, verdadeiro duelo verbal, que proporciona ritmo mais ágil ao desenvolvimento da cena. Na gíria teatral, é chamada de *estilo pingue-pongue*. Sua origem remonta ao teatro greco-latino e é recurso utilizado com amplitude por nossos dramaturgos contemporâneos. Eis um exemplo colhido na peça *Toda Nudez será Castigada*, de Nelson RODRIGUES: "– Vai depressa, chamar o padre Nicolau!/ – É tarde pra chuchu!/ – Padre não tem hora!/ – Anda!/ – Não se pode nem ler jornal./ – Ou prefere que seu irmão morra?/ – Padre não é médico."(1993: 1052). (EF)

ESTRANHAMENTO

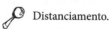 Distanciamento.

ETNOCENOLOGIA

Termo formulado por Jean-Marie PRADIER, em 1995, para designar o estudo das práticas espetaculares de diferentes culturas sob uma perspectiva analítica não eurocêntrica e atenta ao aspecto global das manifestações expressivas em questão, incluindo suas dimensões físicas, espirituais, emocionais e cognitivas. Seu objetivo é estudar essas formas tomando-as não mais a partir da referência ao teatro ocidental, mas remetendo a práticas e conceitos correntes nas culturas e civilizações em que são produzidas. Interessam-lhe, de forma particular, as práticas derivadas do rito, do cerimonial e da dança. Procurando descrever o processo de trocas entre polos interculturais, a etnocenologia propõe-se a estabelecer padrões de análise que lhe permitam observar os processos de interatividade presentes nas manifestações enfocadas, adotando a perspectiva da transculturalidade e buscando superar a noção de intercâmbio cultural puro e simples. Situada no campo das etnociências, a etnocenologia revela a consolidação de um paradigma científico baseado no conceito de *alteridade* e na afirmação do *multiculturalismo**. Entre os fatores que contribuíram para sua formulação podem-se apontar o interesse suscitado por formas teatrais não ocidentais, a reavaliação das artes do circo, da dança, da bioarte e da *street dance*, as pesquisas realizadas por Jerzi GROTÓVSKI, Peter BROOK e Eugenio BARBA, o crescimento dos estudos sobre ritos, rituais, xamanismo e cerimônias, o desenvolvimento dos estudos de etnomusicologia e a ação institucional de órgãos como a UNESCO, a Maison des Cultures du Monde, a International School of Theatre Anthropology e o Centre for Performance Research of Cardiff.

No contexto brasileiro, os estudos etnocenológicos estão associados a iniciativas de grupos de pesquisa como o GIPE-CIT (Grupo Interdisciplinar de Pesquisa e Extensão em Contemporaneidade, Imaginário e Teatralidade), coordenado por Armindo BIÃO, na Escola de Teatro da Universidade Federal da Bahia; o TRANSE-UNB (Núcleo de Estudos Transdisciplinares sobre a Performance), coordenado por João Gabriel TEIXEIRA, e o NIEI-UFPE (Núcleo de Estudos Interdisciplinares sobre o Imaginário), coordenado por Danielle Rocha PITTA, na Universidade Federal de Pernambuco. Deve-se ressaltar ainda a realização do I Congresso da ABRACE (Associação Brasileira de Pós-Graduação em Artes Cênicas), no Departamento de Artes Cênicas da ECA-USP (Escola de Comunicações e Artes da Universidade de São Paulo), em setembro de 1999, no qual relatos de *performances** e pesquisas ligadas à etnocenologia tiveram considerável destaque, contribuindo assim para a sua divulgação, enquanto área de pesquisa. (MSB)

 Antropologia Teatral.

 Greiner & Bião, 1998; Pavis, 1999.

EXPERIMENTAL (TEATRO)

Embora toda obra-de-arte possa conter algum traço de experiência operada nela mesma, a acepção contemporânea de experimento artístico implica uma articulação realizada pelo autor sobre os códigos com os quais trabalha.

Entre as mais notórias correntes ligadas ao experimentalismo desde o começo do século XX, sobressai o *teatro espontâneo*, preconizado por N. EVREINOFF, na tentativa de abolir a distância entre a vida e o teatro, o espectador e o *ator**. Naquilo que concerne ao intérprete, esta proposta vai repercutir mais intensamente nos anos de 1960 junto a dois poloneses: Jerzi GROTÓVSKI que, através do método da autopenetração, ambiciona um ator-santo cujo ofício aproxima-o de um oficiante místico, radical ultrapassagem do estágio de verismo psicológico de matriz stanislavskiana; e Tadeusz KANTOR, que anuncia nos seus espetáculos o desaparecimento do ator. São ambas experiências ligadas à noção mais ampla de laboratório – um espaço teatral de pesquisa incessante –, no qual o processo de criação encontra-se colocado acima dos resultados e o espectador é nele admitido sob certas condições.

Na outra vertente, ligada à função e às condições atribuídas ao público, está o propósito de reconduzi-lo à participação. Duas alternativas galvanizam, aqui, uma multiplicidade de intentos, sendo uma delas mais explicitamente conduzida por Bertolt BRECHT que, valendo-se da contextualização sociológica, quer recriar em cena as várias dimensões dos fenômenos sociais, inserindo suas personagens nos limites entre essas dimensões, assim exacerbando tanto sua objetividade quanto sua subjetividade. O ator desse teatro deverá, para dar conta dessas múltiplas dimensões abarcadas, entrar num permanente jogo consigo mesmo, alternando-se entre "ser" a personagem e exibir uma consciência supraficcional. A plateia é requisitada, desse modo, a igualmente desdobrar-se entre as considerações de seu imaginário e aquelas de suas reais condições de existência, através de uma dialética que objetiva a desalienação, processo em que a atividade sociopolítica é contraposta à passividade da recepção emocional.

Na outra vertente participativa, temos a proposição artaudiana. Adepto da alta teatralidade que a encenação infunde à cena, desvinculando o teatral do literário, Antonin ARTAUD sonha com a festa e as cerimônias de cunho ritualístico que permitam à plateia, pela via da exacerbação dos sentidos, fazer um retorno à sua condição coletiva, da comunidade anterior à estamentada partição burguesa. O trabalho sobre os arquétipos, as formas míticas, os grandes símbolos tribais, são aqui conjurados, objetivando-se religar aquela energia estagnada que impede o público de irmanar corpos e imaginações. ARTAUD, com seu *teatro da crueldade**, igualmente propõe um novo ator, um atleta das emoções, capaz de internalizar e exprimir os fundos conteúdos implicados na dimensão cruel, metaforicamente concebida como um alastramento da peste.

A assimilação desses procedimentos internacionais nos palcos brasileiros foi lenta, uma vez que conhecemos diversas tentativas de modernização. A mais antiga remonta ao carioca Renato VIANNA e sua Batalha da Quimera, em 1922, cuja novidade não foi suficiente para granjear adeptos. Também no Rio de Janeiro, o Teatro de Brinquedo, capitaneado por Álvaro e Eugênia MOREYRA, surgido em 1927, igualmente não foi além de umas poucas encenações. O Teatro da Experiência, idealizado por Flávio de CARVALHO em São Paulo, em 1933, colocou em cena o *Bailado do Deus Morto*, uma cerimônia ritual no melhor estilo antropófago de Oswald de ANDRADE; lamentavelmente, três dias após a estreia foi fechado pela polícia.

Ecos das vanguardas históricas novamente começam a ser ouvidos entre nós após a II Guerra Mundial, em meados da década de 1950. Nomes como BRECHT e BECKETT, ADAMOV e ARRABAL, despontam aqui e ali nos repertórios das companhias. Ao final dos anos de 1960, o Brasil já conhecera praticamente todas as proposições experimentais formuladas nas décadas anteriores. *Marat-Sade*, de Peter WEISS, montado por Ademar GUERRA em 1967, destacando amplamente o contexto manicomial que sediava o conflito entre os protagonistas, fez acender a luz do relê que regula o âmbito das convenções. Estávamos então a um passo da proposta mais radical, a de ARTAUD, concretizada em 1968 com a montagem de *Cemitério de Automóveis* e, em 1969, com a de *O Balcão*. Duas encenações assinadas por Victor GARCIA que materializaram, com ênfase, os preceitos contidos nos Manifestos da Crueldade. Demandaram elas, pela ousadia das concepções, espaços cênicos livremente arquitetados.

Mas, ao contrário da comunhão, o clima sociopolítico do país no pós-1964 era de franco confronto, fazendo surgir uma sequência de montagens em que as proposições artaudianas foram tomadas pelo que possuíam de crueza e sanguinolência. Em 1968, *Roda Viva* torna-se o epicentro dessa contestação ao regime militar. Realização recheada de insultos e agressões ao público, transforma-se em alvo de violenta revanche desferida por um grupo paramilitar, que invade o teatro e espanca o elenco. Logo a seguir, com *Os Fuzis de D. Tereza Carrar* (1968), o *diretor** Flávio IMPÉRIO vai ao limite de entregar fuzis à plateia; mesma solução encontrada em *Agamêmnon*, montagem de Amir HADDAD para A Comunidade, num momento em que a luta armada é o grande tema do país. A decretação do AI-5, em 13 de dezembro de 1968, põe fim a essas experiências de confronto e interação com a plateia.

A partir de então, radicalizam-se os experimentos voltados sobre a própria cena. No *Rito do Amor Selvagem*, uma mixagem idealizada por José Agrippino de PAULA, as ações dos atores seguiam um roteiro, mas os improvisos poderiam alterar completamente seu rumo, ensejando um *happening** a cada noite. O Teatro Oficina de São Paulo monta *Na Selva das Cidades*, texto do jovem BRECHT tomado como um exercício de autopenetração grotovskiano pelo *encenador** José Celso Martinez CORRÊA. Cada cena era finalizada com uma ordem de "Quebra!", instante em que o elenco destruía os objetos cênicos; cada interpretação aprofundava o sentido de um ritual de despojamento anímico, quando cada ator era vislumbrado como um inimigo do outro, culminando no episódio em que o chão era revolvido e dele brotavam objetos do passado da *companhia**, *alegorias** de uma cidade convulsionada pela violência intestina. A ousada encenação levou o Oficina a uma crise e posterior desmantelamento.

A Construção (1969), espetáculo do grupo A Comunidade baseado em peça de Altimar

PIMENTEL, seguia trilha semelhante, implicando uma verticalização de conflitos que dilaceravam a companhia. *O Albergue*, montagem de Celso NUNES com o *grupo** Casarão, foi uma primeira tomada de pulso quanto a um teatro vivencial, uma vez que as personagens, decalcadas sobre os próprios intérpretes, moravam no local das apresentações. Outra experiência comunitária surge com *Terceiro Demônio*, do TUCA, na qual um coletivo de indivíduos luta, todo o tempo, para escapar de uma vigilante forma tentacular que os persegue, realização marcada pela face mais escura do realismo mágico latino-americano. *Alice no País Divino Maravilhoso*, projetado por Paulo Affonso GRISOLI e Tite de LEMOS como livre assimilação da obra de Lewis CARROL, propunha um iluminado e multifacetado *jogo** à plateia, no qual esta podia refazer, seguindo a trilha e manipulando objetos da protagonista, seu itinerário de descobertas e experiências sensoriais. Com *Luxo, Som, Lixo ou Transanossa*, Neide ARRUDA e Antônio Carlos ANDRADE reaplicam o procedimento, criando um ritual psicodramático recheado de referências *contraculturais**, aberto ao improviso e à almejada festa comunitária, em 1971. Nada se compara, porém, à eloquência poética e sedutor convite à participação atingido pela montagem de *Hoje é Dia de Rock* no Teatro Ipanema.

No ano seguinte, duas novas realizações insistem nesses vínculos existenciais, com a teatralização da experiência de sujeitos. Um grupo de homossexuais, assumindo com desenvoltura sua fértil imaginação e poder de sedução, põe em cena *Gente Computada Igual a Você*. Esta realização dos Dzi Croquettes evidencia um caleidoscópio a brincar com a imaginação do público, fazendo das duplicações entre *imago* e *persona* uma ode à alegria e à descontração. Enquanto o Oficina, agora redimensionado em seus integrantes, após uma tumultuada tentativa de trabalho conjunto com o grupo norte-americano The Living Theatre e o argentino Grupo Lobos, e depois de efetivar uma longa excursão pelo país, apresenta *Gracias, Señor*. A montagem, iniciando-se com a queima das carteiras de identidade do elenco, desdobra-se em dois dias, nos quais longas cenas evocam a morte e a ressurreição, almejando atingir a re-volição dos corpos e espíritos, fazendo não mais teatro, mas *te-ato**, ecumênico apelo para despertar a energia da plateia. Integrados todos – público e atores –, um bastão circula e cada qual, de posse do instrumento, deve evidenciar com um uso apropriado porque "há muitos objetos num só objeto".

Realizações após 1974 ainda desenham, no entremeio de suas propostas basicamente imbricadas com a *contracultura**, momentos de experimentalismo, como *Avatar*, de Paulo Affonso GRISOLI; *Somma*, pela Comunidade, ou *Ubu Rei*, pelo grupo Asdrúbal Trouxe o Trombone. Mas a tônica experimental começa a diluir-se, desde então, em benefício de outros componentes da estrutura do espetáculo. (EM)

 Alternativo (Teatro), *Happening* (Teatro e).

 Arrabal, Lima e Pacheco, 1979-1980; Eco, 1981; George, 1992; Levi, 1997; Lopes, 1992; Mostaço, 1982; *Revista Sete Palcos*, 1998.

EXPRESSIONISTA (TEATRO)

O Expressionismo tanto pode ser visto como uma posição perante a realidade – nesse sentido, sempre existiu –, quanto como um movimento artístico desenvolvido na Europa, principalmente na Alemanha, a partir da última década do século XIX, chegando até mais ou menos 1930. Para os artistas expressionistas, a realidade não é uma forma de conhecimento, mas de expressão. O palco se torna "o *espaço interno* de uma consciência" (ROSENFELD, 1968: 98), sendo as demais personagens e o espaço exterior o desenvolvimento dos seus problemas particulares. EVREINOFF denomina como monodrama esse "tipo de representação dramática na qual o mundo que rodeia a personagem aparece tal e qual a personagem o vê em todo momento da sua existência cênica" (PAVIS, 1999: 247). Há uma atmosfera de sonho, até mesmo de pesadelo e de alucinação. Os conflitos se desenvolvem fragmentados, através de cenas curtas que, de certa forma, têm autonomia narrativa. As personagens, colocadas em situações-limite, tendem à abstratização e a estrutura monológica do drama estiliza o diálogo, sempre exaltado, entrecortado, assumindo feições nitidamente fáticas e, não raramente, artificiosas. São evidentes as preocupações sociais, nem sempre claras, visando à criação de um "novo homem". O movimento se refletiu na encenação fortemente antirrealista, cujas características serão incorporadas e desenvolvidas no teatro do século XX. Vários dramaturgos brasileiros, como Flávio de CARVALHO (*O Bailado do Deus Morto*), Oswald de ANDRADE (*O Rei da Vela, A Morta*), Nelson RODRIGUES (*Vestido de Noiva, Anjo Negro, Toda Nudez Será Castigada*, entre outras) e Plínio MARCOS (*A Mancha Roxa*) utilizaram os recursos expressionistas, sobretudo o segundo, mais por necessidade interior do que por convicção, não se preocupando em sistematizá-los, como fez Eugene O'NEILL, por exemplo, no palco norte-americano. No 1º ato de *O Rei da Vela*, de Oswald de ANDRADE, a cena em que os devedores estão aprisionados em uma jaula, enquanto o agiota Abelardo I ameaça-os com um chicote de domador, tem nítido traço expressionista. Nelson RODRIGUES desenvolve a ação de *Vestido de Noiva* em três planos: o da realidade, no qual a protagonista, após ser atropelada, é atendida por uma equipe médica, ao mesmo tempo em que os jornalistas enviam detalhes do acidente para a imprensa; o da memória, em que suas lembranças (mesmo distorcidas pela inconsciência na mesa de operação) relacionam-se com o seu passado; e o da alucinação, em que embaralham-se, sem nexo visível, fatos e personagens reais do plano da memória com os seus desejos reprimidos, frustrações e recalques. Ou seja, a trama, essencialmente, é projeção da mente de Alaíde, configurando a estrutura monodramática. Em *Anjo Negro*, a rubrica indica que a casa da personagem Ismael, na qual se desenrola o drama, não terá "nenhum caráter realista". Não haverá "teto para que a noite possa entrar e possuir seus moradores", tendo "ao fundo, grandes muros que crescem à medida que aumenta a solidão" dele. A ação de *Toda Nudez será Castigada* decorre de uma fita gravada pela personagem principal, Geni, ouvida em *off*. Num dos textos de Plínio MARCOS – *A Mancha Roxa* –, o clima frenético e os diálogos exaltados, histéricos, criam uma atmosfera semelhante à chamada "dramaturgia do grito", típica dos grandes dramas expressionistas alemães do início do século passado. (EF)

 Modernismo (Teatro e), Vanguarda (Teatro de).

 Guinsburg (org.), 2002; Machado, 1996; Teles, 1972.

G

GALÃ

É uma modalidade de classificação do *ator**, segundo a noção de *emploi**, uma compreensão do ofício do ator predominante do século XVII ao século XIX, a qual habilita o intérprete a desempenhar os *papéis** centrais de uma peça, em que é possível ter de um a três galãs. O termo vem do teatro francês, palco em que surgiu esse tipo de classificação, com certeza por influência do teatro italiano; a palavra originou-se do adjetivo *galante*. Os galãs deveriam ser, em geral, bem vestidos, bem falantes, pródigos em qualidades masculinas notórias, nobres ou desprezíveis, capazes de viabilizar a figura como primeiro *papel** masculino. A classificação comporta uma série de subtipos, de acordo com os diferentes gêneros dramáticos. É possível listar: o galã amoroso, o dramático, o cínico, o cômico, o característico, o tímido, o típico, o central, variantes que permitem que a função possa abranger personagens dos 18 aos 40 anos de idade. Essa tipologia, que abarca uma extensão variada de *emplois*, foi largamente usada no teatro europeu e no teatro brasileiro; constituía-se numa via de mão dupla: tanto era estabelecida pela dramaturgia, como podia ser instituída a partir das peculiaridades de determinado ator, que inspirassem um autor dramático a escrever um tipo de papel voltado para as suas aptidões. Com a idade, era comum que o ator passasse de galã a *centro**, ao menos no caso dos galãs especializados em dramas e romances, nos quais a idade se tornava impedimento forte para o desempenho de papéis muito juvenis. No entanto, a permanência no posto contra toda a verossimilhança era comum, em particular porque muitos galãs eram empresários e donos de *companhias teatrais**.

Trata-se de uma forma de classificação hoje em desuso; o conceito mesmo é refutado tanto pelos atores, que se recusam a encaixar-se numa categoria estreita de papéis, como pelos *diretores**, que consideram a escolha dos intérpretes uma das suas funções básicas, que deve ser feita em total liberdade para escapar de tradições esclerosadas, em boa parte estabelecidas no século XIX e que cristalizaram o repertório em imagens convencionais. Através da análise crítica dos textos, os diretores contemporâneos buscam promover a perenidade das obras através de leituras atuais, o que faz com que até escolham o contra-*emploi* para destacar aspectos inesperados das obras encenadas. Ainda assim, ferindo diretamente aquilo que o "bom senso" da classificação antiga pregava, assumem uma atitude que dialoga de alguma forma com a tradição superada.

No Brasil, a classificação esteve em vigor nos séculos XIX e XX e ainda encontra eco na teledramaturgia. Foram galãs aclamados pelo público, entre outros, João CAETANO, galã dramático; VASQUES, galã cômico; Dias BRAGA, galã cômico e galã cínico; Eugênio de MAGALHÃES, galã dramático; Ferreira de SOUZA, galã cômico e galã dramático, depois centro; Teixeira PINTO, galã cômico; Cristiano de SOUZA, galã cômico, dramático e *característico**; COLÁS, galã cômico, depois centro; Leopoldo FRÓES, Procópio FERREIRA e Jaime COSTA, galãs cômicos. (TB)

 Característico (Ator), *Emploi*, Papel.

Bastos, 1908; Brandão, 2002; Corvin, 1991; Gonçalves, 1982; Griphus, 1884; Rangel, 1954, s.d.; Sousa, 1960; Victorino, 1937.

GARAGEM (REVISTA DE)

A revista de garagem foi um fenômeno localizado em São Paulo, a partir do Quarto Centenário da cidade, em 1954, e que durou até 1964. Foi gerado por um ciclo de espetáculos revisteiros com características paulistanas. O *teatro de revista** carioca, principalmente nas décadas de 1930 e 1940 do século XX, apresentava espetáculos grandiosos nos teatros da Praça Tiradentes, no Rio de Janeiro. No início dos anos 50, com a crise do modelo de uma revista grandiosa, surgiram no Rio alguns *teatros de bolso**, assim chamados pelo seu tamanho diminuto. Os espetáculos, formatados para essas dimensões menores, tornavam-se ideais para excursões pelo país e, em 1954, a praça de São Paulo, embalada pelas comemorações do aniversário de quatrocentos anos da cidade, tornou-se a melhor alternativa para os revisteiros cariocas. No ano anterior tinha sido inaugurado, na Praça das Bandeiras, o Teatro de Alumínio, um pequeno teatro na forma de galpão, com 250 lugares. Dois anos depois, em 1955, era inaugurado, na praça Júlio Mesquita, o Teatro Natal, com uma capacidade de público semelhante. Foi nesses dois teatros que, além das revistas de bolso cariocas que excursionavam por São Paulo, começaram a surgir as primeiras *companhias** inteiramente paulistanas. No início, essas companhias mesclavam artistas cariocas e paulistanos, mas, aos poucos, apareceram os cômicos e as *vedetes**, os autores e os produtores que viriam a encenar espetáculos com características típicas da cultura local. Foi um dos autores mais importantes desse ciclo o paulista José SAMPAIO, que cunhou o tipo de teatro de revista que se fez naquela época como "de garagem", emprestando a metáfora da expressão *rock de garagem*. Com o golpe militar de 1964, o ciclo das revistas paulistanas, que já

entravam em decadência e baseavam-se cada vez mais no nu feminino, praticamente se encerrou. Entre as vedetes paulistanas que estrelaram esse teatro de garagem estão: Eloína FERRAZ, Théo BRAGA, SIWA e Marly MARLEY. Entre os autores e cômicos, destacaram-se José SAMPAIO, autor, José VASCONCELOS e Otello ZELONI, autores, *atores** e produtores, GIBE e SIMPLÍCIO, atores e autores, e Sérgio SCKERA, autor e produtor. (LFR)

 Bolso (Teatro de), Revista (Teatro de).

GRUPOS TEATRAIS

Presentes com maior assiduidade no Brasil a partir de meados da década de 1970, caracterizam-se como equipes de criação teatral que se organizam em cooperativas de produção, o que acaba determinando a autoria comum do projeto estético e a tendência à coletivização dos processos criativos, pois "o grupo significa uma tentativa de eliminar do interior da criação teatral a divisão social do trabalho" (LIMA, 1979-1980: 45). Na maioria dos casos, constata-se que a cooperativa de produção leva à diluição da divisão rígida entre as funções artísticas e a uma democrática repartição das tarefas práticas de construção do teatro. Em geral, todos os participantes são autores, cenógrafos, figurinistas, iluminadores, sonoplastas e produtores dos espetáculos. Na fase de maior afluência, de meados da década de 70 ao princípio dos anos 80, os grupos dividem-se em duas correntes claramente identificadas, semelhantes pelo projeto coletivo de criação. A primeira, definida pelo teor político das propostas, reúne equipes que desenvolvem atividades nas periferias urbanas e se autodenominam independentes (GARCIA, 1990). Sua principal característica é a intenção de exercitar uma linguagem popular, conjugada a uma motivação política, projeto que as afasta do circuito comercial de produção e veiculação do teatro, e envolve uma intensa militância junto à população das periferias. O Núcleo, o União e Olho Vivo e o Truques, Traquejos e Teatro, de São Paulo, são apenas alguns dos grupos a seguir essa linha de atuação, abandonando o circuito de mercado e optando pelo trabalho nas comunidades distantes do centro urbano. Na segunda corrente, alinham-se os grupos envolvidos com pesquisas de linguagem cênica, em que a investigação do teatro e a experimentação de novos modos de fazê-lo aparece, senão como proposta, ao menos como resultado evidente dos processos criativos. Movidos por objetivos semelhantes e experiências sociais comuns, na produção contínua de uma série de trabalhos conseguem desenvolver pesquisas consistentes, em longos processos de autoexpressão artística que se amparam na criatividade do *ator** e na teatralização de experiências subjetivas, com a exploração de temáticas do cotidiano.

A permanência de um núcleo mais ou menos fixo de participantes parece o fator determinante do sucesso dessas equipes, pois a manutenção de um polo criador favorece o avanço das conquistas técnicas e artísticas, e cria uma identidade coletiva, viabilizada pela experimentação conjunta. Embora esta última não seja o ponto de partida para a realização dos espetáculos e não figure como opção programática, o desenvolvimento de ideias e procedimentos ensaiados em montagens anteriores acaba favorecendo a constituição de uma linguagem particular e, nos casos mais bem-sucedidos, a invenção de um repertório original, fruto de *criação coletiva**. A equipe carioca Asdrúbal Trouxe o Trombone é um dos exemplos de processo de formalização de linguagem que se baseia em improvisações e se ancora na experiência particular dos criadores e na teatralização do cotidiano, prescindindo do amparo de técnicas tradicionais e elegendo o ator como elemento central do processo. Ao *diretor** do grupo, Hamilton Vaz PEREIRA, cabe o papel de efetuar notações a partir de ideias e estímulos improvisados no coletivo, de que resultam texto, cenário, figurinos e interpretações, como acontece em *Trate-me Leão* (1977), *Aquela Coisa Toda* (1980) e a *Farra da Terra* (1983), principais etapas de uma trajetória semelhante àquela de grupos paulistas como o Ventoforte e o Pod Minoga, que também fazem um teatro centrado na experiência vital do ator, distinguindo-se do Asdrúbal pela ênfase maior nos recursos plásticos de encenação, visível em espetáculos como *Mistério das Nove Luas* (1977) e *Salada Paulista* (1978). Já no grupo Mambembe, também de São Paulo, observa-se uma oscilação entre a pesquisa de uma linguagem baseada no *circo-teatro**, desenvolvida em *Vem buscar-me que Ainda sou Teu*, de Carlos Alberto SOFFREDINI (1979), e um caminho eclético de produções, em muitos pontos semelhante ao do Pessoal do Victor, formado por atores egressos da Escola de Arte Dramática de São Paulo, que estreiam, em 1975, *Victor ou as Crianças no Poder*, *adaptação** do texto de Roger VITRAC, e encerram seu percurso com uma criação coletiva, *Na Carrera do Divino* (1979).

O grupo paulista Teatro do Ornitorrinco inaugura, em 1977, uma experiência cênica diferencial, pois se baseia em pressupostos teóricos e estéticos tomados de empréstimo às vanguardas históricas e à pesquisa brechtiana *(Teatro do Ornitorrinco canta Brecht e Weill*, de 1977, e *Mahagonny Songspiel*, de 1982), filtrados, no entanto, por idiossincrasias dos criadores e conceitos contemporâneos de teatro em progresso e do ator como *performer*, o que é notável no espetáculo *Ubu*, de 1984, adaptação de Alfred JARRY dirigida por Cacá ROSSET. Outros grupos atuantes no período são o Royal Bexiga's Company, um dos precursores da criação coletiva em São Paulo, com a estreia de *O que Você vai ser quando crescer*, em 1974; o Pão & Circo, que nasce nos porões do Teatro Oficina em 1971 e, dirigido por Luiz Antônio Martinez CORRÊA, apresenta, em 1975, a criação coletiva *Simbad, o Marujo*. A Companhia Jaz-o-Coração, dirigida por Buza FERRAZ, em 1978, encena *Triste Fim de Policarpo Quaresma*, adaptação da obra de Lima BARRETO; o Teatro Orgânico Aldebarã, que adapta Lewis CARROL em *Do Outro Lado do Espelho* (1978); Os Farsantes, autores da pesquisa coletiva que resulta em *Tietê, Tietê*, espetáculo dirigido por Márcio AURÉLIO em 1979, com texto final de Alcides NOGUEIRA; o Pessoal do Despertar, equipe carioca que leva o nome de sua primeira criação, *O Despertar da Primavera*, adaptação do texto de Frank WEDEKIND estreada em 1979.

Na década de 80, a produção em grupo apresenta certa retração, diante do predomínio do teatro de *encenadores**, o que não impede a criação de equipes da importância do Grupo Galpão, de Minas Gerais, que encontra no *teatro de rua**, no circo e nas formas populares uma saída estética e política para a criação independente, apresentando espetáculos memoráveis como *Romeu e Julieta* (1992) dirigido por Gabriel VILLELA, e do Oi Nóis Aqui Traveiz, do Rio Grande do Sul. Já na década de 90, os Parlapatões, Patifes & Paspalhões, de São Paulo, também elegem o circo e as técnicas de teatro de rua como foco de intensa pesquisa com formas teatrais populares, que culmina na criação de trabalhos como *Sardanapalo* (1993), *U Fabuliô* (1996) e *Não escrevi isto* (1998). Investigação semelhante subsidia os espetáculos da Fraternal Companhia de Artes e Malas-Artes, de São Paulo, cuja investigação cênica e dramatúrgica é conduzida por Luís Alberto de ABREU, resultando em espetáculos como *Burundanga*, *O Anel de Magalão* e *Sacra Folia*, ciclo de comédias populares que o grupo vem criando desde 1996. A partir dos exemplos mencionados, observa-se que, nos anos 90, o teatro dos grupos ressurge em novos moldes, pautando-se por um procedimento de criação denominado *processo colaborativo**, presente em várias equipes do período, como o Teatro da Vertigem e a Companhia do Latão, de São Paulo, a Companhia dos Atores e o Teatro do Pequeno Gesto, do Rio de Janeiro, e o Armazém Companhia de Teatro, do Paraná. (SF)

 Companhia Teatral, Criação Coletiva, Processo Colaborativo.

 Brandão, 1999; Fernandes, 2000b; Garcia, 1990, 2002; Santos, 2002; Trotta, 1995.

H

HAPPENING (TEATRO E)

O *happening* é uma manifestação artística sincrética que atinge seu auge na década de 1960. *To happen*, em inglês, significa suceder, acontecer; enquanto *happening* designa evento, acontecimento, comportando a probabilidade da ocorrência como um de seus sentidos. No plano internacional, até que surja plenamente configurado entre o final dos anos de 1950 e início dos 60, o *happening* conhece uma evolução de significados que, pouco a pouco, vão concorrendo para defini-lo. Presente, em certa maneira, nas manifestações de vanguarda do começo do século XX, apenas depois da II Guerra Mundial o procedimento conhecerá um novo destaque.

Experiências díspares nas artes plásticas e na música, ainda sem caráter unificado, são reivindicadas em manifestações híbridas e convergentes promovidas por Julian BECK e Judith MALINA num grande galpão, muito influenciados pela busca de uma síntese entrevista em ARTAUD, local que sedia, igualmente, os *Dancers Workshops* promovidos por Ann HALPRIN. É ali que nasce, no início dos anos de 50, o The Living Theatre de Nova York. Do outro lado do Atlântico, em Cracóvia, o polonês Tadeusz KANTOR estava desenvolvendo experiências assemelhadas, que resultaram nas "colagens" e "embalagens" promovidas por seu *grupo teatral** Cricot 2. Essa sinergia de propostas desemboca na criação de *18 Happenings em 6 Partes*, por Alan KAPROW, no outono de 1959, na Reuben Gallery, primeiro uso da expressão *happening*. Tais proposições, contudo, presentes em muitos artistas de lugares diversos, parecem referir-se a procedimentos convergentes, como a *performance** (de OLDENBURG), o *event* (de George BRECHT), a *Aktion* (de Joseph BEUYS), a *dé-collage* (fazer colagem, de Wolff VOSTELL).

Juntando mais de cinquenta artistas de todo o mundo, inclusive da Ásia, finalmente surge, em 1965, um manifesto do *happening*, em que é definido como "articulação dos sonhos e atitudes coletivas". Não é abstrato nem figurativo. Renova-se a cada ocasião. Toda pessoa presente a um *happening* participa dele. É o fim da noção de *atores** e público. Num *happening*, pode-se mudar de ação à vontade. Cada um no seu tempo e ritmo.

Os primeiros impactos do *happening* no Brasil manifestam-se nos grupos ligados ao *pop* e ao neoconcretismo, em 1965 e 66, num momento em que muitas rupturas estão se efetivando, num meio social altamente convulsionado pelos desdobramentos do golpe militar de 1964. O *Rex Kaput*, em 1967, evento programado para encerrar as atividades da Galeria Rex, torna-se verdadeiro e violento *happening*, com a depredação total do espaço em poucos minutos. Em 1968, José Agrippino de PAULA e Maria Esther STOCKLER criam *Tarzã do III Mundo – O Mustang Hibernado*, espetáculo *multimídia** inteiramente moldado como um *happening*. Em 1969 surge *Rito do Amor Selvagem*, criação em que cenário, iluminação, elementos de cena, coreografia e figurinos têm o mesmo peso significativo. O texto passa a ser um elemento secundário e uma grande bola de plástico, lançada sobre a plateia, instiga a participação que, em muitas ocasiões, desvia o final do evento para um rumo não previsto em seu esgarçado roteiro.

Em 1970, o Oficina recebe o The Living Theatre e o grupo argentino Los Lobos, com o intuito de um trabalho em comum que, entrementes, não se concretiza. O Living, porém, realiza um *happening* no Embu (SP) e outro em Ouro Preto (MG), denominado *O Legado de Caim*. No ano seguinte o Oficina, remontando alguns de seus antigos sucessos, empreende longa excursão pelo Brasil, transformando em *happenings* as apresentações. Os mais expressivos ocorrem em Mandassaia, cidade do interior nordestino, e no *campus* da Universidade de Brasília, dos quais serão recolhidas as bases para a criação de um novo espetáculo. Procedimentos abertos à participação do público, igualmente, estão em *Luxo, Som, Lixo ou Transanossa*, espetáculo de Neide ARRUDA e Antônio Carlos de ANDRADE criado em 1971, em que improvisos vários alteram o rumo das cenas.

Em *Gracias, Señor*, criação do grupo Oficina-Samba, em 1972, diversas sequências eram abertas à improvisação do elenco e da plateia, especialmente a última quando, ao fazer um bastão circular entre o público, as reações provocadas eram incontroláveis. *Shows* de *rock,* filmagens de vídeo e eventos ligados à inusual prática cinematográfica desenvolvida pela equipe conferem às atividades do Oficina-SAMBA, no ano de 1973, muitas das características de *happenings*.

Se o *happening* foi dominante nessa passagem entre os anos de 1960 e 70, não se desenvolveu em decorrência da acirrada *censura** dominante no período. (EM)

 Alternativo (Teatro), Experimental (Teatro), *Performance*.

 Archer, 2001; Cohen, 2002; Corvin, 1991; Lebel, 1966; Mostaço, 1981; Sontag, 1987.

HERÓI HUMILDE

A expressão foi criada no dinâmico movimento teatral brasileiro da década de 1960. Em 1968, o crítico Anatol ROSENFELD a emprega pela primeira vez ao elaborar uma reflexão sobre a maneira pela qual os heróis são mitificados nas peças *Arena Conta Zumbi* e *Arena Conta Tiradentes*, de Augusto BOAL e Gianfrancesco GUARNIERI. A questão que o preocupa é saber se o herói mítico, embora facilite a comunicação estética e dê força plástica à expressão teatral, contribui para a interpretação da realidade brasileira do período. E mais: até que ponto é possível a existência, teatralmente, do herói mítico na época contemporânea. Suas dúvidas o levaram a refletir sobre outros heróis da dramaturgia brasileira, humildes e menos míticos, como o Agileu Carraro, da peça *A Semente*, de GUARNIERI, que é "humilde e heroico, impulsivo e frio, humano e desumano". (1982: 51) Ou ainda sobre personagens de peças de Jorge ANDRADE, Plínio MARCOS e, principalmente, Dias GOMES. Deste autor, Anatol ROSENFELD ressalta o herói humílimo de *O Pagador de Promessas*, Zé do Burro. Com suas análises e reflexões, o novo conceito insere-se, desde então, na tradição teatral do homem visto negativamente como produto das condições políticas, econômicas e sociais, incapaz de enfrentar as forças que se desencadeiam contra ele, naufragando num mundo mediado pelos processos que o oprimem. Zé do Burro, caráter íntegro que procede de um mundo arcaico, no qual o burro Nicolau é o seu parceiro essencial na luta pela sobrevivência, encarna aquilo que há de grande e admirável na humanidade espezinhada, ao mesmo tempo em que representa, em si, a união do primitivismo e do atraso. (NF)

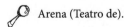 Arena (Teatro de).

I

ÍDICHE (TEATRO)

Entre os imigrantes israelitas vindos diretamente da Europa Oriental, ou em alguns casos da Argentina, aportaram no Brasil escritores, artistas e intelectuais judeus de expressão ídiche. Na quase totalidade, eram jovens que não haviam firmado ou manifestado os seus pendores no contexto de origem, não sendo, pois, figuras conhecidas local ou internacionalmente. Em se tratando de uma comunidade de pequenas proporções, uma vez que a corrente principal da imigração aschkenazita para o Brasil se dirigia ao Prata, as possibilidades de desenvolver atividades literárias e seu âmbito imediato de recepção foram relativamente restritas. Não obstante, desde 1916, quando em Porto Alegre apareceu o primeiro periódico em língua ídiche do Brasil, *Die Mentschheit (A Humanidade)*, sucederam-se órgãos de imprensa que, em suas páginas e em conjunto com as demais matérias de interesse de seus leitores, estamparam a produção das letras ídiches em terras do Brasil, numa escala nada desprezível, marcando a presença do ídiche como idioma da cultura, da literatura e das artes geradas pelo imigrante, sobretudo em sua primeira fase de radicação, quando subsistia a sua condição de usuário do *mameloschn* (língua materna = ídiche) na comunicação em casa e em parte substancial de seu viver associativo e cultural.

No tocante ao teatro, desde a década de 1920, mas principalmente nos anos de 1930 e 40, o público de imigrantes aschkenazitas pôde assistir às peças levadas não só por *atores** profissionais ou conjuntos, fixados no Brasil, como a família CIPKUS, mas também constantes *tournées* de artistas e *companhias** da Argentina, Estados Unidos e da Europa.

Tem-se o primeiro registro de atividade teatral ídiche em São Paulo com a notícia (*O Estado de S.Paulo*, 23/7/1913) do espetáculo da Companhia Israelita de Variedades, que apresentou três *comédias** sob a direção de Arnold HASKEL. Novos registros seguem-se somente em 1931-34, e com a fundação do *Dram-Kraiz* (Círculo Dramático) do Ing(u)end Club (Clube de Juventude, que anos depois passou a denominar-se Cultura e Progresso, de onde se originou, após a Segunda Guerra Mundial, a Casa do Povo, a qual prestou particular atenção à arte dramática judaica. Cabe menção ainda, nas décadas de 1930-1940, ao Einheit Club (Clube da Unidade, da dissidência trotskista, na esquerda de língua ídiche). O número de representações reflete uma atuação incessante, que, nesse contexto, impressiona: em 1936 foram levadas 12 peças, 17 em 1937 e 24 em 1938. Entre 1941-44 houve retração devido à guerra, mas a partir de 1945 o teatro ídiche revitaliza-se com a encenação de 12 espetáculos nesse ano. Na década de 1950 ocorre o seu auge em São Paulo, quando foram encenados, nos primeiros seis anos dessa década, 174 espetáculos. Entre 1913 e 1970 é possível contabilizar 549 espetáculos.

A diminuição da atividade do teatro ídiche chegou ao limite em 1969, ano em que não se registrou nenhuma encenação. Após esse período, coincidindo com a diminuição do público que tinha o ídiche como língua materna, bem como a prioridade do ensino da língua hebraica nas escolas judaicas, as peças em ídiche passaram a ser cada vez menos numerosas.

Na verdade, foi importantíssima a contribuição dos elencos *filodramáticos** que, no Rio de Janeiro, São Paulo, Recife, Salvador, Curitiba e Porto Alegre, encenaram numerosos textos do repertório teatral em ídiche e em português. Tais espetáculos apresentavam-se, em alguns casos, com padrões de proficiência cênica e qualificação artística que, ao lado dos dotes individuais, denotavam longo trabalho metódico de *ensemble*, indo muito além dos níveis amadorísticos mais rústicos. Foi o que se viu mormente em *Dos Groisse G(u)evins (Sorte Grande)*, de Sch. ALEIKHEM; *Bar Kokhba*, de Sch. HÁLKIN; *Kídusch há-Schem (O Sacrifício pelo Nome)*, de Scholem ASCH; *Di Vant (A Parede)*, de Zusman SEGALÓVITCH; *Die Puste Kretschme (A Estalagem Abandonada)*, de Péretz HÍRSCHBEIN, para citar algumas das peças levadas nesse período pelo *Dram-Kraiz* (Círculo Dramático) da Biblioteca Scholem Aleichem do Rio de Janeiro, sob a direção de Zigmunt TÚRKOV; e cujo paralelo em São Paulo foram *Goldfadens, Kholem (O Sonho de Goldfaden)*, de Ítzik MANGER, e *Dos Groisse G(u)evins (Sorte Grande)*, de Sch. ALEIKHEM, duas montagens que marcaram o trabalho realizado, em 1949, pelo *encenador** Jacob ROTBAUM, com o *Dram-Kraiz* do Centro Cultura e Progresso de São Paulo.

Os trabalhos de Zigmunt TÚRKOV, fundador do VIKT – Varshever Idicher Kunst-Theater (Teatro Judeu de Arte de Varsóvia), dão-se em São Paulo a partir de 1935, por ocasião de sua primeira vinda ao Brasil, quando encenou *Izkor*, de Harry SEKLER, e *Kidusch ha-Shem*, de Scholem ASCH. Posteriormente, durante a Segunda Guerra Mundial, fixou-se no Brasil até transferir-se para Israel, tendo trabalhado como ator e *diretor teatral** na cena ídiche em Recife e, sobretudo, no Rio de Janeiro. Apresentou cinco espetáculos em 1941 e, em 1945, durante uma temporada de 12 peças de teatro ídiche, à frente do Departamento de Arte Dramática da Associação Biblioteca Israelita Brasileira Scholem Aleichem, do Rio de Janeiro, encenou *Krochmalne Gas (Rua Krochmalne)*, de sua autoria, e *Kidusch ha-Shem (O Sacrifício pelo Nome)*, de Scholem Asch. Os trabalhos do elenco filodramático carioca podem ser inscritos entre as melhores realizações teatrais de TÚRKOV no Brasil. Ainda está por ser efetuado o levantamento acurado dessas encenações e o estudo de seu lugar no quadro geral da carreira cênica do seu diretor, de um lado, e de outro na evolução artística do grupo de *amadores** em que elas ocorreram, muito embora a presença dos atores e *régisseurs*, inclusive de TÚRKOV, no movimento da renovação teatral brasileira tenha sido histórica e criticamente tratado, em seu plano mais amplo, por Fausto FUSER (1987), bem como em artigo, sobre o mesmo tema, de sua autoria em conjunto com J. GUINSBURG (FUSER & GUINSBURG, 1992: 57-92). O que se pode registrar, seja por relatos ou através das imagens fotográficas existentes, nos indica principalmente o seu trabalho com o ator, em que foi modelar, bem como o seu tratamento de texto, a cujas virtudes poéticas, em termos da palavra escrita, dedicava grande respeito. A se realçar, ainda, o cuidado da composição plástica e a dramaticidade visual da imagem em cena, tal como na época ditavam a funcionalidade cenográfica e as formas do "moderno". A sua construção da peça articulava-se basicamente na interiorização vivencial da ação pelo intérprete de conformidade com os sentidos e as relações contidos no texto e na sua projeção de personagens. Esse procedimento também veio à tona quando de sua atuação no teatro brasileiro (GUINSBURG e VARGAS, 1983: 205-301). Se em TÚRKOV o primado era o da estética stanislavskiana, em ROTBAUM, grande diretor do teatro ídiche na Polônia, Estados Unidos, Argentina e no Brasil, (cf. GUINSBURG, 1996: 265), podia-se sentir uma tentação meierholdiana: ele gostava de plasmar de fora para dentro; as ações coletivas, as festas, o colorido e o feérico das luzes, assim como a caracterização da *persona* como *máscara** e um toque de grotesco poético constituíam o seu estilo de diretor, tendo sido o que lhe permitiu, talvez em menos tempo do que TÚRKOV, levar os seus amadores paulistas a figurações eficazes, senão artísticas, do ponto de vista da economia do espetáculo.

Há que se destacar, com relação à importância do teatro amador em ídiche e de outros filodramáticos judaicos, a grande contribuição de elementos oriundos desse teatro para os elencos profissionais do país ou mesmo em atividades paralelas ao teatro (cultura em geral, letras e televisão). Alguns nomes: Anatol ROSENFELD, Jacó GUINSBURG, Tatiana BELINKY, Júlio GOUVEIA, Dina SFAT, Amália ZEITEL, Elias GLEISER, Yan MICHALSKI, Berta LORAN, Riva NIMITZ, Abraão FARC, Fanny ABRAMOVICH, Maurício SCHERMAN, Felipe WAGNER, Ida GOMES, Marcos PLONKA, Júlio LERNER, Isa KOPELMAN, Alberto GUZIK, Nathalia TIMBERG, Berta ZEMEL, Fredi KLEEMANN – para apenas citar alguns. A destacar nos anos de 1955 a 1957, em apresentações do Grupo Teatral da Congregação Israelita Paulista, a atuação, entre outros, do famoso crítico teatral Anatol ROSENFELD nos espetáculos *Das Kalte Licht (A Luz Fria)*, de ZUCKMAYER; *Jettchen Und Oncle Eli (Jettchen e Tio Eli)*, de Jettchen GEBERT; e em *Festival de Purim* e *Jornal Falado*.

Finalmente, a fim de ilustrar a atividade persistente ao longo do período de 1930-1970 das encenações do teatro ídiche em São Paulo, afigura-se interessante mencionar o lapso de tempo e a quantidade de espetáculos de alguns de seus atores, como Mile CIPKUS (36 peças encenadas entre 1933-1949), Rosa CIPKUS (85 peças encenadas entre 1940-1954), Rosa LAKUS (1933-1954) e Pola RAINSTEIN (52 peças no período 1939-1966). (JG e NF)

 Amador (Teatro).

 Guinsburg, 1996; Priszkulnik, 1997.

IMIGRANTE (TEATRO DO)

 Amador (Teatro), Anarquista (Teatro), Filodramáticos, Operário (Teatro).

INDEPENDENTE (TEATRO)

 Militância (Teatro da).

INFANTIL (TEATRO)

Realizado por adultos – profissionais ou não – e endereçado para crianças, o teatro infantil surge como fenômeno específico nas primeiras décadas do século XX, simultaneamente em países europeus e nos EUA. Na virada do século, lutas em prol da escolarização em massa acarretam reivindicações por um novo estatuto para a criança e o jovem, criando-se assim condições para o surgimento de uma literatura voltada para a infância, matriz da especificidade do teatro infantil. Na União Soviética, por exemplo, é inaugurado, em 1918, o "Teatro da Criança", voltado para a formação do cidadão socialista, enquanto Léon CHANCEREL, vinculado ao escoteirismo, funda, na França, em 1933, o "Théâtre de l'Oncle Sébastien".

As primeiras manifestações de um teatro dirigido à infância no Brasil ocorrem em 1905, com a publicação de *Teatrinho*, coletânea de peças curtas de COELHO NETO e Olavo BILAC para serem representadas por crianças, na perspectiva da absorção de valores morais. Em 1938, Joracy CAMARGO e Henrique PONGETTI publicam *Teatro para Crianças,* e em 1940 a revista infantil mineira *Era uma Vez* divulga peças de Vicente GUIMARÃES, o "Vovô Felício", destinadas a festividades escolares; até então, as manifestações do nascente teatro infantil brasileiro são marcadas por objetivos de cunho nitidamente moralizante. Inicia-se assim o processo de reivindicação de uma especificidade teatral em termos da infância, décadas mais tarde questionada parcial ou radicalmente por vários dramaturgos e diretores. A encenação no Rio de Janeiro, em 1948, de *O Casaco Encantado*, de Lucia BENEDETTI, com direção de Graça MELLO e a presença no elenco de Henriette MORINEAU, é tida como um marco dentro da história de nosso teatro infantil. A partir das múltiplas viagens que o espetáculo realiza pelo país, vão se abrindo perspectivas de profissionalização com a criação de novos grupos voltados para aquela faixa etária; simultaneamente, uma dramaturgia específica começa a proliferar. Nos anos seguintes, surgem peças de Pernambuco de OLIVEIRA, Pedro VEIGA, Stella LEONARDOS, Odilo COSTA FILHO, Zuleika MELLO, Silveira SAMPAIO, entre outros. Configura-se gradativamente um mercado teatral específico para a infância: os temas, o teor da dramaturgia, o ritmo e a duração do espetáculo são adaptados à idade do público. Embora os profissionais sejam em sua maior parte oriundos do meio teatral e não de esferas educacionais, a relação estabelecida com os jovens espectadores apresenta um caráter pedagógico, próprio ao processo de socialização: o teatro para crianças se caracteriza como instrumento a serviço da veiculação de modelos que recobrem sistemas de valor.

Uma trajetória particular marca as atividades do TESP – Teatro Escola de São Paulo, dirigido por Júlio GOUVEIA e Tatiana BELINKY, grupo semiamador especializado em espetáculos para crianças e adolescentes, que de 1949 a 1951 se apresenta regularmente em teatros da Prefeitura de São Paulo com adaptação de clássicos, e assegura, até 1964, uma contínua programação de qualidade na TV Tupi. Maria Clara MACHADO funda no Rio de Janeiro, em 1951, o Tablado, importante referência em nosso teatro infantil por ter atuado como uma escola responsável pela formação de inúmeros profissionais em todas as áreas da atividade teatral e por ter originado espetáculos a partir de uma dramaturgia menos marcada pela veiculação de ensinamentos do que pela preocupação com a construção de enredos resultantes de um conflito claramente estabelecido, com uma ação dramática bem configurada, nos quais seguidamente ocorre embate entre o bem e o mal. *Pluft, o Fantasminha*, de 1955, é sua criação mais conhecida, traduzida para uma série de línguas estrangeiras. O texto trata do enfrentamento do mundo adulto, colocando-se na perspectiva da criança. Outras de suas montagens relevantes são: *O Rapto das Cebolinhas* (1954), *A Bruxinha que Era Boa* (1958), *O Cavalinho Azul* (1960), *A Menina e o Vento* (1963), *Tribobó City* (1971). Os *Cadernos de Teatro* publicados pelo grupo têm tido um papel bastante significativo em todo o país, graças à divulgação de importantes textos dramáticos e teóricos e às sugestões operacionais ligadas à realização de espetáculos.

Durante os anos de 1970, o *boom* das encenações brasileiras atesta a legitimação do teatro infantil enquanto bem cultural específico. Embora não se façam presentes nos grandes centros com regularidade, produções voltadas para plateias adolescentes vêm desde então buscando reconhecimento na esteira da especificidade etária. Um acúmulo de deficiências e distorções, no entanto, vem caracterizando o teatro infantil entre nós, tanto em termos das soluções cênicas propostas, quanto das representações sociais veiculadas. Uma visão de mundo fragmentada e conformista, um modelo pobre e cristalizado de conhecimento do ser humano tendem a ser disseminados através de dispositivos teatrais desprovidos de preocupação com renovações de ordem estética. A especificidade vem muitas vezes acompanhada de efeitos perversos.

Duas peças escritas por autores reconhecidos por sua produção destinada aos adultos, objeto de múltiplas encenações, fogem a essas características: *A Lenda do Vale da Lua*, de João das NEVES, e o consagrado *Os Saltimbancos*, de Chico BUARQUE. Merecem destaque também alguns autores responsáveis por peças marcadas por uma construção mais complexa, que escapam em grande parte às esquematizações tão frequentes no teatro para crianças; podem ser citados Oscar VON PFUHL, Sylvia ORTHOF, Maria Helena KÜHNER, Carlos MECENI e Raimundo Matos de LEÃO.

Se o trunfo desse teatro é ter a criança como público privilegiado, essa exclusividade – justamente por se traduzir em termos de insuficiência artística – vem sendo cada vez mais considerada pelos realizadores como não desejável, e a comunicação com todas as faixas etárias tende a ser sua maior aspiração. A trajetória de dois encenadores contemporâneos, cujas montagens frequentemente partem de textos e roteiros de sua autoria, revela esse movimento em direção a um teatro voltado para todas as idades, caracterizado por nítido cuidado artístico e tratamento poético da encenação. São eles Ilo KRUGLI e Vladimir CAPELLA. O primeiro, diretor do Teatro Ventoforte, é responsável, entre outros, por *História de Lenços e Ventos* (1974), *O Mistério das Nove Luas* (1977), *História do Barquinho, esse Menino Navegador* (1981), *Labirinto de Januário* (1985), *Histórias que o Eco Canta* (1995), além de desenvolver sistematicamente uma atividade pedagógica através de cursos e oficinas. Vladimir CAPELLA busca suas fontes nos clássicos da literatura universal; entre os espetáculos por ele criados figuram: *Com Panos e Lendas* (1978), *Como a Lua* (1981), *Antes de Ir ao Baile* (1986), *Píramo e Tisbe* (1990), *O Homem das Galochas* (1997) e *Clarão nas Estrelas* (1998). Outros grupos atualmente ativos, como o XPTO e a Companhia Truks de Animação, vêm apresentando interessantes resultados a partir de criações interdisciplinares, passíveis de diferentes níveis de leitura por crianças, jovens e adultos. O CBTIJ – Centro Brasileiro de Teatro para a Infância e Juventude, e o festival nacional que se repete anualmente em Blumenau são as instâncias que vêm sediando o debate contemporâneo sobre a identidade do nosso teatro infantil. (MLSBP)

 Benedetti, 1969; Campos, 1998; Pupo, 1991.

INGÊNUA

No antigo teatro brasileiro e português, a denominação da atriz especializada em interpretar *papéis** como o da jovem inocente, desconhecedora dos "fatos da vida", que tanto poderia ser personagem da *comédia**, do drama ou do *melodrama**. Em três peças de José de ALENCAR, encenadas em 1857, no Teatro Ginásio Dramático do Rio de Janeiro, as personagens Júlia (*O Rio de Janeiro, Verso e Reverso*), Carlotinha (*O Demônio Familiar*), Julieta (*O Crédito*), foram interpretadas pela "ingênua" da *companhia**, a atriz Adelaide AMARAL, então com vinte anos de idade. Em boa parte do repertório dramático brasileiro do século XIX e das três primeiras décadas do XX, há papéis para as atrizes jovens. Durante alguns anos, Eva TODOR foi a "ingênua" da companhia que fundara com seu marido, o dramaturgo Luiz IGLEZIAS, em 1940. Em seu livro de memórias, ele conta que já na estreia da companhia, com a peça *Feia*, Eva TODOR manifestou "sua tendência para as ingênuas brilhantes, irrequietas, interpretando um *papel** que Paulo MAGALHÃES escrevera especialmente para o seu temperamento"(1945: 150). (EF)

 Característico (Ator), *Emploi*, Papel.

INTERCULTURALISMO

O conceito de *multiculturalismo** foi formulado no contexto cultural da década de 1970 em resposta à necessidade de se pensar a cultura a partir de uma pluralidade cultural. Em princípio, a perspectiva multicultural implica a relação democrática entre culturas e o respeito pela alteridade como fundamento político, religioso, artístico e econômico. A fim de evitar que essa pluralidade pudesse sugerir a ideia de uma justaposição pura e simples de culturas, ou seja, de algo parecido com uma miscelânea ou uma colcha de retalhos, o conceito foi gradativamente substituído pelo de *interculturalismo*, no qual o aspecto da interatividade encontra-se necessariamente implicado. Embora o primeiro não contradiga o segundo, este parte do princípio de que culturas diversas não se justapõem ou se somam umas às outras pura e simplesmente, mas empreendem um processo que é, ou de interação dinâmica ou então de aberto antagonismo.

No teatro, a ideia de interculturalismo associa-se, em sua origem, aos trabalhos desenvolvidos por artistas como Peter BROOK, Ariane MNOUCHKINE, Elizabeth LECOMPTE, Lee BREUER, Peter SELLARS e Reza ABDOH, que com diferentes propostas e técnicas passaram a desenvolver a incorporação de influências culturais diversas como componente essencial de suas linhas de trabalho.

A característica essencial do interculturalismo é a de partir do princípio de que o trabalho baseado na multiplicidade ou na diversidade de culturas não é de forma alguma neutro, mas essencialmente político, já que deverá enfrentar, entre outras coisas, a polarização de posições que aponta, de um lado, para a ânsia pelo congraçamento cultural, e de outro para a apreensão pelo que se poderia chamar de um imperialismo cultural do Ocidente. A incorporação de elementos de uma cultura por outra, na ótica intercultural, implica o questionamento minucioso das formas como essas duas culturas relacionam-se dentro desse processo de interação. Desse questionamento resultam formas opostas de encarar o processo intercultural: para alguns, como Eugenio BARBA, Peter BROOK, Robert LEPAGE, Peter SELLARS e Reza ABDOH, a possibilidade de concretização daquilo que se poderia chamar de uma cultura global é vista como positiva, já que associada a um alargamento das atitudes mentais gerais diante da alteridade cultural. Para outros, entre os quais se destaca o nome de Richard SCHECHNER, a ideia de pluralidade cultural pode implicar o risco de submissão ou de apropriação indevida de elementos de uma cultura (geralmente ligada às chamadas minorias) por outra, sem o estabelecimento de uma reciprocidade dinâmica na inter-relação. Em decorrência dessas questões, o interculturalismo passou a requerer, cada vez mais, a contextualização política de seu debate.

Em termos objetivos, as práticas cênicas interculturais incluem a incorporação de técnicas dramáticas baseadas em rituais e danças de culturas asiáticas, africanas e latino-americanas.

Encenações interculturais dirigidas por Ariane MNOUCHKINE, Peter BROOK e Peter SELLARS, pressupõem a presença de *atores** de diferentes procedências culturais, representando de modo a ostentar uma ligação explícita com a cultura de origem. A dificuldade de entendimento por parte do público, muitas vezes, resultante do trabalho, é assumida e proposital, visando ressaltar o fato de as plateias ocidentais serem inequivocamente tendenciosas (e muitas vezes preconceituosas) em sua relação com o espetáculo. No caso de Robert LEPAGE, que incorpora elementos de outras culturas à tessitura narrativa de seu trabalho, o aspecto intercultural ganha características de transculturação, propiciando ao público o contato com o "diferente", o "outro", o "alternativo", e tornando-os familiares e legítimos.

Os estudos interculturais abrangem pesquisas desenvolvidas no campo da *etnocenologia** e encampam tanto o estudo das tradições culturais sedimentadas ou emergentes como o estudo do corpo e da gestualidade.

No campo teórico, a perspectiva intercultural tem servido de base aos trabalhos desenvolvidos por Patrice PAVIS, Richard SCHECHNER, Jean DUVIGNAUD e Jean-Marie PRADIER, cujo nome liga-se às formulações de origem da etnocenologia. No contexto brasileiro, devem-se citar os nomes de Armindo BIÃO e Christine GREINER, no campo da pesquisa acadêmica, entre tantos outros pesquisadores e docentes ligados, principalmente, à Universidade Federal da Bahia, centro de irradiação dos estudos etnocenológicos e interculturais.

Do ponto de vista da aplicação prática de uma interculturalidade cênica, o contexto brasileiro tem sido pródigo na investigação de formas espetaculares e paraespetaculares ligadas embrionariamente às culturas africana e nativa, e o fez através de procedimentos de pesquisa que se difundiram extraordinariamente no decorrer dos anos de 1990, particularmente na Bahia, sob a influência das linhas de investigação em etnocenologia e de sua interação com projetos culturais de grande visibilidade, como por exemplo o do Olodum.

Dentro de uma perspectiva diacrônica é importante lembrar, como antecessor de uma interculturalidade ligada ao teatro do Brasil, o *teatro do oprimido** de Augusto BOAL, que aplica reflexões desenvolvidas em oficinas com atores e não atores realizadas em diferentes países da Europa, da América Central e da América do Sul. A ideia de interculturalidade é fundamental para o trabalho realizado, já que seu objetivo é o de discutir e agir sobre os problemas cruciais da comunidade envolvida em cada oficina, partindo do ponto de vista de seus agentes.

Outro nome a ser citado é o do grupo paulista Ponkã, que surge no início dos anos de 1980, sob a direção de Paulo YUTAKA, e estabelece, desde o início, a busca de uma síntese entre as culturas japonesa, indígena e européia. Recusando as visões estereotipadas da cultura nipônica, o grupo preconiza a utilização de enxertos de elementos tradicionais do teatro do Oriente com dados inspirados nas vanguardas ocidentais. Vem daí a imagem contida no próprio nome escolhido, a fruta ponkã, produto da arte japonesa de enxertar, combinação híbrida de elementos japoneses e brasileiros entre outros. Em sua fase inicial, o *grupo** contou com a colaboração de Luiz Roberto GALIZIA, numa produção extremamente expressiva do conceito de *interculturalidade* no âmbito teatral. Merecem menção trabalhos como *Tempestade em Copo D'Água* (1982), *Aponkãlipse* (1983) e *O Próximo Capítulo* (1984). *Primeira Noite* é a primeira direção coletiva do grupo e também o primeiro trabalho após a morte de Luiz GALIZIA. *O Pássaro do Poente*, de Carlos Alberto SOFFREDINI, outro espetáculo bastante representativo da interculturalidade praticada pelo grupo, também é desse período e incorpora elementos da *Commedia Dell'arte*.

Os trabalhos do Ponkã, na década de 1990, apontam para uma radicalização da natureza intercultural, principalmente no que diz respeito à utilização de elementos do teatro japonês. Em 1992, Alice K, membro do grupo desde 1986, encena, como realizadora individual, o espetáculo *Quioguen*, sob a direção de Isa KOPELMAN, baseada em pesquisa sobre a *comédia** clássica japonesa e partindo para um maior despojamento cênico. Procurando aprofundar o estudo desse subgênero, nascido como recusa popular à seriedade do Nô, o espetáculo radicaliza o questionamento dos papéis sociais e utiliza a irreverência na interpretação. Dentro de *Quioguen* é apresentada uma série de pequenos textos representativos dessa forma teatral: *O Imã (Jishaku), O Cego que Admira a Lua, O Lutador na China, A Mulher e o Bandido, A Carta Pesada, O Solstício de Inverno* e *A Torre de Barba*. Após esse ciclo de realizações, Alice K, que prossegue como realizadora agora independente do grupo, cumpre um ano de estudos no Japão, onde pesquisa o teatro clássico japonês para sua dissertação de mestrado. Aprofundando o seu conhecimento do Nô e do Kyogen, Alice estuda também o Butô e o *teatro moderno**, e, em seu retorno ao Brasil, em 1994, encena *O Manto de Plumas*, de ZEAMI, criador do teatro Nô no Japão. O espetáculo baseou-se em transcriação com ingredientes brasileiros e elementos tomados ao texto vertido para o inglês por Ezra POUND, numa tradução feita por Haroldo de CAMPOS, em que se identificava o manto de plumas do original ao parangolé do artista plástico Hélio OITICICA. A peça foi publicada pela Editora Estação Liberdade. Seguem-se a esse espetáculo outros trabalhos igualmente ricos em pesquisa de base intercultural: *Hagoromo*, também de 1994, e *Solitude*, de 1999, no qual Alice K trabalha a partir do poema *Matsukase*, de ZEAMI.

Importante frente de divulgação de trabalhos interculturais são os Festivais Universitários e os Encontros Mundiais de Artes Cênicas realizados no decorrer dos anos de 1990, assim como os congressos da Associação Brasileira de Pesquisa e Pós-Graduação em Artes Cênicas (ABRACE). Sob o ponto de vista documental, os anais desses eventos constituem fonte de consulta necessária para o acompanhamento dos debates realizados a respeito do interculturalismo no Brasil.

Uma perspectiva de estudo da interculturalidade cênica no país não deve perder de vista, nesse mesmo contexto dos anos de 1990, o texto, até o momento inédito, *Yuraiá, o Rio do Nosso Corpo* (1992), do dramaturgo João das NEVES, peça integrante da trilogia acreana do autor, composta por *Caderno de Acontecimentos* (1987) e *Tributo a Chico Mendes* (1988). Mesclando a perspectiva de uma prática épica brechtiana de dramaturgia à pesquisa dos rituais dos índios Caxinauás, *Yuraiá* decorre diretamente do trabalho desenvolvido por João das NEVES na direção do Grupo Poronga, que organizou no Acre, no final da década de 1980, reunindo seringueiros e estudantes em diálogo direto com as tradições e rituais dos Caxinauás. (MSB)

 Antropologia Teatral, Etnocenologia.

 Canen, Arbache e Franco, 2001; Pavis, 1999.

 http://kvc.minbuza.nl/uk/archive/amsterdam/ukverslag_feral.html

INVISÍVEL (TEATRO)

Uma das técnicas do *teatro do oprimido**, que "consiste na representação de uma cena em um ambiente que não seja o teatro, e diante de pessoas que não sejam espectadores". O *diretor**, dramaturgo e teórico Augusto BOAL formulou a técnica entre 1973 e 1974 e aplicou-a em comunidades de países da América Latina, uma vez que fora exilado do Brasil. Os procedimentos são descritos no livro *Tecnicas Latinoamericanas de Teatro Popular: Una Revolución Copernicana al Revés* (BOAL, 1975b. e 1983b). As orientações do texto determinam que a cena "deverá ser minuciosamente preparada (com texto ou simples roteiro)" e os *atores** deverão ter facilidade de improvisar frente às intervenções e inevitáveis imprevistos que irão nascer da participação dos não atores. Essas interferências do público, por sua vez, serão incorporadas ao texto que sofre, portanto, um permanente processo de construção/reconstrução. Estabelecida a cumplicidade, deverão os atores, habilmente, obter o envolvimento do público que, então, será direcionado a conscientizar as contradições sociais básicas do seu dia a dia e da necessidade de encontrar uma solução. O fenômeno teatral não é desmascarado, única forma de permitir que o público proceda livremente, como se estivesse numa situação na qual lhe cabe opinar e agir. A representação é ponto de partida, mas os problemas e soluções possíveis deverão nascer de uma realidade vivenciada pelos participantes/espectadores. Os atores, inclusive, passarão a ser também espectadores. Desaparecendo a dicotomia ator/espectador, este último se libertará de uma visão "acabada" do mundo (proporcionada pelos rituais teatrais e, na opinião de BOAL, manipulados pela classe dominante: os opressores) e começará a perceber que tem capacidade para transformá-lo. A ação dramática resulta do social e o social determina o indivíduo. O teatro invisível distingue-se do *happening**, que nunca renuncia ao seu caráter teatral e não elimina o muro invisível que separa atores e espectadores. Difere também por apoiar-se em um roteiro de atuação e controlar o potencial anárquico das intervenções espontâneas do público e do acaso. No Brasil, a técnica só viria a ser experimentada no Rio de Janeiro, aplicada pelo próprio BOAL, nos anos de 1980. O Grupo Boal, conjunto formado por ativistas políticos, recorreu ao teatro invisível para discutir e investigar, em comunidades carentes, questões de interesse coletivo. (EF)

 Arena (Teatro de), Oprimido (Teatro do).

IRONIA DRAMÁTICA

A expressão indica uma situação em que o espectador conhece fatos que as personagens desconhecem. A dialética entre aquilo que estas pretendem e a realidade dos fatos cria tal forma de ironia que aumenta o interesse do público pelo desenvolvimento da ação dramática e, sobretudo, pelo reconhecimento final. O recurso pode ser utilizado tanto dramática como comicamente. Assim, por exemplo, n'*A Moratória*, de Jorge ANDRADE, a ação transcorre sucessivamente, lado a lado, em 1929 e 1932. A certeza, por parte do espectador, de que os planos e as esperanças das personagens não serão efetivados reforça a tensão da peça. Também em *Luxo e Vaidade* (1861), de Joaquim Manuel de MACEDO, o casal Maurício e Hortênsia pretende exibir uma boa situação econômica para obter um marido rico para a filha, Leonina. Desde o início, o público conhece as dificuldades financeiras da família, o que aguça sua curiosidade pelas revelações finais. (EF)

J

JANEIRO

Personagem presente em muitos espetáculos do *mamulengo** pernambucano. Janeiro é um boneco confeccionado com um mecanismo no qual uma mão do mamulengueiro sustenta o corpo do boneco e a outra, a vara que faz aumentar e diminuir o tamanho do pescoço. O boneco é remanescente dos *títeres** de trucagem muito comuns no repertório de artistas mambembes europeus nos séculos XVIII e XIX. Janeiro é um personagem que, mesmo com intervenções rápidas, desperta grande curiosidade e simpatia na plateia pela surpresa de seu comportamento inusitado. Ele permanece em cena quase sempre imobilizado, porém ao iniciar a conversa com outro personagem ou com alguém da plateia, o seu pescoço que às vezes mede um metro de comprimento e até este momento permanece escondido, se estica, aumenta, gira e se aproxima do espectador, provocando o riso na plateia. Noutras situações esse movimento do pescoço efetuado por Janeiro alude a situações eróticas. Fernando Augusto Gonçalves SANTOS registra a sua presença no teatro popular de bonecos de Pernambuco: "interessante é a presença constante do *Janeiro*, em alguns mamulengueiros denominado *de Janeiro Vai, Janeiro Vem*, nome advindo do curioso mecanismo que o faz aumentar exageradamente o pescoço, girando-o em todas as direções, disso tirando toda a sua graça e atrativo. É quase sempre preto, esculpido em madeira, configurando o corpo inteiro" (SANTOS, 1979:169).

Atualmente diversos grupos de teatro trabalham com uma variação no modo de confeccionar o *Janeiro*, transformando-o num boneco de luva, *fantoche**, destacando-se os trabalhos dos grupos Mamulengo Só-Riso, de Olinda, PE; Mamulengo Presepada, de Brasília, DF; Companhia Carroça de Mamulengos, de Fortaleza, CE. (VB)

 Mamulengo

 Santos, 1979.

JESUÍTICO (TEATRO)

 Auto, Auto da Paixão, Auto Sacramental, Barroco (Teatro).

JOÃO REDONDO

Teatro de bonecos* popular da Paraíba e Rio Grande do Norte, também conhecido no Norte e Nordeste, cujo personagem central leva o nome de Capitão João Redondo, arquétipo do proprietário rural, despótico e violento, que inicia e termina o espetáculo. Sua contrapartida é um personagem negro, Benedito, que sempre derrota o arrogante Capitão João Redondo. Personagem criado pelo mamulengueiro Manuel Francisco da SILVA. Para Ricardo Elias Ieker CANELLA "o João Redondo é um tipo especial de teatro de bonecos enraizado de modo profundo na tradição popular do Rio Grande do Norte que vem se mantendo vivo e ativo, em plena dinamicidade, nutrindo-se do imprevisto e da novidade" (CANELLA, 2007:122). Um dos mais importantes artistas praticantes do Teatro de João Redondo foi Chico DANIEL (1941-2007), que com seu trabalho tornou conhecida essa forma de arte no Brasil.

Estudos de Altimar PIMENTEL descrevem os bonecos do João Redondo como "rústicos e primitivos, talhados em blocos de madeiras como cortiça e mulungu, que por sua leveza facilitam o manejo. Usam vestimentas (luvas) de cores berrantes para produzirem bom efeito visual. Na pintura das cabeças são utilizados, de preferência, esmaltes amarelo, cor-de-rosa e vermelho. O preto serve para caracterização de um títere de cor negra ou para bigodes e sobrancelhas. O comum é os bonecos não possuírem qualquer articulação. Encontram-se, no entanto, alguns, tipo luva, que movem o maxilar inferior ou, tipo haste, que abrem anormalmente a boca quando falam ou cantam, provocando assim o riso da plateia. Via de regra, os espetáculos são contratados para apresentação no terreiro de residências ou por comerciantes, na busca de vender bebidas alcoólicas aos espectadores, mas ocorre também de os próprios Mestres tomarem a iniciativa de promover apresentações e, então, solicitam contribuições financeiras da assistência. Para auferir a dádiva pecuniária – a que chamam "botar a sorte"– fazem a entrega de um boneco à pessoa de quem desejam receber a dádiva. O boneco, ao ser devolvido, é acompanhado de dinheiro, agradecido por ele mesmo. Utilizam, preferencialmente, títeres femininos que, ao agradecerem a quantia ofertada, prometem encontros amorosos com o contribuinte" (PIMENTEL, 2007:115). (AMA e VB)

 Bonecos (Teatro Popular de), Mamulengo.

 Pimentel, 1988, 2007. Canella, 2007, 2004.

JOGO TEATRAL

O termo *jogo teatral* (theater game) foi originalmente cunhado por Viola SPOLIN. Mais tarde, ela registrou o seu método de trabalho como *Spolin Games*. A autora americana estabelece uma diferença entre *jogo dramático* (dramatic play) e *jogo de regras* (game), diferenciando assim a sua proposta para um *teatro improvisacional* de outras abordagens, através da ênfase, no jogo, de regras e, no aprendizado, da linguagem teatral.

Nos livros de Winifred WARD encontramos os postulados da Escola Nova, transportados para o ensino do teatro. Apesar de teóricos como John DEWEY preverem oportunidades para a expressão dramática na escola, foi WARD quem desenvolveu princípios e técnicas e popularizou a atividade. *Playmaking with Children* (1947) teve impacto considerável na Inglaterra e em todo o Reino Unido, além dos Estados Unidos, onde o termo *drama criativo* (creative dramatic) passou a designar o movimento de teatro realizado com crianças. Peter SLADE publicou em 1954 *O Jogo Dramático Infantil* (Child Drama), baseado em trabalhos desenvolvidos durante vinte anos na Inglaterra. A sua tese é a de que existe uma arte infantil, *child art*. Na definição de SLADE, o objetivo do jogo dramático é equacionado pelas experiências pessoais e emocionais dos jogadores. O valor máximo da atividade é a espontaneidade, a ser atingida através da absorção e sinceridade durante a realização do jogo. Dentre os muitos valores do *drama* está o valor emocional, e SLADE propõe que o jogo dramático fornece à criança uma válvula de escape, *uma* catarse emocional.

A diferença mais importante da definição do jogo teatral de SPOLIN, quando relacionada ao jogo dramático de origem inglesa ou ao drama criativo, de origem americana, reside na relação com o corpo. O puro fantasiar do jogo dramático é substituído, no processo de aprendizagem com o jogo teatral, por uma representação corporal consciente. De acordo com SPOLIN, o princípio da *fisicalização/corporificação* (physicalization) busca evitar uma imitação irrefletida, mera cópia.

A dicotomia e polarização de objetivos e técnicas acentuaram-se durante os últimos trinta anos no Brasil. Através da influência do escolanovismo e da postura espontaneísta, podemos caracterizar uma tendência que ancora os objetivos educacionais da atividade de teatro na escola na dimensão psicológica do processo de aprendizagem. Nos textos especializados nacionais, sucedem-se descrições de objetivos comportamentais que são a justificativa para a inclusão do teatro no currículo da escola.

Ultimamente, o conceito de jogo teatral vem tendo uma larga aplicação na educação e no trabalho com crianças e adolescentes. Paralelamente à prática do jogo teatral em escolas e centros culturais, o método de Viola SPOLIN vem sendo adotado em escolas de teatro, contribuindo para a formação de *atores** e professores nas universidades.

O conceito de *jogo teatral* tem sido, entre nós, objeto de reflexão e fundamentação teórica, sendo abordado através da conceituação de PIAGET e VIGÓTSKI.

Na psicogênese da linguagem e do jogo na criança, a *função simbólica ou semiótica* aparece por volta dos dois anos e promove uma série de comportamentos que denotam o desenvolvimento da linguagem e da representação. PIAGET enumera cinco condutas, de aparecimento mais ou menos simultâneo, na ordem de complexidade crescente: imitação diferida, jogo simbólico ou jogo de ficção, desenho ou imagem gráfica, imagem mental e evocação verbal (língua).

A evolução do jogo na criança se dá por fases que constituem estruturas de desenvolvimento da inteligência: jogo sensório-motor, jogo simbólico e jogo de regras. O jogo de regras aparece por volta dos sete/oito anos como estrutura de organização do coletivo e se desenvolve até a idade adulta nos jogos de rua, jogos tradicionais, folguedos populares, *danças dramáticas**.

O jogo de regras favorece a aprendizagem da *cooperação*, no sentido piagetiano. Na teoria de PIAGET, o processo de equilibração é promovido pela relação dialética entre a assimilação da realidade ao Eu e a acomodação do Eu ao real. Com foco na psicologia do desenvolvimento, é importante notar que a relação dialética entre assimilação e acomodação não se dá de forma harmônica no desenvolvimento da criança. Na primeira infância, prevalece a assimilação da realidade ao Eu, determinada pela atitude centrada em si mesma da criança até os seis/sete anos de idade. O jogo de regras supõe o desenvolvimento da inteligência operatória, quando a criança desenvolve a reversibilidade de pensamento. O amplo repertório de jogos tradicionais populares sempre foi instrumento de aprendizagem privilegiada na infância. As brincadeiras de rua, como as amarelinhas, os jogos de bolinhas de gude, as cantigas de roda, os pegadores, o esconde-esconde, as charadas e adivinhas, foram documentadas, por exemplo, por Peter BRUEGHEL, em uma imagem paradigmática sobre esse patrimônio cultural da humanidade.

A expressividade da criança é uma manifestação sensível da inteligência simbólica egocêntrica. Pela revolução copernicana que se opera no sujeito ao passar de uma concepção de mundo centrada no Eu para uma concepção descentrada, as operações concretas iniciam o processo de reversibilidade do pensamento. Esse princípio irá operar uma transformação interna na noção de símbolo na criança. Integrada ao pensamento, a assimilação egocêntrica do jogo simbólico cede lugar à imaginação criadora.

Por uma correlação com a conceituação piagetiana, a maior contribuição de VIGÓTSKI reside no favorecimento de processos que estão embrionariamente presentes, mas que ainda não se consolidaram.

A intervenção educacional do coordenador de jogo é fundamental, ao desafiar o processo de aprendizagem de reconstrução de significados. A zona de desenvolvimento proximal muda radicalmente a ideia de avaliação. As propostas de avaliação do coordenador de jogo deixam de ser retrospectivas (o que o aluno é capaz de realizar por si só) para se transformarem em prospectivas (o que o aluno poderá vir a ser). A avaliação passa a ser propulsora do processo de aprendizagem. O conceito de zona de desenvolvimento proximal, como princípio de avaliação, promove, com particular felicidade, a construção de formas artísticas.

No jogo teatral, pelo processo de construção da forma estética, a criança estabelece com seus pares uma relação de trabalho em que a fonte da imaginação criadora – o jogo simbólico – é combinada com a prática e a consciência da regra de jogo, a qual interfere no exercício artístico coletivo.

O jogo teatral passa necessariamente pelo estabelecimento do acordo de grupo, por meio de regras livremente consentidas entre os parceiros. O *jogo teatral* é um jogo de construção com a linguagem artística. Na prática, com o jogo teatral, o jogo de regras é princípio organizador do grupo de jogadores para a atividade teatral. O trabalho com a linguagem desempenha a função de construção de conteúdos, por intermédio da forma estética. (IDK)

 Ensino do Teatro, Pedagogia do Teatro, Teatro-educação.

 Brecht, 1967, 1990; Koudela, 1984, 1991, 1992, 1999; Piaget, 1975; Spolin, 1978, 2000, 2001; Vigótski, 1984.

JOGRAL

Grupo de pessoas que declamam poemas ou textos literários. Em geral, é uma prática de *amadores** e estudantes, embora pelo menos um grupo de *atores** profissionais tenha feito história em nosso teatro com apresentações que tiveram grande repercussão. No dia 16 de maio de 1955, o ator e *diretor teatral** Ruy AFFONSO apresentou-se no Teatro de Arena de São Paulo, com mais 3 colegas – Felipe WAGNER, Rubens de FALCO e Ítalo ROSSI –, em espetáculo dedicado à poesia de Fernando PESSOA. Posteriormente, o grupo passou a se denominar Jograis de São Paulo. Seus espetáculos baseavam-se na declamação do tipo coletivo e coral, a quatro vozes, e eram feitos com certos recursos dramáticos, como o contraponto de timbres e inflexões. Eram, pois, espetáculos até certo ponto teatralizados, nos quais os poemas eram interpretados sem a articulação artificiosa associada à ideia de *declamar*. Ao sucesso inicial sucedem-se as turnês através de inúmeros Estados brasileiros, do Rio Grande do Sul ao Amazonas. Em 1957, o grupo estréia em Lisboa, percorrendo Portugal do Algarve ao Minho. Em seguida, apresenta-se nos territórios ultramarinos portugueses e na capital e cidades mexicanas, totalizando mais de 1.200 recitais, a que se acrescentam gravações de discos, trilhas sonoras e exibições na televisão. A técnica do grupo logo passou a ser adotada pelos professores primários e secundários, que nas décadas de 1960 e 70 utilizaram o jogral para ensinar poesia. Por processo metonímico, criou-se a expressão *fazer jogral* ou mesmo *jogralizar*: praticar poesia através de um coral de vozes. (EF)

 Affonso, 1985.

JORNAL (TEATRO)

Uma das técnicas do *teatro do oprimido**, através da qual se dramatizariam as notícias que constassem da imprensa quotidiana, procurando, através da teatralização, enfatizar o intuito manipulador da imprensa. Augusto BOAL inspirou-se, certamente, no *living newspaper*, idealizado em 1930, nos Estados Unidos, pelo projeto teatral do WPA (Works Progress Administration). A técnica foi utilizada no Brasil pelo Teatro de Arena de São Paulo, em 1970, e pretendia provar "que qualquer pessoa, mesmo que não seja artista, pode fazer do teatro um meio de comunicação" (Notícia enviada aos jornais e transcrita na revista *Dionysos*, 1978b). O espetáculo produzido com essa técnica apresentou-se na França (Festival de Nancy) com sucesso. Sobre as características desse espetáculo, nota Sábato MAGALDI: "O *Teatro Jornal* não fez uma peça baseada em notícias, mas escolheu as menos perecíveis, capazes de simbolizar melhor uma realidade. Daí a clareza e a eficácia da crítica, de que a *censura** reinante estava desabituando o nosso palco" (MAGALDI, 1984: 92). A técnica seria utilizada e divulgada nos anos subsequentes nos países da América Latina (notadamente Chile e Argentina), onde BOAL se refugiou. Não há registros de que tenha se tornado uma prática de outros grupos. (EF)

 Arena, Teatro de.

 Boal, 1983b.

L

LAMBE-LAMBE (TEATRO DE)

Uma das variadas manifestações do *teatro de animação**, o teatro lambe-lambe se realiza dentro de uma pequena caixa cênica ou minúscula caixa-palco, na qual é encenado um espetáculo de curta duração (01 a 04 minutos) para apenas um espectador por sessão. Essa caixa cênica portátil dispõe de uma abertura na frente pela qual se assiste ao espetáculo. A caixa dispõe de duas aberturas laterais para a animação dos bonecos e objetos, e uma abertura atrás ou em cima da caixa que possibilita ao animador ver o interior da mesma. (ARRUDA, 2008:131).

Normalmente, todas as aberturas da caixa, assim como a cabeça do espectador são cobertas por um tecido preto para impedir a entrada de luz. Isso lembra os antigos fotógrafos ambulantes, os fotógrafos lambe-lambe, atividade que inspirou Ismine LIMA a batizar essa modalidade de teatro de bonecos.

As precursoras do teatro lambe-lambe no Brasil são Ismine LIMA e Denise SANTOS, na cidade de Salvador, BA, no ano de 1989. Desde então, a atividade tem se difundido por todo o Brasil e dezenas de bonequeiros trabalham com suas caixas, principalmente em ruas e praças, e no *hall* de teatros durante os diversos festivais de teatro de animação que se realizam no Brasil.

A dramaturgia do teatro lambe-lambe se caracteriza pela apresentação de cenas sem o uso da palavra e mostra situações íntimas, delicadas, cenas de "um segredo que deveria ser resguardado" (ARRUDA, 2008:134). Por isso, Denise SANTOS mantém em seu repertório a peça *Ato Sexual* (1989), *A Dança do Parto* (1989) e Ismine LIMA, *O Quarto de Van Gogh* (1989). (VB)

 Arruda, 2008.

LEGISLAÇÃO TEATRAL

A partir das fontes documentais, pode-se divisar determinados aspectos no caráter das leis que regulamentam a atividade teatral no Brasil. A preocupação com o controle, paralela à *censura** e extensiva aos autores e aos espetáculos, é seguida de determinações subsidiárias que têm por objetivo consolidar o "teatro nacional".

Em relação ao direito autoral do dramaturgo, marginal a este verbete por se inscrever em universo mais amplo, e à situação profissional do *ator**, a legislação somente disporá sobre esses temas, de modo normativo, no século XX.

Antes de tudo é preciso notar que o legislador brasileiro imitou, sistematicamente, as formas de controle lusitanas, fato recorrente mesmo após a Independência, uma vez que o Teatro português legou ao brasileiro os gêneros de peças, as ideias estéticas, as formas de gerenciamento (tabelas, ensaio geral, *benefícios** etc.) e tipologia teatral (a noção do *emploi**, *galã**, *dama-galã**, *centro** etc.), além de hábitos e costumes.

Assim, desde o início a colônia seguiu o modelo centralizador que submetia o teatro à vontade da Coroa. O padrão pode ser observado através do exemplo de um alvará de 20 de agosto de 1588, assinado por FELIPE II, determinando que os proventos resultantes das representações no Hospital de Todos os Santos, de Lisboa, revertessem aos internos do dito Hospital, no qual, entre 1588 e 1792, todas as representações dependiam da licença prévia do rei.

Sabe-se que no Brasil, desde o descobrimento, houve movimentação teatral profana (ao lado do teatro catequético), como se deduz de documento eclesiástico do século XVIII, que alude à ociosidade dos frades e a representações de *comédias** indecentes nos seminários. São práticas desestimuladas pela Igreja Católica, como atesta um documento de 13 de fevereiro de 1596, em que o Padre Geral da Companhia de Jesus censura o Provincial do Brasil por ter consentido na apresentação de comédias e *tragédias** e, ainda, proíbe às mulheres assistir às representações da Congregação dos Estudantes.

Já os atores são expressamente citados, entre nós, em uma Portaria de 20 de novembro de 1772, que confirma o reconhecimento de atividade cênica profana, e a vigência do modelo centralizador que controla a prática do palco. O autor, Capitão-General D. Luis Antonio de SOUZA, quer organizar a atividade, "porquanto o divertimento das *óperas**, praticado hoje em a maior parte das Capitanias deste Brasil, nem pode continuar, nem subsistir, sem haver Diretor, que dê providência às inumeráveis faltas que de contínuo sobrevêm aos que entram neste exercício: encarrego desta direção ao Dr. José Gomes Pinto de MORAES, que mediante a direção que lhe tenho dado cuide em obviar todas as faltas e fazer aprontar nos dias determinados as óperas estabelecidas, ordenando nesta matéria o que lhe parecer mais conveniente, para o que os músicos e todos os atores das ditas óperas cumprirão as suas ordens, e ele os poderá mandar prender à mesma ordem todas as vezes que for necessário castigá-los" (AMARAL, 1979: 5). Mais tarde, a legislação iria criar a figura da "polícia dos teatros". Instaurar e coibir são gestos simultâneos na ordenação legal do teatro.

A atividade profissional é assinalada oficialmente, embora o trabalho do ator fosse, reconhecidamente, trabalho reservado aos escalões sociais mais baixos. De fato, a profissão até trinta anos antes desses acontecimentos era considerada "infame", e um marco fundamental para a compreensão da evolução das regulamentações luso-brasileiras é constituído pelo decreto assinado pelo rei D. JOSÉ I, no Palácio da Ajuda, em Lisboa, a 17 de julho de 1771, e assinado pelo Marquês de POMBAL, certamente obra do mesmo, e que foi inovador sob muitos aspectos.

O decreto simplesmente extinguia a "infâmia" que até então pesava sobre aqueles que exerciam a profissão de ator, sendo que esse termo tem peso negativo profundo, pois os infames eram chamados cidadãos de terceira classe, com direitos castrados, proibidos de exercer cargos públicos e só podiam residir em bairros determinados, em isolamento. A exposição de motivos considera que "a ideia da infâmia inerente à profissão (...) procede meramente da Legislação dos romanos, a qual somente recaía, conforme a opinião de muitos autores, sobre as pessoas de mimos e pantomimos, que com a torpeza de suas ações e palavras eram o horror e escândalo dos espectadores morigerados..." (Doc. Original, inédito). O decreto refere-se ainda ao fato de que os "teatros públicos (...) quando bem regulados são escolas onde os povos aprendem as máximas sãs da política, da moral, do amor da pátria, do valor, do zelo e da fidelidade com que devem servir os seus soberanos". Ao lado da centralização e da censura, o legislador brasileiro preocupava-se com o subsídio à atividade dramática, não diretamente, mas por meio da concessão de loterias, desde os tempos de D. JOÃO VI, em praxe que o sucedeu, mesclada com o sistema de ações. Assim, um empresário organizava uma *companhia** com o capital levantado entre acionistas e, nessa condição, poderia ser contemplado com subvenções do Governo. Esse sistema teve grande porte e amplitude, a ponto de merecer um decreto específico do Império, em 24 de julho de 1849, que estabeleceu um "Inspetor" para os teatros da Corte.

O Inspetor tinha por função policiar as casas de espetáculo subsidiadas, conforme o art. 1º: "Fica estabelecido um Inspetor dos teatros desta corte, que são subsidiados pelo governo em virtude de autorização legislativa, ou têm tido concessões de loterias" (PAIXÃO, sd.: 480-481).

Além disso, prevê o art. 3º: "Incumbe ao Inspetor fiscalizar o emprego dado pela direção de cada teatro aos auxílios que lhe tiverem sido ou forem concedidos, e inspecionar a marcha dos teatros, sobretudo no que respeita ao cumprimento das obrigações, com que lhes tem sido ou forem outorgados quaisquer auxílios" (PAIXÃO, sd.: 480-481).

No que se refere à citada "polícia dos teatros", o Brasil emitiu as famosas "Normas do Aragão", constituídas pelo Edital de 29 de novembro de 1824, que estabeleciam e regulavam "as medidas de segurança e polícia que se devem observar nos teatros da Capital". Essas normas ficaram conhecidas pelo nome de seu autor, o Intendente Geral de Polícia Francisco Alberto Teixeira de ARAGÃO.

Ao que tudo indica, tais "normas" são uma consolidação de jurisprudência, pois em 25 de junho de 1821 a Junta Governativa da Província de São Paulo "deliberou entre outras coisas, que o Juiz de fora ficasse incumbido da Polícia do Teatro, devendo assistir a todas as récitas dos dramas, que de antemão deverá examinar e aprovar, como se pratica nas capitais de Lisboa e Rio de Janeiro" (AMARAL, 1979: 24). A organização sistemática dessa "polícia", em seus aspectos internos e externos ao teatro, foi merecendo regulamentos mais elaborados, como se à complexidade crescente do mundo social correspondesse maior sofisticação de controles, como se observa nas Instruções para a polícia do Teatro S. Pedro referidas em aviso imperial de 1º de junho de 1833, que desenvolvem e estendem as "Normas do Aragão". Vale aqui a transcrição:

"Artigo 1º – Não se porá em cena espetáculo diverso do que se tiver anunciado, e começará impreterivelmente na hora marcada, porém, se por motivo imprevisto for necessário alterar-se o espetáculo ou começar mais tarde, dar-se-á ao público a devida satisfação: o mesmo se praticará quando os intervalos se prolongarem além do tempo costumado, e indispensavelmente necessário, e neste caso para se fazer menos sensível a demora, a orquestra por ordem do Inspetor executará alguma peça de música;

Artigo 2º – Durante a representação os espectadores estarão sentados, e descobertos; porém achando-se presente alguma Pessoa da Família Imperial estarão nos entreatos não só descobertos, mas em pé, e com a frente voltada para o Camarote Imperial;

Artigo 3º – É lícito dar moderados sinais de aprovação ou de reprovação; porém não perturbar a tranquilidade com vozerias e estrépitos; nem mesmo conversar de maneira, que possa distrair a atenção. Dos camarotes ou plateia não se poderão recitar discursos ou Poesias, salvo em dias solenes, nos entreatos, precedendo licença do Inspetor, que deverá mandar tocar a orquestra quando tais récitas deverem cessar por qualquer motivo;

Artigo 4º – Se qualquer ator por gestos ou palavras ofender em cena a decência pública, ou cometer algum abuso contrário à moral e ao respeito devido ao Público, será preso, logo que se recolher aos Bastidores, e condenado à Cadeia depois que acabar a parte que tiver de executar;

Artigo 5º – Enquanto durar o espetáculo, fica vedado o ingresso no Cenário a todas as pessoas que não pertencerem ao serviço do mesmo;

Artigo 6º – Os porteiros não deixarão entrar na plateia, com Cacete, Bengala, Chapéu de Chuva, ou Arma; junto à entrada haverá lugar destinado para depósito de tais objetos entregando ao dono, a pessoa especialmente encarregada da sua guarda, uma cédula, numerada à vista da qual lhes restituirá;

Artigo 7º – O Inspetor empregará na Polícia do Teatro, segundo a escala que organizar, os Oficiais dos Juízes de Paz e os de Polícia, encarregando aos que julgar necessários, o vigiar a Plateia, os Corredores, e Salas; trarão oculta uma medalha com a insígnia – Polícia – que só apresentarão quando for necessário fazerem-se conhecer;

Artigo 8º – Nas portas da entrada e saída pública, nas escadas, corredores e coxias não se permitirá que estejam pessoas paradas;

Artigo 9º – Se dentro da Plateia, ou fora, mas no recinto do Teatro se infringir alguns dos artigos deste Regulamento policial, o Oficial de Polícia intimará com toda a civilidade ao infrator, para que imediatamente o acompanhe à presença do Inspetor, se recusar, lhe fará ver a medalha mencionada no artigo sétimo reiterando a intimação; se nem assim obedecer, lhe dará a voz de preso à ordem do Inspetor; sendo fora da plateia, ou camarote, fará logo efetiva a prisão pelos meios que a Lei tem posto ao alcance dos Oficiais de Justiça para esse fim; porém, se for dentro da Plateia, ou Camarote, esperará que saia, vigiando-o sempre;

Artigo 10º – Pouco antes da hora designada para principiar o Espetáculo, estarão iluminados os Corredores e Salas; e depois que finalizar, assim se conservarão o tempo razoavelmente necessário para que possam os espectadores retirar-se sem precipitação. Todas as portas que facilitarem a saída deverão estar abertas;

Artigo 11º – Não se deixará entrar maior número de espectadores que os correspondentes às Cadeiras que houver na Plateia; nem se distribuirão Bilhetes excedentes ou por maior preço que o anunciado;

Artigo 12º – O Inspetor designará com antecedência o lugar onde deverão arrumar-se as seges, carruagens, e cavalos, de maneira que não embaracem a entrada e a saída, e encarregará uma patrulha rondante de vigiar o cumprimento deste artigo;

Artigo 13º – O Inspetor requisitará uma Guarda Militar mais ou menos reforçada segundo as circunstâncias, a qual se postará no lugar costumado, e distribuirá sentinelas onde for conveniente para manter a boa ordem segundo a disposição do mesmo Inspetor;

Artigo 14º – O Administrador do Teatro deverá ter pronto em lugar conveniente os utensílios necessários para o caso de incêndio; não se verificando esta cautela, o Inspetor mandará fechar o teatro;

Artigo 15º – Em tudo que respeita à regularidade, decência e pontualidade do Espetáculo deverão os Atores e mais empregados no Teatro cumprir prontamente as Ordens do Inspetor tendentes ao bom desempenho das funções de cada um;

Artigo 16º – Os Atores, e mais empregados no Teatro que não cumprirem as ordens do Inspetor, e bem assim quaisquer outras pessoas que infringirem as disposições deste Regimento Policial, serão processados como desobedientes, na forma dos artigos 203 e 204 do Código de Processo, e incorrerão nas penas do artigo 128 do Código Criminal" (PAIXÃO, s.d.: 469-472).

Constata-se, por outro lado, que os mecanismos centralizadores, censórios e coercitivos estendem-se, criando um corpo de leis específicas. Seis meses após a publicação dessas Instruções, uma Resolução do Conselho Geral da Província de Minas Gerais, de 30 de janeiro de 1834, institui a "censura oficial no Teatro de Ouro Preto". Os dispositivos eram bastante rigorosos e assim estipulava o artigo 3º: "O Juiz de Paz terá particular cuidado de que as Peças submetidas ao seu exame não contenham períodos ofensivos à Moral Pública, ou que possam comprometer a tranquilidade geral. Neste caso farão suprimir tais períodos ou rejeitarão as Peças, quando não forem suscetíveis de correção" (ÁVILA, 1978: Anexos). O Juiz de Paz censor lia a peça previamente e levava uma cópia para o Teatro, a fim de verificar se, durante a representação, a mesma não sofrera qualquer alteração prejudicial, prática, aliás, "ressuscitada" nos anos de 1960, em nosso país.

Além desses controles, sofreu o teatro brasileiro a chamada "censura estética". A exemplo do Conservatório Dramático Português, estabelecido por decreto de 1836, o nosso *Conservatório Dramático** instalou-se em 1843 e pretendia o "melhoramento da cena Brasileira por modo que esta se torne a escola dos bons costumes e da língua", no sentido de "animar e excitar o talento nacional para os assuntos dramáticos", além de "corrigir os vícios da cena brasileira" e "interpor o seu juízo sobre as obras". Desse modo, ao apontar e combater os defeitos das obras de arte cênicas, pretendia o Conservatório indicar "os métodos de os emendar" (SOUSA, 1960, I: 330-331). A consolidação do Conservatório deu-se através do decreto n. 425, de 19 de julho de 1845, que estabeleceu as normas para a censura.

O decreto estabelecia os mecanismos de censura prévia, garantia o anonimato dos censores e a disposição da polícia de somente aprovar uma peça devidamente "acompanhada da censura do Conservatório Dramático Brasileiro". A não observância do visto policial ameaçava as diretorias dos teatros de fechamento dos mesmos, medidas "extensivas aos teatros das províncias".

A experiência demonstrou que não se havia conseguido melhorar o teatro nacional, razão pela qual, em 4 de janeiro de 1871, foi criado um "novo" Conservatório Dramático, composto por cinco membros, nomeados por decreto imperial (art. 1º), que teriam as incumbências de fazer "exame das peças" e "inspeção interna dos teatros", além das "que lhe forem marcadas pelo Regulamento Geral dos Teatros", que seria elaborado por esse novo Conservatório (cf. art. 15), que durou 26 anos.

Já então no período republicano, o Decreto n. 2.557, de 21 de julho de 1897, extinguia o órgão, em seu artigo 1º. Os outros dois lacônicos artigos da lei decretavam que, "para a execução das peças teatrais e exibições em casas de espetáculo, a polícia cingir-se-á a tomar conhecimento, com antecedência, da peça ou do programa que tiver de ser executado, cabendo-lhe proibir ou suspender o espetáculo se verificar que dele possam resultar perturbação da ordem pública ou ofensas ao decoro público" (art. 2º), ficando "revogadas as disposições em contrário" (art. 3º) (PAIXÃO, s.d.: 488-489).

O governo decidiu não contar mais com intermediários e passou o controle das atividades teatrais para a polícia. Esta situação, tomada de um modo geral, manteve-se inalterada no Brasil até a promulgação da Constituição de 1988, que extinguiu a censura em nosso país.

No tocante às relações entre o Estado e o teatro, a questão no Brasil arrastou-se em sucessão de projetos, leis e decretos que nunca saíam do papel, situação que atualmente parece mais definida.

Em 1873, por exemplo, o deputado Cardoso de MENEZES apresentou um projeto para fundar no Rio de Janeiro um "Teatro Normal" (no sentido de normativo), autorizando o governo a despender a quantia de 500 contos de réis na construção de um edifício destinado a servir de teatro normal e de declamação, e mais a quantia de 100 contos de réis em cada ano, paga em prestações mensais, como subvenção à *companhia** ou empresa dramática que se encarregasse de explorar por sua conta esse teatro. Previa ainda o projeto um Liceu de Arte Dramática, com um curso de dois anos, sugeria providências sobre a administração desse teatro e dos demais existentes no Rio de Janeiro, estabelecia prêmios para os artistas dramáticos e sugeria também, em favor dos artistas, uma caixa de socorro que lhes assegurasse a aposentadoria.

Em 1879, foi lido, na Câmara dos Deputados, um requerimento de Sizenando Barreto Nabuco de ARAÚJO, pedindo a subvenção de seis loterias para a fundação e custeio de um "teatro normal".

Em 1888, o deputado Afonso CELSO JÚNIOR, quando se discutia o orçamento do Império, fez lembrar que havia proposto uma autorização do governo para subsidiar empresa de teatro, que representasse pelo menos uma composição brasileira cada mês, e a concessão de prêmio ao autor de peça nacional representada.

Nos debates que se seguiram, o deputado sublinhou que não era "de agora a ideia de ser auxiliada pelo Estado a literatura dramática", remetendo o plenário ao projeto de 1873, afirmando ainda que "esse projeto dormiu o sono do esquecimento até 1877", sendo então aparteado pelo deputado Andrade FIGUEIRA: "– Deus o conserve nesse estado. (riso)" (PAIXÃO, s.d.: 577).

Em 1894 é sancionada, no Rio de Janeiro, lei municipal que taxa companhias estrangeiras "em benefício do Teatro Nacional", prevendo-se que "o produto líquido do imposto estabelecido em virtude desta lei será destinado à construção e subsequente manutenção do Teatro Dramático Municipal" (PAIXÃO, s.d.: 589-590).

Em 1º de maio de 1895, em decorrência da lei acima, um projeto regulamentava a cobrança das taxas, segundo uma tabela, e previa a construção do Teatro Municipal.

Em 1922, um relatório da Sociedade Brasileira de Autores Teatrais-SBAT informava sobre o estado das providências sobre a criação de um Teatro Nacional, aludindo aos debates havidos na imprensa, após o que "tudo voltou ao antigo estado – indiferença absoluta ou interesse bastardo" (ROCHA, 1921: 13-14). A SBAT, no final do relatório, informa que enviou um memorial ao prefeito Carlos SAMPAIO com o fito de "resolver o problema do Teatro Nacional por ocasião das festas do I Centenário da Independência" (ROCHA, 1921: 17).

Na década seguinte, o Governo interveio diretamente na produção teatral, mais precisamente entre 29 de outubro de 1934 e 17 de novembro de 1935, ao subvencionar o Teatro Escola, movimento organizado por Renato VIANNA, que contou também com a ajuda da Prefeitura Municipal do Rio de Janeiro por meio da cessão dos teatros Cassino, João Caetano e Municipal. Em São Paulo, o movimento funcionou no Teatro Boa Vista.

Em 13 de janeiro de 1937, a Lei n. 378 constituiu a Comissão de Teatro Nacional, como órgão do então recém-criado Ministério da Educação e Saúde, mais tarde transformado em MEC – Ministério da Educação e Cultura, através da Lei n. 1.920/50, que, por sua vez, deu origem, por desdobramento, ao Minc – Ministério da Cultura, em 1985, através da Lei n. 91.144. Este, por seu turno, é extinto pela Lei n. 8.028, de 12 de abril de 1990, que criou a SEC/PR – Secretaria da Cultura da Presidência da República, que é, finalmente, transformada, em 1992, pela Lei n. 8.490 no vigente Ministério da Cultura.

A citada Comissão de Teatro Nacional, de caráter consultivo, cujos objetivos eram os de "promover estudos sobre o teatro", "desenvolver a atividade teatral" e, em suma, "fazer teatro, para dar trabalho às pessoas do ofício e para dar recreação ao povo" (Cf. Lei n. 378, de 13 de janeiro de 1937) – intentos que se repetiriam em todas as regulamentações posteriores –, foi extinta e substituída pelo SNT – Serviço Nacional de Teatro, criado pelo Decreto-lei n. 92, de 21 de dezembro de 1937, cuja existência pode ser seguida até a década de 1980.

A Portaria Interministerial/MEC n. 628, de 25 de novembro de 1981, transforma o SNT em INACEN – Instituto Nacional de Artes Cênicas, órgão que, na época, mereceu o apoio da categoria, mas que é transformado em FUNDACEN – Fundação Nacional de Artes Cênicas através da Lei n. 7.624 de 5 de novembro de 1987. Durou apenas três anos, pois, em 1990, é extinta pela draconiana Lei n. 8.029 – gêmea da citada n. 8.029 –, também de 12 de abril daquele ano.

Em 1991, as áreas culturais estavam bastante abaladas, e o Governo instituiu o PRONAC – Programa Nacional de Apoio à Cultura, através da Lei n. 8.313, de 23 de dezembro. Esta tem a "finalidade de captar e canalizar recursos para o setor" (cf. art. 1º), visando facilitar, promover, estimular, apoiar, valorizar, difundir, proteger, salvaguardar, preservar, desenvolver, estimular e priorizar todos os produtos culturais do Brasil. O Governo institucionaliza o mecenato através da compensação fiscal.

O teatro – ou melhor, as Artes Cênicas –, é contemplado com as promessas de prêmios, bolsas de estudo e cursos de formação (cf. art. 3º) e realização de "espetáculos de artes cênicas ou congêneres" (Cf. item "e" do inc. II do art. 3º da Lei n. 8.313, de 23/12/1991). Estes "congêneres" têm conseguido captar a maioria dos recursos.

A captação e destinação de recursos de pessoas físicas ou jurídicas, que passaram a ter o direito de deduções no imposto de renda (art. 18), ficaram sob o encargo do FNC – Fundo Nacional de Cultura (art. 4º) e geridos pelos FICART – Fundos de Investimento Cultural e Artístico (art. 8º), os quais, no caso das Artes Cênicas, podem ser aplicados para a "produção comercial de espetáculos teatrais, de dança, música, canto, circo e demais atividades congêneres" (art. 9º).

A lei tem sofrido alterações que não a desfiguraram, podendo-se apontar os diplomas legais de 23 de novembro de 1999 (Lei n. 9.874 – que altera alguns pontos da Lei n. 8.313) e o de 30 de agosto de 2000 (Lei n. 9.999), os quais, por exemplo, não extinguem o direito de representação das Artes Cênicas na prevista CNIC – Comissão Nacional de Incentivo à Cultura, em que tem assento um representante de "artes cênicas: teatro, dança, circo, ópera, mímica e congêneres" (Item "a" do inc. V do art. 3º do Regulamento Interno da CNIC). Essa Comissão teve o seu regimento interno aprovado pela Resolução n. 1, de 18 de setembro de 2001.

Atualmente, e conforme a Lei n. 9.649, de 27 de maio de 1998, o Ministério da Cultura tem uma estrutura básica constituída por: Conselho Nacional de Política Cultural, Comissão de Incentivo à Cultura, Comissão de Cinema e quatro Secretarias. O teatro é representado pela Secretaria da Música e Artes Cênicas.

No que se refere à classe empresarial artística, esta, por seu turno, passa a implementar um outro tipo de controle instaurado dentro das coxias. Tal é o objetivo dos "Regulamentos de Palco" ou "Regulamentos Internos para uso dos Teatros".

A atividade do intérprete, já controlada socialmente, encontra nesses regulamentos sua explicitação mais realista. A matriz desses regulamentos é uma edição de 1868, sem dúvida um padrão, cuja essência outros regulamentos, ora explicitando melhor uma parte, ora ampliando outras, mantêm no Brasil e em Portugal.

De modo esquemático, os "títulos" de tais regulamentos se apresentam em forma de "obrigações", tais como: "dos artistas, do diretor de cena ou *ensaiador**, do *ponto**, do contrarregra, do encarregado do guarda-roupa e adereçista, do cabeleireiro e da cabeleireira, do mestre (1º maquinista) e do contramestre (2º maquinista), do iluminador, dos alfaiates e costureiras, dos comparsas de cena, dos carpinteiros do movimento das cenas, da figuração e *coristas**, do porteiro do palco", além dos títulos específicos: "dos ensaios; das penas; disposições gerais; dos recursos" (*Regulamento do Palco do Theatro do Gymnasio*, 1868).

Tais normas eram vigentes no Brasil a tal ponto que foram levadas em conta pelo legislador na primeira lei abrangente, a qual intentava oferecer amparo ao profissional de teatro.

Trata-se da famosa "Lei Getúlio Vargas", que ficou assim conhecida por ter sido uma iniciativa pioneira, decorrente de um projeto apresentado pelo então parlamentar, e transformado no Decreto n. 5.492, de 10 de julho de 1928.

Durante cinquenta anos, esse foi o documento legal de referência obrigatória em questões teatrais, mormente no que se referia aos atores, por ser um diploma único a esse respeito.

A lei, mesmo intentando resolver problemas crônicos da profissão, como os de viagens – o artigo 15, por exemplo, esclarece que "correrão por conta da empresa as despesas de viagem dos artistas" e mesmo "o regresso às localidades de onde partirem" –, mantinha certos pressupostos coercitivos, tais como o impedimento de "alterar, suprimir ou acrescentar, nas representações palavras, frases ou cenas sem autorização por escrito do autor" (art. 31), apontando o Código Civil como "juiz arbitral" nos "litígios entre artistas, autores e empresários" (art. 24), em ações que teriam, por sua vez, "forma sumária" (art. 23).

O caráter de "serviço exclusivo" à empresa, presente em todos os Regulamentos de Palco, que representava uma sujeição quase escravista do ator ao empresário, todavia, foi mantido na Lei Getúlio Vargas na figura do temível "atestado liberatório".

Embora a lei garantisse o rito sumário em caso de recusa, a prática atesta que se tratava, de fato, de uma carta de alforria em poder do empresário. Através do atestado o empresário podia manter indefinidamente o ator em sua companhia, por meio de sucessivas apelações, tendo o poder até de atalhar carreiras. Não obstante, o Decreto-lei n. 5.452, de 1º de maio de 1943 (CLT), em seu artigo 480 mantinha a figura do "atestado liberatório".

Essas questões só foram dirimidas pelo Decreto n. 82.385, de 5 de outubro de 1978, regulamentador da Lei n. 6.533, de 24 de maio do mesmo ano. O decreto, vigente, regulamentou, enfim, a profissão do artista e do técnico teatral no Brasil. (AM)

 Censura, Conservatório Dramático.

LÍRICO (TEATRO)

 Ópera no Brasil.

M

MÁGICA

Tipo de peça teatral que fez muito sucesso nos palcos europeus e brasileiros durante o século XIX. Chamada de *féerie* na França, porque seus personagens podiam ser fadas e outros seres sobrenaturais, como sereias, gênios, demônios ou gnomos, sua atração maior não estava nem nos personagens nem nas histórias que trazia à cena, mas sim nos cenários e figurinos, na representação luxuosa, repleta de truques e surpresas, assim como nos números de dança e música. De um modo geral, a mágica tem enredo simples, centrado num protagonista que no início da ação dramática recebe um talismã, com o qual realiza todos os seus desejos, por mais extravagantes que sejam. Sem compromisso com a verossimilhança, permite, por exemplo, que um personagem agraciado com um talismã peça que outro personagem, no palco, junto dele, se transforme em um animal, ou que aquele espaço onde estão – uma sala, digamos – seja transformado em outro – uma gruta. A palavra usada para caracterizar esses fenômenos era *mutação**. E o que mais impressionava a plateia era a *mutação à vista do público**, isto é, aquela que não ocultava os truques cênicos e que se oferecia como desafio à percepção dos espectadores. Exatamente como ocorre hoje com os números de mágica. Mas, na segunda metade do século XIX, os "mágicos" atuavam nos bastidores. Eram os pintores dos telões, os maquinistas, os contrarregras, os figurinistas e os cenógrafos que davam vida ao espetáculo. Com seus maquinismos e truques extraordinários, eram capazes de simular no palco a erupção de um vulcão, um ciclone, o fogo do inferno, a vida na Lua ou mesmo uma inundação, como foi feito na montagem de uma *adaptação** do romance *O Guarani*, de José de ALENCAR, em 1874, no Rio de Janeiro. Um dicionário de teatro publicado na França em 1885, assim definia esse gênero teatral: "A mágica é uma peça de grande espetáculo, cuja ação repousa sempre sobre um assunto fantástico ou sobrenatural, e na qual predomina o maravilhoso. Graças a esse elemento, que lhe permite dispensar a lógica dos fatos e das ideias, a mágica dispõe livremente da fantasia num universo de convenções, sem se preocupar com a verossimilhança, e tendo principalmente o objetivo de seduzir o espectador com o luxo da encenação, o esplendor dos cenários, a riqueza dos figurinos, a graça da dança e o charme da música" (POUGIN, 1885, t.1: 360).

No Brasil, foram comuns as encenações de mágicas como *A Cauda do Diabo*, *A Corça do Bosque*, *O Gato Preto*, *A Pera de Satanás*, entre dezenas de outras. Para dar uma ideia mais precisa do tipo de espetáculo teatral proporcionado pela mágica, eis o longo e detalhado anúncio de *O Gênio do Fogo*, do português Primo da COSTA, encenada em 1885, no Rio de Janeiro: "Representação da esplêndida mágica em 1 prólogo, 3 atos e 17 quadros, original do *ator** Primo da COSTA, ornada de canto, bailados, marchas, tramoias, aparições, surpresas, ilusões, efeitos hidráulicos, *apoteoses**, etc., música do festejado maestro Cardoso de MENESES. Toma parte toda a *companhia**, figurantes e corpo de baile de mais de 200 pessoas, maquinismo do afamado mestre especialista Joaquim de ALMEIDA, guarda-roupa inteiramente novo e deslumbrante, cenários do habilíssimo cenógrafo romano G. CARRANCINI, único no seu gênero, representando o *fundo do mar, bosques encantados, grutas, subterrâneos, monstros hediondos, interior de um vulcão, desmoronamento e grande cataclismo* causado pela invasão das águas na cratera, *apoteose* nunca vista*, representando um rio ideal e fantástico povoado de ninfas, com montanhas de prata, margens de ouro e vegetação de pedras preciosas, produzindo uma impressão impossível de descrever-se" (FARIA, 2001: 149-150).

Apesar do apreço do público pelas mágicas, poucos autores brasileiros se dedicaram ao gênero, preferindo antes a *opereta** e a *revista de ano**, os outros dois gêneros do teatro cômico e *musicado** de grande sucesso nas últimas três décadas do século XIX. De qualquer forma, homens de teatro como Moreira SAMPAIO (*A Cornucópia do Amor*, 1894; *A Borboleta de Ouro*, com Orlando TEIXEIRA, 1897), Vicente REIS (*A Rainha dos Gênios*, com Azeredo COUTINHO, 1897; *O Pé de Cabra*, 1903), Orlando TEIXEIRA (*A Boceta de Fulgurina*, com Eduardo VICTORINO) e Augusto de CASTRO (*A Tentação*), escreveram algumas poucas mágicas que foram encenadas nesse tempo. A quase totalidade do repertório exibido no Rio de Janeiro veio da França e de Portugal. (JRF)

 Apoteose, Mutação, Mutação à Vista do Público, Revista de Ano.

 Ginisty, sd.

MÁGICO

 Prestidigitador.

MAMBEMBE

Grupo teatral* itinerante, organizado para excursionar pelo país. Os artistas da *Commedia dell'Arte* já mambembavam não só pela península itálica, mas através de toda a Europa, chegando a atingir até a Rússia, da mesma forma que as *companhias** espanholas, no século XVII. Veja-se, por exemplo, o encontro de D.Quixote e Sancho Pança com um grupo de *atores** fantasiados, que se dirigem de um lugarejo para outro próximo e que preferiram não trocar a roupa. No século XIX, não foram poucas as companhias dramáticas europeias criadas apenas para trabalhar na América do Sul, nos meses de maio a outubro, quando lá, por causa do verão, os teatros das grandes cidades permaneciam fechados. Já no Brasil, o hábito de criar companhias dramáticas para levar espetáculos às cidades do interior foi muito comum, até porque não havia trabalho para todos os artistas em cidades como o Rio de Janeiro e São Paulo. Para homenagear esses artistas e a própria luta pela preservação do teatro brasileiro, Artur AZEVEDO escreveu a peça *O Mambembe*, em 1904, explicando que quis abordar "um traço dos nossos costumes, que nunca foi explorado nem no teatro, nem no romance, nem na pintura, e no entanto me parecia dos mais característicos e pitorescos". E mais: "Para os leitores pouco versados em coisas de teatro, direi que mambembe é o nome que dão a essas companhias dramáticas nômades, que, organizadas sabe Deus como, e levando repertório eclético, percorrem as cidades, vilas, povoados e arraiais dos nossos Estados, dando espetáculos onde haja ou onde possam improvisar um teatro" (PRADO, 1999: 155). A palavra tem, atualmente, sentido pejorativo, significando coisa ordinária, porcaria: *festa mambembe, produção mambembe*. (EF)

 Circo-Teatro.

MAMULENGO

Teatro de bonecos popular* original de Pernambuco, que depois proliferou por diversas regiões do Brasil. Sobre a origem do mamulengo existem várias considerações. Uma delas é a de que teria surgido sob influência dos Presépios de Fala (bonecos animados através de um mecanismo de fios, arames ou varetas) ou das Casas de Farinha (representação de cenas, movidas por um sistema de fios acionados mecânica ou manualmente); ou ainda como decorrência dos Pastoris, um folguedo popular com *atores** de carne e osso, depois com bonecos de madeira.

A etimologia da palavra *mamulengo* é obscura. Hermilo BORBA FILHO atribui a vários pesquisadores a sua origem: *mamu* viria de um diminutivo do nome de Manuel e da palavra *lenga-lenga* pelo tipo de movimento (indo e vindo sem parar) do boneco Mané Gostoso, um boneco molenga, criado por um bonequeiro de nome Manuel. O termo é também relacionado com a expressão *mão molenga*.

O espetáculo de mamulengo acontece dentro de um palco tradicional conhecido como *empanada**. O mestre, criador do espetáculo, com diferentes vozes, dá vida a quase todos os personagens. Ele é também responsável pelo roteiro e, em geral, confecciona os bonecos. O contramestre é seu auxiliar. Os folgazões, quase sempre dois, auxiliam na manipulação, mas não falam. Mateus (também chamado de *Arriliquim*), do lado de fora da empanada, é o intermediário entre os bonecos e o público, entoando loas e improvisando as rimas.

De um modo geral, os autores das peças para mamulengos são os próprios bonequeiros, que não se preocuparam em registrá-las por escrito, até porque, em muitos casos, eram analfabetos. E mesmo quando não o são, a releitura que fazem da prática popular do mamulengo não prevê a forma escrita. Por essa razão, Hermilo BORBA FILHO, em seu livro *Fisionomia e Espírito do Mamulengo*, inclui apenas duas peças de escritores eruditos que aproveitaram motivos populares. São eles José de Moraes PINHO, autor de *Haja Pau*, de 1948, e Ariano SUASSUNA, que em 1951 escreveu *Torturas de um Coração*, "*entremez** para mamulengo" que lhe serviu de base para a peça *A Pena e a Lei*, de 1960.

Os mamulengueiros não recorrem à dramaturgia escrita porque sua arte "representa simultaneamente uma dramaturgia e uma história de transmissão oral, em que foram sintetizadas personagens típicas, temas, fórmulas e estruturas, as quais têm inspirado desde então inúmeras adaptações, e formas de expressão artística" (DUTRA, 1998:180). Nesse teatro, a estruturação dramática se diferencia dependendo da região onde vive o mamulengueiro, mas, de modo predominante, obedece a um sistema de pequenas peças ou passagens não escritas, entremeadas por números de dança e improvisações feitas pelo personagem apresentador, conhecido como Simão, Tiridá, Benedito. São espetáculos de estruturação arbitrária, as passagens acontecendo de modo independente, sem muita preocupação de ligação lógica entre elas. Embora se constitua de peças ou passagens não escritas, pode ser considerado próximo ao gênero "revista", ou teatro de variedades, no qual uma série de pequenas passagens com assuntos cômicos, sociais, morais, religiosos se cedem como *esquetes**, incorporando elementos que pertencem ao gênero dos musicais e ao gênero circense (SANTOS, 1979:142). Os temas estão ligados às crenças populares e à tradição. Como afirma BORBA FILHO (1987:227), "no Mamulengo todas as inverossimilhanças são permitidas porque nada é real e todo o prazer decorre das convenções, atingindo um realismo superior, mais verdadeiro que o verdadeiro, porque é poético".

Uma das características do teatro de bonecos popular é a existência de um elenco infindável de personagens tipificados, representando diferentes classes sociais. No mamulengo existem desde os mais humildes até o proprietário ou o coronel, o arrogante Capitão, representando o poder político, ou o irreverente professor Tiridá, que comanda a brincadeira. Outros personagens importantes são o Cabo Setenta ou Benedito ou Nego Tião, havendo semelhanças entre esses heróis. E não faltam os profissionais: o capataz, o dentista, a polícia. Quitéria é o nome dado a muitos personagens femininos, indiscriminadamente.

Chama a atenção o recurso do "nome falante", amplamente utilizado para a caracterização do personagem. A designação contribui de forma sintética para identificar seu caráter e comportamento. A explicitação do seu nome é suficiente para diferenciar sua maneira de ser em relação às demais personagens (BELTRAME, 2003:53). O Professor Tiridá, por exemplo, é um justiceiro esperto, malandro, que ao mesmo tempo ajuda os pobres e é um inconformado com a concentração de riqueza nas mãos de poucos. Portanto, é o que tira e dá; por isso, Tirida. Ou adotou esse nome porque recebe dinheiro do povo pelos espetáculos, mas devolve a ele ensinamentos sobre a vida. Outros personagens bastante conhecidos são o Dr. Pidurassaia, o namorador; e Maria Favorávi (corruptela de favorável), para designar a moça que "dança com todos", disponível, sempre convidada a dançar com algum personagem nas interrupções das cenas. É possível identificar, ainda, personagens como o Dr. Sabe-Nada, Chica da Fubá, Tá-Prá-Tu, Causo Sério, Narigudo, Zé das Moças. Esses nomes e o de outros personagens podem ser encontrados nas peças de mamulengueiros nordestinos recolhidas por Hermilo BORBA FILHO (1987).

Os personagens humanos misturam-se com bonecos bichos, que em cena adquirem papel simbólico: a cobra e o jacaré, ligados à ideia do pecado original, encarnam o espírito do mal; o boi, ligado a temas das populações rurais, representa a opressão e a esperança. Não faltam também figuras da mitologia popular, resquícios medievais, como o diabo, a morte, as almas. Os personagens no mundo do mamulengo passam pela simbologia da miscigenação do povo brasileiro - o branco, o negro e o índio como pelo mundo das inúmeras manifestações populares (humanos e dos bichos) que acabaram influenciando os mestres mamulengueiros. Concorrem ainda na denominação dos personagens o linguajar estritamente popular e os "pseudônimos" que o povo inventa para caracterizar tipos expressivos e existentes em suas comunidades.

No Mamulengo as histórias são ricas em situações, pândegas, piadas e sátiras. Ele é lúdico, repleto de criatividade, espontaneidade, alegria. Nele há muita briga, muita pancadaria, acabando os bonecos quase sempre por se matarem uns aos outros. Em algumas apresentações é comum finalizar quando passa a "rede da limpeza" para levar os mortos: dois bonecos entram com uma rede nas costas e os bonecos caídos na beira do palco (empanada) são nela recolhidos.

Os bonecos são de madeira, com um talhe primitivo – formas aparentemente simples e abstratas, como que sintetizando as ideias que querem expressar. Eles possuem narizes aduncos, queixos pronunciados, olhos esbugalhados, tudo contribuindo para excitar o humor próprio do texto e da interpretação cênica. Chama a atenção que o modo de confecção e os mecanismos de articulação dos bonecos têm estreita relação com a conduta dos personagens. Certamente por isso, os soldados que em cena sempre obedecem, são inteiramente confeccionados em madeira, esculturas com poucas possibilidades de movimentação. Já o personagem que tipifica o anti-herói, como Cabo 70 que personifica muitas vezes o malandro, é boneco de luva (*fantoche**), confeccionado com recursos expressivos e movimentos muito ampliados. Isso denota que a seleção dos materiais escolhidos para a confecção e os mecanismos de animação dos bonecos não é aleatória, mas corresponde ao comportamento do personagem, colaborando desse modo na dramaturgia.

Sente-se, nas formas e desenhos de muitos bonecos, certa influência de esculturas africanas trazidas ao Brasil por escravos entre os séculos XVI e XIX. Em recente estudo sobre o tema, BROCHADO (2006:154) assim se manifesta: "mesmo que as tradições de bonecos africanos não tenham sido trazidas para o Brasil como uma forma particular de teatro, ou como expressão materializada, com certeza saberes e práticas anteriores foram portados nas memórias dos africanos. Aqui, dentro de um novo contexto, foram transformados pelo contato com as práticas e saberes dos povos indígenas e europeus. Como sabemos, as tradições são mantidas pela memória, que retém o essencial já vivenciado, ao mesmo tempo em que as atualiza pelo contato com o presente."

A música é parte integrante do espetáculo, contribuindo na narração crítica, comentando ações e servindo como recurso para os personagens nas abundantes cenas de dança e briga. Em geral, os instrumentos utilizados são a sanfona, a zabumba e o triângulo. Os ritmos são o baião, o forró, o xaxado. O mamulengueiro conta com o apoio e com a intervenção de instrumentistas atuando, às vezes, como cantores no coro e também como solistas. Além disso, os músicos tecem comentários estabelecendo ligação entre cenas, evidenciando as intenções dos personagens. Muitos personagens apresentam loas (versos rimados).

O mamulengueiro é mais que um apresentador ou ator. Muitos desses artistas têm uma atitude mística diante de sua arte, acreditando que as almas dos seus personagens dele se apossam no momento da atuação: "Esta noção do bonequeiro como um mediador entre dois mundos (transcendental e terreno), e dos bonecos como objetos que "encarnam" entidades espirituais, está relacionada às funções que os bonequeiros têm em muitas tradições africanas" (BROCHADO, 2006:153).

Um espetáculo de mamulengo pode durar de duas a oito horas consecutivas, revezando-se mestre e contramestres, com música e cantoria nos intervalos. O espetáculo inclui o público na *brincadeira**, e atravessa a noite, avançando pela madrugada. Nos vilarejos da zona rural, o mamulengo é acompanhado e esperado com interesse pela comunidade. Nas cidades, essa arte sofre a concorrência de outras formas de lazer, como o cinema e a TV, e tem dificuldades em encontrar seu público.

A intenção maior é provocar o riso, gerando a folgança, o alívio, o divertimento, atuando como elemento catártico e de grande comunicabilidade. Esse recurso está entrelaçado nas ações e falas dos personagens e se baseia na repetição de fórmulas previamente conhecidas e testadas (SANTOS, 1979:46). As fontes geradoras do riso são: o roteiro das cenas, quadros com situações cômicas, pautadas no exagero, na sátira política, na ridicularização de comportamentos; gestos e ações dos personagens, frequentemente o resultado da reação de um ou mais personagens. São pauladas, cabeçadas, danças, assanhamentos, além das mais variadas formas de comportamento jocoso, lascivo e escatológico; expressões verbais com recorrente uso de insultos, apelidos, deformações sonoras, corruptelas e principalmente réplicas desconcertantes. No entanto, o mamulengueiro utiliza esses recursos sem cair na pornografia ou num naturalismo grosseiro. O riso no mamulengo tem uma ligação indissolúvel e essencial com a liberdade, com o "baixo material e corporal", e é imbuído de uma verdade popular não oficial. Ali todos riem de tudo e de todos, inclusive de si mesmos.

Nesse teatro, as qualidades de repentista do mamulengueiro e o improviso são largamente utilizados. Por isso há sempre a expectativa de participação do povo que o assiste. Depende de um tipo específico de público que conheça a dinâmica da brincadeira. Mas a improvisação é resultado de muito trabalho e a seqüência das cenas, as *gags*, o material selecionado pelo mamulengueiro, tudo confirma o trabalho antecipado, preparatório, a necessidade de dominar o ofício. Isso lhe permite ampliar ou mesmo suprimir partes, de acordo com as situações e necessidades. A improvisação é resultado da experiência e domínio do brinquedo (BELTRAME, 2001:129).

Por essas peculiaridades, sobretudo a estreita relação com a plateia, o mamulengo foi duramente vigiado pela censura oficial no período da ditadura militar. A repressão ao trabalho dos mamulengueiros se dava, então, de distintas maneiras: na proibição de cenas, de temas, assim como na burocratização exigida para obter licença para a apresentação em praças e outros lugares públicos.

Hoje, o mamulengo está cada vez menos presente nas feiras, nos salões, nas praças, ou nas salas de espetáculos no Nordeste. No entanto, é possível registrar a presença de novos mamulengueiros em outras cidades brasileiras, como Manaus, Brasília e São Paulo. São artistas que migraram, ou jovens artistas que recriam o mamulengo tradicional. Por isso é uma arte em permanente transformação.

Atualmente, o termo mamulengo tem sido equivocadamente usado também no Sul do país ou no exterior para designar todo e qualquer espetáculo de *teatro de bonecos** brasileiro, quando, na verdade, esse nome refere-se a um determinado tipo de teatro de bonecos popular, original de Pernambuco, e com características próprias.

Entre os mamulengueiros mais conhecidos se destacam Mestre Babau – Severino Alves DIAS (1878-1948); Mestre Chico da GUIA (1878-1948); Capitão JATOBÁ (?-1975); Mestre Luiz da Serra – Luiz José dos SANTOS (1906-1986); Mestre Ginu, também conhecido como Tiridá – Januário de OLIVEIRA (1910-1977); Mestre Pedro ROSA (1885-970); Mestre Manoel Marcelino – Manoel José FERREIRA (1898-1992); Mestre Manoel AMENDOIM (1904-?); Mestre Antônio Biló – Antônio Severino dos SANTOS (1932); Mestre Otílio – Otílio Caetano FELIX; Mestre Sólon – Sólon Alves de MENDONÇA (1920-1987); Mestre Boca Rica – Pedro dos Santos OLIVEIRA (1936-1991); Mestre Chico Daniel – Francisco Alves da COSTA (1941-2007); Mestre Zé Lopes – José Lopes da SILVA FILHO (1950); Mestre Saúba – José ELIAS DA SILVA (1951); Mestre Zé de Vina – José Severino DOS SANTOS (1940). Nos últimos anos, diversos artistas como Fernando Augusto Gonçalves SANTOS com o Mamulengo Só-Riso em Olinda; Carlinhos BABAU da Carroça dos Mamulengos em Fortaleza; Chico SIMÕES do Mamulengo Presepada em Brasília; e Valdeck de GARANHUNS com seu Mamulengo em São Paulo, recriam essa arte, ou fazem releituras tornando-a viva e atual. (AMA e VB)

 Bonecos (Teatro Popular de), Bumba Meu Boi.

 Alcure, 2001, 2007; Borba Filho, 1966b; Pimentel, 1988; Santos, 1979, 2007.

MANIPULAÇÃO À VISTA / MANIPULAÇÃO DIRETA

Ato de animar o boneco ou objeto diante do público. Para muitos grupos de *teatro de animação** no Brasil a expressão "manipulação à vista" é sinônimo de "manipulação direta." Estudo de Alex de SOUZA (2008) evidencia que essa prática ocorre de variadas maneiras: a) o ator-animador atua diante do público, se mantendo neutro na cena. "Neste modo, o ator-bonequeiro não possui função ativa como personagem. Ele pode ser metaforicamente uma "sombra" do boneco [...], é um corpo dissimulado que comanda os movimentos do boneco ao fundo do espaço cênico. Sua movimentação e presença não ganham destaque, podendo assim, ser aceito em convenção com o público como algo que não existe" (SOUZA, 2008:86). O ator-bonequeiro trabalha com movimentos comedidos, discretos, suficientes para que se remeta o foco das atenções ao boneco e não ao seu animador presente na cena. Quando os gestos do ator-animador e sua presença são mais eloquentes que a presença do boneco, cria-se um duplo foco que pode desvalorizar a cena. b) O ator-animador interage com o boneco ou objeto em cena, mas não representa personagem. Nesta modalidade, o ator-animador seguidamente se relaciona com o personagem boneco, criando contrapontos, explorando frequentemente as relações de dependência e independência entre o boneco e o bonequeiro. c) O ator-animador é o duplo do personagem-objeto.

Nesta nova forma o bonequeiro interpreta o mesmo personagem representado pelo boneco e assim formam o seu duplo. Para SOUZA (2008:87) "eles atuam, muitas vezes, em diferentes planos ficcionais. Desta relação podem nascer diversos conflitos dramáticos, inclusive relativos à autonomia do boneco". d) O ator-animador apresenta simultaneamente dois personagens. Nesta modalidade ele apresenta o personagem vivido pelo boneco e o representado por ele. A realização deste modo de atuação é complexa, uma vez que o ator-animador tem de interpretar simultaneamente dois personagens distintos. Alex de SOUZA alerta: "independentemente do modo como se apresente o animador é importante levar em consideração o fato de que tudo o que está em cena representa algo e tem alguma função. A animação à vista do público traz grandes possibilidades expressivas que podem ser também traiçoeiras, pois facilmente o artista se perde no exibicionismo, deixando de cumprir a sua função fundamental, que é a de animar o boneco" (SOUZA, 2008: 88).

A manipulação do boneco à vista do público constitui uma das transformações mais importantes efetuadas nessa arte no século XX. A ruptura do espaço tradicional de representação, a tapadeira, a empanada, tornou visíveis os procedimentos do bonequeiro e provocou diversas mudanças tanto no seu modo de atuar quanto na linguagem do teatro de animação. Desde então, muitos titeriteiros romperam com a homogeneidade predominante na poética tradicional do teatro de bonecos. Ao ultrapassar certas convenções dessa arte, eles passaram a usar variados meios de expressão, transformando-a num teatro bastante heterogêneo, híbrido, mas distanciado dos códigos e registros que historicamente o levaram a ser conhecido do grande público. Essa heterogeneidade do teatro de animação desencadeada principalmente pela manipulação à vista do público não elimina suas especificidades. Ao contrário, remete à necessidade de compreender o complexo trabalho do ator-animador que consiste em animar a forma inanimada, em transpor suas emoções ao objeto.

No Brasil, a manipulação à vista é praticada com maior visibilidade no início dos anos de 1970 e um dos seus precursores foi Ilo KRUGLI, com o espetáculo *História de Lenços e Ventos* (1974), trabalho que influenciou a prática de muitos grupos de teatro em todo o Brasil. Em estudo sobre as repercussões e influências dessa obra, Miguel VELLINHO afirma: "Se antes a celebração de um espetáculo de teatro de bonecos se dava pela graça e beleza de sua movimentação, agora ela perdeu o foco e reafirma as qualidades também expressivas de quem o manipula. Este deslocamento do objeto manipulado para o diálogo deste com quem o manipula faz de Krugli, em 1974, um desbravador nesse novo campo no teatro de animação. As relações heterogêneas nascidas entre um ator e um objeto manipulado e que dividem o mesmo personagem revelam, portanto, um novo arcabouço de investigações do personagem e da cena que KRUGLI repisou durante todo o restante da década em suas montagens posteriores, embebido pelo espírito do experimentalismo característico tanto de seus processos quanto de sua época" (2008:104). Atualmente a manipulação à vista é amplamente praticada por grupos de teatro de animação em todas as regiões do país. (VB)

 Boneco de Mesa ou Balcão.

 Jurkowiski, 2000; Piragibe, 2007; Souza, 2008; Vellinho, 2008.

MANIPULADOR

Há uma diversidade de nomenclaturas existentes para definir o profissional que se expressa com a linguagem do *teatro de animação**. Historicamente, *titeriteiro* e *marionetista* sempre foram as expressões mais utilizadas. Posteriormente, a expressão mais comum foi *bonequeiro** e essa passou a ser a nomenclatura corrente. Mas este consenso não durou muito. Logo apareceram outros nomes com a justificativa de que bonequeiro é expressão mais adequada para quem trabalha com o boneco do tipo antropomorfo e por isso não aglutina outras importantes tendências mais contemporâneas dessa linguagem. Paralelamente a denominação *manipulador* também passou a ter uso corrente porque creditava ao artista a responsabilidade da encenação. No entanto, muitos profissionais da área passaram a considerá-la inadequada porque pressupõe uma relação verticalizada do ator sobre o boneco ou objeto. A expressão *manipulador* não contempla um aspecto fundamental no trabalho desse artista, ou seja, o diálogo entre a matéria de que é feito o boneco ou objeto, os mecanismos de articulação e manipulação, e as intenções do ator-animador. Ou seja, a relação que se estabelece entre o artista e os bonecos e objetos ou *formas animadas** é mais complexa do que sugere a palavra manipulador. Certamente por isso, mais recentemente é frequente o uso de nomenclaturas como ator-manipulador, ator-bonequeiro, ator-animador. São duas as novidades postas nessas expressões: a primeira é a ideia de *animar* o objeto inanimado, a ideia de dar vida a algo; e a segunda diz respeito à presença do bonequeiro como ator, como compositor da cena.

Magda MODESTO afirma que "o que diferencia a arte do títere das outras artes é a atribuição de vida própria ao inerte, um simples ato de transformação do objeto em sujeito, realizado pelo animador (titeriteiro) que induz o público a acreditar na independência desse ser com 'alma' e 'vida' próprias. Para tal transformação o animador não pode apenas manipular – processo externo, ato frio de destreza –, e necessita interpretar – processo interno de busca da sua personagem"(2006:10). É nesse momento que se configura, de modo mais visível, a concepção de que esse artista é ator, é intérprete. A apresentação de tais nomenclaturas, no entanto, não encerra as dúvidas que pairam sobre a denominação mais adequada para o trabalho desse profissional. (VB)

 Bonequeiro, Bonecos (Teatro de), Animação (Teatro de).

 Beltrame, 2006; Costa, 2007; Modesto, 2006.

MARCAÇÃO

Antes da modernização do teatro brasileiro, ocorrida a partir da década de 1940, os *ensaiadores** faziam a marcação do espetáculo, isto é, indicavam aos artistas qual lugar do palco ocupar e como se deslocar nos momentos em que estivessem em cena. Era hábito reservar o centro do palco para o protagonista, em geral os primeiros *atores** e/ou empresários das *companhias** dramáticas. O palco dividia-se, idealmente, em nove partes, como uma caixa: fundo, frente (proscênio), paredes laterais, direita e esquerda. Com isso obtinham-se três níveis principais: alto (fundo), centro e baixo (ribalta) que resultariam nas nove partes acima referidas: esquerda alta, centro alto, direita alta, centro esquerdo, centro, centro direito, esquerda baixa, centro baixo e direita baixa. Dessa divisão originaram-se verbos como "subir" (dirigir-se ao fundo), "descer" (encaminhar-se para a ribalta), "passar" (atravessar o palco da direita para a esquerda ou vice-versa), "tomar cena" (ocupar o centro ou centro baixo). O verbo "remontar" correspondia ao francês *remonter* (subir novamente, retornar), significando o mesmo que subir: "*O conde, que tem remontado*", diz a rubrica de *O Jesuíta*, drama de José de ALENCAR, na cena XIV do 3º ato. O texto de *Inocência*, de Roberto GOMES, *adaptação** do romance de TAUNAY, tem a curiosidade de conter várias indicações de marcação como, por exemplo: "*ouve-se o latir dos cães. Ele olha para fora, F.E.*"(cena II, 1º Quadro); "*vai buscar o limão F.D.*"(cena VII, 1º Quadro), "*saem E.B.*"(cena VII, 1º Quadro); "*voltando correndo D.M.*"(cena VII, 2º Quadro); "*sai correndo para D.A.*" (cena II, 3º Quadro). Significados das abreviaturas: *F.E.*: fundo esquerdo; *F.D.*: fundo direito; *E.B.*: esquerda baixa; *D.M.*: direita meio; *D.A.*: direita alta. A marcação, aprovada e fixada no papel do texto, poderia ser utilizada, posteriormente, pelos eventuais interessados na encenação da peça. O verbo "marcar" significava, pois, efetuar a marcação. (EF)

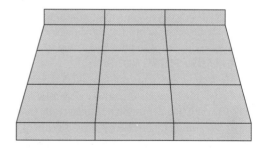

 Ensaiador, Ponto.

 Rangel, 1954 e sd.

MARICOTA

Personagem feminina da *brincadeira** do *boi de mamão** de Santa Catarina. Também aparece com o nome de Mariana nos grupos atuantes na região sul do Estado, em cidades como Tubarão e Laguna. Maricota é o nome mais comum na região de Florianópolis. Trata-se de uma personagem introduzida nas apresentações somente no início do século XX, uma vez que os relatos mais antigos não registram sua presença. Maricota é um boneco-máscara com três metros de altura, com os braços soltos e as mãos espalmadas. A cabeça é feita com um grande catuto (cabaça ou porongo) ou esculpida em *papier machê*. Uma estrutura de vime, bambu ou alumínio molda seu corpo onde um ator-animador se esconde dentro e a faz dançar. É anunciada como a mulher mais bonita da região e traz um adereço indispensável, uma bolsa a tiracolo, usada para recolher dinheiro junto ao público. Segundo ANDRADE e PETRY: "existem, porém, outros tamanhos e tipos de *Maricota*, variando de grupo para grupo. Uns mudam seus vestidos, outros mudam o material de confecção, umas são louras e outras são negras; outras apresentam sistemas diversos de manipulação. Em alguns grupos de *boi de mamão**, é conhecida como a moça feia que quer ser 'miss'; em outros, uma moça que quer arranjar um marido como, por exemplo, a figura de Valdemar que aparece recentemente em algumas manifestações na Ilha de Santa Catarina" (2007:181). O mesmo estudo destaca que "o que fica mais evidente no aspecto simbólico do boneco-máscara de *Maricota* é a dilatação, ampliação e multiplicação totêmica da figura feminina, que reforçada em seu aspecto longilíneo passa a ser representada, em algumas manifestações, como uma figura "docemente devoradora", que com seus longos braços pode se tornar uma ameaça na forma de brincadeira erótica, de abraços e tapas giratórios em relação ao público e à comunidade" (ANDRADE e PETRY, 2007:181).

Maricota se apresenta numa sequência de gestos e ações inicialmente discretos e elegantes: saúda o Coro, circula dançando por toda a roda (arena), e a seguir dá intensos giros fazendo com que suas pesadas mãos batam nas pessoas, afastando-as de si e ampliando o espaço de representação. O ator-animador dessa personagem deve saber girar rápido e diversas vezes num sentido, feito um peão e interromper bruscamente o movimento.

Isso faz com que os braços do boneco-máscara se enrolem na estrutura (corpo), tornando cômico o movimento, provocando o riso na plateia.

Atualmente, diversos grupos de teatro de bonecos no Brasil trabalham com personagens que apresentam a mesma estrutura da maricota, fazendo porém adaptações técnicas adequadas aos seus espetáculos. O Grupo Teatral Kabana, de Minas Gerais; Teatro Filhos da Lua, do Paraná; Grupo de Teatro Menestrel-Faze-Dô, de Santa Catarina; Laborarte – Laboratório de Expressões Artísticas, do Maranhão; Grupo Bonecos Gigantes, do Rio Grande do Sul; Grupo Marupiara Jabuti-Bumbá do Acre; Grupo In Bust do Pará. (VB)

 Bonecos (Teatro Popular de); Bonecões, Bonecos Gigantes.

 Beltrame, 1995; Melo Filho, 1953; Soares, 1978; Andradde e Petry, 2007.

MARIONETE

Sinônimo de *boneco**. Ultimamente, existe no Brasil a tendência de se reservar esse termo apenas para os bonecos manipulados a fios. Nessa concepção, a marionete é construída com diversas articulações movidas por fios presos em diversas partes do corpo do boneco para possibilitar a sua animação. A quantidade de fios que sustenta e articula a marionete é variada. Nas marionetes mais simples são utilizados cinco fios presos à cabeça, aos braços e às pernas. Mas existem marionetistas que sofisticam seu trabalho utilizando cerca de trinta fios para mover simultaneamente diversas partes do corpo da marionete, como seus olhos, dedos e boca. Nesses casos, trata-se de um trabalho complexo, que exige treino e preparação. Os fios são presos a um mecanismo denominado cruz de manipulação ou cruzeta, com variações conhecidas como cruz vertical, cruz horizontal (modelo aeroplano) e cruz de Bross. Cada uma dessas cruzes de manipulação determina o modo de confeccionar e manipular a marionete. É um gênero que possibilita a realização de movimentos muito próximos dos movimentos humanos e animais. Dentre os pioneiros dessa linguagem no Brasil destacam-se os trabalhos do Teatro de Marionetes Monteiro Lobato, de Carmosina ARAÚJO (?-1984) e Veridiano ARAÚJO, fundado em 1949 em Recife; o Teatro Infantil de Marionetes – Tim, de Porto Alegre, fundado em 1954 por Odila Cardoso de SENA (1913-2007); o Grupo Quintal da família BEDRAN de Niterói; o Circo de Marionetes do Palhaço Malmequer, de Cláudio FERREIRA (1931-2002), do Rio de Janeiro. Atualmente diversos artistas se dedicam ao trabalho com marionetes: Manoel KOBACHUK e Ruben Carvalho Silva – CAUÊ, ambos na cidade de Curitiba; Catin NARDI em Belo Horizonte; Paulinho de JESUS e Rafael LIEDERS em São Paulo; Clarêncio RODRIGUES em Cabo Frio e Gabriel BEZERRA no Rio de Janeiro. (AMA e VB)

 Bonecos (Teatro de), Fantoche.

MARIONETIZAÇÃO DO ATOR

Atuação que tem na marionete a referência para o comportamento do ator ou dançarino em cena. A ideia de marionetização pode ser vista como a busca pelo "ator perfeito", o ator que com seus gestos e movimentos precisos e econômicos busca o ideal de beleza. É o ator ou dançarino que abandona a condição de vedete, a atuação pautada na gestualidade cotidiana, deixa de lado as características de seu comportamento diário, os traços marcantes da sua personalidade, para realizar uma outra experiência, icônica, distanciada das propostas de interpretação realista e naturalista*. É o ator que desenvolveu a capacidade de representar a personagem sem a ela mesclar suas emoções e personalidade. Esse aparente "desumanizar-se", ao contrário do que pode parecer, revela de modo eficiente o que há de essencial no ser humano. Nisso reside o paradoxo do ator marionetizado: ao esconder os traços da sua persona em particular, revela o que há de comum em todos os seres humanos. Para a realização do seu trabalho utiliza recursos técnicos comuns ao trabalho do ator-animador, tais como: economia de meios; precisão de gestos e movimentos; o olhar como indicador da ação; triangulação; a noção de foco; partitura de gestos e ações; a ideia de que movimento é frase, entre outros aspectos técnicos comumente utilizados na animação de bonecos e objetos.

A proposta de atuação marionetizada foi construída com ideias de diversos diretores e teóricos da arte do teatro dentre os quais é possível destacar o pensamento de Heinrich Von KLEIST (1777-1811), Maurice MAETERLINCK (1862-1949), Alfred JARRY (1973-1907), Edward Gordon CRAIG (1872-1966), Vsévolod MEIERHOLD (1874-1940).

È possível identificar espetáculos teatrais no Brasil nos quais se registra esse procedimento na atuação do elenco: *UBU* do Grupo Sobrevento; *Buster*, do Grupo XPTO; os primeiros espetáculos dirigidos por Gerald THOMAS, como *Electra com Creta, Kafka, M.O.R.T.E.*; *Agreste*, dirigido por Márcio AURÉLIO e *O Pupilo quer ser Tutor*, dirigido por Francisco MEDEIROS com o elenco do Teatro Sim... Por Que Não?! (VB)

 Beltrame, 2005b.

MAROTE

Boneco que possui uma vara para sustentar a cabeça e abaixo do pescoço é fixado um objeto que dá formato aos seus ombros. O figurino do marote é amplo, com uma abertura para o ator-animador "emprestar" uma das mãos do boneco que, desse modo, move objetos com facilidade e precisão. É possível encontrar uma versão simplificada do marote, o boneco, confeccionado com apenas um bastão ou uma vara fixa à sua cabeça; não possui mãos nem mecanismos de articulação. O bonequeiro o manipula de baixo para cima utilizando-o principalmente para figuração e cenas de dança. O Grupo Gralha Azul (Lages -SC) encenou o espetáculo *E a Gralha Falou* (1979) explorando amplamente as possibilidades expressivas do marote em variados formatos de confecção e manipulação. (VB)

MÁSCARA

É aquilo que encobre o rosto, o corpo, ou partes do rosto e do corpo. Transforma o mascarado em outro ser, tornando-o um arquétipo. Representa uma ideia, um tipo ou os anseios de uma comunidade ou de indivíduos. A máscara é também um corpo em movimento em que objeto e atuante formam um duplo-uno. É a visita de um "estranho" que revela as nossas faces. A máscara cênica "constitui-se num território da alteridade e num poder de alteração, uma vez que ela (trans)forma e põe em relevo o sujeito que deve ceder lugar a um outro. No teatro, diferentemente de outras manifestações mascaradas, (in)vestir-se de uma máscara é ocultar-se e, simultaneamente, dar-se a conhecer". (COSTA, 2006:13)

Relacionada à tradição religiosa e à mitologia, a máscara está presente na origem do teatro grego. É largamente utilizada em festejos populares, em *teatro de rua** ou erudito, sendo parte intrínseca do teatro de animação. Tanto as cerimônias rituais quanto as práticas teatrais trazem em si o espírito da metamorfose, o transcender o ser, em que o velamento ou o desvendamento possibilitam uma consciência mais aguda desse ser. As formas teatrais contemporâneas tendem a diluir a distinção entre os gêneros, e a máscara não se cola mais somente ao rosto do ator, mas pode tornar-se a embalagem ou o invólucro que cobre todo o seu corpo e, até mesmo, estender-se para o espaço urbano.

As máscaras podem ser: corporais (cobrem todo ou quase todo o corpo), faciais (cobrem o rosto), meia-máscara (metade do rosto) ou parciais (cobrindo o nariz ou outras partes do corpo). Quanto à matéria com que são feitas podem ser de palha, tecido, papel machê, couro, madeira, poliuretano, látex, metal, etc. No que concerne à expressão, podem ser realistas, abstratas, expressivas ou neutras. Há ainda a maquiagem-máscara, que funciona como uma segunda pele, e pode encobrir o corpo, como as pinturas realizadas pelos índios, ou o rosto.

A presença da máscara no Brasil é anterior à chegada dos portugueses, sendo utilizada pelos povos indígenas, tanto na forma de objeto quanto maquiagem-máscara, práticas que ainda continuam vivas. Durante o período da colonização, outros tipos de máscaras foram trazidos pelos europeus e africanos, somando e refletindo a nossa herança mista. Nos rituais afro-brasileiros como, por exemplo, a Umbanda e o Candomblé, os dançarinos trajam figurinos específicos e trazem à mão os objetos particulares de cada orixá. O filé cobre a face daquele que incorpora o orixá, para que a sua beleza não seja vista no rosto do cavalo ou aparelho, nomes pelos quais é denominada a pessoa incorporada pela entidade. Jacob KLINTOWITZ afirma: "No Brasil, país rico em mitos e ritos, a máscara continua a ter importância como fator de equilíbrio e transcendência. Entre nós, ela está viva, é vivência social e espiritual. Entre as diversas sociedades indígenas, nas quais a vivência ritualística e mítica é atual e liga o homem ao mundo espiritual, a máscara é a encarnação do espírito. No teatro popular, nas danças e manifestações folclóricas, seguidamente uma única atividade, a máscara é elemento essencial determinando o bem e o mal, a história e os desejos da comunidade" (1986:1).

As manifestações mascaradas estendem-se por todo o território nacional, sucedendo-se em várias categorias, tais como: as carnavalescas, as de natureza folclórica e etnológica, as espetaculares ou as industrializadas em grande escala para fins diversos. Embora em algumas dessas manifestações o ocultamento sugira a ultrapassagem de um estado subjetivo, ele não se configura o mesmo para todas elas. Com a máscara de carnaval, o folião quer evadir-se, por um breve momento, da banalidade do cotidiano, brincando de outra identidade, porém, em outros contextos, a máscara pode configurar-se como disfarce, proteção, esconderijo, objeto utilitário entre outros. Quanto à arte espetacular, ela integra, sob diversas formas, manifestações como o *cavalo-marinho** e o *bumba meu boi**. Em ambas, o ator-brincante veste a máscara que se apresenta em várias acepções. Ela tanto pode ser facial, maquiagem ou o boneco-máscara, que é habitado pelo atuante. Em Poconé (MT), a dança dos mascarados é composta somente por homens, em que os pares vestindo máscaras masculinas e femininas realizam um bailado vigoroso, tradição que passa de pai para filho desde 1915. Durante muito tempo, brincadeira realizada apenas por homens, o Nego Fugido é um teatro de rua que tem lugar em Acupe, distrito da cidade de Santo Amaro da Purificação (BA). Esse folguedo, cuja temática é a luta pela libertação dos escravos, remonta aos meados do século XIX, e os brincantes utilizam uma maquiagem-máscara, atualmente constituída por carvão misturado com óleo. Há que se ressaltar ainda as manifestações urbanas de cunho político ou esportivo, como a corrida de São Silvestre, em que atletas-foliões pululam nas ruas com suas múltiplas caracterizações.

Nas duas últimas décadas do século XX a máscara (ou o seu conceito) cada vez mais perpassa não somente o campo específico do teatro, mas diversas manifestações artísticas, interagindo na *performance** e nas artes plásticas. As novas tecnologias trazem à cena outras possibilidades de utilização, sem, contudo, desvincular-se das propostas tradicionais. É a partir da década de 80 que o trabalho pedagógico com máscara ganha impulso em nosso país, período em que há o retorno de diversos pesquisadores e artistas que foram estudar na Europa e nos Estados Unidos e, ao regressarem, contribuíram para a disseminação de uma prática mais sistemática, estendendo-se a espetáculos, oficinas, palestras, disciplinas em escolas técnicas e universitárias. Soma-se a esse fato a visita de diversos pesquisadores e artistas cuja presença fomentou a discussão, a divulgação e a multiplicação do trabalho. O projeto pedagógico colabora, fundamentalmente, na formação dos alunos e permite aguçar a percepção e a análise sobre o trabalho do ator.

Além das escolas, ou de equipes vinculadas a Instituições, surge no seio dos grupos de teatro autônomos um espaço de criação, de investigação e de formulação de uma pedagogia. No Rio de Janeiro, a Companhia do Gesto, dirigida por Dácio LIMA, configura-se como território de criação artística e pedagógica, no qual se utiliza a máscara rígida e o *clown**. Em Campinas (SP), Luís Otávio BURNIER, juntamente com outros atores, funda o Lume, um núcleo interdisciplinar de pesquisas teatrais, vinculado à Unicamp, no qual o *clown* constitui um dos campos de pesquisa do ator. Ressaltam-se ainda grupos como o Fora do Sério (SP), Oi Nós Aqui Traveiz (RS), Moitará (RJ), Stravaganza (RS) Tá na Rua (RJ), Barracão (Campinas-SP), compondo uma vertente que faz uso da máscara como elemento constitutivo do espetáculo ou como treinamento do ator. No campo da animação, entre outros, a máscara integra as experiências dos grupos Casulo (SP), Gralha Azul (SC) e Laborarte (MA). (AMA e FSC)

 Animação (Teatro de); Formas Animadas (Teatro de).

 Araújo, 1996; Beltrame, 1995; Borralho, 2005; Costa, 2006.

MELODRAMA

Uma das formas teatrais mais populares de todo o século XIX, o melodrama teve sempre um público fiel nos teatros brasileiros, notadamente entre 1840 e 1860, período em que o grande *ator** João CAETANO reinou quase absoluto nos palcos do Rio de Janeiro. Autores como Victor DUCANGE, Anicet BOURGEOIS, Joseph BOUCHARDY e Adolphe DENNERY, entre outros, foram incansavelmente traduzidos e representados, de modo que se tornaram familiares para os nossos antepassados os enredos emaranhados, repletos de surpresas, coincidências extraordinárias, alguma inverossimilhança e reviravoltas, assim como as personagens estereotipadas, sem qualquer densidade psicológica. A fórmula, como muitas outras presentes nos palcos brasileiros da época, vinha da França, onde o melodrama adquirira algumas características básicas, já presentes nas obras de seu criador, Guilbert de PIXERÉCOURT, no início do século XIX. A mais importante é que no desfecho deve sempre haver a justa recompensa da virtude e a punição do crime. Os heróis e heroínas sofrem o tempo todo nas mãos de vilões terríveis e ardilosos, até que uma revelação bombástica ou um fato surpreendente venha mudar o curso dos acontecimentos, garantindo às personagens virtuosas a felicidade no desfecho. Maniqueísta e moralizador, o melodrama possibilitava a realização de espetáculos para as massas, que se encantavam com a ação dramática trepidante, as emoções fortes, o sentimentalismo, a linguagem enfática e a gestualidade eloquente. No período romântico brasileiro, pelo menos dois escritores se puseram a escrever melodramas, por volta de 1840: Luís Antônio BURGAIN e Martins PENA. O primeiro, francês de nascimento, mas radicado no Brasil, escreveu em português mais de uma dezena de peças, que foram encenadas – duas delas pelo menos por João CAETANO – e publicadas. Martins PENA, mais conhecido como comediógrafo, não teve a mesma sorte: escreveu cinco melodramas, que permaneceram inéditos no seu tempo, e apenas um foi representado, sem qualquer repercussão.

O melodrama não desapareceu dos palcos brasileiros depois do Romantismo. Ao longo de toda a segunda metade do século XIX, originais portugueses e traduções do francês sempre tiveram grande público. No Rio de Janeiro, notabilizou-se como cultor do gênero o ator e empresário Dias BRAGA. Um dos seus maiores sucessos foi a encenação de *O Mártir do Calvário*, de Eduardo GARRIDO, peça que ficou durante muitos anos no repertório da sua *companhia** dramática. Os intelectuais e críticos da época não se cansaram de repudiar os melodramas representados por Dias BRAGA, mas a bilheteria falava mais alto e ele não se cansava de representá-los.

Com as suas características fundamentais, o melodrama migrou definitivamente para o circo no início do século XX. Aos poucos foram surgindo peças escritas expressamente para serem representadas nesse espaço de lazer fundamentalmente popular. Segundo uma especialista do assunto, foi por volta de 1910 que o *palhaço** Benjamin de OLIVEIRA, enfrentando dificuldades financeiras, teve a ideia de introduzir "dramas, apresentados pelo pessoal da companhia como parte final dos espetáculos" (DUARTE, 1995: 203-204). Nascia assim o *circo-teatro**, cujo sucesso estendeu-se por muitas décadas, graças ao forte apelo de alguns melodramas circenses clássicos, como *O Céu Uniu Dois Corações*,

Coração Materno, O Homem de Nazaré, Coração de Luto, Os Milagres de Nossa Senhora Aparecida, Mãe Criminosa, entre outros. Para se ter uma ideia da longevidade do gênero, basta dizer que ainda nos anos de 1980 esses melodramas eram representados, principalmente nos circos estabelecidos nas periferias das grandes cidades (MAGNANI, 1984: 61-95).

Restrito à esfera popular, o melodrama desapareceu dos nossos palcos, pelo menos em sua forma canônica, a partir da década de 1940, quando se deu a modernização do teatro brasileiro. No entanto, é possível perceber que alguns dramaturgos retrabalham certas características dessa forma dramática para construir efeitos muito particulares. É o caso, principalmente, de Nelson RODRIGUES, com seus enredos de surpreendentes reviravoltas e personagens que beiram à inverossimilhança – vejam-se *O Beijo no Asfalto* e *Toda Nudez Será Castigada*, para citar dois exemplos –, ou com seus diálogos exasperados e situações dramáticas de natureza folhetinesca. Outro dramaturgo contemporâneo que se valeu da estética do melodrama para criar uma das suas melhores peças foi Carlos Alberto SOFFREDINI, com *Vem buscar-me que Ainda sou Teu*. Encenada pela primeira vez em 1979 por Iácov HILLEL, mereceu nova montagem em 1990 por Gabriel VILLELA. Atualmente, o melodrama ou os temas e situações melodramáticos têm servido para sátiras e *paródias**, em espetáculos de desconstrução do gênero. Sirva de exemplo a peça *Melodrama*, de Filipe MIGUEZ, encenada em 1995. (JRF)

 Dramalhão.

 Huppes, 2000; Pimenta, 2005; Prado, 1972; Thomasseau, 2005.

MERDA

Gíria teatral utilizada para desejar sucesso aos artistas, antes da estreia do espetáculo. É costume francês, adotado no Brasil. (EF)

MILITÂNCIA (TEATRO DA)

A ideia do teatro como instrumento de ação social, a serviço de uma ideologia ou de um programa político, inspirou inúmeras experiências teatrais produzidas desde meados do século XIX, quando ganham corpo teorias e movimentos sociais. Por sua natureza coletiva e pelo poder de referir-se diretamente à realidade, firmou-se a convicção de que o teatro prestava-se melhor do que qualquer outra arte ao debate e disseminação de ideias, estimulando mecanismos de ação social coletiva.

Referida nas realidades locais, a militância artística, em especial por meio do teatro, reaviva-se sempre que predomine a intenção explícita de valer-se dos recursos dramáticos e cênicos para servir a uma causa social.

Como expressão organizada de um grupo, o teatro promovido por operários, no seio dos partidos operários socialistas e associações anarcossindicalistas, cumpria múltipla função como preservar a identidade social do grupo na solidariedade de classe – na medida em que o teatro era parte importante da festa operária – e promover a edificação ética, ideológica e cultural dessa comunidade.

Mas foi o teatro de *agit-prop** levado a cabo por artistas engajados na construção do socialismo nos primeiros tempos da União Soviética que configurou o modelo de militância que posteriormente difundiu-se pelo mundo por meio principalmente dos partidos comunistas nacionais.

Outro foco irradiador de militância teatral foi o teatro americano dos anos de 1960. Contaminados pela onda de *contracultura** e pelo crescente sentimento antibélico associado à Guerra do Vietnam, grupos como o Bread and Puppet, o San Francisco Mime Troupe e o Teatro Campesino – principais constituintes do chamado "teatro de guerrilha" americano – promovem um teatro de alto teor de agitação política, usando preferencialmente a rua como espaço de manifestação.

No Brasil, historicamente, podem ser exemplos de militância as experiências teatrais do CPC – Centro Popular de Cultura, da UNE –, e os *grupos** que atuaram na periferia da capital paulista nos anos de 1970, tentando aliar a tradição popular do teatro com o empenho de *resistência** artística, sob o clima de repressão e *censura** que caracterizou a década. Do conjunto desses coletivos, destaca-se o grupo União e Olho Vivo, que preserva ainda hoje, desde sua fundação, em 1969, a prática do espetáculo de teatro a serviço dos movimentos populares, no processo de mobilização e organização de suas reivindicações sociais. (SG)

 Agit-prop (Teatro de), Político (Teatro), Resistência (Teatro de).

MÍMICA

 Berlinck, 1984; Garcia, 1990; Guinsburg e Garcia, 1992; Vargas, 1980.

A arte da mímica aparece no Brasil na década de 1950 com Ricardo BANDEIRA e Luís de LIMA, com espetáculos e cursos, além de turnê do grande difusor desta arte pelo mundo, o mimo francês Marcel MARCEAU. Ricardo BANDEIRA era de São Paulo, ganhou muitos prêmios nacionais e internacionais. Luís de LIMA, português, morava no Rio de Janeiro e fez parte da trupe de Marcel MARCEAU. Como esses três artistas tinham uma afinidade estética, para o público brasileiro a mímica ficou restrita ao estilo do mimo francês.

Nos anos de 1980 alguns artistas que foram estudar na Europa, entre eles Paulo YUTAKA e Denise STOKLOS, mostraram espetáculos com outras estéticas e se dispuseram a ensinar a técnica da mímica. Daí para frente, vários artistas tiveram a oportunidade de entender melhor a arte e, consequentemente, desenvolver as suas próprias técnicas. Além disso, vários *grupos de teatro** convidaram os mimos para ensinarem, mesmo sem a intenção de utilizar a mímica na formalização final do espetáculo. Nas universidades a técnica de mímica começou a fazer parte do currículo de graduação, como na Unicamp e USP, e de pesquisas de pós-graduação. Na televisão estatal TV Cultura de São Paulo, quadros de mímica foram utilizados em seus programas infantis e juvenis.

Hoje, existem alguns mimos brasileiros vivendo no exterior, com carreira consolidada, como Denise NAMURA, Lina do CARMO, Ana Claudia TEIXEIRA e Roland ZWICKER JR., mas que frequentemente desenvolvem trabalhos no país. No Brasil, existem mimos espalhados em muitas cidades desenvolvendo os seus trabalhos, com maior concentração no eixo São Paulo – Rio de Janeiro. Alguns destes nomes são: Alberto GAUS, Cleber FRANÇA, Duda de OLINDA, Eduardo COUTINHO, Everton FERRE, Fernando VIEIRA, Gabriel GUIMARD, Luiza MONTEIRO, Mauro ZANATA e Vicentini GOMES. Alguns importantes artistas, como Antônio NÓBREGA, têm a mímica como uma das técnicas básicas de seu trabalho. Há também pesquisa acadêmica sobre a mímica, ou de sua utilização em outros trabalhos teatrais. Mesmo assim, para o grande público a mímica ainda é uma arte pouco conhecida. (ETC)

 Essencial (Teatro), Pantomima.

 Coutinho, 1993.

MIOTA

Grande boneco, personagem feminina, alta e magra, que aparece em festas populares brasileiras como a do Divino Espírito Santo, com o objetivo de divertir. Possui um pescoço maior que o corpo e é construída engenhosamente de forma que o ator-animador que atua dentro da armação faz com que o pescoço do boneco aumente e diminua de tamanho. Segundo Câmara CASCUDO, "o nome é corrupção de *Amiota*, esposa do gigante Ferraguz ou Ferrabrás, da História do Imperador Carlos Magno" (1984:495). O boneco, ao encontrar-se numa situação que lhe desperta curiosidade, não se desloca até o ponto de interesse. Imobilizado, o seu pescoço estica, cresce e vai até o local. Construído com um mecanismo que utiliza carretéis, permite ao ator-animador, dentro do boneco, fazer o pescoço aumentar e diminuir de tamanho, provocando o riso na plateia.

O uso de bonecos com este tipo de estrutura é frequente em espetáculos teatrais de *formas animadas**. MAIAKÓVSKI utilizou-os em *Moscou em Chamas*, cuja estreia se deu em 1930, em Moscou. O dramaturgo detalha situações descrevendo nas rubricas: "Um anão de circo, bem magro, representa o czar; a czarina é representada por um enorme boneco cujo pescoço mede cerca de 1,5m. Esse boneco, construído sobre uma grande estrutura é movido por um ator nela oculto" (MAIAKÓVSKI: 1993:27). Atualmente no Brasil diversos grupos que trabalham com *teatro de rua** adaptam personagens bonecos às características da miota. (VB)

 Janeiro.

MÍTICAS (PEÇAS)

Em 1980, o crítico e ensaísta Sábato MAGALDI, encarregado pelo dramaturgo Nelson RODRIGUES de organizar a edição do seu teatro completo, ao invés de reunir cronologicamente as peças optou por reorganizá-las em três grupos principais: Peças Míticas, Peças Psicológicas e Tragédias Cariocas. O crítico ressalvava que a divisão tinha "intuito didático" e não deveria ser considerada critério rígido. Dessa forma, elementos míticos, psicológicos e "cariocas" podem surgir, em maior ou menor quantidade, nos dezessete textos do dramaturgo que, aliás, "revelam um imaginário coeso e original, com um espectro amplo de preocupações psicológicas, existenciais, sociais e estilísticas", na avaliação do mesmo crítico (RODRIGUES, 1993: 12). Nas peças denominadas "míticas" (*Álbum de Família, Anjo Negro, Doroteia, Senhora dos Afogados*), as personagens comportam-se como desvinculadas do complicado código de comportamento estabelecido por nossa sociedade, inexistindo dados concretos da realidade. Assumem, portanto, todos os seus impulsos e desejos, por mais transgressores que sejam, liberados da própria censura e da censura* oficializada, na busca frenética de uma autenticidade que o cotidiano reprime e condena. Tais impulsos perdem, então, seu matiz de excepcionalidade. O incesto, por exemplo, transgressão máxima da organização social do Ocidente, transforma-se em fato corriqueiro que é preciso satisfazer, sem marcar profundamente a psique do indivíduo. As peças se desenvolvem em território atemporal, desvinculado de indicações precisas, onírico muitas vezes. A ação pode "se passar em qualquer tempo, em qualquer lugar"; numa casa sem teto "para que a noite possa entrar e possuir os moradores" (*Anjo Negro*); numa residência feita de salas, sem nenhum quarto, na qual as mulheres "conservam-se em obstinada vigília, através dos anos. Sabem que, no sonho, rompem volúpias secretas e abomináveis" (*Doroteia*); numa mansão, próxima ao mar, com um farol criando "na família, a obsessão da sombra e da luz" (*Senhora dos Afogados*); numa fazenda tendo na parede um retrato de Jesus, inteiramente desproporcional no qual "em vez do rosto do Senhor se vê é o rosto cruel e bestial do patriarca Jonas" (*Álbum de Família*). Personagens usam *máscaras**, os crimes se sucedem, as paixões são levadas ao paroxismo, fantasias inconscientes procuram se efetivar, tornando-se o mundo uma projeção mental e distorcida dos indivíduos. Há um clima de fatalidade, repleto de sinistros presságios. Um *coro**, como na *tragédia** grega, acompanha, muitas vezes, os acontecimentos: as mulheres negras de *Anjo Negro*, os vizinhos e as mulheres do cais em *Senhora dos Afogados*.

Coro que se corporifica na figura irônica do *speaker*, espécie de vidente às avessas, pois comunica inverdades ao público, em *Álbum de Família*. As próprias tias de *Doroteia*, embora com personalidades definidas, não deixam de configurar uma individualidade plural. Uma das peças míticas (*Senhora dos Afogados*) parafraseia, mesmo longinquamente, a saga esquiliana dos Atridas. São famílias genesíacas que se comunicam através de linguagem poética, altamente estilizada. Há mesmo um suporte psicanalítico, sem caráter sistemático, elaborado certamente de maneira intuitiva, alheio a preocupações científicas. E, sobrepondo-se a tudo, os mitos fundamentais, Eros e Tânatos, repelindo-se, atraindo-se, interpenetrando-se. A dramaturgia de Hilda HILST (*A Possessa, O Visitante, O Rato no Muro, Auto da Barca de Camiri, O Novo Sistema*), com sua linguagem altamente estilizada e poética, possui, também, características de "teatro mítico". (EF)

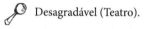 Desagradável (Teatro).

MODERNISMO (TEATRO E)

O movimento modernista – tendo como fulcro a Semana de Arte Moderna de 1922 – centrou-se, desde os seus inícios, principalmente em torno da literatura e das artes plásticas. Nos seus antecedentes – da primeira exposição de Anita MALFATTI, em 1917, até a elaboração do projeto do *Monumento das Bandeiras* por BRECHERET, em 1920 –, os componentes do grupo modernista cerraram fileira a favor da renovação estética principalmente ao redor do interesse básico de sua maioria: "Apartar das letras a influência portuguesa... a ruptura com as formas tradicionais de expressão, fundadas no purismo, na gramática herdada dos descobridores... (numa) tentativa de sistematizar a fala brasileira numa língua própria, o desejo de tornar válida a dicção nacional... (dentro da) política antilusitana do tempo"; ou seja, os motores estéticos da Semana foram as artes plásticas e a literatura (BRITO, 1958: 122). Combatendo o passadismo e propondo um "nacionalismo integrador", baseado na mudança de valores artísticos, morais, sociais e raciais, no que se refere às artes em geral, com relação ao teatro, entretanto, a Semana de 22 pareceu ignorar as suas necessidades de renovação. Os modernistas sempre privilegiaram, nos seus libelos, a freqüência ao circo e à *revista**, considerando que nesses gêneros ainda havia criação. Foi somente a partir de 1926 que Antônio de Alcântara MACHADO, aportando ao grupo modernista posteriormente à Semana, ergueu sua bandeira a favor da renovação teatral. No entanto, embora a sua crítica tenha se dado continuamente até 1930, na verdade as suas ideias foram ignoradas pelas *companhias** profissionais. O projeto mais consistente que Alcântara MACHADO propôs para o teatro brasileiro foi a assim chamada estratégia dos dois trancos: em primeiro lugar, dever-se-ia copiar, estética e dramaturgicamente, o grande repertório internacional para, numa segunda fase, a partir da experiência adquirida, antropofagicamente recriarmos, com os valores e a cultura brasileira, o teatro que nos haveria de representar (PRADO, 1975: 139-151).

Muito embora o teatro profissional tenha se mantido alheio às renovações ocorridas mundialmente no período, uma tentativa de modernização, na esfera amadora, deu-se com Renato VIANNA que lançou, em 1922, no Rio de Janeiro, a *Batalha da Quimera,* movimento que, sob a influência do Futurismo, tentava mostrar, "pela primeira vez no Brasil, o teatro de síntese, de aplicação da luz e do som como valores dramáticos, da importância dos silêncios, dos planos cênicos e da direção" (DÓRIA, 1975:14). O primeiro espetáculo foi *A Última Encarnação de Fausto,* que recebeu violenta recepção crítica. Dois anos depois, VIANNA tentou reatar o mesmo projeto em São Paulo com o grupo Colmeia, que também fracassou. Três anos após, no Rio de Janeiro, lançou novo projeto: a *Caverna Mágica,* fundando, em seguida, o Teatro de Arte, iniciativas que igualmente ficaram circunscritas à esfera amadora.

Ainda no âmbito amadorístico, em 1927 deu-se no Rio de Janeiro a criação do grupo *amador** Teatro de Brinquedo, dirigido por Álvaro MOREYRA. Seus objetivos eram muito restritos e elitizantes: "Sempre cismei uma companhia de artistas amorosos da profissão que a não tornassem profissão... Representaríamos os nossos autores novos e os que nascessem por influência nossa. Daríamos a conhecer o repertório de vanguarda do mundo todo... Terá só a plateia... A *troupe* é formada de senhoras e senhoritas da sociedade do Rio, escritores, compositores, pintores. Tudo gente de noções certas. O teatro de elite para a elite" (DÓRIA, 1975: 27-28). Como se vê, a sua iniciativa não visava alterar formalmente o teatro convencional: "Não vem endireitar coisa alguma [...] É uma brincadeira de pessoas cultas que enjoaram de outros divertimentos e resolveram brincar de teatro, fugindo aos cânones e ao academicismo mumificador". (NUNES, 1956, III: 63). Portanto, um programa bem circunscrito que não foi além dos primeiros espetáculos: a primeira peça de MOREYRA, *Adão, Eva e Outros Membros da Família,* que visava renovar tanto a forma quanto o diálogo, não teve sucedâneos.

Também sem sucesso, o paulista Flávio de CARVALHO instalou, no andar térreo do Clube de Artistas Modernos – CAM, em São Paulo, o Teatro de Experiência, "iniciativa tendente a encontrar uma nova fórmula para a nossa arte dramática". Durante apenas três dias, levou à cena o espetáculo: *Bailado do Deus Morto,* que foi proibido pela polícia e cujo tumulto provocou o fechamento do teatrinho. "Os elementos participantes do espetáculo usavam máscaras de alumínio e vestiam camisolas brancas, movendo-se num palco destituído de qualquer recurso cenográfico e apenas iluminado por efeitos coloridos em *flashes* rápidos. Pelo relato dos que puderam assistir a tais espetáculos, tem-se a impressão de que havia uma influência ainda que remota do *teatro surrealista*,* numa visão, entretanto, muito procurada do verdadeiro amarelismo" (DÓRIA, 1975: 44-45).

No entanto, considerando-se a possível influência dessas experiências, o fato é que, ainda assim, elementos oriundos dessas iniciativas amadoras, ao se transferirem para o teatro profissional, tornavam-se insensíveis a uma modernização radical. Como disse Joracy CAMARGO, ex-Teatro de Brinquedo, na época: "Não há necessidade de reformar-se o teatro. A necessidade é de descobrir novos meios de atração. O teatro, tal como é, há de ser eterno. Desde que o mundo é mundo a humanidade é a mesma... O teatro, sem renovar os antigos processos técnicos, será renovado desde que a sociedade se renove" (NUNES, 1956, IV: 42). A mentalidade teatral de então, como se depreende, não apenas desprezava qualquer reforma substancial como, ainda, jogava para o futuro qualquer alteração no teatro profissional vigente.

No período 1917-1922, o teatro profissional vivenciara, não obstante a sua fraca evolução rumo à modernização, uma renovação temática que culminou no chamado florescimento da nossa *comédia de costumes** – cujo marco inicial é a peça *Flores de Sombra,* de Cláudio de SOUZA, estreada em fevereiro de 1917 no Rio de Janeiro. Além desse autor, o movimento teve, como autores principais, Viriato CORRÊA, Abadie Faria ROSA, Gastão TOJEIRO e Armando GONZAGA, entre outros. Apesar da renovação temática, esse movimento incidiu superficialmente no fenômeno teatral, pois, ao regionalizar e interiorizar a temática teatral – nesse caso voltada para a revitalização de um nacionalismo nostálgico que passou a privilegiar os valores rurais e suburbanos da realidade brasileira –, ele se absteve da renovação formal, ou seja: da forma dramatúrgica, da encenação, da produção e da interpretação, que continuaram a ser as mesmas herdadas do século XIX.

O que se deve ressaltar é que a modernização dramatúrgica, inserida no movimento modernista, teve ressonâncias no âmbito da dramaturgia. Ainda em 1922 Mário de ANDRADE escreve *Moral Quotidiana,* texto inspirado nos experimentos textuais europeus que só saiu da gaveta na publicação de suas obras completas. Outros participantes da Semana, como Menotti DEL PICCHIA e Graça ARANHA, igualmente escreveram peças que chegaram ao palco, mas sem provocar transformações em nosso teatro. A experiência modernista mais bem-sucedida no campo da dramaturgia está enfeixada nas três peças de Oswald de ANDRADE: *O Rei da Vela, O Homem e o Cavalo* e *A Morta,* todas escritas na década de 1930, mas que, no entanto, permaneceram inéditas até 1967, quando houve o redescobrimento e a reinterpretação de *O Rei da Vela,* através da direção de José Celso Martinez CORRÊA.

Talvez o único elemento do teatro profissional a participar ativamente de várias experiências amadoras tendentes à renovação – visto que, na sua condição de atriz profissional, ela não tinha espaço para inovações no teatro convencional –, foi Itália FAUSTA, que esteve ligada primeiramente ao Teatro de Brinquedo e, depois, às experiências de Renato VIANNA. Mas antes, em 1916, no Rio de Janeiro, havia participado do Teatro da Natureza, feito ao ar livre e que se propunha um projeto de atualização dramatúrgica *vis a vis* as obras-primas do repertório internacional (o teatro comportava 70 camarotes, mil lugares distintos, mil cadeiras, mil lugares populares e espaço para dez mil pessoas de pé). Na sua curta existência – não foi além da primeira temporada –, o Teatro da Natureza encenou uma *adaptação** da *Oresteia,* de ÉSQUILO e *Édipo Rei,* de SÓFOCLES; *Bodas de Lia,* de Pedroso RODRIGUES; *A Cavalaria Rusticana,* de Giovanni VERGA; e o *Mártir do Calvário,* de Eduardo GARRIDO (DÓRIA, 1975: 11). Mais tarde, em 1938, Itália FAUSTA foi a *diretora** que, associando-se à iniciativa de Paschoal Carlos MAGNO, dirigiu o espetáculo pioneiro da renovação brasileira que foi *Romeu e Julieta,* de SHAKESPEARE, encenado pelo Teatro do Estudante do Brasil – marco da renovação brasileira.

Com relação à modernização cênico-interpretativa propriamente dita, esta só ocorrerá a partir dos movimentos *amadores** da década de 1940, que desembocaram na criação, em 1948, tanto da EAD – Escola de Arte Dramática, de Alfredo MESQUITA (renovação interpretativa), quanto do TBC – Teatro Brasileiro de Comédia, de Franco ZAMPARI (renovação estrutural e estética).

Um dos fatores que, possivelmente, influenciaram diretamente na omissão do Modernismo de 1922 com relação ao teatro, foi o fato de a produção teatral brasileira, desde o século XIX, concentrar-se maciçamente no Rio de Janeiro. O panorama teatral paulista, portanto, era caudatário da produção carioca e daquilo que nos chegava do exterior. Ao lado disso, tanto no panorama das artes quanto no teatro, convém acrescentar que a própria dinâmica cultural de São Paulo era peculiar, pois, enquanto o Rio de Janeiro concentrava não somente o poder político, como também o cultural em todos os níveis, o Estado paulista abrigava transformações estruturais que faziam convergir para o meio cultural uma série de fatores inerentes ao crescimento econômico e social. Paralelamente a isso, também se deve considerar que a imigração maciça de estrangeiros deve ter contribuído para um certo menosprezo pelo passado e pelo apego à tradição cultural, fatores que, de certa forma, facilitaram a modernização ocorrida em São Paulo. (NF)

 Antropofagia (Teatro e), Moderno (Teatro), Tropicalista (Teatro).

 Lara, 1987; Oscar, 1985; Prado, 1988.

MODERNO (TEATRO)

Em oposição ao passado – no qual a consciência de um presente vislumbrado como *diferente,* ocupa significativo papel –, a modernidade impõe-se sempre como acúmulo, somatório, intercâmbio de influências e paradigmas que geram uma nova mentalidade em relação a uma etapa tida como superada.

No campo internacional, e mais especificamente no teatral, a modernidade costuma ser admitida a partir dos movimentos *simbolista** e impressionista naquilo que tange à dramaturgia, segundo SZONDI (2001); ou, após o drama burguês, na acepção de LUKÁCS (1976). MAETERLINCK, TCHÉKHOV, O'CASEY, SYNGE, PIRANDELLO, SHAW, O'NEILL, dentre uma variadíssima gama de autores, representam essa nova mentalidade liberta da *peça benfeita**, em renovadas incursões sobre os destinos do homem. Os paradigmas instaurados por ANTOINE, relativos à teatralidade e à função do *diretor**, marcam o advento da encenação. No âmbito da interpretação, o trabalho de STANISLÁVSKI instaura um novo procedimento. As apostas concretizadas nas montagens de REINHARDT e idealizadas por APPIA e CRAIG, ensejam a dimensão utópica inerente à mentalidade moderna, marcada, em suas inúmeras vertentes, por nomes como EVREINOFF, Romain ROLLAND, COPEAU, MEIERHOLD, PISCATOR, BRECHT e ARTAUD, à frente de um sem número de homens e mulheres que, nos diversos quadrantes, impuseram os novos padrões.

A delimitação da modernidade no teatro brasileiro tem sido controversa, notadamente após a década de 1980, quando duas tendências confrontam-se: a evolutiva e a da ruptura.

A primeira considera os procedimentos modernos dispersos ao longo do tempo, aos poucos se sedimentando em caráter acumulativo, tanto no terreno dramatúrgico quanto no da encenação, tornando difícil isolar os marcos. É a posição defendida por DÓRIA (1975). Assim, o trabalho de Renato VIANNA, desde 1922, já pressupõe traços modernos com a produção de *A Última Encarnação de Fausto,* iniciando longa jornada de experimentos em anos subsequentes. Em 1927, no Rio de Janeiro, estreia o Teatro de Brinquedo, iniciativa de Eugênia e Álvaro MOREYRA, que lança uma inovadora produção com *Adão, Eva e Outros Membros da Família*. Logo após, inaugura-se em São Paulo o Teatro da Experiência de Flávio de CARVALHO, com a apresentação de *O Bailado do Deus Morto* (1933), e para o qual Oswald de ANDRADE escreve *O Rei da Vela,* publicado apenas em 1937. *Amor*, texto de Oduvaldo VIANNA, primeiramente representado em São Paulo, em 1933, sobe à cena no Rio de Janeiro em 1934, fazendo uso de inusitados cenários múltiplos.

A produção de *Romeu e Julieta*, encenada por Itália FAUSTA para o Teatro do Estudante em 1938, estava ligada à mentalidade moderna, sem dúvida, ao recorrer a uma diretora; do mesmo modo que o início, no mesmo ano, das atividades do grupo Os Comediantes, cujos esforços culminam com *Vestido de Noiva*, de Nelson RODRIGUES, em 1943, na direção de Zbigniev ZIEMBINSKI. Seriam estes os marcos destacáveis dentro do panorama modernista, percebido como evolutivo e sedimentando conquistas paulatinas, atravessando os longos anos da ditadura do Estado Novo (1934-1945), óbice principal para que a liberdade de expressão pudesse ter verdadeiramente encorajado a expansão da mentalidade moderna no Brasil.

Os defensores da ruptura, na outra vertente, concordam que a encenação é o fator decisivo para a erupção da renovação cênica entre nós. A produção de *Vestido de Noiva*, em 1943, teria equacionado, pela primeira vez, a indispensável tríade autor/*encenador**/elenco, pioneiramente ali instituída. A estabilização dessa modernidade, em ritmo empresarial, far-se-á com a fundação do Teatro Brasileiro de Comédia – TBC em São Paulo, em 1948, *companhia** preferentemente encabeçada por encenadores italianos aqui aportados.

Concordando entre si quanto aos aspectos conceituais da questão, entrementes, os adeptos da tese da ruptura mostram-se divergentes quanto à fixação das balizas. MAGALDI (1962) defende a primogenitura de *Vestido de Noiva* nessa armação genealógica; enquanto PRADO (2002), RABETTI (1989), BRANDÃO (2002), COSTA (1998) e VANNUCCI (2000), orientam-se por outros parâmetros. Décio de Almeida PRADO, Beti RABETTI e Iná Camargo COSTA localizam no TBC, em 1949, o efetivo empreendimento modernizante em relação às nossas práticas de palco; enquanto Tania BRANDÃO recua para a atuação do Teatro Popular de Arte, de Sandro POLLONI e Maria Della COSTA, em 1948, o início dessa profissionalização; já Alessandra VANNUCCI destaca que é o "pensamento estético" dos encenadores italianos do TBC que determina a efetiva aceitação da modernidade entre nós.

Como tal debate possui origem nas díspares pressuposições dos analistas, a eleição de uma ou outra corrente interpretativa, ou ainda sobre qual desses marcos eleger como baliza reconhecível, obriga a aceitar o moderno, por enquanto, como um *problema* nos domínios da teoria teatral brasileira. (EM)

 Modernismo (Teatro e).

 Brandão, 2002; Costa, 1998; Dória, 1975; Jacquot, 1979; Lukács, 1976; Magaldi, 1979; Prado, 2001; Rabetti, 1989; Szondi, 2001; Vannucci, 2005.

MOGIGANGA

Parte final do *entremez**, uma grande festa envolvendo até o público, com os participantes disfarçados, fantasiados, os homens, muitas vezes, de animais. (EF)

MOMO

Entre as manifestações teatrais portuguesas que precedem o teatro vicentino, o momo distingue-se pela sua origem laica e cortesã. O historiador Luiz Francisco REBELLO adverte sobre a ambigüidade dessa denominação: "a palavra *momo* usa-se para designar, indiferentemente, tanto a própria representação, o próprio espetáculo em si, como as personagens mascaradas que nesse espetáculo participavam e os trajes e *máscaras** nela envergados" (1977: 46). Tomavam parte nessas representações os fidalgos, os serviçais da corte e, em datas especiais, os próprios monarcas, assumindo personagens extraídas de novelas de cavalaria e representando episódios das gestas romanescas intercalados por cantos, danças e breves trechos dialogados. Data de 1413 a mais antiga notícia dessa forma teatral, referindo-se à confecção de um adereço para o uso do Infante D. Henrique. Um relato testemunhal datado de 1500, referindo-se aos "momos de Natal" representados na corte de D. AFONSO V, registra o argumento, as partes narrativas e as personagens. Mais abrangente no final do século XV, esse divertimento cortês passa a absorver e refletir a diversidade da cosmogonia pré-renascentista. Entram em cena "selvagens de várias partes do Mundo", cavalos e cavaleiros, representações de povos e potentados europeus, anjos, diabos, dragões, feiticeiras e os príncipes de Troia (REBELLO, 1977: 95-104). A complexidade cenográfica e os figurinos elaborados, ambos combinando funções miméticas e alegóricas, serão incorporados ao teatro vicentino nas peças que celebram os feitos náuticos portugueses e nas produções encomiásticas (ASENCIO, 1958: 163-172). Fora do sistema textual, o caráter espetacular dessa modalidade de teatro migra de Portugal para os festejos teatrais promovidos pelas autoridades coloniais nos séculos XVI, XVII e XVIII. Há ocorrências documentadas em círculos privados e em tablados armados em praças públicas. São ainda escassos os registros de formalizações análogas e com a mesma denominação. Em obra recente, o historiador Carlos Francisco MOURA (2000: 67) localizou, em um estudo sobre os modos de transferência de fontes do teatro português para o Brasil, a menção à representação de "momos" – plural significativo – em recepção festiva feita pela população de Salvador ao Governador Mem de SÁ no ano de 1560. Affonso ÁVILA refere-se a uma dessas "representações de circunstância" que teve lugar na cidade mineira de Mariana (MG), no ano de 1749. Nela perdura o vestígio do momo quatrocentista: "Nas noites de 29 e 30 de novembro houve, no palácio do bispo, encenações poético-teatrais a ele dedicadas, sendo a primeira uma *alegoria** que tinha como personagens Apolo, as nove Musas e Mercúrio, interpretadas por '*figuras vestidas à trágica de riquíssimas roupas*', acompanhadas por coro de música'" (1978: 5). Nas *Cartas Chilenas,* poema satírico atribuído a Tomás Antônio GONZAGA em que são referidos eventos ocorridos entre os anos de 1783 e 1788 (gestão de Luís da Cunha Pacheco MENEZES), há uma menção derrisória: "um máscara prendado arremede 'um nosso Bispo'" e também o modo e o gesto de um nosso General, únicos momos que podem comovê-lo no público a mostrar risonha cara", sugerindo paralelismo entre a forma cortesã do momo e o gênero popular *arremedilho** (FURTADO, 2001, 768). Explica-se a pouca freqüência dessa manifestação teatral pelo expurgo sistemático a que os jesuítas submeteram a cultura laica. Em impressões "de cordel" (folhas avulsas), roteiros de momos e novelas de cavalaria integravam o resumido cabedal literário dos primeiros colonizadores, mas é fato documentado que os inacianos incitavam os proprietários a lançá-los ao mar "por desonestos", como assinala Carlos Francisco MOURA. Baseando-se no estudo das "relações" desse e de outras festividades oficiais do século XVI, o pesquisador José Ramos TINHORÃO lança a hipótese de serem os divertimentos de origem cortesã (em que se incluem as cavalhadas e as justas mimadas) protagonizados pelas autoridades: "Na área das festas oficiais, por sinal, essa oportunidade de participação direta da gente do povo miúdo seiscentista, no Brasil, era muito rara, só sendo possível, no caso, essa passagem de simples espectador a personagem ativo na manifestação de júbilo pela aclamação de D. JOÃO IV no Rio de Janeiro por servir tal 'agregar ao tumulto' àquele objetivo de referendo coletivo do 'dando a entender que o Céo côfirmava a eleição'" (2000: 49). Embora a denominação desapareça do léxico teatral brasileiro a partir do século XVIII, a temática e, em parte, a morfologia espetacular dessa modalidade impregnam, de forma residual, as *danças dramáticas** e os folguedos populares. Basta lembrar que os corcéis que, nas cortes portuguesas, entravam em cena para representar as justas cavaleirescas ou combates entre mouros e cristãos, transmudaram-se nas máscaras de animais dos folguedos populares. (MAL)

MONÓLOGO

Os tratadistas teatrais não estabelecem claramente rígidas diferenças entre monólogo e *solilóquio**. Ou seja, trata-se de um texto dramático a cargo de um só intérprete no palco. Pode ser a parte de uma peça – e nesse caso o termo *solilóquio* também é apropriado –, ou uma peça inteira, geralmente não muito longa, que pode ser implícita ou explicitamente dirigida ao público. Entre os autores brasileiros, pode-se lembrar inicialmente Artur AZEVEDO, que escreveu pequenos monólogos como *O Peixoto*, *O Comediógrafo*, *João Caetano* (todos os três datados de 1887), *Revelação de um Segredo* (1895), os quais, por suas características, se aproximam mais de *cortinas** ou de *esquetes**. Por ser difícil sustentar o interesse dos espectadores em um só intérprete, o teatro brasileiro do passado não se interessou muito pelo gênero, até porque as *companhias** dramáticas mantinham sob contrato um elenco numeroso. Mesmo assim, Pedro BLOCH conseguiu emplacar dois monólogos de enorme aceitação popular: *As Mãos de Eurídice* (1951) e *Esta Noite Choveu Prata* (1964), sobretudo pelo carisma dos seus intérpretes, Rodolfo MAYER e Procópio FERREIRA, respectivamente. Nelson RODRIGUES também escreveu para sua irmã, Dulce RODRIGUES, o monólogo *Valsa nº 6* (1951). Nos anos de 1970, três grandes sucessos teatrais deveram-se aos monólogos: *Muro de Arrimo*, de Carlos Queiroz TELLES, interpretado por Antonio FAGUNDES; *Apareceu a Margarida*, de Roberto ATHAYDE, levado à cena por Marília PÊRA e *Corpo a Corpo*, de Oduvaldo VIANNA FILHO, interpretado por Juca de OLIVEIRA. Ultimamente, recrudesceu o aparecimento de monólogos, motivados em parte pela economia da produção e interpretados (e muitas vezes escritos) por *atores** que fazem sucesso na televisão, como Miguel FALABELLA, Pedro CARDOSO e Diogo VILELA. (EF)

 Solilóquio.

MULTICULTURALISMO

 Interculturalismo.

MULTIMÍDIA (TEATRO)

A utilização de recursos multimídia na cena dissemina-se nos anos de 1960 com a apropriação de videocâmeras pelos artistas e a síntese de recursos imagéticos, sonoros, corporais e textuais em eventos e *performances** que combinam diversas linguagens e suportes. Partindo da ideia do corpo como mídia primária (*body art*) e da conjugação de recursos eletrônicos que possibilitam amplificação, mediação, edição e montagem do signo espetacular, a cena multimídia materializa os experimentos de colagem, montagem e uso de polifonias. Cria-se um *topos* do "teatro multimídia" que é tributário, de um lado, da ideia wagneriana da *Gesamtkunstwerk* (obra de arte total), combinação sincrética de linguagens sonoras, visuais e plásticas que se torna realizável com o uso de novos suportes e mídias. A presença do encenador americano Robert WILSON no Brasil, em 1973, com o espetáculo multimídia *Life & Times of Joseph Stalin* (apresentado com o título de *Vida e Época de Joseph Clark*, por problemas com a *censura**), combinando poesia sonora corporeidades em trânsito, a partir de uma chave minimalista, deu grande impulso a essa nova espetacularização. Diversos *encenadores** seguiram essa trilha, de Luiz Roberto GALIZIA e o grupo Ponkã (*Aponkālipse*) a Enrique DIAZ (*Melodrama,* 1999), de Bia LESSA a Dionísio NETO, apropriando-se da imagem fotográfica, dinâmica, e de mídias sonoras combinadas à textualização. Em 1987, o encenador Renato COHEN apresentou com o *grupo** Orlando Furioso o espetáculo inaugural *Magritte – O Espelho Vivo*, repercutindo o *"silent theatre"* de Robert WILSON com o uso de imagens em *slow-scan* (transmissão de varredura lenta), *slides,* holografia e som eletroacústico, entre outras mídias. Em espetáculos mais recentes como *Ka*, de 1998, e *Máquina Futurista*, de 1999, COHEN incorporou o uso de hipertextos e cenários virtuais, que remontam às pesquisas tecnológicas do Futurismo e da Bauhaus (ver www.pucsp.br/~cos-puc/budetlie/tec5.htm). Gerald THOMAS, em espetáculos como *Mattogrosso, Nowhere Man* (1998) e *The Ventriloquist* (1999), cria partituras sonorovisuais e disjunções de corpo e voz com recursos multimídia. Otavio DONASCI e Ricardo KARMAN produzem gigantescas jornadas multimídia em espaços apropriados, como *Viagem ao Centro da Terra*, de 1992, apresentado sob um túnel do rio Pinheiros, e *A Grande Viagem de Merlin*, de 1994, ambos com o uso de projeções e amplificações diversas e a presença de vídeocriaturas, remontando às hibridizações do homem-máquina.

Numa outra linhagem da cena multimídia, tributária das vanguardas e das experiências concretistas, são seminais as produções do grupo Noigandres, de Augusto e Haroldo de CAMPOS e Décio PIGNATARI, que buscam o signo verbivocovisual, combinando várias mídias nesse intento. *Poesia é Risco* (1995), de Augusto de CAMPOS, a *ópera** interativa *Temperamental* (1993), de Décio PIGNATARI e Livio TRAGTENBERG, a peça *São Paulo, Sinfonia da Cidade*, de Livio TRAGTENBERG e Wilson SUKORSKY, os espetáculos de Arnaldo ANTUNES e a remontagem da *Ur-Sonatte*, do dadaísta Kurt SWITTERS, por Lucio AGRA (2001), são espetáculos que combinam a palavra e a teatralidade com recursos de vídeo e sonorização. Também são marcantes os espetáculos de artistas de diversas mídias, como *Clones – Uma Rede Simultânea de Rádio, Televisão e VideoTexto* (1983), combinando *performers* aos artistas interdisciplinares Mário RAMIRO, José Wagner GARCIA e Julio PLAZA; trabalhos de videoarte e intermídia como *Ataris Vorte in the Planet Megga* (1983), *Reflux* (1997) de Artur MATUCK; e pesquisas de Philadelpho MENEZES com poesia sonora, que transitam da cena *experimental** para o teatro e a *performance* multimídia**, ecoando as primeiras experiências midiáticas de Samuel BECKETT.

No contemporâneo, com o advento das mídias digitais e da rede WEB-Internet, potencializam-se experiências de Teatro e Hipermídia, com uso de narrativas hipertextuais, experiências de telepresença e novos agenciamentos da relação cena e audiência e das relações espaço-temporais. O Grupo Ka, com direção de Renato COHEN, em 2001, apresentou o espetáculo *MidiaKa*, de Velimir KHLÉBNIKOV, para uma audiência segmentada na rede; o evento *Imanência*, apresentado na Casa das Rosas em 1999 (ver www.casadasrosas.sp.gov.br/), colocou na rede, por oito dias, oito *performers* em tempo real. Artistas como a bailarina Ivani SANTANA realizam espetáculos com texto e imagens atualizadas *on line* na rede; Lali KROTOZINSKI cria a *DanceJukeBox* para uma rede estocástica de movimentos digitais; Wilson SUKORSKY partitura a ópera *Leibnitz an Electronic Virtual Opera* (2002) para um *coro** de *performers* virtuais, retomando Gordon CRAIG. Em 2001, Rejane CANTONI e Daniela KUTCHAT, retomando Oskar SHLEMMER, criam o ambiente inteligente *Ope-ra*, para dança e cena em *n* variáveis, com uso de computação e rede de sensores de varredura. Bia MEDEIROS (Corpos Informáticos, UNB) em *Macula@corpos* (2002) realiza interações em telepresença, com uso de imagens combinadas enviadas pela rede (ver http://corpos.org). Numa outra frente, que combina biotecnologia e hipermídia, apontando uma cena do futuro, Eduardo KAC instala *chips* em seu corpo e constrói ambientes interativos e cênicos à distância (*Uirapuru*). (RC)

 Ópera Seca, *Performance.*

 Agra, 1998; Antunes, 1997; Birringer, 1998; Campos, 1984; Cohen, 2003; Leão, 2002; Matuck, 1991; Medeiros, 2002; Plaza & Tavares, 1998; Prado, 2003; Zanini, 2003.

MUSIC HALL

Gênero de teatro muito comum nos Estados Unidos, cuja tradução, ao pé da letra, significa "sala de música", uma continuação do gênero *café-concerto**, que alternava canções, *cançonetas**, *esquetes**, números de circo e quadros de grande efeito visual.

O Folies-Bergère foi o primeiro *music hall* de Paris, inaugurado em maio de 1860 como uma imitação do Alhambra de Londres e manteve-se em atividade até 1992. O lugar onde se instalara a casa de espetáculos fora, anteriormente, habitado por um monge que cultivava ali uma horta com ervas e verduras. A palavra *folies* designava as diferentes espécies de ervas que se reproduziam nesse local, tido como propício a encontros amorosos. *Folie* é, também, o termo que designa *loucura* e *extravagância*. *Bergère* era o nome de uma rua que ficava nas proximidades do teatro assim batizado. (ROCHA, 1989: 6-7). No Folies-Bergère se desenvolveu o verdadeiro *music hall* francês: um "teatro de variedades", pleno de sensualidade, belas mulheres e cenários suntuosos. Por extensão, no Brasil, a palavra *folias* foi usada para identificar o gênero e, nos Estados Unidos, *follies* e *music hall* são, praticamente, a mesma coisa.

Em 1892, o Folies-Bergère apresentou, pela primeira vez, uma dança chamada serpentina, que virou sucesso internacional. Também foi com o Folies-Bergère que o *music hall* compreendeu a importância primordial da iluminação. Após 1900, a *revista** à francesa, o café-concerto, o *music hall* inglês e o *vaudeville** americano se equipararam: passaram a produzir espetáculos imprecisos, compostos por números de variedades. Somadas às tradições do burlesco e transportadas para o século XX, as atrações do café-concerto encontraram terreno fértil e seguro na Broadway que instalou, definitivamente, o *music hall*. "Foi quando um astuto produtor da Broadway imaginou que o *vaudeville*, adornado com o esplendor da *stravaganza*, poderia atrair mais público." (EVEN, 1961: 54-55). O produtor chamava-se George W. LEDERER. *The Passing Show* (1894) foi um *vaudeville* vestido de fraque, inaugurando o *music hall* na América. Depois, veio ZIEGFELD, com seus espetáculos milionários. *Ziegfeld Follies* (1907) foi a sua obra-prima e era considerada a versão americana do Folies-Bergère. ZIEGFELD dominou o mercado até 1931, ignorando orçamentos e custos de produção. Mulheres lindas, cenas submarinas, máquinas voadoras jogando pétalas de rosas sobre a plateia, figurinos que chegavam a custar 25.000 dólares (por unidade) faziam com que cada uma de suas produções fosse mais audaciosa do que a anterior. As *coristas** de ZIEGFELD eram as mais belas do mundo. Em 1927, ZIEGFELD lançou *Show Boat*, de Jerome KERN, e colocou o *music hall* no caminho da *musical play* (a *comédia** musical que se valeria do trio Cole PORTER, GERSHWIN e Kurt WEILL, compositores que contribuíram para que o *musical** americano se transformasse em algo mais que divertimento superficial para olhos e ouvidos).

Encaixar canções em espetáculos de *music hall* foi prática largamente adotada na Broadway entre 1900 e 1920. "Era tradição generalizada o fato de canções, danças, quadros de humor e grandes cenários não terem obrigatoriamente sempre relação com o texto básico do espetáculo; muitas vezes, tais números eram apresentados sem qualquer motivo, quer se adaptassem à frágil trama ou não, e até chegavam a ser lançados depois de já iniciada a carreira da peça na Broadway. Assim, se um produtor encontrasse uma canção que julgasse valiosa e digna de ser incluída numa peça, não titubeava em enfiá-la em alguma fresta do espetáculo" (EVEN, 1961: 72-73). Esse curioso procedimento podia fazer grandes estragos no padrão, unidade ou equilíbrio de uma peça musical. O *teatro de revista** no Brasil, nas décadas de 1940 e 1950 do século XX, desviou-se para o *music hall*. Walter PINTO foi o empresário e produtor que mais contribuiu para que o luxo e o *show* terminassem por abafar o texto e os *atores**. Atualmente, musicais americanos estão chegando, em versão brasileira, ao Rio de Janeiro e São Paulo. São frutos do *music hall*, que possui um público aficionado e um outro, mais ingênuo que ainda se surpreende e se maravilha diante do excesso visual. (NV)

 Musical (Teatro).

 Veneziano, 1996.

MUSICADO (TEATRO)

É importante considerar que, no caso de teatro musicado, os personagens são, em regra geral, representados por *atores** que cantam. No século XIX e no início do XX, era comum atores cantarem. Com o empresário português Sousa BASTOS, veio para o Brasil a primeira grande *vedete**: Pepa RUIZ cantava canções maliciosas na *revista* Tintim por Tintim*. Dois desses números de duplo sentido em que a vedete descia à plateia ficaram famosos. Eram eles *Quem quer comer meu Mungunzá* e *Caluda José* (VENEZIANO, 1996, p. 41).

Há quem julgue ser teatro musicado também aquelas obras que foram dramaturgicamente criadas como Teatro Declamado e que sofreram, no momento da encenação, inserções de canções. *Comédias** de Martins PENA, por exemplo, várias vezes foram alteradas com acréscimos de números musicais, na ocasião de suas montagens. Nessas circunstâncias, pode-se até dizer que se trata de "teatro musicado", ainda que estejamos no terreno do espetáculo e não da dramaturgia. No entanto, a relação entre música e texto, nesses casos, torna-se complexa, pois há o grande risco de que a ação seja interrompida para que a canção entre em cena, muitas vezes em descompasso com a dramaturgia.

Muito comum é, também, o trabalho do texto ser realizado "em parceria". Neste caso, os créditos são dados a uma "dupla de autores" somada a um compositor musical. Entre os autores que se destacaram, no final do século XIX e primeira metade do XX, a dupla Artur AZEVEDO e Moreira SAMPAIO é, sem dúvida, a mais importante, seguida pela dupla Luiz PEIXOTO e Carlos BETTENCOURT, que surgiu alguns anos após a morte dos dois primeiros. Cardoso de MENEZES também fez belas parcerias com Luiz PEIXOTO e Carlos BETTENCOURT.

Outros importantes nomes podem ser lembrados como dramaturgos desse teatro musicado. São eles Valentim MAGALHÃES, Figueiredo COIMBRA, Augusto FÁBREGAS, Oscar PEDERNEIRAS, Raul PEDERNEIRAS, Rego BARROS, J. PRAXEDES, Otávio e Antônio QUINTILIANO, Oduvaldo VIANNA, Viriato CORRÊA, Luiz IGLEZIAS, FREIRE JR., Marques PORTO, Joracy CAMARGO, Abadie Faria ROSA, Gastão TOJEIRO, Vítor PUJOL, Bastos TIGRE, Miguel SANTOS, Mário LAGO, Alfredo BREDA, Djalma NUNES, Geysa BÔSCOLI e Jardel JÉRCOLIS.

Tão importante quanto o dramaturgo (ou a dupla de...) é o compositor. O teatro musicado, no Brasil, teve o privilégio de contar com batutas ritmadas e travessas, as mais competentes, como as de Chiquinha GONZAGA, Assis PACHECO, Ari BARROSO, SINHÔ, Paulino SACRAMENTO, Pascoal PEREIRA, Bento MOSSURUNGA, Júlio CRISTÓBAL, Sá PEREIRA, Eduardo SOUTO, Sá de NORONHA, Heckel TAVARES, PIXINGUINHA, Lamartine BABO e Noel ROSA. Um time para ninguém botar defeito. Consideremos que esse teatro servia, igualmente, como divulgador da música popular brasileira, indubitavelmente uma das melhores do mundo.

Basicamente, todos os gêneros teatrais no Brasil, até a metade do século XX, foram agrupados pelos críticos e historiadores em dois grandes blocos opostos: o teatro musicado e o teatro declamado. Mário NUNES, crítico do *Jornal do Brasil*, cuja obra foi reunida em quatro volumes denominados *40 Anos de Teatro* (1956), utilizou essa nomenclatura diariamente, desde 1913. O teatro musicado, também conhecido como "teatro ligeiro" ou "gênero alegre", inclui todos os gêneros previamente escritos com canções e pensados, antecipadamente, para serem representados por atores-cantores. Trata-se, portanto, de uma dramaturgia específica, que utiliza as canções com função dramática clara e definida. As canções, nesse caso, existem para ajudar a carregar a ação dramática: são músicas para apresentar personagens, para falar de amor, para abrir e fechar quadros, para acompanhar um *solilóquio**, sublinhar emoções e, até, para entrar como motivo central de cena em festas, bailes e *apoteoses**. Em geral, o texto dessas canções é escrito pelos próprios dramaturgos e posteriormente musicado pelos compositores. Por isso, a parceria, no caso de teatro musicado, é sempre muito comum, pois o músico deve atuar ao lado do dramaturgo, a fim de que o ritmo e a composição se casem com o objetivo da cena. Diversos gêneros de teatro musicado tornaram-se muito expressivos no Brasil: a *opereta**, o *teatro de revista**, o *vaudeville**, a *burleta**.(NV)

 Burleta, Opereta, Revista (Teatro de), Revista de Ano.

 Paiva, 1991; Ruiz, 1988; Veneziano, 1996.

MUSICAL (TEATRO)

Segundo Patrice PAVIS, teatro musical é uma forma contemporânea (distinta da *opereta** ou da *comédia** musical) que se esforça para fazer com que se encontrem texto, música e encenação visual, sem integrá-los, fundi-los ou reduzi-los a um denominador comum (como a *ópera** wagneriana) e sem distanciá-los uns dos outros (como as óperas didáticas de Kurt WEILL e BRECHT): "O teatro musical é um vasto canteiro de obras onde se experimentam e se testam todas as relações imagináveis entre os materiais das artes cênicas e musicais" (1999: 392).

Por teatro musical podem-se entender todas as formas dramáticas que utilizam a música como expressão. Essas formas teatrais musicais valem-se da dramaturgia para criar a estrutura, os personagens, os conflitos, as situações e ações. Mas é através da música que todos se expressam. Descendente da *ópera** e da opereta, o teatro musical contemporâneo tem, nos musicais da Broadway, seus mais emblemáticos representantes. Os espetáculos de teatro musical necessitam, sobretudo, de cantores e bailarinos que interpretem personagens.

No Brasil, as expressões teatro musical e teatro musicado estão muito próximas. Os princípios, contudo, diferem. Trabalhando sobre um libreto ou sobre um texto dramático, no caso do musical, a música é a estrela. O virtuosismo dos cantores, a agilidade dos bailarinos, a criatividade dos coreógrafos e a competência do maestro, frequentemente, suplantam a teatralidade do texto.

Foi por volta de 1842, nos Estados Unidos, que se padronizou um tipo de espetáculo que fundia as características do teatro de variedades e do *vaudeville** (EVEN: 1961:10-11). Estava criada a matriz do musical americano da Broadway, misto de opereta, *vaudeville, music hall** e ópera contemporânea. Cênica e musicalmente, o gênero atingiu características que o distinguem de outras tentativas de teatro musical, uma vez que o aspecto feérico do *show* é levado ao extremo, amparado pela tecnologia a serviço da *cenografia**. Inúmeros são os exemplos, como os recentes *O Fantasma da Ópera* e *A Bela e a Fera*.

No Brasil dos anos de 1960, durante a *censura** imposta ao teatro e aos meios de comunicação, nasceu um outro tipo de teatro musical: o teatro musical político. São dessa época *Arena conta Zumbi* e *Arena conta Tiradentes*. Seguindo esse período, surgiram importantes musicais como *Roda Viva, Calabar, Ópera do Malandro* e *Gota d´Água*, de Chico BUARQUE. Devem ser obrigatoriamente lembrados *Pobre Menina Rica*, de Vinícius de MORAES e Carlos LYRA, e *Orfeu da Conceição*, de Vinícius de MORAES e Tom JOBIM. Contemporaneamente, musicais como *Não Fuja da Raia* atestam que, se no início queríamos ser Paris, hoje há quem ainda queira "ser Broadway". A partir do final do século XX, foi retomado o gosto pelo teatro musical brasileiro. Espetáculos bem cuidados homenagearam Carmem MIRANDA, as Irmãs BATISTA, Ari BARROSO, Dalva de OLIVEIRA, com boa música brasileira e estrutura que funde teatro e música como uma só entidade. (NV)

 Music Hall.

MUTAÇÃO

Troca súbita e total de cenário ou transformação parcial de uma parte dele dentro da cena, em final de quadro ou de ato. Inúmeros foram os truques cenográficos no passado em que, com maquinarias rudimentares, extravagantes e engenhosas, os espetáculos fascinaram o público através de rápidas mutações, mostrando-se verdadeiramente espetaculares. A mutação poderia ser o subir e descer de um telão, a entrada de carros, a manipulação de fios que convertiam personagens e animais em seres alados, a mudança (sobre rodas) de cenários inteiros, o surgimento de escadas, de fontes, de praças, de palácios. Usavam-se alçapões, elevadores, urdimentos, cordas, para se fazer a mutação. Sua característica mais importante era a rapidez: quanto mais veloz, tornava-se mais eficaz e deslumbrante.

A mutação poderia ser feita no escuro (utilizando um *black-out*), atrás de uma cortina ligeira, atrás de uma cortina de fumaça, ou até à vista do espectador. Por se tratar, quase, de um "efeito especial", a mutação é própria das linguagens teatrais não realistas. Por ser parte integrante da apresentação, é tratada, cuidadosamente, como um *show* dentro do espetáculo. E, por ser destinada à contemplação e à admiração, é mais compatível com as estéticas populares de teatro. As *revistas**, as *operetas** e as *mágicas** serviram-se, sobejamente, das mutações.

Indicações de "mutação" são encontradas nos textos dramáticos brasileiros até as primeiras décadas do século XX, quando ainda não havia a figura do *encenador**. Preocupado com o ritmo e o resultado do espetáculo, o dramaturgo tomava para si o papel da direção de cena, apontando os momentos das mutações, transformando-as, assim, em código oficial da dramaturgia.

Artur AZEVEDO, sempre preocupado com a cena, oferece-nos um belo exemplo na revista *Mercúrio*, indicando a mutação no meio do primeiro ato, entre os quadros 5 e 6. As rubricas são as seguintes:

"Entra outra malta de capoeiras e atraca-se com a que está em cena. Grande conflito. Mutação.

Quadro 6

Sala pobre. Ao fundo uma rótula que dá para a rua" (1987a, III: 194).

No teatro contemporâneo, as mutações são realizadas com fórmulas tecnológicas. O velho baixar de telões e a agilidade dos maquinistas foram substituídos por efeitos mirabolantes de luzes, computadores, projeções e máquinas que deslumbram o público que vai à busca de diversão. Luca RONCONI é o mestre italiano que faz sair, da tela cinematográfica, pessoas e carros que se transmutam em seres teatrais. Mutações se chamam, agora, "efeitos especiais". Mas a origem é a mesma: nasceram das antigas *mágicas** ou *féeries*. (NV)

 Apoteose, Mutação à Vista do Público, Revista (Teatro de), Revista de Ano.

 Veneziano, 1991.

MUTAÇÃO À VISTA DO PÚBLICO

As mutações mais espetaculares eram aquelas que eram vistas e que vinham sempre acompanhadas de música executada por uma orquestra ao vivo. O objetivo era revelar os procedimentos teatrais sem jamais desvelar a técnica. Trata-se de uma das mentiras mais mentirosas do teatro: aquela em que ao espectador parece estar sendo mostrado o truque, e o que se mostra é um outro truque maior ainda. A mudança dos cenários transforma-se em *féerie*. A metalinguagem é revestida de aparatos espetaculares. Artur AZEVEDO usou e abusou dessas mutações à vista do público. Em *O Mandarim, revista de ano** de 1883, a Arte (personagem alegórica), no final do terceiro ato, vem à frente e convida o público: "– Vede! Olhai! A obra-prima que um marinheiro ilustrou, Vítor Meireles de Lima, na tela imortalizou!" (Aponta para o fundo. Mutação: reprodução animada do grande quadro do combate naval do Riachuelo. Fogos cambiantes. A orquestra executa o Hino Nacional) (1985, II: 276). (NV)

 Mutação.

 Veneziano, 1991.

N

NACIONAL E POPULAR

No contexto teatral brasileiro, o conceito de *nacional e popular* liga-se ao ideário que norteou a renovação e a politização das concepções dramatúrgicas e cênicas entre o final dos anos de 1950 e meados dos 70.

A conjugação dos dois conceitos associa-se à proposta de registrar as questões e contradições políticas e culturais associadas ao país, bem como de refletir a respeito delas sob o prisma do proletariado e da crítica aos processos de exploração do trabalho.

Dentro do contexto histórico desse período, o conceito resultante da combinação dos dois termos, *nacional* e *popular*, remete às políticas culturais ligadas ao Partido Comunista Brasileiro, principalmente nos anos de 1950 e 60, época em que exerceu influência importante entre a intelectualidade de esquerda.

Até 1956, ano em que são divulgados ao mundo os crimes políticos de Josef STÁLIN, o PCB havia apoiado o realismo socialista e seguido o modelo da política cultural soviética, de inspiração jdanovista.

Com a relativa desestalinização verificada a partir dessa data, o Partido passaria, pouco a pouco, a apoiar e encampar propostas geradas fora dele, tanto por parte de intelectuais de esquerda filiados ou simpatizantes, quanto por parte de artistas e militantes ligados ou provenientes dos setores de esquerda do movimento estudantil.

Em congresso nacional realizado em 1958, o PCB apresentou a tese que viria a se constituir no fundamento do ideário nacional e popular no teatro e no setor cultural em termos amplos: definindo o caráter da revolução no Brasil como essencialmente nacional e democrático, estabeleceu como prioridade o fortalecimento da luta anti-imperialista e antifeudal, e não o processo revolucionário de construção do socialismo propriamente dito.

Dentro dessa linha de pensamento, o Partido passou a defender o apoio estratégico ao nacional-desenvolvimentismo do Presidente KUBITSCHEK que, assegurando o fortalecimento do processo de industrialização do país, traria, a médio ou longo prazo, o avanço histórico do proletariado.

Essa estratégia, que segundo o Partido asseguraria o amadurecimento da luta revolucionária, deixava subentendida a ideia de que apoiar o desenvolvimento das forças produtivas da nação era apoiar o fortalecimento e o amadurecimento de suas forças revolucionárias, ou seja, do "povo". Embutida nesse raciocínio, estava também a ideia da *nação* como portadora de traços que não só podiam, mas necessitavam, ser captados e elaborados artisticamente sob o prisma do *popular*.

Dada a importância do PCB entre a intelectualidade de esquerda do país nesse período, a conjugação dos dois conceitos veio a tornar-se funcional dentro das principais propostas formuladas no campo da cultura. No setor teatral, especificamente, trabalhos inspirados no conceito de *nacional* e *popular* fizeram-se presentes em grande parte dos projetos mais representativos desse período.

O primeiro a ser lembrado dentro de uma perspectiva histórica é o do Teatro de Arena de São Paulo, particularmente no período que se inicia em 1955, com o ingresso de jovens *atores** e dramaturgos, como Gianfrancesco GUARNIERI e Oduvaldo VIANNA FILHO, provenientes do Teatro Paulista do Estudante e do movimento de militância secundarista do PCB.

Responsável pela renovação da dramaturgia e da encenação no teatro brasileiro desse período, a linha nacional e popular de criação no Arena teve como parâmetro inicial a peça *Eles Não Usam Black-Tie*, de Gianfrancesco GUARNIERI, de 1958. A representação ali realizada do operário e da favela sugeria que o país real, despido de idealizações e de estereótipos, podia efetivamente ser representado no palco com as ferramentas estéticas do realismo dramático, e que isso se constituía no primeiro passo para uma crítica ao quadro de miséria, de alienação e de exploração da força de trabalho no país.

Chapetuba Futebol Clube, peça de VIANINHA que estreou a seguir, em 1959, foi gestada durante os Seminários de Dramaturgia do Teatro de Arena, e deu continuidade ao filão recém-aberto de representação do nacional e do popular. As necessidades coletivas da pequena cidade fictícia do interior de São Paulo, submetidas aos interesses de dirigentes políticos locais, traziam à cena uma faceta documental que legitimava mais uma vez o caráter nacional e popular do filão dramatúrgico nascido pouco antes.

Tanto GUARNIERI como VIANINHA vinham de contextos familiares ligados à militância política no PCB, e a maioria dos demais integrantes do Arena tinha afinidade, quando não vínculo direto com o Partido. Não foi casual, assim, a representatividade que a questão do nacional e do popular teve dentro de seus trabalhos e nos de outros membros do grupo.

A fase de nacionalização dos clássicos, que se desenvolveria no Teatro de Arena nos anos seguintes, foi outro momento em que a questão do nacional e do popular atuou como condutora de estratégias marcantes para o grupo: textos consagrados como *A Mandrágora* (de Nicolau MAQUIAVEL) e *O Melhor Juiz, o Rei* (de LOPE DE VEGA), adaptados às formas de expressão dramatúrgica e cênica do país, viriam a suprir a carência de textos brasileiros em quantidade e teor compatíveis com as necessidades daquele momento. Nacionalizar os clássicos constituiu uma forma considerada artisticamente viável e politicamente consequente de dar continuidade ao projeto até então desenvolvido.

Também o Centro Popular de Cultura – CPC, da União Nacional dos Estudantes, criado em 1961, apresentou, em seu trabalho teatral, desdobramentos importantes para a estética do nacional e popular: tanto o *teatro de rua**, de natureza agitativa, quanto as peças para espaços teatrais propriamente ditos, buscaram produzir uma consciência crítica sobre problemas ligados a questões cruciais do país, como o petróleo, o latifúndio e a exploração dos trabalhadores.

A grande contribuição do teatro do CPC à expressão artística nacional e popular deu-se, porém, no campo da forma: a peça que desencadeou o seu nascimento, *A Mais-valia Vai Acabar, Seu Edgar*, de VIANINHA, resultou, precisamente, da percepção que teve o autor quanto aos limites inerentes ao realismo dramático praticado até pouco antes no Arena. A utilização de recursos épicos na peça deu-se precisamente pela necessidade que teve VIANINHA de tratar do processo crucial para a acumulação capitalista e a exploração do trabalho (ou seja, a mais-valia). Por se tratar de um processo não representável através de expedientes do conflito dramático e da caracterização psicológica, e por envolver a utilização de um conceito da análise econômica marxista, a representação dramatúrgica visada envolveu ferramentas de criação e de expressão cênica muito diversas daquelas que até então haviam sido mobilizadas no tratamento das questões do nacional e do popular. Ao lançar mão de recursos épicos brechtianos e piscatorianos para tratar dessas questões, VIANINHA deu um importante passo no sentido de expandir os processos de representação dramatúrgica do nacional e do popular para além do campo do realismo dramático, no qual haviam até então sido tratados. Essa perspectiva seria aprofundada em textos escritos por VIANINHA nos anos seguintes, como *Brasil Versão Brasileira*, de 1961, e *Os Azeredos mais os Benevides*, de 1963.

Dentro do CPC da UNE, os conceitos de *nacional* e de *popular* viriam a ser objeto de debates e de reflexões teóricas importantes: *A Questão da Cultura Popular*, de Carlos Estevam MARTINS, e

Cultura Posta em Questão, de Ferreira GULLAR, foram os trabalhos representativos das duas perspectivas através das quais se pensava o popular no CPC.

Para Estevam, o popular que realmente interessava ao ativismo político praticado era aquele cujo caráter revolucionário expressava-se através da posição de classe, e não da origem social do artista ou da constituição formal do trabalho. Para GULLAR, por sua vez, o popular desejado passava pela incorporação de formas, como o cordel, o repente, a incelença etc., ao trabalho dramatúrgico e artístico realizado: as formas nascidas ou inspiradas nos contextos de classe associados ao povo eram, a seu ver, fundamentais para o amadurecimento estético da expressão e para a coerência política do trabalho. Um texto representativo de seu pensamento, ainda que escrito após o golpe de 1964 e o fim do CPC, é *Se Correr o Bicho Pega, se Ficar o Bicho Come*, escrito em parceria com VIANINHA e encenado pelo grupo Opinião.

Com o golpe de 1964 e o desmantelamento do CPC, a ideia de nacional e de popular passaria a ser associada diretamente ao desejo de resistir à nova ordem política e de manifestar a crítica e a discordância em face dela. Essa foi a forma através da qual os conceitos de *nacional* e de *popular* foram retomados no grupo Opinião, que se formou alguns meses após o golpe com o intuito de rearticular artistas antes ligados ao CPC e agora alinhados pela "opinião" que compartilhavam sobre o regime.

O Opinião teve seu nome extraído do *show* homônimo, roteirizado por VIANINHA, Armando COSTA e Paulo PONTES, e foi responsável pelo nascimento do gênero de *show* de protesto, resultado da colagem de músicas, poemas e depoimentos a partir de um eixo temático inicial.

Apesar da simplicidade aparente de sua concepção, essa modalidade de espetáculo assegurou, durante boa parte do período imediatamente posterior ao golpe, a sensação de que se havia encontrado uma forma de trabalho artístico capaz de tratar de questões políticas representativas da nação e do povo. Não devem deixar de ser lembrados, a esse respeito, espetáculos como *Liberdade, Liberdade*, de Millôr FERNANDES e Flávio RANGEL (1965) e *Meia Volta Vou Ver* (1966), de VIANINHA (1967), representativos de um filão de trabalho que foi extraordinariamente florescente e bem-sucedido entre 1964 e 68.

Os recursos épicos de *distanciamento** e da utilização de canções também foram marcantes na concepção dos espetáculos musicais do Teatro de Arena nesse mesmo período, enfocando questões cruciais da história do país como paralelo de discussão crítica das circunstâncias do presente: *Arena Conta Zumbi*, de Gianfrancesco GUARNIERI e Augusto BOAL, foi o primeiro da série, e também o trabalho em que se formulou o conceito de *coringa** e a dissociação entre os *atores** e os *papéis**. Outros espetáculos da série, como *Arena Conta Tiradentes* e *Arena Conta Bolívar*, apresentaram novas facetas temáticas da representação de questões cruciais da nação e do povo a partir de um recorte histórico-crítico central.

Com o AI-5 e o acirramento do autoritarismo e da repressão, a partir de 1968, a possibilidade de realização de trabalhos coletivos nos moldes anteriores, assemelhados aos do CPC ou do Arena, tornou-se cada vez mais remota. Embora o período posterior ao AI-5 tenha correspondido a uma fase de maior amadurecimento da geração revelada no final dos anos 50, a *censura** se encarregou de banir dos palcos a maior parte da produção dramatúrgica de esquerda. A ideia de uma representação artística capaz de identificar a nação ao povo, nessa nova fase, passou a se fazer dentro de trabalhos individuais de dramaturgos cujos parâmetros de criação haviam sido forjados na fase anterior ao golpe.

Esse período coincidiu com a fase de amadurecimento de autores como Jorge ANDRADE, Dias GOMES, Carlos Queiroz TELLES, Lauro César MUNIZ e Consuelo de CASTRO, entre outros. A representação do nacional e do popular realizada por esses dramaturgos tendeu a apresentar, nesse período e em outros momentos marcantes de sua produção, uma recorrência de temas ligados a contextos ou a movimentos históricos associados a períodos de constituição da identidade política do país. Esse é o caso de *As Confrarias* e *O Sumidouro*, de Jorge ANDRADE, de *Frei Caneca*, de Carlos Queiroz TELLES, de *Prova de Fogo*, de Consuelo de CASTRO, de *Dr. Getúlio, sua Vida, sua Glória* e *O Santo Inquérito*, de Dias GOMES, e de *Sinal de Vida*, de Lauro César MUNIZ, num alinhamento de títulos não exaustivo.

Em alguma medida, esses trabalhos aprofundaram ou repropuseram técnicas dramatúrgicas ou reflexões críticas investigando aspectos diretamente decorrentes de uma noção central: a de que a nação e seu povo eram representáveis teatralmente, e que aqueles fatos e figuras históricas abordadas eram uma das formas possíveis de fazê-lo.

Dentro de uma visão de conjunto da dramaturgia dos anos 70, nenhuma outra obra teatral representou o nacional e o popular de forma tão rica, artística e politicamente, como *Rasga Coração*, último texto de VIANINHA, e sua obra-prima. Escrito como balanço de setenta anos da vida do país, a peça representou a mais amadurecida incursão do autor no campo do épico, o que fez dela, ao mesmo tempo, o trabalho que explorou primorosamente os limites de expressão e de pensamento crítico ligados à representação do nacional e do popular na dramaturgia brasileira.

Igualmente dignas de nota, dentro desse mesmo período, são duas outras peças de enorme repercussão: *Gota d'Água*, de Paulo PONTES e Chico BUARQUE DE HOLLANDA (1975) e *O Último Carro*, de João das NEVES (1976), cujo enredo se desenvolvia inteiramente no interior de um trem de subúrbio. *Gota d'Água* apresentou uma particularidade no que diz respeito à sua autoria: foi escrita a partir do texto teledramatúrgico de *Medeia*, que VIANINHA havia recriado, três anos antes, para o programa *Caso Especial*, da Rede Globo de Televisão, com base na *tragédia** clássica. O trabalho, que a morte prematura de VIANNA não permitiu transpor para o teatro, havia sido fruto de seu crescente interesse na tragédia como expressão de questões sociais e políticas, figuradas no enredo através da transposição das personagens e do conflito para os morros e as favelas cariocas da época contemporânea.

Na segunda metade dos anos 70, com a crescente divulgação dos escritos de Antonio GRAMSCI, em português, o conceito tipicamente gramsciano de *nacional/ popular* ganhou evidência dentro do debate de esquerda, principalmente no âmbito acadêmico.

Na Itália, o nacional/popular havia surgido como forma de revolução "passiva" capaz de articular, idealmente, o povo e setores intelectuais contra a cultura dominante. Como no contexto italiano o intelectual não tinha conexões com as camadas populares, a proposição de uma cultura nacional e popular surgiu da necessidade de se postular visões de mundo contrapostas às da cultura elitista e capazes de enxergar o povo como o representante mais legítimo da nação.

Para GRAMSCI, o intelectual deveria assumir um papel ativo nesse processo, tornando-se assim um intelectual orgânico e participando ativamente da constituição de uma cultura nacional e popular.

Como se pode verificar, trata-se de um conceito diferente daquele que vinha até esse momento vigorando entre a intelectualidade de esquerda no Brasil, embora apresente pontos de contato com os projetos de cultura politizada e com o perfil de intelectual engajado característico dos anos 60.

Em termos amplos, o crescente debate sobre as obras de GRAMSCI liga-se muito mais à circulação editorial de seus escritos em língua portuguesa do que às concepções de nacional e popular correntes no país.

No início dos anos 80, uma série de seminários organizados pela FUNARTE realizou a revisão e o debate sistemático da produção nacional e popular nas diferentes áreas da cultura. O volume dedicado ao teatro, elaborado por Mariangela Alves de LIMA e José ARRABAL, recorta uma série de momentos da história do teatro brasileiro nos quais a questão do nacional e do popular mostrou representatividade no que diz respeito ao debate de ideias e aos processos de criação. (MSB)

 Arena (Teatro de), Armorial, Político (Teatro).

 Almada, 2004; Arrabal e Lima, 1982; Arte em Revista, 1980(3); Barcellos, 1994; Boal, 2000; Costa, 1996; Domont, 1997; Frederico, 1998; Hollanda, 1980; Kühner e Rocha, 2001; Maciel, 2004; Peixoto (org.), 1989; Ridenti, 2000; Rubim, 1998.

NARRADOR

No que se refere à presença do narrador no teatro, existem dois aspectos que devem ser destacados. O primeiro é alusivo ao texto teatral, enquanto o segundo diz respeito à encenação propriamente dita. Estabelecer essa diferenciação é importante pois, quando se busca uma interlocução entre a linguagem teatral e a linguagem literária, geralmente surge a seguinte advertência: teatro é ação, romance é narração.

Tal assertiva ganha maior relevância quando dela se infere que a personagem teatral dirige-se diretamente ao espectador, sem que sejam necessários elementos mediadores. No entanto, como bem adverte Anatol ROSENFELD, ao refletir sobre a composição daquilo que denomina sintoma de ficção: "O sintoma linguístico evidentemente só pode surgir no gênero épico (narrativo), porque é nele que o narrador em geral finge distinguir-se das personagens, ao passo que no gênero lírico e dramático, ou está identificado como o Eu do *monólogo** ou, aparentemente, ausente do mundo dramático das personagens. Assim, somente no gênero narrativo podem surgir formas de discurso ambíguas, projetadas ao mesmo tempo de duas perspectivas: a da personagem e a do narrador fictício" (1987: 25).

As observações de ROSENFELD não só reafirmam a necessidade de se destacar sobre quem se fala (texto ou cena), quando se busca apreender a figura do narrador, como revelam que somente o texto que adota mais de uma perspectiva de narração é capaz de explicitar cenicamente a presença do narrador.

Na *tragédia** grega, o narrador pode ser identificado tanto no texto, quanto na cena, pois como bem atentou Décio de Almeida PRADO: "Devemos compreender o *coro** da tragédia que, se por um lado era pura expressão lírica, por outro desempenhava funções sensivelmente semelhantes às do narrador do romance moderno: cabia a ele analisar e criticar as personagens, comentar a ação, ampliar, dar ressonância moral e religiosa a incidentes que por si só não ultrapassariam a esfera do individual e do particular" (1987b: 87).

Assim, se o coro pode ser associado ao narrador, não se deve ignorar que em alguns textos gregos, particularmente nos de EURÍPIDES, a função do narrador foi assumida por diferentes personagens, além do coro. Da mesma maneira que os elementos épicos permaneceram em distintos momentos de representação, o narrador assumiu diferentes formas em diversos momentos históricos. Nos poemas dramáticos do século XVII, o narrador não surge desvinculado da ação da personagem. Pelo contrário, imbuídas de seus conflitos, as próprias personagens narram acontecimentos ocorridos fora da cena. Em *El Cid*, Dom Rodrigo assume a condição de narrador ao descrever a seguinte situação: "DOM RODRIGO – A tropa então, sob ordem minha avança, / Na fronte e olhar expondo a marcial segurança. / Quinhentos era a conta, e por maior conforto, / Vimo-nos já três mil ao atingir o porto, / Tanto, em nos ver marchar, do destemor a imagem, / Renascia em toda alma aterrada a coragem!" (CORNEILLE, s/d.: 71).

Esse recurso, frequente nos poemas dramáticos, encontra-se também nos escritos de William SHAKESPEARE. Em *Macbeth* não é dado ao espectador assistir ao assassinato do rei Duncan. A plateia toma conhecimento do ocorrido através de personagens que narram ações passadas: "MACDUFF – Vosso real pai foi assassinado. / MALCOLM – Oh! Por quem? / LENNOX – Parece que foram os camaristas. As mãos e os rostos estavam com insígnias do sangue, bem como as adagas que encontramos sujas, debaixo dos travesseiros. Olhavam fixamente e pareciam perplexos. Não poderia haver vida humana em segurança debaixo da guarda deles" (1978: 144).

A utilização de vários recursos narrativos não é prerrogativa dos textos trágicos. Em *Escola de Mulheres*, MOLIÈRE faz com que a personagem Arnolfo, fora da cena, antecipe, no nível da narrativa, à plateia a ação que virá na seqüência: "CENA IV – Arnolfo, Alain e Georgette – ARNOLFO (*à parte*) – Um certo grego aconselhava ao imperador Augusto, como uma regra verdadeira e útil que, quando qualquer fato lhe despertasse raiva, antes de qualquer reação, repetisse o alfabeto. Seria o tempo bastante pra temperar a bílis e evitar fazer coisas de que se arrependesse. Segui esse conselho no presente caso: chamei Inês aqui a pretexto de um pequeno passeio, e deixarei que as suspeitas de meu espírito conturbado a conduzam ao assunto que desejo, sondem meu coração e descubram a verdade, suavemente. Entra, Inês. (*A Alain e Georgette*) E vocês dois, fora!" (1983: 188).

Pelos exemplos mencionados, verifica-se que a presença do narrador, tanto nos textos, quanto nos palcos, é constante. Porém, é com uma estrutura formal de uma específica dramaturgia, desenvolvida no decorrer do século XIX, que se expande a ideia de que o teatro é ação, opondo-se à narrativa que se encontrava nos romances. Em contraponto a essa concepção, Anatol ROSENFELD propõe que se compreenda essa construção cênica também à luz da escrita do texto teatral. Assim, é conveniente indagar: por que não há narrador? Esta ausência "indica claramente que a identificação do *ator** com a personagem significa que o foco se encontra dentro dela: a aparente ausência do narrador fictício, no palco clássico, explica-se pelo simples fato de que ele se solidarizou ou identificou totalmente com uma ou várias personagens, de tal modo que já não pode ser discernido como foco distinto. É por isso também que o palco clássico depende inteiramente do ator-personagem, porque não pode haver foco fora dele. O próprio cenário permanece papelão pintado até surgir o 'foco fictício' da personagem que, de imediato, projeta em torno de si o espaço e tempo irreais e transforma, como por um golpe de magia, o papelão em paisagem, templo ou salão" (ROSENFELD, 1987: 30).

Nesse sentido, a rubrica assume, no texto teatral, o papel que o narrador adquire no palco, na medida em que ela dá, muitas vezes, indicações sobre a composição do cenário, figurino das personagens, movimentação em cena. Na verdade, em alguns casos, cumpre a função de um prólogo narrado em tempo presente. Por exemplo, a peça *Casa de Bonecas*, de Henrik IBSEN, inicia-se assim: "Salão agradável, decorado com bom gosto, mas sem luxo. Uma porta no fundo, à direita, conduz ao vestíbulo... Uma mesinha entre a estufa e a porta lateral. Gravuras nas paredes... O chão é atapetado e a estufa está acesa. Dia de inverno. Ouve-se a campainha do vestíbulo... Entra Nora, cantarolando alegremente..." (2003: 8). Depreende-se a existência de um modo dramático de narrar que organiza a ação no palco, assim como conduz as personagens e a capacidade de cada uma em concentrar, sob os seus diálogos, a própria narrativa.

No entanto, encontra-se, no decorrer desse século XIX, na dramaturgia singular de Georg BÜCHNER, um uso dramático da função narrativa, de extrema importância para as formulações teóricas posteriores, desenvolvido nas teorias do *teatro épico** do século XX. *Woyzeck*, texto inconcluso escrito em 1836, é uma peça capital para a configuração de uma teoria da narratividade no teatro. Constituída por quadros que não se articulam a uma narrativa central, como observaram Jacó GUINSBURG e Ingrid KOUDELA: "As cenas são compostas apenas com alguns traços, sobressaindo seu caráter independente em relação ao todo da ação dramática. Cada cena cristaliza um microcosmo autônomo, com tensão e atmosfera próprias. Ou seja, cada pulsação contém o universo do drama, sem requerer uma ligação explícita com aquelas que a antecedem ou sucedem. [...] A linearidade da fábula é substituída por recortes que se articulam como um mosaico. A justaposição descontínua possibilita a construção com novos liames significantes, por meio de saltos no tempo, no lugar e na ação" (2004: 49).

Dessa feita, o "estar no mundo" de um protagonista solitário, destituído de condições de entendimento daquilo que ocorre ao seu redor, forja uma das mais vigorosas imagens cênicas do excluído social. A estrutura dramática coloca no palco distintas perspectivas de narração que se explicitam por intermédio das personagens, seja em diálogos, seja em monólogos: "MARIE – (*Olha-se de novo no espelho.*) Com certeza é de ouro! Gente como nós só tem um cantinho no mundo e um pedacinho de espelho e, ainda assim, tenho uma boca tão vermelha como as grandes madames com seus espelhos de alto a baixo e seus belos senhores, que lhes beijam as mãos; sou apenas uma pobre mulher. (*A criança endireita-se.*) Quieto menino, feche os olhos, lá vem o anjinho do sono! Olha como corre pela parede! (*Lança reflexos com o espelho.*) Feche os olhos senão ele vai olhar para eles, até que você fique cego" (BÜCHNER, 2004: 291).

Porém, será no início do século XX que o impacto e a influência do texto de BÜCHNER far-se-ão presentes, principalmente pela influência sobre dramaturgos expressionistas. *As Massas e o Homem*, peça do alemão Ernst TOLLER escrita em 1919, é composta por sete quadros independentes. As personagens representam segmentos sociais (Operários, Operárias, Anônimo, Banqueiros etc.). O espaço cênico, além de locais definidos socialmente (prisão, bar, bolsa de valores etc.), é dotado de características que remetem ao plano onírico (sombras, vozes dos condenados, sonhos). Tal fragmentação contribuiu para expor, no palco, diferentes narrações, assim como os diálogos, muitas vezes, transformam-se em *monólogos**, nos quais a personagem expõe pontos de vista e/ou acontecimentos. Para tanto, assume um foco narrativo externo a ela, projetando-se para além de si mesma: "CORO – A massa é força! A massa é liderança! / MULHER – Os meus sentimentos me unem a vocês, a minha consciência grita mais alto: NÃO! / O ANÔNIMO – Pelo bem da causa, camarada, cale-se! Para que serve o indivíduo, os seus sentimentos, a sua consciência? O que conta é a massa. Pense bem: uma única luta sangrenta a mais, e depois... a paz eterna. Chega de subterfúgios, chega daquela paz de outrora em que, por baixo da máscara, a guerra se agitava sem cessar! Era a guerra dos fortes contra os fracos, a guerra da exploração, a guerra da avidez! Pense bem, camarada: eu estou propondo o fim da miséria! Estou propondo um futuro em que os crimes não passarão de lembranças semiesquecidas. Em cada alvorada, brilhará a liberdade! Para todos os povos da terra! Não estou falando sem pensar: a guerra é absolutamente necessária à causa. As coisas que você diz só fazem dividir as opiniões: portanto, pelo bem de todos nós, cale-se!" (1983: 46).

Essas propostas estéticas e temáticas, aliadas à crítica ao ilusionismo do teatro dramático, propiciaram a Bertolt BRECHT desenvolver, na prática e na teoria, um trabalho que se opôs à perspectiva que, no texto ou no espetáculo, elide os elementos narrativos. Assim, suas personagens, por meio de comentários, canções e resumos, assumem a função de personagens narradoras ou, de acordo com ROSENFELD: "Quando BRECHT pede ao ator que não se identifique com a personagem, para poder criticá-la, põe um foco narrativo fora dela, representado pelo ator que assume o *papel** de narrador fictício" (1987: 30). Esse comentário pode ser confrontado com a seguinte passagem de *Mãe Coragem e seus Filhos*, na qual a protagonista se apresenta ao Sargento e, na sequência, a canção comenta o que foi elidido na frase "Gente de negócios": "MÃE CORAGEM – Bom dia, senhor Sargento! / *SARGENTO barrando-lhes a passagem* – Bom dia, gente. Quem são vocês? / MÃE CORAGEM – Gente de negócios. *Canta* – Seu Capitão, faça o tambor calar / E deixe a soldadesca descansar: / Mãe Coragem vem trazendo sapatos / Com que eles podem melhor caminhar. / Se com piolhos e com outros bichos, / Levando cargas e canhões de arrasto, / Eles têm de marchar para a batalha, / Pois que marchem calçando bons sapatos!" (1991: 176).

Essas estratégias de narração, acrescidas de outras aqui não mencionadas, trouxeram significativas contribuições para a dramaturgia e para a cena brasileira. No que diz respeito à presença do narrador, esse repertório de recursos narrativos revalorizados pela teoria brechtiana propiciou o surgimento da diversidade estética, tanto no nível da escrita, quanto no da encenação teatral. É preciso lembrar, contudo, que a presença do narrador e, de um modo geral, as técnicas narrativas espetaculares eram rotineiras na dramaturgia que, cronologicamente, precede o drama burguês.

Com essa preocupação devem ser recordados os trabalhos de Artur AZEVEDO, nos quais é possível encontrar uma multiplicidade de focos narrativos: o farto uso de *coplas** (quadras para cantar), do coro, de personagens individuais e de personagens representando o coletivo. A opção por essas personagens faz com que, muitas vezes, o foco narrativo esteja fora delas, como na Cena VII, de *O Tribofe*: "TRIBOFE, FRIVOLINA, a LIBERDADE / (*A Liberdade entra, e Tribofe, Frivolina e os figurantes descem com ela ao proscênio*) / A LIBERDADE – Deixem-me respirar! Deixem-me respirar! Ah! como agora respiro à vontade! Já não podia! Tantos meses de ditadura!…(Respirando.) Ah!… / FRIVOLINA – Quem é esta senhora que precisa tanto de ar? / TRIBOFE – Não sei. / A LIBERDADE – Eu sou a Liberdade!… / TODOS – A Liberdade!… / TRIBOFE – Não admira que não conhecêssemos. Vossa Excelência vende-se tão caro! / A LIBERDADE – Estou satisfeita! muito satisfeita! satisfeitíssima!… / TODOS – Por quê? / A LIBERDADE – Acaba de ser promulgada a Constituição da República!… / TODOS – Ah! / A LIBERDADE – Agora, cumpre aos Brasileiros respeitá-la e engrandecê-la! (*Aponta para o fundo. Música. Mutação**)" (1987b.: 71-72).

Nesse quadro, reconhece-se a presença de vários narradores. O primeiro está na própria rubrica: um narrador onisciente organiza o espaço cênico para que a ação aconteça, indica a posição que as personagens deverão ocupar no palco e orienta a sonoplastia anunciando o fim da cena. No que se refere às personagens, Frivolina, no início do espetáculo, já havia se apresentado como a musa da *revista de ano**. Tribofe é um naturalista tornado personagem por Frivolina e Liberdade é figuração da concepção política do Estado de Direito. A cena inicia-se com uma contradição: a Liberdade sufocada podendo, enfim, respirar. Diante do espanto de todos, informa que isso se tornou possível devido à promulgação da Constituição. Por esses diálogos, é narrado um momento da história política brasileira relativo ao estabelecimento da República no país. A Liberdade assume a narração neste quadro, mas em uma perspectiva exterior a ela, na medida em que o acontecimento, alusivo à Carta Constitucional, está fora da cena e do próprio espetáculo.

A Capital Federal, por sua vez, começa com o coro (subdividido em Os Hóspedes, Os Criados, um Hóspede, um Inglês, um Fazendeiro e o

Gerente) apresentando a situação a que o público irá assistir, mas que não se realiza no palco. Eles narram o caos em que o hotel se transformou: "CENA I / Um GERENTE, um INGLÊS, uma SENHORA, um FAZENDEIRO e um HÓSPEDE / Coro e *Coplas* / OS HÓSPEDES – De esperar estamos fartos / Nós queremos descansar! / Sem demora aos nossos quartos / Faz favor de nos mandar! / OS CRIADOS – De esperar estamos fartos! / Precisamos descansar! / Um hotel com tantos quartos / O topete faz suar! / UM HÓSPEDE – Um banho quero! / UM INGLÊS – Aoh! Mim quer come! / UMA SENHORA – Um quarto espero! / UM FAZENDEIRO – Eu estou com fome! / O GERENTE – Um poucochinho de paciência! / Servidos, todos vão ser, enfim! / Fiem-se em mim! / CORO – Pois paciência, / Uma vez que assim quer a gerência!" (1987b.: 319).

Tem conotação teórico-crítica o emprego da narrativa na dramaturgia de Oswald de ANDRADE, epígono do Modernismo familiarizado com a dramaturgia expressionista e com as *vanguardas** cênicas europeias do início do século XX. Na peça *O Rei da Vela,* escrita em 1933, é o protagonista Abelardo I quem assume a função narrativa. Nas cenas finais, quando se confronta com Abelardo II, ele narra a história de Jujuba e dela retira o caráter particular, tornando-a exemplar como conduta de classe, a fim de comentar, analisar e julgar o comportamento de Abelardo II: "ABELARDO I – Calma! Não és parecido com o Jujuba, senão no físico. Vou te contar a história do Jujuba! Era um simples cachorro! Um cachorro de rua... Mas um cachorro idealista! Os soldados de um quartel adotaram-no. Ficou sendo a mascote do batalhão. Mas o Jujuba era amigo de seus companheiros de rua! Na hora da boia, aparecia trazendo dois, três. Em pouco tempo, a cachorrada magra, suja e miserável enchia o pátio do quartel. Um dia, o major deu o estrilo. Os soldados se opuseram à saída da sua mascote! Tomaram Jujuba nos braços e espingardearam os outros...A cachorrada vadia voltou para a rua. Mas, quando Jujuba se viu solto, recusou-se a gozar o privilégio que lhe queriam dar. Foi com os outros! / ABELARDO II – Demagogia! / ABELARDO I – Não. Ele provou que não! Nunca mais voltou para o quartel. Morreu batido e esfomeado com os outros, na rua, solidário com a sua classe! Solidário com a sua fome! Os soldados ergueram um monumento ao Jujuba no pátio do quartel. Compreenderam o que não trai. Eram seus irmãos. Os soldados são da classe do Jujuba. Um dia também deixarão atropeladamente os quartéis. Será a revolução social...Os que dormem nas soleiras das portas se levantarão e virão aqui procurar o usurário Abelardo! E hão de encontrá-lo..."(1976b.: 113-114).

Ainda que o teatro de prosa tenha permanecido até o final da década de 1940 imune às inovações que, na Europa, ameaçaram a primazia do realismo, houve considerável esforço por parte de escritores modernistas para propor uma literatura dramática que ultrapassasse o âmbito da reprodução da sala-de-estar. Além de Oswald, certamente o mais significativo autor a empregar nas suas peças recursos narrativos, Graça ARANHA, Mário de ANDRADE e Menotti DEL PICCHIA escreveram obras com personagens dotadas de atribuições narrativas.

As instâncias narrativas no palco ganharam maior complexidade com o advento do "moderno teatro brasileiro". Em *Vestido de Noiva*, de Nelson RODRIGUES, observa-se a presença de vários narradores. O primeiro é Alaíde, que pode ser classificada como uma narradora onisciente seletiva, pois os planos da alucinação (a ida da protagonista ao bordel para encontrar Madame Clessi e, como a partir desse encontro, ela busca refazer a sua trajetória) e da memória (a partir dele são encenados momentos que antecederam o seu casamento com Pedro e as desavenças com sua irmã Lúcia) vêm de seus pensamentos, sentimentos e percepções. O segundo narrador está em cena, no plano da realidade, e é a personagem do jornalista Pimenta. Através do telefone, ele narra ao Redator e ao público o atropelamento de Alaíde. É por intermédio de sua narrativa que a realidade atualiza-se cenicamente (após as informações dadas à redação sobre a morte de Alaíde, abre-se o plano da realidade com Lúcia e Pedro discutindo sobre a culpa de cada um no ocorrido). Por fim, há um terceiro narrador onisciente, responsável pela estrutura geral da narrativa, dispondo os planos e a eles agregando jogos dramáticos com a iluminação, com vistas a dar inteligibilidade à interlocução existente entre eles. Da mesma maneira, quando os planos da alucinação e da memória desaparecem com a morte de Alaíde e o plano da realidade predomina no palco, somente esse narrador é capaz de colocar em cena os preparativos para o casamento de Lúcia e Pedro sendo observados pelos espectros de Clessi e Alaíde e apenas ele, por meio de sua narração, possibilita que Alaíde entregue o buquê a Lúcia.

Essa dramaturgia, que construiu diálogos com a linguagem cinematográfica e com diversas experiências estéticas europeias e norte-americanas, não se restringiu apenas a Nelson RODRIGUES. Diversos teatrólogos brasileiros utilizaram esses recursos narrativos em suas peças. Apenas a título de ilustração, podem ser mencionados Jorge ANDRADE e Oduvaldo VIANNA FILHO. O primeiro possui inúmeros textos que utilizam fragmentação temporal e narrativa, dada a complexidade das temáticas abordadas. Um de seus trabalhos mais sofisticados no campo da narração é *O Sumidouro*. Além do texto propriamente dito, ANDRADE lançou mão da projeção de *slides* e filmes, recursos amplamente utilizados pelo teatro épico de Erwin PISCATOR e de Bertolt BRECHT, que, sem dúvida, tornam o palco plural em termos narrativos. Em relação ao texto, há que se destacar a rubrica inicial dividindo o palco entre "um lugar impreciso sugerindo árvores, ruas, palácios, colunas, rios, como se fossem imagens de uma mente confusa" e um escritório de trabalho, no qual as referências estéticas de ANDRADE são explicitadas com os retratos de TCHÉKHOV, Eugene O'NEILL, Arthur MILLER e Bertolt BRECHT. Desse modo, observa-se a presença de uma instância narrativa que organiza não só o espaço, mas as referências intelectuais que subsidiam a história.

Do ponto de vista temático, a peça apresenta-se em dois campos bem definidos. O primeiro relativo à função social do trabalho intelectual, isto é, a personagem Vicente indaga à mulher, Lavínia, sobre os possíveis significados e a importância de suas atividades profissionais. O segundo diz respeito à saga de Fernão Dias, da ocupação territorial do Brasil e dos projetos que motivaram esse bandeirante. Nesta construção cênica tem-se, nos diálogos entre Vicente e Lavínia, uma narração épica da personagem-dramaturgo acerca de seu trabalho e suas intenções temáticas: "VICENTE – Claro! Bandeirantes heroicos que alargaram nossas fronteiras! Quase podemos vê-los discutindo em volta de mapas: por esta rota, vamos diminuir o Paraguai; por aquela, tomaremos o pantanal da Bolívia – menos o petróleo, é claro; por esta, empurramos a Venezuela em direção às Caraíbas – sempre deixando o petróleo de fora; e por esta aqui espremermos o Uruguai contra o Prata. Assim, obrigamos o meridiano de Tordesilhas a um recuo de quase vinte graus. Conscientes da história que iam fazer. Únicos descobridores da ciência do futuro!"(ANDRADE, 1986: 533-534).

Com essas proposições, a atividade intelectual de Vicente (narrador onisciente seletivo) materializa a personagem Fernão Dias e o palco passa a comportar, no tempo presente, a escrita do texto e o processo criativo do dramaturgo, tanto que em determinados momentos Vicente e Fernão Dias ocupam o mesmo plano, em uma construção simbólica que coloca, lado a lado, a personagem ficcionista e sua personagem de ficção. "FERNÃO DIAS – Por que começar pelo fim? / VICENTE – Porque se trata de sua vida e precisa voltar dentro dela. Estou diante de você, porque voltei dentro da minha. Podemos vê-la, inteira, no instante de morrer. / FERNÃO DIAS – Ver para quê? / VICENTE – Para salvá-lo da mentira. Deseja viver só na imaginação de historiadores medíocres que pactuaram com toda sorte de injustiças? Compiladores que o apresentam como desbravador heroico, alargando fronteiras? Não é melhor viver na verdade? Mesmo que seja amarga?" (1986: 536).

Em meio a esse complexo jogo de temporalidades, que colocou em cena o próprio processo criativo, há o narrador onisciente organizando os diferentes tempos, estabelecendo o jogo cênico, ao mesmo tempo que fornece elementos para que se compreenda a elaboração do texto que está sendo lido/encenado.

Um terceiro exemplo desse recurso narrativo está em *Rasga Coração*, de Oduvaldo VIANNA FILHO. Na peça, há uma interlocução entre passado e presente na qual, através do narrador onisciente, articula-se o diálogo entre duas situações ocorridas em momentos distintos, mas que por seus significados evidenciam historicidades específicas em relação aos temas e às situações. Nesse sentido, esse narrador materializa-se cenicamente por meio da síntese que os diferentes tempos suscitam no espectador/leitor. "LUCA – Para de falar comigo fazendo o tolerante, Manguari, melhor levar psicologia nova, alimentos novos, alimentos naturais, saca? As pessoas desaprenderam de fuder, falar e de comer, saca? As pessoas... / MANGUARI – ... as pessoas não têm o que comer, menino! As pessoas, não ... / LUCA – ... gás SO2, brometos, DDT, 40 toneladas de corante, é isso que as pessoas comem! Vocês estão comendo coisas mortas, fúnebres, e isso é que explode dentro do sangue de vocês! Hein? E para fugir dessa morte, hein? Essa ansiedade! Pra afogar essa ansiedade vocês resolveram fazer o reino da fartura e pulam em cima da natureza, querem domá-la a porrada e comem morte e engolem carnes ... [...] / MANGUARI – Isso são palavras, Luca, palavras a gente junta, de qualquer maneira, menino, isso que você falou dá o que pra fazer, fora ficar nauseado? Hitler era vegetariano... (*Luca saiu. 666 aparece. Anda furioso de um lado pro outro. Um foco de luz do passado abre sobre ele e Manguari sob outro foco, Castro Cott desfila imponente*). / CASTRO COTT – Campo aos jovens! A civilização envelheceu! Somos os camisas verdes no Brasil, os camisas pretas na Inglaterra, os camisas azuis na França! / 666 – Você vai para o interior, sim senhor, vai pro interior, não tem talvez!"(1980: 32).

Na dramaturgia produzida na década de 60, encontram-se várias peças que se inspiraram na estrutura épica de Bertolt BRECHT. Um dos exemplos mais bem acabados desse procedimento está em *Revolução na América do Sul*, de Augusto BOAL. O seu início é marcado por um prólogo, no qual se apresentam os problemas da humanidade naquele momento. Mas este é interrompido pelo narrador que, à luz desse circunstanciamento, faz a seguinte apresentação do espetáculo: "NARRADOR – Mas, o mundo fica longe... / Muito longe daqui. / Aqui não há bombas, / Nem há revolução. / Muito pouco se mata, / A não ser o lotação. / Esta peça não conta bombas, / Nem massacres, / Nem crime de morte. / Simples história / De um homem e de sua virtude: / 'José'. / Pleno de esperança e de bondade, / Um homem que morreu / Sem conhecer o inimigo / o inimigo o cercou / e até as calças roubou. / E no fim da peça o matou. / E vocês verão por quê, / Embora José da Silva, / Continue sem saber. / É uma história engraçada. / (Se é que a fome tem graça) / Vamos esquecer bem longe. / O mundo. / O mundo que ninguém vê. / Vamos pensar em José, / Que tem tanto prá sofrê."(s/d, p. 11-12). Mas, esse não é o único momento em que o narrador apresenta-se no palco. Pelo contrário, pode-se reconhecê-lo nas canções que entremeiam os diálogos, com o intuito de oferecer outros enfoques da situação apresentada, no coro comentando as cenas, assim como o narrador onisciente que se manifesta pelos títulos que as cenas recebem e organiza a narrativa do espetáculo: "CENA DOIS – GRANDE PRÊMIO BRASIL: CORRIDA ENTRE O SALÁRIO MÍNIMO E O CUSTO DE VIDA".

Dentre os textos produzidos pelo CPC da UNE, vale recordar, como ilustração, *O Auto dos 99%* (Antônio C. FONTOURA, Armando COSTA, Carlos E. MARTINS, Cecil THIRÉ, Marco A. GARCIA e Oduvaldo VIANNA FILHO). Este se inicia com uma voz narrando o princípio de tudo. A história é narrada por diferentes personagens, com vistas a demonstrar como o processo de colonização contribuiu com o estabelecimento da estrutura universitária exposta e criticada, principalmente pelos comentários feitos pelo coro. "CORO – Cátedras do Brasil, parasitas da nação! Que bela lição! / ESTUDANTE – A Universidade é uma quimera, uma balela. Um conto de fada, uma conversa fiada. / CORO – O colega pode crer, o colega há de saber. / ESTUDANTE – Que é cabide de emprego, um lugar de sossego. / Onde a professorada que não sabe o que diz, / Fica boba e intrigada com o progresso do país. / CORO – Cabide de emprego, lugar de sossego. / O colega já morou ? Essa cambada não é de nada! / O que sabe, decorou!" (Peixoto, 1989: 127).

São dignos de menção os *musicais** das décadas de 1960 e 70. Em relação às iniciativas do Teatro de Arena (SP), encontram-se *Arena conta Zumbi* e *Arena conta Tiradentes*, ambos de autoria de Augusto BOAL e de Gianfrancesco GUARNIERI. Os dois textos narram, respectivamente, as experiências do Quilombo dos Palmares e da Inconfidência Mineira, com o intuito de estabelecer uma interlocução entre esses acontecimentos históricos e a situação vivenciada pelos atores e pela plateia relativa à ditadura militar de 1964. A partir desses argumentos básicos, o palco em *arena** inicia a sua narrativa dramática. Em *Zumbi*, as ações são narradas coletivamente, isto é, todas as personagens assumem essa função. Para tanto, não se estabelece uma identificação ator/personagem, pois, por intermédio do *sistema coringa**, à medida que o espetáculo se desenrola, os atores interpretam diferentes personagens. A essa iniciativa, que visa explicitar o caráter épico/narrativo, somam-se as canções, que comentam e/ou ilustram a situação narrada, tal qual o coro. Este em várias circunstâncias estabelece contrapontos com o que é dito pela personagem. Dessa maneira, há exposições de motivos, organizadas em quadros cênicos, informando ao espectador os motivos da derrota de Palmares, uma vez que este é o objetivo central desse trabalho. Na canção, que cumpre as funções de prólogo, são feitas as seguintes afirmações: "O Arena conta a história / prá você ouvir gostoso / quem gostar nos dê a mão / e quem não tem outro gozo // História de gente negra / da luta pela razão / que se parece ao presente / pela verdade em questão, / pois se trata de uma luta / muito linda na verdade: / É luta que vence os tempos / luta pela liberdade! // Os atores têm mil caras / fazem tudo nesse conto / desde preto até branco / direito ponto por ponto // Há lenda e há mais lenda / há verdade e há mentira: / de tudo usamos um pouco / mas de forma que servirá / a entender nos dias de hoje / quem está com a verdade / quem está com a verdade / quem está com a mentira" (1970: 31).

Em *Arena Conta Tiradentes*, as personagens apresentam-se por meio de seus papéis sociais (Igreja, Exército, Aristocracia, Povo), cabendo somente ao protagonista, Tiradentes, ser interpretado por único ator, com o objetivo de construir empatia com a plateia. No que se refere à narrativa, esta é conduzida pelo coringa, que entrevista as personagens, questiona-as e propõe, a partir de seu enfoque, possíveis interpretações sobre o ocorrido. A sua atuação como narrador é auxiliada pelo coro, como se verifica na seguinte passagem: "CORO 1 e 2 – Quem quiser Independência / o garimpo vá chamar / pois são mil bocas douradas / que num grito vão apoiar! / CORINGA – Me digam lá, companheiros dessas Minas. / Que é que há com o povo que não se manifesta? / GARIMPEIRO – E eu sei lá? Quem entende? O pessoal fica aí reclamando, falando. Na hora do prá valê? / Ninguém faz nada! / Isso é que falta, ó... (bate a mão na testa), Tutano! Tutano é que não tem! / CORINGA – Mas se vier a Derrama, mesmo assim ninguém faz nada? / GARIMPEIRO – Arma tem aos monte! / Essas picaretas aí, ó! / Vou te contá! / Pega um Joaquim desses com uma picareta, eu não quero nem vê! / Mas é que o pessoal não sabe, fica tudo pelos canto, procurando lei a favor... / CORINGA – Mas se alguém organizasse a resistência, o povo ia junto? / GARIMPEIRO – Ah, isso é mais que certo. Estourou o fuzuê nós tá lá. O difícil é estourá" (1967: 101).

Acontecimentos do Brasil República estão na base do texto *Vargas ou Dr. Getúlio, sua Vida e sua Glória*, de Dias GOMES e Ferreira GULLAR. Ambientada na quadra de uma escola de samba, a peça atualiza cenicamente episódios da história política brasileira que tiveram Getúlio VARGAS como protagonista. Entremeadas com conflitos dos componentes da escola, são narradas e/ou atualizadas situações vividas pela personagem histórica. A fim de integrar esses dois cenários (Escola de Samba e Palácio do Catete), os autores utilizaram várias estratégias, tais como o samba-enredo (de autoria de Chico BUARQUE e Edu LOBO) para narrar importantes momentos da trajetória política de VARGAS : "Foi / O chefe mais amado da nação / Desde o sucesso da revolução / Liderando os liberais / Foi / O pai dos mais humildes brasileiros / Lutando contra grupos financeiros / E altos interesses internacionais /Deu / Início a um tempo de transformações..." (1983, p. 29). No que se refere às personagens, Simpatia, presidente da Escola de Samba, inicia o espetáculo dirigindo-se diretamente ao público para narrar o que acontecerá no palco: "SIMPATIA – Boa noite, minha gente, / desculpe se antes do samba / venho deitar falação. / Mas pra coisa ter sentido, / ficar tudo esclarecido, / faz falta uma explicação. / É preciso esclarecer – para evitar confusão, / pra ninguém dizer que viu / o que não viu ou quis ver – / que é apenas um ensaio / o que aqui vamos fazer. / [...] / O enredo é esse mesmo / – ninguém vai modificar / o que já está na História – / e pra quem ainda não sabe / se chama Dr. Getúlio, / Sua Vida e Sua Glória. // O destaque do Getúlio / – me perdoem a imodéstia – / é feito aqui pelo degas, / Sou presidente da Escola, / exigi a regalia: / afinal, somos colegas... / No cargo, na sorte não, / pois ele, no fim, se mata / com um tiro no coração." (1983: 25; 27). Em outros momentos, a narração fica sob a responsabilidade do autor do samba-enredo que conduz o ensaio e a trajetória de Vargas: "AUTOR – Mas espere! Para, para! / Isso está fora de hora. / É uma esculhambação... / Ainda está muito cedo. / A carta não entra agora. / É só lá no fim do enredo. / Volta, volta! / (*Para a plateia*) Peço à fina / plateia que nos desculpe. / É que alguém lá se enganou." (1983, p. 36). Por fim, há que se mencionar uma outra instância narrativa: o coro que auxilia no desenvolvimento do enredo e no estabelecimento das passagens de uma cena a outra, entre outros procedimentos.

Nos musicais que levam a assinatura de Chico BUARQUE DE HOLLANDA, *Calabar, o Elogio da Traição* (em parceria com Ruy GUERRA), *Gota d'Água* (em parceria com Paulo PONTES) e *Ópera do Malandro*, as canções assumem papel narrativo, pois, ao quebrarem a ação dramática, as personagens narram situações ou as comentam pelos números musicais. Em relação a *Calabar*, pode-se verificar: o conflito que organiza a narrativa está fora do palco, isto é, as disputas entre Portugal e Holanda não são vivenciadas cenicamente. Os diálogos estabelecidos entre as personagens, várias vezes, narram acontecimentos ou expõem motivos que justificam o ocorrido, assim como, em outros momentos, as canções estabelecem contrapontos ou reafirmam as falas: "BÁRBARA – Pobre Sebastião, você não sabe o que é trair. Você não passa de um delator. Um alcaguete. Sebastião, tira as botas. Põe os pés no chão. As mãos no chão, põe, Sebastião, lambe a terra. O que é que você sente? Calabar sabia o gosto da terra e a terra de Calabar vai ter sempre o mesmo sabor. Quanto a você, você está engolindo o estrume do rei de passagem. Se você tivesse a dignidade de vomitar, aí sim, talvez eu lhe beijasse a boca. Calabar vomitou o que lhe enfiaram pela goela. Foi essa a sua traição. A terra e não as sobras do rei. A terra, e não a bandeira. Em vez da coroa, a terra. (*Bárbara começa a cantar Tira as mãos de mim*) BÁRBARA (*cantando*) – Ele era mil / Tu és nenhum. / Na guerra és vil, / Na cama és mocho. / Tira as mãos de mim" (1975: 96).

As canções, comentando as cenas, estão presentes também em *Gota d'Água*. As personagens também assumem a função do coro, expondo os acontecimentos: "VIZINHAS – Comadre Joana / Recolhe essa dor / Guarda o teu rancor / Pra outra ocasião / Comadre Joana / Abafa essa brasa / Recolhe pra casa / Não pensa mais não / Comadre Joana / Recolhe esses dentes / Bota panos quentes / No teu coração" (1975: 37-38).

Já em *Ópera do Malandro*, a narrativa épica, herdada da *Ópera de Três Vinténs* (Bertolt BRECHT, 1928), que serviu de inspiração para Chico BUARQUE, evidencia-se : 1) na desdramatização realizada pelas canções, em contraponto à fala das personagens; 2) na estrutura dramática na qual a narração, que assume o ponto de vista em defesa das instituições, é desconstruída pela ação; 3) na existência de personagens-narradores, em especial, o Produtor e João Alegre, o autor da *ópera**, que terá o seu epílogo contestado pelas personagens que elaboraram um outro final, com vistas a institucionalizar a malandragem: "JOÃO ALEGRE – Telegrama / do Alabama / Pro Senhor Max / Overseas / Ah, meu Deus do céu / Me sinto tão feliz" (1978: 182). Porém, ao fecharem as cortinas, uma outra narração apresenta o epílogo do epílogo: "JOÃO ALEGRE – O malandro / Tá na greta / Na sarjeta / Do país / E quem passa / Acha graça / Na desgraça / Do infeliz" (1978: 191).

Dentre os inúmeros textos teatrais brasileiros que explicitam a figura do narrador, há que se fazer especial referência ao *Auto da Compadecida*, de Ariano SUASSUNA, cuja função foi atribuída à personagem Palhaço que, primeiramente, dirige-se ao público anunciando o espetáculo: "PALHAÇO, *grande voz* – Auto da Compadecida! O julgamento de alguns canalhas, entre os quais um sacristão, um padre e um bispo, para exercício da moralidade. / [...] / PALHAÇO – Ao escrever esta peça, onde combate o mundanismo, praga de sua igreja, o autor quis ser representado por um palhaço, para indicar que sabe, mais do que ninguém, que sua alma é um velho catre, cheio de insensatez e de solércia. Ele não tinha o direito de tocar nesse tema, mas ousou fazê-lo, baseado no espírito popular de sua gente, porque acredita que esse povo que sofre é um povo salvo e tem direito a certas intimidades. *Toque de clarim*"(1964: 23-24).

Essas duas passagens expõem uma narrativa épica, na qual o Palhaço não só assume o papel do narrador, mas o do autor. Nesse sentido, o dramaturgo coloca-se em cena na condição de um narrador que interfere no ritmo do espetáculo, interrompendo a ação dramática, dialogando com o público e estabelecendo com ele as convenções que irão reger o próprio espetáculo: "PALHAÇO – O distinto público imagine à sua direita uma igreja, da qual o centro do palco será o pátio. A saída para a rua é à sua esquerda. (*Essa fala dará ideia da cena, se se adotar uma encenação mais simplificada e pode ser conservado mesmo que se monte um cenário mais rico*) O resto é com os atores. (*Aqui pode se tocar uma música alegre e o Palhaço sai dançando. Uma pequena pausa e entram Chicó e João Grilo*) (1964: 25).

Em outro momento, o Palhaço assume o controle da narrativa no encerramento de uma dada situação e passagem para outra cena: "PALHAÇO – Muito bem, muito bem, muito bem. Assim se conseguem as coisas neste mundo. E agora, enquanto Xaréu se enterra 'em latim', imaginemos o que se passa na cidade. Antônio Morais saiu furioso com o padre e acaba de ter uma longa conferência com o bispo a esse respeito. Este, que está inspecionando sua diocese, tem que atender a inúmeras conveniências. Em primeiro lugar, não pode desprestigiar a Igreja que o padre, afinal de contas, representa na paróquia. Mas tem também, que pensar em certas conjunturas e transigências, pois Antônio Morais é dono de todas as minas da região e é um homem poderoso, tendo enriquecido fortemente o patrimônio que herdou, e que já era grande, durante a guerra, em que o comércio de minério esteve no auge. De modo que lá vem o bispo. Peço todo o silêncio e respeito do auditório, porque a grande figura que se aproxima é, além de bispo, um grande administrador político. Sou o primeiro a me curvar diante deste grande príncipe da Igreja, prestando-lhe minhas mais carinhosas homenagens" (1964: 72-73).

Outra peça que merece destaque, pela presença do narrador em cena, é *O Livro de Jó*, de Luís Alberto de ABREU. Mesclando drama e narrativa, o primeiro materializa-se na figura do protagonista, enquanto o segundo viabiliza-se pela personagem Mestre. "MESTRE – Bem-vindos a todos. / Atravessem esses umbrais / E colham toda esperança / Que puderem encontrar. / (*Faz uma reverência e cede passagem indicando o caminho*) / Por favor. / Se lá fora a vertigem do dia / Nos arrasta, esgota, extravia, / Tomai este lugar como porto, / [...] / O coração, com certeza, perdoa / A pobreza de nossa narração. / Olhem e vejam com os olhos da alma / A desesperançada calma de homens sem fé" (2002, p. 119). Dessa feita, em meio à narração que organiza o espetáculo, existem outras, tais como a de Jó: "JÓ – Então Jó se levantou, / Rasgou seu manto, / Raspou sua cabeça, / Caiu por terra, / Inclinou-se no chão e disse: / 'Nu saí do ventre de minha mãe / E nu, para lá, voltarei. / Deus me deu, Deus me tirou. / Bendito seja o nome de Deus'" (2002, p. 123). Em outros momentos do texto, estão em cena diferentes narradores compartilhando a mesma narrativa: "MESTRE – E, então, todos se afastaram da casa em ruínas. / E, então, todos se afastaram do homem em ruínas. / JÓ – E Jó ficou só / E olhou quieto, ao redor, / A silenciosa devastação. / E chorou, de desespero, dizem uns; / De revolta, dizem outros; / De desalento, ouvi dizer. / CONTRAMESTRE – E foi então que o infeliz Jó / Arrastou seu corpo doente / E a sua alma deserta / Por dias, caminhos e vias / Até este lugar. / E viu dentro de si / E viu fora de si o mesmo deserto. / E sentou sobre aquela aridez / O que lhe restava da vida" (2002: 133).

Ainda no que se refere à dramaturgia brasileira recente, dentre os inúmeros exemplos possíveis, é preciso mencionar a obra de Mário BORTOLOTTO. Em sua peça *E Éramos Todos Thunderbirds* encontra-se o seguinte prólogo que, cenicamente, pode ser apresentado em *off* ou por uma personagem/narrador: "E éramos todos invencíveis. Com nossas coleções de figurinhas. O tênis *kichute*. As balas Apache e os desenhos do Zé Buscapé. Éramos orgulhosos de nossas cicatrizes. Da Nádia Lippi. Da Rose Di Primo. Do pai bebum. De nossas bravatas adolescentes. Do Rivelino, do Clodoaldo e do Tostão. [...] A gente não usava boca de sino. Não dançava em discotecas e nossos heróis não morriam de overdose. A gente morria da dor de existir. Éramos todos Mirisolas. Éramos todos Beavis & Butt Head. Éramos amargos, ressentidos e cheios de raiva. Éramos cínicos e orgulhosos. Éramos de um tempo em que todo mundo queria ser centroavante" (2003: 11).

Finalmente, com vistas a concluir os exemplos, está a peça *Sete Minutos*, de Antonio FAGUNDES. Ambientada no camarim de um ator, as personagens falam sobre os motivos que teriam levado à interrupção do espetáculo pelo ator/protagonista. Dessa maneira, o texto, estruturando-se a partir de uma ação passada e por situações que estão fora da cena, faz com que o público tenha acesso aos acontecimentos pelas narrações das personagens, sob diferentes pontos de vista: "EMPRESÁRIA – E eles fizeram o quê, dessa vez? / ATOR – De tudo. Tudo junto, ao mesmo tempo. Parece que foi combinado. [...] / EMPRESÁRIA – E aí? / ATOR – Aí eu não aguentei. Parei o espetáculo. / EMPRESÁRIA – Isso eu já sei. / ATOR – E fiquei encarando a plateia. / EMPRESÁRIA – Um grande momento. / ATOR – Foi. Um grande momento. Eu disse que Bertolt Brecht, maravilhoso autor alemão, escreveu que o teatro está apoiado num fabuloso tripé" (2002: 20). Em diversos momentos a narração, em forma de monólogo, comanda o espetáculo. Um exemplo disso pode ser encontrado nas cenas finais, quando o jovem ator narra ao colega de cena o seguinte:

"Era uma autobiografia. Da Martha Graham, aquela bailarina moderna. Você sabe que eu não sou muito de ler [...], mas esse eu li inteirinho. Não me lembro muito bem do livro todo, mas tem uma história nele que eu nunca esqueci: tinha uma dança lá, uma coreografia, que a Martha gostava muito de fazer. Chamava Angústia. [...] Um dia, a Martha estava no camarim tirando a maquiagem, quando o pessoal da produção veio avisar que tavam com um problema: tinha uma mulher na plateia, [...] lá chorando copiosamente" (2002: 75).

Portanto, à luz dos exemplos acima mencionados é possível perceber a diversidade existente no teatro brasileiro no que toca à presença do narrador e às maneiras como ele pode surgir: onisciente seletivo, onisciente (neutro), épico, personagem/narrador. Ao lado disso, não se pode ignorar: as formas que ele assume no texto teatral, em muitos casos, transfiguram-se em sua materialidade cênica. Nesse sentido, observar que o texto e a cena carregam diversidades em suas relações com o narrador é uma evidência da complexidade da linguagem do teatro. (RP)

 Coro, Distanciamento, Épico (Teatro).

 Chiappini, 1997; Pavis, 1999.

NATURALISTA (TEATRO)

A primeira tentativa de levar o Naturalismo ao teatro foi feita pelo próprio idealizador e líder desse movimento literário, Émile ZOLA, em 1873, quando adaptou seu romance *Thérèse Raquin* para a cena. O fracasso foi muito grande, mas o incansável escritor continuou sua luta como crítico teatral dos jornais *Bien Public* e *Voltaire*, entre 1876 e 1880. É dessa época o principal texto que escreveu sobre o assunto, *O Naturalismo no Teatro*, no qual afirma, em tom de manifesto: "Espero que se coloquem de pé no teatro homens de carne e osso, tomados da realidade e analisados cientificamente, sem nenhuma mentira. Espero que nos libertem das personagens fictícias, destes símbolos convencionais da virtude e do vício que não têm nenhum valor como documentos humanos. Espero que os meios determinem as personagens e que as personagens ajam segundo a lógica dos fatos combinada com a lógica de seu próprio temperamento. Espero que não haja mais escamoteação de nenhuma espécie, toques de varinha mágica, mudando de um minuto a outro as coisas e os seres. Espero que não nos contem mais histórias inaceitáveis, que não prejudiquem mais observações justas com incidentes romanescos, cujo efeito é destruir mesmo as boas partes de uma peça. Espero que abandonem as receitas conhecidas, as fórmulas cansadas de servir, as lágrimas, os risos fáceis. Espero que uma obra dramática, desembaraçada das declamações, liberta das palavras enfáticas e dos grandes sentimentos, tenha a alta moralidade do real, e seja a lição terrível de uma investigação sincera. Espero, enfim, que a evolução feita no romance termine no teatro, que se retorne à própria origem da ciência e da arte modernas, ao estudo da natureza, à anatomia do homem, à pintura da vida, num relatório exato, tanto mais original e vigoroso que ninguém ainda ousou arriscá-lo no palco" (1982: 122-123).

As palavras de ZOLA não tiveram repercussão imediata. Ninguém realizou o seu desejo de ver surgir uma dramaturgia que fosse a realização plena das suas ideias. Ele mesmo não chegou a escrever um drama naturalista que servisse de modelo para outros dramaturgos. E quando seus romances foram adaptados para o teatro, por mãos de profissionais da cena, o que se viu foi a negação dos princípios naturalistas: enredos distorcidos, convenções, apelo às soluções melodramáticas. Foi um jovem *encenador** quem compreendeu e pôs em prática as ideias teatrais de ZOLA: em 1887, André ANTOINE criou em Paris o Théâtre Libre, que revolucionou a cena francesa imprimindo-lhe um realismo jamais visto. Cenário, figurinos, interpretação, tudo devia convergir para um único efeito: criar na mente do espectador a ilusão de que estava diante da realidade. ANTOINE esmerou-se na construção do espaço cênico verista e radicalizou a ideia da "quarta parede", fazendo com que os artistas do seu grupo dessem a impressão de que estavam *vivendo* e não apenas representando. Fora da França o Naturalismo seduziu dramaturgos como HAUPTMANN, IBSEN e STRINDBERG, além de encenadores na Alemanha, Inglaterra e Rússia. Foi a partir do intenso trabalho de STANISLÁVSKI que o método naturalista de interpretação firmou-se no teatro e, posteriormente, no cinema, com a formação de *atores** no famoso Actor's Studio dirigido por Lee STRASBERG, a partir de 1948, em Nova York.

No Brasil, o naturalismo teatral do final do século XIX teve poucos adeptos e foi muito combatido pelos intelectuais que atuavam na imprensa. O primeiro espetáculo ao qual se pode associar a estética naturalista ocorreu em julho de 1878, quando subiu à cena a *adaptação** de *O Primo Basílio*, romance de Eça de QUEIRÓS. A iniciativa coube ao ator e empresário Furtado COELHO, atento à enorme repercussão que o romance havia obtido nos meses precedentes. Sua experiência com montagens de peças realistas não evitou o fracasso, mas contribuiu para a difusão do Naturalismo. Em 1879 as livrarias do Rio de Janeiro já tinham à venda vários romances de ZOLA e em junho de 1880 o mesmo Furtado COELHO pôs em cena a adaptação de *Thérèse Raquin*, feita pelo próprio autor e traduzida por Carlos FERREIRA. Desta vez o espetáculo foi bem-sucedido e teve bom público, principalmente por causa da atuação extraordinária de Lucinda SIMÕES, a atriz encarregada de viver em cena o *papel** da esposa que mata o marido para ficar com o amante. Na imprensa os comentários foram divididos, mas de um modo geral o Naturalismo escandalizava muita gente com seus temas ousados, com sua visão fisiológica da sexualidade. Se os romances naturalistas "tornaram-se um perigo no seio das famílias", conforme se lia no *Jornal do Comércio* de 28 de junho de 1880, o que dizer das adaptações teatrais desses romances?

A propaganda contra o Naturalismo não intimidou a atriz e empresária Ismênia dos SANTOS a pôr em cena, no ano de 1881, no Rio de Janeiro, as adaptações de *L'Assommoir* e *Nana*. As montagens, com direção artística do ator e *ensaiador** Guilherme da SILVEIRA, receberam elogios da imprensa e ficaram algum tempo em cartaz. Mas os textos foram duramente criticados, porque o adaptador William BUSNACH adulterou os enredos, modificou o caráter de algumas personagens e fez concessões ao *melodrama**. Além das críticas, as montagens suscitaram outras questões. Seria possível a existência do Naturalismo no teatro, pelo menos no teatro dramático que se fazia na época, se sua força maior reside na narração? Como deveria ser o drama naturalista, se ZOLA não havia escrito nenhum? O drama naturalista deveria ser apenas a versão teatral de um romance? Como abordar no teatro os temas ousados – sexualidade, por exemplo – dos romances naturalistas?

Sem resposta para essas questões, numa época em que nossos palcos estavam dominados pelo teatro cômico e *musicado**, poucos escritores se arriscaram a levar adiante a ideia de fazer teatro naturalista. Aluísio AZEVEDO fez uma primeira tentativa, em 1884, adaptando seu romance *O Mulato*, que, muito bem recebido na noite da estreia, ficou pouco tempo em cartaz. Em 1886, em parceria com Emílio ROUÈDE, um pintor francês radicado no Rio de Janeiro, Aluísio escreveu e fez representar o drama *O Caboclo*, de nítido corte naturalista na composição do personagem principal. E em 1890, também com ROUÈDE, pôs em cena a *comédia** *Um Caso de Adultério*, que os críticos consideraram como produto do Naturalismo.

Afora essas realizações, nossa bibliografia teatral não registra muitas outras que sejam dignas de nota. Talvez valha a pena lembrar o drama *Amélia Smith* (1886), de autoria de um escritor romântico, o Visconde de TAUNAY, no qual a questão da hereditariedade é posta em primeiro plano. De qualquer modo, o Naturalismo continuou presente nos palcos brasileiros, na virada do século XIX para o XX, graças aos artistas estrangeiros que nos visitaram nessa época e em cujo repertório havia peças naturalistas. Em 1903, o próprio André ANTOINE esteve no Rio de Janeiro com sua *companhia** dramática, impressionando os espectadores com a *verdade* que trazia para a cena, tanto nos textos quanto na interpretação.

Como ANTOINE não teve imitadores no Brasil, o naturalismo teatral não fez escola em nossos palcos, que permaneceram distantes dos movimentos de vanguarda e da modernização que tomou conta do teatro europeu nas três primeiras décadas do século XX. Apenas nos anos de 1940 e 50, com o surgimento das primeiras companhias teatrais modernas – Os Comediantes e o Teatro Popular de Arte, no Rio de Janeiro; o Teatro Brasileiro de Comédia – TBC e o Teatro de Arena, em São Paulo –, nossos teatros reencontraram o Naturalismo, compreendido agora como um realismo extremado, não como movimento artístico ligado ao conhecimento científico. Inúmeras montagens, a partir de então, preocuparam-se com o verismo do cenário e muitos intérpretes passaram a estudar a obra de STANISLÁVSKI. O mesmo fenômeno ocorreu na dramaturgia, que se debruçou sobre a realidade brasileira, como demonstra o repertório do Teatro de Arena, para reproduzi-la em cena com o máximo de verdade. Como Realismo e Naturalismo são termos que muitas vezes se confundem, aplica-se o segundo quando um dramaturgo faz um recorte da realidade e a reproduz de modo radical. É o caso de Plínio MARCOS, em peças como *Dois Perdidos Numa Noite Suja* ou *Navalha na Carne*. (JRF)

 Azevedo e Rouède, 2002; Faria, 2001; Zola, 1982.

NEGRO (TEATRO DO)

Até as primeiras décadas do século XX, a presença do negro nos palcos brasileiros projeta uma situação limite, a da invisibilidade, que se traduz pela fixação cênica de uma imagem deformada e estereotípica do afrodescendente, assim como pela quase total ausência de uma dramaturgia e de convenções performáticas que buscassem, na história do negro, tanto as fábulas quantos as formas que expandissem o conhecimento sobre a herança cultural e civilizatória dos povos africanos e de seus descendentes no Brasil. Do século XIX, o teatro brasileiro herdara um modelo de configuração do negro apoiado em vícios de representação que, propondo mimetizar o sujeito negro, sua história, cultura e saberes, apenas prolongava uma visão de mundo etnocêntrica. Nessa cena, a negrura era um signo indesejável e pejorativo, sendo o sujeito negro dramatizado e reconhecível por meio de um aparato de representações grosseiras e de uma linguagem preconceituosa, que o projetavam como avesso do personagem branco, este, sim, encenado como sujeito universal, uno e absoluto (MARTINS:1995).

Apesar de algumas tentativas como as Companhias de Revista Negras, até meados da década de 1940, salvo raríssimas exceções, a figuração do negro no palco brasileiro apoiava-se em três modelos predominantes: o do negro *submisso*, personagem sempre dócil e passivo, dependente da ação alheia na definição de sua história pessoal e coletiva; a do elemento considerado *pernicioso*, cujo caráter e natureza "animalescos" ameaçavam os lares e a sociedade hegemônica branca; e a do negro *caricatural*, cujos movimentos corporais, feições, linguagem e ignorância compulsória motivavam o riso escarnecedor das plateias.

A figurativização feminina acompanhava os mesmos moldes, ora o corpo representado como *alegoria** de uma sexualidade excessiva, desfigurado por uma maquiavélica e redutora imagem de uma pulsão libidinosa amoral, ora esse mesmo corpo desenhado de forma inversa, assexuado, sem história própria, apenas uma extensão secundária das famílias brancas que tinham as mulheres negras como serviçais: menos um sujeito e, mais, um objeto complementar descartável.

Encarcerado nessas molduras de ficcionalização, que mimetizavam o imaginário e as práticas ideológico-raciais brasileiras, o negro, no jogo de espelhos da cena teatral, estigmatiza-se como uma miragem adversa, avessa e socialmente indesejável, familiar às plateias, em geral majoritariamente brancas, cujo imaginário o palco acriticamente reiterava. A experiência da alteridade negra reduzia-se, assim, à própria negação do outro, projetado platonicamente como simulacro ou antônimo das personagens socialmente reconhecíveis. Através dessas linhagens de dramatização da *persona* negra, o teatro brasileiro veiculava e reificava um discurso do saber que se propunha como verdade, estabelecendo convenções de figuração e argumentos de autoridade cênica e dramatúrgica que estabeleciam, *a priori,* um valor pejorativo e um lugar marginal e periférico para o negro na cena brasileira, como tema, personagem ou intérprete. O percurso do personagem negro, sempre à margem da história nacional e de sua própria ação, e a do *ator**, substituído quase sempre pelo intérprete branco pintado de negro, não pareciam incomodar os agenciadores teatrais e o contexto cênico brasileiros, por mais mobilizados que pudessem parecer autores, *diretores** e atores em relação a outras questões políticas, ideológicas e estéticas que instigavam o contexto teatral. Assim, nesse cenário a negrura se estigmatizava como sinônimo de invisibilidade e de indizibilidade. Invisível, como o personagem de *Invisible Man*, de Ralph ELLISON, porque somente percebido e representado, a despeito de si mesmo e de sua história, por um olhar que o estigmatizava numa série de *estereótipos** que negavam a sua humanidade; indizível, porque o discurso que o constituía em cena reduzia-o a uma imagem alheia e alienante, imposta como paradigma na dramaturgia e no palco brasileiros, uma extensão da práxis social que legitimava, sem nunca problematizar, os vícios desses modelos de encenação. Nesse viés, o palco mimeticamente se recriava como imagem especular de uma sociedade excludente e de uma mentalidade racista e discriminatória, quer em sua fabulação, quer em seus artifícios de espetacularização.

Em meados dos anos de 1940, toda essa tradição cênica é problematizada e desconstruída por movimentos teatrais ainda pouco estudados na história do teatro brasileiro. Dentre eles, destaca-se o Teatro Experimental do Negro (TEN), fundado por Abdias do NASCIMENTO em 1944. A ideia de um Teatro Negro, alicerçado na experiência histórica positiva do afrodescendente, a denúncia do racismo, a ênfase na reconfiguração de temas, fábulas e personagens; a pesquisa de recursos e processos teatrais advindos do acervo de referências civilizatórias, históricas e estéticas das culturas africanas e afro-brasileiras e, ainda, o ideal de construção de uma dramaturgia alternativa e de um corpo de atores que pudessem representar a sua própria história, matizam os ideais do TEN. E encontram resistência, perplexidade e hostilidade por parte da intelectualidade brasileira, ideologicamente inspirada pela celebração da "democracia racial brasileira". Em sua coluna "Cara ou Coroa", em *O Globo* de 21 de outubro de 1944, Henrique PONGETTI resumia o clima cético e as atitudes de denegação que cercavam a iminente estreia do TEN nos palcos cariocas: "No Brasil, o teatro negro não terá de dirigir ao nosso preconceito, mas à nossa indiferença, a sua mensagem histórica" (MARTINS, 1995: 77). Apesar desses maus augúrios e reticências, a estreia do Teatro Experimental do Negro, com a montagem de *O Imperador Jones*, de Eugene O'NEILL, em 5 de maio de 1945, surpreende a crítica teatral brasileira, que, em parte, elogia o empreendimento de Abdias e a competência da montagem. Os cenários de Enrico BIANCO e a interpretação do ator Aguinaldo de Oliveira CAMARGO, no *papel*-título, são assim celebrados pelo cético PONGETTI: "Os negros do Brasil – e os brancos também – possuem agora um grande ator dramático: Aguinaldo de Oliveira CAMARGO. Um antiescolar, rústico, instintivo grande ator" (MARTINS, 1995: 78).

Desde sua fundação, o TEN apresentava-se como um projeto cultural de intenções ambiciosas e abrangentes, definindo-se como "um amplo movimento de educação, arte e cultura", como salientava o próprio Abdias. Em função desse ideário, as atividades do TEN integravam a função teatral a outras ações culturais e sociais, que visavam alcançar mudanças radicais no palco e na sociedade em geral: "A literatura dramática, assim como a estética do espetáculo, fundadas sobre os valores e ótica da cultura afro-brasileira, emergiram como necessidade e resultado lógico do exame, da reflexão, da crítica e da realidade do TEN, o qual organizou e patrocinou cursos, conferências nacionais, concursos e congressos, ampliando dessa forma as oportunidades para o afro-brasileiro analisar, discutir e trocar informações e experiências. [...] Nosso teatro seria um laboratório de experimentação cultural e artística.... O TEN existiu como um desmascaramento sistemático da hipocrisia racial que permeia a nação" (NASCIMENTO, 1980: 68).

Dentre as inúmeras iniciativas do TEN, destacam-se: a formação do intérprete negro, o estímulo à criação de uma dramaturgia que reconfigurasse a fabulação da experiência negra no Brasil, enriquecesse os perfis do personagem negro e sublinhasse a relevância da contribuição africana na formação civilizatória brasileira; não apenas rompendo com os modelos viciados e estereotípicos de representação, mas sim propondo novos meios, formas, enunciados e procedimentos que pudessem descortinar a ampla e complexa gama da experiência histórica, estética, cultural, e também subjetiva do negro, com ênfases nos diversos processos de cognição e de tradições teatrais alternos que, com os africanos, também foram reterritorializados nas Américas.

Participaram dos projetos do TEN, com Abdias do NASCIMENTO, em diferentes períodos, Aguinaldo de Oliveira CAMARGO, Ruth de SOUZA, Lea GARCIA, Arinda SERAFIM, Ironildes RODRIGUES, Manuel CLAUDIANO FILHO, Tibério WILSON, José HERBAL, Teodorico dos SANTOS, Haroldo COSTA, Marina GONÇALVES, Mercedes BATISTA, Solano TRINDADE, Enrico BIANCO, Santa ROSA, Brutus PEDREIRA, Augusto BOAL, dentre muitos outros que apoiaram as montagens, como Bibi FERREIRA. Na década de 50, o TEN editou a revista *Quilombo* e, em 1961, a antologia *Dramas para Negros e Prólogo para Brancos*, com peças de Lúcio CARDOSO, Romeu CRUSOÉ, Rosário FUSCO, Abdias do NASCIMENTO, Agostinho OLAVO, José de Moraes PINHO, Joaquim RIBEIRO, Tasso da SILVEIRA e Nelson RODRIGUES.

Até 1968, quando Abdias se autoexilou nos Estados Unidos, o Teatro Experimental do Negro, no Rio de Janeiro e também em São Paulo, apesar de seus conflitos internos, suas dissidências e crises, conseguiu uma atuação relevante e representativa na história teatral brasileira. Ao confrontar a plateia com uma mudança de dicção e de elaboração cênico-conceitual, provocando uma transformação singular na modulação cênica do signo negro, até então inédita nos palcos brasileiros; ao procurar romper ou desfigurar os modelos vigentes de ficcionalização do personagem negro, primando pela releitura e recomposição de sua subjetividade e de sua experiência histórica; ao investir no intérprete negro, outorgando-lhe o papel de sujeito de sua autorrepresentação, o TEN conseguiu construir uma linguagem dramática e cênica alternativa, através da qual a negrura se erigia e era investida de um poder agenciador ímpar no cenário de nosso teatro. Em todos os seus âmbitos de atuação, seja nas proposições da *mise-en-scène*, no ideário de criação dramatúrgica, nas oficinas de interpretação e de dramaturgia, na utilização das tradições performáticas e de cosmovisão africanas e afro-brasileiras, no alçamento de temas e fábulas que problematizavam as relações raciais no Brasil – visando sempre traduzir o amplo espectro da experiência e da memória do negro brasileiro –, o Teatro Experimental do Negro representa um marco significativo de nossa história. Em 1962, avaliando a atuação do TEN, Florestan FERNANDES reconhecia como revolucionário o fato de se pretender engendrar um teatro que propunha criar oportunidades para "a formação e afirmação artísticas do negro", procurando rever os estereótipos e eliminar, progressivamente, "as barreiras que proscreviam o negro de nossa vida intelectual produtiva e criadora" (1968: 68). No mesmo artigo, no entanto, Florestan apontava um dos muitos dilemas enfrentados e não resolvidos pelo TEN: a formação de um público e a participação efetiva de uma audiência negra, tanto nas suas montagens quanto em outros espetáculos do teatro brasileiro. Essa carência de inclusão do negro como espectador é também considerada por Miriam Garcia MENDES (1982: 200) como um dos pontos frágeis na atuação do TEN. Alia-se a esse fator a dificuldade em conseguir patrocínio público e privado para as suas iniciativas. Já em fins dos anos 60, sucumbindo às suas próprias crises e aos efeitos coercitivos e corrosivos da ditadura militar, o TEN silencia, por um longo intervalo temporal, o seu esforço de descentramento social, cultural e estético, com o autoexílio de Abdias, seu fundador-idealizador, cujos ideais e práticas, no entanto, continuam a ressoar nos movimentos atuais do teatro negro no Brasil, muitos dos quais buscam na história do TEN algumas de suas inspirações, estímulos e insumos.

Além do TEN, dois outros movimentos muito significativos emergiram na cena brasileira, na década de 1950: o Balé Brasiliana, fundado por Haroldo COSTA, que por três anos apresentou-se com sucesso em vários países europeus, antes de ser reconhecido no Brasil; e o Teatro Popular Brasileiro, criado em 1950 por Solano TRINDADE, que almejava transcriar nos palcos a herança cênica e performática das tradições culturais brasileiras, principalmente aquelas formatadas pelos estilos e matrizes de origem africana. Victor Hugo Adler PEREIRA acentua a importância das iniciativas de Haroldo COSTA e de Solano TRINDADE, na busca por uma linguagem espetacular e performática que tivesse por referência essas matrizes: "Em ambas as iniciativas teve grande destaque a *adaptação** cênica de danças de origem popular: no Brasiliana, com a perspectiva de atuar no mercado de espetáculos, e no Teatro Popular, como tentativa de resgate dos valores autênticos da cultura nacional."(1988: 75)

Solano TRINDADE formava seu elenco com operários, domésticas, estudantes, e elaborava os espetáculos do TPB com recriações de batuques, caboclinhas, jongos, *congadas**, lundus, caxambus, cocos, capoeiras, maracatus, samba-de-roda, maxixes, umbigadas, folia-de-reis e todo o rico repertório performático da cultura brasileira, apresentando-se, com sua trupe, em teatros, praças, espaços públicos, com grande sucesso de público e de crítica. Em 1955, o Teatro Popular Brasileiro excursionou pela então Tchecoslováquia e pela Polônia, lotando praças, teatros e estádios. No mesmo ano, o TPB realizou a primeira montagem de *Orfeu da Conceição*, texto de Vinícius de MORAES, integrando posteriormente o elenco da montagem de *Gimba*, peça de Gianfrancesco GUARNIERI, encenada no Teatro Maria Della Costa.

Durante os anos da ditadura militar, essas iniciativas feneceram e/ou foram inibidas. Nos anos 90, entretanto, com ênfase renovada, fortalece-se o estudo da cultura negra no Brasil em seus vários âmbitos, dentre os quais destaca-se a atenção aos movimentos e iniciativas artísticas de afro-

-descendentes, que visam preencher as lacunas e minimizar o apagamento sistemático da experiência negra no discurso historiográfico e artístico brasileiro. Ao lado de questões e soluções contemporâneas que instigam os *grupos teatrais** disseminados pelo país, as experiências do Teatro Experimental do Negro, do Balé Brasiliana e do Teatro Popular Brasileiro têm oferecido a esses grupos rico repertório para discussão de suas realizações, de seus impasses e de suas possibilidades como fontes de reflexão crítica e de experiências notáveis. Dentre esses grupos citam-se, dentre outros, a Cia. Étnica de Teatro e Dança, dirigida por Carmen LUZ, a Cia. dos Comuns, fundada por Hilton COBRA, ambas do Rio de Janeiro, e a Cia. Rubens e Barbot e a Cia. Black&Preto, também do Rio de Janeiro; em Pernambuco, o Grupo de Teatro Atual e o Movimento de Teatro Popular; em Brasília o grupo Cabeça Feita; em Porto Alegre, o Caixa Preta; em Belo Horizonte, a Cia. Seraquê, dirigida por Rui MOREIRA; e em Salvador a Cia. de Teatro Popular da Bahia e o Bando de Teatro Olodum, este último dirigido por Márcio MEIRELES.

Apesar de sua diversidade e dos diferentes meios de expressão de que se utilizam, é comum a esses grupos o realce dos mais diversos aspectos da experiência histórica e da memória do negro no Brasil como tema de elaboração: seja de sua escritura cênica, seja de sua dramaturgia, muitas vezes criadas coletivamente; a busca estilística de formas, processos e procedimentos que integrem a herança cultural mais tradicional às novas formas de expressão e de encenação; a reflexão – quer nas fábulas representadas, quer nos movimentos de reflexão crítica, tais como colóquios, encontros, oficinas e seminários –, dos saberes do negro e sobre o negro que nos permitam melhor apreender a história em geral e a teatral, em particular; a tentativa de formação e de estímulo de uma audiência crítica e interessada nos temas e proposições cênicas pesquisados pelos grupos; o investimento na formação técnica e intelectual dos intérpretes; o contínuo exercício de uma memória cultural dialógica, transcriada como um significante recorrente e pelo qual se reatualizam, em cena, os modos de percepção e fabulação do real de várias matrizes cognitivas, dentre elas as africanas e as afro-brasileiras; o uso de convenções estético-culturais que dialogam com outras matrizes e tradições teatrais, em particular aquelas derivadas das *performances** rituais indígenas e afro-americanas; a reposição alternativa da personagem negra, cineticamente decompondo e desconfigurando os paradigmas estereotípicos que ainda seduzem a cena e a mídia brasileiras; a perquirição sistemática e crítica de uma linguagem e de uma dicção cênicas que englobem o espectador na fruição e na reflexão de temas raciais, econômicos e sociais que dialogam com as subjetividades e com as coletividades dramatizadas em cena. E, ainda, a ênfase profissional na produção, na captação de patrocínio e na divulgação das montagens e das atividades dos grupos, de modo a que essas experiências criem âncoras duradouras no contexto teatral e cultural do Brasil.

Esses aspectos aqui sublinhados não esgotam a diversidade e a singularidade dessas experiências e a polivalência de seus ideais, metas, resultados e, mesmo, de suas aporias, mas nos alertam sobre a existência fecunda dessas práticas dramatúrgicas e cênicas na história do teatro brasileiro, práticas essas ainda por merecer uma maior atenção, quer da crítica, quer do grande público. Esses grupos e movimentos configuram todo um viés da tradição teatral brasileira, como uma linhagem estética que se instaura como rasura da doxa, como uma coreografia da diferença que realça os mais polifônicos matizes de nossas alteridades constitutivas, nos palcos e nas ruas. (LMM)

 Abolicionista (Teatro).

 Barros, 2005; Bastide, 1974; Prado, 2001; Uzel, 2003.

NOVA DRAMATURGIA

É de praxe atribuir à "geração 69" – ano em que espoucaram jovens autores que marcaram a cena teatral brasileira com o selo da iconoclastia – a instauração de uma nova dramaturgia. Atribuição referendada à época por Décio de Almeida PRADO, Sábato MAGALDI, Anatol ROSENFELD e Yan MICHALSKI, para citar apenas, e não por acaso, quatro dos estudiosos que se debruçaram sobre as obras dos dramaturgos que então surgiram.

Em balanço sobre o teatro brasileiro dos anos de 1970, sublinhei as tentativas corajosas de abrir brechas e reconquistar espaços, entre as quais as peças candentes da geração 69, quase sempre vetadas pela censura, de autores como Antonio BIVAR, José VICENTE, Consuelo de CASTRO, Leilah ASSUNÇÃO, Isabel CÂMARA e, correndo pela beira nos anos seguintes, Mário PRATA, Roberto ATHAYDE e mais Marcílio MORAIS e Flávio MÁRCIO, puxando o cordão de uma nova dramaturgia que fincaria raízes nas obras de João das NEVES, Fauzi ARAP, Carlos Alberto SOFFREDINI, Naum Alves de SOUZA, Flávio de SOUZA e de tantos grupos que inundaram a década ajudando a "abrir as cortinas que a censura fechou" (ZANOTTO, 1979: 73).

Como os cinco nomes que constituem a "cúpula brunelleschiana" da nova dramaturgia, àquela data iniciada, têm alguns pontos em comum e muitos desviantes, é mister mergulhar na leitura de seus textos para buscar possíveis influências, além das óbvias; abrir o leque de leituras, chegando a DOSTOIÉVSKI, PROUST, RIMBAUD, HUXLEY, SARTRE, CAMUS, GENET, IONESCO, BECKETT, ARRABAL, PINTER, ALBEE, Joe ORTON, inspirações confessas principalmente de Zé VICENTE; a William BLAKE, GINSBERG, KEROUAC, inclusive sua peça póstuma, A Geração Beat, que vem a calhar no caso de BIVAR, cujos "verdes vales…" nos contam muito do vagar sem destino, húmus de sua obra e da vivência compartilhada com Zé VICENTE, Isabel CÂMARA, Leilah ASSUNÇÃO e Fauzi ARAP no Rio de Janeiro e em plagas europeias. Sem esquecer de John OSBORNE, com o qual nossos autores de 69 partilhavam o olhar para trás irado, mas também lucidamente saudoso como o da repescagem lírica de Jorge ANDRADE que tanto marcou Consuelo e Zé VICENTE. Pois é nessa tensão entre a lembrança de um passado interiorano – muitas vezes idealizado (Zé Vicente, Consuelo, Isabel, Bivar) outras tantas também castrador (Leilah, de *Jorginho, o Machão*, de *Fala Baixo*…) – e a pressão claustrofóbica da metrópole Moloch, no caso a pauliceia desvairada, que se equilibra a obra dos jovens autores. Já não acreditando no messianismo das apostas políticas dos textos explicitamente engajados, insatisfeitos com o mundo em que viviam, eles tomaram o caminho da desestruturação a partir dos diálogos (muitas vezes verborrágicos, quase sempre paradoxais) e das situações que beiram o absurdo; ou, no caso de Consuelo de CASTRO, diálogos eivados de ira santa, racionais ao extremo, à semelhança de Zé VICENTE, que acrescenta às falas e situações o tom maior do substrato metafísico de toda a sua obra.

Diz Décio de Almeida PRADO que Anatol ROSENFELD, aludindo a um número surpreendente de novos talentos então surgidos, salienta que todos os estreantes, ou quase todos, deviam um pouco de sua inspiração à *Zoo Story* de Edward ALBEE e reduz os seus textos, sem com isso diminuí-los, à mesma configuração básica: "duas personagens apenas, das quais uma, marginal e *outcast*, livre ou neurótica e inconformada, agride a outra mais 'quadrada' […], de mentalidade 'burguesa', embora não pertença necessariamente à classe burguesa. Realistas pela linguagem coloquial e drástica, eivada de palavrões – linguagem sem dúvida influenciada por Plínio MARCOS – avançam para uma expressividade que, em muitos momentos, se a beira do expressionismo confessional, do *surrealismo** e do *absurdo** (ROSENFELD, apud PRADO, 1988: 104). Décio de Almeida PRADO, por sua vez, aponta ainda a "incorporação ao real de um grão de loucura não menos necessário à existência diária do que à obra de arte" e escrutina o *modus vivendi* daqueles escritores que "pedem para si mesma autonomia que estão dispostos a dar às suas personagens. Vida e teatro deviam escapar juntas à servidão da racionalidade excessiva" (1988: 105).

A pedra angular desse edifício – da geração 69 – fora assentada em 1959, dez anos antes, pela *Barrela* seminal de Plínio MARCOS. Ele, por primeiro, escavara fundo nas motivações de personagens verazes até a medula, que falavam a linguagem do desespero colhida nas "quebradas do mundaréu", os diálogos colados à ação. E procedera sem a idealização dos operários urbanos das peças nacionais – populares à mesma época – que, embora fundamentais para a fixação de uma dramaturgia brasileira, seguiam uma vertente engajada deliberadamente realista que passava ao largo da arrebatação pliniana. Transcrevo um trecho do prefácio que escrevi para *Melhor Teatro: Plínio Marcos*, que corrobora a influência ímpar de sua obra na eclosão da nova dramaturgia:

"É no *huis-clos* mais sórdido, é no 7º círculo do inferno mais abjeto, é no porão da abjeção moral mais abissal, é na teia da violência física mais brutal que se movem as personagens de Plínio MARCOS, catadas 'nas quebradas do mundaréu, onde o vento encosta o lixo e as larvas põem seus ovos'. A lupa realista de um olhar contundente beira o expressionismo quando após o crescendo das ações concretas, reiterantes, exaustivamente repetitivas, estala o conflito, encenado como uma dança macabra. Em *Barrela*, como em *Dois Perdidos*…, em *Navalha na Carne*, em *Abajur Lilás* ou em *Querô*, peças escolhidas para exemplificar a descida aos infernos, característica da obra de Plínio MARCOS, mas não apenas nessas peças, o conflito existe agudíssimo desde a primeira cena, beirando o insuportável no desenlace que é sempre brutal e acelerado. [...] Nada discursivo, no entanto, sempre a partir de falas e ações concretas, resultando a compreensão daquele submundo da ação de personagens que se revelam sem explicar-se, numa característica pliniana de profundo insight das motivações do comportamento humano [...]. Plínio MARCOS elabora um teorema perfeito da vinculação da violência à miséria. *Dois Perdidos...* é xeque-mate. É CQD. Não por acaso D'AVERSA considerou-a 'sem dúvida a peça mais inquietante e viva destes últimos e anônimos anos do teatro brasileiro [...] 'obrando uma transferência do problema social para o existencial, numa nova dimensão que ao mesmo tempo é avanço e indicação de liberdade'. O fato é que Plínio, embora tenha partido de um conto de MORAVIA e mesmo possivelmente tendo tido conhecimento do texto de ALBEE em 1962 [quando encenada na EAD, pela primeira vez no Brasil, sob direção de Paulo MENDONÇA], introjetou tais influências do modo mais antropofágico, dando à luz uma obra coesa, autêntica, que sofreu desde sempre as consequências de sua unicidade: ineditismo de personagens e de temas, enfocados sem mediação, flagrados na realidade com raiva e denúncia jamais vistas, à força de um linguajar absolutamente fiel aos guetos de onde brotava; linguajar que é gemelar à virulência, crueldade e velocidade da ação que se desenrola em cena. Gíria mais verídica impossível, código exclusivo daqueles subterrâneos, mas também marca de um estilo único na dramaturgia brasileira" (ZANOTTO, 2003: 11-16).

Em *Exercício Findo*, Décio de Almeida PRADO diz que Plínio MARCOS, ao instaurar a gíria no palco, contribui para o reajuste de linguagem facultado pelo Modernismo, diminuindo a distância entre o que se escreve e o que se fala; injeta no diálogo teatral, como Nelson RODRIGUES havia feito antes dele, uma dose maciça daquelas sintaxes de exceção que Manuel BANDEIRA reclamava na sua Poética.

As personagens de Plínio MARCOS – cafetões, prostitutas, lésbicas, assassinos, suicidas, homossexuais, gigolôs, bêbados, drogados, policiais corruptos, escória das escórias, das docas de Santos, das zonas, dos bordéis, dos bares – sequer são personagens do lumpezinato brechtiano que ao menos sabiam da própria abjeção; ao contrário, são os marginais mais absolutos, aqueles que não têm voz nem vez. O dramaturgo, aos olhos do Sistema que governou o país a partir de 1964, era o "perigo", aquele cujas palavras tinham o poder de abalar estruturas, costumes, regimes. Por que a proibição paulatina e reiterada de sua obra? Muito provavelmente a resposta está na raiz da dramaturgia do autor: ela mostra como "gente" aqueles que normalmente são considerados "marginais" e traz ao palco uma nova classe integrada por indivíduos até então ignorados pela saga teatral, aos quais devota solidariedade irrestrita pelo simples fato de fazê-los existir. Acende-se a luz vermelha da repressão ante o possível despertar da consciência de estruturas sociais injustas que clamam por modificação.

Espelhando-se no triângulo de *Navalha na Carne* – (com Neusa Sueli, a prostituta; Vado, o cafetão; e Veludo, o criado homossexual), tão intrincado e exasperador que mereceu de Décio de Almeida PRADO o epíteto de "*Huis-clos* dos pobres", com três personagens se estraçalhando mutuamente por um pito de maconha, por uma punhado de notas amarfanhadas, dentro de um espaço fechado –, os textos surgidos quase simultaneamente entre fins de 1968 e no decorrer de 1969 absorveram muito das características desse *teatro da crueldade** em estado bruto. O terreno para a eclosão surpreendente dos cinco jovens dramaturgos fora, portanto, preparado pelo autor santista e encharcara-se na seiva do terremoto global da contestação da década de 1960, marcada tanto pelo existencialismo kierkegaard-sartre-camusiano dos anos de 1950, quanto pelo horror ao morticínio do Vietnã, que resultou nos diques explodidos pela revolução *beatnik* dos *easy-riders* californianos e seus apóstolos libertários de todos os quadrantes.

Pouco antes da estreia das peças da geração 69, precisamente em março de 1968, textos de três dos jovens autores que tentavam liberação na censura foram proibidos ao mesmo tempo: *Santidade*, de José VICENTE; *Barrela*, de Plínio MARCOS; e *Cordélia Brasil*, de Antonio BIVAR. Vencedora, ao lado de *Papa Highirte*, de VIANINHA, do concurso de dramaturgia do SNT daquele ano, *Prova de Fogo*, de Consuelo de CASTRO, tem o mesmo destino de *Há um Vulto na*

Janela, Me Acuda que Eu Sou Donzela e de Pó de Arroz Bijou, de Leilah ASSUNÇÃO, todas proibidas; *Pó de Arroz...*, com cortes censórios recordes em 80 de suas 90 páginas! VIANINHA é igualmente degolado: o Ministério da Justiça, sobrepondo-se e anulando as decisões do Ministério da Cultura, sepulta o concurso do SNT. Foi um tempo de trevas, que culminou com a decretação do AI-5, em dezembro de 1968, quando todas as válvulas de escape foram fechadas, não somente em relação ao teatro. Por que a truculência? Que diziam esses dramaturgos de vinte e poucos anos que pudesse abalar um regime de força? Antes de tentar responder à questão, gostaria de explicitar a hipérbole à qual recorro para tentar exprimir a importância que lhes atribuo: "cúpula brunelleschiana". Inspira-se em trecho do ensaio de Pierre FRANCASTEL (1954: 13-14), que analisa a transformação dos arcos agudos das catedrais góticas com feitio de mãos em oração, arquitetura embasada em certezas e dogmas imutáveis, raízes e resquícios de uma sociedade estamentada. Dessa concepção de um mundo hierarquizado, passa-se com BRUNELLESCHI, no século XV, ao estilhaçamento da clausura quando o arquiteto projeta para a catedral de Florença uma cúpula cujos pontos de fuga prolongam-se em raios ao infinito, escancarando-se para um universo de possibilidades. É a Renascença explicitando-se em uma realização arquitetônica, é o homem novo rompendo as amarras do estabelecido e desafiando as fronteiras do desconhecido. O *insight* belíssimo de FRANCASTEL sugere uma correlação com os tempos modernos, quando se constata que a sociedade como um todo sofreu mudanças radicais e aceleradas a partir dos meados do século XIX, estendendo-se século XX afora. Por mais longa que fosse a lista dos nomes evocados, ainda assim haveria lacunas imperdoáveis nos créditos atribuídos aos responsáveis pela revolução em todos os setores da atividade humana. No terreno da criação artística, houve um terremoto estético que correspondeu a um questionamento radical das certezas e que se acirrou com a hecatombe das guerras mundiais que tiveram por efeito a pulverização da ética. *Guernica* de PICASSO é a expressão plástica exata desse estado de espírito.

Em meados do século XX cresce a consciência de uma contradição radical entre o surgimento de grandes expectativas em relação ao futuro do ser humano acalentadas pelo progresso material e científico e a realidade brutal dos acontecimentos. É a geração pós-Hiroshima e Auschwitz que se sente desarvorada pela convivência com esses sóis negros. Diante de sua luz irrefutável todos os valores se extinguiram, no dizer de Geneviève SERREAU.

Samuel ALBERT, em ensaio esclarecedor (1968: 101-129), afirma que à época houve distanciamento abrupto entre teoria e prática e prossegue: não poderia a juventude global ficar alheia aos fatos, diante do esfacelamento do tripé republicano assentado sobre os grandes ideais; aprofunda-se o fosso da desigualdade, esvai-se como mito a fraternidade, esboroa-se o sonho da liberdade. Jovens se rebelam em onda gigantesca de protestos que têm no já citado maio de 68 francês o exemplo paradigmático. De Roma a Berkeley, de Madri a Praga, de Nanterre a Cambridge, de Varsóvia ao Rio, de Berlim ao Cairo, como da Argélia a Tóquio, jovens se revoltam. Como toda revolta, a encabeçada pelos estudantes se faz em nome de uma certa concepção de homem. Essa irrupção é realmente um tremor de terra, de uma terra em transe à qual corresponde uma repressão unânime. No fundo de todas as reivindicações há uma única e mesma exigência ética: a do respeito à dignidade da pessoa.

Regimes sendo contestados à direita e à esquerda, a repressão no Brasil atinge o ápice da truculência que se prolongaria pelos anos de 1970 – os anos de chumbo. Explica-se, mas jamais se justifica, a ação predatória da Censura pela frase lapidar que Décio de Almeida PRADO cunhou no artigo "As Razões da Censura" em maio de 1968: "é para a obra de arte, tradicionalmente, que a Censura reserva a sua severidade – porque somente ela diz alguma coisa sobre o homem e sobre a sociedade" (1987: 198). Amordaçam-se os que têm algo a dizer no reino do teatro. Surge a dramaturgia de circunstância na qual se procura uma "linguagem adequada para este tempo em que eu devo dizer que não posso dizer o que eu gostaria de dizer" (LIMA, 1979-1980: 71).

É nessa encruzilhada de desalento que vão encontrar-se nossos jovens autores no fim da década: "a perplexidade é o lote comum deste tempo e deste espaço [...] mostra a face mais negra do sistema através dos efeitos que provoca sobre a existência dos indivíduos [...] a relação com o universo é emocional e marcadamente agressiva, onde se utiliza o grotesco, o exagero, a ironia" (LIMA, 1979-1980: 64)

As influências d'além-mar, chegam através das representação do *teatro do absurdo**, que têm em BECKETT e IONESCO seus pontas de lança e que deitam raízes em muitas das cenas surrealistas que permeiam o realismo estridente das peças de 1969.

A linguagem é detonada como símbolo da impossibilidade de exprimir um universo mergulhado no absurdo; repudia-se a submissão ao racionalismo que dá sustentação ao caminho trilhado pelo *teatro político**.

Ao observador atento que tenha testemunhado o nascimento do teatro brasileiro moderno a partir de 1943-1948, principalmente com Os Comediantes e o TBC e que tenha participado dos anos messiânicos de viés político do Arena, do Oficina, do Opinião, dos CPCs, a este observador salta aos olhos a inflexão provocada nessa trajetória pelo surgimento dos autores da geração 69.

Não brotaram do nada. A par do repúdio às ideologias – sintetizadas nesta frase de José VICENTE: "Chega de mensagens. Uma das coisas mais imbecis que eu conheço é pensar que o teatro possa ter a eficácia de uma mobilização" (1970:42) –, travaram conhecimento nos palcos brasileiros com as montagens de José Celso Martinez CORRÊA (*Na Selva das Cidades*, de BRECHT, e de *O Rei da Vela*, de Oswald de ANDRADE), com o radicalismo das encenações de Victor GARCIA (*Cemitério de Automóveis* e *O Balcão*) e com *O Rito do Amor Selvagem*, de José Agripino de PAULA. Mas eram outras influências que chegavam, não apenas do Velho Mundo, mas também das andanças *beatnik*. Contra a florescente cultura pós-45 do mais, mais, mais, a vida beat era vivida no limite. Tratava-se de "uma fraternidade experimental que nada tinha a perder. Aspiravam a uma espécie de liberdade. Queriam mover-se sem amarras no tempo e no espaço", percorrendo "a tortuosa estrada profética de William BLAKE" (BUENO, 2007: 10), cujo poema "Crystal Cabinet" era a Bíblia de cabeceira da personagem Irwin, de *Geração Beat*, de KEROUAC. A obra de Antonio BIVAR tem tudo a ver com esse universo. Sua peça *Cordélia Brasil* foi a primeira a estrear entre as de seus companheiros de geração. Forma, com as outras duas, *Alzira Power* e *Abre a Janela e Deixa Entrar o Ar Puro e o Sol da Manhã*, uma trilogia encenada entre abril de 1968 e agosto de 1969, que traz à cena um turbilhão fervilhante de personagens fora de qualquer padrão: são absurdas, cômicas, trágicas, líricas, infantis, imprevisíveis, cruéis, reveladoras do beco sem saída que os autores daquele fim de década vislumbravam como sendo o *zeitgeist* (o espírito do tempo); destino do qual buscavam escapar através da imaginação posta a serviço da mais esfuziante fantasia. Criticavam a realidade promovendo uma "guerra de cérebros" que se revela nos diálogos ferinos e irônicos, às vezes ingênuos, desmistificadores e mistificadores ao mesmo tempo, camaleônicos, ilógicos, levando os espectadores à mais completa perplexidade. Dentro de tamanha e delirante ilogicidade, avultam Cordélia, Leônidas e Rico (de *Cordélia Brasil*), Alzira e Ernesto (de *Alzira Power*) e Heloneida, Geni, Azevedo e Carcereiro (de *Abre a Janela…*) como personagens de carne e osso. Ancoram-se na realidade da pequena burguesia sufocada e aviltante da qual tentam se descolar.

As criaturas de BIVAR são fascinantes porque puras na denúncia de uma sociedade hipócrita. Se buscam escapar pela válvula do delírio, da loucura, da conduta aberrante, do suicídio, do homicídio, conseguem, também, garimpar do nada razões para existirem e serem felizes. *Alzira Power*, dedicada pelo autor aos insubmissos do mundo inteiro, tem como protagonista uma mulher que atrai e elimina jovens vendedores que adentram seu apartamento. É José VICENTE, a meu ver, quem melhor define a obra de BIVAR ao afirmar que ela é "a revelação de uma infância mutilada, asfixiada e perdida". São duplas de personagens deliberadamente infantis, cujas alucinações emergem da solidão para a tragédia. Em BIVAR "o riso é o riso de tudo aquilo que é trágico no resultado e cômico na origem". Seus personagens "são absolutamente anárquicos e absolutamente reveladores: não da significação da vida, mas da vida, ela mesma" (VICENTE: 1969: 12-13).

E são ao mesmo tempo extremamente poéticos. A poesia que invade cenas de todas as peças do autor pode ser exemplificada pela cena, de *Cordélia Brasil*, em que duas personagens, à beira do desenlace fatal, em noite de clima onírico, passam a soprar bolhas de sabão, enquanto Leônidas, obstinado, vira páginas de um dicionário a seu lado, procurando a palavra *prestidigitador* – palavra-chave para definir Antonio BIVAR, mestre em promover mutações imprevisíveis em criaturas estupendas. A última cena transcorre em clima de suspense progressivo e o desabafo de Cordélia – "poderia até acreditar em Deus, mas com a desgraça da vida que a gente leva…" – ecoa Neusa Suely de *Navalha na Carne* – "será que sou gente?" –, entrando ambas em sintonia com a juventude global de Samuel ALBERT, ao reivindicar o respeito devido ao ser humano. BIVAR, como Plínio MARCOS, envolve suas personagens num abraço solidário.

No extremo oposto ao universo trepidante de BIVAR, situa-se *As Moças*, texto minimalista de Isabel CÂMARA, que Sábato MAGALDI definiu como um "bate-papo sempre ameaçado de desfazer-se no prosaísmo dos comentários [...] na melhor tradição da ironia drummondiana [...] com um teor literário que é muito raro entre nossos dramaturgos" (1998: 246). Na realidade, um longo desabafo a dois, um entrechoque de duas solidões, cada uma tentando esmagar a outra.

Tereza, na defensiva, como quem pede desculpas por viver, também sabe ferir sua jovem companheira Ana, em convivência cheia de arestas. Estocadas comuns às peças da geração 69, quando STRINDBERG campeia, ora amargo e feroz como em José VICENTE e Consuelo de CASTRO, ora ferino e poeticamente irônico como em Leilah, ora de uma comicidade esfuziante, temperada pela melancolia de uma poesia inegável, como em BIVAR, tendo como traço comum a ternura e o respeito pelas personagens que são colocadas em cena. Do ponto de vista dramatúrgico, *As Moças* não se constituiria a rigor num texto dramático, porque privado de ação. Trata-se antes de um de *profundis* quando os solilóquios que expõem um passado dolorido onde não faltam tentativas de suicídio, abandono, traições e muita nostalgia são constantemente interrompidos por recriminações e/ou acenos de ternura. Tudo muito fluido, sem linhas definidoras, levando o espectador desse mundo velado a antes intuir do que compreender as motivações profundas das personagens, fascinantes na sua ambigüidade.

Permanece a dor de vidas vividas a meio, quando a carta vinda do sertão da Paraíba, de uma tia Emília, pedindo um pequeno relógio de pulso como único objeto de desejo de toda uma vida, lida no começo do espetáculo, desencadeia na plateia uma sincronia de emoções. É o passado acicatando checovianamente a incapacidade de convivência, a inadaptação do presente.

Leilah ASSUNÇÃO, ao estrear como dramaturga em *Fala Baixo Senão Eu Grito*, galvanizou plateias e críticos daqui e d´além-mar pelo talento agressivo de uma pena que esgrime como ninguém antes dela. É a mesma pequena burguesia em cena, encurralada pela falta de perspectivas que transforma a existência num atoleiro sórdido.

Mariazinha Mendonça de Morais, a solteirona convicta que é revelada ao público imediatamente pela parafernália de badulaques infantis do cenário, acoplados a móveis de antanho, laçarotes, bonecas e balões coloridos (tudo minuciosamente descrito pela autora em rubricas que são um hino deliberado ao mau gosto) monologa em termos infantilizados e tatibitates. A personagem é a síntese das criaturas anônimas que vicejam nas gavetas quarto e sala dos conglomerados urbanos, mas traz como um plus a marca de seu sexo, submisso e atrofiado pela sociedade patriarcal do Brasil pré-revolução cultural. Assim, o *habitat* de Mariazinha é o quarto de uma pensão feminina, como convinha às moças bem-comportadas. À invasão abrupta de um homem pela janela segue-se um diálogo irresistivelmente cômico e desencadeador de uma tentativa abortada de liberação. Na iminência de ceder ao convite do intruso para um "voo" panorâmico por São Paulo, no que isto tem de tentador e maravilhoso, Mariazinha reage ante o apelo do despertador que marca a hora de ir para a repartição, gritando: "Ladrão!", sem se dar conta que é ela quem se defrauda da própria vida.

Décio de Almeida PRADO assinala que Leilah "não separava rigidamente ficção e realidade, mantendo o público na incerteza sobre até que ponto a intrusão súbita de um homem, talvez um ladrão, no quarto de uma moça solteira e recatada, era um fato ou uma fantasia libertadora de pulsões recalcadas – ou ambas as coisas"(1988: 105).

Leilah afirma que para ela o importante é desvendar a natureza humana. E é exatamente o que faz quando suas personagens alçam voo, a partir do prosaísmo de vidas sufocadas e esmiuçadas nos mínimos e mais tragicômicos detalhes, para a liberação do delírio, numa intensidade incomum. Mariazinha Mendonça de Morais de *Fala Baixo...*, Jorge de *Jorginho, o Machão*, Amélia e Marieta de *Roda Cor de Roda*, personagens fascinantes da trilogia *Da Fala ao Grito*, arrastam-nos na leitura dos textos atualíssimos – porque reveladores dos interstícios da psiquê humana – a uma aventura fantástica porque plasmada na hipérbole das imagens ferozes e dos diálogos afiadíssimos nos quais reina uma comicidade das mais inteligentes e ferinas que nos é dado conhecer na dramaturgia brasileira. Os textos de Leilah são teatro em estado puro e as respectivas encenações perduram nas retinas de quem as assistiu como flashes cortantes e iluminadores da condição humana. São também um retrato grotesco do ambiente castrador contra o qual se rebelou a geração 69.

Nesse sentido, o ensaio de "desclausuramento" de Mariazinha, enquanto rito propiciatório, embora frustrado, é tanto ou mais eficaz para a causa feminista do que os manifestos, paradas e queimas de sutiãs. Assim também as explosões "em *off*" de ódio de Jorginho versus a família petrificada provocam na plateia o desrecalque das verdadeiras catarses, levando à compreensão das tragédias domésticas. Já a roda cor de roda das mulheres traídas, no revezamento alucinado de posições no tabuleiro do sexo/poder, pode até servir como metáfora do maquiavelismo político e social, mas certamente põe a nu o rompimento dos limites da moral convencional.

Consuelo de CASTRO bate trilha própria, definida desde os 16 anos quando declara em *A Última Greve*, livro de poesias prefaciado por Guilherme de ALMEIDA: "O jeito é todos os jovens do mundo fazerem a greve da vida. Assim, sem passeatas, sem cartazes, sem alaridos, desconhecidos como os pracinhas, nesta guerra inglória pela verdade, e morrerem sem túmulos, sem hinos, sem flores, sem nada" (1968: 65).

No radicalismo dessa proposta condensa-se a visão do mundo dessa autora prolífica, cujos textos concentram intensidade dramática, exigência ética e denúncia implacável das mazelas sociais e desconcertos existenciais, ao lado de explosões líricas, definidas antes pela ação do que pelas palavras. Aparente paradoxo ante o cerrado entrechoque dos diálogos, caracterizados pelo palavreado caudaloso.

A peça inaugural, *Prova de Fogo* – premiada em Concurso do SNT em 1974, sob o título *Invasão dos Bárbaros* – é um relato apaixonado e percuciente da "guerra" da Rua Maria Antonia, em 1968, e define Consuelo como dramaturga excepcional ao transpor em termos teatrais a experiência autobiográfica de um momento crucial da História do país. O espírito da época revive à leitura do texto com a verdade, a perplexidade, a incandescência e a pungência daquela encruzilhada que resultou, pelo acirramento das contradições político-sociais, no fatídico AI-5 que sacramentou o regime de exceção.

Censurado o texto, Consuelo volta à carga com *À Flor da Pele*, considerado por Mário SCHEMBERG, Yan MICHALSKI e pelos mais destacados críticos e intelectuais do eixo Rio-São Paulo como uma dissecação precisa da perplexidade e do desalento que se abateram sobre as esquerdas brasileiras. É o "tempo de arrebantação", citado por DRUMMOND, que impele Verônica, a heroína suicida e anárquica, a radicalizar seu protesto, levado às últimas consequencias, assumindo a estatura trágica da personagem Ofélia, na qual liricamente se traveste. Prefere a morte a compactuar com a indecisão hamletiana do professor e amante, Marcelo, e com a própria decomposição moral. Escreve Antonio CANDIDO: "Uma coragem indescritível esta de trazer para um texto modernamente anticonvencional o punhal suicida dos dramalhões. Mas ele calhava bem, como se fosse a presença imortal do desespero sem remédio, rolando por cima das épocas à guisa de solução única para tantas circunstâncias onde a angústia bloqueia o ser" (CASTRO, 1989: 525).

Prova de Fogo e *À Flor da Pele*, de perspectivas diversas, completam-se dialeticamente refletindo o amadurecimento precoce de uma autora que, no dizer de MICHALSKI, frequentou na USP da Rua Maria Antonia "um curso que a deixaria pelo resto da vida diplomada na ciência de resistir e na arte de indignar-se" (CASTRO, 1989: 15).

Nas últimas décadas, Consuelo tem percorrido novas sendas na feitura de suas obras. Coerentemente, adepta da liberdade sartreana que obriga o homem à responsabilidade de suas escolhas, ela renova técnicas e abordagens temáticas, mas permanece fiel ao escrutínio da "totalidade do homem colocado em situações-limite, humanas, universais e extremas", na lúcida definição de João Roberto FARIA (CASTRO, 1989: 545), para quem a autora escreve corajosamente, "sem rede de proteção".

Parodiando DRUMMOND ao definir Cacilda BECKER, direi que José VICENTE não era um só, eram muitos. Autor dos textos mais impactantes de sua geração, surpreendentes até hoje pela carga voltaica dos temas e pelo teor literário incomum, marca sua obra sucinta com o selo da versatilidade. A aparente desconexão pauta-se por um fio condutor tensionado entre a saudade doída de uma Minas "que não há mais" e a profunda angústia metafísica – apanágio dos grandes místicos, os ecos de cujos gritos e sussurros rolam pelos séculos fecundando obras seminais.

O impacto de *O Assalto* em abril de 1969 revelou ao público um escritor inquietante pelo desassombro do desnudamento total. Ao flagrar o bancário Vítor no ponto máximo da exasperação, "assaltando" o faxineiro Hugo, Zé VICENTE constrói, entre outras virtualidades da obra, uma metáfora definitiva da incomunicabilidade. Santidade, sua primeira peça, proibida de ser encenada, já havia se mostrado aos seus poucos leitores como texto arrasador no que tem de iconoclasta, de mergulho suicida no Mal, encarado metafisicamente como o avesso do Bem, crudelíssimo e terno ao mesmo tempo. A peça descreve o submundo da metrópole – sempre ela – em contraposição ao pranto pela juventude perdida. Oscila entre a "saudade de um tempo que ainda não vivera" e o mergulho enojado na podridão dos guetos existenciais.

Em comum com *O Assalto*, o horror aos escritórios massacrantes dos chefes e executivos de todos os naipes, alcateia de lobos regidos pelo deus Dinheiro, tendo como cabos-de-esquadra os relógios de ponto e como antecâmara do inferno os porões dos bancos onde se arquivam funcionários aposentados e documentos.

Em ambos os textos, vê-se a busca-contestação de um Deus onipresente (note-se que José VICENTE grafa Deus com maiúscula), que ele encontrara quando seminarista nos corredores do convento vazio, sufocado pela fumaça dos campos em brasa, ardendo em seu corpo como a lenha ígnea de San Juan de la Cruz.

Aparentemente nada ligava esses textos iniciais a *Hoje É Dia de Rock* de quatro anos mais tarde. Havia porém a ponte da clave de cinco notas: MINAS.

Sábato MAGALDI, em crítica publicada no *Jornal da Tarde* de 20 de março de 1973, sintetizou a acolhida triunfal, pelo público e pela crítica, do espetáculo que arrastou durante dois anos multidões ao teatro Ipanema: "Não se poderia fazer maior elogio a José VICENTE do que afirmar que assim como Guimarães ROSA e Carlos DRUMMOND DE ANDRADE são o romance e a poesia de Minas, *Hoje É Dia de Rock* é o teatro de Minas. Eu me refiro a uma sensibilidade, a um secreto entendimento das coisas, a uma poesia *gauche* e pungente, e a uma 'Minas não há mais', que é Minas por toda parte".

Seis dias antes, em *O Estado de S. Paulo*, observei que o peregrino de *Hoje É Dia...* remetia a BALZAC: "Agora, nós dois!, diz o herói de Père Goriot à cidade de Paris, desafiando-a ao avistá-la pela primeira vez de uma colina. O mesmo brado ecoa nos personagens autobiográficos de José VICENTE; do seminarista de *Santidade* ao bancário de *O Assalto*, do revolucionário hamletiano de Os *Convalescentes* aos membros itinerantes da família de *Hoje É Dia de Rock*, é constante o corpo-a-corpo com a 'máquina' bem mais forte que eles: a cidade, símbolo de uma situação mais ampla. O último texto é de um lirismo telúrico e pungente que lembra LORCA e GARCIA MÁRQUEZ, dotado de raro poder de síntese: é teatro no sentido mais alto, o diálogo fluente trazendo um mundo em quase nada, com '*bifes**' que são poemas e que resumem toda a inquietação humana, sendo ao mesmo tempo genuinamente brasileiro; é Minas, é o sertão, é a bondade da gente simples aquilo que canta a lira de José VICENTE. Reflete uma tensão perene: a projeção, a ânsia de futuro, a necessidade de esquecer, mas também o eterno retorno daquilo que foi o passado dando a cada cena a dimensão exata, conferindo sentido ao presente; é o acontecendo sendo medido a cada instante pelo acontecido".

Como estribilho, a problemática maior do autor: o conflito religioso, a adolescência partida entre o apelo da liturgia, do misticismo estático, do incenso, e a atração do desconhecido, do moto contínuo, da matéria.

Em linguagem tersa, coalhada de imagens belíssimas, é narrada a odisseia sorridente da família que deixa um "lugar chamado Minas" para dissolver-se no asfalto e no *rock* (literalmente: é 1950) da cidade grande; mas a história é contada com humor e com amor entranhado pela gente que descreve.

Já *Ensaio Selvagem* é um caso à parte. O texto traça um panorama desolador da condição do artista e do intelectual colonizado. Miss Sugar, atriz de uma selvagem Eldorado, rende-se aos diretores da *railway* invasora porque desconhece a própria cultura, "E sofre a perda de uma autenticidade que nunca chegou a viver em Eldorado". Mariangela Alves de LIMA, autora da frase acima, vê no texto uma investigação "não apenas do sistema que se realiza em ações predatórias mas se preocupa antes com a perplexidade do pensamento selvagem da artista de Eldorado". E rende preito à "imensa riqueza selvagem do pensamento de José VICENTE", conforme escreve no artigo publicado em *O Estado de S. Paulo* de 24 de julho de 1973.

Em *Os Reis da Terra*, livro autobiográfico, o autor afirma estabelecer através da palavra uma ponte com o real. Na medida em que o lamento pelo passado perdido, cruciante, exasperado como uivo de um lobo solitário passava pelo apelo a um paraíso perdido em meio à queda na permissividade das cidades do Mal, José VICENTE procura superar o laceramento em que vivia buscando na palavra a âncora que o fincasse na realidade. A loucura, nota rascante no livro, e a presença de Satã, estribilho recorrente em sua obra, são evocados em tons surrealistas, com pitadas de um expressionismo nosferático. É a presença de William BLAKE – visionário, místico, imaginação fantástica irrigando as metáforas de uma escrita paroxística. BLAKE é precursor absoluto que do século XVII lança amarras nos pesadelos de BOSCH e GOYA e projeta a ponte para RIMBAUD e, posteriormente, para muitos dos autores da década de 1960, com destaque para José VICENTE.

Dizem-nos muito os textos dos autores de 1969; como literatura dramática já seduzem pela qualidade da escrita que dialoga com os manes tutelares da literatura universal, pelo debordar da fantasia, pelo punch e celeridade da ação, pelo vigor das personagens cujas reviravoltas psicológicas aparentemente gratuitas revelam-se embasadas no solo fértil do inconformismo; são clarões da resistência em tempos de trevas que souberam em meio à perplexidade reinante apontar saídas para mentes enclausuradas. Tornaram-se Teatro graças a uma convergência de ideais e de talentos de jovens diretores, atores, dançarinos, cenógrafos, músicos, produtores, críticos e intelectuais que acreditaram na qualidade, ineditismo e urgência das propostas. (IMZ)

 Albert, 1968; Bueno, 2007; Castro, 1968, 1989; Francastel, 1954; Vicente, 1969, 1970; Zanotto, 1979; 2003.

O

OBJETOS (TEATRO DE)

Teatro de objetos é uma linguagem que explora as possibilidades expressivas do objeto como protagonista da cena. No teatro contemporâneo, no qual a tríade drama, ação, imitação é posta em xeque, o objeto adquire novo estatuto, em seus múltiplos modos de relação com o espectador. Há, em torno de qualquer objeto, uma aura de espaço físico criada pela sua presença, em que se constrói dramaturgia pela fricção (relação de corpos), gerando sensações e emoções diversas. Entre as inúmeras acepções se vislumbra a gama de situações em que ele se "presenta" no espaço-tempo cênico. Posto em palavra, o objeto sofre ressemantizações. Feito matéria, ele é mostrado, consumido, animado, construído ou destruído. Converte-se em personagem, sofre metamorfoses, traz em si um caráter lúdico, simbólico, e opera deslizamentos metonímicos e metafóricos. O atuante joga com o objeto e faz-se objeto em cena, em distintos graus" (COSTA, 2007:116).

Trata-se de uma arte que toma objetos do cotidiano, sejam eles artesanais, industriais ou naturais, sem interferência formal em suas estruturas. Podem ser usados em partes ou inteiros. Por exemplo: partes de um motor ou o motor mesmo, uma máquina ou peças isoladas dela, os cordões de um sapato ou o próprio sapato.

Por tomar os objetos tais como são, o teatro de objetos diferencia-se do teatro do objeto-imagem, que cria formas e estruturas expressamente para a cena. "Dada a amplitude que o objeto ocupa na cena contemporânea vislumbram-se possibilidades concernentes à (des)territorialização das artes cênicas. Sob esta perspectiva, o *teatro de animação** constitui um segmento de um universo mais amplo da atuação com Objetos, na qual se descortinam explorações teóricas e práticas em que o objeto adquire múltiplos estatutos no texto e na cena"(COSTA, 2007:123).

No Brasil, é uma linguagem ainda em processo de assimilação, buscando sua expressão principalmente através de pesquisas realizadas em oficinas ligadas ao *teatro de animação**, tendo já mostrado resultados em alguns espetáculos, como: *A Infecção Sentimental Contra Ataca,* do Grupo XPTO (1983), sob a direção de Oswaldo GABRIELI; *Livres e Iguais,* encenado pelo Grupo Teatro Sim… Por que Não?, sob direção de Valmor BELTRAME, Julio MAURÍCIO e Nazareno PEREIRA (1999); *A Coisa – Vibrações Luz do Objeto Imagem* (1989/90) e *Babel – Formas e Trans-formações* (1992), ambas montagens de O Casulo, de Ana Maria AMARAL; além das experiências de Renato PERRÉ com *Teresinha, História de Amor e Perigo* (1997) no Teatro Filhos da Lua; e o espetáculo *A Mulher que Matou os Peixes* (1994) do Grupo Navengando sob direção geral de Lucia COELHO e direção de objetos de Magda MODESTO. (AMA e VB)

 Animação (Teatro de), Formas Animadas (Teatro de).

 Costa, 2007.

239

ÓPERA DOS MORTOS

Expressão usada no Brasil colonial para se referir ao *teatro de bonecos**, distinguindo-o assim da Ópera dos Vivos, teatro de *ator** muitas vezes assim mencionado por nossos historiadores. (AMA)

 Bonecos (Teatro de), Bonifrates.

ÓPERA NO BRASIL

As primeiras *casas da ópera** brasileiras surgem no século XVIII. O Teatro da Câmara Municipal, de Salvador, foi construído em 1729. A Casa da Ópera da Praia, dessa mesma cidade, foi inaugurada em 1760 com *Alessandro nelle Indie*, de PORPORA; *Artaserse*, de Leonardo da VINCI; e *Didone Abbandonata*, de Domenico SARRI, as três com libretos de METASTASIO. Depois vieram, na Bahia, a Casa da Ópera e os teatros Guadalupe e São João – este último funcionou até 1922. No final do século XVIII, o viajante francês BOUGAINVILLE descreveu com entusiasmo um teatro de ópera do Rio de Janeiro, provavelmente a Casa da Ópera do Padre VENTURA, dizendo que ele possuía *une salle assez belle*. Eram auditórios onde, além de óperas propriamente ditas, de CALDARA, CIMAROSA ou SCARLATTI, eram apresentadas peças de teatro falado, às vezes entremeadas de canções.

Era esse o caso das obras de Antônio José da SILVA, cognominado "o Judeu". Nascido no Rio de Janeiro em 1705, ele fez grande sucesso no Teatro do Bairro Alto, de Lisboa, com espetáculos musicais populares e nacionais que se contrapunham às *opere serie* de modelo italiano. Às suas *comédias de costumes**, de tema frequentemente mitológico, "o Judeu" intercalava melodias tiradas de peças populares na época – minuetos, *fandangos**, contradanças, modinhas, lundus –, uma técnica que Luiz Heitor AZEVEDO comparou à da *ballad opera* inglesa, sua contemporânea. Colaborando com o músico lisboeta Antonio TEIXEIRA, aluno de Domenico SCARLATTI, "o Judeu" escreveu sátiras que, numa época repressiva e de intenso antissemitismo, o fizeram incorrer na ira da Inquisição, e esta o condenou a ser garroteado e queimado. Mas no Rio de Janeiro e em Salvador, continuaram muito populares, até a época do Império, *A Vida do Grande Dom Quixote de La Mancha e do Gordo Sancho Pança* (1733), *A Esopaida* (1734), *Os Encantos de Medeia* (1735), *Anfitrião* (1736), *O Labirinto de Creta* (1736), *Guerras do Alecrim e da Manjerona* (1737), *As Variedades de Proteu* (1737) e *O Precipício de Faetonte* (1738). Além das óperas do "Judeu", ouviram-se também no Brasil as obras do português Antonio Leal MOREIRA, *Siface e Sofonisba* (1783), *A Saloia Namorada* (1793) e *A Vingança da Cigana* (1794), as duas últimas com libreto de Caldas BARBOSA.

O início do século XIX

Ao vir para o Brasil, a família real portuguesa trouxe consigo músicos, cantores e compositores que revitalizaram as atividades operísticas no país. O Teatro São João, queimado em 1824, assistiu à estreia da única ópera do padre José Maurício Nunes GARCIA, *Le Due Gemelle* (*As Duas Gêmeas*), cuja partitura perdeu-se num incêndio. Ali também foram apresentadas obras de Marcos PORTUGAL, músico de reputação internacional que chegou ao Rio de Janeiro em 1810: *A Castanheira, A Casa de Pasto, La Vedova Raggiratrice, Demofoonte, La Donna di Genio Volubile, L'Inganno Poco Dura, Il Ritorno di Serse, Fernando nel Messico*, óperas que já lhe tinham trazido fama em toda a Europa. A primeira ópera séria composta no Brasil, de que se possui a partitura completa, é a *Zaíra*, de Bernardo José RIBEIRO, nascido em Portugal mas já estabelecido no Rio de Janeiro antes mesmo da vinda da família real.

Não se sabe a data exata da gênese de *Zaíra*, baseada na tragédia de VOLTAIRE, escrita para comemorar um dos aniversários de Dona MARIA I (portanto, entre 1808 e 1815, pois a mãe de Dom JOÃO VI morreu em 1816). Ela não chegou a ser estreada na época, provavelmente por oposição de Marcos PORTUGAL, que não desejava vê-la fazendo sombra à sua própria *Zaíra*, cantada no São Carlos de Lisboa em 1804 (QUEIRÓS, aliás, usa o libreto de Mattia BUTTURINI para a ópera de PORTUGAL, revisto por Giuseppe CARAVITA). A partitura, que se acreditava perdida, foi localizada pelo musicólogo Rogério BUDASZ na Biblioteca da Ajuda, em Lisboa, e encenada, em julho de 2004, no XV Festival de Música Colonial Brasileira e Música Antiga, em Juiz de Fora, Minas Gerais, sob a regência de Sérgio DIAS. Bernardo QUEIRÓS foi também o autor de um *entremez** muito popular na época, *Os Doidos Fingidos por Amor*, cuja partitura foi preservada e está na biblioteca da Escola de Música do Rio de Janeiro.

A vinda de *companhias** italianas para apresentar principalmente as popularíssimas *comédias** de PAISIELLO e ROSSINI no Teatro S. Pedro de Alcântara estimulou o aparecimento de talentos locais, como o baixo João dos REIS e o regente Pedro Teixeira de SEIXAS. O agrado com que a música lírica italiana era recebida por todas as camadas do público pode-se medir pela frequência com que, na música sacra brasileira do século XIX, comparecem melodias de talhe operístico.

A visita de uma *prima-donna* como a CANDIANI, que em 1844 fez a primeira *Norma* no Brasil, estimulou o gosto pelo *belcanto*, atraiu para o canto lírico a proteção oficial e permitiu a vinda de estrelas como Rosina STOLZ e Enrico TAMBERLICK, que passaram vários meses no Rio de Janeiro. Companhias francesas revelaram aos brasileiros as *grands-opéras* e *opéras-comiques* de MEYERBEER, HÉROLD, AUBER, BOÏELDIEU e ADAM. Dentre os italianos, ROSSINI, DONIZETTI e BELLINI eram muito apreciados. Em 1856, diante do sucesso de *I Portoghesi in Brasile*, de Giovanni PACINI, foi-lhe encomendada uma ópera a ser encenada no Rio de Janeiro; porém, problemas financeiros locais impediram PACINI de trazer para cá *Niccolò de' Lapi*, ouvida finalmente em Florença em 1873. O Brasil, como temática exótica, atraiu compositores estrangeiros:

Em 1854, o alemão Adolph MAERSCH e o italiano Luigi Vincenzo de SIMONI apresentaram, no Teatro Lírico Fluminense, *Marília de Itamaracá ou A Donzela da Mangueira* – a primeira ópera que se possui cantada em português do Brasil –, baseada numa lenda pernambucana da época da guerra contra os holandeses, tema que lhes fora sugerido pelo grande *ator** João CAETANO, convertido em empresário de ópera.

Em 1855, Joseph O'KELLY e Junius Constantin de VILLENEUVE – este último diretor do *Jornal do Comércio* do Rio de Janeiro – encenaram, no Théâtre Lyrique, de Paris, *Paraguassu*, contando a história da paixão de Caramuru por uma índia, que ele levou consigo para a França; o último ato passa-se na corte de Carlos IX, no Louvre, onde Paraguaçu é batizada e recebe o nome de Catarina, pois sua madrinha é a rainha Catarina de Médicis.

Em 1861, a condessa polonesa Rafaela de ROSWADOWSKA estreou, no Teatro Lírico Fluminense, a *comédia** sentimental *Os Dois Amores*, com libreto que lhe foi fornecido pelo romancista Manuel Antonio de ALMEIDA. Outras obras do suíço Leo KESSLER (*Inocência*) ou dos italianos SANGIORGI (*Moema*), B. G. LOMANI (*Soldados de Portugal*) e Ângelo VENOSA (*A Escrava de Caramuru*) podem ser citadas nesse mesmo contexto.

Quanto à atividade operística local, depois da morte de José Maurício GARCIA e de Marcos PORTUGAL, ela deveu muito a Francisco Manuel da SILVA, o autor do *Hino Nacional*. Diretor dos teatros São Januário e Provisório – mais tarde Lírico Nacional –, Francisco Manuel não chegou a compor óperas. Mas foi professor de Carlos GOMES e participou de todos os movimentos musicais importantes do Rio de Janeiro naquela época. O espanhol José Zapata y AMAT, exilado político que vivia desde 1848 no Rio de Janeiro, onde se casara com uma brasileira e se tornara conhecido como intérprete de modinhas acompanhadas ao violão, foi o criador da Imperial Academia de Música. A ela estava ligada a Ópera Nacional, que funcionava no Ginásio Dramático. Foi inaugurada em 17 de julho de 1857, com as *zarzuelas** (*operetas** de estilo espanhol) *A Estreia de uma Artista*, de autor desconhecido, e *Brincar com Fogo*, de Francisco BARBIERI; e com as *óperas cômicas* O Beijo*, do italiano Angelo FRONDONI, e *Boas-noites, D. Simão*, do francês Albert GRISAR. A Ópera Nacional trouxe ao Brasil a *Norma*, de BELLINI, a *Traviata*, de VERDI, e óperas bufas de ARRIETA, BARBIERI, dos Irmãos RICCI, COPPOLA, WOLF-FERRARI e DE GIOSA, além de encenar partituras de autores nacionais, a saber:

A Noite de São João (1860) de Elias Álvares LOBO, comédia de José de ALENCAR, passada no Brás, em São Paulo, sobre os amores de dois jovens a cujo casamento as famílias se opõem. Esta é a primeira ópera de compositor, libretista e argumento brasileiros, cantada em português por um elenco predominantemente carioca.

A Corte de Mônaco (1862), comédia romântica de Domingos José FERREIRA, com libreto de Francisco Gonçalves BRAGA, sobre um nobre que simula, com a ajuda de saltimbancos, possuir uma corte esplêndida, para convencer o Grão-duque da Toscana a lhe conceder a mão de sua filha.

O Vagabundo (1863), *melodrama** de Henrique Alves de MESQUITA, com libreto de L. V. de SIMONI, ambientado na França do século XII. Forçada a casar-se com o barão de Marcey, a jovem amada pelo conde de Savigny suicida-se após a cerimônia. Dezoito anos depois, Savigny, que se transformou no "vagabundo", reencontra Marcey em companhia da jovem Isaura, e tenta seduzi-la para vingar-se do rival. Mas é impedido a tempo por Marcey, que lhe revela: Isaura é sua filha. É forte a influência do *Trovatore* sobre essa ópera sombria. Uma segunda ópera de MESQUITA, *A Louca*, com libreto de Antonio Aquiles de Miranda VAREJÃO, ficou inédita pois o compositor não chegou a um acordo com AMAT sobre seus direitos autorais. *O Vagabundo* foi a última ópera montada por AMAT que, por dificuldades financeiras, teve de fechar a Ópera Nacional no fim de 1863. E a retirada da subvenção do governo, nessa época empenhado na política que acabaria desencadeando a Guerra do Paraguai, não lhe permitiu retomar seu empreendimento.

Antonio Carlos GOMES é, sem dúvida alguma, o maior compositor das Américas no século XIX. Mas nunca se preocupou em criar uma escola nacional de ópera. Seus dois primeiros trabalhos, *A Noite no Castelo* e *Joana de Flandres*, foram montados no Rio de Janeiro, no quadro das atividades da Ópera Nacional. Mas o que GOMES desejava era triunfar na Itália como um compositor de estilo mediterrâneo, e nisso se empenhou a partir do momento em que, com uma bolsa paga pelo governo brasileiro, foi estudar em Milão, onde residiria a maior parte de sua vida. *Il Guarany* – seu grande sucesso de 1870 – o caracteriza como um típico músico da fase pós-romântica (1870-1890), de transição entre o fim da carreira de VERDI e a eclosão do *verismo*. Sua importância, não reconhecida pela musicologia italiana, deriva de, na *Fosca*, na *Maria Tudor* ou no *Schiavo*, encontrarmos os mais claros sinais da virada realista que há de eclodir, em 1890, com a *Cavalleria Rusticana*, de MASCAGNI. As óperas de Carlos, do *Guarany* à *Odalea*, foram todas estreadas na Itália – à exceção do *Schiavo* e do oratório cênico *Colombo*, criados no Rio de Janeiro.

Segunda metade do século XIX

A mesma preocupação de vencer no exterior encontramos no paulista João Gomes de ARAÚJO que, com a ajuda de D. PEDRO II, também se instalou em Milão e ali estreou algumas de suas obras. São comuns, nessa fase, as óperas cantadas com libreto em italiano, e o processo de libertação da influência estrangeira vai conviver, num primeiro momento, com a formação alemã de Leopoldo MIGUEZ, a francesa de Francisco BRAGA e Joaquim Tomás Delgado de CARVALHO. O Centro Artístico, fundado no Rio de Janeiro em 1893, sob a presidência de MIGUEZ, recebe o apoio de intelectuais como COELHO NETO, Artur AZEVEDO, os Irmãos BERNARDELLI, Rodolfo AMOEDO, Artur NAPOLEÃO, e realiza trabalho decidido para fazer renascer o teatro lírico nacional, mesmo que ainda seja muito forte a presença dos modelos estrangeiros. *Wagnerismo*, *verismo*, *impressionismo* vão se combinar às tentativas de formulação de um drama musical tipicamente brasileiro em:

Tiradentes (1881), de Manuel Joaquim de MACEDO e Augusto de LIMA, marcada pela influência wagneriana; sua primeira apresentação, em forma de concerto, só ocorreu no início da década de 1990, em Belo Horizonte; mas o Prelúdio tinha sido muito aplaudido ao ser executado na Bélgica, em 1910, por Alberto NEPOMUCENO.

Carmosina (1888), de João Gomes de ARAÚJO, com libreto de Antonio GHISLANZONI, a melodramática história da personagem-título que, apaixonada pelo rei da Sicília, é obrigada a se casar com o estudante Perilo e morre de tristeza na noite de núpcias, provocando a morte do marido, que a ama. O fato de ter estreado no Teatro del Verme, em Milão, deu bastante prestígio a *Carmosina*, quando ela foi cantada em 1891 no Teatro São José de São Paulo.

Burg-Jargal (1890), de José Cândido da Gama MALCHER, com libreto de Vincenzo VALLE, baseado no romance de Victor HUGO sobre a revolta dos escravos em São Domingos, em 1791. Estreada em Belém do Pará, em setembro, foi cantada no Rio de Janeiro, no mês seguinte, em homenagem ao marechal Deodoro da FONSECA, proclamador da República.

Moema (1891), de Assis PACHECO, com libreto do autor e de Delgado de CARVALHO, estreada no Teatro São José de São Paulo. Em 1894, Delgado de CARVALHO também escreveu música para esse libreto, apresentando-a no Lírico do Rio de Janeiro. A índia Moema apaixona-se por um caçador português, prisioneiro de sua tribo, e o ajuda a fugir. Mas suicida-se ao ser impedida de evadir-se com ele.

Iara (1895), libreto e música de Gama MALCHER, baseado no poema do conde STRADELLI sobre o amor de perdição do mortal Begiuquira pela implacável divindade fluvial amazônica.

Os Saldunes ou O Crepúsculo da Gália (1896), de Leopoldo MIGUEZ, com libreto de COELHO NETO sobre a conquista da Gália por Júlio CÉSAR.

Dois amigos que amam a mesma mulher fazem o juramento dos saldunes: irão a combate ligados por correntes presas aos pulsos, e um não sobreviverá sem o outro. O que não é retribuído em seu amor deixa-se matar, para que o outro morra também. A despeito de ser um libreto pesado e palavroso, este é o mais interessante exemplo de transposição para a música brasileira das técnicas wagnerianas de composição contínua, melodia infinita e utilização de *leitmotif*.

Pelo Amor! (1897), poema dramático de MIGUEZ e COELHO NETO, ambientado na Escócia do século XIII, com personagens que falam e outras que cantam; tremendo fracasso ao estrear no Cassino Fluminense.

Hóstia (1898), de Delgado de CARVALHO e COELHO NETO. O pastor Hildo salva sua amada, Selma, que seria oferecida em holocausto ao deus Ondino. Mas, furiosa, a divindade fluvial faz o rio transbordar e inunda a região, condenando os amantes a morrerem juntos. Libreto e música traem a mistura de influências wagnerianas, *simbolistas** e decadentistas.

Dor! (1900), libreto e música de Assis PACHECO, drama verista em que, na água-furtada em que mora, o compositor Aidano assiste, impotente, à morte de Estela, a filha de cinco anos, devido à miséria e à falta de assistência médica.

Henrique OSWALD escreveu três óperas – *La Croce d'Oro*, *Le Fate* e *Il Neo* –, mas elas nunca foram apresentadas, devido ao temperamento demasiado tímido do compositor. Papel fundamental foi o exercido por Alberto NEPOMUCENO, iniciador da campanha em favor da nacionalização da música brasileira e pioneiro do canto em português – contra o qual se insurgia a ala conservadora liderada pelo crítico Oscar GUANABARINO. Devido a seus estudos no exterior, NEPOMUCENO não deixou de sensibilizar-se com a influência wagneriana, presente, ao lado dos substratos melódicos e ritmos brasileiros, em suas óperas principais:

Ártemis, com libreto de COELHO NETO, estreada em 14 de outubro de 1898, no Teatro Lírico do Rio de Janeiro – história do artista ateniense que, tendo-se apaixonado pela estátua que esculpiu, mata a própria filha e arranca-lhe o coração, na tentativa insensata de dar vida à pedra. Surpreendido pela esposa abraçado à estátua, deixa-a cair e quebrar-se; e só aí percebe a que foi levado por sua paixão cega.

Abul, com libreto do próprio autor baseado num conto de Herbert C. WARD, estreada no Coliseo de Buenos Aires em 13 de junho de 1913. Amrafel, rei de Ur, na Caldeia, ordena que uma criança da tribo de Abul, que adora um deus invisível, seja escolhida para o holocausto ao deus Hurki. Na hora do sacrifício, Abul irrompe no templo, derruba a estátua de Hurki e, como a divindade pagã nada faz para castigá-lo, demonstra aos caldeus que aquele não é um deus verdadeiro.

O Garatuja ficou inacabada, mas seu prelúdio, ouvido em outubro de 1904, ficou como peça de concerto. De menor importância são as óperas *Porangaba* (1889), *Electra* (1894) e a opereta *A Cigana* (1891).

Século XX

Em sua *Relação das Óperas de Autores Brasileiros* (1938), Luiz Heitor AZEVEDO atribui ao *Contratador dos Diamantes*, de MIGNONE, o papel de inaugurar o nacionalismo musical em nossa ópera, uma vez que o autor trazia os nossos ritmos e a inflexão modinheira das nossas melodias para as árias e trechos sinfônicos. Ao ato II do *Contratador* pertence à "*Congada**", destinada a se transformar em peça de concerto de muito sucesso. Mas o nacionalismo do *Contratador* é acidental, pois se restringe a algumas passagens isoladas. No conjunto, a música segue moldes italianados, de resultado muito seguro na época – o que de resto acontece com muitas obras aqui citadas que, na fase de transição das primeiras décadas do século, ainda ostentam numerosos traços importados.

Mas no *Malazarte*, de Lorenzo FERNANDEZ, já serão bem mais brasileiros o argumento, a rítmica, "a doçura expressiva de certas frases e a própria linha emocional, sinuosa, arrebatada, cheia de explosões violentas, logo depois sarcástica e amolecada, captando com sutileza [...] todo o processo de sensibilização musical da psique brasileira".

Depois dele haverá nomes muito importantes: Heitor VILLA-LOBOS, Camargo GUARNIERI. Mas não mudou muito, nas últimas décadas do século XX, a situação, já denunciada por Luiz Heitor AVEVEDO no fim dos anos de 1930, da precariedade de uma produção não sistematizada pela existência de teatros efetivamente voltados para a criação de títulos novos – o que só existiu neste país entre 1857 e 1863. Isso torna muito discutível falar de *ópera brasileira* –, motivo pelo qual preferimos dar a este verbete o título de *Ópera no Brasil*. Merecem ser mencionadas:

Pastoral (1903), peça de COELHO NETO à qual foram inseridos números musicais escritos por José Pedro de Santana GOMES (*Prelúdio*), Henrique OSWALD (*Anunciação*), Francisco BRAGA (*A Visitação*) e Alberto NEPOMUCENO (*Natal*). Encenada no Teatro São Carlos de Campinas, no dia de Natal.

Alda (1904), de Santana GOMES. O libreto, de Emilio DUCCATI, contando uma história de amor entre um aristocrata e uma cigana, ambientada nas regiões francesas do Auvergne e do Artois, no século XIII, foi mandado a José Pedro de Santana GOMES, da Itália, por seu irmão mais velho, Carlos GOMES. Não se tem certeza que ela tenha sido apresentada em Campinas.

Carmela (1906), de Araújo VIANA, com libreto de L. BRÍGIDO e H. MALAGUTI, em que a personagem-título teme os homens porque, na infância, viu uma mulher ser brutalmente espancada pelo marido; mas ela só se dá conta de que ama o jovem Renzo quando este morre, para protegê-la, num duelo com o violento Ruffio.

Foscarina (1906), de João GOMES JÚNIOR. O libreto de J. QUEIROZ FILHO foi acusado de ter plagiado o de *Doña Flor*, do holandês N. van WESTERNHOUT – do qual era realmente uma *adaptação**, hábito comum na época. Na realidade, a ópera causou estranheza devido a seu tema: um quase incesto involuntário. Don Fernando opõe-se ao namoro do estudante Altino com sua filha Foscarina, pois sabe que ele é seu filho, de uma aventura de juventude. Altino tenta raptar a amada mas, surpreendido pelos servos do nobre, é ferido de morte. Só quando ele está agonizando nos braços de Foscarina é que D. Fernando lhe revela tratar-se de seu irmão.

La Boscaiuola (*A Sertaneja*, 1911), de GOMES JÚNIOR, é uma adaptação livre, feita pelo italiano Ferdinando FONTANA, do romance *Inocência*, do Visconde de TAUNAY.

Sidéria (1912), dos curitibanos Augusto STRESSER e Jaime BALÃO. Drama verista que se passa no Paraná durante a Revolução de 1893, e lembra muito a intriga da *Fosca*, de Carlos GOMES. Sidéria ama o fugitivo Alceu, a quem abrigou em sua fazenda; mas ele é fiel à sua noiva Tilde. O capataz Juvenal, rejeitado por Sidéria, denuncia Alceu aos soldados. Sidéria vai libertá-lo, desespera-se ao encontrá-lo com Tilde, mas renuncia a ele. Novamente rejeitado, Juvenal mata Sidéria e, depois, suicida-se. É evidente o impacto da *Cavalleria* e do *Pagliacci* sobre essa partitura.

Soeur Béatrice (1914), de Glauco VELÁSQUEZ. Embora tenha ficado inacabada, é importante mencioná-la pois utiliza diretamente o texto de Maurice MAETERLINCK, seguindo o exemplo de DEBUSSY no *Pelléas et Mélisande*, e é um dos melhores exemplos da aclimatação ao Brasil de procedimentos de escrita provenientes da França. Francisco BRAGA orquestrou o ato I.

Helena (1916), de J. G. de ARAÚJO, com libreto de Bento de CAMARGO, comédia de costumes em um ato, ambientada numa fazenda paulista de café, estreada no Municipal de São Paulo.

Jupyra (1900), de Francisco BRAGA, com libreto de Escragnolle DÓRIA, típico *dramalhão** verista sobre o ciúme da personagem-título, uma índia que faz assassinar o amante português, pois este a traiu com uma mulher branca. A ópera foi reapresentada em São Paulo, pela Osesp em 1998, e foi gravada pela Rádio Cultura.

Notte Bizzarra (1917), de Alípio César Pinto da SILVA, com libreto de Giuseppe TADINI, estreada no Teatro da Paz de Belém do Pará. É a história, passada em Gênova durante o *Risorgimento*, de Rodolfo, um milionário entediado, que se apaixona por Franca, uma revolucionária que pede asilo em sua casa e, para despistar os soldados que a perseguem, diz a eles ser a esposa do homem que a acolheu.

Izaht (1917), de Heitor VILLA-LOBOS, com libreto de AZEVEDO JÚNIOR e do compositor sob o pseudônimo de Epaminondas VILLALBA FILHO; representações parciais em 1917 e 1922 e estreia no Municipal do Rio em 6 de abril de 1940. Jovem e bela, a dançarina Izaht atrai para a Taverna da Morte – instalada no porão de um castelo abandonado – os homens ricos que se encantaram com ela no *cabaré** de Montmartre onde se apresenta; e ali eles são espoliados por seus cúmplices. Ela se encanta, porém, com o visconde de Gamart, que a defende da brutalidade de Fourn, o seu pai. Mas Gamart é noivo de Eniht, a filha natural da condessa La Perle com o conde Makian, chefe do bando. O rapaz resiste às tentativas de sedução da bailarina; mas é em seus braços que ela morre quando, em meio a um tumulto, Fourn atira nela acidentalmente. Apesar do artificialismo da história rocambolesca, cheia de *clichês** veristas tardios, há na música sinais do idioma individualíssimo que desabrochará no futuro.

Anita Garibaldi (1918), de João GOMES JÚNIOR e Antonio PICCAROLO, sobre a personagem histórica que inspirou também Francisco BRAGA, Osório Duque ESTRADA (1922, não encenada) e Heinz GEYER e José Ferreira da SILVA, numa ópera estreada em Blumenau, em 1950, para comemorar o aniversário da cidade.

Zoé (1920), de VILLA-LOBOS e Renato VIANNA, a história *grand*-guinholesca da bela mulata Zoé, que leva uma vida de promiscuidade e vícios, e morre sob o efeito de morfina, enquanto um de seus amantes toca ao piano um maxixe alucinado.

Dom Casmurro (1922), de GOMES JÚNIOR, é a adaptação do romance de Machado de ASSIS feita por Antonio PICCAROLO.

A Bela Adormecida (1924), de Carlos de CAMPOS e João KOPKE, baseia-se no conto de fadas tradicional.

O Contratador dos Diamantes (1924), de Francisco MIGNONE, com libreto de Gerolamo BOTTONI baseado em um texto de Afonso ARINOS. Felisberto Caldeira Brant, negociante de pedras preciosas em Diamantina, no século XVIII, deseja a liberdade para a colônia e, por isso, denunciado pelas autoridades locais, é condenado ao exílio pela Coroa portuguesa. A situação se complica pois sua sobrinha, D. Cotinha, que está apaixonada pelo nobre português D. Luís Camacho, rejeita o amor de José Pinto de Moraes, o magistrado local, que prometera salvar seu tio se ela se casasse com ele. No final, Cotinha, D. Luís e D. Branca, a mulher de Felisberto, fogem para escapar da perseguição de Moraes; e o contratador, no momento em que está sendo levado para o degredo, é liberto por seus homens. A ópera se encerra com uma oração pedindo a Deus a aurora da liberdade.

O Bandeirante (1925), de Antonio de Assis REPUBLICANO, com libreto de SILVEIRA, baseado em lendas sobre o surgimento das cataratas do Iguaçu.

Um Caso Singular (1926), de Carlos de CAMPOS e Gomes CARDIM, comédia romântica sobre uma fidalga espanhola que, para fugir a uma perseguição, é escondida em Itanhaém e educada como um rapaz.

Sóror Maddalena (1926), música e texto de Alberto COSTA, decalcada musical e dramaticamente na *Sor Angelica* de PUCCINI. A personagem-título, freira num hospital, recebe agonizante, numa noite de *carnaval**, o homem que no passado a seduziu e abandonou. Ele lhe pede perdão e, antes que ele morra, ela o beija na boca. Depois, arrependida, corre a pedir perdão a Deus na capela, e o Senhor lhe dá o sinal de que compreendeu e perdoou sua fraqueza.

Maria Petróvna (1929), de J. G. de ARAÚJO, com libreto em italiano de Ferdinando FONTANA, sobre uma conspiração para depor Catarina, a Grande, da Rússia. Destinava-se à encenação na Itália, mas acabou estreando no Municipal de São Paulo.

A Ceia dos Cardeais (1931), de Artur Iberê de LEMOS, adaptada da peça de Júlio DANTAS, só estreada no Teatro Francisco Nunes de Belo Horizonte em 1964.

A Natividade de Jesus (1935), de Assis REPUBLICANO, sobre o mistério de Natal do Conde Afonso CELSO. O autor destinava a obra para a celebração da Festa do Advento mas, como o Teatro Municipal do Rio de Janeiro a quis estrear na Semana Santa de 1937, Assis REPUBLICANO lhe acrescentou um episódio sobre a Crucificação, que ele mesmo escreveu. Duas óperas de Assis REPUBLICANO chegaram a ficar prontas mas nunca foram encenadas: *As Amazonas* (1938), com libreto de Theodorik de ALMEIDA, sobre a lenda da invasão do Império dos Incas pelas guerreiras amazonas; e *O Ermitão da Glória* (1948), com libreto de Salvatore RUBERTI, baseado no romance de José de ALENCAR.

Ponaim (1935), de Vítor Ribeiro NEVES e Valter SPALDING. Temas autênticos dos índios caingangue e guarani são usados na partitura desta ópera contando a história da índia Ponaim, que passa a assombrar a Lagoa Parobé, em Alegrete, a partir do momento em que o cervo mágico Berá desaparece em suas águas com Camaco, noivo da moça, que tentava caçá-lo para fazer de sua pele um tapete nupcial. Estreia em dezembro no Teatro São Pedro, de Porto Alegre.

Farrapos (1936), de Roberto EGGERS e M. Faria CORREA, sobre uma família dividida pela política: o pai, português, é legalista; a mãe e os filhos aderiram à revolução farroupilha; a filha, Eleonora, é noiva do revolucionário Paulo, que morre em combate. EGGERS utiliza, na partitura, diversos temas populares gaúchos. O prelúdio do ato III, poema sinfônico que descreve a tomada da Ponte da Azenha e a entrada das tropas rebeldes em Porto Alegre, é de Artur ELSNER. A estreia foi em setembro, no Teatro São Pedro de Porto Alegre.

Iracema (1937), de José OCTAVIANO, com libreto de Tapajós GOMES, estreada no Municipal do Rio. Desde que viu a Iara, a índia Iracema perdeu o gosto pela vida, e acaba deixando-se enlaçar pela traiçoeira divindade fluvial sendo levada para o fundo da água. As óperas *Sonho de uma Noite de Luar* (Tapajós GOMES) e *Fernão Dias* (Albino ESTEVES) chegaram a ser terminadas, mas nunca foram encenadas.

A Descoberta do Brasil (1939), de Eleazar de CARVALHO e C. Paula BARROS, tentativa de aclimatação do modelo romântico da *grand-opéra* meyerbeeriana ao tema histórico brasileiro, estreada em junho no Municipal de São Paulo.

Malazarte (1941), de Oscar Lorenzo FERNANDEZ, com libreto de Graça ARANHA adaptada de sua própria peça sobre a personagem folclórica brasileira; estreada no Municipal do Rio de Janeiro.

Tiradentes (1941), de Eleazar de CARVALHO, com libreto de A. Figueira de ALMEIDA, sobre a Inconfidência Mineira, estreada em setembro no Municipal do Rio de Janeiro.

Yerma (1956), de VILLA-LOBOS, com o texto da peça de Federico García LORCA; estreada em Santa Fé, no Novo México, em agosto de 1971, e só cantada no Brasil, no Municipal do Rio de Janeiro, em 26 de maio de 1983; frustrada em seu desejo de ser mãe, recusando-se a adotar uma criança, como Juan, o marido, lhe propõe, Yerma se horroriza ao descobrir que ele nunca lhe revelou que é estéril; revoltada por ser, para ele, apenas um objeto de satisfação sexual, ela o mata. À tensão e clima poético do texto junta-se a força da música, escrita por um artista em plena maturidade.

A Menina das Nuvens (1957), de VILLA-LOBOS, ópera para crianças baseada na peça infantil de Maria Clara MACHADO.

A Compadecida (1959), de José SIQUEIRA, adaptada da comédia nordestina de Ariano SUASSUNA, estreada no Municipal do Rio de Janeiro em maio de 1961.

Um Homem Só (1962), de Camargo GUARNIERI, com libreto de Gianfrancesco GUARNIERI. De estrutura não linear e fragmentada, a ópera mostra José, um funcionário público solitário, procurando o sentido para a sua vida – em conversas com Nanci, uma catadora de papel com quem rememora os momentos felizes de sua vida; com um psicanalista que lhe fala de seus sofrimentos em termos incompreensíveis; numa visita à igreja, onde tampouco encontra consolo; no encontro com Rita, uma jovem desgastada pela vida, que passa a noite com ele mas, depois, recusa uma relação permanente – até encontrar a morte, e um cortejo fúnebre em que ele é acompanhado por todos aqueles que nunca o souberam compreender.

O Chalaça (1972), de Francisco MIGNONE, com libreto de Humberto Melo NÓBREGA, baseado na vida do primeiro-ministro de D. PEDRO I, estreada na Sala Cecília Meireles, do Rio de Janeiro, em outubro de 1976.

O Sargento de Milícias (1978), música e libreto de Francisco MIGNONE, peça com números musicais entremeados a diálogo falado, baseada no romance de Manuel Antonio de ALMEIDA, estreada em dezembro no Teatro Municipal do Rio de Janeiro.

Alma (1984), música e libreto de Cláudio SANTORO, extraída da primeira parte do romance *Os Condenados*, de Oswald de ANDRADE, só estreada no Festival do Teatro Amazonas de 1996.

Dom Casmurro (1993), de Ronaldo MIRANDA, com libreto de Orlando CODÁ, baseado no romance de Machado de ASSIS sobre o amor de Bentinho por Capitu, a "dos olhos de ressaca", e a suspeita nunca confirmada que ele tem de que a mulher teria sido a amante de seu amigo Escobar; estreada no Municipal de São Paulo, foi o último papel criado pelo grande barítono Paulo FORTES, que fazia o papel de Bentinho velho.

Domitila (2000), monodrama de João Guilherme RIPPER baseado nas cartas trocadas pela Marquesa de SANTOS e D. PEDRO I, interpretada no Teatro São Pedro, de São Paulo, por Ruth STAERKE e um conjunto de câmara.

O Anjo Negro (2003), de João Guilherme RIPPER, baseada na tragédia de Nelson RODRIGUES; ópera de câmara estreada no Centro Cultural Banco do Brasil, de São Paulo, com Sebastião TEIXEIRA e Regina Elena MESQUITA nos papéis principais, sob a regência de Abel ROCHA.

As relações do teatro com a ópera no Brasil foram por muito tempo apenas sofríveis. Ópera era terreno musical e as direções das montagens não se preocupavam em concebê-las como um espetáculo teatral. Fazia-se a *marcação** privilegiando os solistas – em geral vindos do exterior na véspera da estreia. Em anos recentes, visando dinamizar as produções, as casas de ópera contrataram *diretores teatrais** para dirigir seus espetáculos. Os resultados, muitas vezes, foram interessantes, estimulantes: foram marcantes as encenações do *Anel do Nibelungo* feitas por Aidan LANG, sob a regência de Luiz MALHEIRO (2002-2005), em Manaus, na primeira vez que a tetralogia wagneriana foi realizada com elenco quase todo nacional. Mas, não raro, foram discutíveis, como no caso das intenções explícitas de crítica social que Ademar GUERRA quis emprestar ao *Cosi fan tutte*, de MOZART; das polêmicas montagens do *Navio Fantasma* e do *Tristão e Isolda*, de WAGNER, feitas por Gerald THOMAS no Rio de Janeiro; ou das sofríveis encenações da *Salomé*, de Richard STRAUSS, por Ana CAROLINA; do *Romeu e Julieta*, de GOUNOD, por José POSSI NETO; ou do *Don Carlo*, de VERDI, por Gabriel VILLELA, as três últimas no Municipal de São Paulo, em 2004. (LMC)

 Azevedo, 1938; Dines, 1992, Góes, 1987; Mariz, 1981; Sampaio e Furlanetto, 1991; Warrack e West, 1992.

ÓPERA-CÔMICA

O termo *ópera-cômica* (*Opéra comique*) designa espetáculos franceses dos séculos XVIII, XIX e XX que apresentam música instrumental e vocal, diálogos falados e, eventualmente, recitativos. Suas origens remontam aos teatros ao ar livre, conhecidos por Opéra-Comique, que funcionavam na França por volta de 1715, e também à Comédie-Italienne. O repertório, de nítido apelo popular, opunha-se ao da *tragédie mise-en-musique* da Academia Real de Música (a Ópera). O termo surge, primeiramente, da expressão *opéra-comique en vaudevilles* (ou similar), para nomear eventos cênicos baseados em temas musicais preexistentes, ou então, em diálogos falados (é o caso da peça *L'amour au Village*, de C.S. FAVART, de 1745), para, posteriormente, ser modificado, algumas vezes, para *en ariettes et en vaudevilles*. De qualquer forma, nessa época, a *opéra comique* era raramente designada como tal. Um sentido que ganha corpo, nos anos de 1750-60, junto a teóricos, críticos e autores, e que é basicamente o que conhecemos hoje, revela-se na expressão *comédie mêlée d'ariettes* (literalmente, "comédia mesclada de arietas"). Com a Revolução Francesa, porém, o gênero cai em desuso. Nesse período, o significado de *opéra comique* continua ligado ao *vaudeville** mesmo quando libretistas e compositores criam outros nomes, fundamentados nos diálogos falados, como por exemplo *comédie héroïque*, ou então, quando esses criadores tentam implementar novos gêneros com frases do tipo *mise-en-musique* ou *lyrique*. Muitos desses trabalhos foram denominados dramas líricos (*drames lyriques*), inspirados nos recentes eventos históricos, resultando no incremento da expressão *fait historique* (especialmente nos anos de 1793-74). Devido à influência da *opera buffa* italiana, inúmeras óperas-cômicas foram chamadas, pelos seus próprios autores, de *opéra bouffon*. Somente com o Império e a Restauração, nas primeiras décadas do século XIX, é que a *opéra comique* adquire o sentido que tem hoje: *ópera** francesa com diálogos falados, em que os elementos cômicos são menos importantes que os dramáticos ou melodramáticos; a designação ópera-cômica, mais do que uma referência a um gênero teatral específico, tomado de *per si*, indica o procedimento criativo de se misturar elementos cantados e dialogados.

Assim como a *opereta**, a ópera-cômica chega ao Brasil no século XIX, revelando nitidamente sua procedência francesa; não consegue, entretanto, junto a nossos autores e compositores, a mesma atenção que a primeira. A exceção fica por conta de Artur AZEVEDO, que produz cinco óperas-cômicas, sendo que quatro delas são *adaptações** à cena brasileira: *A Flor-de-lis* (*Le Droit du Seigneur*, música de Leon VASSEUR), *Herói à Força* (*Le Brasseur de Preston*, de LEUVEN e BRUNSWICH, música de Adolphe ADAM) e *Abel, Helena* (*La Belle Hélène*, de MEILHAC e HALÉVY, música de OFFENBACH), *A Casadinha de Fresco* (*La Petite Mariée*, de LETERRIER e VANLOO, música de LECOCQ). Sua ópera-cômica original, *A Princesa dos Cajueiros*, com música de Francisco de Sá NORONHA e representada em 1880 no Rio de Janeiro, ultrapassa o centenário de representações, atestado à época de seu imenso sucesso. A análise desse conjunto permite o apontamento de algumas características da ópera-cômica praticada pelo autor maranhense. Como na ópera, o enredo se resolve através de traços estilísticos épicos, líricos e dramáticos, e no qual há a introdução do elemento cômico (este, sempre utilizado com parcimônia), fato essencial para a distinção entre ambos os gêneros; o escritor, deslocando a ação dramática para o passado, faz com que personagens (em grande número), cenários (de dois a três) e figurinos (em profusão, uma vez que, além das personagens com fala, existe o *coro**, presentificado pela figuração) manifestem ao espectador um universo construído mais pela imaginação, fantasia e ludicidade do que pela incidência de alusões ao mundo real. A música progride, invariavelmente, através de vinte e três números, os quais se diversificam em solos, duetos, tercetos, quartetos, quintetos, sextetos e corais; todas essas formas resolutórias interpretativas, somadas às sugestões de ritmo fornecidas pelo dramaturgo, instauram na cena uma intensa variação rítmica. Tal qual o desenvolvimento da opereta no Brasil, a ópera-cômica vê diluída as suas peculiaridades conformadoras ante a *revista de ano** e a carnavalesca, gêneros que ocupam com êxito os palcos brasileiros no final do século XIX e início do século XX. (RJSB)

 Opereta.

Brito, 1989; Faria, 2001; Sousa, 1960; Sadie, 2001.

ÓPERA SECA

Tipo de criação cênica que associa teatralidade visual e movimentação coreográfica à musicalidade vocal sem canto, com trilha sonora ritmando a execução. Realizada pelo *encenador** Gerald THOMAS com a Companhia de Ópera Seca a partir de 1986, em São Paulo e no Rio de Janeiro, é uma tentativa de atualização da obra de arte total wagneriana com base em princípios de fragmentação, justaposição de *leitmotive* musicais e combinação de temas espaciais e textuais, que visam à polissemia. O trocadilho implícito no termo, uma referência à *Drei Groschen Oper*, de Bertolt BRECHT, expõe uma das operações básicas dessa forma cênica, em que a *ópera** séria, ou *molhada*, tem o seu *pathos* resfriado por frequentes alusões paródicas que recuperam e desconstroem algumas manifestações da tradição teatral. O princípio dos "acasos reunidos" constitui a base da operação desconstrutora, que não postula a fusão dos diversos elementos artísticos, como na *Gesamtkustwerk* wagneriana, com seu pressuposto de síntese das artes. Em lugar da articulação dos sistemas significantes prevalece a separação das artes, de modo a permitir que cada uma conserve a sua autonomia. As citações de códigos teatrais e a utilização simultânea de vários argumentos, na mescla intencional de épocas e personagens, ou a música e a gestualidade do *ator** contradizendo o texto, introduzem elementos de surpresa e de desordem na obra de arte total, que se torna assim, de acordo com o encenador, *Gesamtglücksfallwerk*, "obra de acaso total" ou "obra de arte de acasos reunidos". Em *Carmem com Filtro 2* (1988), por exemplo, a ópera de Georges BIZET e o romance de Prosper MÉRIMÉE são depurados e acrescidos de fragmentos, imagens e personagens sem ligação semântica com a trama original, como é o caso da cena em que a cigana sedutora é preterida por uma réplica da Roda de Bicicleta de Marcel DUCHAMP. O mesmo acontece em *The Flash and Crash Days* (1991), em que THOMAS parte do conflito entre personagens femininas do ciclo *O Anel dos Nibelungos*, mas torna a referência wagneriana irreconhecível, ao transformar a luta entre as duas mulheres, não por acaso interpretadas pelas atrizes Fernanda MONTENEGRO e Fernanda TORRES (mãe e filha), numa oposição de estéticas e gerações do teatro brasileiro. Em procedimento semelhante, *M.O.R.T.E.* (1990), releitura de *Hamlet*, associa a hesitação da personagem shakespeariana à paralisia criativa do artista contemporâneo, explicitada em referências plurais que incluem um escultor inspirado em Tadeusz KANTOR e uma alusão cenográfica ao artista plástico CHRISTO. Na repetição do modelo, que faz da ópera seca mais um exemplo de uso paródico da herança cultural, o ecologista da ópera *Mattogrosso* (1988) discute com heróis de história em quadrinhos o desmatamento da floresta amazônica, ao som da ópera *O Ouro do Reno*, de Richard WAGNER, e da música minimalista de Philip GLASS.

Em *Um Processo*, primeiro espetáculo de um ciclo de *adaptações** da obra de Franz KAFKA (*Trilogia Kafka*, 1988), o anti-herói Joseph K sorri na hora da morte, depois de contracenar com o Titurell, Próspero e Bertolt Brecht. Todavia, a ópera seca de Gerald THOMAS não busca apenas o tratamento paródico e aleatório. O paradigma do teatro do acaso e da dissonância entre as artes é renegociado a partir de um procedimento estocástico, em que um fio narrativo, dirigido a um alvo (*stochos* em grego), atravessa a justaposição casual de motivos, projetando uma linha de força no espetáculo, em geral sustentada pela atuação ou pelas mutações espaciais apoiadas na música. Em *Carmem com Filtro 2*, por exemplo, cabe à dança e à sequencia de movimentos da atriz Bete COELHO definir o contraponto necessário às combinações aleatórias da encenação, apresentando a contrafação da mulher fatal, que funciona como eixo temático ordenador do espetáculo. Ainda que a música seja um elemento fundamental na composição da ópera seca, nem sempre age como reforço de significados. Funciona, preferencialmente, na ênfase da abstração da imagem cênica, como em *M.O.R.T.E.*, em que a composição dissonante do polonês H. GORÉCKI, quase destituída de variações, prolonga a dança butô da atriz Bete COELHO, executada com partitura gestual sintética e altamente formalizada. As carpideiras deslizando ao som de Philip GLASS em *Mattogrosso*, o fragmento do *Juízo Final* de MICHELANGELO, citado no *Império das Meias Verdades* (1993), a dança furiosa de Fernanda TORRES, a jovem "Ela" em *Flash and Crash Days*, a interpretação expressionista de Bete COELHO como Joseph K em *Um Processo*, a queda do avião em *Sturmspiel* (1990), a sequencia de *Unglauber* (1994), em que o artista se equilibra na asa de avião, têm em comum o *pathos* musical.

A partir de meados da década de 1990, Gerald THOMAS define mudanças substanciais em sua produção, distanciando-se, paulatinamente, da enfática teatralidade visual, musical e coreográfica da ópera seca. A partir desse período, dedica-se a experimentos dramatúrgicos em que a textualidade verbal se expande na projeção de uma dramaturgia prolixa, como em *Um Cão Andaluz* (1998), *Nowhere Man* (1999), *Ventriloquist* (1999) e *Esperando Beckett* (2001), cuja torrente de palavras desequilibra os princípios cênicos anteriores, fundados na musicalidade e na visualidade. (SF)

 Multimídia (Teatro).

 Fernandes, 1996; Fernandes e Guinsburg, 1996; George, 2000; Krizinsky, 1996; Süssekind, 1992.

OPERÁRIO (TEATRO)

Servir à instrução, à conscientização, à reivindicação e mesmo à diversão ("emancipar recreando") é característica marcante do teatro feito por operários e dirigido à própria classe. O teatro funciona, neste caso, como um verdadeiro manual falado, tocando diretamente o sentimento e a razão. Útil, portanto, ao progresso social da classe operária. As mais antigas manifestações feitas por e para trabalhadores tiveram muitas vezes um caráter contestatório, motivado pela estreita ligação que mantinham com os movimentos sociais.

Nos últimos anos do século XIX, essas organizações serviam-se dos *dramas românticos** ou de *melodramas** com ligeiros tons revolucionários. Mas, no decorrer do tempo, os conjuntos operários e seus líderes passaram a exigir um repertório adequado aos ideais de cada grupo. Em 1904, uma crônica publicada no periódico *O Amigo do Povo* criticava desta forma o grupo Ermete NOVELLI, de São Paulo: "Se, como mostrou, pretende de colaborar com o esforço do proletariado, escolha obras modernas, emancipadas, com cujas responsabilidades *amadores** inteligentes e de boa vontade possam honestamente arcar. E não nos ponha o cabelo em pé com a ferocidade de suas estocadas e a fúria descabelada de seus brados" (VARGAS, 1980: 83).

Os registros sobre os primeiros conjuntos são esparsos. Em 1894, num período bastante conturbado do Rio Grande do Sul, uma sociedade de Porto Alegre, de título um tanto contraditório (Sociedade Dramática Particular dos Boêmios) "constituída de gente humilde, operários, artífices, serviçais e pequenos funcionários desafiando a guerra civil" (DAMASCENO, 1956: 275-276), anunciava ter em seu repertório o drama *O Veterano da Liberdade* e a peça *Os Impalpáveis*, de Joaquim Alves TORRES, não esquecendo, contudo, de divulgar títulos que nos lembram a intenção de emancipar recreando: *Procela e Bonança, Amor Fingido, Um Mistério Familiar*. Em Teresina, no Estado do Piauí, segundo a narração de A. TITO FILHO, no seu livro *Praça Aquidabã, Sem Número*, o dia primeiro de maio de 1905, Dia do Trabalho, foi comemorado com passeatas e desfiles alegóricos e com uma representação, à noite, de *Os Dois Renegados*, a cargo do grupo Filhos da Arte. Seguiu-se, segundo o noticiário, uma *apoteose** final na qual a operária Carlota MONTEIRO, da Companhia da Viação, caracterizou-se como "anjo da arte".

Desde o final do século XIX até meados do século passado, os textos escritos pelos próprios operários ou por seus mentores circulavam pelos Estados, notadamente Rio de Janeiro e São Paulo. *O Primeiro de Maio*, de Pietro GORI, era exemplar. Com ele, segundo Edgar RODRIGUES (1972: 78-79), foi inaugurado o primeiro conjunto operário carioca, o Grupo de Teatro Dramático Livre, em 1903, sob a direção do gráfico Mariano FERRER. Em São Paulo, era essa a peça que precedia as conferências em datas festivas como a de 24 de maio de 1913, promovida pelo Sindicato dos Ofícios Vários "para relembrar a conquista da jornada de oito horas" (VARGAS, 1980: 102). Também em Fortaleza, no Estado do Ceará, o texto de GORI foi levado em 1924 como *pièce de resistance* no Festival da *Troupe* Renascença secundado pela peça *O Último Quadro*, de autoria do garçom Felipe GIL (COSTA, 1972: 116).

Com involuntárias interrupções nos períodos mais negros da história brasileira, alguns daqueles primeiros *grupos**, ainda que dispersos, tentaram manter o antigo vigor. Textos do sapateiro Pedro CATALLO, pregando a emancipação da mulher e um novo estado ácrata, sustentaram as atividades do Centro de Cultura Social em São Paulo, até os anos de 1950. Nos registros disponíveis, este seria o último grupo operário a pautar-se pelo ideário anarquista.

Na década de 1970, uma pesquisa realizada por iniciativa do setor público localizou e organizou parte da documentação remanescente sobre as atividades teatrais dos operários anarquistas (VARGAS, 1980). Partindo do acervo documental gerado por essas pesquisas, a luta social e o teatro dos trabalhadores libertários tornaram-se tema de duas peças escritas por Jandira MARTINI e Eliana ROCHA: *Em Defesa do Companheiro Gigi Damiani* (1981) e *Sonho de uma Noite de Outono* (2003). Os dois espetáculos integraram o circuito profissional paulistano. O *teatro anarquista** torna-se também tema de cineastas. *La Colonia Cecilia* é um comovente longa metragem dirigido por Jean-Louis COMOLLI, produção conjunta Itália-França, exibido pela primeira vez em 1975. Em 1980, Cláudio KAHNS realizou o curta-metragem *Primeiro de Maio*, reconstituindo uma encenação da célebre peça de Pietro GORI.

Em datas recentes, outros grupos mais modestos, sem intenções políticas, tenderam mais ao lazer do que à instrução. Ligados às instituições patronais ou religiosas e orientados por seus quadros, mantiveram-se sempre com o apoio das diretorias das fábricas ou dos responsáveis pelas paróquias. Procurando ajudar muitos desses grupos, o Serviço Social da Indústria (SESI), de São Paulo, criou, em 1948, um Departamento de Teatro, sob a orientação do crítico Nicanor MIRANDA, com a finalidade de fornecer *diretores** com experiência às agremiações solicitantes. Coube a Osmar Rodrigues CRUZ ensaiar o grupo da Fábrica Rhodia. Movimentos similares foram registrados em Natal, no Rio Grande do Norte, em Salvador, na Bahia. Em Natal, em 1952, sob a direção do teatrólogo Meira PIRES, formou-se o Teatro Operário de Natal, com a cooperação de um setor do Ministério do Trabalho, da Estrada de Ferro Sampaio Correia e do Serviço Social da Indústria, que se comprometiam a comprar os ingressos e distribuí-los entre as famílias dos trabalhadores. Em Salvador, em 1954, apresentava-se o Teatro do Círculo Operário com um repertório eclético que não deixava de apontar certa vitalidade: *Pivete, Um Erro Judiciário, Inimigos Íntimos, O Coração não Envelhece, Saudades, O Divino Perfume, Pecado dos Pais* (FRANCO, 1994: 106).

Sem ligação direta com os compromissos educacionais, mas com a finalidade de desenvolver o potencial artístico de alguns jovens operários interessados em teatro, organizou-se, em 1951, na Comunidade Cristo Operário, na Estrada do Vergueiro, em São Paulo, um grupo teatral como tantos outros surgidos na mesma época. Em um período de dez anos, foram trabalhados e apresentados textos curtos, nacionais ou estrangeiros, compatíveis tanto com o interesse e a compreensão dos *atores** quanto das plateias. Os organizadores do grupo, vindos de fora, mas perfeitamente integrados à comunidade, procuravam estimular modestas realizações artísticas amparadas em bons textos e em uma visualidade de gosto apreciável. Havia também uma tentativa de descentralização, uma vez que o grupo oferecia ao bairro a oportunidade de fruir um teatro produzido e apresentado na comunidade. Educação e informação viriam por acréscimo a uma atividade de lazer.

Orientação diversa seguia o grupo Giroarte, da fábrica Giroflex, também sediada em São Paulo.

Classificava-se entre os grupos cuja iniciativa cabia à empresa e a execução final aos empregados. Em atividade de 1974 a meados dos anos de 1980, funcionava como um serviço sob a responsabilidade do Departamento de Promoção Social, que promovia, além do teatro, cursos de alfabetização, esportes e escolas para os filhos dos funcionários. Os objetivos do Giroarte, segundo os responsáveis (a princípio alguém da Diretoria, e mais tarde um dos participantes do grupo) prendiam-se à formação e, consequentemente, ao desenvolvimento do trabalhador nos aspectos humano e profissional: aperfeiçoamento de qualidades inatas, memorização, treino de leitura e incentivo à criatividade (responsabilizavam-se, além do trabalho interpretativo, pelos figurinos e cenário) e, finalmente, integração no ambiente de trabalho. Tudo isso em torno de textos que se aproximassem, por via direta ou indireta, da realidade dos membros do grupo e de seu futuro público (na maioria procedente do Nordeste brasileiro). Campo e periferia e suas implicações foram identificados nas obras preparadas e apresentadas na própria fábrica: *O Santo e a Porca* e *Auto da Compadecida* (Ariano SUASSUNA), *Morte e Vida Severina* (João Cabral de MELO NETO), *Procura-se uma Rosa* (Gláucio GIL) e *Natal Infeliz* (do operário Luís LAGUNA).

No Giroarte a utilização do teatro como forma de integração do operário problemático, atraindo-o para o elenco e dando-lhe atenção especial, tornava o desenrolar do processo de trabalho tão importante quanto as apresentações públicas.

Uma ideia comum da atuação cultural na década de 1970 reflete-se nas experiências orientadas por Maria Helena KÜHNER em uma fábrica no bairro de São Cristóvão, no Rio de Janeiro: fazer arte não era privilégio de uns poucos. Sob essa perspectiva, o operário torna-se propulsor do trabalho teatral. Não só dando "vez e voz a uma população marginalizada" (1975: 111), mas também inserindo-a numa busca conjunta de uma cultura popular. Para isso, a orientadora propôs uma nova maneira de construir o espetáculo, mais livre, fugindo aos entraves impostos pelas atividades sociais e recreativas promovidas anteriormente pela empresa. A Fábrica Flexa Carioca já contava com um grupo de teatro que apresentara alguns espetáculos: *A Mandrágora* (MAQUIAVEL), *Lisbela e o Prisioneiro* (Osman LINS), *Auto da Compadecida* (Ariano SUASSUNA), *Morte e Vida Severina* (João Cabral de MELO NETO), todos sob a direção de Luiz MENDONÇA, um dramaturgo e diretor pernambucano aficionado da cultura popular. Quando Maria Helena o substitui, em 1972, muda o rumo da proposta de MENDONÇA: propõe criar uma dramaturgia operária, a partir de exercícios e laboratórios com o grupo.

Bloqueados, sentindo dificuldade de falar sobre si mesmos, os operários foram impulsionados à expressão com o estímulo da figura folclórica de Pedro Malazarte. Pouco a pouco, Malazarte ia sendo desligado do contexto folclórico rural e relido à luz das vivências e conflitos do operário vindo do campo e enfrentando as agruras do meio urbano. Juntavam-se à fantasia elementos reais, idênticos aos de suas próprias vidas. Coube aos operários, a Maria Helena KÜHNER e, posteriormente, ao encenador Eugênio GUI, trazerem aos espectadores/trabalhadores, por meio de uma dramaturgia elaborada em primeira instância por seus companheiros, a possibilidade de se defrontarem com experiências e conflitos que eram seus. A segunda experiência, baseada em um fato ocorrido na fábrica (a organização de uma pequena empresa regida pelos próprios trabalhadores) foi proibida pela diretoria da empresa e pela censura.

Em 1980, Maria Helena KÜHNER cria um grupo no morro da Mangueira com moradores e moradoras da favela. A maneira de chegar a um texto coletivo assemelhava-se à primeira experiência: discussões, depoimentos e laboratórios a partir dos acontecimentos diários. Desse trabalho saiu o texto *Mangueira É,* reflexão coletiva sobre as lutas e dificuldades da população do morro.

Nos início dos anos de 1960, fora criado no Recife um movimento que inspiraria muitas das associações surgidas no território brasileiro, evidentemente cada uma com características próprias. Chamou-se Movimento de Cultura Popular, amparado pela administração progressista de Miguel ARRAES e fundamentado nos seguintes princípios básicos: "Educar para a liberdade, para a autonomia, para a maioridade" (*Arte em Revista*, 1980b.: 67). Numa conjugação de forças, o MCP criou, para a população trabalhadora, praças de cultura, centros musicais, núcleos de ensino técnico, oficinas de artes plásticas e artesanato e cursos de alfabetização. Dentro desses centros de educação e nos sindicatos surgiram grupos teatrais cujos intérpretes eram trabalhadores "que se apresentavam em sistema de revezamento em todos os bairros do Recife e também às massas camponesas no interior do Estado". (*Arte em Revista*, 1980a: 71). Esclarecimento, entusiasmo e o propósito de firmes mudanças orientavam as apresentações, infelizmente interrompidas com o golpe militar de 1964.

Com alguns pontos em comum, mas com maior durabilidade e dedicação exclusiva ao teatro, formou-se, em 1979, o Grupo de Teatro Forja, sob a orientação do ator, dramaturgo e sociólogo Tin URBINATTI. Atuando com continuidade em São Bernardo do Campo e Diadema – dois municípios paulistas onde se concentrou o parque industrial automobilístico –, o grupo fez com que o teatro dos trabalhadores retomasse, por algum tempo, a função original de arma de combate na luta social. Transpondo os limites dos sindicatos metalúrgicos, o grupo Forja foi muitas vezes às ruas, percorrendo bairros e favelas onde residiam, além de metalúrgicos, trabalhadores de outros setores produtivos. O grupo desejava a conscientização e o consequente amadurecimento da classe operária. Para essa finalidade, não recorria a uma dramaturgia pronta, mas construía sua cena a partir dos problemas que eram julgados pertinentes no momento. "Cada domingo de reunião todos traziam as sugestões que haviam pensado em casa, na fábrica (na hora do almoço ou no banheiro) ou no ônibus" (URBINATTI, 1981: 14).

Alguns dos textos desse grupo foram mais elaborados (*Pensão Liberdade*, montado na sede do Sindicato dos Metalúrgicos em 1980, e *Pesadelo*, encenado em 1982). Outros tiveram caráter de urgência. Eram mais simples, de tamanho menor, sob a forma de *esquete**, como A Greve de 80 e *Julgamento Popular da Lei de Segurança Nacional*. Paralelamente, os participantes do grupo desenvolviam aquilo que denominaram "teatro de seminário", com a finalidade de preparar militantes do movimento social para discutir e enfrentar problemas surgidos nas fábricas. Espetáculos eminentemente visuais foram realizados nas assembleias concentradas no Estádio Primeiro de Maio, um espaço onde somente a *mímica** seria capaz de transmitir aos espectadores operários as lições que deveriam ser transmitidas. Em 1992, sob outra orientação, o grupo apresentou o espetáculo *500 Anos de Descobrimento*, uma discussão sobre problemas indígenas e de outras minorias. O grupo encerrou suas atividades em 1993. (MTV)

 Amador (Teatro), Anarquista (Teatro).

 Cadernos AEL, 1992.

OPERETA

Para fazer frente ao crescimento da ambição da *ópera-cômica** e do *vaudeville**, por serem vistos como gêneros sérios, Jacques OFFENBACH e sua companhia ocupam, em 1855, em Paris, o Théâtre des Bouffes-Parisiens e organizam programas constituídos por dois ou três *esquetes**, de um ato cada, de forma que o conjunto, caracterizando-se como espetáculo autônomo, preenchesse totalmente o habitual horário noturno dedicado às representações teatrais; mas ao elaborar esse novo tipo de entretenimento, OFFENBACH agrega a ele o termo *opéra bouffe*, designando também o gênero dos textos que o compunham. Inicialmente, a obra do compositor alemão se restringe a peças de um ato, de tom satírico ou farsesco, e nas quais apresenta, em média, oito números musicais, executados por uma orquestra composta de dezesseis músicos. Porém, é em 1858 que produz a *opéra bouffe Orphée aux Enfers*, sua primeira obra-prima, *paródia** do mito grego, sobre libreto, em dois atos, de Hector CRÉMIEUX e Ludovic HALÉVY. Com o enorme êxito dessa peça, OFFENBACH é celebrizado tanto na França quanto no exterior. Existem versões contemporâneas que consideram que o famoso cancã foi introduzido por OFFENBACH nessa *opéra bouffe*; contudo, o dicionário *Kobbé* alerta para o fato de que o cancã não consta da versão original, tendo sido introduzido "por um certo Carl BINDER para a estreia vienense: ele aproveitou a abertura composta por OFFENBACH (uma introdução, minueto e um embrionário cânone) e acrescentou o célebre solo de violino e o cancã" (HAREWOOD, 1991: 430). Em poucos anos, toda produção de OFFENBACH já é conhecida praticamente em todo o continente europeu (*La Belle Hélène*, de 1864, *La Vie Parisienne*, de 1866, e *La Grande-Duchesse de Gérolstein*, de 1867, todas com libreto de MEILHAC e HALÉVY). Os espetáculos, integrados agora por dois a quatro atos, são interpretados por um elenco numeroso, acompanhado por uma orquestra formada por mais de trinta componentes, os quais executam entre vinte e trinta números musicais. Em cada nação que chega, a opereta adquire estilo próprio, sublinhado por compositores como Johann STRAUSS e Franz LEHÁR, na Áustria, Virgilio RANZATO, na Itália, Paul LINCKE e Eduard KÜNNEKE, na Alemanha, e Arthur SULLIVAN e W. S. GILBERT, na Inglaterra. Somente na década de 1870, quando esse projeto cênico se fixa em Viena, é que se atribui, pela primeira vez, o termo *opereta* à forma do programa teatral e, igualmente, aos textos componentes do espetáculo. A partir dessa data, portanto, a *opéra bouffe Orphée aux Enfers* passou a ser reconhecida como a primeira opereta de OFFENBACH, a qual, por sua vez, a inaugura enquanto gênero teatral (a *opéra bouffe* é distinta da *opera buffa* italiana). Na França, OFFENBACH é sucedido por Charles LECOCQ, Robert PLANQUETTE, Louis VARNEY e Edmond AUDRAN.

No Brasil, a trajetória da opereta principia a se desenhar quando o empresário Joseph ARNAUD inaugura, no Rio de Janeiro, o Alcazar Lyrique Fluminense, em 17 de fevereiro de 1859, com um repertório francês que incluía *cançonetas**, *cenas cômicas** e *vaudevilles*; entretanto, o sucesso da empreitada se confirmaria a partir da estreia de *Orphée aux Enfers*, em 1865. Inspirado no sucesso dessa peça, Francisco Corrêa VASQUES escreve *Orfeu na Roça*, paródia do original de OFFENBACH, e obtém êxito ainda maior que o conseguido pela obra do autor germânico representada no Alcazar, permanecendo por um ano em cartaz, o que, para os padrões da época, representa um feito notável. Aberto o caminho pelo nosso maior *ator** cômico do período, várias operetas francesas levadas no Alcazar, na língua original, recebem suas versões parodísticas: *La Grande-Duchesse de Gérolstein* recebe o nome de *A Baronesa de Caiapó*, atribuída a Caetano FILGUEIRAS, Manuel Joaquim Ferreira GUIMARÃES e Antônio Maria Barroso PEREIRA (representada em 1868), *Barbe-Bleue* (libreto de MEILHAC e HALÉVY, música de OFFENBACH) se transforma em duas paródias, *Barba de Milho*, na versão de Augusto de CASTRO, e *Traga-moças*, na de Joaquim SERRA. Artur AZEVEDO, que chegara na capital fluminense em 1873, proveniente de sua terra natal, São Luís do Maranhão, dá início à sua vitoriosa carreira em 1876 com *A Filha de Maria Angu*, paródia de *La Fille de Madame Angot*, opereta de SIRAUDIN, CLAIRVILLE e KONING, com música de Charles LECOCQ. Outro momento importante na evolução do gênero no país é o da sua nacionalização (fenômeno semelhante ao ocorrido nos países europeus), levada a efeito pelo autor maranhense, que produz sete operetas (entre elas, as originais *Os Noivos*, de 1880, música de Francisco de Sá NORONHA, e *A Donzela Teodora*, escrita em 1880 e representada pela primeira vez em 1886, com música de Abdon MILANEZ). A partir de 1883, o Rio de Janeiro recebe a visita de inúmeras *companhias** italianas de opereta e óperas cômicas; é levada à cena a opereta *Doña Juanita*, de Franz SUPPÉ, interpretada pelo elenco conduzido pela atriz Margarida PREZIOSI; em 1891, apresentam-se ao público carioca as companhias Lambiase, Maresca e Gargano; os elencos alemães aportam no Brasil somente no início do século XX, com destaque para a representação de *A Princesa dos Dólares*, de Leo FALL, em 1908, e a presença das atrizes Erna FIELIGER e Mia WEBER.

O estudo da produção operística do maior expoente do gênero no país, Artur AZEVEDO, permite o esclarecimento de algumas características da opereta, sob os vieses da criação original e da *adaptação** à cena brasileira: sua estrutura dramática, assentando-se na da ópera, permite o desenvolvimento de um enredo qualificado por traços estilísticos épicos, líricos e dramáticos e disposto cenicamente através de diálogos falados, cantos e danças (entre dezoito e vinte e três números musicais); salienta-se que a temática se refere, por via de regra, ao cotidiano do espectador e que a ação dramática constrói seu espaço e tempo dramáticos em correspondência a essa atualidade; desta forma, personagens, cenários e figurinos remetem o espectador ao seu próprio universo real, o qual é abordado de maneira notadamente alegre e otimista através do uso, em profusão, de recursos cômicos; o traje feminino, no movimento coreográfico que se delineia ao sabor da música frenética, revela os contornos do corpo feminino e as pernas das atrizes, e se transforma no ingrediente que tempera o espetáculo com sensualidade e erotismo (no Brasil, como na Europa, o cancã e o seu desempenho pelas atrizes se transforma de motivo de escândalo a atração irresistível, em muito pouco tempo). Juntamente com a ópera-cômica, a *revista de ano** e a *mágica**, a opereta faz parte daquilo que se costuma designar por gênero alegre ou teatro ligeiro. Um pouco antes da II Guerra

Mundial, a era clássica da opereta entra em declínio, deixando, entretanto, na cena moderna, seus traços mais relevantes, configurados agora em novas linguagens teatrais, como por exemplo a dos *musicais**; espetáculos como *My Fair Lady*, *West Side Story*, *Fiddler on the Roof*, entre outros, têm sido considerados como concepções modernas derivadas da opereta (as diferenças entre a *opereta** e o *musical** moderno nem sempre são facilmente delineáveis). No Brasil, o apogeu da revista de ano, no final do século XIX, e o êxito da *revista** carnavalesca, nas primeiras décadas do século XX, fazem com que a opereta, enquanto gênero autônomo, seja praticamente esquecida a partir desse período. (RJSB).

 Burleta, Ópera-cômica, Rebolado (Teatro), Revista (Teatro de), Revista de Ano.

 Brito, 1989; Faria, 2001; Prado, 1986; Sousa, 1960; Sadie, 2001; Veneziano, 1996.

OPRIMIDO (TEATRO DO)

Criação do teórico, dramaturgo e *diretor teatral** Augusto BOAL, que combina o fazer político com o fazer teatral através de diversas técnicas teatrais, tais como o *teatro invisível**, o *teatro fórum**, o teatro imagem, o *teatro jornal** e o teatro e terapia. Seu objetivo principal é fazer o público repensar a realidade e reformulá-la, uma vez que se conscientize estar a sociedade dividida entre opressores e oprimidos. Depois disso estará apto a assumir o seu real papel, passando a ser sujeito da transformação social. Segundo BOAL, o *ator**, no teatro tradicional, pensaria pelo espectador, dando-lhe visões definidas da existência. Agora, ele recebe poderes do espectador para que *atue* no seu lugar. Primeiro, "o espectador volta a representar, a atuar [...], segundo, é necessário eliminar a propriedade privada dos personagens pelos atores individuais: *sistema coringa**", afirma BOAL (1975a: 123). Ou seja, eliminar a passividade do espectador, dando-lhe "capacidade de ação", já que todos nós estamos sempre atuando, porque agimos e, ao mesmo tempo, observamos, visto que somos espectadores. O fazer teatral é inerente ao ser humano e sempre, inconscientemente ou não, estamos atuando. Há situações, no dia-a-dia, nas quais temos plena consciência desse fato. Sem falar nos diversos códigos sociais, elaborados pelos detentores do poder que, muitas vezes, têm quase um roteiro fixo, determinando os rituais que devem ser obedecidos pelos seus participantes. Esses códigos se estratificam com o decorrer dos anos e essas normas passam a ser determinadas pelos hábitos. O ator, portanto, não delegará poderes às personagens, nem para que pensem, nem para que atuem em seu lugar. Ele, de forma mimética, revela, conscientemente, o comportamento e as paixões dos seres humanos. Na poética do teatro do oprimido fundem-se o ser social e a situação, ou seja, "o espectador se libera: pensa e age por si mesmo! Teatro é ação!" (BOAL, 1975a: 169). BOAL criou um verdadeiro arsenal de exercícios e jogos, visando oferecer um instrumental de trabalho, partindo da ideia de que o corpo humano é o ponto de partida para fazer teatro, utilizando "os movimentos físicos, formas, volumes e relações físicas". A palavra *oprimido* envolve vários tipos de opressão (opressão econômica, familiar, racial, religiosa) e situações as mais diversas, tais como problemas do desemprego, dos emigrantes, da terceira idade, dos preconceitos. Evidentemente, tais exercícios devem ser utilizados tomando-se como base as condições sociais, econômicas e intelectuais dos participantes. Um grupo indígena do Peru deverá trabalhar com técnicas que estejam ao alcance de sua vivência, a qual será completamente diferente daquela dos habitantes de uma cidade como Estocolmo, ou dos camponeses de Godrano, uma aldeia da Sicília. O teatro do oprimido é, portanto, denominação ampla a envolver os mais diferentes aspectos de opressão, visivelmente expostos ou mascaradamente disfarçados, que nascem, vivem e sobrevivem nas mais diferentes classes sociais e nas mais contrastantes condições de vida. (EF)

 Arena (Teatro de), Político (Teatro).

P

PALHAÇO

O termo vem do italiano *pagliaccio*. Seus sinônimos são truão e bufão. O nome surgiu não porque o artista aparecesse vestido de palha, mas com um tecido de saco de estopa que lembrava os sacos de se carregar e armazenar a palha. O termo foi adotado para designar um tipo cômico do teatro e do circo. A personagem vem caracterizada de maneira grotesca, torpe, tola e ridícula, e sua interpretação consiste essencialmente em uma *mímica** de caráter ostensivamente farsesco. Portanto, em matriz italiana, o sentido do termo *palhaço* se aproxima ao do *clown** inglês e designa um tipo desajustado e abobalhado.

No circo brasileiro, esse termo terminou prevalecendo sobre o *clown*. No plural, ele designa a dupla cômica (*clown branco** e *augusto**). Em seu uso singular, palhaço refere-se especialmente ao augusto excêntrico, que se opõe ao *clown* (ou *crom*, ou escada), que se dedica às *entradas**, ou ainda ao *tony de soirée**, que se dedica às *reprises**. (MFB)

 Augusto, *Clown*, *Clown* Branco, Tony de *Soirée*.

 Bolognesi, 2003; Ruiz, 1987; Torres, 1998.

PANTOMIMA

É a representação de emoções, de atos e de várias situações humanas somente por meio dos movimentos do corpo, dos gestos e dos passos. Encontra-se em muitas culturas sob a forma de danças guerreiras, de ritos de sacrifício, de imitação de animais, e entre os antigos egípcios e indianos apareceu com contornos artísticos. Por vezes os gregos empregaram *coros** para acompanhar as suas pantomimas e os romanos foram grandes cultivadores desse gênero, chegando a ter, durante a República, uma escola especial para o seu desenvolvimento. Um único *ator**, o *pantomimus*, costumava representar, sem dizer palavra, todas as pessoas ou coisas de uma determinada história. Os atores distinguiam, por meio de *máscaras**, os diferentes tipos de personagens da pantomima. Empregava-se o mesmo termo para designar o ator dessa espécie de espetáculo e o próprio espetáculo. Os mistérios religiosos da Idade Média manifestavam vestígios da antiga pantomima.

Na França e na Inglaterra, durante as primeiras décadas do século XVIII, dava-se aos balés clássicos o mesmo nome de pantomimas. A *Commedia dell'Arte* pode ser considerada como um desenvolvimento posterior do mesmo gênero. Nela, apenas as grandes linhas do plano da obra eram definidas pelo autor, deixando-se os pormenores, o diálogo, as réplicas e os improvisos à criatividade dos atores.

Nos séculos XVII e XVIII, chamou-se de *pantomima* um balé mitológico no qual o dançarino se apresentava com o rosto coberto por uma máscara.

Essa forma de divertimento popular, muito apreciada na Inglaterra e pelas comunidades britânicas espalhadas pelo mundo, até os dias de hoje, realiza-se durante o Natal, em encenações de grupos *amadores**. É o que ocorre, por exemplo, na cidade de São Paulo, onde tais grupos vêm se apresentando para a comunidade há mais de meio século.

Durante o reinado da Rainha VITÓRIA, a pantomima aumentou em tamanho e brilho, como meio de comemorar os feriados de Natal. Anteriormente, era uma pequena peça que se seguia à apresentação de uma *comédia** ou *tragédia**. Sua duração aumentou, até se estender por toda uma noite. As suas cenas, a maior parte irrelevantes no que dizia respeito ao título, passaram de uma para doze, incluindo-se os recursos cênicos, com pelo menos uma cena de *mutação** (passagem do inverno ao verão, da terra ao mundo das fadas), que ocorria em alguns segundos. O enredo era tirado de centenas de peças, lendas e romances, durante o período de 1840-1860 e, em geral, recorria-se ao burlesco, através do travestismo. O herói, o *principal boy*, era representado por uma atriz, e sua mãe, a *dame*, por um ator, convenção que até hoje se mantém em certas pantomimas. A partir de 1840, a história passa a ser tratada romanticamente, apesar do alívio proporcionado pela comicidade. Então, as exigências do público estreitaram a escolha para os temas de Cinderela, Robinson Crusoé, Aladin e a Lâmpada Maravilhosa, Robin Hood etc. Os comediantes representavam pais, irmãs malvadas, vilões, marinheiros. A arlequinada, resquício da *Commedia dell'Arte*, tornou-se um apêndice resumido, desconectado da ação, mantido apenas devido à tradição e frequentemente omitido.

Esse divertimento, essencialmente popular, era menos conformado pelo autor, compositor, artista e ator, do que pelo próprio público, e é uma das mais duradouras tradições do teatro britânico.

Uma das grandes sensações da temporada teatral de 1877, ano em que se inaugurou a Estrada de Ferro Rio de Janeiro a São Paulo, foi a presença da Real Companhia Inglesa que, na capital paulista, apresentou-se com o Grande Circo Inglês, dos Irmãos HADWIN e Harry Williams. Além de uma orquestra completa, a Real Companhia, sob a direção de Mrs. Caroline GARIN, contava com nada menos que oitenta atores infantis de ambos os sexos. A pantomima *Cendrillon* era o carro-chefe da companhia e os anúncios de jornal divulgavam que havia sido representada em Milão (durante cem noites) e em Veneza, Lisboa, Buenos Aires, Montevidéu, Santiago do Chile e Rio de Janeiro (30 noites). Sem qualquer consideração à plausibilidade histórica, *Cendrillon* (*Cinderela*) misturava épocas e personagens em uma fantasia delirante, colocando lado a lado o Imperador do Brasil, John Bull, da Inglaterra, D. Luís, rei de Portugal, Napoleão I, Garibaldi, Cavour, Vitor Emanuel, rei da Itália, Guilherme da Prússia e nada menos que o célebre maestro Carlos Gomes...(MOURA, 1976: 111-114). (CEM)

 Mímica.

PAPEL

Palavra quase sempre empregada no mesmo sentido que personagem. No Brasil, porém, nem sempre esse emprego foi o usual. Por muito tempo, até por volta de 1940 ou 1950, para as *companhias** dramáticas profissionais do chamado "velho teatro" – estão fora dessa classificação, portanto, grupos *amadores** como Os Comediantes, no Rio de Janeiro, ou o Grupo Universitário de Teatro, em São Paulo, e posteriormente companhias profissionais como o Teatro Brasileiro de Comédia-TBC –, a palavra *papel* significava a "parte" que cabia ao *ator** na peça; tanto assim que o *ensaiador** dava-lhe apenas as frases que deveria dizer, precedidas das últimas palavras das falas de seus parceiros de cena. Ou seja, o ator não recebia a peça inteira para ler, mas tão somente sua "parte", o seu papel. Outra característica curiosa das velhas companhias dramáticas profissionais: os artistas eram indicados para determinados papéis dependendo do figurino de cena que possuíssem. Assim, aqueles que tivessem fraque, por exemplo, poderiam fazer papéis de indivíduos bem postos na vida. Outro fator determinante para a distribuição dos papéis era o tipo físico, o *physique du rôle*. Os intérpretes especializavam-se em "tipos", de acordo com sua aparência física e idade. E de acordo com a velha denominação dos papéis, eles eram classificados como *galã**, *dama-galã**, *ingênua**, *centro** etc.

Aos poucos, a noção de *papel* foi evoluindo para caracterizar a função da personagem no texto dramático. À medida que se foi aprimorando a noção de *personagem*, o significado da palavra *papel* aderiu ao de personagem, chegando-se ao emprego de ambas como sinônimas, em nossos dias. (RF)

 Ator (Teatro do), Característico (Ator), *Emploi*.

PAPEL (TEATRO DE)

Desenvolvido no início do século XIX, na Europa, o teatro de papel (*paper theatre*), também conhecido como teatro de brinquedo (*toy theatre*) ou *model theatre*, reproduzia no seio familiar os espetáculos de sucesso do circuito teatral, tais como óperas, *vaudevilles** e *melodramas**. Os teatros de papel eram vendidos em cartelas, compostas de folhas impressas com personagens, cenários e objetos, que eram destacados ou recortados e serviam de diversão para familiares e convidados. Na Inglaterra vitoriana, os palcos constituíam réplicas dos mais famosos teatros da época e, no período compreendido entre 1837 e 1901, cerca de trezentas peças londrinas foram encenadas nessa modalidade. No Brasil, o teatro de papel não logrou a mesma dimensão popular da Europa, constituindo-se também em diversão familiar. Mais recentemente, vale ressaltar a inserção do teatro de papel em experiências pedagógicas em escolas e a montagem do espetáculo intitulado *Teatro de Brinquedo* (1992), do Grupo Sobrevento, baseado no texto *A Verdade Vingada*, da autora dinamarquesa Karen BLIXEN. Transposta para uma cidade do interior brasileiro, a peça busca resgatar a ambiência do século XIX tanto no que se refere ao contexto familiar quanto aos procedimentos artísticos referentes a esse gênero teatral. O Kami Shibai é uma modalidade japonesa de teatro de papel, e compõe-se de um narrador que apresenta histórias com o auxílio de ilustrações e cenários de papel. Trazido pelos imigrantes japoneses, o Kami Shibai ainda costuma ser apresentado em ocasiões festivas tanto na capital quanto no interior do estado de São Paulo. (FSC)

 Animação (Teatro de), Formas Animadas (Teatro de).

PARÓDIA

Termo de origem grega, *paraode*, formado pela união de *ode* (canto, canção) e *para (*aquilo que se desenvolve ao longo de, ao lado de). Logo, contracanto ou canção transposta.

Trata-se de recriação geralmente cômica ou imitação burlesca de uma obra, gênero, estilo ou *estereótipo** literário, com sentido crítico insinuado ou explícito. É a transposição de um texto tomado como modelo, já escrito e conhecido, manipulado e submetido a um formato crítico.

Uma primeira compreensão do paralelismo entre o texto parodiante e o texto parodiado supõe apenas a relação entre um texto inteiro e outro igualmente completo. Mas a poesia, a ficção e o teatro podem apresentar também paródias de fragmentos textuais.

Adotando-se uma outra perspectiva, é possível falar de paródia temática (em que a transposição se dá a partir de ideias configuradas em situações narrativas e dramáticas) e de paródia linguística (em palavras, versos ou frases isoladas, todas célebres ou conhecidas e que são transpostas em frases banais ou grotescas ou inconvenientes).

A alteração proposital da obra parodiada produz, necessariamente, modificação das intenções e significados primeiros. Esse caráter de ruptura com o já conhecido permite ao gênero registrar juízos e valores sobre os costumes da época em que foi escrito. É um procedimento igualmente revolucionário em relação à evolução linear dos gêneros literários por seu poder de realizar a crítica da produção anterior.

Gerard GENETTE (1982: 17-19) destaca três possibilidades de paródias na tradição literária:

1. A aplicação de um texto nobre, modificado ou não, a um diferente assunto, geralmente vulgar;
2. A transposição de um texto nobre para um estilo vulgar;
3. O emprego de um estilo nobre (epopeia) de uma obra singular em um assunto vulgar ou não heroico.

Affonso Romano de SANT'ANNA acrescenta que "o que o texto parodístico faz é exatamente uma re-apresentação daquilo que havia sido recalcado. Uma nova e diferente maneira de ler o convencional. É um processo de liberação do discurso. É uma tomada de consciência crítica" (1985: 31). Invocando TINIANOV e BAKHTIN, ele trata da paródia em comparação opositiva com a estilização e a paráfrase. Esse tratamento triádico estabelece que, em relação ao texto original, a paráfrase apresenta um desvio mínimo, já a estilização tem um desvio tolerável e a paródia representa um desvio total, uma ruptura, um contraestilo.

Patrice PAVIS, ao tratar da paródia no teatro afirma que "ela se traduzirá num resgate da teatralidade e num rompimento da ilusão através de uma insistência grande demais nas marcas do *jogo teatral** (exagero da declamação, do *pathos*, do trágico, dos efeitos cênicos etc.). Como a ironia, a paródia talvez seja um princípio estrutural próprio da obra dramática: desde que a encenação mostre um pouco demais seus 'cordéis' e subordine a comunicação interna (da cena) à comunicação externa (entre palco e plateia)" (1999: 278).

A utilização da paródia é universal e seria longo apontar seu uso, desde a Grécia antiga.

No Brasil, Martins PENA utilizou-a em diversas *comédias**. A peça *Judas em Sábado de Aleluia* (1844) parodia gestos e discursos de grandes dramas e *atores** da época, como João CAETANO. A peça *O Diletante* (1844) é construída como uma ópera-bufa e trata a *ópera** *Norma* com um tom paródico. Da mesma maneira, *O Caixeiro da Taverna* (1845) parodia o *melodrama** da época, conferindo a uma situação que poderia terminar tragicamente (o triângulo amoroso formado por Manuel, Deolinda e a viúva Angélica) um irreverente final farsesco.

Joaquim Manuel de MACEDO retomou em *O Novo Otelo* (1860) o drama shakespeariano do ciúme numa comédia, em que o grande rival do protagonista Calixto é o cachorro de estimação de sua amada Francisca.

O grande ator Francisco Corrêa VASQUES encenou, com enorme sucesso e mais de quinhentas representações, uma peça de sua autoria intitulada *Orfeu na Roça*, em 1868, que consiste na retomada paródica de *Orphée aux Enfers*, de OFFENBACH, que por sua vez era paródia do mito de Orfeu. Diante do enorme sucesso da peça, outras paródias se seguiram. Caetano FILGUEIRAS, Manuel GUIMARÃES e Antônio PEREIRA escreveram *A Baronesa de Caiapó* (1868), em contraposição à *La Grande Duchesse de Gérolstein*, de Henri MEILHAC e Ludovic HALÉVY, com música de OFFENBACH. Em 1869, Augusto de CASTRO escreve *Barba de Milho*, parodiando MEILHAC, HALÉVY e OFFENBACH em *Barbe Bleue*.

Artur AZEVEDO parodiou *La Fille de Madame Angot*, de CLAIRVILLE, SIRAUDIN e KONING em *A Filha de Maria Angu* (1876); *A Casadinha de Fresco* (1876) recria em sátira *La Petite Mariée*, ópera-cômica* de Eugène LETERRIER e Albert VANLOO, e *La Belle Hélène*, de MEILHAC e HALÉVY, *em Abel e Helena* (1877). Em 1888, o dramaturgo fez do protagonista Fritzmac, da peça homônima, um ser sobrenatural mulher/homem, uma versão jocosa do *Fausto,* de GOETHE. Embora tenha recorrido com frequência a esse procedimento crítico-jocoso, Artur AZEVEDO não deixava de incluir no texto a política e os costumes brasileiros. Em *O Mambembe* há uma crítica à peça de Fonseca MOREIRA, *A Passagem do Mar Vermelho*, pela personagem Pantaleão Praxedes, autor, por sua vez, na comédia arturiana, de *A Passagem do Mar Amarelo*. Em *O Homem* (1888), Artur AZEVEDO cria um final feliz, alterando o romance homônimo de Aluísio de AZEVEDO, no qual se inspirou para escrever uma *revista** em prosa e verso, em coautoria com Moreira SAMPAIO.

FRANÇA JÚNIOR também foi um grande observador de pessoas e costumes que povoavam o Rio de Janeiro da segunda metade do século XIX, como se pode confirmar em peças como *Como se fazia um Deputado* (1882) ou *As Doutoras* (1889), em que são objeto de crítica e sátira os novos ricos, os coronéis, os bacharéis e bacharelas. Em *Meia Hora de Cinismo*, a personagem Nogueira parodia um poema atribuído a Furtado COELHO sobre um fraque empenhado.

Igualmente Oswald de ANDRADE transformou *O Rei da Vela* (1937) numa aguda e política paródia do teatro burguês naturalista e da *comédia de costumes** do século XIX, com técnicas de sátira política. Nelson RODRIGUES não só parodiou o *melodrama** em suas peças, como autoparodiou-se em *O Anti-Nelson Rodrigues* (1973), em que procura expor cenas e situações de comportado padrão moral, visando atenuar, na opinião pública, o conceito de que seria um autor imoral, pornográfico.

Nos anos de 1980, todo o repertório do chamado teatro *besteirol** aproveitou-se largamente da paródia. Naum Alves de SOUZA, em *Suburbano Coração* (1989), parodia as telenovelas e os melodramas numa crítica aos valores e situações repetitivas dos dois gêneros. Filipe MIGUEZ, em *Melodrama* (1996), cria situações para parodiar o gênero que dá o nome à peça.

Os exemplos retirados da história do teatro demonstram o vigor e a contínua atualidade desse procedimento de construção e significação teatrais. (MMC)

 Comédia, Comédia de Costumes.

 Arêas, 1990; Azevedo, 1983; Ferreira, 1939; Prado, 1999.

PÁSSAROS JUNINOS

Com seu repertório de *melodramas**-fantasia folclóricos, *burletas** dramáticas e peças joaninas de costumes regionais, os pássaros juninos de Belém constituem uma das mais criativas manifestações da cultura popular do Pará e se inserem no calendário daqueles festejos que incluem as fogueiras acesas nos arraiais nas noites de Santo Antônio, São João, São Pedro e São Marçal, os grupos de boi-bumbá, as quadrilhas roceiras e de embalo, os levantamentos de mastro, os casamentos na roça e outros folguedos populares característicos do período de animação, que é a quadra junina ou joanina.

Os produtores desse espetáculo tão popular, conhecidos como proprietários, preparam-se desde o mês de maio para *botar* o cordão, isto é, apresentá-lo ao público. Encomendam a um autor uma nova comédia (independentemente do gênero dramático, é uma designação local que abrange qualquer peça encenada) ou recorrem a um repertório bem estabelecido; reúnem os *brincantes** ou, melhor dizendo, as personagens, termo que designa os *atores**; entregam-nos à competência de um *ensaiador** e procuram captar os meios necessários à produção, financiando-a o mais das vezes com recursos próprios, já que as subvenções oficiais são, em geral, muito parcimoniosas. Recorrem também à intermediação dos padrinhos e madrinhas dos cordões, pessoas que, em geral, têm boa interlocução com os meios oficiais e o comércio local e, assim, podem captar recursos para o cordão.

Apoiado pela pequena comunidade de artistas do povo, empenha-se o proprietário em dar sequência a uma tradição antiga, envolvente, que conta com uma plateia cativa, formada de familiares dos brincantes, de ex-brincantes, de espectadores que acompanham há anos e anos as apresentações dos cordões, sem falhar em seu entusiasmo.

O pássaro junino, próprio de Belém do Pará, é uma bricolagem das mais disparatadas linguagens: o cordão de bichos e o cordão de pássaros; o *melodrama**, que ali chegou através do repertório encenado pelo teatro de prosa, a partir do século XIX; a *comédia de costumes**, o *teatro de revista**, a *opereta**, a dança, o romance-folhetim e a *radionovela**. São muitas as vertentes e, até certo ponto, é possível perceber como tudo isso foi-se aglutinando, justapondo-se, harmonizando-se.

Pode-se pensar em paralelismos, convergências e semelhanças com o boi-bumbá, de tão antiga e documentada tradição na Amazônia. Outro parentesco se percebe com as danças imitativas de aves e bichos, observadas por alguns viajantes estrangeiros que percorreram a região amazônica no século XIX e deixaram, dessas danças, descrições vagamente esclarecedoras. Mais algumas influências se fazem notar: a dos *autos** das pastorinhas, antiga tradição do período natalino, e a de uma manifestação de *teatro popular**, o teatro nazareno, próprio de Belém, cujas peças eram encenadas por ocasião dos festejos do Círio de Nazaré, teatro este atualmente extinto, cujo repertório se apoiava no melodrama e na *baixa comédia**.

Dentre essas manifestações que contribuíram para a gênese do pássaro junino, o cordão de bichos é o que mais se aproxima da estrutura dramática do boi-bumbá e do *bumba meu boi**. Um dos temas centrais é o da morte de um pássaro ou bicho de estimação, abatido a tiros por um caçador que o supõe sem dono. Denunciado, o caçador é levado pelos índios à presença do rei ou rainha do cordão, que só o perdoarão se ele conseguir restituir o bicho vivo e são. Ele parte à procura de um "doutor formado em medicina" e encontra essa personagem burlesca, que se declara impotente para ressuscitar "aquilo que está morto". Recomenda ao caçador que recorra às artes de um pajé, "que trabalha com as almas". A intervenção do pajé se dá através de um impressionante ritual, que mobiliza o espanto e a emoção da plateia, e mediante o qual o pássaro acaba se levantando. O pajé, triunfante, proclama que o pássaro voltou à vida e está pronto para dançar, e pouco depois o cordão se retira, triunfante.

O cordão de pássaros ainda está próximo do cordão de bichos (a mesma temática da perseguição, morte e ressurreição da ave ou bicho), mas incorpora novos enredos, novas personagens, novas convenções teatrais. A *fada* benfazeja ou a Mãe do Mato, designada como a Rainha da Floresta, amas protetoras da natureza, substituem o pajé ou o doutor enquanto curadoras e ressuscitadoras da ave atingida. Igualmente voltado para a preservação da natureza e de tudo o que ela contém, o guarda-bosques torna-se personagem frequente. A maloca dos índios é incorporada às *comédias** não mais como um bando de recém-convertidos à religião católica pelas mãos de um padre batizador, conforme ocorre no boi-bumbá, mas como coadjuvante das forças do bem. No outro polo situa-se a feiticeira e, mais raramente, a cigana, que sabendo manipular o mal entontecem e subtraem o pássaro de grande estima das sinhazinhas. O passarinheiro, se não chega a ser personagem inteiramente negativa, está muito próximo do caçador, que ora é apresentado como o mocinho romântico, apaixonado pela sinhazinha, e que parte em busca do pássaro perdido, ora como vilão, mancomunado com a feiticeira. O amo do cordão não é mais a personagem despótica, autoritária, como o rei do cordão de bichos, que ordena castigos e perseguições. Ele impõe ao espetáculo nova ordenação, fazendo a ligação entre todos os quadros, prefigurando as diferentes ações e, com isso, torna-se figura de extrema importância na nova estrutura dramática. Ocupa o centro do espaço cênico e, com seu apito, marca a passagem de um para outro quadro da comédia. Nos cordões mais tradicionalistas é comum a presença da *fila, coro** de rapazes e moças que cantam o refrão das músicas entoadas pelo amo ou por outras personagens.

Sob o ponto de vista da encenação, o que melhor caracteriza o cordão de pássaros é a colocação dos brincantes no espaço da encenação. Eles se dispõem em um semicírculo, na formação denominada meia-lua, da qual se retiram unicamente nos momentos em que intervêm na ação dramática, deslocando-se para o centro do espaço ou para o primeiro plano.

Os cordões de pássaro são encontrados em muitas localidades do interior do Pará e estão em contínuo processo de fundação, refundação e renovação.

Uma personagem fundamental, tanto nos cordões de pássaro quanto nos pássaros juninos, é o porta-pássaro, representado por uma menina graciosa, impúbere, cujo figurino evoca, ainda que muito estilizadamente, uma ave, a mesma que será abatida ou roubada, ressuscitada ou restituída. Ela traz na cabeça uma gaiolazinha na qual se encerram o pássaro ou outros bichos escolhidos como emblema do grupo, devidamente embalsamados ou esculpidos em madeira cortiça. Predominam as aves da fauna amazônica enquanto emblema, mas nos cordões de bicho também estão presentes mamíferos, répteis, peixes, crustáceos, insetos e seres lendários, a exemplo do cordão da Boiuna, do Curupira, do Dragão, do Leão Dourado ou do Pavão Misterioso.

Aos pássaros juninos foi incorporado um conjunto de personagens que atendem pela designação coletiva de *matutagem*. Cabe a ela conduzir toda a comicidade, que se contrapõe à densa carga dramática das burletas e melodramas juninos. A matutagem se aparenta com as personagens de Mateus e sua mulher Catirina do boi-bumbá, pois a atuação de Cazumbá e sua mulher, a comadre Guimá, se apoia na irreverência, em certa ingenuidade, na escatologia e em maliciosas e escancaradas alusões à sexualidade, que provocam o riso da plateia.

Grande impacto visual na encenação do pássaro junino é exercido pelo bailado ou bailé, criação relativamente recente e que, em seu início era um quadro extra, em que se apresentavam números de forró e baião. Em sua evolução, os quadros de dança foram incorporando os ritmos do momento: rumba, mambo, merengue, carimbó, lambada. Alguns autores procuram compatibilizar os números de dança com a estrutura do enredo das burletas juninas. Como algumas personagens mudam de figurino quatro, cinco vezes durante o espetáculo, o bailé pode entrar em cena para dar aos *brincantes** o tempo necessário a essa mudança, enquanto os dançarinos entretêm o público.

A riqueza da indumentária constitui, aliás, um dos atrativos do pássaro junino. Empregam-se materiais nobres na confecção dos figurinos: veludo, cristal, sedas, bordados com miçangas, vidrilhos, lantejoulas, aljôfar, *strass*. A maloca dos índios tornou-se vistosíssima: penas de aves domésticas dão lugar a penas de emas e os capacetes e cocares transformam-se em peças admiráveis de arte plumária. O gosto pelo excesso de plumas chega ao auge nos figurinos do porta-pássaro. Ele é, certamente, o mais visível e admirado emblema do grupo e torna-se necessário valorizá-lo, pois isto diz respeito à imagem do cordão perante os espectadores e a comunidade dos demais cordões, que muito competem entre si. (CEM)

 Bumba Meu Boi, Dança Dramática.

 Moura, 1997.

PATEADA

O período que se estende de 1853 a 1858 caracteriza-se pelo grande entusiasmo das plateias cariocas em relação ao canto lírico, alimentado pela presença de cantores de prestígio internacional e pela abertura do Teatro Provisório, cujas amplas instalações permitiam acolher um público numeroso. Os mais conhecidos escritores da época compareciam às encenações das *óperas** e alguns escreviam, para a imprensa, comentários dos fatos da semana, nos quais essas encenações tinham papel de destaque. Um desses comentaristas, Henrique Cesar MUZZIO, assim descrevia, nas páginas do *Correio Mercantil*, as disposições dos amantes da ópera para com a imprensa e a crítica: "Para ir atualmente ao Teatro Provisório ouvir música é preciso afinar os nervos pelo tom da febre. Não se admite tibieza ou admiração muda. Quem não aplaude é inimigo. A crítica e a imprensa perderam seus foros. Quem ousa dizer que nas diferentes apresentações de determinada cantora há um certo ar de família, merece rigoroso castigo e, por concomitância, levam descompostura a imprensa e os críticos, que, coitados, quase têm morrido sufocados pelo incenso que eles próprios queimaram" (ANDRADE, 1967, II: 47-48).

Foi nessa época que se intensificaram as paixões dos espectadores por aqueles ou aquelas a quem elegiam como seus favoritos, a quem demonstravam suas preferências com um entusiasmo que ultrapassava muitas vezes todos os limites da contenção. O oposto também ocorria e as plateias, através de manifestações ruidosas, deselegantes e agressivas, mostravam seu desagrado por um determinado artista, às vezes por considerá-lo rival das divas de sua predileção. Formavam aquilo que se designou como *partidos* e, entre outras atitudes, marcavam seu descontentamento batendo ruidosamente com os pés no chão. Eram as famosas *pateadas*.

A grosseria de uma pateada, por ocasião da encenação de uma ópera, na qual se encontrava presente a família imperial, é noticiada na imprensa carioca da época: "Antes de ontem, à noite, teve lugar no Teatro Lírico um acontecimento extremamente insólito em todos os sentidos. Ao levantar-se o pano para o quarto ato do *Trovador*, logo que Madame CHARTON apresentou-se em cena, começou uma pateada desenfreada, a ponto de tornar-se inclassificável, e houve quem atirasse sobre ela moedas de vintém, batatas, maçãs e até estalos fulminantes, alguns dos quais foram quebrar-se no colo da artista e a feriram. Por este motivo, Madame CHARTON, que se tinha retirado da cena comovida e lacrimosa, apareceu de novo e, com a voz trêmula, pálida de ressentimento pela desfeita que acabavam de fazer ao pudor da mulher e à dignidade da artista, pediu ao público desculpa por não continuar a cantar, porque se achava ferida no seio pelos objetos que lhe tinham arremessado da sala. O público esperou pelo espaço de cinco minutos; veio então o sr. TATI e, dirigindo-se aos espectadores, fez o mesmo pedido que ela já tinha feito. O público acedeu, Suas Majestades Imperiais retiraram-se e o espetáculo terminou assim, desagradavelmente, sem o quarto ato do *Trovador*" (ANDRADE, 1967, II: 50-51).

Anne-Arsène CHARTON, nascida em 1827 em Saujon, França, foi cantora de muito mérito e citada em dicionários de música. Com apenas 16 anos estreou no *papel** de Lucia de Lammermoor. Soprano, teve também intensa participação na *ópera-cômica** e apresentou-se na Rússia, Espanha, Estados Unidos e Cuba. BERLIOZ tinha por ela grande admiração e confiou-lhe a criação de algumas de suas óperas. Mme. CHARTON permaneceu no Rio de Janeiro durante quase dois anos (1854-1856) e nesse período cantou dezessete óperas, num total de 154 récitas. Foi ela quem criou, no Rio de Janeiro, os principais *papéis** das óperas *Trovador*, *Rigoleto* e *Traviata*, e a primeira dessas óperas foi talvez o maior sucesso registrado em temporadas líricas no Rio de Janeiro, no século XIX. (CEM)

PEÇA BENFEITA

A denominação "peça benfeita" foi criada pelo dramaturgo francês Eugène SCRIBE (1791-1861), na primeira metade do século XIX. Trata-se de uma espécie de cartilha do bem-escrever para o teatro, muito de acordo com o ideário normativo cientificista. A base de seus postulados é de origem clássica, convertidos num receituário de aplicação mecânica. SARDOU, FEYDEAU e LABICHE, Alexandre DUMAS FILHO, Émile AUGIER (autores que dominaram os palcos franceses na segunda metade do século XIX) e Henrik IBSEN, dramaturgo de obras-primas do teatro ocidental, seguiram os princípios da peça benfeita.

Embora não tenha escrito textos teóricos a respeito dessa dramaturgia, no discurso de recepção na Academia Francesa, proferido em 1836, SCRIBE afirma a superioridade da canção sobre o drama, e nega que a *comédia** reflita as maneiras de sua própria sociedade. Retira, assim, do teatro a função moralizadora e instrutiva. Segundo ele, os espectadores vão ao teatro "não para instrução e aprimoramento, mas por diversão e entretenimento, e o que mais os diverte não é a verdade, mas a ficção. Ver de novo o que se tem diante dos olhos diariamente não agrada, mas, sim, o que não é disponível no dia a dia: o extraordinário e o romântico" (CARLSON, 1997: 207-208).

Dessas palavras pode ser inferida a principal regra da peça benfeita: seu objetivo está voltado para os efeitos exercidos sobre o espectador, efeitos que visam causar surpresa, manter a atenção, aguçar a curiosidade, satisfazer a razão, entreter o espírito com a engenhosidade da armação do conflito dramático.

Enquanto técnica de composição, algumas normas são rigorosas. A ação dramática tem, por obrigação, que ser contínua e progressiva, regida pelo suspense. Isto significa que a sua estrutura deve levar em conta os três momentos na composição textual: a apresentação, o desenvolvimento e o desfecho, muito bem concatenados, ordenados e coerentes. Nada de fragmentação, diversificação ou aleatoriedade. A ilusão naturalista deve ser mantida, pois ela é o pilar sobre o qual se assenta a verossimilhança do enredo e do espetáculo. Para mantê-la, o dramaturgo pode recorrer a *quiproquós**, revelações inesperadas e mudanças súbitas de situação, em que o inesperado produz efeitos surpreendentes – é o chamado golpe de teatro.

A ação desenrola-se, portanto, em obediência a uma relação causal (a exposição ou apresentação já sinaliza sua conclusão) e à acumulação (as cenas e atos se encaminham, progressivamente, para o clímax). As peças de SCRIBE apresentam tramas cuidadosamente construídas e resolvidas de maneira tão completa que, ao final, amarram todos os fios da intriga. As revelações acontecem em momentos apropriados, o suspense é mantido ao longo de toda a peça e poupa-se o espectador de qualquer contribuição para a finalização da peça. A peça benfeita representa a supremacia da técnica. Mas não poupa o texto da superficialidade, da falta de visão e da artificialidade.

Complementando essa concepção de texto teatral fechado, SARCEY estabeleceu a necessidade de uma cena obrigatória (*scène à faire*), uma cena inescapável para o dramaturgo, sobretudo reveladora, conclusiva, solucionadora do conflito central. Em sua obra *Essai d' une Esthétique de Théâtre* (1876), SARCEY buscava sintetizar as ideias do teatro dizendo que "a arte dramática é o conjunto das convenções universais ou locais, eternas ou temporárias, com a ajuda das quais, representando a vida humana num teatro, dá-se a um público a ilusão da verdade" (FARIA, 2001: 231).

Cabe ressaltar ainda, nessa estrutura dramatúrgica, a presença e atuação do *raisonneur**, personagem que tem a incumbência de proferir frases de efeito, algumas de cunho moralizador, verdadeiras sínteses frasísticas, ao gosto da retórica do palco dezenovecentista. Exemplos dessa personagem estão em Meneses, de *As Asas de um Anjo* (1858), de José de ALENCAR, o Barão de Belfort em *A Bela Madame Vargas* (1912), o jornalista Godofredo de Alencar em *Eva* (1915), ambas de João do RIO.

Os princípios dessa dramaturgia influenciaram também alguns dos escritores brasileiros, como Martins PENA que, em seus *Folhetins*, qualificou SCRIBE como um dramaturgo "excepcional". Machado de ASSIS não escapou à sedução dessa dramaturgia. Em 4 de dezembro de 1859, ao comentar a peça *La Comtesse du Tonneau*, de SCRIBE, refere-se elogiosamente ao dramaturgo como "figura esplêndida da arte moderna", "não é um dramaturgo, é um teatro", "ele vale um repertório", "distinto escritor" (1950c: 121). Joaquim Manuel de MACEDO foi outro admirador do teatro de SCRIBE e adotou o ideário do teatro benfeito da "escola francesa" de DUMAS FILHO e SCRIBE.

Podemos perceber a permanência dessas ideias na obra teatral de João do RIO, em especial em *A Bela Madame Vargas* (1912), e em *Berenice* (1916-1918), de Roberto GOMES.

Ressalte-se a acirrada defesa de críticos de teatro e literatos às convenções da peça benfeita por ocasião da estreia no Brasil de *Casa de Boneca*, de IBSEN, em 1899, ou da encenação do texto adaptado d'*O Crime do Padre Amaro*, de Eça de QUEIRÓS, por Furtado COELHO, em 1890. A presença de ANTOINE no Brasil, em 1903, o repertório de peças apresentado na cidade e a conferência em defesa do Naturalismo e contra as ideias de SARCEY, entraram em choque com as críticas realizadas por Artur AZEVEDO e o converteram numa espécie de "Sarcey brasileiro".

Mesmo assim, os princípios da construção lógica do enredo de uma peça benfeita, bem como o atendimento de algumas convenções (o *raisonneur**, o golpe de teatro, a cena obrigatória) continuam a exercer seu fascínio sobre os dramaturgos brasileiros. Nelson RODRIGUES, não obstante toda a ruptura que instaurou na dramaturgia brasileira, constrói textos dramáticos apoiados, à saciedade, em golpes de teatro.

É verdade que o advento do Modernismo e de uma estética de simultaneidade e fragmentação, como se pode observar em Oswald de ANDRADE, Nelson RODRIGUES e Jorge ANDRADE, rompe definitivamente com as expectativas do espetáculo de dramaturgia benfeita, segundo os princípios de SCRIBE e SARCEY. No entanto, em defesa da "ilusão da verdade", ao se opor ao teatro naturalista, SARCEY argumentava em favor da eficácia das convenções. Portanto, apesar de todo o mecanicismo, rigidez e artificialidade que se quer ver na concepção e aplicação da peça benfeita, o intuito que movia os seus autores era o realismo, a idiossincrasia do palco e o respeito à tradição do teatro. (MMC)

Alta Comédia, Realista (Comédia).

PEÇA DIDÁTICA

Bertolt BRECHT, no decorrer do século XX, é personagem central nas discussões sobre teatro político. Nesse debate, no que diz respeito à peça didática (*Lehrstück*), ela busca palcos alternativos com o intuito de romper a atitude passiva do espectador, do consumidor de arte. A realização do espetáculo fica condicionada à participação do espectador no *ato artístico coletivo*, a fim de que haja uma intervenção ativa do receptor na obra-de-arte.

Porém, a *Lehrstück* foi esteticamente desqualificada e estudada à margem a partir de pontos de vista artísticos, críticos e/ou políticos que impediram o acesso à sua poética. Dessa feita, a marca registrada da *vulgata* brechtiana é pensar a peça didática como aprendizado e suporte de conteúdos que envelheceram. No entanto, quando BRECHT traduziu o termo *Lehrstück* para o inglês, utilizou o equivalente *Learning Play*, isto é, um jogo de aprendizagem e não a instrumentalização de conhecimentos preestabelecidos. Essa confusão afastou o conhecimento real do trabalho teórico de BRECHT sobre a peça didática e sua capacidade de se adaptar a novos contextos.

Nesse sentido, no Brasil, por intermédio da publicação de *Brecht: Um Jogo de Aprendizagem* (KOUDELA, 1991), foram recuperados materiais importantes, totalmente desconhecidos entre nós, que permaneceram, em grande parte, fragmentários e subterrâneos na obra de BRECHT. Nos fragmentos da teoria da peça didática e na especificidade dessa tipologia dramatúrgica, foi possível vislumbrar uma proposta estética e pedagógica merecedora de novos aprofundamentos.

A teoria pura da peça didática não existe. Contudo, a possibilidade de ir além do plano meramente intelectual e buscar a percepção sensório-corporal, a fim de provocar o processo de *estranhamento** de gestos e atitudes corporais, é o que torna a proposta pedagógica brechtiana singular.

Já Anatol ROSENFELD, para além de peças como *A Decisão* (1930), destaca a componente didática na composição da teoria épica de Bertolt BRECHT, pois o teatro "mesmo *didático** deve continuar plenamente teatro e, como tal, divertido, já porque 'não falamos em nome da moral e sim em nome dos prejudicados'. [...] Para os filhos de uma época científica, eminentemente produtiva como a nossa, não pode existir divertimento mais produtivo que tomar uma atitude crítica em face das crônicas que narram as vicissitudes do convívio social. Esse alegre efeito didático é suscitado por toda a estrutura épica da peça e principalmente pelo 'efeito de *distanciamento** (*Verfremdungseffekt* = efeito de estranheza, alienação)" (1985: 151).

O termo *peça didática*, porém, não se restringe somente às interlocuções com o ideário brechtiano. Com efeito, Patrice PAVIS, em uma perspectiva mais abrangente, elabora a seguinte concepção: "A obra didática milita em prol de uma tese filosófica ou política. Pressupõe-se que o público extraia dela ensinamentos para sua vida privada e pública" (1999: 282). Destarte, é possível asseverar que a peça didática é aquela que expõe claramente um propósito pedagógico, seja em um sentido mais amplo, atinente à sociedade em geral, abrangendo valores morais, normas e condutas, seja em uma perspectiva política explícita em termos de engajamento em torno de ideias e/ou ações. Aliás, essa ideia é também compartilhada por ROSENFELD, ao afirmar que "os espetáculos têm acentuado cunho didático-moralizante, aliás típico do teatro europeu durante largas fases de sua história" (1985: 14).

No Brasil, em distintos momentos históricos, é possível constatar a presença de peças didáticas, a começar dos próprios *autos** jesuíticos, que foram confeccionados com o objetivo de divulgar os preceitos da doutrina católica aos indígenas.

Esse padrão de estrutura dramática, muitas vezes, se faz presente em *comédias de costumes**, nas quais há epílogos moralizadores com vistas a reeducar as personagens (e os espectadores) na direção das normas sociais compreendidas como corretas. Um bom exemplo disso pode ser encontrado em Martins PENA que, em diversas *comédias**, optou por mostrar condutas qualificadas como censuráveis. Outro importante exemplo refere-se à crítica dos costumes políticos, em fins do período imperial, feita por FRANÇA JÚNIOR em *Caiu o Ministério*. Representada em 1882, essa peça trata do político Felício de Brito, após a queda do ministério, quando recebe a incumbência de organizar o novo governo. A partir daí, a personagem se vê às voltas com toda sorte de futilidades e de propostas de favorecimentos. Nesse sentido, articulando defeitos e qualidades nas personagens, o dramaturgo, ao mesmo tempo em que propicia o entretenimento, critica comportamentos vistos como inadequados.

Todavia, as discussões e as iniciativas envolvendo propostas de peça didática tornaram-se mais presentes nas décadas de 1950 e 60, em que as intenções políticas, provenientes de um engajamento de esquerda, motivaram a elaboração de textos, a despeito de diferenciações temáticas e dramatúrgicas, que almejavam funções pedagógicas.

Em *Eles Não Usam Black-tie*, de Gianfrancesco GUARNIERI, o caráter didático é inerente à sua construção dramática, pois o protagonista Otávio e o antagonista Tião possuem atitudes e opiniões que se mantêm inalteradas do princípio ao fim do conflito. O espectador/leitor vivencia um embate em que princípios e pontos de vista estão bem delineados e, com eles, didaticamente são alocados valores como solidariedade, amizade, companheirismo, de um lado, e, de outro, individualismo, ambição e ascensão social. A adesão a uma das posturas pressupõe o conhecimento das consequências e do impacto moral, social e político das mesmas, externando, assim, uma intenção de aprendizado com o desenlace da trama.

Oduvaldo VIANNA FILHO, em *Quatro Quadras de Terra*, assume o didático como elemento da narrativa ao construir as personagens Jerônimo, subserviente, cumpridora de suas obrigações com o trabalho e com o coronel, proprietário da terra, e Demétrio, seu filho, que, diante da situação vivida, questiona a conduta do pai e reflete sobre o impacto social e político da ação organizada dos camponeses sobre o latifúndio.

Nesses dois textos observa-se, nitidamente, a presença de uma escolha, por parte dos dramaturgos, que antecede à própria trama, isto é, a conduta correta a ser adotada pelo espectador é aquela que beneficia o coletivo, a ideia de solidariedade e a necessidade da organização. Assim sendo, a ação dramática desenvolve-se através de uma postura pedagógica, demonstrando os equívocos daqueles que não conseguem sair do senso comum em direção a uma perspectiva crítica.

Essa mesma postura, em direção ao esclarecimento e à consciência, encontra-se nas peças criadas pelo Centro Popular de Cultura da União Nacional dos Estudantes (CPC da UNE). A título de ilustração, pode-se recordar a peça *A Estória do Formiguinho ou Deus Ajuda os Bão*, de Arnaldo JABOR. Nela há uma estrutura narrativa didática, a partir da qual a personagem Formiguinho vai buscar elementos para compreender por que ele não pode colocar uma porta em seu barraco. A única informação obtida é a de que o Doutor disse que não pode. Com o intuito de conhecer essas limitações, Formiguinho vai atrás das respostas. A partir daí, vivenciará a descoberta de outras realidades e terão início tanto a sua trajetória de conscientização, quanto a tarefa de estimular seus companheiros a perceberem que a união do grupo é o elemento primordial para a transformação da sociedade.

Com base nesses exemplos é possível constatar que a noção de *peça didática*, presente em fins da década de 1950 e início da seguinte, não está em sintonia somente com o exercício de aprendizagem, mas vincula-se a premissas de intervenção social, que deveriam suscitar processos de conscientização e organização das camadas subalternas da sociedade.

Após o golpe de 1964, a dramaturgia brasileira, de cunho engajado, sofre transformações. A mais significativa delas, no que diz respeito à peça didática, remete não mais à ideia de conscientização e organização de grupos sociais dispersos e desarticulados, mas a um diálogo com segmentos de classe média, formadores de opinião, por intermédio de metáforas nas quais o passado tornou-se um escudo para se refletir sobre o presente. Nesse sentido, *Arena Conta Zumbi* e *Arena Conta Tiradentes*, ambas de Augusto BOAL e Gianfrancesco GUARNIERI, por exemplo, assumem a narrativa épica com o objetivo de apresentar personagens históricas, que se tornaram heróis em lutas em prol da liberdade. Dessa feita, a identidade de propósitos e o anseio de liberdade no passado, (re)atualizados no presente, adquirem teor didático-pedagógico. Em outros termos: à luz do exemplo de ZUMBI e TIRADENTES, de que maneira a luta deveria ser construída, na década de 1960, com vistas a retomar as liberdades democráticas?

Um outro texto em que as circunstâncias históricas auxiliam a refletir sobre o tempo presente, estimulando um exercício didático em relação aos acontecimentos, é *A Lua Pequena e a Caminhada Perigosa*, de Augusto BOAL. Com efeito, essa peça constrói, a partir de exposições de motivos de personagens de diversos segmentos sociais, justificativas para a morte do Comandante (referência a Ernesto Che GUEVARA), na Bolívia. Com vistas a orientar pedagogicamente as ações futuras, o Coringa afirma: "Se quisermos expressar como desejamos que sejam nossos companheiros, devemos dizer: que sejam como ele! Se quisermos expressar como desejamos que sejam os homens das gerações futuras, devemos dizer: sejam como ele. Se quisermos expressar como queremos que se eduquem nossos filhos, devemos dizer sem vacilação de nenhuma índole. Queremos que se eduquem com o seu espírito. Se quisermos um modelo de homem, um modelo de homem que não pertence a este mundo, um modelo de homem que pertence ao futuro, de coração eu digo que este modelo sem nenhuma mancha em sua conduta, este modelo era ele" (1990: 97).

Mesmo em um teatro de situações, como o de Plínio MARCOS, a exposição de motivos traduz um aprendizado em relação à condição vivida pelas personagens. Por exemplo, em *Quando as Máquinas Param*, a ação dramática flagra momentos de dificuldades da vida de Zé e Nina. Com o marido desempregado, o casal vive às voltas com as dívidas e os sonhos adiados, inclusive o de terem um filho. Neste sentido, a fim de não remeter o espectador a um sentimento de cumplicidade com o sofrimento, tampouco reduzir aquela experiência a um momento de infortúnio ou de má sorte, o dramaturgo destaca aspectos relativos à composição da estrutura social, com o intuito de demonstrar que não se pode apreender, de maneira estanque, os acontecimentos individuais porque os homens, ao viverem em sociedade, estabelecem relações sociais.

Dessa maneira, pode-se concluir que a dramaturgia brasileira, de cunho social e/ou histórico, possui, em sua formulação, intenções de esclarecimento do público a respeito daquilo que é apresentado em cena, isto é, a sua composição agrega uma intenção pedagógica, com o objetivo de estimular a conscientização do público e a consequente tomada de decisões. Enfim, verifica-se a presença de uma concepção do fazer teatral que é imbuída de uma vontade de transformação.

Evidentemente, essa não é a única forma pela qual a peça didática apresenta-se no Brasil. Porém, procuramos destacar os trabalhos em que a *vulgata* brechtiana foi apropriada e (re)interpretada à luz das circunstâncias históricas do país. (IDK e RP)

 Didático (Teatro).

PEDAGOGIA DO TEATRO

A pedagogia do teatro incorpora tanto a investigação sobre a teoria e a prática da linguagem artística do teatro, quanto a sua inserção nos vários níveis e modalidades de ensino. Essa vertente focaliza principalmente pesquisas com ênfase no *jogo teatral** e na teoria do jogo, com diferentes fundamentações. O espaço como elemento deflagrador do jogo e local privilegiado para enfrentamento e risco é um dos temas recorrentes, bem como a criação de imagens a partir do jogo e a proposição de textos poéticos como deflagradores do processo pedagógico. A perspectiva de interação entre jogo e narrativas é mais um aspecto ressaltado.

Outra tendência verificada em várias pesquisas é o teatro como ação cultural. Problemas sociais contemporâneos, como as drogas, o meio-ambiente e a violência têm surgido como temas privilegiados nos trabalhos realizados com crianças e adolescentes. Esse trabalho teatral vem sendo desenvolvido no âmbito de ONGs, de projetos de pesquisa e extensão nas universidades e através de apoios da iniciativa privada. Os pesquisadores representantes dessa tendência propõem ampliar a discussão de políticas culturais que debatam o papel do Estado, na busca de continuidade e apoio para o tratamento dos problemas sociais contemporâneos através do teatro e da arte. A pesquisa que surge dentro dessa tendência manifesta preocupação com os critérios estabelecidos para a condução de projetos em ação cultural e/ou comunitária, no que diz respeito ao treinamento e recrutamento de educadores, considerando-se as esferas estatais, privadas e do terceiro setor.

Ainda uma outra vertente ressalta a importância do desenvolvimento da linguagem artística do teatro na formação do professor. Essas pesquisas focalizam a vinculação corpo/voz e a voz como corporeidade.

A pedagogia do teatro abrange também o receptor na apreciação de espetáculos teatrais. Assim como o espectador frente ao espetáculo, o professor pode explorar os materiais de apoio educativo para transformar a ida ao teatro numa experiência significativa, através da mobilização do processo de apreciação e criação de seus alunos.

A apreciação e análise, por parte das crianças e jovens, de espetáculos teatrais de qualidade, bem como a participação em eventos artísticos, é uma forma de trabalhar a construção de valores estéticos e o conhecimento de *Teatro*.

O professor poderá desenvolver procedimentos variados para avaliar a fruição, apreciação e leitura do espetáculo, fazendo propostas para a tematização do conteúdo da peça.

A ABRACE (Associação Brasileira de Pesquisa e Pós-Graduação em Artes Cênicas) reúne, no grupo de trabalho Pedagogia do Teatro e Teatro na Educação, especialistas que se congregam periodicamente para consolidar um fórum de discussão e pesquisa com abrangência nacional.

A pedagogia do teatro tem, como referência, teorias contemporâneas de estudos crítico--culturais, como o desconstrutivismo, o feminismo e o *pós-modernismo**. Nesse tipo de teatro, educadores e alunos empregam convenções que desafiam, resistem e desmantelam sistemas de privilégio criados pelos discursos dominantes e práticas discursivas da moderna cultura do Ocidente. Dessa forma, a prática da ação dramática cria espaços e possibilidades para dar forma à consciência pós-moderna e pós-colonial, sensíveis à pluralidade, diversidade, inclusão e justiça social.

Acreditando que a escolarização, a cultura e a economia no novo milênio vão exigir de nós uma reavaliação de nossas percepções rotineiras, somos solicitados a construir pontes no mais amplo sentido do termo, para atingir o Outro. A pedagogia do teatro pode contribuir para essa tarefa. (IDK)

 Ensino do Teatro, Jogo Teatral, Teatro-educação.

PERFORMANCE

O termo *performance* advém do grupo norte- americano Fluxus, que acentua o caráter de atuação nas intervenções artísticas. Operando como na fronteira, a *performance* traz à cena uma série de ações transgressivas, políticas e existenciais. Tributária dos procedimentos da *vanguarda**, incorpora os escândalos e as disjunções futuristas e dadaístas, o uso do inconsciente e da *collage surrealista** e, mais diretamente, as ações políticas *contraculturais** no eixo das experimentações dos anos de 1960-70. A *performance* nasce como arte híbrida, espetacular, *mixed-media* das artes plásticas, visuais e cênicas. Partindo da investigação de suporte, das *assemblages* do corpo (*body art*), dos *happenings** que enfatizam o acontecimento e do uso de *multimídia**, a *performance* propõe modos inventivos num movimento *antiestablishment* e *antiarte*. Surge como *live art*, ao mesmo tempo arte ao vivo, sem representação, e arte viva. Artistas conceituais e orgânicos, de diversas linguagens, criam a legenda da arte da *performance*: Kurt SWITTERS, Marcel DUCHAMP, John CAGE, Wolf VOSTELL, Dennis OPPENHEIM, Vito ACCONCI, Andy WARHOL, Gina PANE, Chris BURDEN, Joseph BEUYS, Marina ABRAMOVIC, Ana MANDIETA, entre inúmeros outros, com seus ritos de corpo, voz e presença. Corpos que se cortam, gestos repetitivos, uso de materiais inusuais como sangue, cera, barro e o recurso à poesia sonora e visual como dramaturgia estão entre os novos meios expressivos propostos. A arte da *performance* considera a materialidade do corpo, dos objetos, dos conceitos e transita para a teatralização, assumindo uma potência dramática, dionisíaca e cênica. Na linhagem da *Gesamtkunstwerk* (obra de arte total) wagneriana, com uso de códigos gestuais, sonoros e textuais, *diretores**, *grupos** e criadores criam trabalhos cênicos que pressupõem uma idiossincrasia na atuação e ruptura com a representação e demais convenções teatrais. Alguns exemplos são o Living Theatre, Meredith Monk e o Wooster Group.

Em paralelo a Rosalind KRAUSS (*Escultura em Campo Ampliado*), que propõe extensões do conceito e do espaço da escultura, a *performance* estende e desconstrói a tríade da linguagem teatral – atuante-texto-público –, incorporando a corporalidade e o teatro de imagens ao texto, alterando as relações de espaço-tempo convencionais. Apropria-se dos espaços públicos e dos interiores urbanos, dos acidentes geográficos como desertos e ilhas e subverte a convenção do tempo de representação apresentando espetáculos e ações que podem durar 24 horas, operando em tempo real em oposição ao tempo simbólico do teatro.

No Brasil, as primeiras ações performáticas (embora trabalhos com características semelhantes tenham sido propostos por Flávio de CARVALHO, um *performer avant-la-lettre,* desde a década de 1930) remontam às operações conceituais de Lígia CLARK (*Pedra e Ar*, 1966) e Hélio OITICICA (*Experiência Ambiental*, 1970), propondo interferências materiais, psíquicas e deslocamentos do olhar e do espaço de interação com o público. OITICICA propõe o uso de parangolés, obras "vestíveis" para desempenho em ações conceituais. Essas cenas são precedidas pela histórica "caminhada tropical" de Flávio de CARVALHO no centro de São Paulo, em 1956, que desfila com um vestido para apresentar publicamente o traje tropical por excelência.

Entre 1970 e 1980 uma segunda geração antropofágica e oswaldiana toma a cena, com Antônio MANUEL, que se apresenta nu como objeto de arte; Lígia PAPE (*Espaços Imantados*, 1968); J.R. AGUILLAR (*A Divina Comédia Brasileira*, 1981); Ivald GRANATTO, entre outros, e grupos cênicos como o Viajou sem Passaporte, cuja ação consistia em intervir e interromper espetáculos de outras *companhias**. A ação performática, anárquica, erótica, disruptiva, propaga-se no universo udigrudi brasileiro. Há o novo cinema de Julio BRESSANE, a poesia marginal de Waly SALOMÃO e o grande circo antropofágico consubstanciado na cena delirante dos espetáculos criados por José Agrippino de PAULA e Maria Esther STOCKLER (*Rito do Amor Selvagem* em 1970 e *Tarzan do Terceiro Mundo*). Essas ações são recebidas com desprezo e estupor.

Uma década adiante, nos anos de 1980, artistas diversos realizam investigação conceitual e de suporte sobre os novos meios eletrônicos: Otavio DONASCI (*VídeoCriaturas*, 1982) concebe suas videocriaturas, signo das relações homem-máquina; Artur MATUCK cria *videoperformances*; Guto LACAZ experimenta ludicamente objetos eletrônicos em *Eletroperformance* (1983). No contexto das artes plásticas, o grupo 3Nós3 (HUDINILSON JR., Mário RAMIRO, Rafael FRANÇA) cobre estátuas no espaço público. No Rio de Janeiro, Ricardo BASBAUM realiza sua ação coletiva *Dupla Especializada*, em 1983; Alex HAMBURGUER e Márcia X trabalham com materiais orgânicos; poetas como CHACAL, Xico CHAVES e Fausto FAWCETT mesclam dramatizações, música, artes plásticas e recursos eletrônicos. Essas ações diversas, que incorporam risco, acaso, e intervenção calculada, manifestam-se pela ação do *performer*, que é criador e atuante da obra. São matéria para a criação a biografia do artista e sua mitologia pessoal. Nesse contexto, novos *performers* como Luiz Roberto GALIZIA, Denise STOKLOS e Paulo YUTAKA, entre outros, tornam-se prestigiados no circuito paulistano de arte.

Em 1982, a *performance* passa a ocupar espaços institucionais de exibição. Surgem novas instituições e centros culturais promovendo eventos performáticos. Em março desse ano, o SESC-Pompeia de São Paulo organiza o evento *14 Noites de Performance*, um cruzamento de linguagens que reúne artistas de diversas formações. Do teatro, apresentam-se o grupo Ornitorrinco e o Manhas Manias. A dança é representada por Ivaldo BERTAZZO. Artes plásticas e música se amalgamam nos trabalhos de Arnaldo ANTUNES & GO, dos grupos Gang 90 e Absurdettes. Apresentam *performances* Artur MATUCK (*Leilão de Arte não Intencional*), Ivald GRANATTO, TVDO, Denise STOKLOS, Leon FERRARI. É um *mix* de linguagens ainda incipiente, com artistas de linguagens tradicionais experimentando outras relações de espaço, textualidade e contágio com o público. O festival capta um momento de tribalização desses artistas ligados à *performance* e é lançado junto com o 1º Festival *Punk* de São Paulo. Nessa fase, o SESC convida as companhias Asdrúbal Trouxe o Trombone, Manhas e Manias e os futuros Oi Nóis Aqui Traveiz, de Porto Alegre, e Tantos &

Tortos, que propõem a cena "performática", de intervenção e fala aberta à plateia.

A arte da *performance* se estabiliza em espaços como o Carbono 14, O Napalm e o Madame Satã, em produções livres de *videoperformance*, instalação e exibicionismo. Em 1984, a FUNARTE cria um Ciclo de *Performances*, com presença de Guto LACAZ (*Eletroperformance*), Ivald GRANATTO, TVDO, Fernando MEIRELLES, Paulo YUTAKA, Paulo BRUSCKI (*Lógica Versus Acaso*, que dialoga com a arte postal), José Eduardo Garcia de MORAES (*Iludir o Mágico*), entre outros. *Hip-Hop*, ações sem personagens e *óperas** do acaso são a tônica do evento.

Nesse período, uma nova tendência teatral contaminada pela arte da *performance* instaura-se com marcante uso do corpo, da visualidade e insistência na apresentação pública de trabalhos em processo. Luiz Roberto GALIZIA, Paulo YUTAKA e Seme LUTFI, à frente do grupo Ponkã, realizam o evento O *Próximo Capítulo-Performances Ponkã* (19 de outubro a 18 de novembro de 1984), em que, a exemplo do clube Pyramid de Nova York e da experiência *underground* do Wooster Group, convidam artistas de diversas mídias para performar roteiros e situações cômico-erótico-dramáticas criadas ao vivo, com títulos como *Kodomo no Koto, RE-lações Afetivas, Gólen* e *Neo Nazi*.

Criadores como Renato COHEN (*Magritte: O Espelho Vivo*, 1987), Enrique DIAZ, Maura BAIOCCHI, entre outros, trazem para a cena o *silent theatre,* o estranhamento verbal e visual e o uso de espaços de museus como cenário. Experimentos corpóreo-sinestésicos diversos desdobram-se na década seguinte, como a vivência do grupo de Chico PENAFIEL no espaço de um aquário, instalado no centro de Curitiba.

Surge um novo uso do texto na *performance*, com procedimentos de intertextualidade e desconstrução da dramaturgia. Escrituras em processo, incorporação da rubrica, das interjeições e fonismos dos atores, da partitura corporal e visual do espetáculo são novos usos e deslocamentos do texto presentes em *A Bau A Qu*, de Enrique DIAZ (1991), *Koelet*, de Bia LESSA (1995) e *Ka*, de Renato COHEN (1995).

De um ponto de vista teórico, o estudo da *performance* desloca-se do campo estético para o da fenomenologia e dos aspectos culturais, antropológicos e sociais envolvidos nessas ações. Núcleos como o Transe (Brasília), o Núcleo de *Performance* (PUC/SP,) o CEIA (BH), o Centro de Etnocenologia (Salvador) e o Núcleo de Performance (UNIRIO/RJ), alinhado com os Performance Studies de Richard SCHECHNER (NY), passam a recortar, no campo da *performance*, o estudo de festas, oralidades primárias, ritos, mitologias e regionalidades, com expressões espetaculares que vão do erudito ao popular. Como ação do centro carioca, realiza-se no Rio de Janeiro, em 2000, o importante evento I Encontro de Performance e Política das Américas, integrado ao Núcleo de Estudos Hemisféricos da Performance.

Nessa linha de investigação intercontextual, a partir de 1990 o campo da *performance*, como campo de estudos da atuação cênica, passa a ser objeto de inúmeros programas acadêmicos de Graduação e Pós-graduação brasileiros, confluindo suas pesquisas com as novas disciplinas da *antropologia teatral**, do *teatro físico** e da *etnocenologia**.

Em relação à criação, nos anos de 1990 a discussão da *performance* retoma as questões do corpo: o "corpo sem órgãos" artaudiano, o corpo prótese, o corpo coletivo e a pele como *interface* são figuras apresentadas em trabalhos de artistas como TUNGA (*Gêmeas Siamesas*), Laura LIMA, em polêmicas apropriações do corpo do outro (*Bala*, 1997), Michel GROISMAN (*Polvo*, 2000), Nazareth PACHECO, Amilcar PACKER, entre outros, em discussões precedidas pelos objetos relacionais, primordiais, de Lígia CLARK . Esse é o tema de eventos como o Panorama Brasileiro das Artes, realizado no Museu de Arte Moderna de São Paulo, em 1997.

Na investigação do corpo, os inúmeros trabalhos de escarificação e *body-modification* apontam o renascimento da *body art* e importantes confluências entre moda e arte da *performance*. Na pesquisa do corpo estendido nas redes, na *interface* com novas tecnologias telemáticas, artistas como Eduardo KAC, Gilbertto PRADO, Grupo Corpos Informáticos e Renato COHEN (*Constelação,* 2002) transitam no território dos sistemas performativos, construindo avatares, campos de telepresença e teleimersão e reiterando a estética de eventos.

No contexto do *multiculturalismo**, a discussão da *performance* contemporânea aponta também para a questão de gênero, propondo uma série de ações que expressam posições políticas em relação à identidade feminina e homossexual.

O evento *Antártica Artes com a Folha de S. Paulo* (1996) reúne 62 artistas que trazem à cena o imaginário homoerótico, temas de sexualidade e memória familiar. Nessa linha de investigação de caráter antropológico, com o estudo de dialogismos entre identidade e alteridade, surgem trabalhos radicais na pesquisa da loucura, dos sem-teto e de outros contextos de exclusão. Trabalhos como *Ueinzz-Viagem à Babel* (1999) e *Gotham SP* (2002), têm direção de Sérgio PENNA e Renato COHEN e atores-pacientes do hospital-dia A Casa.

No contexto midiático contemporâneo, a arte da *performance* tem sido apropriada pela indústria cultural em *performances* televisivas que vão da estética MTV, de THUNDERBIRD, CAZÉ PEÇANHA e outros, aos *reality-shows*, que destituem a linguagem de sua virulência antissistema. Como resistência a essa apropriação, surgem novos contextos de ações na rede, em experiências de mídia-ativismo e rádios-livres, com novíssimos grupos colaborativos como o Rizoma e A Revolução não Será Televisionada (2003). (RC)

 Happening (Teatro e), Multimídia (Teatro).

 Basbaum, 1998; Cohen, 1998, 2002; Galizia, 1985; Glusberg, 1987; Goldberg, 1979; Jones, 1998; Melim, 2003; Schechner, s/d.

 http://www.sescsp.org.br/sesc/hotsites/constelacao/programa.htm

POESIA (TEATRO E)

Há alguns ângulos da relação entre poesia e teatro que necessitam alguma reflexão para que se possa bem compreender os efeitos obtidos pela presença da poesia na linguagem dramática.

Em primeiro lugar, o termo *poiesis* tem, na sua etimologia grega, o sentido de fabricar, de fazer. E os modos de se construir um texto dão origem a três grandes categorias na teoria dos gêneros literários.

Em segundo lugar, cumpre observar a tripartição clássica desses gêneros: a poesia lírica, a epopeia e o texto dramático. ARISTÓTELES já os distinguia pela prevalência da voz ficcional: o *eu* para a poesia lírica, o *ele* para a poesia épica e o *tu* para a poesia dramática. Na fonte aristotélica há, portanto, para o texto dramático, a característica indissociável da interlocução, da presença do diálogo, do Outro com quem se conversa. Para HEGEL, "o drama deve ser considerado como o estágio mais elevado da poesia e da arte, uma vez que ele chega à sua mais perfeita totalidade no conteúdo e na forma [pois] une em si a objetividade do *epos* e o princípio subjetivo da poesia lírica" (PAVIS, 1999: 293). Mas, segundo Eric BENTLEY (1967: 95), " a divisão dos gêneros dramático, épico e lírico é ilusória se pretende sugerir que qualquer dos três exclui, normalmente, os outros. O gênero dramático é formado por elementos épicos e líricos. O enredo é o elemento épico. O elemento lírico encontra-se no diálogo".

Em terceiro lugar, devido à força influente da poética aristotélica ao longo da história artística do Ocidente, o poema dramático se conserva, até o século XVIII, escrito em alexandrinos. Fundem-se, assim, os atributos de um texto assentado sobre a organização de uma fábula e uma expressão verbal em versos. Essa fusão dá origem a uma distinção relevante entre *poema dramatizado*, com personagens, conflitos e diálogos ocasionais, e *drama poético*, destinado ao palco e composto de textos poéticos ou um texto em versos.

Podemos afirmar que o *poema dramatizado* não tem como objetivo imediato a transposição para o palco; já o segundo, *o drama poético*, nasce com a incompletude própria do texto dramático, isto é, solicita a complementação do texto cênico, da representação teatral no palco.

Entretanto, o fato de ter sido escrito em versos não converte necessariamente o texto em poético. Patrice PAVIS e Vitor Manuel de AGUIAR E SILVA enfatizam a diferença entre o poema (texto que tem apresentação em versos) e a poesia ou poeticidade (o caráter poético, que independe de sua expressão em verso, embora este também possa contê-la). Eric BENTLEY insiste que alguns textos em versos têm apenas um caráter retórico, isto é, visam a uma dicção sermonística ou forense, em que o principal objetivo é convencer o espectador/leitor da verdade das ideias expostas pelas personagens. Segundo ele, "o retórico aproveita a linguagem tal como é, e ordena suas palavras com todos os dotes profissionais [clareza, concisão, humor, espírito, argúcia, habilidade] do púlpito e do tribunal". Já o poeta "não encara as palavras como instrumentos já prontos para servirem.

São instrumentos que ele faz e refaz à medida que os utiliza" (1967: 91). Para BENTLEY, o texto de SCHILLER é exemplo de verso retórico, enquanto SHAKESPEARE é plenamente poético.

O texto em verso representado no palco apresenta algumas características específicas:

1. **Em relação à tradução cênica**

O verso é por vezes autossuficiente, isto é, o texto ressoa sem a necessidade de ilustração cênica, nem representação de situações ou ideias. Por ser um texto concentrado, suas imagens são poderosas, densas, de grande sutileza e plurissignificação. Dispensam complementação, portanto.

2. **Em relação à dicção**

A tendência do *ator** é privilegiar o espaço em branco após o final do verso, criando pausas que cortam, por vezes, a fluência das palavras e dos sentidos. Com o corte repetitivo (em todo final de verso) e desnecessário, a dicção do texto vai ganhando artificialidade. Aliada à exigência de maior atenção para compreender um texto complexo, a musicalidade da frase perde a ligação com a fala no palco e o texto não atinge o espectador.

3. **Em relação ao público**

O espectador pode ser desviado do texto – inusitado para ouvidos acostumados à prosa, ao diálogo cotidiano – pela dicção mecânica do ator, pela gesticulação, pela sintaxe mais rebuscada do verso, pelo ritmo da ação cênica que impede, por vezes, a concentração maior nas palavras do texto. Em consequência, o texto poético não atinge o espectador, havendo perda significativa de sentido e de beleza do texto verbal.

4. **Em relação à tradução**

Quando o texto dramático em verso é traduzido, ocorrem problemas como em toda tradução, já que a passagem de uma língua a outra não garante a permanência de sentido idêntico. No caso do verso, a dificuldade é ainda maior, porque a tradução dos termos e expressões precisa levar em conta ainda os efeitos estéticos pretendidos pela sonoridade, ritmo, imagens e metáforas, exigidos pelo texto em verso. Esses efeitos sonoros e imagéticos podem ser dificilmente traduzíveis, o que implica perda do sentido do texto original. O tradutor precisa considerar, ainda, que os diálogos traduzidos têm que estar adequados à fala dos atores e à funcionalidade no palco. Todos esses requisitos dificultam e influenciam a comunicação do texto em verso traduzido.

No que diz respeito à história da dramaturgia, o texto em verso ocupou o período que se estende da *tragédia** greco-latina ao advento do Romantismo. Por exemplo, a *comédia** antiga utilizava metros mais variados do que a tragédia. Nos diálogos apareciam não somente o trímetro iâmbico, mas também o tetrâmetro iâmbico, trocaico e anapéstico. Nas partes líricas, o ritmo preferido era o *péon*, que acompanhava ordinariamente a dança cômica (*kórdax*).

Pouco a pouco a prosa, tida como plebeia, foi assumindo lugar no texto. SHAKESPEARE já a empregava, no século XVII, quando o texto saía da boca de personagens do povo. GOLDONI, em 1750, em nome da verossimilhança, defendia a abolição do uso do verso, o que realizou em seu *Teatro Cômico,* espécie de exposição sobre seu pensamento a respeito do fazer teatral. O Romantismo, embora ainda tenha praticado o teatro em verso, foi ampliando a visão shakespeariana, até abandonar o verso e praticar a coloquialidade, representada pela fala corrida, semelhante ao falar cotidiano na vida real.

Assim, as tragédias clássicas, bem como as comédias, vão modelando os textos até o século XIX. SÓFOCLES, EURÍPIDES, ÉSQUILO, ARISTÓFANES, MENANDRO, PLAUTO, TERÊNCIO, os *autos** medievais de Gil VICENTE, os *autos sacramentais** de LOPE DE VEGA e CALDERÓN DE LA BARCA, as cenas líricas da *Commedia dell'Arte*, o *teatro clássico** francês (CORNEILLE, RACINE, MOLIÈRE), o teatro inglês de SHAKESPEARE e MARLOWE, o pré-romântico de Carlo GOZZI em *O Corvo*, o iluminista de VOLTAIRE e DIDEROT e o metafísico *Fausto,* de GOETHE, o *drama romântico** de MUSSET e BYRON, respeitam a tradição do verso. Mesmo depois do Romantismo, a linguagem lírica, versificada ou não, esteve em cena na obra de MAETERLINCK, MAIAKÓVSKI e CLAUDEL. Bertolt BRECHT alternou prosa e verso em *A Alma Boa de Setsuan* e na *Ópera dos Três Vinténs*, e Heiner MÜLLER retomou o *coro** grego e o verso em *Filocteto* e *Mauser.*

Quando não mais obrigatório, o verso ganhou intenções e finalidades mais expressivas, como a de valorização da palavra enquanto linguagem principal do espetáculo teatral.

Além da presença do verso em diálogos, convém ressaltar a permanência, por razões óbvias, do verso nas letras de canções em todos os *musicais**. Neles, o verso atende à necessidade de igualar-se ao ritmo e musicalidade das canções.

Outro gênero que conserva o verso é a *ópera**, em que a música predomina sobre o coloquialismo das falas, correspondendo a uma necessidade de simbolização que ultrapassa os princípios do realismo cênico.

No Brasil, em que o teatro é arte descontínua ou tardia, o verso esteve presente ao longo da história. Inicia-se no teatro catequético e plurilíngue de José de ANCHIETA, em que as personagens falam em castelhano, português, latim e tupi, obedecendo à métrica regular. No Romantismo, Gonçalves de MAGALHÃES escreve em versos a tragédia *Antônio José ou O Poeta e Inquisição (1838)*, assim como Joaquim Manuel de MACEDO cria *Cobé* (1852) e *O Sacrifício de Isaac* (1859). São escritores que comprovam que o exercício da arte teatral não difere do trabalho criativo do literato e que o teatro integra o exercício criativo do intelectual dezenovecentista. Não se pode esquecer que José de ALENCAR e Machado de ASSIS afiam sua pena no teatro, que representa parte significativa de sua obra. De Machado de ASSIS restaram em verso *Os Deuses de Casaca* (1866), *Uma Ode de Anacreonte* (1901) e *Antes da Missa*, diálogo em versos, de 1878. Agrário de MENESES deixou, em versos, os dramas *Matilde* (1854) e *Calabar* (1858).

Ao final do século XIX, COELHO NETO escreveu, em 1897, *Pelo Amor!* e, em 1898, *Ártemis* e um "prelúdio romântico" em versos de redondilha maior, intitulado *As Estações*, representado no Teatro São Pedro de Alcântara. Artur AZEVEDO, que usou o verso em *paródias** e reescrituras de *operetas**, escreve, em 1898, *Confidências*, um diálogo lírico.

Já no Pré-Modernismo, é de 1911 o poema dramático *Malazarte*, de Graça ARANHA, escrito originalmente em francês e encenado pela primeira vez em Paris. Roberto GOMES, dramaturgo de tendência *simbolista**, escreve em versos *Sonho de uma Noite de Luar* (1916), e em boa parte de sua obra, embora não use o verso, utiliza uma prosa poética que insiste na sonoridade e musicalidade das falas como, por exemplo, *Ao Declinar do Dia* (1910) e *Canto sem Palavras* (1912). Entre 1912 e 1915, Emiliano PERNETTA colocou em versos a *adaptação** de *Inocência*, de TAUNAY, numa ópera composta pelo maestro Leo KESSLER. Também o paranaense José CADILHE escreveu em versos o drama *Valdina*, em 1912. Em 1916, Oswald de ANDRADE e Guilherme de ALMEIDA levam ao ator e *diretor** francês LUGNÉ-POE, em visita ao Brasil, dois textos em verso e em francês: *Leur Âme* e *Mon coeur balance*. Deles foram lidos fragmentos no Teatro Municipal de São Paulo por LUGNÉ-POE e Suzanne DESPRÈS.

Paulo GONÇALVES teve representada pela Companhia Abigail Maia, em 18 de abril de 1923, a "comédia em verso" *1830*, e em 8 de maio de 1923 a "fantasia romântica" intitulada *O Cofre*. Escreveu também, em versos, *Núpcias de D. João Tenório* (comédia em 4 atos), *Quando as Fogueiras se Apagam* (comédia-bailado) e *O Juramento* (peça em um ato), todas inéditas no palco. Entre 1933 e 1942, Mário de ANDRADE compôs a "tragédia secular" *Café*, longo poema sobre a revolução popular, a fraternidade e a igualdade social.

O teatro de fortes raízes populares tomou de empréstimo ao cordel o verso que está presente em *A Pena e a Lei* (1960) e *Farsa da Boa Preguiça* (1961), de Ariano SUASSUNA, e em *De uma Noite de Festa*, (1971) e *O Coronel de Macambira* (1965), de Joaquim CARDOZO.

Em 1955, João Cabral de MELO NETO compõe para Maria Clara MACHADO um *auto** de Natal que alcançaria o maior sucesso no Brasil e no exterior, *Morte e Vida Severina*, em rima toante e redondilha (maior e menor), coerentes com a obra poética do escritor. Posteriormente, escreveria novo texto dramático, *Auto do Frade*, uma reflexão sobre política e liberdade a partir da figura de FREI CANECA. Em 1975, Chico BUARQUE DE HOLLANDA e Paulo PONTES, retomando a tragédia *Medeia*, de EURÍPIDES, escrevem em verso uma "tragédia da vida brasileira", *Gota d'Água*. No prefácio à edição do texto, justificaram a retomada da forma poética: "Nós escrevemos a peça em versos, intensificando poeticamente um diálogo que podia ser realista, um pouco porque a poesia exprime melhor a densidade de sentimentos que move os personagens, mas quisemos, sobretudo, com os versos tentar valorizar a palavra. Porque um teatro que ambiciona readquirir sua capacidade de compreender, tem que entregar, novamente, à múltipla eloquência da palavra, o centro do fenômeno dramático" (1975: xix).

Estas são palavras conclusivas sobre a importância da palavra poética, e do verso, no teatro contemporâneo. (MMC)

POLÍTICO (TEATRO)

Nascido no seio da *polis*, do teatro pode-se dizer, repetindo Bernard DORT, que é *ontologicamente político*. Porém, a compreensão do papel que o teatro pode cumprir como instrumento de debate ideológico e de militância política começa a se forjar apenas ao longo do século XIX, em sintonia com os movimentos sociais emergentes. Em países como a Alemanha, o teatro vinculado às organizações de trabalhadores e partidos políticos era ainda pautado por uma orientação primordialmente culturalista, correspondendo a um projeto de popularização do espetáculo, o que pressupunha, para o proletariado e classes menos privilegiadas, acesso à cultura burguesa dominante.

Com o advento da Revolução Russa, o teatro de orientação ideológica ganha novas formas, constituindo-se em ágil e competente instrumento de agitação e propaganda. Esse mesmo procedimento militante desenvolve-se em países nos quais a luta ideológica ganha reforço com a fundação de partidos comunistas nacionais. Desse modo, o *agit-prop** dissemina-se como arma de resistência e combate, brandida pelos militantes de esquerda contra o sistema burguês de governo.

A genealogia do teatro político conquista maturidade artística, principalmente, pela ação de artistas comprometidos como MAIAKÓVSKI, MEIERHOLD, Erwin PISCATOR e, notadamente, Bertolt BRECHT. Com o desenvolvimento de noções como *teatro didático**, *teatro épico**, *gestus* social, *distanciamento** crítico e *teatro dialético**, BRECHT, de modo consistente e programático, dota o teatro político de um vocabulário e um conjunto de princípios, bem como consolida, na práxis teatral engajada, procedimentos tais como montagem e narrativa.

Seja no âmbito da dramaturgia ou da criação cênica, pela atuação de artistas, individualmente, ou coletivos militantes, inúmeros exemplos de obras com definição ideológica dão curso à tradição do teatro político, ao longo do século XX, ampliando o repertório de formas e afinando o vínculo do teatro com a atualidade histórica.

No Brasil, o teatro político ganhou forma de *agit-prop** através da ação do CPC – Centro Popular de Cultura, da União Nacional dos Estudantes – e tornou-se marco na história nos anos de 1960 pela atuação de coletivos como Arena, Opinião e Oficina. A estes vinculam-se nomes de dramaturgos engajados como Oduvaldo VIANNA FILHO, Gianfrancesco GUARNIERI, Chico de ASSIS, Paulo PONTES, João das NEVES e Augusto BOAL, sendo que este último, mais tarde, criaria o *teatro do oprimido**. Ainda durante os anos da ditadura militar, mesmo restritos pela *censura** e arriscando a integridade física, muitos artistas e dramaturgos constituíram um foco de *resistência** artística, e escreveram e encenaram peças que tratavam direta ou indiretamente da situação política do momento. Mencionam-se, entre outros, Consuelo de CASTRO, Lauro César MUNIZ, Plínio MARCOS e Mário PRATA. Paralelamente, diversos *grupos** definiram a sua atuação por um deslocamento para as periferias, criando uma tendência de *teatro independente**, de *militância**, associada aos movimentos populares.

A partir da década de 1990, a ideia de um teatro político ganha força entre jovens artistas e surgem novos coletivos ideologicamente comprometidos, como a Companhia do Latão e o grupo Folias D'Arte. (SG)

 Agit-prop (Teatro de), Alegoria, Anarquista (Teatro), Arena (Teatro de), Militância (Teatro da), Resistência (Teatro de).

 Dort, 1977; Guinsburg e Garcia, 1992; Michalski, 1985; Revista Civilização Brasileira, 1968.

PONTO

Figura imprescindível nas *companhias** dramáticas brasileiras do século XIX e primeira metade do XX, o ponto era um funcionário que exercia uma função importante durante a realização do espetáculo. Colocado na pequena caixa semicircular embutida na parte central do proscênio, fechada para o público mas aberta para o palco, auxiliava os artistas soprando-lhes as falas nos casos de eventuais lapsos de memória ou pouca familiaridade com o texto. Além disso, o ponto era um auxiliar do *ensaiador** no trabalho de *marcação** das cenas, pois devia também lembrar aos artistas qual lugar do palco ocupar. Ao mesmo tempo, através de botões elétricos, indicava o apagar e acender das luzes, providenciando, também, ruídos necessários à ação, tais como tabefes, ranger de portas etc. A necessidade do ponto explica-se pelo fato de as companhias dramáticas terem vasto repertório e grande rotatividade de peças em cartaz (por vezes eram exibidas três peças diferentes na mesma semana, às segundas, quartas e sextas-feiras). Não era incomum, desse modo, que ocorressem *brancos** na cabeça dos intérpretes. Lembre-se ainda que recebiam apenas o texto que deveriam memorizar e as *deixas** daqueles com quem contracenavam. No passado, os *apontadores**, como também eram denominados os pontos, exerciam sua atividade – apontar– nos bastidores, na altura do proscênio. Deviam ter sensibilidade para distinguir um lapso de memória das pausas exigidas pelo ensaiador ou decorrentes do trabalho interpretativo. Sem esquecer, evidentemente, o uso frequente de improvisações que não constavam do texto. Sua voz deveria ser colocada na justa medida para que, ouvida pelos intérpretes, não o fosse pelo público. Nem sempre isso ocorria, para irritação dos espectadores colocados nas primeiras fileiras. A figura do ponto desapareceu completamente nos centros urbanos. Mas existe, nos dias de hoje, o ponto eletrônico, disfarçado estrategicamente nos ouvidos dos intérpretes, em ocasiões especiais. (EF)

POPULAR (TEATRO)

Atualmente, a exuberância de conceitos que podem ser conferidos ao termo é de tal grandeza que o seu usuário vê-se impelido a exprimir-lhe o *sentido* segundo o qual deseja que ele seja compreendido. A mais antiga e tradicional das acepções prevê a antinomia entre popular e erudito, significando, na segunda acepção, uma cena que apresenta, quase sempre, um texto considerado de reconhecido valor literário e cuja produção é favorecida pela elite ou pela burguesia; o erudito, aqui, liga-se ainda à ideia de um conjunto de obras apresentadas no *edifício teatral**, sendo que este, geralmente, se encontra disposto em palco italiano, e ao qual as camadas populares não têm acesso. Historicamente, constata-se esta interpretação tanto no continente europeu, quanto no sul-americano; na Europa, na década de 1880, florescem na Alemanha a Freie Bühne (Cena Livre), a Freie Volksbühne (Cena Livre do Povo), a Volksbühne (Cena do Povo) e a Neue Freie Volksbühne (Nova Cena Popular Livre), as quais tinham em comum os propósitos de abolir a hierarquia que distinguia os espectadores na plateia, assim como ampliar o público do teatro profissional através da cobrança de um preço acessível. Nos mesmos idos, surge na Rússia o pensamento de um teatro a ser feito e fruído pelo povo; este era, ao menos, o modo de pensar da elite intelectual russa após a Revolução de 1917 (especialmente com MEIERHOLD, esta abordagem logra êxito de dimensão magnífica, dado o elevado número de grupos que se disseminam pelo país praticando a filosofia proposta). Na França, nessa mesma época, destaca-se o Théâtre du Peuple (Teatro do Povo, Bussang, 1895), de Maurice POTTECHER, que apresenta, ao ar livre, clássicos franceses e estrangeiros. Contudo, o projeto de um teatro popular se afirma apenas no Pós-Guerra com Jean VILAR à frente do Théâtre National Populaire, TNP (Teatro Nacional Popular, Paris, 1951). Entre as normas conceituais que impulsionaram VILAR na criação do TNP, sobressai-se retirar da classe dominante o privilégio e a exclusividade do acesso às grandes obras do teatro francês e universal; o *encenador** renova a cena francesa a partir das experiências realizadas no teatro Chaillot (sala fechada) e em Avignon (ao ar livre).

No Brasil, é somente em meados do século XX que os artistas começam a defender publicamente a intenção de se fazer um tipo de teatro que representasse os interesses do povo. Hermilo BORBA FILHO, baseando-se no princípio de que "de nada valem os decretos governamentais de amparo ao teatro brasileiro, quando o mal é mais profundo, quando vem de uma arte dramática que não reflete o pensamento do povo, que continua negando os desejos do povo, sem procurar resolver os seus problemas, apresentando pequenos casos sentimentais burgueses, manifestações antissociais que não representam as aspirações do povo" (1983: 60), funda o Teatro do Estudante de Pernambuco (TEP, 1946), na cidade do Recife, juntamente com Ariano SUASSUNA, entre outros. A tese de baratear o preço dos ingressos para aumentar a audiência perpassa a cena brasileira desde o século XIX, desenhando uma trajetória impressa por linguagens específicas, como as do *teatro musicado** ou de *comédia**; por artistas, entre as décadas de 1920 e 1950, como Leopoldo FRÓES, Jaime COSTA, Procópio FERREIRA e Dulcina de MORAES; e por grupos *amadores** como Os Comediantes (Rio de Janeiro) e o Grupo de Teatro Experimental (São Paulo); algumas companhias agregavam a designação popular ao próprio nome, como o Teatro Popular de Arte, de Sandro POLLONI e Maria Della COSTA (São Paulo, década de 1950). Noutra vertente, em 1961 o Teatro Popular do Nordeste (TPN), formado por membros egressos do TEP, anuncia seu preceito de teatro popular no "Manifesto do Teatro Popular do Nordeste": "Nosso teatro é popular. Mas, popular, para nós, não significa, de maneira nenhuma, nem fácil nem meramente político. Incluem-se aí os trágicos gregos, a *comédia** latina, o teatro religioso medieval, o renascimento italiano, o elizabetano, a *tragédia** francesa, o mundo de MOLIÈRE e Gil VICENTE, o Século de Ouro espanhol, o teatro de GOLDONI, o *drama romântico** francês, Goethe e SCHILLER, ANCHIETA, Antônio José da SILVA, Martins PENA e todos aqueles que no Brasil, principalmente no Nordeste, vêm procurando e realizando um teatro dentro da seiva popular coletiva – como Hermilo BORBA FILHO, Aristóteles SOARES, Ariano SUASSUNA, Sílvio RABELO, José Carlos Cavalcanti BORGES, Osman LINS e José de Moraes PINHO. [...] Ao mesmo tempo, porém, devemos ouvir tudo o que o povo diz: não só as suas justas e dolorosas queixas – *que nós fomos, aliás, os primeiros a reformular e transfigurar em nosso teatro* – (grifo nosso) mas o que ele diz também, há quatro séculos, de louvor a Deus e de amor à vida e ao rebanho comum, com seu espírito trágico e seu agudo senso do cômico, com sua poesia épica, com sua pintura, escultura e arquitetura religiosas, com suas gestas heroicas e seus romances de amor, milagre e moralidade" (*Arte em Revista*, 1983: 65). Também em 1961, e com espírito análogo, o prefeito do Recife, Miguel ARRAES, lidera o *Movimento de Cultura Popular*, em cujo âmago o teatro ocupa um papel preponderante, dada a quantidade e diversidade de propostas cênicas apresentadas à população, em especial, à carente.

No início dos anos de 1970, Augusto BOAL, de acordo com a ótica estabelecida em seu *teatro do oprimido**, propõe uma classificação conceitual para teatro popular, opondo-o não mais ao erudito, mas sim ao não-popular, dividindo-o em três grandes grupos: 1) *Teatro do povo e para o povo* (de propaganda; didático; cultural); 2) *Teatro de perspectiva popular, mas para outro destinatário* (de conteúdo implícito; de conteúdo explícito); 3) *Teatro de perspectiva antipopular, cujo destinatário é o povo* (de caráter antipopular explícito; de caráter antipopular implícito). Enquadram-se na primeira categoria os espetáculos produzidos pelo povo e apresentados em feiras, ruas, praças públicas, sindicatos etc., objetivando, ou estimular uma greve, propor um programa de reivindicações, auxiliar um candidato à eleição etc., através de uma cena que se desenvolve numa estrutura simples e num estilo direto (propaganda), ou abordar temas mais genéricos, mas de forma crítica, valendo-se de variadas técnicas de encenação (didático), ou ainda levar à comunidade um teatro mais sugestivo que direto, utilizando, para tanto, uma cena apoiada em ampla temática, universal ou nacional, disposta cenicamente de forma a contemplar a fruição estética por parte do público (cultural). BOAL ressalta a importância da segunda categoria, uma vez que ela, atendendo à visão popular, a propaga, explícita ou implicitamente, para outros agrupamentos sociais; para o mesmo autor, somente estas duas categorias merecem ser chamadas de popular, uma vez que a terceira, além de evitar temas importantes para a sociedade e sugerir, explícita ou implicitamente, a manutenção dos valores sociais, econômicos e políticos, reduzem os conflitos ao universo da personagem, neutralizando uma possível reação coletiva. A distinção entre teatro popular e o não-popular, é, portanto, para Augusto BOAL, mais de natureza ideológica do que estética.

Na década de 1980, prosperam dois outros sentidos da locução. Por um lado, a progressão do *teatro de rua**, na retomada do espaço urbano, faz com que o termo *popular* passe a ser naturalmente agregado ao espetáculo (espetáculo popular) ou aos artistas [artista(s) popular(es)], e até aos *grupos** (grupo de teatro popular) que se dedicam ao teatro de rua; esse tipo de visão, não se enquadrando exatamente em nenhuma das proposições formuladas por BOAL, uma vez que a cena é produzida por elencos formados por vários membros egressos da universidade e, inclusive, de cursos superiores em Artes Cênicas, acaba determinando uma nova situação (grupos com sólido conhecimento na área teatral que vão para a rua levar sua arte para o povo), a qual, por sua vez, provoca polêmicas sobre a adequação do uso do termo *popular*. Por outro lado, debate semelhante se processa nos circuitos tradicionais envolvendo a atribuição do substantivo aos espetáculos de grande sucesso de público, como *Meno Male!*, de Juca de OLIVEIRA, ou *Trair e Coçar, É só Começar*, de Marcos CARUSO. Aqui, portanto, o critério de popular baseia-se na quantidade de pessoas que assistem às peças, juntamente com o enfoque dado à encenação, o qual, de uma ou de outra maneira, vai ao encontro do ponto de vista dessa parcela do povo que comparece às representações.

A partir de 1990, solidifica-se o uso da denominação popular na qualificação de espetáculos que aduzem elementos da cultura popular brasileira, espetáculos esses que obtêm inequívoco sucesso junto à crítica especializada e ao público do circuito tradicional. *Vem Buscar-me que Ainda Sou Teu*, de Carlos Alberto SOFFREDINI, na direção de Gabriel VILLELA (1990), *Auto da Paixão*, autoria e direção de Romero de Andrade LIMA (1993), *Vau da Sarapalha*, na concepção de Luiz Carlos VASCONCELOS (1993), *Brincante*, de Antônio NÓBREGA e direção de Romero de Andrade LIMA (1993), *Sardanapalo*, criação de Hugo POSSOLO (1993) e *Burundanga*, de Luís Alberto de ABREU, direção de Ednaldo FREIRE (1996), situam-se entre os incontáveis exemplos de peças que evidenciam configurações estéticas singulares entre si, utilizam, na fatura da obra cênica, caracteres da nossa cultura popular de uma forma sofisticada (tratamento que pode provir, entre outras fontes, da concepção de direção, do arranjo dramatúrgico, da técnica de interpretação, do tratamento visual, coreográfico ou musical, do diálogo com recursos da cena internacional, tradicional ou contemporânea) e que exibem seus trabalhos em salas de espetáculos às quais tem acesso apenas uma pequena parte da população, ainda que o número de espectadores seja ocasionalmente ampliado em virtude de campanhas de incentivo ao teatro.

Outra formulação de teatro popular diz respeito à atividade cênica exercida por profissionais, totalmente subsidiada por entidade patronal e destinada a operários; funciona nestes moldes, há décadas, o Teatro Popular do SESI, financiado pelo Serviço Social da Indústria. Embora esta espécie de empreendimento não consiga se libertar do questionamento ideológico realizado esporádica e sistematicamente, o fato é que milhares e milhares de trabalhadores têm assistido, gratuitamente, a um repertório de prazerosa e fácil assimilação, colocado em cena, por via de regra, através de um acabamento artístico impecável.

Em síntese, a coexistência, nem sempre pacífica, de múltiplos conceitos de teatro popular em vigor no início do século XXI, aponta para uma realidade cênica nacional que vai, ao sabor do tempo, se revelando madura, ideológica e esteticamente, por mostrar também a inegável qualidade de estar sempre apta a acolher novos sentidos para a cena.(RJSB)

 Arena (Teatro de), Nacional e Popular, Oprimido (Teatro do), Revista (Teatro de).

 Arte em Revista, 1980(3); Boal, 1979; Camargo, 1997; Dória, 1975; Magaldi, 1997, 1998; Roubine, 1982; Sá, 1997.

PÓS-MODERNO (TEATRO)

Designa-se como pós-moderna a produção cultural nascida na era pós-industrial, genericamente engolfada pela lógica do capitalismo tardio e situada no contexto das sociedades altamente tecnológicas do Ocidente. Verificou-se que, após os anos de 1950, manifestações como a arquitetura, a dança, a música e o cinema passaram a fornecer procedimentos de linguagem para as incontáveis novas mídias surgidas com a revolução cibernética, propiciando um amálgama de novos e inusitados formatos expressivos. Tais fatores engendraram uma pluralidade de manifestações junto à área artístico-cultural, dificultando as generalizações ou agrupamentos em séries; sugerindo o desenvolvimento de novas formas de conhecimento, de vida e comportamento, em que a questão dos gêneros afirmou-se e transformou-se em motor de (novas) proposições. Como resultante, observamos uma cultura que manifesta caráter antitotalitário e não-hegemônico, nos antípodas das posturas que demarcaram o advento da modernidade. As dimensões social, cultural, industrial, arquitetural, técnica, de engenharia e sistemas operacionais surgem fundidas, consubstanciando corporações, *holdings* e *tradings* como seus mais eloquentes paradigmas de manifestação.

Neste ambiente sociocultural ultradesenvolvido, novos procedimentos de linguagem marcam presença, estreitando o antigo fosso entre uma cultura erudita e outra de massa, tais como a intertextualidade, a citação, a *paródia**, a ironia, o humor, o entretenimento, a desconstrução de todos os discursos instituídos. Apontam eles para a falência das meganarrativas do passado (o que fará com que sejam redimensionadas as ciências humanas), recobrindo todas as estruturas com a pátina do cotidiano, provocando descrença nas utopias que impulsionaram o advento da modernidade. Do ponto de vista da recepção, opera-se uma revalorização do espectador, abordado através de uma retórica que privilegia a nova sensibilidade – aberta, provisória, capaz de deslocamento rápido entre múltiplos estímulos simultâneos.

As artes cênicas assistirão, a partir de 1950, ao surgimento do *happening** e da *performance** como procedimentos modelares destas novas configurações. A atitude experimental que lhes é subjacente ganhará impulso, apontando o teor vanguardista com que surgiram. Insuflarão grupos como o Living Theatre, o Open Theatre ou o Performing Group, nos EUA; assim como, do outro lado do Atlântico, fornecerão os procedimentos de base mobilizados por Tadeusz KANTOR e Jerzi GROTÓVSKI. O caráter gestual inerente à *action painting* e à *body-art* muito em breve contaminará a dança, e esta, as demais manifestações cênicas, conformando novos modelos, apoios e técnicas para a abordagem da interpretação. O resultado desses processos será o redimensionamento da noção de *representação*, que trabalha agora com fenômenos de mestiçagens e hibridizações, sem fronteiras demarcadas: é o *work in progress* em franco desenvolvimento.

Uma dramaturgia que se assume fora do textocentrismo nasce com as experiências de *criação coletiva** privilegiadas por inúmeras equipes artísticas. O pensamento de ARTAUD ressurge com ímpeto ao longo da década de 1960, assim como as práticas ritualísticas, a ensejarem um teatro performático como preconizado por SCHECHNER e CHAIKIN. O teatro de imagens ganhará relevo com Robert WILSON e Richard FOREMAN, depois de 1970.

Macunaíma, espetáculo de ANTUNES FILHO de 1978, pode ser considerado o marco instaurador da pós-modernidade no Brasil. Associando códigos da intertextualidade, da paródia, da ironia, do humor, soube preencher o palco nu com signos impactantes, a oferecerem uma nova face ao homem brasileiro, assim como a instauração de um renovado padrão de teatralidade. Junto ao Centro de Pesquisa Teatral CPT, ANTUNES dedicou-se a criações de fôlego: *Nelson Rodrigues, o Eterno Retorno* (1980), *Romeu e Julieta* (1984), *Paraíso Zona Norte* (1989), *Trono de Sangue-Macbeth* (1992), *Vereda da Salvação* (1993).

Em 1982, inúmeros artistas foram reunidos em "14 Noites de *Performances*", num megaevento promovido pelo SESC-SP, e pela FUNARTE, cuja função era disseminar essas novas experiências em curso. O grupo Ponkã estreia *Aponkâlipse* em 1984, inspirado no *I Ching* e no livro bíblico de João, colocando em destaque as imagens terminais do século da cibernética. *O Próximo Capítulo*, coordenado por Luiz Roberto GALIZIA, empregava a *performance* como motor de sua estrutura, que admitia um convidado a cada noite. *Pássaro do Poente*, espetáculo de Márcio AURÉLIO, de 1987, fundia uma tradicional lenda nipônica com elementos da *Commedia dell'Arte*, bonecos de *kyôgen* e paródia sertaneja, teatro nô e *kabuki*, para narrar uma história de trás para frente, levando o Ponkã à máxima miscigenação cultural, como era seu propósito original.

O *multiculturalismo**, em seu corolário mais amplo, encontra-se na fundação do Bando de Teatro Olodum, capitaneado por Márcio MEIRELES, em Salvador, 1991, com o espetáculo *Essa É Nossa Praia*. A cultura do Pelourinho, entrecruzamento do arcaico e do moderno, do negro pobre brasileiro e do turista estrangeiro, das contradições de classe e raça, ganhou expressão nacional com este primeiro elenco formado exclusivamente por negros que fundiram o teatro à dança, à música, ao ritmo e à carnavalização, sintetizando a cultura baiana contemporânea.

Outra dimensão pós-moderna encontra-se no trabalho dos intérpretes. Denise STOKLOS inaugurou o *teatro essencial** com *Um Orgasmo Adulto Escapa do Zoológico*, em 1983. Desde então apresentou inúmeras criações, com destaque Para *Mary Stuart* (1987), *Casa* (1989), *Um Fax para Cristóvão Colombo* (1992). O Lume, criado por Luís Otávio BURNIER em Campinas, enveredou pelos métodos difundidos por Eugenio BARBA, chegando à mímese corpórea, em realizações como *Kibilin o Cão da Divindade*, *Cravo*,

Lírio e Rosa e *Café com Queijo*. A ISTA (International School of Theatre Anthropology), fundada por BARBA para difundir seus ensinamentos, inicia suas atividades em 1980, em Bonn. Após sessões em diversos países, aporta em Londrina em 1994, consolidando este inusual enquadramento do trabalho do ator*, através de uma estratégia autodefinida como terceiro teatro. Maura BAIOCCHI tornou-se uma empenhada difusora do butô entre nós, após as instigantes visitas de Kazuo OHNO (1980) e Sankai JUKU (1981), em realizações radicais como *Tanz-Butoh* (1986).

Oriundo das artes plásticas e da música, o grupo XPTO estreia, em 1984, *Buster Keaton e a Infecção Sentimental*, revitalizando a centenária arte dos bonecos* e das formas animadas*. Com *Kronos* (1987) e *Coquetel Clown* (1989) levam o gênero a um máximo de desenvolvimento, abrindo as portas para outros artistas da mesma linhagem, como o Pia Fraus e o Manhas e Manias, estes mais próximos da entonação circense. Rodrigo MATEUS alcança desenvoltura junto ao teatro físico*, afirmando e ampliando o repertório expressivo desta tendência, francamente distante da representação tradicional.

A encenação conhece insuspeitos e instigantes desafios, como o proposto por Gerald THOMAS em *Carmem com Filtro* (1986) *Eletra Com Creta* (1986), *Trilogia Kafka* (1988) e *Mattogrosso* (1989), que abusivamente valeu-se da paródia, da intertextualidade, da citação como alavancas de uma dicção que objetivava a autoexibição, em seguida contextualizada como a de um encenador* de si mesmo. Neste mesmo influxo, vale lembrar o teor fortemente autoral das criações do carioca Márcio VIANNA, como *Marat, Marat* (1988), *O Caso dos Irmãos Feininger*, *Coleção de Bonecas*, *O Circo da Solidão*, em que explorou ao paroxismo a desvinculação entre intenção e gesto no trabalho de seus intérpretes, em agudas pesquisas sobre as convenções da cena. O apelo autoral também está presente no trabalho de Bia LESSA: *Exercício n. 1* (1987), *Orlando* (1989), *Cartas Portuguesas* (1991) e *Viagem ao Centro da Terra* (1993). Renato COHEN surpreendeu a todos, em 1986, com *Espelho Vivo*, mergulhando no universo figural de René MAGRITTE, bem urdido emprego da performance e do teatro-imagem. *Sturm und Drang/Tempestade e Ímpeto* (1991) revisitou matrizes do pré-romantismo alemão fazendo deambular pelo Parque Modernista uma série de figuras em busca da essência da poesia. Em 1995, Renato COHEN volta-se para a vanguarda russa, redescobrindo *Vitória sobre o Sol*, espetáculo embasado pelo butô. Mais radical foi seu trabalho *Ka-Poética de Vélimir Khlébnikov*, em que o emprego da linguagem zaún possibilitou repetidos exercícios em torno da pura sonoridade. Tais repetições, uma das matrizes identificadas com o minimalismo, já estavam presentes em *Você Vai Ver o que Você Vai Ver* (1986), de Gabriel VILLELA, que recontava, em estilos diversos, quatorze vezes o mesmo enredo. Esse diretor* mineiro criou um *Romeu e Julieta* minimalista com o grupo Galpão, em 1991, assim como *A Rua da Amargura*, apelando para uma revisão estilística da Paixão de Cristo que tinha na paródia, no uso das alegorias* e no perfil neobarroco de seu traçado as marcas da pós-modernidade.

O Centro para Construção e Demolição do Espetáculo surgiu em 1988, por iniciativa de Aderbal FREIRE-FILHO que levou ao palco, em sua íntegra e sem adaptação*, o romance *A Mulher Carioca aos 22 Anos*. Em anos subsequentes, o encenador evocará a história do país, revivendo episódios em torno de Getúlio VARGAS e TIRADENTES. Em 2003 voltará ao antigo formato com *O que Diz Molero*, radicalizando a narratividade do romance.

Em 1991, José Celso Martinez CORRÊA volta aos palcos com *As Boas*, lançando dois anos após *Ham-let*, a primeira produção do novo Teatro Oficina, remodelado como uma rua cultural. *Mistérios Gozozos* (1995), *As Bacantes* e *Para Dar um Basta no Juízo de Deus* (1996), *Ela* (1997) e *Cacilda!* (1998) constituíram-se em momentos de forte extração dionisíaca, novos apelos ao rito e à teatralidade prenhe de erotismo, festa, desregramento. *Os Sertões*, adaptado de Euclides da CUNHA, conheceu três partes, apresentadas entre 2000 e 2004. Esta vertente perseguida pelo Oficina, que entrecruza vida e arte, já havia arrebatado outros adeptos, como o Terreira da Tribo, de Porto Alegre, através de criações como *Ostal* (1987), *Antígona* (1990), *Missa para Atores e Público sobre a Paixão e o Nascimento do dr. Fausto de Acordo com o Espírito de nosso Tempo* (1994), *A Morte e a Donzela* (1997) e *Kassandra in Process* (2001).

A exploração de novos espaços cênicos e a eleição de lugares da memória coletiva como marcos simbólicos da cidade ajudaram o Teatro da Vertigem, em São Paulo, a delinear seu projeto artístico, efetivado com as montagens de

O Paraíso Perdido (1992), ambientado na igreja de Santa Ifigênia; *O Livro de Jó* (1995), que ocupou os três andares do hospital Umberto I, e *Apocalipse 1, 11* (2000*)*, sediado no presídio do Hipódromo. Antônio ARAÚJO distingue-se como um encenador que busca no sagrado um apoio decisivo, levando seu elenco a contundentes confrontos para viver o hiper-realismo de cenas sempre rentes ao paroxismo. Em trilha assemelhada, Ricardo KARMAN investe em novos espaços, como a exploração de um túnel escavado no coração do Parque Ibirapuera, para a montagem de *Viagem ao Centro da Terra* (1992), na qual a visão de seres mitológicos e heróis de diversas epopeias coagulavam a paisagem. Em 1996, cria *A Grande Viagem de Merlim,* levando o espectador a percorrer um longo percurso dentro de um ônibus multimídia que o despejava num aterro sanitário na periferia de São Paulo seguindo, na sequência, para as ruínas do Teatro Polytheama, em Jundiaí, culminando a excursão à beira de um lago na Serra do Japi. Nesse teatro de estações, não apenas a tradição medieval ressurge como experiência arcaica como, em igual medida, a parafernália eletroeletrônica se faz triunfante, numa justaposição de ingredientes que almeja arrebatar o espectador em todos seus sentidos.

Dois encenadores paranaenses despontaram nos últimos anos: Felipe HIRSH obteve consagração nacional com *A Vida É Cheia de Som e Fúria* (2000) e, especialmente, *Os Solitários* (2002), voltando-se para os fenômenos da memória e as interconexões psíquicas que ensejam a identidade dos indivíduos. Fernando KINAS construiu um espetáculo radical em *Carta aos Atores*, tornando quase inexistente o intervalo entre vida real e representação (2002).

Perpétua, Opus Profundis e *Desembestai!* constituem uma trilogia na qual Dionísio NETO explorou, com desenvoltura, recursos da *performance,* do *rock,* da dança, da intertextualidade, da paródia e da citação, em 1996. Com a Cia. Cachorra criou, em 2000, novas realizações: *Corações Partidos e Contemplação de Horizontes, O Dia Mais Feliz de sua Vida* e *A Milagrosa História da Imagem que Perdeu o seu Herói,* exacerbando procedimentos multimídia e fazendo desfilar personagens da cultura *junkie* das megalópoles. A marginalidade, a vida boêmia nos grandes centros de diversões, a subcultura, os mitos da sociedade de consumo estão presentes nos espetáculos de Mário BORTOLOTTO, ora como autor ora como encenador, cujas marcas distintivas estão no acabamento precário, nas montagens sujas e mal ajambradas, através de incompletudes que enfatizam a falta de artesanato como uma chancela da arte contemporânea.

Personagens periféricas assumem a cena nas obras de dramaturgos do final do século, revelando textos irados e comprometidos com um novo enquadramento socioestético. São os jovens sem perspectivas de *Budro* (1994) e *Atos e Omissões* (1995), de Bosco BRASIL; os marginais de *Um Céu de Estrelas,* de Fernando BONASSI (1996); os estudantes criminosos de *Vermuth* (1998), os alternativos de *A Boa* (1999) e os militantes de *MSTesão* (2001), de Aimar LABAKI. A que se somam os aspirantes a atores de *A Máquina* (2000), de João FALCÃO, os degradados sociais de *Babilônia* (2002), de Reinaldo MAIA, todos eles compondo facetas do Brasil desigual, dividido, construído sobre exclusões sociais. Evidenciam aspectos de amargura, sofrimento e abandono, a maré montante que coloca em cheque o sistema econômico globalizado. (EM)

 Interculturalismo

 Guinsburg e Barbosa (orgs.), 2005; Mostaço, 2005.

PRESTIDIGITADOR

A arte do prestidigitador se apoia em várias habilidades e a prestidigitação se define pela produção, devida à agilidade dos dedos, de fatos que parecem inexplicáveis e se situam além das leis da natureza. A prestidigitação usa todos os meios possíveis para provocar ilusões e o prestidigitador – ou ilusionista – recorre à química, à física, à mecânica, à eletricidade e à acústica, tanto quanto à habilidade de suas mãos.

Existem dois tipos de prestidigitação: a de salão, sem o recurso à *cenografia** ou aparelhos complicados. É a mais difícil, embora produza menos efeito. Em geral é exercida apenas pelo prestidigitador, sem auxílio de ajudantes ou aparelhos elaborados e a pequena distância da assistência. A prestidigitação exercida em palcos, mais espetaculosa, é de mais fácil execução e conta com maiores recursos: truques de cena, aparelhos, distância da plateia, o que permite dissimular muitas manipulações, tendo a presença, no palco, de um ou uma ajudante e de outros auxiliares nos bastidores.

Entre os números de grande efeito apresentados pelos prestidigitadores no palco, enumere-se o decapitado que fala, a suspensão aérea, praticada pelo célebre HOUDINI (uma pessoa é mantida em equilíbrio, horizontalmente, sobre um bastão), a mala das Índias (de uma mala hermeticamente fechada desaparece a pessoa, nela trancada); números de levitação, de manipulação de cartas, de escamoteação (coelhos, pombos desaparecem instantaneamente, depois de cobertos por um lenço).

Durante todo o Segundo Reinado, no Brasil, prestidigitadores e ilusionistas divertiram e intrigaram as plateias com seus números de alta magia, hipnotismo e mnemônica, aliados a efeitos espetaculosos produzidos por caleidoscópios e vistas dissolventes.

O de mais longa carreira entre nós foi Alexandre HERMANN, citado em enciclopédias. Entre 1858 e 1884, realizou temporadas regulares na Província do Rio Grande do Sul, apresentando-se como *O Primeiro Prestímano da Atualidade, em trabalhos e sortes do arco da velha* (DAMASCENO, 1956: 56-7 e 207-8). Os anúncios publicados na imprensa deixavam entrever a natureza de suas mágicas: *O lenço serpente, A ilha dos canários, A bengala aérea, As bodas de bilhar, As nuvens flutuantes, O sonho árabe...* Na capital gaúcha, exibiu-se em diferentes épocas o Doutor Faure NICOLAY, que em 1888 apresentou-se coadjuvado por uma auxiliar de palco, a "bela sibila" *Mlle.* Rosina NICOLAY. Fez então demonstrações de hipnotismo, transmissão de pensamento, catalepsia, paralisia das pupilas, aderência dos corpos e trespassamento dos braços.

Dois ilusionistas deslumbraram as plateias gaúchas, cariocas e paulistas, no século XIX. Um deles foi o Conde Ernesto PATRIZZIO, com sua Companhia de Maravilhas e uma pequena trupe (um prestidigitador, MONTINI, uma mnemonista, *Miss* Margot, uma ilusionista, *Miss* Kara, um equilibrista, D'Alvini, um "menino prodigioso", Tom-O-Kilchi, e finalmente o próprio Conde PATRIZZIO, que se anunciava como "espiritista sem rival"). Seus espetáculos consistiam em escamoteações, espectros, transformações e sombras manuais, números de ótica e mecânica, graças a um caleidoscópio gigante, um diorama e uma coleção de vistas desconhecidas da América do Sul.

Júlio BOSCO, que se apresentava como o "Cagliostro do Rio da Prata", empolgou as plateias cariocas e gaúchas, entre 1876 e 1885. Recorria a equipamentos sofisticados e mostrava números de ilusionismo por meio de complicados efeitos, produzidos pela luz elétrica, e que ele denominava *efeitos goniometroscópicos*, obtidos a partir de um aparelho chamado silforama. Os números de BOSCO sugeriam mistérios: *Dez minutos de catóptrica (Visão através de corpos opacos), Palinginesia (criações instantâneas e maravilhosas), O que será a Esperidiana de Bazley (divertimento em que se ensinam os meios de não morrer), Ideias de um homem esclarecido (experiências de alta prestidigitação)* e *Um segredo da criação (luta contra as leis da natureza)* (MOURA, 1978: 161-165).

A arte da prestidigitação é também conhecida como pelotica e aqueles que a praticam como pelotiqueiros. Peloticas são as bolinhas com que os pelotiqueiros praticam suas habilidades e o termo também se aplicava, em Portugal, a *farsas*, entremezes** e intermédios jocosos, de forte apelo popular. (CEM)

 Andrade, 1967; Borba e Graça, 1963; *Enciclopedia Italiana di Scienze, Lettere ed Arti,* 1949: vol. XXV; *Grande Enciclopédia Portuguesa e Brasileira,* s.d.: vol. XX; Harewood, 1991; *M.W.D. Chamber's Encyclopedia,* 1950: vol. X; Moura, 1997; Vargas, 1981; Vignal, 1999.

PROCESSO COLABORATIVO

Processo contemporâneo de criação teatral, com raízes na *criação coletiva**, teve também clara influência da chamada "década dos *encenadores**" no Brasil (década de 1980), bem como do desenvolvimento da dramaturgia no mesmo período e do aperfeiçoamento do conceito de ator-criador. Surge da necessidade de um novo contrato entre os criadores na busca da horizontalidade nas relações criativas, prescindindo de qualquer hierarquia preestabelecida, seja de texto, de direção, de interpretação ou qualquer outra. Todos os criadores envolvidos colocam experiência, conhecimento e talento a serviço da construção do espetáculo, de tal forma que se tornam imprecisos os limites e o alcance da atuação de cada um deles, estando a relação criativa baseada em múltiplas interferências.

O texto dramático não existe *a priori*, vai sendo construído juntamente com a cena, requerendo, com isso, a presença de um dramaturgo responsável, numa periodicidade a ser definida pela equipe.

Todo material criativo (ideias, imagens, sensações, conceitos) deve ter expressão na forma de cena – escrita ou improvisada/representada. Sendo assim, a cena, como unidade concreta do espetáculo, ganha importância fundamental no processo colaborativo.

Não existe um modelo único de processo colaborativo. Em linhas gerais, ele se organiza a partir da escolha de um tema e do acesso irrestrito de todos os membros a todo material de pesquisa da equipe. Após esse período investigativo, ideias começam a tomar forma, propostas de cena são feitas por quaisquer participantes e a dramaturgia pode propor uma estruturação básica de ações e personagens, com o objetivo de nortear as etapas seguintes. Damos a essa estruturação o nome de *canovaccio*, termo que, na *Commedia dell'Arte* italiana, indicava o roteiro de ações do espetáculo, além de indicações de entrada e saída de atores, jogos de cena etc.

Embora o *canovaccio* seja responsabilidade da dramaturgia, não deve se constituir em mera "costura" das propostas do coletivo, tampouco em uma visão particular do dramaturgo a ser cumprida à risca pela equipe. O processo colaborativo é dialógico, por definição. Isso significa que a confrontação e o surgimento de novas ideias, sugestões e críticas não só fazem parte de seu *modus operandi* como são os motores de seu desenvolvimento.

A partir da estruturação dramatúrgica, ou simultaneamente a ela, ocorre a seleção do material elaborado em sala de ensaio, de modo que muitos elementos são descartados e outros tantos permanecem para ser modificados, aprofundados ou sintetizados no decorrer do trabalho. *Cenografia**, figurino, iluminação, sonoplastia e outros componentes podem ser pesquisados e elaborados concomitantemente à construção do espetáculo, estando os responsáveis abertos tanto a dar quanto a receber os comentários e sugestões da equipe. O responsável pela elaboração do texto dramatúrgico acompanha igualmente os ensaios até que se chegue a um ponto satisfatório quanto a essa área. Embora o processo colaborativo solicite integração de seus participantes na construção de uma obra única e comum, isso não significa a dissolução das identidades criadoras, ao contrário, propugna pela autonomia e pelo aprofundamento dessas identidades.

Um outro princípio norteador do processo colaborativo é o conceito de que teatro é uma arte efêmera, que se estabelece na relação do espetáculo com o público, considerando este último igualmente um criador. Dessa forma, próximo à conclusão do período de ensaios podem ocorrer, antes da estreia oficial, apresentações abertas com o objetivo de colher impressões, críticas e sugestões dos espectadores. O material levantado retorna para a reflexão do *grupo** e elaboração final do espetáculo – o que não impede que haja modificações no decorrer das temporadas, inclusive por conta da relação público-cena.

Aquilo que chamamos hoje de processo colaborativo começou a se aprofundar no começo dos anos de 1990 com o Teatro da Vertigem, de São Paulo, dirigido por Antônio ARAÚJO. A pesquisa aprofundou-se na medida em que foram criados seus três primeiros espetáculos ao longo de dez anos: *Paraíso Perdido*, *O Livro de Jó* e *Apocalipse 1, 11*. Muitos outros grupos, *amadores** ou profissionais, dentre os quais a Companhia do Latão, de São Paulo, e o Grupo Galpão, de Belo Horizonte, adotam, sistematicamente ou não, o processo colaborativo na elaboração de seus trabalhos. A Escola Livre de Teatro de Santo André (SP) e o Galpão Cine Horto (MG) são também referências na busca da horizontalidade de relações artísticas entre seus integrantes. (LAA e AN)

 Criação Coletiva, Grupos Teatrais.

 Abreu, 2003a, 2003b; Andrade, 2000; Araújo, 2002; Bonassi, 2002; Carvalho, 2002; Costa Filho, 2003; Fernandes, 2001a, 2000b.; Labaki, Saadi e Garcia, 2003; Rewald, 2005; Rinaldi, 2002; Silva, 2003.

PROVÉRBIO DRAMÁTICO

Em sua forma original, o provérbio dramático era quase um jogo, praticado nos salões aristocráticos franceses do final do século XVII. Cabia aos espectadores adivinhar qual o provérbio embutido no enredo da peça representada. Posteriormente, com CARMONTELLE no século XVIII, Théodore LECLERCQ, Alfred de MUSSET e Octave FEUILLET no século XIX, o provérbio aparece no final da peça ou mesmo no título, ilustrando uma ação dramática geralmente cômica, irônica ou satírica, e muito excepcionalmente trágica. Em sua forma mais característica, o provérbio dramático é uma pequena *comédia** elegante, que evita todo tipo de vulgaridade ou comicidade farsesca e que tira partido da vivacidade dos diálogos e da espirituosidade das personagens. Embora feitas para serem representadas em saraus literários, ou apenas para serem lidas, essas *comédias de salão* muitas vezes foram montadas em teatros comerciais com bastante sucesso, tanto no passado como no presente. No Brasil, entre os poucos escritores que se dedicaram ao provérbio dramático destaca-se Machado de ASSIS, autor de várias comédias curtas, nas quais estão presentes as características apontadas acima, como comprovam notadamente *Não Consultes Médico* e *O Caminho da Porta*. Na primeira, o provérbio que está na base da ação dramática é o seguinte: "Não consultes médico; consulta alguém que tenha estado doente". Já o provérbio da segunda é este: "Quando não se pode atinar com o caminho do coração, deve-se tomar sem demora o caminho da porta". Em ambas as peças, a linguagem cifrada, os diálogos espirituosos, a ironia, os chistes e as personagens representando a sociedade polida do Rio de Janeiro são os traços marcantes, presentes também nas outras comédias curtas do escritor. Antes de Machado de ASSIS, Martins PENA havia aproveitado o provérbio "Quem casa quer casa", na pecinha homônima de cunho farsesco; depois de Machado, escreveram provérbios dramáticos escritores como Luís GUIMARÃES JÚNIOR (*O Caminho Mais Curto*, inspirada em *O Caminho da Porta*) e o Visconde de TAUNAY (*Por um Triz, Coronel!* e *Da Mão à Boca se Perde a Sopa*).(JRF)

 Comédia, Comédia de Costumes.

 Assis, 2003; Faria, 2001.

Q

QUIPROQUÓ

Do latim *quid pro quo*: isto por aquilo. Recurso, em geral cômico, através do qual as personagens, por problemas de comunicação, interpretam erradamente o sentido dos diálogos ou o comportamento de outras personagens. Esses problemas de comunicação podem decorrer de ignorância, de deficiência auditiva, de redação deficiente ou de quaisquer outros motivos. Assim, por exemplo em *Berenice* (cena I, 4º ato), de Roberto GOMES, duas elegantes senhoras, Laura e Olga, conversam sobre a conveniência de frequentarem a residência da protagonista, cuja vida seria irregular. Diz a primeira: "Hoje, o Felício nem queria que eu viesse. Eu disse-lhe: não, Felício, se Deus quiser eu irei. Uma senhora honesta vai a toda parte. Da mulher de César não se pode suspeitar". Ao que retruca Olga, com muita simplicidade: "Não a conheço". Laura refere-se, evidentemente, ao aforisma latino, segundo o qual a mulher deve proceder como a do imperador romano, ou seja, ter reputação inatacável. Olga, mal informada, imagina ser alguma desconhecida. Também n'*O Juiz de Paz da Roça*, ato único de Martins PENA, o Escrivão lê para o Juiz um requerimento de Francisco Antônio: "Ora, acontecendo ter a égua de minha mulher um filho, o meu vizinho José da Silva diz que é dele, só porque o dito filho da égua de minha mulher saiu malhado como o meu cavalo" (cena XI). No *Auto da Compadecida*, de Ariano SUASSUNA, a mulher do padeiro está com o cachorro doente e deseja que o padre o benza. João Grilo e Chicó prometem-lhe que conseguirão a anuência do Padre João. Este, contudo, recusa, mas os dois malandros mentem, dizendo que o animal pertence ao Major Antônio Morais, uma das personalidades da vila onde se passa a peça. O Padre volta atrás e concorda em benzer o cachorro. Por sua vez, o major tem o filho mais moço doente e decide enviá-lo para Recife. O rapaz, contudo, antes de viajar, quer receber uma bênção, o que leva seu pai a procurar o Padre João. Este, acreditando que iria benzer um animal, pergunta se o bichinho "está fedendo". O Major fica indignado com a falta de respeito, e mais ainda quando o religioso refere-se à mãe do animal como "uma cachorra!". Os quiproquós geralmente são cômicos, mas podem funcionar de forma dramática. No "episódio dramático" *Última Noite* (anteriormente denominado *Clotilde*), de João do RIO, o marido da protagonista ameaça matar seu amante, quando ele vier procurá-la, à noite. Clotilde, sabendo que um dos empregados da fazenda a ama, enleia-o e o convence a encontrá-la. João, o marido, assassina-o friamente, para a felicidade da adúltera. (EF)

R

RADIONOVELA

É o *radioteatro** em capítulos. Como gênero definido, a radionovela entrou para a programação radiofônica brasileira em 1941. Lançada pela Rádio Nacional do Rio de Janeiro, revolucionou o radioteatro, dando-lhe um novo e extraordinário impulso que incluía uma ampliação do campo de trabalho, sobretudo para os profissionais do rádio e do teatro. Dois nomes estão associados a ela: o dramaturgo Oduvaldo VIANNA e o norte-americano Richard PENN.

Oduvaldo VIANNA aproximou-se da radionovela em Buenos Aires, onde morou com a família nos anos de 1939 e 1940. Conhecido por algumas de suas peças lá encenadas, foi convidado para escrever novelas radiofônicas – um tipo de folhetim irradiado, de grande sucesso naquele país – para a Radio El Mundo. Aceitou o convite e começou a adaptar romances brasileiros, como *A Moreninha*, de Joaquim Manuel de MACEDO, e obras de José de ALENCAR. Ao voltar para o Brasil, em fins de 1940, decidiu lançar o gênero aqui. Ofereceu as novelas escritas em Buenos Aires a várias emissoras do Rio de Janeiro e São Paulo, sem obter resultado imediato. Finalmente, a Rádio São Paulo encampou a ideia e lançou, em 6 de outubro de 1941, o *Teatro de Romance*, apresentando a radionovela *Predestinada*, do próprio VIANNA. Nessa altura, graças à ação de Richard PENN, a Rádio Nacional do Rio de Janeiro já se antecipara e colocara no ar, desde junho daquele ano, *Em Busca da Felicidade*, de Leandro BLANCO.

Gerente geral da Colgate no Brasil, PENN desejava lançar um programa destinado ao público feminino – consumidor em potencial dos produtos da empresa. Em vista do sucesso da novela radiofônica na América Latina e da *soap opera* nos Estados Unidos, trouxe de Cuba os originais de *Em Busca da Felicidade*. Interpretada pelos *atores** da Rádio Nacional e com três capítulos semanais, a novela revelou-se logo um fenômeno de audiência, permanecendo no ar por quase dois anos.

Os resultados obtidos com as primeiras radionovelas despertaram o interesse de outras emissoras e anunciantes. Conquistando espaço na programação, as novelas passaram a ocupar os mais variados horários, podendo ser ouvidas desde a manhã até a noite, principalmente na Rádio Nacional do Rio de Janeiro e na Rádio São Paulo. A primeira, só entre 1943 e 1945, transmitiu 116 novelas, num total de 2.985 capítulos. A segunda, especializando-se mais tarde no gênero, chegou a ter diariamente no ar – isto já na década de 1950 – cerca de quatorze novelas.

Para atender à febre dessa modalidade de radioteatro, além dos textos importados de Cuba e do México era necessário desenvolver uma produção local. Na esteira de Oduvaldo VIANNA, não tardaram a surgir as primeiras radionovelas de autores brasileiros: José MAURO, GHIARONI e Amaral GURGEL no Rio de Janeiro e, em São Paulo, Cardoso SILVA, Thalma de OLIVEIRA,

Alberto LEAL, José CASTELLAR e Ivani RIBEIRO. Foi o tempo de sucessos como *Abismo* (1943), *Encontrei-me com o Demônio* (1944) e *A Sombra de Berenice* (1944), de José MAURO; *Renúncia* (1943), *Fatalidade* (1942) e *Alegria* (1943), de Oduvaldo VIANNA; *O Anjo das Trevas* (1945), de José CASTELLAR; *Ciúme* e *Maria sem Nome*, de Thalma de OLIVEIRA. Adaptavam-se também conhecidas obras literárias como *Quo Vadis?*, de Henrik SIENKIEWICZ (Rádio Difusora, 1944) e *Os Maias*, de Eça de QUEIRÓS (Rádio São Paulo, 1945), bem como folhetins famosos como *A Toutinegra do Moinho*, de Émile de RICHEBOURG (Rádio Tupi, década de 1940).

Procurando alcançar o público masculino, emissoras como a Rádio São Paulo apresentavam, à noite, novelas policiais ou de aventuras, com predomínio do tipo capa e espada. *Adaptações** de romances como *Os Pardaillans*, de Michel ZEVACO (1942); *A Flecha da Vingança*, de Robert Louis STEVENSON (1950); *Os Três Mosqueteiros*, de Alexandre DUMAS; *Ella, a Feiticeira*, de H. Rider HAGGARD; *O Sheik*, de E. M. HULL (1950); e *Manon Lescaut*, do Abade PRÉVOST (1958), foram irradiadas no *Teatro de Aventuras*.

A programação juvenil não era esquecida. Seriados como *O Vingador* e *As Aventuras de Tarzan* foram transmitidos para todo o Brasil pela Rádio Nacional do Rio de Janeiro.

Na linha regionalista, por exemplo, Cardoso SILVA escreveu *O Cangaceiro* e *Nos Confins da Solidão*, e Moisés WELTMANN, *As Aventuras de Jerônimo*.

Procurada pelo público e pelos anunciantes que pretendiam, através do sonho, vender seus produtos, a radionovela transformou-se numa verdadeira indústria artística, com um enorme volume de trabalho para rádio-atores e técnicos especializados. Também para os autores o trabalho era excessivo, alguns chegando a escrever os capítulos de duas, três ou até mais novelas que estavam sendo irradiadas na mesma época, o que terminou por levar muitos escritores a se apoiarem em chavões e personagens estereotipadas. O excesso gerou o esgotamento das fórmulas; o público deu mostras de insatisfação e cansaço diante das tramas repetitivas.

A radionovela reinou na programação até meados da década de 1950, época em que a televisão começou a concorrer com o rádio. Este, desde as inaugurações das pioneiras TV Tupi-Difusora de São Paulo e TV Tupi do Rio de Janeiro, respectivamente a 18 de setembro de 1950 e 20 de janeiro de 1951, passou a perder ouvintes que se transformavam em telespectadores. Nos primeiros tempos, o número de aparelhos televisores e, consequentemente, de telespectadores, era pequeno. A televisão permanecia poucas horas no ar e o rádio continuava imbatível. Mas o progressivo desenvolvimento da TV, incluindo o surgimento de novas emissoras, terminou por abalar a estrutura e a programação radiofônicas. Além de absorver alguns de seus principais profissionais, tanto na área administrativa quanto artística, e recursos para a sua implantação e expansão, a televisão ficava cada vez mais com as verbas publicitárias, levando o rádio a uma crise e ao declínio e, num futuro próximo, à busca de novos caminhos. As grandes produções transferiram-se para as telas dos televisores e a programação radiofônica empobreceu-se. O lançamento da telenovela diária pela TV Excelsior (São Paulo), em 1963, e a absorção de filmes (*enlatados*) estrangeiros – leia-se norte-americanos – pelas emissoras de televisão, constituíram o golpe decisivo para a radionovela, produção cara banida pouco a pouco das emissoras, bem como para o radioteatro em geral. Ambos sobreviveram ainda algum tempo nas rádios do interior com produções independentes, utilizando profissionais veteranos. Nas décadas de 1970 a 1990 foram feitas várias tentativas de revivê-los, porém sem sucesso. (FLPS)

 Adaptação, Radioteatro.

 Silva, 1996.

RADIOTEATRO

Radiofonização de uma peça de teatro, romance, novela, conto, crônica, poesia, biografia, fato histórico, fato contemporâneo, notícia de jornal, cartas de ouvintes, relatos pessoais. Dramatização radiofônica. Ou simplesmente: "Representação teatral transmitida pelo rádio". (RABAÇA e BARBOSA, 1978: 393). Entende-se por radiofonização o escrever *scripts* (roteiros) para *programas* radiofônicos, a partir de textos anteriormente elaborados para outros meios e formas de expressão – literatura, jornais, televisão, revistas, teatro e cinema.

Quando criado e escrito especialmente para o rádio, esse *script* é chamado de *original*.

Segundo Luiz Artur FERRARETTO (2000: 58), as dramatizações radiofônicas podem ser de três tipos:

> "*Unitária*: peça radiofônica cujo enredo esgota-se em um único programa.
>
> *Seriada*: tipo de dramatização periódica em que, embora os personagens principais sejam os mesmos de um programa para outro, a estória tem início, meio e fim em cada edição.
>
> *Novelada*: o enredo desenvolve-se ao longo de vários capítulos em uma narrativa, portanto, encadeada. Cada edição da dramatização novelada contribui com uma parte da trama que pode se desenrolar por vários meses".

Este último tipo vem a ser a *radionovela**, cuja construção e desenvolvimento aproximam-na do romance-folhetim. Absorvida pela televisão, ressurge como telenovela.

A ausência de pesquisas detalhadas e a carência de informações, somadas à dubiedade dos registros históricos, tornam difícil determinar, hoje, quem foi o responsável pelo primeiro radioteatro transmitido no Brasil. No Rio de Janeiro, entre os pioneiros, encontra-se Renato MURCE que, em 1932, fez incursões no gênero na Rádio Phillips e, quatro anos depois, lançou o *Teatro Leopoldo Fróes*, na Rádio Transmissora Brasileira. Destacam-se também Olavo de BARROS, Plácido e Cordélia FERREIRA e César LADEIRA. Este último, na Rádio Mayrink Veiga, valorizou o gênero, dando-lhe uma nova dimensão, criando o grande e o pequeno teatro. Com César, Plácido e Cordélia FERREIRA, a emissora marcou época com o programa *Teatro pelos Ares*, no qual eram radiofonizados, possivelmente sem maiores *adaptações**, textos teatrais muitas vezes retirados do repertório clássico. Também no *Programa Casé*, do gênero variedades – e de longa duração –, surgiram peças e textos adaptados, revelando no seu elenco nomes que se consagrariam anos depois como, por exemplo, Saint-Clair LOPES, um dos mais proeminentes profissionais do rádio brasileiro. Estreando em 14 de fevereiro de 1932, na Rádio Phillips, o programa, a despeito de sua popularidade, passou, ao longo dos anos, por diversas emissoras, entre elas Rádio Sociedade do Rio de Janeiro, Transmissora, Ipanema e Mayrink Veiga. O *Programa Casé* saiu do ar, definitivamente, em 1951.

Da admiração de Ademar CASÉ por Edgard Roquette PINTO surgiu a ideia de, entre as atrações do programa, radiofonizar textos famosos, alguns em capítulos devido à extensão, como o primeiro deles, *Os Miseráveis*, de Victor HUGO. A essa tentativa seguiram-se obras como *O Conde de Monte-Cristo*, de Alexandre DUMAS; *Quo Vadis?*, de Henrik SIENKIEWICZ; *Ben-Hur*, de Lewis WALLACE; *Os Fidalgos da Casa Mourisca*, de Júlio DINIZ; *O Morro dos Ventos Uivantes*, de Emily BRÖNTE; *A Moreninha*, de Joaquim Manuel de MACEDO, e *Salomé*, de Oscar WILDE, apresentadas no quadro *Ribalta no Espaço*, com uma duração aproximada de trinta minutos.

O sucesso obtido originou outras seções de radioteatralização, como *Romances Imortais*; *Dona História, com Licença*, paródia bem-humorada dos principais momentos da nossa história; *Teatro Sherlock*, adaptação dos textos de Conan DOYLE protagonizados pelo famoso detetive. A iniciativa de Casé influenciou outras emissoras cariocas que também aderiram ao gênero.

Em São Paulo, as sementes do radioteatro são detectadas em 1924. Duas emissoras funcionavam então na capital bandeirante: a pioneira Sociedade Rádio Educadora Paulista, fundada em 30 de novembro de 1923, e a Rádio Clube de São Paulo, surgida em 1924.

Por essa época, os jornais, sobretudo o *Correio Paulistano*, dedicavam, embora de maneira esporádica, um pequeno espaço ao novo meio de comunicação, ainda em fase de implantação, exploração e conhecimento das suas próprias possibilidades. Dentre essas poucas notas sobre a programação a ser irradiada à noite, ou a respeito daquela apresentada na véspera ou dias atrás, despertam especial interesse as referentes à transmissão de concertos e óperas diretamente do Teatro Municipal de São Paulo, o que era feito através da instalação de microfones e do equipamento necessário para levar-se aos poucos ouvintes a música e o canto ali apresentados. Pouco a pouco transcendia-se da leitura de páginas literárias e declamações, tão típicas daquele rádio-sarau, geralmente a cargo dos amadores da sociedade, para a transmissão de espetáculos encenados no Teatro Municipal.

Em 28 de janeiro de 1926, também diretamente do Teatro Municipal, a mesma emissora irradiava

Um Caso Singular, comédia* lírica de Carlos de CAMPOS, com letra do maestro Gomes CARDIM. Ainda nesse ano, surge *Quarto de Hora da Criança* (Rádio Educadora Paulista), histórias lidas ou contadas pela apresentadora Tia Brasília, semente daquele que viria a ser o radioteatro voltado para o público infanto-juvenil.

Lamentavelmente, os registros da época são falhos. Apesar do interesse despertado, pouco a pouco, pelo rádio, os jornais não noticiavam sistematicamente o que era transmitido pelas duas emissoras em São Paulo – isto é válido para o Rio de Janeiro e demais estados brasileiros. Desse modo, não é possível conhecer com maiores detalhes os primeiros tempos do rádio paulistano e do Brasil em geral.

Em 10 de julho de 1928, os *atores** portugueses Érico BRAGA e Lucília SIMÕES, em temporada no Teatro Boa Vista, interpretaram no estúdio da Sociedade Rádio Educadora Paulista a peça *O Enigma*, de Alberto de Souza COUTINHO. Três dias depois, foi a vez da Cia. Brasileira de Sainete apresentar-se, sob a direção de Oduvaldo VIANNA e com a participação de Cornélio PIRES. Esse foi um dos primeiros contatos do dramaturgo com o rádio. Nos anos de 1940, Oduvaldo VIANNA desempenhará papel decisivo na implantação da radionovela no Brasil.

Gradativamente, o rádio, ligado à elite que o sustinha e o ouvia, vai se aproximando cada vez mais do teatro, que lhe acenava com a possibilidade de ajudá-lo a preencher a programação incipiente. Assim, em 15 de março de 1929 o ator Raul ROULIEN, e vários elementos da sua *companhia**, apresentou, no estúdio da Sociedade Rádio Educadora Paulista, uma peça completa do seu repertório, anunciada, na ocasião, como a primeira "sessão de teatro pelo rádio", ponto de partida para uma série semanal de "vesperais *radiotelefônicas* elegantes, destinadas às gentis senhoras e senhoritas amadoras" (*Correio Paulistano*, 21/03/1929), que incluíam representações teatrais pelo microfone como, por exemplo, da peça *Rosas de Todo Ano*, de Júlio DANTAS. Em 26 de junho do mesmo ano, consta mais uma apresentação de Raul ROULIEN e sua companhia na emissora, desta vez com a peça *O Irresistível Roberto*, escrita pelo ator em parceria com Joracy CAMARGO.

O termo *rádio-theatro*, mais tarde *radioteatro*, surge, pela primeira vez, na imprensa de São Paulo, em 17 de junho de 1930, quando o *Correio Paulistano*, na coluna *Sociedade Rádio Educadora Paulista*, anuncia, para aquela noite, ignorando portanto as experiências anteriores, a "inauguração deste novo gênero de irradiações" com a representação de dois *esquetes**: *Se eu Fosse Miss Brasil*, de Brasil GERSON, e *Enganos*, de Alípio RAMOS. Nas semanas subsequentes, foram transmitidos *Minha Filha Está Noiva...*, de Honório de SYLOS; *O Inverno do Homem Só* e *Ilusão*, de Brasil GERSON; *Variedades na Roça*, sem assinatura do autor; e *Tolinha*, de Honório de SYLOS, todos igualmente esquetes. A 6 de agosto de 1930, foi apresentada a comédia musicada *Na Loja do César*, escrita por Roberto ALBA especialmente para ser irradiada.

Seja indo ao teatro para tentar transmitir os espetáculos ali encenados ou, no caminho inverso, convidando profissionais do palco para os estúdios das emissoras, os resultados obtidos parecem decepcionantes. Se, em um concerto ao vivo o problema estava na má qualidade da transmissão, dada a precariedade dos equipamentos utilizados, a peça teatral e a *ópera** exigiam a visualização da ação no palco e não apenas as falas das personagens ou o libreto cantado. A modulação das vozes, por mais que os atores se esforçassem, não poderia trazer ao ouvinte a expressão, o gesto, a movimentação, a personagem escondida atrás de uma coluna ou porta, tudo aquilo que, sem falas ou exclamações, a plateia acompanhava no palco. Tornava-se necessária a adequação do texto teatral à especificidade do rádio e imprescindível a invenção de recursos sonoros capazes de criar, na mente dos ouvintes, aquilo que era visível no palco. A solução mais imediata foi a utilização de adendos ao texto e explicações dadas por um *narrador**, o que comprometia a fluidez do próprio texto.

Consciente de suas limitações, o rádio volta-se para as peças curtas e os esquetes, as cenas rápidas, de fundo cômico e poucas personagens, tendência absorvida provavelmente do *teatro de revista**.

Nos anos de 1930, ocorre a popularização e a expansão do rádio no Brasil. Novas emissoras surgem, os aparelhos receptores tornam-se mais acessíveis ao público através dos crediários, o número de ouvintes cresce. Com a regulamentação da publicidade paga em meio às transmissões, conforme Decreto n. 21.111, de 1932, o rádio passa a se oferecer como um veículo de propaganda, de fácil penetração, propiciando às emissoras a sustentação econômica necessária.

À procura do que levar ao público, o rádio ia descobrindo as suas possibilidades em termos de programação. Os gêneros, que já se insinuavam na década anterior, definiram-se e foram surgindo os programas de variedades, musicais, jornalismo, humorismo, calouros, femininos, infantis, esportivos e radioteatro.

Em abril de 1933, a Rádio Record, criada em 1928, busca novas propostas para o radioteatro. A Companhia Sonoarte de Revistas e Comédias Musicadas, organizada por Carlos VALVERDE, apresenta-se na emissora e propõe a inovação do gênero "através da *revista** cujo formato, reunindo piadas, música e canto, adequa-se com propriedade à linguagem do rádio" (ROCHA e VILA, 1993: 47). O teatrólogo Oduvaldo VIANNA, contratado pela Record, começa a escrever peças para o rádio, assinadas com o pseudônimo de Mário FLOREAL. São *burletas**, revistas e *sainetes** apresentados uma vez por semana pela Companhia Sonoarte. Essas peças, segundo o próprio VIANNA, "vivem da graça do diálogo e, sobretudo, das situações e ação" (ROCHA e VILA, 1993: 47). Nascia assim uma linguagem adequada à dramaturgia radiofônica, ou seja, textos escritos ou adaptados especialmente para transmissão via rádio e não apenas acrescidos de informações complementares para sua compreensão por parte do ouvinte. Nesse panorama, Oduvaldo VIANNA surge como um dos pioneiros.

Nos anos seguintes, o quadro do radioteatro permanece estável, com os programas apostando nos esquetes; estes, numa outra vertente, desembocam nos programas humorísticos, favorecendo o desenvolvimento desse gênero.

Em 1936, o panorama altera-se com uma iniciativa da Rádio Record. A emissora contrata a Companhia de Radioteatro Manuel Durães para apresentação regular de peças de teatro adaptadas para o rádio. Ator e *diretor**, Manuel DURÃES já participara, em 1932, de algumas representações na mesma emissora com a Companhia de Comédias de Otília AMORIM e no próprio rádio carioca. A estreia ocorre em 2 de outubro, com a peça em um ato *O Sinfrônio É nosso Amigo*, tendo no elenco nomes conhecidos como Otília AMORIM, Conchita de MORAES, Edith de MORAIS e Nestório LIPS. Afirmando-se pouco a pouco junto ao público radiouvinte, o programa, que não dispensava as tradicionais três pancadas de MOLIÈRE avisando o início da representação, permaneceu durante muito tempo no ar, apresentando peças consagradas da dramaturgia nacional e universal, adaptadas para o rádio pelo próprio Manuel DURÃES.

Na inauguração das novas instalações da Rádio Cultura, em 30 de dezembro de 1936, o teatro se faz novamente presente: o conhecido ator Procópio FERREIRA interpreta seu maior sucesso, *Deus lhe Pague*, de Joracy CAMARGO.

Também para o escritor brasileiro, o rádio se oferecia como campo de trabalho e divulgação de suas obras. Embora o assunto não tenha sido ainda devidamente pesquisado e não exista um levantamento minucioso das obras e autores radiofonizados, os registros constantes na imprensa mostram a incursão de escritores como Menotti del PICCHIA, Orígenes LESSA e Jerônimo MONTEIRO nos meandros da redação radiofônica. Além disso, percebe-se um nítido predomínio de textos nacionais levados ao ar nessa época, como *O Sonho de Tampinha*, de Oduvaldo VIANNA, pela Companhia Sonoarte (Rádio Excelsior); *Que Pena Ser só Ladrão*, peça teatral de João do RIO (Rádio Difusora de São Paulo); *O Náufrago*, de Euclides de ANDRADE (Rádio Difusora).

Outro nome importante para o radioteatro é o de Otávio Gabus MENDES. Apaixonado por cinema e estudioso do rádio, lança, em 5 de janeiro de 1939, na Rádio Bandeirantes, o *Teatro para Você*, no qual aprimora as apresentações aplicando técnicas de *radio-play*, inspiradas em autores norte-americanos como Al GOODWIN e Benny TAYLOR – laboratório, entre outras, das primeiras experiências de radiofonização de filmes, mais tarde retomadas nos *Serões Domingueiros* (Rádio Record) e, especialmente, no *Cinema em Casa* (Rádio Difusora). Segundo o próprio Gabus MENDES, *Teatro para Você* foi o primeiro programa moderno de radioteatro.

A crescente popularidade das apresentações da Cia. de Radioteatro de Manuel Durães, a repercussão do *Teatro em seu Receptor*, lançado em dezembro de 1938 na Rádio Cultura, e o sucesso do *Teatro para Você,* incentivaram as emissoras a investir no gênero e, assim, novos programas estreiam em 1939: *Rádio Teatro Cruzeiro do Sul* (Rádio Cruzeiro do Sul); *Mistérios no Ar*, radioteatro policial com enredos inspirados tanto em crimes locais quanto internacionais, e *Rádio Teatro*

Cosmos, este privilegiando peças de autores nacionais e adaptações de romances históricos brasileiros, ambos na Rádio Cosmos; *Teatro Gracioso* (Rádio Educadora Paulista); *Teatro de Brinquedo*, radioteatro infantil (Rádio Bandeirantes); *Radioteatro Relâmpago* (Rádio Tupi) e *Grande Teatro Difusora* (Rádio Difusora).

Sobre o repertório desses programas, alguns títulos são bastante elucidativos. Ao lado de textos nacionais – *O Bobo do Rei*, de Joracy CAMARGO; *Fascinação*, de Cláudio de SOUZA; *A Restauração de Pernambuco*, de Olegário PASSOS, com base no romance *O Príncipe de Nassau*, de Paulo SETÚBAL – ocorrem adaptações de obras estrangeiras, como *O Admirável Crichton*, de James M. BARRIE, e *Os Dois Ernestos*, de Oscar WILDE.

Descoberta a vocação do rádio para contar histórias, surgiram inúmeros e variados programas de radioteatro, muitos inclusive como séries com personagens fixas, como é o caso de *Ravengar*, de Otávio Gabus MENDES (Rádio Excelsior, 1937), aventuras policiais do detetive Bob Stevens, inicialmente lidas e posteriormente radioteatralizadas; *As Aventuras de Dick Peter*, de Jerônimo MONTEIRO (Rádio Difusora São Paulo, 1937); *Aventuras do Inspetor Mankada* (Rádio Cosmos, 1939), este, como outros semelhantes, de cunho humorístico. Fatos da atualidade, biografias, casos e cartas enviados pelos ouvintes, tudo servia de pretexto para uma radiofonização.

Em São Paulo, na primeira metade da década de 1940, destaca-se o trabalho de Gabus MENDES. Criticando o radioteatro que se produzia na Europa – "tudo igual ou pior do que se fazia aqui" – e em países mais próximos, como a Argentina, onde, ainda em 1942 estações irradiavam diretamente de um palco peças inteiras com "as pausas para gargalhadas que correspondiam à *mímica** dos atores" em cena, ele encontrara definitivamente no rádio norte-americano o modelo a ser desenvolvido, acrescido de suas próprias experimentações: "A *radio-play*", como ele escreveu em 1941, "é a forma radiofônica de se apresentar uma peça". Entusiasmado com aquilo que se realizava nesse campo nos Estados Unidos, inclusive em programas como o *Lux Theatre*, comandado por Cecil B. DE MILLE, conhecido diretor de cinema, e o *Silver Stage*, não só estudou teóricos do assunto, como traduziu e apresentou trabalhos de roteiristas como Arch OBOLER e Norman CORVIN, por ele considerados como "maravilhas radiofônicas".

Determinado a fugir daquilo que julgava ser uma forma antiquada, visa "um espetáculo vivo, rápido, sintético, vigoroso"; propõe a duração de sessenta minutos para a peça radiofônica e aconselha evitar-se as transmissões longas que chegavam a durar duas horas: "Ninguém passa 120 minutos calado ouvindo aquilo que os outros dizem".

Uma vez que no cinema o recurso visual "supre muita coisa e explica muito mais que no rádio", ele valoriza a sonoplastia e a contrarregra (efeitos sonoros). Além disso, orienta o ator a encontrar a naturalidade na interpretação e utilização da voz. Na redação do texto, procura construir os diálogos com uma linguagem simples, coloquial, adequada à personagem: "Escrever como a gente fala". (MENDES, 1988: 78-80). Quanto à música, que contribui para criar a atmosfera da história, ele a emprega para sublinhar as cenas e auxiliar nas mudanças das mesmas, funcionando, em alguns momentos, como a fusão no cinema, uma pontuação cinematográfica.

A morte prematura de Otávio, em 1946, castrou o rádio de novas experimentações, mas o seu legado influenciou toda uma geração de profissionais tais como: Cassiano Gabus MENDES, seu filho, Walter George DURST e Ivani RIBEIRO.

No avançar dos anos de 1940, alicerçado pelo desenvolvimento técnico e por propostas arrojadas de alguns profissionais, o radioteatro chegou a ser considerado "a essência da arte radiofônica", conforme escreveu o crítico Arnaldo Câmara LEITÃO. Este valorizava sobretudo o *Grande Teatro Tupi* (Rádio Tupi) e o *Cinema em Casa*, ambos de Otávio Gabus MENDES, os quais, após a morte de seu criador, foram continuados por Cassiano Gabus MENDES e Walter George DURST, empenhados em constante pesquisa "radiatral" (designação usada na época), envolvendo a descoberta de efeitos inéditos de som, eco e planos sonoros.

Embora o nível de escolha das obras apresentadas no *Grande Teatro Tupi* fosse irregular (isso acontecia também com outros programas de radioteatro), o repertório trabalhado e levado ao público incluía autores como García LORCA, Eugene O'NEILL, William SAROYAN, Nelson RODRIGUES, TCHÉKHOV, Arthur KOESTLER e muitos outros. No *Cinema em Casa* chegou-se ao requinte de recriar a versão de Orson WELLES para o *Macbeth* de SHAKESPEARE.

É evidente que não se pode aplicar a todos os programas de radioteatro o *status* de "essência da arte radiofônica". Ao lado das boas audições nesse gênero, encontram-se aquelas que buscavam apenas explorar o gosto fácil do público através de textos simplistas, francamente comerciais.

O desenvolvimento da televisão, instalada no Brasil em 1950, abalou a programação radiofônica e, é lógico, o radioteatro que, além de enfrentar a radionovela, lançada em 1941, sofria agora a concorrência da imagem e dos programas de *teleteatro**. Não obstante, novos programas surgiam, enquanto outros permaneciam no ar. Segue-se uma relação de alguns deles:

- *Sonho e Fantasia* (Rádio Bandeirantes, 1950), de Dias GOMES, no qual o autor procurava levar aos ouvintes uma mensagem social.
- *Rádio-espetáculo* (Rádio Cultura, 1950).
- *Os Grandes Amores* (Rádio Record, 1950), criação de Madalena NICOL e Thalma de OLIVEIRA.
- *Grande Teatro Royal* (Rádio São Paulo, 1950), que apresentou, entre outras, as peças *Yayá Boneca*, de Ernani FORNARI; *Vontade Sobre-humana*, de Miguel PICANÇO; *Quando os Lírios Fenecem*, de Saint-Clair LOPES; *Frei Antonio das Chagas*, de Júlio DANTAS; *Sob um Manto de Paz*, de Fred JORGE; *O Rosário*, de André BISSON; *O Romance de um Jovem Pobre*, de Octave FEUILLET.
- *Grande Teatro de Contos* (Rádio São Paulo), que estreou em julho de 1950 com *Noturno em Si Bemol*, de Ciro Pompeo do AMARAL.
- *Grande Teatro Bandeirantes* (Rádio Bandeirantes), que radiofonizou obras como *Estradas Sombrias*, adaptação do livro de John MORROW; *Massacre*, de Emanuel ROBLES; *O Pássaro Azul*, de Maurice MAETERLINCK; *Beleza Trágica*, de Guy de MAUPASSANT; e *O Salário do Medo*, de George ARNAUD.
- *Teatro Romântico Português* (Rádio Bandeirantes, 1951), produção de Luís de OLIVEIRA.
- *Teatro de Cultura Popular* (Rádio São Paulo), programa mais tarde chamado *Teatro Popular de Arte*, que irradiou, entre outras, obras como *Hamlet*, de William SHAKESPEARE, em adaptação de Miroel SILVEIRA, tendo no elenco Sérgio CARDOSO e Olga NAVARRO; *O Anjo Negro*, de Nelson RODRIGUES, em adaptação de Miroel SILVEIRA, com Maria Della COSTA no elenco; *O Morro dos Ventos Uivantes*, de Emily BRÖNTE, radiofonização de Miroel SILVEIRA e Itália FAUSTA, com participações de Maurício de OLIVEIRA e Maria Della COSTA; *A Morte do Caixeiro Viajante*, de Arthur MILLER, em adaptação de Miroel SILVEIRA.
- *Teatro Infame de Comédias* (Rádio Piratininga, 1953).
- *Teatro Experimental do Negro*, denominado posteriormente *Radiatro Experimental do Negro* (Rádio São Paulo, 1954).
- *Uma Voz ao Telefone*. Série de *monólogos** de Ivani RIBEIRO para o ator Rodolfo MAYER (Rádio Bandeirantes, 1954).
- *Estúdio A*. Produção de Sylas ROBERG (Rádio São Paulo, 1955). Radiofonizou textos como *Clara dos Anjos*, de Lima BARRETO, e *O Fantasma de Canterville*, de Oscar WILDE.
- *Teatro Walter Forster* (Rádio Nacional de São Paulo). Transmitiu, entre outras, *Uma Certa Loira*, de Eça de QUEIRÓS, e *A Pequena Inimiga*, de Evelyn SCOTT.
- *Grande Teatro Dramático* (Rádio São Paulo), que em 1958 apresentou *A Tragédia de um Homem*, de Ivani RIBEIRO, inspirada na vida de Oscar WILDE.
- O *Grande Teatro Otávio Gabus MENDES*, que estreou em abril de 1959 na Rádio Nacional de São Paulo e foi um dos últimos significativos programas do gênero. Levou ao ar, entre outros textos, *Advertência*, de Eric KRAMER; *Safo*, de Alphonse DAUDET; *Sinfonia Pastoral*, de André GIDE; *Père Goriot*, de Honoré de BALZAC; *Horas Roubadas*, de Edwar WATKIN; *Casa de Bonecas*, de Henrik IBSEN; *Noites Brancas*, de DOSTOIÉVSKI; *Senhora*, de José de ALENCAR.

Apresentando grandes obras da dramaturgia e literatura, tanto nacionais quanto estrangeiras, além de originais escritos especialmente para os diversos programas, o radioteatro constituiu uma verdadeira escola para autores, diretores, atores, sonoplastas e contrarregras, contribuindo decisivamente para o desenvolvimento da linguagem radiofônica. (FLPS)

 Adaptação, Radionovela.

 Bianco e Moreira, 1999; Casé, 1995; Murce, 1966; Sampaio, 1982; Saroldi & Moreira, 1984; Silva, 1996; Vampré, 1979; Vianna, 1984.

RAISONNEUR

Palavra francesa que designa um tipo de personagem que representa, no interior de uma peça, o ponto de vista do autor sobre um determinado assunto ou, de maneira mais abrangente, o ponto de vista da sociedade. De um modo geral, é uma personagem que acompanha o destino do protagonista – ou mesmo de uma personagem secundária – para comentar suas escolhas e atitudes, terminando sempre por emitir algum tipo de comentário edificante ou críticas de fundo moralizador. Como observa Patrice PAVIS, "esse tipo de personagem, herdeiro do *coro** trágico grego, aparece sobretudo na época clássica, no *teatro de tese** e na forma de *peças didáticas**" (1999: 323).

No teatro brasileiro, a presença da personagem *raisonneur* foi comum nos chamados *dramas de casaca** ou *comédias realistas**, principalmente entre os anos de 1855 e 1865. Quando o Teatro Ginásio Dramático, no Rio de Janeiro, começou a encenar peças de Alexandre DUMAS FILHO, Émile AUGIER e Théodore BARRIÈRE, entre outros, vários jovens intelectuais brasileiros viram nesse repertório um modelo para a nossa dramaturgia. Com a personagem *raisonneur* em cena seria possível discutir os problemas da nossa sociedade, esclarecer e educar a plateia. O teatro teria uma nobre função social. Assim pensaram José de ALENCAR, Machado de ASSIS, Quintino BOCAIUVA, Pinheiro GUIMARÃES e toda a jovem geração de escritores que se uniu em torno do Ginásio Dramático. O melhor exemplo de personagem *raisonneur* brasileiro é Meneses, o jornalista de *As Asas de um Anjo*, de José de ALENCAR. Nessa peça representada em 1858 e depois proibida pela polícia, a personagem acompanha a trajetória da protagonista Carolina, uma mocinha que se deixou seduzir e acabou na prostituição, fazendo comentários edificantes e dando lições morais a ela, às demais personagens e à plateia. Meneses, como o definiu o próprio ALENCAR, é "a razão social encarnada em um homem" (FARIA, 2001: 481). (JRF)

 Realista (Comédia).

REALISTA (COMÉDIA)

A reação contra o *teatro romântico** no Brasil aconteceu antes mesmo do esgotamento desse movimento literário na prosa, na poesia e na própria dramaturgia. Durante pelo menos dez anos, entre 1855 e 1865, Romantismo e Realismo vão disputar a preferência de autores, *atores** e público nos teatros do Rio de Janeiro e de outras cidades do país. Para os adeptos do Realismo, o modelo dramatúrgico a ser seguido é Alexandre DUMAS FILHO, secundado por Émile AUGIER. Nas peças desses autores franceses, as chamadas *comédias** realistas, ou *dramas de casaca**, já não se encontram as paixões exacerbadas, o ritmo tenso da ação dramática e o colorido forte do *drama romântico**. Ao contrário, ambos fazem da naturalidade um princípio norteador na criação dos diálogos e das cenas, visando a uma descrição mais verdadeira dos costumes da burguesia, classe com a qual se identificavam. Ao mesmo tempo, suas peças têm feição moralizadora. Ou seja: à descrição dos costumes justapõe-se a prescrição de valores éticos como o trabalho, a honestidade e o casamento, no interior de um enredo que se presta ao debate de questões sociais e que opõe bons e maus burgueses. Estes, obviamente, são caça-dotes, especuladores, preguiçosos e desonestos. Já os heróis são comportados pais e mães de família ou moços e moças que têm a cabeça no lugar; e o amor que vale não é mais a paixão ardente, mas o amor conjugal, que deve ser calmo e sereno. O resultado é que o realismo do retrato torna-se relativo, pois a sociedade aparece melhorada pelas pinceladas moralizantes. No horizonte das obras dramáticas de DUMAS FILHO e AUGIER, pode-se dizer, está sempre a defesa da maior e mais perene das instituições burguesas: a família.

Quando as comédias realistas francesas começaram a ser representadas no Teatro Ginásio Dramático, no Rio de Janeiro, em 1855, vários escritores e intelectuais acreditaram no alcance social desse tipo de peça e passaram a defender a ideia de que era possível criar um repertório nacional com as mesmas características. O primeiro a enveredar pelo novo caminho foi José de ALENCAR, que em 1857 escreveu *O Demônio Familiar*, *O Crédito* e *As Asas de um Anjo*, comédias realistas que colocam em cena a burguesia brasileira discutindo problemas sociais como a escravidão doméstica, o casamento por dinheiro, a especulação e a prostituição, ao mesmo tempo em que defende os seus valores e modo de vida. O exemplo de ALENCAR frutificou. Entre 1857 e 1865 surge efetivamente um grupo de dramaturgos empenhados em tornar o teatro um instrumento de regeneração e moralização da sociedade, por meio dos temas e das formas da comédia realista. O Teatro Ginásio Dramático acolhe praticamente toda a nova produção, impulsionando de modo decisivo a renovação da dramaturgia brasileira, que nesse período ganha o apoio do público e da imprensa. Além de ALENCAR, destacaram-se também os seguintes autores e peças: Quintino BOCAIUVA: *Onfália* e *Os Mineiros da Desgraça*; Joaquim Manuel de MACEDO : *Luxo e Vaidade* e *Lusbela*; Aquiles VAREJÃO: *A Época*, *A Resignação* e *O Cativeiro Moral*; Sizenando Barreto Nabuco de ARAÚJO: *O Cínico* e *A Túnica de Nessus*; Valentim José da Silveira LOPES: *Sete de Setembro* e *Amor e Dinheiro*; Pinheiro GUIMARÃES: *História de uma Moça Rica*; Francisco Manuel Álvares de ARAÚJO: *De Ladrão a Barão*; FRANÇA JÚNIOR: *Os Tipos da Atualidade*; Constantino do Amaral TAVARES: *Um Casamento da Época*; e Maria Angélica RIBEIRO: *Gabriela* e *Cancros Sociais*. Embora esse repertório não seja de alto nível, algumas peças fizeram enorme sucesso de crítica e de público, o que caracteriza pelo menos o gosto e as tendências de uma época. Aliás, os próprios títulos das peças indicam os assuntos de que tratam. E se nem todas realizaram uma ruptura total com o Romantismo – alguns recursos desse movimento ainda em voga convivem com os do Realismo –, vistas em conjunto elas refletem um notável esforço de atualização estética. Além disso, inspiradas pela comédia realista francesa, retratam os costumes dos segmentos sociais brasileiros naquela altura já abertos ao liberalismo e aos valores burgueses. Ao contrário do que se via nos *dramas românticos** e *melodramas** ou nas *comédias de costumes** de Martins PENA, os personagens principais das comédias realistas brasileiras são advogados, médicos, engenheiros, estudantes, jornalistas, negociantes, ou seja, profissionais liberais e intelectuais que constituíam a classe média emergente do Rio de Janeiro. Desse modo, os espectadores podiam se reconhecer no palco e aplaudir o esforço dos dramaturgos empenhados em pôr em cena a fatia mais moderna da sociedade brasileira. (JRF)

 Alta Comédia, Drama de Casaca.

 Faria, 1993.

REBOLADO (TEATRO)

Expressão criada pelo cronista Sérgio PORTO, sob o pseudônimo de Stanislaw Ponte Preta, na década de 1950, para designar o *teatro de revista** de sua época. Estudiosos e amantes do gênero rejeitam essa acepção que lhes soa vulgar e preconceituosa. Para muitos, aquela década representou, de fato, um período de decadência do teatro de revista, uma vez que o texto foi abafado pelo luxo e pelos corpos esculturais das dançarinas. Às críticas políticas sobrepuseram-se piadas picantes, situações maliciosas e trajes sumários. O enredo revisteiro desapareceu, definitivamente, dando lugar à "revista de virar páginas". Tratava-se de quadros justapostos, às vezes aleatoriamente, que tentavam submeter-se a uma unidade temática, mas que colocavam a estrutura da revista na rota do *music hall**.

Os termos *rebolado* e *requebrado* nasceram no século XIX, quando as mulatas "quebravam" e "requebravam" as cadeiras no mexe e remexe de lundus e maxixes. "- Quebra, quebra mulata faceira!", diziam as músicas mais populares da época. E o requebrado brasileiro foi para a cena do *teatro de revista**. Preconceituosamente, na época, o ancestral do rebolado chamou-se tró-ló-ló. (NV)

 Apoteose, Musical (Teatro), Revista (Teatro de), Vedete.

 Paiva, 1991.

REPERTÓRIO (TEATRO DE)

Conjunto de peças montadas por uma *companhia** que possam ser facilmente repostas em excursões. Pode-se também usar o repertório para alternar diferentes produções, prática pouco apreciada pelo público brasileiro. No passado, as companhias formavam-se centradas em *atores** estelares, tais como Procópio FERREIRA, Jaime COSTA, Iracema de ALENCAR, Alda GARRIDO e, sobretudo, o casal DULCINA/ODILON, cujo repertório era imenso, visando atender a alta rotatividade das estreias e o sistema de três sessões diárias, sendo uma vespertina e duas no período noturno. Quando as necessidades econômicas exigiam, socorriam-se com os "cavalos de batalha" habituais do repertório, tais como

Amor, de Oduvaldo VIANNA, ou *Felicidade*, de Henri BERNSTEIN. Mais tarde, foi a vez de *Chuva*, de Joseph COLTON e Randolph CLEMENS, baseada num conto de Somerset MAUGHAM. A companhia de Iracema de ALENCAR, sempre que as bilheterias não correspondiam às necessidades financeiras do grupo, apelava para uma de suas peças "do repertório". *Berenice*, de Roberto GOMES, era uma delas.

Em 1927 houve, no Rio de Janeiro, a tímida experiência do Teatro de Brinquedo, de Eugênia e Álvaro MOREYRA, sem maiores consequências. Grupos *amadores** procuravam repertório mais exigente, como o Teatro de Amadores de Pernambuco, de Valdemar de OLIVEIRA; o Teatro do Estudante, o Teatro Universitário, o Teatro Duse, o Teatro Santa Rosa, Os Comediantes, no Rio de Janeiro; em São Paulo, os English Players, grupo representante da colônia de língua inglesa, Grupo de Teatro Experimental – GTE, de Alfredo MESQUITA, o Grupo Universitário de Teatro – GUT, de Décio de Almeida PRADO, o Teatro Lotte Sievers, este privilegiando a dramaturgia alemã.

Os Artistas Unidos (Henriette MORINEAU), em 1946, no Rio de Janeiro, e o Teatro Brasileiro de Comédia – TBC (1948), em São Paulo, foram paradigmáticos para o estabelecimento de um repertório extremamente heterogêneo, mas produzido com alto nível profissional, oscilando entre SÓFOCLES e ANOUILH, Ben JONSON e Patrick HAMILTON, GOLDONI e Diego FABBRI, SCHILLER e VAN DRUTEN, única forma viável de harmonizar o passivo e o ativo da bilheteria. Com o esfacelamento do TBC, as companhias que dali se formaram (TÔNIA-CELI-AUTRAN, Teatro Cacilda BECKER, Cia. Nydia LICIA/Sérgio CARDOSO) mantiveram o mesmo esquema de alternar o nível do repertório, oscilando entre o sucesso comercial de Paris ou Nova York e uma dramaturgia mais exigente de WILLIAMS ou MILLER. Mas o repertório heterogêneo, herança do TBC, persistiu na prática com o Teatro Íntimo de Nicete Bruno, o Pequeno Teatro de Comédia (Armando BOGUS/Irina GRECO), em São Paulo, ou O Teatro dos Sete, no Rio de Janeiro (Fernanda MONTENEGRO, Sérgio BRITTO, Ítalo ROSSI, Fernando TORRES, Gianni RATTO).

Atualmente, inexistem "companhias de repertório" dentro do espírito tebeciano e das companhias que o sucederam, predominando o gênero "produções independentes" que permanecem em cartaz o tempo necessário e se dissolvem com o esgotamento da bilheteria. Mas é possível citar algumas exceções, como o Grupo Tapa, de Eduardo TOLENTINO; a Cia do Latão, de Sérgio de CARVALHO, este com a preocupação da militância política; Uzyna-Uzona (Oficina), de José Celso Martinez CORRÊA; o antigo Grupo Macunaíma, hoje CPT, no SESC São Paulo, sob a direção de ANTUNES FILHO; o Teatro da Vertigem, dirigido por Antônio ARAÚJO; e Enrique DIAZ e sua Cia. dos Atores, entre outros. São *diretores** e grupos que procuram criar um repertório coerente, no pensamento e nas pesquisas formais. Ou seja, o repertório está condicionado, inequivocamente, a um determinado objetivo ético/estético do grupo. (EF)

 Companhia Teatral.

 Guzik, 1986.

REPRISE

Além das *entradas** mais longas, executadas pelo excêntrico, o espetáculo circense também oferece a reprise cômica no intervalo entre duas atrações. Os *palhaços** que se dedicam às reprises são também conhecidos como *tony de soirée**, ou *augusto** de *soirée*. As reprises são predominantemente mudas (mas não necessariamente) e têm o circo, seus artistas e números como objetos de derrisão. Participam do espetáculo em vários momentos, e têm a função de preencher o espaço cênico no momento em que se monta ou se desmonta um grande aparelho, como trapézio voador ou jaula. De um modo geral, são mais curtas se comparadas às entradas.

A primeira aparição cômica nos picadeiros circenses deu-se sob o molde da sátira ao número sério. Como se sabe, o espetáculo circense formou-se a partir da arte equestre, quer seja na demonstração da habilidade humana no adestramento do animal, ou mesmo na montaria do mesmo. O elemento cômico chegou a esse espetáculo parodiando o cavaleiro e o artista entrou na pista montando o cavalo de trás para frente. Quando os artistas saltimbancos foram incorporados ao espetáculo circense, o *clown** estendeu as possibilidades das *paródias** às novas atrações, como prestidigitação, atiradores de faca, acrobacias etc. Assim, predominantemente, as reprises se caracterizaram por ser uma *panto-

*mima** em tom de paródia das atrações circenses. Apenas na segunda metade do século XIX, quando os palhaços puderam fazer uso da palavra falada e quando a oposição básica da dupla cômica (*clown branco** e *augusto**) se firmou, os cômicos desenvolveram outras temáticas e passaram a criar entradas que fazem alusão a assuntos exteriores ao circo. (MFB)

 Entrada.

RESISTÊNCIA (TEATRO DE)

O termo *teatro de resistência* refere-se a uma diversificada produção que, durante os anos mais duros da ditadura militar instaurada em 1964, procurou dar prosseguimento a uma dramaturgia de motivação social, na linha dos Seminários de Dramaturgia promovidos pelo Teatro de Arena no final da década de 1950. A necessidade de mobilização diante da realidade do país encontrou no teatro um lugar de aglutinação dos setores mais politizados da sociedade, de afirmação de ideias proibidas e de ponto de partida para ações de protesto contra a repressão. A *censura** que, de 1965 a 1980, faz cortes, impede estreias, retira espetáculos de cartaz, prende artistas, mantendo a atividade teatral sob permanente vigilância policial, transforma a criação cênica e, em especial, a dramaturgia engajada em uma arte de cifrar conteúdos para metaforizar a denúncia social.

Em 1964, estreia o *show Opinião*, constituído de músicas e textos que integravam palco e plateia na exortação da liberdade e da justiça. O nome do *show* batizaria o grupo formado por ex-integrantes do Centro Popular de Cultura – CPC, dissolvido pela ditadura. No ano seguinte, o Grupo Opinião apresenta *Liberdade, Liberdade*, de Millôr FERNANDES e Flávio RANGEL, que traça um painel da luta pela liberdade através dos tempos. O grupo, que no programa do espetáculo defende um teatro que tome posição diante da realidade, continuará realizando espetáculos de oposição ao regime – como *A Saída? Onde Fica a Saída?*, de Antônio Carlos FONTOURA, Armando COSTA e Ferreira GULLAR; *Se Correr o Bicho Pega, se Ficar o Bicho Come*, de Oduvaldo VIANNA FILHO e Ferreira GULLAR; *Dr. Getúlio, sua Vida e sua Glória*, de Ferreira GULLAR e Dias GOMES – até ser dissolvido pela repressão.

Paulo PONTES também atuou como dramaturgo, em projetos de autoria coletiva.

O *musical** do Opinião influencia o Teatro de Arena na criação daquele que seria o seu maior sucesso. *Arena Conta Zumbi*, de Augusto BOAL e Gianfrancesco GUARNIERI, enfoca a luta pelo poder a partir da escravidão brasileira e do sonho de libertação. O *sistema coringa**, que desvincula ator e personagem, reforça a aproximação entre o grupo e o público, como coletivo que partilha a mesma ideologia. A figura do herói histórico, popular e revolucionário, retorna em *Arena Conta Tiradentes*. Em seguida, o grupo realiza a *I Feira Paulista de Opinião*, que congrega dramaturgos, artistas plásticos e músicos para compor um painel sobre o momento, com textos de Lauro César MUNIZ, Bráulio PEDROSO, GUARNIERI, BOAL, Plínio MARCOS e Jorge ANDRADE.

O *teatro universitário** realiza uma série de espetáculos que unem fundamento artístico e motivação ideológica, entre eles: *Morte e Vida Severina*, de João Cabral de MELO NETO (TUCA-SP, 1966); *O Coronel de Macambira* (TUCA-Rio, 1967); *0&A, criação coletiva** (TUCA-SP, 1968); *Os Fuzis da Sra. Carrar*, de BRECHT (TUSP, 1968). Neste último, assim como em *Agamenon*, adaptação do texto de ÉSQUILO, encenado pelo grupo carioca Comunidade, a mensagem final é de apelo à luta armada. Muitos grupos, nascidos do movimento estudantil ou ligados a igrejas e associações de bairro, se fixam nas periferias, como o União e Olho Vivo. Em São Paulo acontecem, em 1974, o Seminário de Teatro Popular e, em 1976, um congresso de *teatro independente**. Também em 1974 é fundada a Federação Nacional de Teatro Amador.

Desde o início, a frente de resistência não se mostra homogênea – e as discordâncias sobre qual a melhor forma de se opor ao regime, ética, política e esteticamente, levam Oduvaldo VIANNA FILHO a escrever o artigo "Um Pouco de Pessedismo Não Faz Mal a Ninguém", propondo que, entre os diversos setores da produção teatral, a categoria artística supere as divergências em benefício da sobrevivência da atividade. A partir da entrada em vigor do AI-5, a resistência entra em uma segunda fase. A perseguição política torna os textos cada vez mais metafóricos, seja pelo viés histórico seja pelo alegórico. Dissolvidos os grupos, exilados, presos ou perseguidos os seus integrantes, o teatro se torna uma atividade de produção avulsa, com elencos organizados para uma única montagem. *Um Grito*

Parado no Ar, de GUARNIERI, e *Pano de Boca*, de Fauzi ARAP, abordam o grupo teatral tentando resolver seus impasses e retomar as atividades.

Alguns textos emblemáticos desse período são: *Corpo a Corpo, A Longa Noite de Cristal, Moço em Estado de Sítio, Papa Highirte* e *Rasga Coração*, de Oduvaldo VIANNA FILHO, as duas últimas só liberadas cinco anos após a morte do autor; *Castro Alves Pede Passagem, Botequim* e *Ponto de Partida*, de Gianfrancesco GUARNIERI; *Calabar*, de Ruy GUERRA e Chico BUARQUE; *Gota d'Água*, de Chico BUARQUE e Paulo PONTES; *Mumu, a Vaca Metafísica*, de Marcílio MORAIS; *A Cidade Impossível de Pedro Santana* e *O Grande Amor de Nossas Vidas*, de Consuelo de CASTRO; *Sinal de Vida*, de Lauro César MUNIZ; *A Invasão* e *O Santo Inquérito*, de Dias GOMES; *A Resistência*, de Maria Adelaide AMARAL; *Frei Caneca*, de Carlos Queiroz TELLES; *Milagre na Cela*, de Jorge ANDRADE; *Murro em Ponta de Faca*, de Augusto BOAL; *Patética*, de João Ribeiro CHAVES NETO; *O Último Carro*, de João das NEVES; *Fábrica de Chocolate*, de Mário PRATA. São textos que abordam desde a manipulação ideológica, a desagregação, o homem que se vende ao sistema, até a tortura e o exílio. Em meados dos anos de 1970, esta vertente defende a retomada de um teatro "*nacional-popular**", termo que passa a identificar os textos voltados para "a discussão concreta dos problemas concretos do povo brasileiro", como escreve Carlos Nelson COUTINHO (1981; 60).

As características deste teatro ideológico foram apontadas criticamente no começo dos anos 80: a ênfase na palavra, portadora do conteúdo que se queria veicular, teria esvaziado a cena enquanto linguagem. Mesmo antes de 1968, o debate entre conteúdo e forma, entre o nacional-popular e o *experimental** vanguardista, alimentava acalorados debates. Caberia, hoje, questionar se os espetáculos marcados pela insubmissão às convenções estéticas – como aqueles apresentados pelo Teatro Oficina –, que romperam com o tradicionalismo, surpreendendo e muitas vezes chocando o público, não seriam também uma forma de resistência à mentalidade sustentada pelas classes que levaram os militares ao poder. Como assinala Yan MICHALSKI no livro *O Teatro sob Pressão*, "o teatro adquiriu, na vida do país, um destaque que nunca antes lhe coubera, e que voltou a não lhe caber a partir do momento em que a 'distensão' e posteriormente a 'abertura' começaram a desalojá-lo do espaço excepcional [...] no qual soube firmar-se nos tempos mais duros do regime militar" (1985: 8). Deste ponto de vista, a resistência não consistiria apenas no chamado "teatro de texto", mas em uma inquietação artística associada à visão crítica da sociedade, não limitada a estilos ou gêneros. (RT)

 Censura, Militância (Teatro da), Político (Teatro).

 Campos, 1988; Garcia, 1990; Kühner e Rocha, 2001; Peixoto (org.), 1989; Revista Civilização Brasileira, 1968.

REVISTA (TEATRO DE)

Espetáculo ligeiro, misto de prosa e verso, música e dança que passa em revista, por meio de inúmeros quadros, fatos sempre inspirados na atualidade, utilizando jocosas caricaturas, com o objetivo de fornecer crítica e alegre diversão ao público. O terreno revisteiro é o domínio dos costumes, da moda, dos prazeres e, principalmente, da atualidade.

Algumas características lhe são típicas e quase sempre presentes, em suas várias épocas e nos diferentes países que conquistou: a sucessão de cenas ou quadros bem distintos; a atualidade; o espetacular; a intenção cômico-satírica; a malícia; o duplo sentido; a rapidez do ritmo. Esta última é talvez uma das mais importantes características da revista: o ritmo vertiginoso é condição básica do texto e da encenação, indispensável ao seu sucesso.

No início, as revistas brasileiras seguiam o modelo francês e eram em três atos. Entre 1920 e 1930, começaram a surgir revistas em dois atos, cujo melhor exemplo é a revista carnavalesca *Pé de Anjo* (1920, Cardoso de MENEZES e Carlos BETTENCOURT).

Obrigatoriamente, cada um dos seus atos termina em *apoteose** e o intervalo precisa ser curto para não atrapalhar o ritmo. O texto, geralmente, é resultado da participação de vários autores, e a música não necessita ser especialmente composta para cada espetáculo, havendo, regularmente, uma alternância de melodias novas com antigos êxitos populares.

Embora ligada a todos esses gêneros, por pertencer, ao mesmo tempo, à categoria de *teatro popular** e de *teatro musicado**, a revista tem uma fórmula resolutória quase matemática que não deve ser alterada. A partir desta fórmula resolutória, o êxito da revista depende tanto dos autores, quanto do *encenador** e dos *atores**, porque na revista cabe tudo, pode-se tecer tudo, sem que se mude a sua arquitetura.

A trajetória do teatro de revista no Brasil mostra-nos um dos quadros mais expressivos de nossa vida teatral. A praça Tiradentes, no Rio de Janeiro, foi o local em que se apresentaram as maiores *companhias** de teatro de revista do Brasil. Um dos papéis importantes da Revista Brasileira foi o de divulgar a música popular brasileira. O subgênero revisteiro genuinamente brasileiro é a revista carnavalesca, cujo apogeu se deu nos anos de 1920 e 1930. Revistas como *Pé de Anjo* e *Olelê, Olalá* são emblemáticas desse período. Luiz PEIXOTO e Carlos BETTENCOURT formaram a dupla de autores mais importantes dessas décadas em que teatro e música eram uma só entidade. Ari BARROSO, SINHÔ, Assis VALENTE e Noel ROSA são alguns dos grandes nomes que compuseram músicas para o teatro de revista.

A revista, no Brasil, teve várias fases. Do início como *revista de ano** até os grandes *shows* produzidos por Walter PINTO, fundou-se uma tradição popular calcada nos grandes cômicos, nas belas *vedetes** e no teatro espetacular. Após a década de 1950, com a ideia equivocada de que teatro de revista era espetáculo apenas de virar páginas e que pouca ou nenhuma regra precisaria ser respeitada, muitos produtores se lançaram em montagens marginais, mal acabadas, desprovidas de quaisquer cuidados, terminando por levar o gênero ao esquecimento. (NV)

 Apoteose, Esquete, Garagem (Revista de), Musical (Teatro), Revista de Ano, Vedete.

 Paiva, 1991; Ruiz, 1988; Veneziano, 1996.

REVISTA DE ANO

A revista de ano caracterizava-se por "passar em revista" os fatos do ano que terminava. Tratava-se de uma resenha dos acontecimentos do ano, teatralizada, musicada, cheia de humor e crítica. No Brasil, ela aportou em 1859.

A revista de ano nasceu francesa, no século XVIII, nas barracas das feiras de Saint-Laurent e Saint-Germain, em Paris. Inauguraram o gênero *La Ceinture de Vénus* (1715) e *Le Monde Renversé* (1718), ambas de LESAGE. Somente em 1728 é que esse tipo de peça foi batizado como "Revista", com *La Revue des Théâtres*, escrita pelos *atores** italianos (descendentes dos *commici dell'arte*) radicados na França, ROMAGNESI e DOMINIQUE FILHO, e que estreou num desses teatrinhos de barraca, em Saint-Laurent.

O assunto central dessa primeira revista despertou a estrutura clássica das revistas de ano: Momo, o pequeno deus da caçoada, filho da Noite e nascido dos prazeres obscuros, desceu à Terra para recolher dados, avaliar e passar em revista aquilo que a vida parisiense tinha de melhor: o teatro francês! A partir daí, *a revue de fin d'année* (revista de ano) conquistou a Europa e, em 1851, chegou a Portugal.

A primeira revista de ano brasileira, de Figueiredo NOVAES, encenada no Rio de Janeiro em 1859, denominava-se *As Surpresas do Senhor José da Piedade*. No início, as revistas de ano no Brasil não obtiveram êxito. Somente em 1884 é que o gênero conquistou, definitivamente, o gosto popular, com *O Mandarim*, da nossa maior dupla revisteira: Artur AZEVEDO e Moreira SAMPAIO.

Além da sua natureza primeira – passar em revista os acontecimentos do ano anterior –, outras características distinguem a revista de ano: a epicidade, um fio condutor tênue, uma ação de movimento e a figura do *compère* (personagem misto de apresentador e coringa que introduz e dá unidade aos quadros). A ação revisteira desses textos de resenha anual era uma ação "de movimento" na qual alguém (geralmente o *compère*), chegando à Terra ou à cidade a ser revistada, perdia alguém ou alguma coisa e, no ato de procurar, correr atrás, percorrer, passear, ia se deparando com os quadros cômicos, episódicos e de fantasia. Obstáculos não faltavam, desviando as personagens de seu caminho. Essa busca, sempre constante nas revistas de ano, era o elemento que dava ritmo aos espetáculos. Havia sempre alguém perseguindo alguém e alguém que escapava por um triz. Havia, portanto, uma pequena história, um enredo tênue e ingênuo, mas flexível o bastante para desencadear o desfile dos principais fatos e figuras que se destacaram durante o ano, mostrados através de quadros de fantasia, *esquetes** e canções.

O enredo era desencadeado já no prólogo, que costumeiramente se dava numa região extraterrestre ou fora da cidade que seria revistada durante o espetáculo. Assim, era comum uma personagem em apuros ir pedir inspiração a Apolo ou a qualquer outro deus do Olimpo, que nomeava um "enviado" para ajudar o primeiro. "Caídos" na Terra, formavam uma dupla de *compères* (ou *compadres**). *Un coup de théâtre* colocava um desses compadres na situação de perseguição, busca, fuga, procura. Poderia, por exemplo, ser acusado de algum pequeno crime que não cometera, ser tomado por outra pessoa ou perder-se de seu companheiro. Iniciava-se, então, a ação de movimento. A correria pela cidade levava-os ao encontro de tipos e locais significativos para o público, facilmente identificáveis portanto, passando por quadros obrigatórios como o das calamidades que atingiam a população, o da imprensa e o dos teatros, os quais seriam satirizados e julgados nesse painel histórico-teatral miniaturizado.

Algumas revistas de ano tornaram-se clássicos de nossa dramaturgia (ou revistografia), como *A Fantasia* e *O Tribofe*, de Artur AZEVEDO. *O Tribofe* é a revista brasileira mais próxima do modelo francês de revista de enredo, pois a ação dramática de seu fio condutor era mais forte do que costumava ser nas revistas. Esse fato levou Artur AZEVEDO a transformá-la na *burleta** *A Capital Federal*.

A revista de ano apresentava-se, geralmente, em três atos, subdivididos em vários quadros, sempre ligados pela intervenção do *compère*. O tempo, os fatos, o clima, a música, os acontecimentos político-sociais no Brasil fizeram com que ela passasse por uma metamorfose de abrasileiramento. E virou mania nacional. Tornou-se uma das formas mais expressivas de teatro. Pouco a pouco, fomos definindo um modelo tipicamente nosso, adequado ao jeito brasileiro de ser. Este jeito brasileiro alterou a estrutura: passamos de três atos para dois, substituímos a figura do *compère* usando, eventualmente, um "chefe de quadro" e povoamos o cenário com nossos tipos característicos ao som de nossos ritmos frenéticos. E a revista de ano evoluiu para o formato *revista**. Após a morte de Artur AZEVEDO, em 1908, o modelo já se transformara, acabando por perder o caráter de resenha crítica e satírica dos acontecimentos do ano anterior. (NV)

 Apoteose, Compadre/Comadre, Mutação, Mutação à Vista do Público, Revista (Teatro de).

 Ruiz, 1988; Süssekind, 1986; Veneziano, 1991.

ROMÂNTICO (TEATRO)

As origens do teatro romântico encontram-se em meados do século XVIII, quando se torna inevitável o processo de esgotamento da poética clássica. A burguesia em ascensão exigia outras formas dramáticas, mais próximas de sua realidade e capazes de refletir as modificações profundas pelas quais estava passando a Europa. Na Alemanha, foram feitos os ataques mais consistentes ao Classicismo, que tinha na França os seus mais importantes defensores. LESSING, influenciado tanto pelas peças e pensamento teórico de DIDEROT, que traduziu para a sua língua, quanto pela leitura da obra de SHAKESPEARE, foi um dos primeiros a opor-se ao modelo francês da *tragédia**, reivindicando a criação de um grande teatro nacional, mais próximo do público, da vida cotidiana e da esfera burguesa. Nos artigos reunidos no volume *Dramaturgia de Hamburgo* (1767-1768), ele classificou a doutrina clássica como opressiva, artificial e restritiva, condenando as regras que tolhiam a liberdade de criação artística. Seus elogios ao drama histórico de SHAKESPEARE apontavam um novo caminho para o teatro alemão: "Reação nacional contra uma opressão cultural, reação burguesa contra uma arte aristocrática e monárquica, mas também abertura para uma arte mais aberta e mais rica" (UBERSFELD, 1993: 31).

Ao lado de LESSING, escritores notáveis como GOETHE, SCHILLER e LENZ renovaram o teatro na Alemanha, sacudida pelo movimento *Sturm und Drang* (Tempestade e Ímpeto), e se tornaram conhecidos em toda a Europa. Igualmente decisivo para os debates em torno do Romantismo e do Classicismo foi o aparecimento do *Curso de Literatura Dramática*, de SCHLEGEL, em 1811, obra que estabeleceu as linhas principais do *drama romântico**. As discussões sobre a estética teatral intensificaram-se quando escritores e intelectuais franceses começaram a divulgar em seu país as ideias alemãs. Nesse sentido, algumas iniciativas foram fundamentais, como a *adaptação** da trilogia *Wallenstein*, de SCHILLER, feita por Benjamin CONSTANT entre 1806 e 1809 e que o levou a escrever um estudo intitulado *Quelques réflexions sur la tragédie de Wallenstein et sur le théâtre allemand et autres oeuvres*. Trata-se de um autêntico manifesto em favor da renovação do teatro francês por meio da imitação das peças alemãs. Depois, em 1813, não só é publicado o *De l'Allemagne*, de Madame de STAËL, obra em que se divulgava praticamente toda a produção literária recente do país vizinho, como também a tradução para o francês do *Curso de Literatura Dramática*, de SCHLEGEL.

A resistência dos franceses, tão ciosos de sua tradição clássica, continuava firme por volta de 1820, apesar do crescimento da voga romântica, nessa altura com o reforço do sucesso das traduções de autores ingleses como Walter SCOTT e BYRON. Exemplo dessa resistência foi a acolhida grosseira que a plateia francesa reservou a um grupo de artistas ingleses que representou algumas peças de SHAKESPEARE em Paris, no ano de 1822. Indignado com aquilo que presenciou, STENDHAL engajou-se nos debates doutrinários e escreveu *Racine et Shakespeare* (1823-1825), obra que é uma bela defesa do escritor inglês e do *drama romântico**. Sintomaticamente, uma segunda série de representações dos artistas ingleses, em 1827, foi coroada de sucesso, revelando que aos poucos as barreiras contra SHAKESPEARE iam sendo superadas. Nesse mesmo ano, a admiração dos românticos franceses pelo escritor inglês esteve perfeitamente representada no célebre "Prefácio" que Victor HUGO escreveu para o drama *Cromwell*: "Eis-nos chegando à sumidade poética dos tempos modernos. SHAKESPEARE é o drama; e o drama que funde sob um mesmo alento o grotesco e o sublime, o terrível e o bufo, a tragédia e a *comédia**, o drama é o caráter próprio da terceira época de poesia, da literatura atual" (HUGO, s.d.: 42).

O Classicismo contava ainda com fiéis defensores nos meios literários em 1830, quase todos entrincheirados no palco da Comédie Française. Pois a conquista desse último reduto deu-se nesse mesmo ano com a representação do drama *Hernani*, de Victor HUGO. Os historiadores do teatro celebrizaram a expressão *Batalha do Hernani* para dar uma ideia da extraordinária disputa havida entre os adeptos do Classicismo e do Romantismo, vencida pelos últimos. Estava aberto o caminho para o drama romântico, que teve em Victor HUGO e Alexandre DUMAS os seus mais expressivos autores.

Os debates sobre Classicismo e Romantismo no teatro chegaram um tanto tardiamente ao Brasil. O primeiro texto que aborda o assunto de maneira densa e refletida data de 1832 e foi publicado no ano seguinte, na *Revista da Sociedade Filomática*, feita por estudantes de Direito do Largo de São Francisco, em São Paulo. Trata-se do artigo "Ensaios sobre a Tragédia", assinado por Justiniano José da ROCHA, Francisco Bernardino RIBEIRO e Antônio Augusto de QUEIROGA, no qual os jovens autores fazem uma defesa ferrenha da poética clássica e das tragédias de CORNEILLE, RACINE e VOLTAIRE. Contrários ao Romantismo, condenam desde SHAKESPEARE até Victor HUGO, passando por CALDERÓN DE LA BARCA, LOPE DE VEGA, LESSING, SCHILLER e Alexandre DUMAS, porque não obedeceram às regras estabelecidas pelo Classicismo.

A recepção ao teatro romântico não foi mais calorosa em 1836, quando o famoso ator João CAETANO encenou no Rio de Janeiro os dramas *A Torre de Nesle* e *O Rei se Diverte*, o primeiro de Alexandre DUMAS, o outro de Victor HUGO. Ambos foram considerados imorais e, confundidos com os *melodramas** da época, duramente criticados por Justiniano José da ROCHA, no jornal *O Cronista* (FARIA, 2001: 317-323).

A estética do drama romântico, ou pelo menos grande parte dela, foi inclusive recusada pelo escritor que, segundo os historiadores da nossa literatura, iniciou o Romantismo ao publicar, em 1836, o livro *Suspiros Poéticos e Saudades*. Gonçalves de MAGALHÃES, que havia vivido na Europa, principalmente na França e na Itália, entre 1833 e 1837, ao voltar para o Brasil trazia na bagagem uma peça teatral que não era um drama, mas uma tragédia, intitulada *Antônio José ou o Poeta e a Inquisição*. Representada em 1838 por João CAETANO, impulsionou o nosso movimento romântico porque seu assunto – a morte de Antônio José da SILVA, o Judeu, pela Inquisição, em Lisboa – era considerado nacional, uma vez que o comediógrafo havia nascido no Brasil. Em 1839, Gonçalves de MAGALHÃES escreve sua segunda e última tragédia, *Olgiato*, cuja ação se passa na Itália. No prefácio, demonstra sua aversão pelo grotesco, um dos elementos estéticos fundamentais da estética romântica. Os dramaturgos que surgem nos dez anos seguintes, com exceção de Gonçalves DIAS, também não seguem os caminhos traçados por Victor HUGO no famoso "Prefácio" de *Cromwell*. Martins PENA e Luís Antônio BURGAIN, francês radicado no Rio de Janeiro, seguem os preceitos do melodrama, enquanto TEIXEIRA E SOUZA prefere o modelo da tragédia neoclássica. Já Joaquim Norberto de Sousa SILVA escreve tragédias e dramas contaminados pelo melodrama, como o razoavelmente conhecido *Amador Bueno ou a Fidelidade Paulistana* – encenado em 1846 –, cujo assunto foi aproveitado também pelo historiador Francisco Adolfo de VARNHAGEN, no drama histórico *Amador Bueno* (1847).

O teatro brasileiro só não foi mais pobre na década de 1840 porque teve em Gonçalves DIAS um talentoso autor de dramas românticos e em Martins PENA o criador da nossa *comédia de costumes**. O poeta da *Canção do Exílio*, ao contrário dos seus contemporâneos, que se dividiram entre a forma agonizante da tragédia neoclássica e o prestígio popular do melodrama, assimilou as lições do drama romântico europeu nas quatro peças que escreveu: *Beatriz Cenci, Patkull, Leonor de Mendonça* – sua obra-prima – e *Boabdil*. Leitor de SHAKESPEARE e conhecedor do teatro francês e alemão, ele sabia que o *drama* era a forma teatral idealizada pelos românticos para superar as dicotomias clássicas, e que suas características eram a junção da tragédia com a *comédia**, do sublime com o grotesco e do terrível com o bufo, conforme havia aprendido com Victor HUGO.

Já Martins PENA, que não conseguira sucesso com os melodramas que havia escrito, encontrou-se no gênero cômico de extração popular. No mesmo ano em que João CAETANO encenou o *Antonio José*, de Gonçalves de MAGALHÃES, em 1838, o Rio de Janeiro pôde se divertir com a primeira de suas comédias: *O Juiz de Paz da Roça*. Habilidoso para criar enredos, situações e personagens engraçados, sempre com a ajuda de recursos farsescos – esconderijos, pancadaria, disfarces, *quiproquós** etc. –, ele escreveu mais de duas dezenas de comédias divertidíssimas, a maioria em um ato, levando também uma boa dose de brasilidade para o palco, graças a sua capacidade de observação dos costumes da cidade do Rio de Janeiro e de seus arredores.

Ao abrir-se o decênio de 1850, o teatro romântico brasileiro não tinha ainda uma dramaturgia consistente. Excetuados o conjunto dos dramas de Gonçalves DIAS e as comédias de Martins PENA, nenhuma outra obra importante do ponto de vista estético havia surgido. Nessa altura, Araújo PORTO-ALEGRE era autor de apenas duas comédias de poucos méritos – *Angélica e Firmino* e *A Estátua Amazônica* – e Joaquim Manuel de MACEDO começava a sua produção teatral com *O Cego*, drama com características da tragédia e do melodrama, encenado por João CAETANO em 1849. Dois anos depois, com *O Fantasma Branco*, MACEDO dava continuidade à comédia de costumes de Martins PENA, filão que continuaria a explorar nos anos seguintes. Nesse panorama é que surge uma obra revolucionária, uma autêntica experiência dramática que não teve seguidores, destinada mais à leitura do que ao palco: entre 1851 e 1852, Álvares de AZEVEDO escreve *Macário*, um texto ousado, distante das convenções teatrais da época, que mescla, no interior do enredo, elementos fantásticos, líricos e épicos.

O que se pode concluir, observando-se o repertório dramático criado pelos nossos primeiros escritores românticos, é que não tivemos dramaturgos sintonizados com o teatro europeu, escrevendo dramas com regularidade para as *companhias** dramáticas nacionais. Como observou Décio de Almeida PRADO, a respeito desse período, "os nossos escritores passaram em geral marginalmente pela cena. Antes de comediógrafos ou dramaturgos, foram poetas, romancistas, historiadores, políticos, quando não simples funcionários públicos. Não viveram de suas peças, nem lhes devem, com raríssimas exceções, a sua notoriedade literária" (PRADO, 1984a, p. XI). De fato, para se compreender o teatro romântico no Brasil é preciso olhar para o palco, onde reinou, durante três decênios, o *ator** e empresário João CAETANO. Nascido em 1808, ele estreou em 1827 e em 1833 criou sua primeira companhia dramática, ponto de partida de uma extraordinária carreira de sucesso. Comparado pelos contemporâneos a grandes atores franceses, como TALMA ou Frederick LEMAÎTRE, notabilizou-se como intérprete de tragédias neoclássicas, dramas românticos e melodramas vindos de Portugal ou traduzidos do francês e, em menor escala, do italiano e do espanhol. Em 1851, instalado no principal teatro do Rio de Janeiro, o S. Pedro de Alcântara, era considerado o primeiro ator de seu tempo, admirado pelo público, louvado pelos folhetinistas e sem nenhum rival à altura de seu talento como ator romântico. Mas a partir de 1855, a renovação realista que ocorria em palcos franceses chega ao Brasil. A criação do Teatro Ginásio Dramático no Rio de Janeiro ganha o apoio da jovem intelectualidade, que prefere a *comédia realista** ao drama romântico ou ao melodrama. Mesmo assim, João CAETANO resiste até 1863, ano de sua morte, com o repertório que o consagrou.

No terreno da dramaturgia, o Romantismo também prolonga sua existência por mais alguns anos. E é justamente nesse período que surgem alguns dramas históricos de assunto nacional. Agrário de MENESES, na Bahia, escreve *Calabar*, em 1856; José de ALENCAR, no Rio de Janeiro, *O Jesuíta*, em 1860; Paulo EIRÓ, em São Paulo, *Sangue Limpo*, em 1861; e Castro ALVES, no Recife, *Gonzaga ou a Revolução de Minas*, em 1867 – a última peça importante do teatro romântico brasileiro. O que se deve observar a respeito desses dramas é que um traço comum os aproxima entre si: "Buscam dizer alguma coisa sobre o Brasil enquanto nacionalidade nascente, tendo como pano de fundo, distante ou próximo, o fato da Independência" (PRADO, 1996: 145). São, portanto, autênticos dramas românticos como demonstram os seus enredos amorosos, a sua "cor local" e o sentimento nacionalista de seus autores, acrescido, no caso de Paulo EIRÓ e Castro ALVES, do sentimento antiescravagista. Embora escritos com muito atraso em relação ao romantismo teatral europeu, esses dramas realizam uma ideia exposta por Victor HUGO no prefácio a *Lucrèce Borgia*: a de que o teatro deve ter uma missão nacional, uma missão humana e uma missão social. (JRF)

 Drama Romântico.

 Guinsburg, 1978, 1999; Lefèbvre, 1992; Lioure, 1963; Martins, 1977; Prado, 1972, 1993a.

RUA (TEATRO DE)

Partindo-se da concepção de que o termo compreende a geração da obra dramática intencionalmente produzida para ser apresentada em locais exteriores ao tradicional *edifício teatral**, especialmente na via pública, pode-se dizer que o surgimento do teatro de rua no Brasil nos remete aos tempos da Colônia, quando diversas formas teatrais e parateatrais exploraram espaços ao ar livre com fins especialmente doutrinários, pois buscaram os espaços abertos para atingir um público específico. Descrevendo as representações levadas a cabo na Colônia o Padre Serafim LEITE afirmava que estas podiam ser concentradas ou dispersivas com relação ao uso do espaço público, isto é, estáticas ou em movimento. Um exemplo significativo dessas formas espetaculares foi a apresentação do *Auto das Onze Mil Virgens* na cidade de Salvador, Bahia, no ano de 1583, na qual participou um número significativo de cidadãos utilizando sacadas, janelas e calçadas.

No século XX o teatro de rua foi associado a formas do teatro político, bem como às matrizes da cultura popular, e foi compreendido principalmente como instrumento de ação política e social. As propostas artísticas para espaços públicos dos grupos dadaístas ou surrealistas – mais irreverentes – não repercutiram como referência de formas teatrais, apesar das arrojadas iniciativas do artista Flávio de CARVALHO na década de 30 (Experiência n. 3). Em 1946, Hermilo BORBA FILHO e Ariano SUASSUNA, entre outros, estimulados pelo ideário do Teatro do Estudante do Brasil (TEB) de Paschoal Carlos MAGNO, criado em 1938, fundaram o Teatro do Estudante de Pernambuco e viabilizam o Teatro Ambulante (projeto inspirado nas experiências do grupo A Barraca de Federico García LORCA), levando a cena para as feiras e bairros do Recife. Posteriormente, no final de 1961, na mesma cidade, o prefeito Miguel ARRAES, juntamente com um grupo de intelectuais e artistas (Germano COELHO, Ariano SUASSUNA, Hermilo BORBA FILHO, Paulo FREIRE, Francisco BRENNAND, Luiz MENDONÇA), sob o lema "Educar para a liberdade", iniciou o Movimento de Cultura Popular (MCP), no qual se destacou entre outras iniciativas o funcionamento do Teatro do Arraial Velho, ao ar livre. Influenciado pelo MCP surgiu, também em 1961, no Rio de Janeiro, o Centro Popular de Cultura (CPC), órgão da União Nacional de Estudantes (UNE). Algumas experiências teatrais do CPC buscaram espaços abertos com o fim de estabelecer um contato direto com uma audiência disposta a ouvir mensagens politicamente engajadas. Esse teatro tinha elementos que remetiam às idéias e formas do *teatro de agit-prop** experimentado pelas vanguardas russa e alemã do início do século XX. A predominância dos objetivos políticos nos anos 60 contribuiu para que os criadores influenciados pelo CPC não estabelecessem relações com os modelos dos grupos norte-americanos Living Theatre e Bread Puppet, que buscavam aliar a intenção política do ato teatral à pesquisa de natureza estética. Apesar de ter produzido uma pequena quantidade de espetáculos, o teatro do CPC constituiu uma referência para o teatro de rua dos anos 70. Em sua produção se destacaram as montagens: *Auto dos 99%*, de Antônio Carlos FONTOURA, Armando COSTA, Carlos Estevam MARTINS, Cecil THIRÉ,

Marco Aurélio GARCIA e Oduvaldo VIANNA FILHO; *Não Tem Imperialismo no Brasil*, de Augusto BOAL; e *O Petróleo Ficou Nosso*, de Armando COSTA. O regime militar instaurado pelo golpe de 1964 pôs fim às atividades do MCP e do CPC. Somente em meados dos anos 70, ainda sob o governo militar, a cena retomou a via pública sob o signo da resistência ao regime. Em 1974, no Rio de Janeiro, Amir HADDAD fundou o Tá na Rua, grupo que explorava as dimensões da cultura da rua como material criativo que sustentava uma postura crítica ao contexto político e social. Neste mesmo período Ilo KRUGLI fundou o Vento Forte, grupo que também experimentou com a cena da rua buscando elementos lúdicos. Em 1976, o Grupo de Teatro Mamembe (SP), liderado por Carlos Alberto SOFREDINI, centralizando sua pesquisa no *circo-teatro** e nas formas de interpretação popular, montou o espetáculo *A Vida do Grande D. Quixote de La Mancha e do Gordo Sancho Pança* para praças públicas paulistas. Em São Paulo vários grupos trabalharam associando-se aos movimentos populares, entre eles o Grupo Forja e o Galo de Briga. O Teatro Livre da Bahia, criado em 1968 na cidade de Salvador por João AUGUSTO, foi para a rua a partir de 1977, baseando suas experiências na literatura de cordel. A atuação do líder desse grupo no Nordeste brasileiro foi decisiva para o surgimento de novos elencos, como o grupo Imbuaça (SE, 1977), capitaneado por Lindolfo AMARAL, o Mambembe (SE, 1983), o Quem Tem Boca é Pra Gritar (PB, 1988), o Alegria, Alegria (RN, 1984) e o Tuman (Teatro Universitário Mandacaru, PB, 1983). Em 1979 foi criado, na cidade de Angra dos Reis, o Grupo Revolucena que intervia ativamente junto às manifestações ecológica.

No início dos anos 80, com a crise da ditadura e a ascensão dos movimentos democráticos o teatro de rua no Brasil passou para outro patamar, tanto no que diz respeito à quantidade de agrupamentos que surgiram, quanto à qualidade técnica e à profundidade da pesquisa cênica que se começou realizar. A crescente liberdade de expressão artística permitiu uma maior relação com os usuários do espaço público e estimulou o aprofundamento das reflexões sobre o lugar político do teatro de rua. Paulo FLORES, com a Tribo de Atuadores Oi Nóis Aqui Traveiz (criado em 1978, na cidade de Porto Alegre), inaugurou sua ação cênica na rua em 1981, quando o grupo participou ativamente em manifestações políticas e sindicais. Em Belo Horizonte, o Grupo Galpão, criado em 1982, pesquisou recursos técnicos do ator da rua, chegando a uma identidade cênica e poética ímpar, de tal forma que constituiu um modelo reconhecido como um dos mais instigantes produzidos no país; a personalidade teatral do grupo pode ser reconhecida em Romeu e Julieta, marco da cena de rua brasileira. No Rio de Janeiro floresceu o Teatro de Anônimo (1986); em São Paulo o Fora do Sério (1988) e o Grupo Parlapatões, Patifes e Paspalhões; em Petrópolis (1989), o Grupo Oikoveva; e, em Porto Alegre (1991), o Falos de Mel & Stercus Theatralis; nesse cenário, projetam-se encenadores como Paulo DOURADO (Salvador) e André CARREIRA (Florianópolis).

O teatro de rua do Brasil estabeleceu, ao longo das últimas três décadas um intenso diálogo com artistas e companhias internacionais que nos visitaram em inúmeros festivais. Nesse sentido, o Festival Internacional Palco e Rua de Belo Horizonte, que em suas diferentes edições trouxe ao País grupos de destaque, tais como Génerik Vapeur, Els Comediants e Ilotpie, cumpriu um papel decisivo. As visitas de grupos ligados à *antropologia teatral**, como o Táscabile e o Odin Teatret também aportaram novos elementos para a cena da rua. O intercâmbio com grupos estrangeiros estimulou a investigação das linguagens cênicas, abrindo processos de renovação tanto das formas espetaculares como dos procedimentos de trabalho e de formação de atores.

A diversidade da arte teatral da rua se fundamenta na busca de uma comunhão direta com os espectadores no espaço público e na exploração dos espaços da cidade. Esta é representada pela atividade de dezenas de grupos que participam da configuração da multiplicidade de propostas ideológicas e estéticas, que compõe, no início do século XXI, a realidade cênica nacional. (AC e RJSB)

 Popular (Teatro)

 Arte em Revista, 1980; Carreira, 2007a; Cruciani, 1999; Dória, 1975; Peixoto, 1989; Souza, 1993; Telles e Carneiro, 2005.

S

SAINETE

Sainete é uma peça musicada e curta de sabor *naturalista**, que retrata tipos populares sem grandes preocupações com a estrutura dramática. O interesse está na apresentação da realidade em si, com personagens cujas verdades seriam facilmente compreendidas pelo público.

O gênero, de caráter popular, é de origem espanhola e surgiu no século XVIII substituindo o *entremez**. Inicialmente, era uma peça em um ato que as *companhias** apresentavam no final da sessão, após o espetáculo principal. Juan Ignacio Gonzalez del CASTILLO e Ramón de la CRUZ foram os principais autores dessa época. Com o tempo, evoluiu para uma peça independente em um ou mais atos, que podia ser em prosa ou em verso com um argumento estruturado sempre em torno de uma única situação.

Como todos os gêneros, o sainete evoluiu e se modificou com o passar do tempo. Na Espanha dos séculos XVIII e XIX, o sainete fazia parte dos gêneros *chicos* (pequenos) e foi dessa forma que chegou ao Brasil, no século XIX. Artur AZEVEDO, com seu *Teatro a Vapor*, reuniu vários sainetes de sua autoria que são, na verdade, *esquetes** cômicos que caberiam na classificação "gênero *chico*". No século XX, sainete já era uma peça de maior duração.

No Brasil, quem produziu muitos sainetes foi Oduvaldo VIANNA. O primeiro de sua autoria intitulava-se *O Castagnaro da Festa*. As personagens eram típicas: havia mulata do interior de São Paulo, portugueses, italianos, espanhóis, turcos, caipiras, cariocas e até um alemão. *O Castagnaro da Festa* começava num cortiço do Brás. E a ação se passava entre 1920 e 1925. As pessoas cantarolavam em diversas línguas e os pregoeiros anunciavam produtos nas ruas paulistanas em diferentes sotaques. Guitarras alternavam fados com canções napolitanas.

O *castagnaro* (vendedor de castanhas assadas inspirado em tipo popular das ruas de São Paulo da época) concorda em deixar o cortiço e a vida de vendedor ambulante para não envergonhar a filha, cujo noivo é de tradicional família luso-brasileira. Espécie de antecessor de *Dona Xepa* (de Pedro BLOCH) e de outras tantas peças sobre diferenças sociais, o sainete sempre terminava bem. Mas no final, a rubrica pedia o tango mais triste de Buenos Aires! E não faltou, no Teatro Apolo na cidade de São Paulo, a orquestra típica ao vivo. Naquele tempo, o *estrangeiro* mais próximo e receptivo era a Argentina. Havia um grande intercâmbio entre elencos paulistas e argentinos. E o tango estava mais que na moda.

Na primeira montagem de *O Castagnaro da Festa* quem fazia a noiva era Abigail MAIA e o noivo, o grande *galã** do momento, Raul ROULIEN. Mas o maior sucesso da temporada foi o *ator** Nino NELLO (nascido Giovanni VIANELLO), que interpretou, com perfeição, a tragicômica figura do italiano das castanhas.

O sainete era um espetáculo curto, de ação condensada e direta. Por isso, com o passar do tempo mostrou-se bastante adequado às exigências das sessões complementares nos cinemas onde o teatro tinha vez. Eram as chamadas sessões mistas de palco e tela nas quais, entre um filme e outro, apresentava-se um sainete (de novo, "*chico*"). Nesses espetáculos duplos de palco-e--tela, sobressaíram-se, especialmente, o ator Nino NELLO, seu irmão Alfredo VIVIANI e a cunhada Lison GASTER. Todos atores de São Paulo.

O sainete, na forma que Oduvaldo VIANNA lhe deu, equiparava-se à nossa *comédia de costumes**, mas delimitada a um projeto de espetáculo menos longo, porém engraçado e com tintas sentimentais. Também em seu feitio argentino mais próximo, o sainete identificava-se, no *teatro popular**, com a *burleta**, a comédia de costumes e até, em menor proporção, com a *opereta**. Portanto, não é estranha a sua inclusão nos propósitos de teatro ligeiro.

Na Argentina e no Uruguai, o sainete foi um gênero muito popular e expressivo. Os autores fizeram a transposição da estrutura para a atualidade do imigrante italiano na região do Rio da Prata. Foi nessa vertente que Oduvaldo VIANNA arriscou-se com o sainete ítalo-brasileiro, ou mais propriamente, ítalo-paulistano de nosso teatro, com absoluto realce para Nino NELLO.

O sainete, em síntese, surgiu em São Paulo num rasgo de oportunidade e graças à sensibilidade de Oduvaldo VIANNA, face à crise que atravessava a classe teatral naquele momento. (NV)

 Esquete.

 Madeira, 2003.

SALAMEU

Boneco *de vara** com articulação em geral nos braços e pernas, de estrutura tosca, afixado em uma vara bastante alta, como um estandarte para *puxar* a turba que nas cidades e povoados do litoral setentrional, nos dias de *carnaval**, invadem as casas de assalto, como em um entrudo para ganhar comida e bebida que, no final da coleta, o grande blocão reparte em grande comilança. O curioso é que o boneco, o salameu, ao final da *brincadeira**, é enterrado na frente da casa da pessoa escolhida para, no próximo carnaval, dar início à brincadeira, arcando com o trabalho e as despesas de ressuscitar o boneco, enfeitá-lo e então servir a primeira baciada de pinga. Atualmente, em alguns povoados, o boneco é guardado (para ser preservado) e em seu lugar é enterrada uma das prendas em bebida (garrafão de vinho, coco cheio de cachaça etc.) que fica sendo chamada de "o salameu". (AMA)

 Bonecos (Teatro de).

 Borralho, 2005.

SILHUETA

 Sombras (Teatro de).

SIMBOLISTA (TEATRO)

Vasto movimento artístico, literário sobretudo, surgido no último quartel do século XIX, o Simbolismo opôs-se ao cientificismo decorrente da Revolução Industrial e do grande desenvolvimento das ciências que prevaleceu naquele século. No Naturalismo, o homem passara a ser explicado pela fisiologia e pelo meio, originando uma arte pretensamente objetiva que impediria a criatividade e a sensibilidade do artista. *Revestir a ideia de uma forma sensível* é a nova proposta, conforme declara o Manifesto Simbolista (1886), de Jean MORÉAS. BAUDELAIRE, VERLAINE e MALLARMÉ são os poetas precursores do movimento caracterizado pela preocupação em sugerir, não nomear o objeto, pela musicalidade da linguagem e pela busca das correspondências entre o mundo natural e o espiritual. Aliando preocupações esteticistas e visão pessimista da existência, o Simbolismo influenciou enormemente toda a produção artística posterior, inclusive o teatro. A dramaturgia decorrente distinguiu-se pela atmosfera de sugestão e irrealidade, pela atemporalidade do espaço e do tempo, pela recusa de um desenho psicológico preciso das personagens e pelo uso da linguagem de feição nitidamente lírica, contrapondo-se ao realismo/naturalismo dramático então predominante. Destaca-se a influência do compositor alemão Richard WAGNER, buscando unir o pensamento objetivo com a abstração musical. O dramaturgo belga Maurice MAETERLINCK preocupou-se em teorizar (brevemente, mas com profundidade) a respeito dessa dramaturgia, da qual foi o principal representante. Se o produto da primeira geração simbolista foi relativamente pequeno, o mesmo não se pode dizer da sua futura influência, não só na criação de um novo drama, mas também na interpretação dos atores* e na produção e montagem dos espetáculos.

O simbolismo teatral refletiu-se na dramaturgia brasileira nas obras de Roberto GOMES (*Ao Declinar do Dia, A Bela Tarde, O Canto sem Palavras*), Graça ARANHA (*Malazarte*), Paulo GONÇALVES (*As Noivas, A Comédia do Coração*), João do RIO (*Encontro*) e mesmo Oswald de ANDRADE, nas duas peças escritas em francês, em colaboração com Guilherme de ALMEIDA: *Meu Coração Balança (Mon Coeur Balance)* e *Sua Alma (Leur Âme)* (1916). Até mesmo numa peça como *Já É Manhã no Mar,* de 1947, de Maria JACINTHA, encontramos ecos simbolistas. A obra desses autores nunca se pautou por um divórcio total com a realidade. Há nelas, sobretudo, traços crepusculares (ou penumbristas), numa visão melancólica, amarga mesmo, da vida. Observe-se o diálogo sussurrado, cheio de angústia, entre a jovem que perdeu seu namoradinho e o tio cinquentão, abandonado por uma mulher vulgar, em *A Bela Tarde*. "O meu futuro... está atrás de mim!", constata sombriamente o velho, para depois concluir: "(*à meia-voz*) Não há nada, nunca!" Às vezes o Simbolismo se confunde com a alegoria*, como por exemplo, n' *A Comédia do Coração,* de Paulo GONÇALVES, que se passa no "interior de um coração", com personagens que são a Alegria, o Ciúme, o Medo, a Dor, a Paixão e o Ódio. Mas é em Roberto GOMES que encontramos maiores pontos de contato com a dramaturgia simbolista europeia. Suas peças aproximam-se do *teatro da paixão* de BATAILLE (na qual duas ou três personagens de alto nível social se envolvem numa teia de amores contrariados, frustrações sexuais, recriminações, acusações mútuas, revelando a sordidez de seu caráter disfarçado sob a elegância refinada do exterior) e reproduzem a atmosfera do teatro de MAETERLINCK. (EF)

 Fraga, 1992; Magaldi, 1997.

SOCIEDADES TEATRAIS

 Legislação Teatral.

SOLILÓQUIO

Sinônimo de *monólogo** para a fala, no interior de uma peça teatral, de uma personagem que se encontra só, em cena. O exemplo mais famoso de solilóquio encontra-se em *Hamlet*, de SHAKESPEARE, e começa com o verso "To be or not to be". No teatro brasileiro, há bons exemplos de solilóquio no repertório do Romantismo. Gonçalves de MAGALHÃES incluiu esse recurso na primeira cena do segundo ato e no desfecho de *Antônio José ou O Poeta e a Inquisição*. Também as personagens de QORPO SANTO entregam-se comumente a solilóquios, verdadeiros fluxos de pensamento, à maneira dos surrealistas*. (EF)

 Monólogo.

SOMBRAS (TEATRO DE)

É uma das mais antigas manifestações teatrais do Oriente, notadamente em países como China, Índia, Tailândia, Sri Lanka, e Ilha de Java na Indonésia. Certamente, por isso, durante muito tempo, tanto na Europa quanto no Brasil, o teatro de sombras era conhecido como Sombras Chinesas. Nesses países as silhuetas são confeccionadas em couro, que recebe tratamento até tornar-se fino e transparente e só então a silhueta é recortada dando forma à personagem. Sua pintura, feita com tinta vegetal preta ou de variadas cores, reflete na tela, possibilitando a projeção de sombras coloridas. As silhuetas são articuladas com varetas ou fios que permitem movimentar os braços, pernas e outras partes do corpo; e para facilitar a manipulação, normalmente são apoiadas na tela durante a apresentação.

Para a realização do teatro de sombras é indispensável o uso de três elementos técnicos e materiais: silhueta, tela e foco luminoso.

As silhuetas podem ser opacas e transparentes, o que para muitos praticantes dessa arte diferencia a linguagem em teatro de sombras opaco e teatro de sombras translúcido. No ocidente, tradicionalmente, as silhuetas sempre foram confeccionadas em papel cartão preto como *bonecos planos* ou *bonecos de vara*. Porém, principalmente a partir da década de 1980, são confeccionadas com matérias variadas, tais como madeira, tecido, acetato, arame. Às encenações do teatro de sombras são anexados objetos tridimensionais, além de sombras do corpo humano.

O foco luminoso (tocha, vela, lanterna) também foi substituído por sofisticadas lâmpadas alógenas ou lâmpadas incandescentes.

Outra inovação que se registra a partir da década de 1980 foi a movimentação da tela e dos focos durante a apresentação do espetáculo. Isso diminui o nível de exigência técnica para a manipulação de silhuetas articuladas, colabora para a deformação de imagens e contribui para enriquecer a plasticidade dos espetáculos de teatro de sombras.

A tela, tradicionalmente confeccionada em tecido branco e presa a uma estrutura de madeira ou metal para deixá-la plana e esticada, cede lugar a tecidos de variadas tonalidades e espessuras. Ao mesmo tempo, deixa de ser fixa para ser movida durante a representação. O responsável por essa inovação foi o Teatro Gioco Vita (Itália), e tal mudança influenciou diversos grupos de teatro, inclusive no Brasil. Fabrizio MONTECCHI, seu diretor, afirma que no ocidente a tela muitas vezes é um simples recurso para esconder do público a visão dos equipamentos técnicos necessários para a encenação. E reitera que "o espaço-tela para sombras representa um universo filosófico das culturas orientais que o produziram. A cultura ocidental, ao herdá-la, transformou-a em superfície que anula o seu significado"(MONTECCHI apud Beltrame 2005a:29).

Nessa mesma perspectiva, que compreende o teatro de sombras como linguagem distanciada das estéticas *naturalista** e realista, o diretor francês Jean Pierre LESCOT, considerado um dos responsáveis pela renovação dessa arte na Europa afirma que "o teatro de sombras é o complemento de um grande livro de imagens, animado por um narrador. O tema desse teatro é a epopeia. O teatro nasce da chama, da vibração, isto é, o impalpável, a imagem irreal. O ritmo do espetáculo é comparável a uma vela que se consome, é um cerimonial" (LESCOT apud Beltrame, 2005a:14).

Dentre os pioneiros dessa linguagem teatral no Brasil destacam-se Olga OBRY e o Grupo Quintal, da cidade de Niterói, liderado pela família BEDRAN com diversos trabalhos realizados nas décadas de 1970 e 1980. Atualmente, dois grupos se destacam pela prática dessa arte: a Cia. Lumbra, dirigida por Alexandre FÁVERO, em Porto Alegre, e o Grupo Karagozwk, dirigido por Marcelo ANDRADE, em Curitiba. (VB)

 Beltrame, 2005a.

SOUBRETTE

Termo empregado em francês no teatro brasileiro, cuja tradução é *criadinha*, *lacaia* em Portugal, condição que denuncia a influência do teatro francês no país no século XIX e em boa parte do século XX. Designa um dos *emplois** mais difundidos da antiga concepção de distribuição hierarquizada de *papéis** e funções dramatúrgicas; sua origem remonta aos criados do teatro italiano, os *zanni*, que se tornaram populares com a *Commedia dell'Arte*.

As suas características estão em boa parte relacionadas às exigências da *comédia**: deve ser gaiata, vivaz, ruidosa, ladina e bem falante, apta a complicar as situações através de *quiproquós**, pródiga em gestos e trejeitos, jovem, com idade ao redor de vinte e cinco anos (RANGEL, sd.). Por ser parte integrante da intriga doméstica, é sempre *confidente**, mas às vezes age como alcoviteira, acobertando os jovens amorosos. A função encontra equivalência, nas *operetas**, nas damas elegantes.

No teatro brasileiro, a criadinha se tornou *papel** cômico consagrado desde o século XIX. Um exemplo de sucesso é a criada ama-seca Madalena, da peça *Desgraças de uma Criança*, de Martins PENA. Uma outra variante, ainda que ultrapasse o limite de idade, é a velha Beatriz, d' *O Primo da Califórnia*, de Joaquim Manuel de MACEDO.

Atuaram nessa função as atrizes Adelina ABRANCHES (portuguesa), Adelaide PEREIRA, Aurora ABOIM, Ignez GOMES, Hermínia ADELAIDE. Esta última, ao longo de sua carreira e em particular durante o final de sua vida nos palcos, passou a *dama galã**, dama central e, finalmente caricata (VICTORINO, 1937). O sucesso das *soubrettes* constitui uma tradição subterrânea do teatro brasileiro, capaz de explicar, já no final do século XX, a consagração da jovem atriz Denise FRAGA, que se projetou graças ao papel de criadinha, desempenhado por ela durante anos na peça *Trair e Coçar É só Começar*, de Marcos CARUSO. (TB)

 Ator (Teatro do), Característico (Ator), *Emploi*, Papel.

SURREALISTA (TEATRO)

O Manifesto Surrealista de André BRETON (1924) pregava uma arte que se utilizaria do automatismo psíquico, criando portanto sem o "controle exercido pela razão", liberando os recalques e sublimações do inconsciente. Da mesma forma que o Expressionismo, é uma atitude do homem perante o mundo, na crença de existirem verdades que não podem ser racionalizadas, mas intuídas pelos sentidos. Assim sendo, como tendência sempre existiu e, como movimento, sobreviveu até o presente, na pintura sobretudo. O teatro decorrente não produziu obras excepcionais, já que a organização teatral conflita com as ideias geradoras do movimento. QORPO SANTO, dramaturgo gaúcho do século XIX, mostraria no teatro brasileiro suas afinidades (não conscientes, claro) com o teatro surrealista: automatismo verbal, produção de imagens oníricas, descaracterização das personagens, *nonsense*, linguagem sem preocupações comunicantes. Há, na quase totalidade dos seus textos, o uso sistemático do fluxo da consciência que, partindo da personagem, adquire, sutilmente, feição confessional do próprio dramaturgo. Em *O Marinheiro Escritor*, por exemplo, personagens são subitamente "transportadas" para um outro plano do qual retornam confusas e perturbadas. O próprio mundo físico é fluido e sem consistência, configurando uma atmosfera onírica: há incêndios nascidos por geração espontânea, milhares de luzes descem do céu inexplicavelmente, ouvem-se batidas misteriosas nas portas (sem que se esclareça a procedência) e o espectador sente-se perturbado pela sensação de que as personagens conhecem alguma coisa que jamais lhe será revelada, uma espécie de *ironia dramática** às avessas. Más há traços de surrealismo em *O Homem e o Cavalo* (Oswald de ANDRADE), *Viúva, porém Honesta* (Nelson RODRIGUES), na dramaturgia de Silveira SAMPAIO e, mesmo, em inúmeras e despretensiosas *comédias de costumes**, gênero tão apreciado pelo público brasileiro. Em *O Homem e o Cavalo* contracenam personagens históricas (Cleópatra, Cristo) com outras ficcionais (D'Artagnan, Fu-man-chu) e mais um número enorme, criadas pela imaginação satírica de Oswald de ANDRADE (o cachorro Swendenborg, o Cavalo de Tróia, Mme. Jesus), movimentando-se nos lugares mais disparatados como o céu, o planeta vermelho, a barca de São Paulo, configurando um universo (e um pensamento) de ponta-cabeça. (EF)

 Absurdo (Teatro do), Vanguarda (Teatro de).

 Fraga, 1988.

T

TE-ATO

Proposta teatral concebida pelo *diretor** José Celso Martinez CORRÊA para o seu *grupo** do Teatro Oficina, objetivando a transformação da arte em vida e da vida em arte. Desse modo, desapareceriam as barreiras entre o público e os intérpretes, "atando-os" univocamente, eliminando (ou procurando eliminar o mais possível) a distância entre a realidade teatral e a social. "A proposta era a de que fossem suprimidas todas as distinções e barreiras entre *atores** e espectadores, engendrando-se um conjunto de atuadores que, num jogo criativo, despidos de *máscara**, promoveriam a comunicação e liberação coletivas. A coparticipação, que sempre fora entendida no teatro como um fator de apoio, passaria a ser real coautoria em ação, ou seja, atuação. O atuador seria o instigador de novos comportamento individuais e sociais... A vida renovada pela arte" (SILVA, 1981:234). (EF)

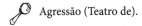 Agressão (Teatro de).

TEATRÃO

Termo que designa uma montagem bem cuidada sob o ponto de vista da produção (cenários, figurinos, iluminação, música incidental etc.), representada por um bom elenco, mas concebida de forma tradicional, sem maior imaginação e despreocupada de uma pesquisa formal criativa. Na verdade, a expressão da palavra envolve, muitas vezes, um significado preconceituoso, senão desrespeitoso, visando estabelecer pesquisas formalistas como padrão estético de avaliação. Uma peça *naturalista** cuja montagem obedecesse rigorosamente às indicações do autor deveria ser classificada pejorativamente de *teatrão*? Comparando-se uma produção de alto nível profissional e outra repleta de novidades, mas mal executada, deve-se privilegiar esta em detrimento daquela? Procurar o beneplácito de público mais tradicional sem fazer concessões de qualidade seria prejudicial ao interesse pelo teatro como uma totalidade? São questões que o uso inconsequente da expressão pode levantar. (EF)

TEATRO DE GRUPO

A paisagem teatral brasileira modificou-se significativamente com o fenômeno das práticas coletivas durante as décadas de 1990 e 2000. Centenas de núcleos surgiram ou foram revitalizados nos centros urbanos em consequência de políticas públicas mínimas para o segmento, fruto da mobilização dos artistas. São grupos que, invariavelmente, realizam treinamento e pesquisa contínuos na preparação do intérprete, da cena, do texto e dos demais elementos constitutivos do espetáculo. A maioria mantém sede própria ou alugada, com sala ou galpão onde ensaia, se apresenta ou abre as portas para seminários e debates.

Coexistem modos de organização e de produção que valorizam o percurso criativo prático e a base teórica em detrimento da obra como fim em si mesmo. O trabalho em equipe costuma ser bem-sucedido quando dimensões estéticas e éticas convergem para uma poética. Para atingi-las, os artistas vão à luta por recursos e chamam o Estado a cumprir seu papel, como ocorre em paises desenvolvidos. A França, por exemplo, de tradição no subsídio à arte, também vive uma explosão de coletivos de teatro na década de 1990. São os "bandos", conforme a designação do ensaísta Jean-Pierre THIBAUDAT, que sublinha a condição marginal de atrizes, atores e diretores em artigo traduzido e publicado pela revista Camarim, da Cooperativa Paulista de Teatro. "Não é espantoso observar, para concluir, que é nesse teatro dos bandos que se encontrou ou reencontrou-se o fermento político abandonado pela maioria de seus antecessores", escreve Thibaudat, citando núcleos como Radeau, Royal de Luxe e Machine (2008: 56-61).

No Estado de São Paulo, uma das iniciativas demarcatórias dessa fase é o Encontro Brasileiro de Teatro de Grupo, organizado pela equipe do Fora do Sério na cidade de Ribeirão Preto. Com ênfase em espetáculos, o projeto atrai dezenas de equipes em suas duas edições, em 1991 e 1993. Concomitante, em Belo Horizonte, desponta a Associação Movimento Teatro de Grupo de Minas Gerais, em 1991. Mas é na capital paulista que a urgência de políticas públicas para as artes cênicas ganha o centro das discussões. O movimento *arte contra a barbárie** catalisa artistas, produtores e pensadores a partir de 1998. O primeiro manifesto vem à luz em maio do ano seguinte e salienta alguns parâmetros:

1) O teatro é uma forma de arte cuja especificidade a torna insubstituível como registro, difusão e reflexão do imaginário de um povo;

2) É inaceitável a mercantilização imposta à cultura no País, na qual predomina uma política de eventos. É fundamental a existência de um processo continuado de trabalho e pesquisa artística;

3) Nosso compromisso ético é com a função social da arte;

4) A atual política oficial, que transfere a responsabilidade do fomento da produção cultural para a iniciativa privada, mascara a omissão que transforma os órgãos públicos em meros intermediários de negócios;

5) A cultura é o elemento de união de um povo que pode fornecer-lhe dignidade e o próprio sentido de nação. É tão fundamental quanto a saúde, o transporte e a educação. É, portanto, prioridade do Estado (COSTA & CARVALHO, 2008: 21-22).

Fruto da perseverança dos grupos e marco das políticas públicas de cultura no País – em contraposição à hegemonia da renúncia fiscal do patrocínio via Lei Rouanet, de 1991 –, o Programa Municipal de Fomento ao Teatro para a Cidade de São Paulo é instituído em 2002 (Lei 13.279). O seu artigo 1º – como se lê na webpage da Secretaria Municipal de Cultura de São Paulo – afirma que o objetivo é apoiar "a manutenção e criação de projetos de trabalho continuado de pesquisa e produção teatral visando o desenvolvimento do teatro e o melhor acesso da população ao mesmo".

O Programa soma R$ 48,1 milhões em seus primeiros cinco anos de vigência, valor destinado a 192 projetos escolhidos por meio de edital e executados por 93 equipes nos vários quadrantes da geografia paulistana. Centro e periferia se entrecruzam na circulação de espetáculos por palcos, praças e espaços não-convencionais, como o albergue destinado às pessoas que sobrevivem nas ruas, o trecho de um rio ou os prédios abandonados de uma antiga vila operária. Amplia-se o saber cênico; formam-se espectadores para os quais a arte era, até então, inacessível. Essa percepção da cidadania é replicada na safra de peças que tangencia temas ou conteúdos sociais.

Em entrevista concedida ao jornal *O Estado de S.Paulo*, o filósofo Paulo Arantes observa que a vitória desses grupos que conquistaram uma Lei de Fomento dos governantes deve-se a um movimento relevante estética e politicamente: "Nos tempos que correm não é pouca coisa converter consciência artística em protagonismo político. Foi uma vitória conceitual também, pois além de expor o caráter obsceno das leis de incentivo, deslocaram o foco do produto para o processo, obrigando a lei a reconhecer que o trabalho teatral não se reduz a uma linha de montagem de eventos e espetáculos. Nele se encontram, indissociados, invenção na sala de ensaio, pesquisa de campo e intervenção na imaginação pública. Quando essas três dimensões convergem para aglutinar uma plateia que prescinda do guichê, o teatro de grupo acontece." (NÉSPOLI, 2007: 8-9)

Sob o ponto de vista formal, uma das principais inovações do teatro de grupo é disseminar o ato de criar em colaboração, independentemente do que cada um dos seus integrantes faz. Se por um lado lembra a *criação coletiva** em voga nos anos de 1960 e 1970, quando certo ímpeto comunitário respondia à crispação gerada pela ditadura militar (1964-1985), por outro avança na maneira de envolver toda a equipe na construção do espetáculo, configurando um procedimento que se tornou conhecido como *processo colaborativo**. Nos dias que correm, é comum a presença do dramaturgo na sala de ensaio, permeável às sugestões do elenco, do diretor e do corpo técnico, sem que as hierarquias sejam anuladas.

A articulação dos coletivos em nível nacional se dá por meio do Redemoinho – Movimento Brasileiro de Espaços de Criação, Compartilhamento e Pesquisa Teatral, iniciativa do Galpão Cine Horto, de Belo Horizonte, a partir de 2004. O Redemoinho logo se assume enquanto movimento político e os cerca de 70 grupos de 11 Estados, a ele ligados, reivindicam a aprovação de uma lei federal de Fomento. Contudo, entre o desejo e a realidade da tramitação de um projeto de lei ao sabor dos ventos partidários, defrontam-se com o desafio de melhorar o diálogo entre si e aparar antagonismos ideológicos, problemas que levaram ao adiamento do 5º encontro anual previsto para o final de 2008, em Salvador – as edições anteriores ocorreram na capital mineira (2004 e 2005), em Campinas (2006) e em Porto Alegre (2007). No encontro de Campinas, um importante documento redigido pelos grupos participantes e intitulado "O Redemoinho e seus Objetivos" sintetiza as propostas basilares. Publicado no *Jornal do Redemoinho* (2006:5), ei-lo na íntegra:

Redemoinho é uma associação brasileira de grupos que mantêm ou disputam espaços de criação, compartilhamento e pesquisa teatral. Criada em 2004, funcionou até seu terceiro encontro como rede e neste ano de 2006 deliberou transformar-se em movimento político cujos representantes, eleitos, têm a tarefa de atuar na cena pública e política.

Desde a sua fundação este movimento se propõe a travar as seguintes lutas:

1. Pela criação de condições sociais, políticas e econômicas para a construção de um país que alimente a utopia de uma sociedade na qual a arte e a cultura sejam compreendidas como afirmação da vida e direito universal;

2. Pelo direito de produzir teatro entendido não como veículo de marketing institucional nem como um instrumento de pseudoinclusão social, mas como elaboração, na esfera do simbólico, do nosso depoimento crítico sobre a experiência de viver numa sociedade em que a cultura é mercadoria a serviço da dominação e por isso tem a função de alimentar os valores da concorrência, da acumulação ou concentração de renda, do preconceito e da exclusão;

3. Pelo reconhecimento, por parte do Estado, do direito à cultura entendida como exercício crítico da cidadania e, consequentemente, do nosso direito de criar um teatro que corresponda a esta definição. Há muitos anos o Estado brasileiro vem se omitindo de suas obrigações constitucionais para com a Cultura. O atual modelo neoliberal tem nas leis de incentivo seu principal instrumento de transferência de recursos públicos para a área cultural.

O Redemoinho não reconhece a Lei Rouanet como uma política pública para a cultura, uma vez que ela é privatizante, antidemocrática, excludente.

Por atender a interesses privados, norteados pelos departamentos de marketing das empresas, a Lei se mostra concentradora de renda e submete a esfera da produção simbólica aos interesses mercantis. Ao considerarmos que a Política cultural do país está privatizada, o Redemoinho propõe que o Estado retome suas responsabilidades na formulação e execução de políticas realmente públicas para a Cultura.

Nossas Reivindicações

Nossas experiências de pesquisa, criação e compartilhamento de processos teatrais necessitam de espaços autônomos nos quais os grupos possam melhor desempenhar a sua função social de prover o imaginário de bens simbólicos que favoreçam a construção da cidadania e a criação de uma democracia de fato no Brasil.

Para fazer frente a esta necessidade reivindicamos um Programa Público de Cessão, Gestão e Consolidação de Espaços para o Teatro de Grupo.

Este programa visa:

- a construção de novos espaços teatrais em terrenos públicos ou em terrenos privados em parceria com o poder público;
- a ocupação e revitalização de espaços públicos ociosos;
- a revisão do conceito de gestão de espaços públicos existente;
- a criação de políticas públicas para os teatros e ou sedes de grupos já existentes que cumprem a função cultural que nós especificamos;
- a criação de linhas de crédito e isenção de impostos para a aquisição, construção, reforma, manutenção e equipagem de espaços teatrais.

Nossas experiências necessitam ainda da criação de um Programa Especial de Circulação que, ao invés de dar prioridade aos aspectos quantitativos da circulação de produtos, vise ao intercâmbio e compartilhamento de processos artísticos, de formação e pesquisa. Esta concepção diferenciada de circulação reafirma a necessidade dos espaços autônomos.

O Redemoinho propõe também que a gestão do Fundo Nacional de Cultura seja transparente, democrática e pautada por critérios que contemplem a diversidade cultural, sobretudo as práticas que se caracterizem por processos continuados.

Como ação imediata, propõe ainda a aprovação do Projeto de Lei Federal Prêmio de Fomento ao Teatro Brasileiro como início da retomada do papel do Estado na formulação e execução de políticas públicas para a Cultura.

O Redemoinho afirma, em consonância com grande parte dos movimentos sociais, a necessidade urgente de que a valorização da Cultura se expresse no aumento da dotação ao Minc para no mínimo 1 por cento do orçamento geral da União.

Campinas, 6 de dezembro de 2006.

Como afluentes históricos dos protagonistas que aí estão, citamos o Arena e o Oficina (atual Oficina Uzyna Uzona), em São Paulo, e o Ipanema e o Opinião, no Rio de Janeiro, os quatro surgidos entre os anos de 1950 e 1960. Também podem ser lembrados alguns representantes das gerações sucessivas, como a Tribo de Atuadores Ói Nóis Aqui Traveiz, em Porto Alegre; o Tá na Rua, no Rio; o Galpão, em Belo Horizonte; e o Lume, em Campinas, todos ativos e nascidos nos estertores da repressão.

Essa nomenclatura disseminada sobre o território nacional espelha subjetividades inerentes à cena mundial, como contextualiza Béatrice PICON-VALLIN, quando participa do Próximo Ato – Encontro Internacional de Teatro Contemporâneo, em São Paulo. Eis como ela se refere ao teatro de grupo:

O teatro de grupo pode ser definido, quer se atribua explicitamente ou não tal denominação, como uma comunidade artística reunida, no mais das vezes, em torno de um ou mais líderes, empenhados num mesmo projeto. Ele pode ser *amador**, semiprofissional ou profissional, e pode escolher, conforme seu status (que pode evoluir), a relação com os outros, a pesquisa artística, o impacto na sociedade, a qualidade perturbadora da criação, até mesmo a refundação do teatro. Porém, as relações de confiança, entendimento, cumplicidade, compartilhamento, que dão fundamento ao grupo enquanto tal, têm seu reverso: o voltar-se para dentro, para o trabalho de pesquisa, devido às dificuldades a serem superadas e à intensidade do trabalho no decorrer do processo de ensaios. O grupo pode, assim, ver-se isolado, apesar de todos aqueles que gravitam em torno do seu núcleo de atração. O Odin Teatret soube romper essa isolamento potencial e voluntário (a situação periférica do seu local de trabalho no interior da Dinamarca), por meio de uma rede mundial pacientemente tecida e organizada. Para resistir em um contexto que, na Europa, se torna cada vez mais difícil para a arte e para o teatro, cada vez menos subvencionado – e que, em São Paulo, atualmente, por conta da recente Lei de Fomento, pode se tornar um pouco mais fácil, embora isso leve os grupos a uma concorrência, ao polimento dos projetos que são apresentados a quem concede os apoios e patrocínios –, é preciso, sem dúvida, estabelecer um princípio de base. Isolado para trabalhar, o grupo deve buscar alianças com outros grupos para proteger de todas as formas, tanto espirituais quanto ideológicas ou financeiras, esse isolamento propício à criação (PICON-VALLIN, 2008: 82-89).

O teatro de grupo no Brasil, em suma, ao cultivar a diversidade de gêneros e linguagens, conquista lugar no sistema de entretenimento das capitais, sem recuo do pendor para o experimento. Os mais importantes prêmios e festivais já não o ignoram. A universidade e a imprensa tampouco, ainda que existam lacunas na análise desse período efervescente de mudanças de paradigmas. Uma referência no campo acadêmico é o ÁQIS - Núcleo de Pesquisa sobre Processos de Criação Artística –, que organiza um mapa do teatro de grupo no Brasil e é fundado em 1997 na Universidade do Estado de Santa Catarina. Aliás, vale lembrar que muitos coletivos têm origem nos cursos de arte dramática das universidades, que os municiam com forte formação teórica e prática. Para dizer a que vieram e buscar interlocução, núcleos em atividade lançam mão de publicações: revistas, jornais, cadernos, livros, fanzines e páginas na internet. Um reflexo dessa representatividade é a atuação da Cooperativa Paulista de Teatro. Ela chega aos 30 anos, em 2009, revigorada institucionalmente por causa da intensa produção dos núcleos desde a década anterior. A mesma entidade organiza a Mostra Latino-Americana de Teatro de Grupo, firmando correspondência com seus pares nos países de língua espanhola. Entre os conjuntos historicamente mais significativos que passaram pelas três edições paulistanas da Mostra, de 2006 a 2008, estão: Teatro Experimental de Cali (Colômbia, 1955), Teatro La Candelária (Colômbia, 1966), Teatro Buendía (Cuba, 1986), Yuyachkani (Peru, 1971), Teatro Malayerba (Equador, 1979) e Teatro de Los Andes (Bolívia, 1991). Todos também são destacados nos últimos anos em festivais internacionais de Londrina, Porto Alegre e Belo Horizonte.

No Brasil, pelo trabalho já realizado e pela repercussão obtida, destacam-se do panorama em processo os grupos Ágora, Caixa de Imagens, Cemitério de Automóveis, Companhia Circo Mínimo, Companhia da Mentira, Companhia Teatro Balagan, Companhia de Atores Bendita Trupe, Companhia de Teatro em Quadrinhos, Companhia de Teatro Os Satyros, Companhia Fábrica São Paulo, Companhia do Feijão, Companhia do Latão, Companhia Livre, Companhia Cênica Nau de Ícaros, Companhia Paideia de Teatro, Companhia Razões Inversas, Companhia São Jorge de Variedades, Companhia Teatral As Graças, Companhia Triptal, Companhia Trucks Teatro de Bonecos, Fraternal Companhia de Artes e Malas-Artes, Engenho Teatral, LaMínima, Núcleo Argonautas de Teatro, Núcleo Arte Ciência no Palco, Núcleo Bartolomeu de Depoimentos, Os Fofos Encenam, Parlapatões, Patifes & Paspalhões, Pessoal do Faroeste, Pia Fraus Teatro, Pombas Urbanas, Sobrevento, Tapa, Teatro da Vertigem, Teatro de Narradores, Teatro Popular União e Olho Vivo, Teatro Promíscuo, Teatro Ventoforte, XIX de Teatro e XPTO, em São Paulo; Barracão Teatro, Boa Companhia e Matula Teatro, em Campinas; Fora do Sério, em Ribeirão Preto; Armazém Companhia de Teatro, Companhia dos Atores, Companhia dos Comuns, Companhia Ensaio Aberto, Companhia Os Dezequilibrados, Companhia Teatro Autônomo, Intrépida Trupe, Os Fodidos Privilegiados, Studio Stanislavski, Teatro de Anônimo e Teatro do Pequeno Gesto, no Rio de Janeiro; Companhia Clara, Espanca!, Companhia Zikizira Teatro Físico, Luna Lunera Companhia de Teatro, Oficina Multimédia, Teatro Andante e ZAP 18 – Zona de Arte da Periferia, em Belo Horizonte; Circo Teatro Udi Grudi e Teatro do Concreto, em Brasília; Zabriskie, em Goiânia; Antropofocus, Ateliê de Criação Teatral, CiaSenhas de Teatro, Companhia Brasileira de Teatro, Companhia Silenciosa, Companhia Vigor Mortis, Delírio Teatro, Obragem Teatro e Companhia e Sutil Companhia de Teatro, em Curitiba; Companhia Teatro di Stravaganza, Depósito de Teatro, Falos & Stercus e Oigalê Cooperativa de Artistas Teatrais, em Porto Alegre; (E)xperiência Subterrânea, Persona Companhia de Teatro, Teatro Sim… Por Que Não?!!! e Téspis Companhia de Teatro, em Florianópolis; Companhia Carona, em Blumenau; Imbuaça e Stultífera Navis, em Aracaju; Ata e Joana Gajuru, em Maceió; Bigorna e Piollin, em João Pessoa; Bando de Teatro Olodum, Companhia Baiana de Patifaria, Companhia Teatro dos Novos, Dimenti, Los Catedraticos e Vilavox, em Salvador; Coletivo Angu de Teatro, Companhia Teatro de Seraphim, em Recife; Bagaceira, Cabauêba e Teatro Máquina, em Fortaleza; Alegria Alegria e Clowns of Shakespeare, em Natal; Cuíra do Pará, em Belém; e Mosaico e Teatro Fúria, em Cuiabá. (VS)

 Arena (Teatro de), Grupos Teatrais, Político (Teatro), Resistência (Teatro de).

 Carreira, 2007; Costa e Carvalho, 2008; Néspoli, 2007; Picon-Vallin, 2008; Thibauldat, 2008; *Jornal do Redemoinho*, 2006.

 http://portal.prefeitura.sp.gov.br/secretarias/cultura/fomento_cultura/0001.

TEATRO E CINEMA

Em muitas circunstâncias, tornou-se voz corrente que o advento do cinema, a pouco e pouco, contribuiria para o desaparecimento da cena teatral, especialmente pelo fato de que os filmes, projetados em grandes telas e em diferentes cantos do mundo, seriam, por excelência, a Arte da sociedade de massas. Entretanto, ao contrário do que anunciava tal profecia, teatro e cinema, em diversos momentos históricos, estabeleceram-se como formas artísticas complementares, já que, mesmo considerando as experiências pioneiras dos Irmãos LUMIÈRE e de Georges MELIÈS, em Paris, o cinema como narrativa nasceu também pelos esforços criativos de homens de teatro.

Um bom exemplo disso pode ser encontrado na obra de D. W. GRIFFITH. Diretor norte-americano, considerado o pai da *narrativa clássica*, iniciou suas atividades artísticas como ator e como um promissor dramaturgo que não obteve o reconhecimento almejado. Em vista disso, voltou-se para o cinema onde não só produziu importantes trabalhos como, de acordo com vários estudiosos, tornou-se uma referência fundamental, pois foi capaz de criar vários procedimentos essenciais à constituição do cinema como uma linguagem específica, tais como a *montagem paralela*, a *montagem alternada* e o *campo/contracampo*. Embora tenha sido classificado por Charles CHAPLIN como "o pai de todos nós", GRIFFITH compartilhou os resultados de seu trabalho com o operador de câmera Billy BITZER e com a atriz Lilian GISH. Os filmes de longa-metragem *O Nascimento de Uma Nação* (1915) e *Intolerância* (1916) são suas obras mais conhecidas.

Caminho semelhante foi o do cineasta russo Sergei EISENSTEIN. Engenheiro de formação, aos 19 anos viveu intensamente o processo revolucionário russo. Em 1918, alistou-se no Exército Vermelho e no ano de 1920 tornou-se decorador de cenários teatrais no Proletkult e aluno de MEIERHOLD no curso de direção teatral. Em 1924 abandonou o Proletkult, ano em que realizou o filme *Greve*. Depois do esgotamento de suas experiências cinematográficas com a chamada *montagem de atrações*, fortemente influenciadas pelo circo e pelo *music hall**, EISENSTEIN criou uma nova maneira de conceber a articulação entre os planos, a *montagem intelectual* ou *dialética*, que pode ser encontrada em filmes como *Encouraçado Potemkin* (1925) e *Outubro* (1928).

Dentre essas referências clássicas, não pode ser deixada de lado a figura de Charles CHAPLIN que, antes de legar ao mundo obras como *O Garoto* (1921), *Em Busca do Ouro* (1925), *O Circo* (1928), *Luzes da Cidade* (1931), *Tempos Modernos* (1936), *O Grande Ditador* (1941), *Luzes da Ribalta* (1952) e inúmeros curtas-metragens – iniciou suas atividades artísticas, aos cinco anos de idade, no *music hall* londrino.

Os três cineastas acima destacados demonstram, de forma exemplar, o diálogo do teatro com o cinema no início do século XX. Com efeito, merece destaque, especialmente, o fato de que, embora eles tenham contribuído de maneira essencial para o desenvolvimento da linguagem especificamente cinematográfica, em muitos de seus trabalhos a referência primeira foi o teatro. E isso se observa não só na construção dos cenários, na composição dos figurinos, nos estilos de maquiagem, mas também na interpretação dos atores.

Aliás, registre-se, nesse contexto, a grande colaboração oferecida pelo teatro ao cinema expressionista alemão, sobretudo no que se refere ao trabalho dos atores (construção das personagens por meio de gestos, expressões faciais, maquiagem, figurino etc), o que pode ser observado em filmes como *O Gabinete do Doutor Caligari* (1919), *Nosferatu* (1922), *Metrópolis* (1926), *O Anjo Azul* (1930) etc. Em épocas mais recentes, não se deve ignorar a evidente teatralidade presente em muitos filmes de FELLINI, Ingmar BERGMAN e Pedro ALMODÓVAR.

Outras formas de intercâmbio muito frutíferas são as adaptações cinematográficas de textos teatrais. Dentre elas, vale mencionar a título de ilustração: *Oleanna, Uma Rua Chamada Pecado, Longa Jornada Noite Adentro, Gata em Teto de Zinco Quente, Woyzeck, Ratos e Homens, A Morte do Caixeiro Viajante, As Bruxas de Salém* etc. Por outro lado, diversos diretores teatrais, tais como, Peter BROOK, David MAMET, Bertolt BRECHT, entre outros, realizaram instigantes incursões por detrás das câmeras na qualidade de diretores ou roteiristas.

Porém, invertendo o foco, cabe perguntar: de que forma o cinema contribuiu para o revigoramento do teatro?

Para entender melhor essa contribuição, primeiramente, é preciso não esquecer que a narrativa cinematográfica inseriu-se entre as narrativas do romance moderno, que propiciaram a experiência da *simultaneidade*. Esta "consiste, sobretudo, numa consciência do momento em que nos encontramos: numa consciência do presente. [...] O fascínio da 'simultaneidade', a descoberta de que, por um lado, o mesmo homem vivencia tantas coisas diferentes, desconexas, e homens em diferentes lugares experimentam frequentemente as mesmas coisas, de que as mesmas coisas estão acontecendo ao mesmo tempo em lugares completamente isolados uns dos outros.

[...] Essa qualidade rapsódica, que distingue com extrema nitidez o romance moderno da novelística de outros tempos é, simultaneamente, a característica responsável por seus efeitos mais cinematográficos. A descontinuidade do enredo e do desenvolvimento cênico, a súbita emersão dos pensamentos e estados de ânimos, a relatividade e a inconsistência dos padrões do tempo" (HAUSER, 2000: 975).

Nesse sentido, em termos teatrais, era necessário encontrar uma linguagem artística capaz de materializar, no palco, a ruptura da clássica unidade de ação, espaço e tempo, com a criação de narrativas múltiplas e/ou simultâneas. Isso já tinha sido anunciado pelo texto teatral *Woyzeck* (1836), de BÜCHNER. De acordo com Anatol ROSENFELD, esse momento pode ser reconhecido também na montagem da peça *O Mendigo* (1912) de Reinhold Johannes SORGE. "Sorge é pioneiro da concepção cênica do expressionismo. No contexto onírico da peça, os projetores adquirem importância sem par. Recortam da cena total, pelo cone da luz, figuras humanas, por vezes caricatas, para devolvê-las logo depois à escuridão (sugerindo deste modo nitidamente a projeção subjetiva a partir da consciência central). As faixas de luz dividem o palco em segmentos sucessivamente iluminados e assim atualizados para o jogo cênico, criando uma espécie de palco simultâneo" (ROSENFELD, 1968: 112).

Porém, a interlocução entre teatro e cinema não se manteve restrita apenas à escrita dramatúrgica e à concepção cênica propiciada pela iluminação. Ainda na Alemanha, após a I Guerra Mundial, o diretor Erwin PISCATOR, em meio ao engajamento político de seu teatro, foi responsável por inúmeras conquistas no âmbito da linguagem cênica. Dentre elas, estão a utilização de *slides* e a projeção de filmes na cena teatral. Evidentemente, dada a amplitude e a diversidade do teatro contemporâneo, esse recurso tem sido utilizado por diversos artistas, em distintas circunstâncias, com objetivos diferentes.

No Brasil, de maneiras variadas, também se fizeram presentes essas transformações cênicas e narrativas e consequentemente temáticas, identificadas como índices de modernidade no teatro europeu e norte-americano. No âmbito da história do teatro brasileiro são notórios os debates acerca da presença dos índices de modernidade. Nesse sentido, em que pese divergências acerca de seu momento inaugural – seja o Teatro do Estudante, de Paschoal Carlos MAGNO, sejam as iniciativas ainda que *amadoras** de Décio de Almeida PRADO e Alfredo MESQUITA, em São Paulo, seja a criação e o repertório da companhia de Maria Della COSTA ou a fundação do Teatro Brasileiro de Comédia (TBC) – cabe destacar o impacto provocado pela encenação da peça de Nelson RODRIGUES, *Vestido de Noiva*, em 28 de dezembro de 1943, sob a direção de Zbigniev ZIEMBINSKI.

A eleição desse acontecimento artístico como o ingresso do Brasil nas sendas da modernidade teatral deve-se, fundamentalmente, à presença entre nós de um encenador capaz de dar materialidade cênica a uma peça que, em sua escrita, havia incorporado elementos da narrativa cinematográfica, tornando possível a criação de, pelo menos, três planos narrativos: *presente* (realidade), *passado* (consciência/memória voluntária) e o tempo da *alucinação* (subconsciente/memória involuntária).

Sábato MAGALDI, ao discorrer sobre os elementos de modernidade de *Vestido de Noiva*, afirmou: "Como se sabe, ao aventurar-se no teatro, Nelson praticamente desconhecia tudo dessa arte. Romances, devorava desde cedo, embora limitado à tradução. De onde tiraria ele a flexibilidade da linguagem que adotou? Não estarei afirmando nenhum absurdo se atribuí-la à influência do cinema. O realismo cinematográfico, sobretudo depois que se passou a falar na tela, absorveu o diálogo espontâneo, natural, cotidiano, sem prejuízo dos avanços técnicos dos cortes, das elipses, dos *flashbacks*. O cinema tornou-se admirável escola de uma nova linguagem ficcional. Por que não incorporá-la ao palco? Acredito que a grande liberdade da técnica dramatúrgica de Nelson tenha nascido da observação de espectador cinematográfico. Se a sétima arte não teve pudor de assenhorear-se de procedimentos teatrais, a recíproca não mereceria condenação" (MAGALDI, 1992: 43).

PRIMEIRO ATO
(Cenário dividido em três planos – primeiro plano: alucinação, segundo plano: memória; terceiro plano: realidade. Quatro arcos no plano da memória; duas escadas laterais. Trevas.)
MICROFONE – Buzina de automóvel. Rumor de derrapagem violenta. Som de vidraças partidas. Silêncio. Assistência. Silêncio.

(Luz em resistência no plano da alucinação, três mesas, três mulheres escandalosamente pintadas, com vestidos berrantes e compridos. Decotes. Duas delas dançam ao som de uma vitrola invisível, dando uma vaga sugestão lésbica. Alaíde, uma jovem senhora vestida com sobriedade e bom gosto, aparece no centro da cena. Vestido cinzento e uma bolsa vermelha.)
[...]
(Música cortada. Ilumina-se o plano da realidade. Quatro telefones, em cena, falando ao mesmo tempo. Excitação) (RODRIGUES, 1993: 349-350).

As rubricas de *Vestido de Noiva* não apenas exemplificam como dão materialidade às palavras de MAGALDI, na medida em que se observa, por intermédio da leitura, a agilidade cênica que a narrativa impõe ao leitor/espectador. A um palco múltiplo, somam-se ações simultâneas e, sob esse aspecto, a literatura dramática marcada pela agilidade das situações solicitou a construção de uma cena capaz de dar vazão à simultaneidade, ou, em outros termos, um palco capaz de apreender um drama formalmente arquitetado pelos cortes cinematográficos, pela linguagem coloquial e especialmente por lançar mão do uso do *flashback*.

O impacto desse espetáculo é mensurável pelas inúmeras citações e abordagens feitas por estudiosos do teatro no Brasil. Entretanto, para que se possa aquilatar tal importância, vale a pena destacar os seguintes comentários do crítico Álvaro LINS, à época da encenação: "Não teria obtido, por exemplo, um sucesso tão completo a peça *Vestido de Noiva*, de Nelson RODRIGUES, sem a colaboração de Santa ROSA e ZIEMBINSKI. [...] Um motivo do sucesso da peça de Nelson RODRIGUES está na sua integração nas modernas correntes de teatro. Ao lado do teatro de expressão social, temos hoje uma grande tendência do teatro que se destina à expressão subconsciente. Teatro de PIRANDELLO, de LENORMAND, de certas peças de O'NEILL. As tendências culturais, as correntes de ideias, os movimentos artísticos encontram-se em cada época e se projetam em todos os gêneros do conhecimento objetivo ou da criação subjetiva. LENORMAND explicou que não conhecia FREUD quando escrevia as suas primeiras peças, que já eram freudianas, mas o que significa isto senão que há correspondência entre a ciência de FREUD e o seu tempo? Pouco importa que PROUST tenha ou não conhecido a filosofia de BERGSON, mas a aproximação que se pode fazer entre o romancista e o filósofo não prova que o bergsonismo reflete a atmosfera espiritual da sua época? Este movimento de ideias e culturas que apresenta, por exemplo, um BERGSON ou um SANTAYANA, na filosofia, um FREUD ou um EINSTEIN, na ciência, um PROUST ou um JOYCE, no romance, também deu fisionomia e caráter ao *teatro moderno**" (LINS, 1975: 63-64).

Nunca é demais lembrar que esse teatro moderno, dramaturgicamente, se desenvolveu graças ao trabalho criativo de autores como Jorge ANDRADE, Oduvaldo VIANNA FILHO, Gianfrancesco GUARNIERI, Naum Alves de SOUZA, entre outros.

Em Jorge ANDRADE, é necessário destacar a peça *A Moratória*. Nela a ação dramática, ambientada em dois planos distintos (1929 e 1932), organizou-se sob a forma de uma narrativa em que os paralelismos e simultaneidades foram, claramente, inspirados em procedimentos cinematográficos. Aliás, é importante recordar que a recente encenação de *A Moratória* (em 2007 e 2008, respectivamente no SESC-Araraquara e no SESC-Consolação) pelo Grupo Tapa, sob a direção de Eduardo TOLENTINO, acentuou esse tipo de diálogo entre a linguagem teatral e a linguagem cinematográfica.

Ainda no que se refere à dramaturgia de Jorge ANDRADE, destacam-se outros dois grandes exemplos deste diálogo: as peças *Rasto Atrás* e *O Sumidouro*. Em ambas, a narrativa ordena diferentes tempos históricos e distintos espaços cênicos que, com o auxílio da iluminação, exploram recursos que se assemelham à montagem fílmica. Porém, Andrade vai adiante na interlocução com o cinema. Salvo melhor juízo, ele é um dos primeiros escritores no Brasil a utilizar o filme como recurso dramático, como é possível verificar nas seguintes passagens de *Rasto Atrás*.

CENA: *Quando se abre o pano, alguns casais estão sentados em um cinema: entre eles, Vicente e Lavínia. Ouvem-se assobios de protestos.*
VOZES: Acenda a luz! Eta galinheiro. Pardieiro. Miauauuuu! Áu, áu, áu, áu! (Risadas) Miauauuuu! Larga o osso!
[...]
(Subitamente, uma grande tela é iluminada, onde está sendo projetado o filme "AS AVENTURAS DE TOM JONES". Passa-se a cena do caçador. De repente, Vicente, aflito, levanta-se) (ANDRADE, 1986: 459).

Todavia, o diálogo de Jorge ANDRADE com o cinema continua com o uso de *slides* para composição de situações dramáticas. Ainda em *Rasto Atrás*, observa-se a seguinte composição com a utilização de imagens em *slides*:

(O apito do trem se transforma, lentamente, em som de buzina de caça. Voltam os latidos dos cães. Vicente e Lavínia desaparecem. À medida que aumentam os latidos dos cães e se acentua o som da buzina, corta-se o filme. A projeção de "slides" coloridos sugerindo uma floresta ambienta abstratamente a cena) (ANDRADE, 1986: 461).

Aliás, no decorrer da década de 1990, durante o projeto Panorama do Teatro Brasileiro, o Grupo Tapa encenou *Rasto Atrás* e, junto a soluções cênicas que deram dinamicidade ao palco e à narrativa, o diretor Eduardo TOLENTINO, por orientação das rubricas, utilizou a projeção do filme e a exibição de *slides* para composição cênica e dramática do espetáculo.

No trabalho de Oduvaldo VIANNA FILHO o uso de *slides* encontra-se com mais ênfase em peças escritas para o Centro Popular de Cultura (CPC) tais como *Brasil – Versão Brasileira*. Entretanto, em textos confeccionados durante a ditadura militar (1964-1985) – dentre eles estão *Moço em Estado de Sítio, Mão na Luva, Longa Noite de Cristal, Papa Highirte* e *Rasga Coração* –, VIANINHA incorporou elementos cinematográficos nas suas estruturas narrativas, por intermédio da fragmentação temática, do espaço e do tempo. Utilizou a luz como forte componente dramático e, a partir dele, permitiu a construção no palco de narrativas simultâneas. Em *Rasga Coração*, por exemplo, no espetáculo dirigido em 1979 por José RENATO, o *presente* e o *passado* estiveram bem demarcados pela iluminação e pela composição do próprio cenário, em uma montagem bem orientada pelas rubricas da peça. Já no espetáculo dirigido em 2007, no eixo Rio de Janeiro – São Paulo, pelo diretor Dudu SANDRONI e protagonizado por Zécarlos MACHADO, as marcas cênicas, de certa maneira, diluíram-se e foram retomadas cenicamente pela interpretação dos atores e pela fluência das narrativas simultâneas, tipicamente cinematográficas.

Entretanto, não é apenas do ponto de vista da dramaturgia que se faz sentir esse diálogo. Pelo contrário. Também no específico trabalho de direção isso pode ser observado. Com efeito, momento memorável da cena brasileira dos anos 1960 e que demonstra de maneira muito concreta e emblemática as possibilidades de influência do cinema sobre o teatro é a encenação de *O Rei da Vela*. Depois de assistir ao filme *Terra em Transe* (1967, Glauber ROCHA), "que retratava, por meio da ópera tragicômica, a desilusão das esquerdas e a falência do populismo, José Celso começou a achar que o teatro perdia a liderança para um cinema inquietante, arrojado, inovador, confuso como a própria realidade circundante. O teatro brasileiro continuava em uma timidez estética incompreensível. [...] No terceiro ato, a influência de Glauber ROCHA, tão proclamada pelo próprio José Celso, se evidencia. Geralmente este cineasta quando quer mostrar uma realidade barroca e prolixa, usa muito o estilo operístico e carnavalesco. Veja-se a sequência final de *Terra em Transe*, onde o intelectual parte num carro conversível, empunhando uma bandeira ao som de ópera. Aliás, diga-se de passagem, que o terceiro ato foi o menos aceito pela crítica em geral. Segundo ela, o estilo operístico tiraria o ritmo telegráfico do diálogo de Oswald de ANDRADE. Décio de Almeida PRADO diz não entender o porquê da ópera, talvez por equilíbrio. O crítico afirma que a ópera não seria estilo de Oswald de ANDRADE, mas de Glauber ROCHA, o anti-Oswald, por excelência" (SILVA, 1981: 145 e 148).

Esse diálogo profícuo do teatro com o cinema se faz presente na cena brasileira também em momentos mais recentes. Um excelente exemplo disso são as proposições de Gerald THOMAS. Como revela um estudioso de sua obra, ele "tem sido influenciado por filmes como o *Nosferatu* de MURNAU, de 1922, e o *Gabinete do Dr. Caligari*, de 1919. Há outras alusões múltiplas ao cinema em *Flash and Crash Days*, sobretudo do gênero de terror. Mãe, com sua peruca de espantalho, é a noiva de Frankenstein; Filha, coberta de sangue, é uma vampiresca; em outros momentos é a menina possuída pelo demônio de *O Exorcista*; a série *Hora do Pesadelo*, caracterizada pela constante metamorfose onírica, pode ter sido uma inspiração; há referências paródicas à torrente de filmes de terror hiperviolentos produzidos recentemente por Hollywood (Fernanda TORRES compara seu *papel*[*] com o monstro Jason da série *Sexta-Feira 13*). São cinematográficos os efeitos especiais, o predomínio do visual sobre o verbal, a trilha sonora, a presença constante da música e as vozes em *off*. Os cortes rápidos por meio de efeitos de iluminação e as transições efetuadas pelos atores [...] caracterizam a ação, ao contrário da tradição teatral de *marcação** e de ação lineares e *naturalistas**. As cortinas transparentes, as gelatinas e a fumaça exercem funções equivalentes aos filtros usados nas câmeras no cinema" (GEORGE, 1996: 267-268).

Em meio a essa discussão, não se pode ignorar as criações teatrais desenvolvidas pelo Grupo Galpão, de Belo Horizonte, pela Sutil Companhia de Teatro do diretor Felipe HIRSCH (criada em Curitiba e atualmente sediada no Rio de Janeiro), pela Companhia de Teatro Os Satyros (oriunda de Curitiba com sedes nesta mesma cidade e em São Paulo, onde possui um vigoroso núcleo) e pelo Teatro da Vertigem, sob a direção de Antônio ARAÚJO, entre inúmeras outras companhias da mesma importância.

Embora cada uma delas tenha construído proposições originais em relação ao seu próprio percurso (algumas utilizam com muita propriedade a projeção de filmes como elemento cênico), a aproximação entre as mesmas torna-se possível a partir das pesquisas e das composições de seus espetáculos, especialmente por intermédio de narrativas simultâneas. Essas, na maioria das vezes, estão acompanhadas por instigantes trabalhos de iluminação, que fragmentam o espaço e dão maior densidade à narrativa plural.

Deste conjunto, cabe destacar, em especial, as criações cênicas do Teatro da Vertigem em que o espectador torna-se itinerante, ou seja, ele não tem um ponto de vista fixo e, para acompanhar o desenrolar dos acontecimentos cênicos, precisa deslocar-se constantemente. Em montagens como *O Livro de Jó* e *BR-3*, à semelhança das estações medievais, a plateia segue em procissão, seja caminhando pelas dependências de um hospital, seja a bordo de um barco que percorre as margens do Rio Tietê. Isso é proposto com o fim de elaborar composições múltiplas de situações as quais, geralmente, suscitam no público sensações semelhantes àquelas que são proporcionadas por uma sequência de planos cinematográficos. E estes, no conjunto, buscam compor significados que não são evidentes, isto é, exigem capacidade de síntese e abstração daqueles que assistem à encenação.

Ao lado disso, deve-se recordar que a projeção fílmica tem sido um recurso utilizado com ênfase crescente em vários espetáculos levados aos palcos nos últimos anos. Dentre eles, é digna de nota a montagem, em 2000, da peça *O Rei da Vela*, de Oswald de ANDRADE, pela Companhia dos Atores, sob a direção de Enrique DIAZ. No texto, a cena inicial mostra um diálogo entre Abelardo I e um cliente. Nesta, este último utiliza todos os argumentos disponíveis para explicar os motivos do atraso do pagamento e solicita renegociar o valor do débito a partir de uma redução do capital. A proposta é negada de forma veemente por Abelardo I que o expulsa de seu escritório. Na sequência, Abelardo I e Abelardo II travam um diálogo acerca da situação de inadimplência e verificam as devoluções do banco. No espetáculo dirigido por Diaz, a cena inicial tem continuidade por intermédio de uma projeção na qual o público assiste a uma filmagem que retrata a saída do cliente, o seu desespero diante da situação e seu atropelamento em plena avenida.

Ainda no ano 2000, um outro trabalho que merece ser recordado é a encenação de *Vassah, a Dama de Ferro*, de Maxim GÓRKI, produzido e interpretado por Ítala NANDI, sob a direção de Alexandre de MELLO e cenários de Hélio EICHBAUER. Nele, a protagonista contracena com um filme, em que o diretor/ator José Celso Martinez CORRÊA vive o marido de Vassa. Para tanto, Martinez CORRÊA filmou a cena e seu diálogo da personagem com a esposa. No momento do espetáculo, o filme era projetado e Ítala NANDI, no *papel** de Vassa, estabelecia um conflituoso diálogo com a imagem filmada de Zé Celso.

Mais recentemente, em 2008, a atriz e produtora Esther GÓES, no espetáculo *Determinadas Pessoas – Weigel*, utilizou o recurso fílmico para apresentar as circunstâncias históricas, políticas e culturais nas quais viveu a atriz Hèlene WEIGEL, mulher do dramaturgo Bertolt BRECHT e personagem em torno da qual a montagem se estrutura. Em diversos momentos, são utilizados trechos de filmes de época (*Berlim, Sinfonia de uma Metrópole*, por exemplo), bem como fotografias para a construção das cenas que remontam a acontecimentos históricos.

Além disso, Esther GÓES, Renato BORGHI, Henrique SCHAFER, Eucir de SOUZA foram filmados, sob a direção de Ariel BORGHI (diretor do espetáculo). Trechos desse material foram projetados em uma grande tela posicionada no centro do palco, permitindo atualizar cenicamente momentos da relação BRECHT e WEIGEL, bem como tornar compreensível ao espectador o exílio do casal durante os quinze anos em que ficaram fora da Alemanha, em decorrência do nazismo, entre outros elementos que compõem de maneira essencial essa produção artística.

O diálogo teatro e cinema, no Brasil, também se mostra frutífero nas adaptações de textos teatrais para o cinema, o que muito tem contribuído para uma divulgação mais ampla de certas obras e autores. Nelson RODRIGUES foi, sem dúvida, um dos dramaturgos mais adaptados. Provavelmente, isso se deve não somente à força dramática de suas peças, mas também à identidade que se constituiu entre essas duas formas de expressão pela própria linguagem cinematográfica contida na escrita do referido autor. Dentre os trabalhos mais importantes, é preciso citar: *A Falecida* (Leon HIRZMANN, 1965, com Fernanda MONTENEGRO), *Toda Nudez Será Castigada* (Arnaldo JABOR, 1973, com Darlene GLÓRIA), *O Casamento* (Arnaldo JABOR, 1976, com Adriana PRIETO), *Perdoa-me por me Traíres* (Braz CHEDIAK, 1980, com Vera FISCHER), *Bonitinha, mas Ordinária* (Braz CHEDIAK, 1981, com Lucélia SANTOS), *Vestido de Noiva* (Joffre RODRIGUES, 2006, com Marília PÊRA) Por fim, cabe salientar que a peça *Boca de Ouro* foi adaptada para o cinema em duas ocasiões. A primeira, em 1962, dirigida por Nelson Peireira dos SANTOS, com Jece VALADÃO no *papel**-título. A segunda, em 1990, sob a direção de Walter AVANCINI, com Tarcísio MEIRA interpretando a personagem principal.

Outro dramaturgo que teve sua obra muito difundida graças às adaptações para o cinema é Plínio MARCOS. Por exemplo: a peça *Navalha na Carne* recebeu duas adaptações. A primeira, em 1969, dirigida por Braz CHEDIAK e protagonizada por Glauce ROCHA. A segunda, sob a direção de Neville D'ALMEIDA, ocorreu em 1997 e foi interpretada por Vera FISCHER. O texto *Dois Perdidos Numa Noite Suja* também recebeu duas adaptações. Em 1970, pelas mãos de Braz CHEDIAK e atuações de Emiliano QUEIROZ e Nelson XAVIER. A outra, na verdade, foi uma atualização da peça. Ambientada em Nova York, ela narra a trajetória de dois imigrantes brasileiros vividos por Débora FALABELLA e Roberto BONTEMPO. Este trabalho foi realizado nos anos de 2002/2003, sob a direção de Paulo HALM. Em 1971, narrativas de Plinio MARCOS inspiradas no legendário malandro carioca, Madame Satã, foram adaptadas pelo diretor Antônio Carlos FONTOURA em filme homônimo, intitulado *Rainha Diaba*. Outras duas peças transformaram-se em filmes: *Querô* deu origem a *Barra-pesada* (1977, Reginaldo FARIA), *Barrela* tornou-se obra cinematográfica de mesmo título, em 1989, sob a direção de Marco Antonio CURY.

Já Oduvaldo VIANNA FILHO foi responsável pela adaptação para o cinema de sua peça *Nossa Vida em Família* (1970, Paulo PORTO, com Fernanda MONTENEGRO), enquanto, em 1965, Anselmo DUARTE adaptou para o cinema a peça *Vereda da Salvação*, de Jorge ANDRADE.

Outros filmes que merecem ser mencionados são: *O Pagador de Promessas* (1962, Anselmo DUARTE), *Eles Não Usam Black-tie* (1981, Leon HIRSZMAN), *Ópera do Malandro* (1985, Ruy GUERRA), *O Auto da Compadecida* (2000, Guel ARRAES), *Lisbela e o Prisioneiro* (2003, Guel ARRAES), *Trair e Coçar é Só Começar* (2006, Moacyr GÓES) e *Fica Comigo Essa Noite* (2006, João FALCÃO). Esses filmes são adaptações de peças homônimas escritas, respectivamente, por Dias GOMES, Gianfrancesco GUARNIERI, Chico BUARQUE, Ariano SUASSUNA, Osman LINS, Marcos CARUSO e Flávio de SOUZA. Ademais, por demonstrar a continuidade e a força dessa tendência, cabe destacar o filme *Nossa Vida Não Cabe Num Opala* (2008, Reinaldo PINHEIRO), que é uma adaptação da peça *Nossa Vida Não Vale um Chevrolet*, de Mário BORTOLOTTO.

Recentemente, foram lançados diversos DVDs resultantes das filmagens de montagens teatrais, o que, sem dúvida, também contribui para uma difusão mais ampla, junto ao público, de algumas obras e autores. Dentre eles, cabe destacar: *Sete Minutos* (Antonio FAGUNDES, 2002, direção Bibi FERREIRA), *Pessoas Invisíveis*, *Da Arte de Subir em Telhados* e *Alice Através do Espelho* (da obra de Lewis CARROLL). Estes três últimos são espetáculos da Armazém Companhia de Teatro e foram dirigidos por Paulo de MORAES. Cabe recordar também o espetáculo *Terça Insana* (gravado ao vivo em São Paulo no Avenida Club, com direção de Grace GIANOUKAS). Em nível internacional, são dignos de menção os registros em DVD do Theatre du Soleil, sob direção de Ariane MNOUCHKINE. Essas iniciativas, uma vez que se originam dos próprios criadores teatrais, podem relativizar a tão proclamada *efemeridade da cena teatral*, uma vez que esses registros audiovisuais como que fixam uma determinada concepção cênica para a posteridade e, ao mesmo tempo, podem se transformar em documentos para futuras pesquisas em artes cênicas.

Sem sombra de dúvidas, as referências, aqui mencionadas, são capazes de ilustrar a proficuidade do diálogo teatro e cinema ao longo do tempo. Todavia, antes de encerrar este verbete, cumpre destacar também as interlocuções existentes entre teatro e televisão que, no Brasil, se apresentaram inicialmente pelas transmissões ao vivo que a extinta TV Tupi fez dos espetáculos do Teatro Brasileiro de Comédia (TBC). Posteriormente, na década de 1970, por ocasião do lançamento da série Teatro Vivo, pela editora Abril, sob a coordenação de Flávio RANGEL e Millôr FERNANDES, a TV Tupi exibiu adaptações televisivas das peças publicadas pela coleção.

A Rede Globo de Televisão também realizou projetos desse tipo com um programa, da década de 1970, intitulado *Quarta Nobre*. Nele, foram apresentadas adaptações de peças como *Medeia* (SÓFOCLES) e *Mirandolina* (GOLDONI), ambas realizadas por Oduvaldo VIANNA FILHO.

Por fim, mas não menos importantes, estão as iniciativas de TV Cultura de São Paulo. Nessa emissora pública, no decorrer da década de 1970, o diretor teatral ANTUNES FILHO coordenou a adaptação de inúmeros textos teatrais para a televisão, dentre eles *Vestido de Noiva*, que foi por ele dirigido. Uma outra experiência importante da emissora foi a de apresentar espetáculos filmados em um programa intitulado *Senta Que Lá Vem Comédia*. Finalmente, cabe ainda mencionar o projeto *Direções*, uma parceria TV Cultura e SESC-TV. Dele participaram, em 2007 e 2008, diretores como Eduardo TOLENTINO, André GAROLLI, Rodolfo Garcia VASQUEZ, Mário BORTOLOTTO, Sérgio CARVALHO, Sérgio FERRARA, Samir YAZBEK, Maria THAÍS, entre outros. (RP e AFR)

 Hauser, 200; Lins, 1975; Magaldi, 1992.

TEATRO-EDUCAÇÃO

Por que ensinar teatro para crianças e jovens? Ou para amadores? Essa pergunta, de ordem epistemológica, tem mais de uma resposta.

Há várias abordagens metodológicas para o teatro na educação, que nasceram de forma independente, em contextos culturais e educacionais diversos e em grande parte estranhos uns aos outros.

Na França, por exemplo, os projetos são elaborados em parceria entre educadores e artistas. Já a abordagem do *drama* na educação, de tradição anglo-saxônica, é inserida no currículo da escola. O *drama* não faz opções estéticas. Ele se fundamenta nas necessidades curriculares e pedagógicas da escola.

Theatron era, para os gregos, o lugar de onde se vê (o *edifício teatral**), enquanto a palavra *drama* deriva, no seu sentido original, do verbo grego *drān*, que significa agir, fazer.

A diferença que pode ser estabelecida entre *theatre* e *drama* não encontra um equivalente em português, muito embora os termos *jogo dramático* e *dramatização* tenham uso mais corrente.

Enquanto o *drama* (ação/jogo dramático) pode ser desenvolvido por todos, o *teatro* supõe um sofisticado sistema de comunicação entre palco e plateia, que deve ser equacionado com o belo e a arte. O problema, uma vez estabelecido, implica questões de ordem epistemológica, mas também estéticas e pedagógicas.

Do ponto de vista epistemológico, até algum tempo atrás os fundamentos do teatro na educação eram pensados a partir de questões dirigidas ou formuladas pela psicologia e educação indicando o caminho a orientar.

Hoje, a história e a estética do teatro fornecem conteúdos e metodologias norteadoras para a teoria e prática educacional. Podemos dizer que a situação se inverteu, sendo que especialistas de várias áreas e em vários níveis de ensino (desde a educação infantil) buscam a contribuição única que a área de teatro pode trazer para a educação.

Ainda que possa ser considerado em grande parte utópico diante da miséria em que se encontra a educação brasileira, o caminho afigura-se, talvez, como a última possibilidade de resgate do ser humano diante do processo social conturbado que atravessamos na contemporaneidade.

A discussão sobre o teatro na educação envolve a situação institucional e política do ensino do teatro nos vários níveis de ensino.

O magistério na área de Arte é uma exigência recente na educação brasileira. Ganhou relevância com a disciplina Educação Artística, obrigatória a partir de 1971 (Lei Federal n. 5692/71) nas escolas de Ensino Fundamental e Médio.

O modelo curricular estabelecido para o curso de Licenciatura em Educação Artística, fixado pelo Conselho Federal de Educação através da Resolução n. 23/73, previa a formação em dois níveis progressivos: uma parte comum que habilitava o professor de Educação Artística – Licenciatura Curta, voltada para o ensino de 1º Grau (Ciclo I), e outra complementar, de caráter diversificado, para atender à formação nas linguagens específicas (Música, Artes Plásticas, Desenho e Artes Cênicas) – Licenciatura Plena, voltada para o ensino de 1º Grau (Ciclo II) e Ensino Médio.

Considerando que o modelo vigente não vinha atendendo às expectativas de alunos, professores e do próprio mercado de trabalho, muitas instituições de ensino superior, especialistas de ensino e entidades da sociedade civil, vêm discutindo propostas de reformulação curricular há muitos anos, realizando congressos, simpósios e seminários.

Tais debates culminaram na realização, em Brasília (1994), da primeira reunião do Fórum Permanente de Avaliação e Reformulação do Ensino Superior de Artes e Design, então criado pela CEEARTES (MEC/ Comissão de Especialistas do Ensino das Artes).

A nova Lei de Diretrizes e Bases da Educação Nacional, sancionada em 1996, determina novos procedimentos para o ensino de graduação, através dos quais o MEC descentraliza as decisões e delega competências às instituições de ensino superior, permitindo que as instituições estruturem e implementem seus projetos pedagógicos, prevendo avaliações periódicas.

A afirmação do espaço da Arte na forma da lei impulsionou o trabalho realizado nas escolas e junto à comunidade pelos professores de teatro, justificando a necessidade de uma sólida formação profissional.

É possível identificar no pensamento pedagógico contemporâneo brasileiro alguns eixos de discussão recorrentes na área de Arte. Do ponto de vista epistemológico, o conhecimento artístico deve articular o método entre o fazer artístico, a apreciação da obra de arte e o processo de contextualização histórica e social.

Através do ensino da história, da estética e do exercício crítico de leitura da obra de arte, o processo expressivo do aluno é ampliado, inserido na história da cultura e na cultura da história. (IDK)

 Ensino do Teatro, Jogo Teatral, Pedagogia do Teatro.

TELETEATRO

É a encenação de uma peça teatral transmitida pela televisão. Ou, igualmente, a encenação de romances, novelas, contos, crônicas, biografias, episódios históricos e fatos (passados ou contemporâneos), adaptados dramaturgicamente para serem transmitidos pela televisão em emissão unitária, ou seja, de uma só vez, ao contrário da telenovela e da minissérie, que são exibidas em capítulos.

A transmissão de uma peça teatral pode ser ao vivo, diretamente do teatro onde a representação acontece, ou do estúdio da emissora de televisão, local em que a obra é encenada. A gravação em *videotape* possibilita sua exibição posterior e o registro da montagem. O mesmo acontece nas *adaptações** acima mencionadas, que resultam em peças televisivas unitárias. Nesse caso, a encenação também pode ser levada ao vivo, diretamente do estúdio, ou gravada para futura apresentação. É conveniente lembrar que o *videotape*, introduzido no Brasil em 1960, trouxe a possibilidade de enriquecer a produção televisiva com gravações em locações (externas), aproximando-a de uma feitura cinematográfica.

Renata PALLOTTINI observa que o "teleteatro se aceita como teatro em TV, assume as regras do *jogo teatral** e as realiza no estúdio de televisão" (1998: 26).

As transmissões ao vivo, de certo modo, remetem ao teatro e à relação palco/plateia, com a diferença de que o público é invisível para o *ator**, embora a câmera possa ser vista como o olho do espectador, criando-se o elo entre ambos.

A televisão no Brasil entrou oficialmente no ar em 18 de setembro de 1950. O *Show TV na Taba* iniciou a programação da PRF-3 TV Tupi-Difusora de São Paulo, emissora pioneira, ligada aos Rádios e Diários Associados, de propriedade do jornalista e empresário Assis CHATEAUBRIAND. Em 20 de janeiro de 1951 seria inaugurada a TV Tupi do Rio de Janeiro, também de CHATEAUBRIAND, e nos anos seguintes, ainda em São Paulo, a TV Paulista (14 de março de 1952) e a TV Record (27 de setembro de 1953).

Com transmissões ao vivo, em branco e preto, os primeiros tempos foram difíceis para o pessoal do rádio que passava para a televisão. Se os técnicos, por um lado, precisavam aprender o domínio do equipamento, os profissionais do setor artístico, tais como apresentadores, cantores e atores, necessitavam, por sua vez, aprender a movimentar-se no estúdio em relação às câmeras, em marcações predeterminadas. Acostumados a utilizar só a voz em seu trabalho no rádio, os atores tinham que decorar textos, antes apenas lidos com interpretação diante dos microfones, e desenvolver a expressão facial e corporal adequada à representação e à imagem televisiva.

Tomando-se São Paulo como exemplo, observa-se que, na fase inicial, a TV Tupi apoiava-se em pequenos programas musicais com o *cast* das Rádios Tupi e Difusora, telejornalismo (*Imagens do Dia*), programas humorísticos como *Rancho Alegre*, com MAZZAROPPI, e *Paganadas*, com PAGANO SOBRINHO, transmissões de jogos de futebol, exibição de filmes de curta-metragem (*comédias**, aventuras, desenhos animados e documentários) e algumas modestas tentativas com histórias de teor romântico e curta duração (quinze minutos) no *Teatro Walter Forster*.

A ideia de realizar um teleteatro maior surge como uma decorrência lógica dentro do processo evolutivo da programação da televisão. Se esta transportava do rádio para o vídeo grande parte de seus programas, por que não levar o equivalente ao *radioteatro**, este já consagrado pelo público? Desde que se começara a falar no advento da televisão no Brasil, o teleteatro fora apontado como um dos atrativos que ela ofereceria a seus espectadores. Assim, em 29 de novembro de 1951 foi ao ar *A Vida por um Fio* (*Sorry, Wrong Number*), baseado em rádio-peça de Lucille FLETCHER, numa iniciativa de Dermeval Costa LIMA, diretor artístico da TV Tupi, e Cassiano Gabus MENDES, seu assistente. Este último, além de traduzir e adaptar o texto, transformando-o num *monólogo** de aproximadamente vinte minutos, acumulou a função de diretor de TV. Como intérprete foi escolhida a radioatriz Lia de AGUIAR, que somava a seu favor o fato de ter atuado no cinema (*Quase no Céu*, 1949).

Nas semanas subsequentes, foram apresentadas várias produções, prováveis adaptações de contos ou originais escritos especialmente para a televisão: *Charles Chaplin da Silva*, de Walter George DURST; *A Visita*, de Cassiano Gabus MENDES; *Xeque-mate*, *O Julgamento de Hipócrates* e *Fillet Mignon* de Mário FANUCCHI; *O Preço da Inocência* e *Sem Saída*, de Dionísio AZEVEDO; *Ingratidão*, de RIBEIRO FILHO e outros.

Nesse início dos anos 50, ocorreram também as apresentações de Madalena NICOL, interpretando os monólogos *Antes do Café*, de Eugene O'NEILL, e *A Voz Humana*, de Jean COCTEAU.

Primeira atriz de teatro a se aproximar da televisão em São Paulo, a presença de Madalena NICOL, na programação da TV Tupi, será relativamente intensa a partir de então. Além de participar de programas produzidos por Túlio de LEMOS, esteve no elenco de *Desfecho*, produção de Cassiano Gabus MENDES, e interpretou o monólogo *Sonatina*, de Miroel SILVEIRA. Em março de 1951 passou a constar na programação da emissora, embora de maneira esporádica, o *Teatro Madalena Nicol*.

Em meio à tímida, hesitante e, às vezes, ingênua programação, a possibilidade de "contar" histórias através de imagem e som fascinava os produtores da TV Tupi. As tentativas de teleteatro frequentemente surgiam como "tapa-buraco". Na falta do que apresentar num determinado horário, solicitava-se a um produtor que escrevesse e produzisse algo para preencher aquele horário vago. Muitas histórias publicadas em revistas folheadas às pressas, tais como *Mistério Magazine*, ganhavam adaptações para o vídeo.

A afirmação do teleteatro contou com alguns fatos significativos nessa época: em 7 de maio de 1951 o ator Carlos PRINA interpretou os três *papéis** da conhecida peça de Júlio DANTAS, *A Ceia dos Cardeais* e, no dia 12 desse mesmo mês, o conto *A Caolha*, de Júlia Lopes de ALMEIDA, em adaptação de Jorge RIBEIRO, ganhava a tela dos poucos televisores espalhados por São Paulo e cidades próximas. Importante também foi a apresentação de um excerto da peça *Professor de Astúcia*, de Vicente CATALANO, que se encontrava em cartaz no Teatro de Cultura Artística, em maio de 1951. Nessa fase, evento decisivo para o amadurecimento da ideia de criação de um programa de teleteatro ocorreu com a transmissão da peça *Ralé*, de Maxim GÓRKI, diretamente do TBC – Teatro Brasileiro de Comédia.

1a. Grande Teatro Tupi

Por volta de novembro de 1951, a TV Tupi, em São Paulo, começou a apresentar regularmente um programa de teatro, convidando para isso *companhias** como a Sociedade Paulista de Teatro. Nascia o *Grande Teatro das Segundas-feiras* que, em meados de 1952, passou a se chamar *Grande Teatro Monções*. No decorrer de sua existência (permaneceu no ar até 1965), ele mudaria frequentemente de nome, assumindo sempre o do patrocinador. Na verdade, ficou mais conhecido como *Grande Teatro Tupi* ou simplesmente *Grande Teatro*. Foi escolhida a segunda-feira por ser o dia de folga das companhias e grupos teatrais* que se mantinham em atividade no palco de terça-feira a domingo.

A proposta inicial era trazer peças que se encontravam em cartaz na cidade, que tivessem saído há pouco de cartaz ou pertencessem ao repertório das companhias, utilizando ou tentando recriar, em alguns casos, os cenários originais da montagem. Numa outra alternativa, a companhia ou o grupo convidado escolhia uma peça e a ensaiava especialmente para ser apresentada pela televisão. Os espetáculos, portanto, chegavam prontos à emissora.

Como a transmissão começava por volta das 21h., à tarde ocorria um ensaio no estúdio da TV Tupi para as marcações de câmeras, atores, direção de TV, sonoplastia e iluminação. Embora se procurasse imprimir ao espetáculo uma forma mais compatível com a televisão, não havia tempo suficiente para ajustar-se à linguagem televisiva. A teatralidade resultante era acentuada pela interpretação dos atores – voz empostada a despeito da potência dos microfones, gestos e expressões exagerados como se estivessem no palco diante de uma plateia.

Aos poucos, os profissionais de teatro foram se familiarizando com a televisão, absorvendo sua linguagem e técnica, bem como nela encontrando um novo mercado de trabalho. Nomes como Ruggero JACOBBI, Flávio RANGEL, ANTUNES FILHO, Sérgio BRITTO, Jaime BARCELOS, Fernanda MONTENEGRO, Ítalo ROSSI, Aldo de MAIO, Fernando TORRES, Maria Della COSTA, Sandro POLLONI, Nydia LICIA, MARIA FERNANDA, Wanda KOSMO e muitos outros, foram se aproximando da televisão que, através deles, aumentava o prestígio da sua programação. Pode-se dizer que o *Grande Teatro* se constituiu na porta de entrada para o profissional de teatro trabalhar na televisão e foi, sobretudo, através desse programa que se processou o intercâmbio entre os dois veículos. O ator e diretor Sérgio BRITTO terminou, inclusive, por levar a ideia para a TV Tupi do Rio de Janeiro, dando origem ao *Grande Teatro Tupi* (1956/1965), de mesmo nome.

Com o tempo, profissionais de teatro, cinema, rádio e televisão entrosaram-se e o programa deixou de ser uma "ilha" de teatro na emissora.

Nos seus quase treze anos de existência, o *Grande Teatro* apresentou importantes textos da dramaturgia nacional e estrangeira, adaptações de obras literárias e peças escritas especialmente para televisão. Segue-se uma amostragem:

O Atentado, de W. O. SOININ; *Trio em Lá Menor*, de MAGALHÃES Jr. (1951); *Deus lhe Pague*, de Joracy CAMARGO; *Massacre*, de Emanuel ROBLES; *As Mulheres Não Resistem*, de Aldo BENEDETTI; *Lição de Felicidade*, de Somerset MAUGHAM; *A Mulher sem Rosto*, de Maria Wanderley MENEZES; *A Endemoniada*, de A. SCHOER (1952); *A Marquesa de Santos*, de Viriato CORRÊA; *Os Espectros*, de IBSEN; *Chapéu Cheio de Chuva*, de Michael GAZZO; *Electra*, de Eugene O'NEILL; *A Mãe*, de Paddy CHAYEFSKY (1959); *Concha e Cavalo-marinho*, de Carlos Queiroz TELLES; *A Ilha Nua*, de J. R. SOUZA; *Mulheres*, de Clare Boothe LUCE (1960); *A Casa de Bernarda Alba*, de García LORCA; *Transgressão*, de E. WILLIAMS; *Hedda Gabler*, de IBSEN; *Eurídice*, de Jean ANOUILH (1961); *O Tempo e os Conways*, de J. B. PRIESTLEY; *Deus pede Silêncio*, de Guy de MAUPASSANT; *Bodas de Sangue*, de García LORCA; *Henrique IV*, de Luigi PIRANDELLO (1963); *Rebeca*, de Daphne DU MAURIER; *Electra e os Fantasmas*, de Eugene O'NEILL; *Leonor de Mendonça*, de Gonçalves DIAS (1964).

1b. TV de Vanguarda

O programa *TV de Vanguarda* (TV Tupi) representou um marco na história da televisão paulista. Os maiores nomes da literatura e dramaturgia universais chegaram ao público através desse teleteatro, que permaneceu no ar de 1952 a 1967, totalizando cerca de 390 apresentações. De clássicos a contemporâneos, nacionais e estrangeiros, o acervo cultural legado aos telespectadores foi admirável.

Além do fator de difusão cultural, a sua grande contribuição, tanto na área artística quanto técnica, foi o laboratório e exercício a que submeteu os profissionais da TV Tupi, oriundos em sua maioria do rádio. Pode-se mesmo dizer que nele teve início real a busca de uma linguagem televisiva específica.

Valendo-se da prática radiofônica e procurando no cinema um referencial de imagem, os pioneiros da televisão iam descobrindo lentamente uma maneira de construir as cenas, encadear as imagens e dominar a técnica em benefício da narrativa.

Experiências com câmeras, planos, angulações e movimentos; distorções, efeitos especiais e tentativas de reproduzir aquilo que fora visto em determinado filme constituíam exercícios constantes, resultando num *aprender fazendo*, um esforço praticamente autodidata.

Tudo isso propiciou o crescimento e amadurecimento de produtores, roteiristas/adaptadores, diretores, atores, cenógrafos, câmeras, iluminadores, sonoplastas, técnicos em geral, enfim, todos os envolvidos no processo televisivo, da criação à transmissão propriamente dita. Aliás, essa escola do *aprender fazendo* pode ser ampliada para os demais programas de teleteatro, não só da TV Tupi como das outras emissoras de televisão do país.

O *Teatro de Vanguarda*, nome inicial do programa, logo substituído por *TV de Vanguarda*, ia ao ar às 21h, em domingos alternados. Duas semanas constituíam o período mínimo necessário, entre uma apresentação e outra, para a escolha de um texto, sua adaptação e produção, escalação do elenco, ensaios e finalmente a transmissão ao vivo. Os atores decoravam os textos em poucos dias.

O espetáculo inaugural ficou aos cuidados de Dionísio AZEVEDO. Este, apesar da proposta do *Teatro de Vanguarda* de apresentar grandes obras da dramaturgia e literatura universais, optou por um conto policial, publicado na revista *Mistério Magazine*, e que anteriormente havia sido radiofonizado com sucesso. *O Julgamento de João Ninguém* foi ao ar em 17 de agosto de 1952. A segunda apresentação do programa, uma nova adaptação de *A Vida por um Fio*, foi entregue a Cassiano Gabus MENDES, e o terceiro, *Crime sem Paixão*, de Ben HECHT, a Walter George DURST que, a partir daí e por quase dez anos, seria o responsável pela maioria dos textos adaptados e encenados no programa. Em alguns momentos, Dionísio AZEVEDO, voltado para espetáculos mais ambiciosos como *Otelo* (1952), *Hamlet* (1953) e *Macbeth* (1954), de William SHAKESPEARE, revezava-se com DURST na adaptação e produção.

Entre as obras encenadas no período compreendido de 1953 a 1958, encontram-se: *Henrique IV*, de Luigi PIRANDELLO; *As Raposas*, de Lillian HELLMAN; *Casa de Estranhos*, de Jerome WEIDENAN; *A Carta*, de Somerset MAUGHAM; *A Máquina de escrever*, de Jean COCTEAU; *Massacre*, de Emanuel ROBLES; *A Herdeira (Washington Square)*, de Henry JAMES; *Arsênico em Pequenas Doses*, de Joseph KESSELRING; *Algemas de Cristal*, de Tennessee WILLIAMS; *No Caminho da Vida*, de Lillian HELLMAN; *Mas não se mata Cavalo*, de Horace MCCOY; *A Jaula*, de Virginia KELLOG; *O Espectro e a Rosa*, de Ben HECHT; *Markheim*, de Robert Louis STEVENSON (1953); *A Morte do Caixeiro Viajante*, de Arthur MILLER; *A Casa de Bernarda Alba*, de García LORCA (1954); *O Homem de Chapéu Coco*, de DOSTOIÉVSKI; *Calunga*, de Jorge de LIMA (1956); *O Lobo do Mar*, de Jack LONDON; *Esquina Perigosa*, de J. B. PRIESTLEY; *Volta Mocidade*, de William INGE (1957); *O Grande Gabo*, de Ben HECHT; *Ralé*, de Maxim GÓRKI (1958).

A partir de 1960, com o *videotape* permitindo a gravação de imagem e som simultaneamente e a reprodução posterior dos mesmos, a linguagem da televisão sofreu uma revolução que a aproximou ainda mais do cinema. Com o VT, erros poderiam ser corrigidos e cenas regravadas. Além disso, a gravação de externas possibilitava a ampliação do espaço para a história ser contada e a edição dava um novo ritmo à narrativa. Muitos teleteatros passaram a ser gravados.

Com uma tendência a valorizar autores nacionais, dentre as produções baseadas em textos brasileiros o programa apresentou: *O Duelo*, de Guimarães ROSA; *A Fabulosa História do Neco do Pato*, de Antônio VERSIANI; *Olhai os Lírios do Campo*, de Érico VERÍSSIMO; *Terras do Sem Fim*, de Jorge AMADO.

Com a saída de vários profissionais da TV Tupi, contratados pela TV Excelsior (SP), emissora inaugurada em 1960, o *TV de Vanguarda* ficou sob a responsabilidade de Benjamin CATTAN, ator e diretor de teatro. Para ele, o programa pedia uma remodelação. Sua proposta era, de forma didática, aproximar o público de obras significativas da literatura e dramaturgia universais. Assim, antes da transmissão (ao vivo ou em VT), CATTAN aparecia diante das câmeras discorrendo sobre o escritor do texto a ser apresentado e as razões que o haviam levado a escrevê-lo, incluindo as motivações políticas, sociais e econômicas.

Em sua nova e última fase, com nítida predominância de peças teatrais, o *TV de Vanguarda* levou ao público autores da estatura de SÓFOCLES, DUMAS FILHO, IBSEN, García LORCA, IONESCO, Arthur MILLER, Tennessee WILLIAMS e BRECHT, bem como os brasileiros Gianfrancesco GUARNIERI, Plínio MARCOS, Abílio Pereira de ALMEIDA e Jorge ANDRADE.

Entre os espetáculos apresentados, encontram-se: *Cimento*, de Gianfrancesco GUARNIERI; *Testemunha de Acusação*, de Agatha CHRISTIE; *Teresa Raquin*, de Émile ZOLA (1962); *O Cordão*, de Artur AZEVEDO; *Mortos sem Sepultura* e *Entre Quatro Paredes*, de Jean-Paul SARTRE; *Auto da Compadecida*, de Ariano SUASSUNA; *Senhorita Júlia*, de August STRINDBERG; *Calúnia*, de Lillian HELLMAN (1963); *Um Bonde chamado Desejo*, de Tennessee WILLIAMS; *Chaga de Fogo*, de Sidney KINGSLEY; *Os Fuzis da Senhora Carrar*, de Bertolt BRECHT; *A Visita da Velha Senhora*, de F. DÜRRENMATT; *De Repente no Último Verão*, de Tennessee WILLIAMS; *A Bruxa*, de Lauro César MUNIZ; *A Descoberta do Novo Mundo*, de Morvan LEBESQUE; *Madame Butterfly*, de John Luter LONG; *O Bem-amado*, de Dias GOMES; *Hamlet*, de SHAKESPEARE; *A Cantora Careca*, de Eugène IONESCO (1964); *Rinocerontes*, de Eugène IONESCO; *O Matador*, de Oduvaldo VIANNA FILHO; *Paiol Velho*, de Abílio Pereira de ALMEIDA; *Antígona*, de SÓFOCLES (1965); *Desejo sob os Olmos*, de Eugene O'NEILL; *Noites Brancas*, de DOSTOIÉVSKI; *À Margem da Vida*, de Tennessee WILLIAMS (1966); *Fim de Jornada*, de Robert Cedric SHERRIFF; *A Alma Boa de Sé-Tsuan*, de Bertolt BRECHT (1967).

1c. Teledrama

A TV Paulista foi a segunda emissora de televisão fundada em São Paulo. Encontrando-se em dificuldades, inclusive com uma programação fraca em comparação com aquelas da TV Tupi e da TV Record, foi adquirida pelas Organizações Victor COSTA, em 1955. Reestruturada, entre as novidades lançou o *Teledrama*, equivalente ao *TV de Vanguarda*. Com o nome de *Teledrama Três Leões*, devido à loja que o patrocinava, era transmitido semanalmente aos sábados, às 21h30 horas.

Criativo quase que por necessidade em razão dos parcos recursos e estúdios exíguos, carência de escola de atores*, diretores* e produtores, o *Teledrama* foi, à semelhança do *TV de Vanguarda*, um laboratório de experimentação e interpretação.

Para equilibrar os pendores cinematográficos de alguns dos produtores responsáveis pelo programa, Victor COSTA, que fora inclusive diretor artístico da Rádio Nacional do Rio de Janeiro, trouxe para o *Teledrama*, na função de ensaiadores*, profissionais de teatro, tais como Olga NAVARRO, Luiz TITO, Hélio QUARESMA, David CONDE e Cláudio PETRAGLIA. Quanto ao elenco, a maioria vinha do rádio.

Na produção desse *teleteatro**, revezavam-se semanalmente, entre outros, José CASTELLAR, Heloísa CASTELLAR, Renan ALVES, David CONDE, Álvaro MOYA e Walter AVANCINI.

Com produtores diferentes, o *Teledrama* oferecia ao público uma diversificação de estilos. José CASTELLAR, por exemplo, tinha preferência pelos entrechos românticos e dramáticos. Álvaro MOYA procurava se aproximar do cinema, utilizando os recursos oferecidos pelas câmeras e mesa de corte, aproveitando o fato de ele mesmo ser o diretor de TV em suas produções. Renan ALVES, estudioso de televisão, caracterizava-se pela sua meticulosidade e pesquisa de imagem. David CONDE, por sua vez, conservava a técnica de ensaiar cada inflexão e expressão, como no teatro.

A perda do patrocínio e a morte de Victor COSTA abalaram o *Teledrama*, que se tornou oneroso demais para a emissora em crise. A despeito das dificuldades, às vezes em apresentações esporádicas, o programa sobreviveu até 1965. Em dez anos de existência, encenou textos como: *Ronda dos Malandros*, de John GAY (1956); *A Rainha e os Rebeldes*, de Ugo BETTI; *Na Noite do Passado*, de James HILTON; *O Jardineiro Espanhol*, de A. J. CRONIN (1957); *Baile de Aleluia*, de Marcos REY; *Mulheres*, de Clare Boothe LUCE; *Testemunha de Acusação*, de Agatha CHRISTIE; *A Luz que se apagou*, de James HILTON; *Amar foi Minha Ruína*, de Ben Ames WILLIAMS; *O Solar de Chico Rita*, *Arara Vermelha* e *Arraia de Fogo*, de José Mauro de VASCONCELLOS; *Arco do Triunfo*, de Erich Maria REMARQUE; *A Megera Domada* e *Macbeth*, de William SHAKESPEARE; *Estrela de uma Noite de Verão*, de Ted MOSEL; *O Retrato de Dorian Gray*, de Oscar WILDE; *Loucuras de um Milionário*, de Mark TWAIN; *Casa de Bonecas*, de IBSEN; *Horas de Desespero*, de Alfred HAYES; *O Professor Crock*, de Terence RATTINGAN; *Sindicato de Ladrões*, de Budd SCHULBERG; *As Chaves do Reino*, de A. J. CRONIN; *A Pérola*, de John STEINBECK; *O Dia em que o Tempo parou*, de Reginald ROSE; *Anna Karenina*, de Leon TOLSTÓI (1958); *Orfeu da Conceição*, de Vinícius de MORAES; *Lampião*, de Rachel de QUEIROZ; *Scrooge e Marley*, de Charles DICKENS (1959); *Fraude*, de Nicholas MONSERRAT (1960); *O Caixeiro da Taverna*, de Martins PENA (1961); *Salomé*, de Oscar WILDE (1963); *O Leque de Lady Windermere*, de Oscar WILDE (1965).

1d. TV de Comédia

Dos três principais programas de teleteatro da TV Tupi em São Paulo, o *TV de Comédia* foi o último a nascer e nele se processou, talvez mais do que nos outros, o descobrimento do autor nacional e a afirmação de uma dramaturgia escrita especificamente para a televisão.

Lançado em fins de 1957 e alternando-se, aos domingos, às 21h, com o *TV de Vanguarda*, a história desse programa difere, em parte, dos demais teleteatros da emissora, pois seu principal produtor e diretor, Geraldo VIETRI, ao ingressar na televisão em 1958, jamais tivera laços com o rádio e, em relação ao palco, seu único vínculo era com o *teatro amador**.

Em razão do desconhecimento da engrenagem e linguagem televisivas, VIETRI procurou apoiar-se nas peças de autores nacionais, que ele dirigira e encenara com seu grupo de teatro amador, permitindo ao público telespectador uma maior identificação com os temas e as personagens envolvidas. Isso, acrescido da leveza das histórias e a possibilidade de um entretenimento mais fácil, trouxe popularidade e audiência ao programa. Passado algum tempo, Geraldo VIETRI começou a escrever as peças a serem apresentadas no *TV de Comédia*, povoando as telas dos televisores de personagens divertidas, sobretudo imigrantes ou deles descendentes, inspiradas em suas lembranças da infância, adolescência e juventude nos bairros do Brás, Bom Retiro, Mooca e cercanias.

Apesar do predomínio de textos nacionais, levando ao público autores como Oduvaldo VIANNA, Paulo MAGALHÃES e Joracy CAMARGO, o *TV de Comédia* não excluía as encenações de peças estrangeiras. Obras de LABICHE, PIRANDELLO, Neil SIMON e Noel COWARD, entre outras, foram apresentadas pelo programa que, em 1967, saiu do ar.

Nos anos 50 e 60, além dos citados, houve muitos outros programas de teleteatro. De gêneros diversos – romântico, dramático, humorístico, policial, terror e infanto-juvenil –, eles ocupavam considerável parte da programação das várias emissoras, espaço mais tarde preenchido em parte pelas séries importadas. Alguns deles estavam intrinsecamente ligados a profissionais do teatro, outros a profissionais do rádio ou da própria televisão. Com o tempo, os estúdios das emissoras tornaram-se solo comum aos artistas do teatro, cinema, rádio, televisão e circo.

Na extensa relação encontram-se, entre outros, o *Teatro Cacilda Becker* que, em épocas diferentes, esteve na programação da TV Paulista (1953/1954), TV Record (1955 e 1958) e TV Bandeirante (1968). Nesta última, com cenários e figurinos de CAMPELLO NETO, foram apresentadas obras como: *Breve Encontro*, de Noel COWARD; *Casa de Bonecas*, de Henrik IBSEN; *Inês de Castro*, de Henry de MONTHERLANT; *Vitória Amarga*, de Ruth SOUTHWARD; *A Grande Mentira*, de Leon TOLSTÓI; *O Resgate*, de Pearl S. BUCK; *Elizabeth da Inglaterra*, de Maxwell ANDERSON; *Vaidosa*, de Booth TARKINGTON; *Eugenie Grandet*, de Honoré de BALZAC, *Um Carnet de Baile*, de Jacques PREVERT e *Quatro Passos entre as Nuvens*, de Cesare ZAVATTINI.

Surgindo em 1960, a TV Excelsior teve, por sua vez, o *Teatro 9* (1960 a 1962) e o *Teleteatro Brastemp* (1961/1962). O primeiro, com uma hora de duração, voltava-se, basicamente, para peças nacionais, tais como *Santa Marta Fabril*, de Abílio Pereira de ALMEIDA (1962); o segundo, com produção e direção de Bibi FERREIRA, encenou textos como *O Delator*, de Liam O'FLAHERTY (1961), *A Pérola*, de John STEINBECK, numa *adaptação** de Dias GOMES (1961), e *Esses Maridos*, de George AXELROD (1962).

No campo da programação infanto-juvenil, destaca-se o trabalho de Júlio GOUVEIA e Tatiana BELINKY. À frente do TESP – Teatro Escola de São Paulo, grupo *amador** por eles criado, foram responsáveis, na TV Tupi, no período de 1952 a 1962, pelos programas *Fábulas Animadas*, *Era uma Vez...* que, em 1954, se transformaria no *Teatro da Juventude*, e *O Sítio do Pica-pau Amarelo*, primeira versão para televisão da obra de Monteiro LOBATO para crianças.

Com produção, direção e apresentação de Júlio GOUVEIA e textos, em sua maioria, adaptados por Tatiana BELINKY, *Fábulas Animadas*, *Era uma Vez...* e *Teatro da Juventude* levaram ao público jovem um repertório que incluía Charles PERRAULT, Hans Christian ANDERSEN, Irmãos GRIMM, Victor HUGO, William SHAKESPEARE, Mark TWAIN, episódios bíblicos e históricos.

O teleteatro, evidentemente, manifestou-se nas demais emissoras brasileiras criadas nos anos 50 e 60. Mesmo as menores, muitas delas instaladas em cidades interioranas, com transmissões regionais, ofereciam ao seu público experiências nesse campo, valendo-se de artistas locais. Como convidados, nomes conhecidos do teatro e da televisão participavam ocasionalmente dessas encenações.

No Rio de Janeiro, a despeito das influências do rádio e do cinema, é notória a relação da televisão com o teatro. Inaugurada em 1951, a TV Tupi dessa cidade não tardou a incorporá-lo. *A Volta*, de Maria Wanderley MENEZES, sob a direção de Olavo de BARROS, é apontado como o primeiro teleteatro por ela transmitido. No mesmo ano, o teleteatro, apresentado às segundas e quintas-feiras, às 20h30, com cenários de Pernambuco de OLIVEIRA, trazia uma sequência de peças assinadas por Ricardo BENEDETTI, Olavo de BARROS, Maria Wanderley MENEZES, Henrique PONGETTI e Lucia BENEDETTI.

Logo surgiram outros programas, como *Teatro Burlesco*, *Teatro na TV* e *A História do Teatro Universal*. Este último, ambicioso projeto de Chianca de GARCIA, apresentou, no período de 1951 a 1953, peças de PLAUTO *(O Soldado Fanfarrão)*, William SHAKESPEARE *(Romeu e Julieta, Macbeth, Otelo, O Mercador de Veneza e A Comédia dos Erros)*, Gil VICENTE, GOLDONI, MOLIÈRE, CORNEILLE, TURGUÊNIEV, August STRINDBERG, Jean GIRAUDOUX e Eugene O'NEILL. Na produção teleteatral carioca, destacaram-se, sem dúvida, *Câmera Um* (TV Rio) e *Grande Teatro Tupi*. O primeiro, criado por Jacy CAMPOS a partir de um modelo norte-americano, era realizado com uma única câmera de televisão. Espécie de *grand guignol*, tanto apresentou *tragédias** gregas (*Medéia*, de EURÍPIDES), como peças modernas, adaptações de obras literárias, filmes e originais escritos especialmente para o programa. Quanto ao *Grande Teatro Tupi*, dirigido por Sérgio BRITTO, muitos o consideram o mais importante teleteatro no Rio de Janeiro.

Alijado pouco a pouco da programação pela telenovela diária, lançada em meados de 1963 pela TV Excelsior (SP), e pelos *enlatados* (séries e filmes) norte-americanos, largamente exibidos pelas emissoras, sobretudo a partir de 1962, quando a dublagem dos mesmos tornou-se obrigatória, o teleteatro, todavia, não desapareceu de vez do vídeo. Após o término dos grandes programas do gênero e a despeito da *censura** tornada mais rígida depois do golpe militar de 1964, algumas tentativas esparsas e sem continuidade foram ainda feitas. Para alguns profissionais da televisão, o teleteatro teria sido absorvido pela telenovela diária e, posteriormente, pelas séries nacionais, desviando-se para ambas os recursos de produção das emissoras, incluindo produtores, atores, diretores, cenógrafos, técnicos etc.

Na década de 70, a Rede Globo de Televisão procurou revivê-lo através do *Caso Especial*. Apresentado uma vez por mês e com uma hora de duração, o programa logrou realizar alguns bons espetáculos e alcançou relativo sucesso. Também a TV Cultura de São Paulo tentou preservar o gênero com o *Teatro 2*, criado por Nydia LICIA, em 1974. Na tradição dos bons teleteatros, serviu, em alguns momentos, a diretores como ANTUNES FILHO e Ademar GUERRA, que buscavam uma linguagem experimental e arrojada, resultando em produções como *Vestido de Noiva*, de Nelson RODRIGUES (1974), e *Terror e Miséria do Terceiro Reich*, de BRECHT (1976). Considerado vultoso para as verbas da emissora, o *Teatro 2* deixou de ser produzido em 1979. Nesse mesmo ano, a Rede Globo lançou *Aplauso*, saudado na ocasião como retorno do teleteatro. Sem alcançar o sucesso esperado, acabou saindo do ar.

Observando-se o desenvolvimento da televisão no Brasil, não há dúvida de que, no campo ficcional, o teleteatro foi fundamental para o desbravamento da linguagem televisiva. (FLPS)

 Adaptação.

 Brandão, 2005; Hollanda (org.), 1991; Pallottini, 1998; Rabaça e Barbosa 1978; Silva, 1981.

TESE (TEATRO DE)

Considerando-se que uma tese significa uma proposição, teoria ou visão de mundo que se quer demonstrar ou defender publicamente, o assim chamado *teatro de tese* pode ser, sob determinados aspectos, observado em diferentes épocas e tendências. Assim, é possível perceber intenções de proselitismo tanto em autos e églogas medievais e renascentistas – a defesa e a propagação da fé e dos dogmas do catolicismo, perceptíveis em Gil VICENTE (*Auto da Barca do Inferno*) ou Juan DEL ENCINA (*Fileno, Zambardo e Cardônio*) - quanto nos ideais de moralidade burguesa da dramaturgia realista francesa do século XIX. Como exemplo deste último período, que se lembre Émile AUGIER, notório autor de uma dramaturgia moralizadora e utilitarista, na qual defende o modo de vida burguês (*O Genro do senhor Poirier* e *Mestre Guérin*). Em seu verbete sobre o teatro de tese, Patrice PAVIS observa que toda peça, de certo modo, apresenta ideias e teses de natureza diversificada, tais como "a liberdade ou a servidão do homem, os perigos da avareza, a força do destino ou das paixões". Mas o teatro de tese propriamente dito busca "formular os problemas num comentário bastante didático" (1999: 385). Entre os dramaturgos que assim procederam ele menciona IBSEN, SHAW, CLAUDEL, GÓRKI e SARTE.

Também no teatro brasileiro, em vários momentos de sua história encontram-se dramaturgos afeitos a desenvolver uma tese filosófica, moral ou mesmo política em suas peças. A preocupação com o didatismo está presente já em nosso primeiro autor dramático, o Padre ANCHIETA, que fez de seus *autos** um instrumento de catequese. A ideia de que o teatro pode ser um meio eficaz de moralizar e civilizar a sociedade, como base nos valores éticos da burguesia, dominou o pensamento de escritores como José de ALENCAR e Machado de ASSIS entre 1855 e 1865, quando peças de Alexandre DUMAS FILHO e Émile AUGIER foram representadas no Rio de Janeiro. ALENCAR, motivado por essa dramaturgia, escreveu e fez representar várias *comédias realistas** (*O Demônio Familiar, O Crédito As Asas de um Anjo, O que é o Casamento?*), nas quais um personagem *raisonneur** defende os pontos de vista do dramaturgo acerca da escravidão doméstica, do papel do dinheiro na vida social, da prostituição e da família. Machado, por sua vez, como crítico teatral, defendeu em várias oportunidades a idéia de que o teatro devia levar aos espectadores uma *mensagem* de cunho moral e social, com o objetivo de aperfeiçoá-los como cidadãos. Ao lado de ALENCAR e Machado, outros dramaturgos e intelectuais abraçaram a mesma causa: Quintino BOCAIUVA (*Os Mineiros da Desgraça*), Joaquim Manuel de MACEDO (*Luxo e Vaidade*), Pinheiro GUIMARÃES (*História de uma Moça Rica*) ou Francisco Manuel Alváres de ARAÚJO (*De Ladrão a Barão*).

Mais modernamente, ou seja, no século XX, o teatro de tese ganhou seu mais forte sentido com o movimento *agit-prop**, cujas representações nas frentes da guerra civil russa adquiriram uma característica didática e panfletária em favor do partido bolchevista. Ecos da Revolução Russa aparecem numa peça de enorme sucesso em todo o Brasil: *Deus lhe Pague...*, de Joracy CAMARGO (1933), vale-se do *raisonneur** para que o autor possa defender a idéia de que o sistema capitalista está prestes a sucumbir, que o comunismo virá para tornar a vida social mais justa e igualitária. Também *Sexo* (1934), de Renato VIANNA, envereda pela demonstração de idéias acerca da tirania sexual masculina. Ambas as peças, assinala Décio de Almeida PRADO, mostram-se audaciosas quanto ao conteúdo, mas no tocante à forma dramática derivam "quase diretamente da peça de tese do século passado" (1988: 25). Na mesma época, outro dramaturgo, Oduvaldo VIANNA, flertou com a peça de tese em *Amor...* (1933), ao defender o divórcio e o fim da infelicidade de homens e mulheres que não se amam e continuam presos pelos laços do casamento.

Mais longe do que os autores acima citados foram os dramaturgos anarquistas, que desde a primeira década do século XX, nas associações e grupos filodramáticos, em várias cidades brasileiras, fizeram representar por elencos amadores peças de espírito combativo e inequívoco intuito didático. Sapateiros, alfaiates, vidreiros e outros profissionais forneceram à platéia operária um repertório surpreendente pelos temas abordados. Em *O Semeador* – sabe-se que foi encenada inúmeras vezes a partir de 1920 -, Avelino FÓSCOLO faz um personagem lutar e argumentar em favor do trabalho coletivizado em uma fazenda. Mais incendiária é a peça *Bandeira Proletária* (1922), na qual o autor, Marino SPAGNOLO, põe em cena um grupo de operários em luta contra a exploração capitalista. Um último exemplo do que essa dramaturgia libertária levou ao teatro é *Uma Mulher Diferente* (1947), de Pedro CATALLO, na qual se faz a apologia do amor livre, da mulher que é dona do próprio corpo.

A dramaturgia brasileira, no final dos anos de 1950 e início da década seguinte, foi visceralmente política e, nesse sentido, aproveitou as lições da peça de tese para explicitar seu posicionamento de esquerda no palco. No Teatro de Arena de São Paulo, em fevereiro de 1958, Gianfrancesco GUARNIERI fez de seu herói, em *Eles Não Usam Black-tie*, um autêntico *raisonneur* para ajudá-lo a demonstrar que a luta do operário deve ser coletiva, não individual. Quando o palco do Arena ficou pequeno para a dramaturgia de cunho político, Oduvaldo VIANNA FILHO transferiu-se para o Rio de Janeiro e participou ativamente da criação do Centro Popular de Cultura da União Nacional dos Estudantes, ao lado de outros dramaturgos e intelectuais como Carlos Estevam MARTINS, Ferreira GULLAR, Armando COSTA e Arnaldo JABOR. A dramaturgia do CPC, apresentada em sindicatos, grêmios estudantis e praças públicas é tributária direta do *agit-prop*, do teatro de tese que utiliza o palco didaticamente para convencer os espectadores das ideias postas em cena. Seu objetivo era "elevar o nível de conscientização das massas" (PEIXOTO, 1989: 13). Para isso, era preciso, entre outras coisas, explicar o significado da mais-valia (*A Mais-valia Vai Acabar, Seu Edgar*, de Oduvaldo VIANNA FILHO), satirizar o imperialismo americano (*A Estória do Formiguinho ou Deus Ajuda os Bão*, de Arnaldo JABOR; *Não tem Imperialismo no Brasil*, de Augusto BOAL), defender nossas riquezas naturais, ameaçadas pelos interesses das multinacionais (*O Petróleo Ficou Nosso*, de Armando COSTA), execrar a miséria e a exploração dos trabalhadores no campo (*Quatro Quadras de Terra*, de Oduvaldo VIANNA FILHO) ou demonstrar a injustiça social que significa o fato de apenas um por cento da população brasileira ter acesso à universidade (*Auto dos Noventa e Nove Por Cento*, de Antônio Carlos FONTOURA, Armando COSTA, Carlos Estevam MARTINS, Cecil THIRÉ, Marco Aurélio GARCIA e Oduvaldo VIANNA FILHO).

Ao afrontar a ditadura militar instaurada em 1964, um número significativo de dramaturgos, encenadores e artistas fez do teatro um instrumento para reafirmar ideais socialistas, de Estado e de sociedade. Mas, nessa altura, o teatro político no Brasil já apresenta sofisticação formal para driblar a censura, apoiado nas formulações do *teatro épico** de BRECHT. Os melhores exemplos do teatro de tese desse período podem ser encontrados nos espetáculos do Grupo Opinião, no Rio de Janeiro, como o show *Opinião* e a colagem *Liberdade, Liberdade*, de Flávio RANGEL e Millôr FERNANDES, e nos musicais do Teatro de Arena, em São Paulo, notadamente *Arena conta Zumbi* e *Arena conta Tiradentes*. (JG e JRF)

 Anarquista (Teatro); Épico (Teatro); Filodramáticos; Militância (Teatro da); Nacional e Popular; Operário (Teatro); Realista (Comédia).

 Barcellos, 1994; Boal, 1967; Campos, 1988; Faria, 1993; Vargas, 1980.

TIMBALEIRO

O tocador de timbale – pequeno tambor em forma de meia-lua – é o primeiro agente publicitário conhecido do teatro profissional brasileiro. O registro documental dessa função aparece associado à *Casa da Ópera**, teatro edificado no Rio de Janeiro pelo português Manuel Luís FERREIRA por volta de 1776. Em uma cidade desprovida de periódicos, o anúncio da data, do horário e do repertório das *companhias** era feito "por bandos de timbaleiros, que percorriam toda a cidade fazendo pelas esquinas os seus pregões, e não havendo jornais não nos foram transmitidos os respectivos programas, que seriam hoje de tanto valor histórico" (PAIXÃO, s.d.: 84). Não há registros que permitam inferir a posição do timbaleiro nos agrupamentos artísticos do século XVIII, ou seja, tratava-se de uma função desempenhada por qualquer membro do elenco ou de autônomos recrutados para a divulgação de cada espetáculo. É sabido, contudo, que se vestiam a caráter, envergando figurinos de personagens e assemelhando-se, portanto, aos divulgadores das trupes italianas do século XVIII. J. Galante de SOUSA menciona um desses bandos inadvertidamente associados a um trágico episódio da história nacional: "No dia 21 de abril de 1792, refere Pires de ALMEIDA, enquanto pelas ruas da cidade eram conduzidos em fúnebre passeata, para a Casa do Trem, os restos mortais do mártir da Inconfidência, um bando de histriões apregoava, para a noite do mesmo dia, um espetáculo em praça pública. Faziam parte do bando três figuras de *entremez**: o gracioso e dois barbas, o primeiro vestido de Arlequim e os outros enfronhados em camisolas negras, burlescamente sarapintados, tendo ambos à cabeça longo chapéu afunilado" (SOUSA, 1960, I: 136). Mesmo depois do estabelecimento da imprensa periódica no país, na primeira década do século XIX, esse sonoro meio de divulgação sobreviveu por largo tempo nas cidades interioranas. Joaquim Manuel de MACEDO refere-se a essa função em *A Torre em Concurso*, peça encenada pela primeira vez em 1861, no Rio de Janeiro. A dupla cômica responsável pelas artimanhas dessa *"comédia* burlesca" é constituída por dois trânsfugas de companhias teatrais *mambembes**. Um deles, Pascoal, chega à cena da peça "com uma fome de timbaleiro e no estado mais poético do mundo, isto é, sem vintém". (MACEDO, 1979, I: 185). Com o advento da imprensa e a relativa melhoria das vias de acesso às praças teatrais, os timbales foram progressivamente substituídos por outros meios de divulgação como o cartaz, anúncios estampados em periódicos e, mais tarde, por avisos difundidos pelo rádio e televisão locais. Permanece até hoje, no entanto, como uma tarefa acessória do produto teatral, a divulgação personalizada. Denominam-se frentistas os profissionais contratados para localizar os pontos estratégicos de divulgação antes que uma companhia se desloque até um local de apresentação que não é o lugar de origem da produção do espetáculo. Cabe-lhes estabelecer contatos com administradores e lideranças locais e seduzi-los, por meio de relatos personalizados, sobre as virtudes artísticas dos espetáculos que representa. Até o momento, os meios de comunicação eletrônicos instrumentalizaram essa versão contemporânea do "timbaleiro" com registros gráficos, sonoros e visuais dos espetáculos sem, no entanto, extinguir a função. (MAL)

TÍTERE

Sinônimo de *boneco**. Termo mais popular nos séculos XVIII e XIX. Luiz EDMUNDO nos fala dos "títeres de porta", improvisado espetáculo vivendo apenas do óbolo espontâneo dos espectadores de passagem; dos "títeres de capote", ainda mais rudimentar que o primeiro, embora mais popular e mais pitoresco; e, finalmente, dos "títeres de sala", este já em franca evolução para o teatro de personagens vivas e com ares gentis de pátios e *comédias**. (AMA)

 Bonecos (Teatro de).

 Edmundo, 1957.

TÍTERE DE MESA

*Boneco** horizontalmente manipulados sobre uma mesa ou base, quase sempre com articulações semelhantes à da *marionete**. Técnica desenvolvida a partir da influência do *teatro de bonecos** oriental, particularmente da China e Japão. O teatro *bunraku* japonês, a partir da década de 1950, exerceu muita influência nos teatros de bonecos europeus e consequentemente também nos grupos brasileiros contemporâneos. O *bunraku* apresenta uma manipulação realista e muito detalhada – três *atores**–manipuladores para um só boneco. Esse termo porém tem sido inapropriadamente usado como sendo apenas um estilo técnico, quando na verdade se trata de uma manifestação teatral com conteúdos e características próprias. Muitos são os grupos que se especializam nessa técnica e, entre eles, a Cia. Truks, que alcança excelente nível, conquistando largas plateias infantis, enquanto outros conquistam os adultos com propostas cênicas inusitadas, como a montagem de *Maria Carrar*, de B. BRECHT, do Grupo As Julietas, da cidade de Porto Alegre (1995). (AMA)

 Bonecos (Teatro de).

 Amaral, 1997, 2002.

TONY DE *SOIRÉE*

O tony, ou *augusto** de *soirée*, é uma designação técnica para uma determinada função do *palhaço**. Ele deve conhecer as mais variadas habilidades circenses para participar como elemento cômico em números sérios. Por exemplo, é bastante comum a presença de um palhaço no trapézio voador, incumbido de trazer uma espécie de relaxamento entre as evoluções, tanto para o público como principalmente para os artistas, que teriam um tempo de descanso e recuperação de energias para as próximas evoluções. O mesmo princípio se estende para as demais habilidades circenses, especialmente aquelas que exigem dispêndio de força em suas evoluções.

O tony de *soirée* também é responsável pelo desempenho das *reprises** que se intercalam entre números distintos. Mais uma vez, ele é responsável pela pausa cômica que se interpõe entre a sublimidade das atrações. Quando se propõe a parodiar as atrações circenses, o artista deve ter pleno domínio das habilidades circenses de forma a explorar o veio cômico daquilo que anteriormente foi apresentado sob o critério do sério e sublime. Em resumo, o tony de *soirée* deve ser um artista quase que completo na medida em que deve dominar os movimentos básicos das várias modalidades de atrações do espetáculo circense. Ao mesmo tempo, está constantemente em prontidão para entrar no espetáculo em várias ocasiões, inclusive em momentos de desarranjo do espetáculo, ou, no limite, quando ocorre um incidente imprevisto, como uma queda de um trapezista. Nesse momento, a sua tarefa é acalmar o receio da plateia e retomar o ritmo para a continuidade do espetáculo. (MFB)

 Augusto, *Clown, Clown* Branco, Palhaço.

 Bolognesi, 2003: Ruiz, 1987; Torres, 1998.

TRAGÉDIA

Esse gênero nobre do teatro, criado pelos gregos na Antiguidade, e recriado pelos italianos no Renascimento e principalmente pelos franceses no século XVII, não teve grande fortuna no Brasil. Nos nossos tempos coloniais, a vida teatral foi descontínua e limitada a pequenos festivais comemorativos, a espetáculos na sua maioria cômicos, realizados em ocasiões especiais, tudo muito tosco e incompatível com a grandeza da tragédia, que exigia intérpretes bem preparados para recitar os seus versos. Com a chegada de D. JOÃO VI, em 1808, o teatro brasileiro adquire as condições materiais de que necessita para crescer e logo surgem os primeiros escritores e artistas com gabarito intelectual para interpretar ou refletir sobre a tragédia. Assim, enquanto nos palcos do Rio de Janeiro, o *ator** João CAETANO encenava tragédias neoclássicas de Antoine Vincent ARNAUD, Vincenzo MONTI ou Jean-François DUCIS, entre outros, em São Paulo, na Academia de Direito, três jovens estudantes escreviam um longo estudo para *a Revista da Sociedade Filomática* (1833), intitulado "Ensaios sobre a Tragédia". Informados acerca do debate entre clássicos e românticos que vinha fazendo muito barulho na França, Justiniano José da ROCHA, Francisco Bernardino RIBEIRO e Antônio Augusto de QUEIROGA tomam o partido dos clássicos. Depois de condenar SHAKESPEARE, LOPE DE VEGA, CALDERÓN DE LA BARCA, os pré-românticos alemães e os românticos franceses, os jovens autores elogiam CORNEILLE, RACINE e VOLTAIRE, apontando-os como modelos a serem seguidos no Brasil. Difícil saber se Domingos José Gonçalves de MAGALHÃES leu o texto da *Revista da Sociedade Filomática*. Mas a peça com que ele inaugura o teatro brasileiro no Romantismo é uma tragédia, *Antonio José ou o Poeta e a Inquisição*, encenada em 1838 por João CAETANO, com grande repercussão. A segunda peça que escreveu, em 1839, era igualmente uma tragédia, *Olgiato*. Não deixa de ser curioso lembrar que Gonçalves de MAGALHÃES já era poeta conhecido e havia publicado um livro de poemas, dois anos antes, que os historiadores da literatura brasileira têm considerado o primeiro do nosso Romantismo. A verdade, porém, é que o escritor nunca se libertou completamente do pensamento clássico que o formara na juventude. O prólogo que escreveu para *Antonio José* é bastante revelador das suas preferências estéticas, tendentes para o equilíbrio da forma clássica, negando sempre as chamadas desarmonias românticas. Embora afirme que gostaria de conciliar os dois sistemas dramáticos, em suas tragédias são mais evidentes as características desse gênero teatral que agonizava em pleno período romântico: a divisão em cinco atos; as unidades de ação, tempo e espaço quase que inteiramente respeitadas; os versos, ainda que brancos e decassílabos, não alexandrinos; a unidade de tom e a preocupação com as *bienséances*. O sucesso de *Antonio José*, que trouxe para a cena a condenação à morte do comediógrafo judeu pela Inquisição, não fez nascer um significativo repertório brasileiro de tragédias. O gênero estava em baixa e só foi cultivado esporadicamente, por um ou outro escritor, como Joaquim Norberto de Sousa SILVA (*Clitemnestra, Rainha de Micenas* – 1846), Antonio Gonçalves TEIXEIRA E SOUZA. (*Cornélia* – 1847; *O Cavaleiro Teutônico ou a Freira de Marienburg* – 1855) ou Antônio de Castro LOPES (*Abamoacara* – 1845-1846).

Depois do Romantismo e principalmente da morte de João CAETANO, em 1863, a tragédia praticamente desaparece dos palcos brasileiros e da nossa literatura dramática. Só vamos reencontrá-la no final do século XIX e início do XX, quando se tornam comuns as excursões de grandes artistas europeus ao Brasil. Nos repertórios de uma Sarah BERNHARDT ou um Ermete NOVELLI sempre havia lugar para a *Fedra*, de RACINE, ou para alguma tragédia shakespeariana. Em 1916, por iniciativa de Alexandre AZEVEDO e Cristiano de SOUZA, o Rio de Janeiro assiste aos espetáculos do "Teatro da Natureza", experiência de teatro ao ar livre que durou pouco, mas que deu notoriedade à atriz Itália FAUSTA. No repertório, destacam-se duas *adaptações** feitas por Coelho de CARVALHO: a *Oresteia*, de ÉSQUILO, e o *Édipo Rei*, de SÓFOCLES. Desse mesmo tragediógrafo, foi ainda encenada a adaptação da *Antígona*, por Carlos MAUL (METZLER, 2006).

No que diz respeito ao texto dramático, a tragédia reaparece ainda mais tarde, na década de 1940 do século XX, porém em trajes modernos, como era de se esperar, na obra de Nelson RODRIGUES. *Vestido de Noiva*, encenada em 1943, foi saudada pelo principal crítico literário da época, Álvaro LINS, como uma "tragédia da memória" (RODRIGUES, 1993: 191). Em *Senhora dos Afogados*, Nelson dialoga com a *Oresteia*, de ÉSQUILO, e oito das dezessete peças que escreveu foram denominadas "tragédias cariocas" – com o seu consentimento – pelo crítico e organizador de seu teatro completo, Sábato MAGALDI.

A estrutura e os temas da tragédia foram aproveitados por vários dramaturgos brasileiros modernos. Merecem destaque: Jorge ANDRADE, que se inspirou em *Antígona*, de SÓFOCLES, para escrever *Pedreira das Almas*; Dias GOMES, que utilizou com rigor a regra das unidades de ação, tempo e lugar em *O Pagador de Promessas*; Chico BUARQUE e Paulo PONTES, que reescreveram o mito de Medeia em *Gota d'Água*. (JRF)

 Clássico (Teatro).

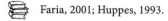 Faria, 2001; Huppes, 1993.

TROPICALISTA (TEATRO)

A expressão qualifica uma tendência da estética teatral brasileira ligada diretamente aos espetáculos de um grupo brasileiro, o Teatro Oficina, e a toda uma efervescência teatral que ocorreu no Brasil nos anos de 1967 e 1968. Ao mesmo tempo, remete às influências de um movimento estético mais amplo, o Tropicalismo, gerado nas artes plásticas e na arquitetura e com interações posteriores na música popular. O termo *tropicalismo* já aparece em *Casa Grande e Senzala*, de Gilberto FREYRE, para definir, em termos gerais, a ótica sociológica que aquele autor adotava no seu estudo sobre a formação da família patriarcal brasileira. Será resgatado por Hélio OITICICA em 1967, na obra *Tropicália*, que participou da exposição *Nova Objetividade* do Museu de Arte Moderna do Rio de Janeiro. A obra é um ambiente constituído de dois *Penetráveis-Labirintos*, chamados *A Pureza é um Mito* e *Imagética*, dispostos em um cenário com elementos tropicais, como bananeiras e aves coloridas, e reproduzindo, em seus percursos, diferentes superfícies, com caminhos de areia, de cascalho e de terra. Essa obra exerceu uma influência generalizada nas artes brasileiras e marcou uma inflexão radical na carreira de Hélio OITICICA. Desde então, os seus trabalhos abandonaram, definitivamente, não só o tratamento da imagem, mas todos os suportes tradicionais das artes plásticas. Até 1979, ano de sua morte, OITICICA pôde aprofundar a ideia daquilo que chamava "ambiente-comportamento" e desenvolver a matriz do *Parangolé*, espécie de objeto-vestimenta que tinha sido a célula inicial dos penetráveis, em 1967. Essa tendência modificava a própria noção de *obra* no horizonte das artes plásticas e implicava, para o público, um tipo de fruição mais lúdica e experimental. Consciente dessa ruptura, OITICICA descreve assim a sua intenção com aquele trabalho: "*Tropicália* é a primeiríssima tentativa consciente, objetiva de compor uma imagem obviamente 'brasileira' ao contexto atual da vanguarda e das manifestações em geral da arte nacional [...] É a obra mais antropofágica da arte brasileira" (JACQUES, 2001: 78).

É justamente essa menção direta à *antropofagia** e, indireta, ao movimento antropofágico Pau-Brasil, de Oswald de ANDRADE, na década de 1920, que estabelece uma ponte com o Teatro Oficina, outro núcleo fundador do Tropicalismo. Em 1967, alguns meses depois da exposição do MAM do Rio de Janeiro, em que OITICICA apresentou *Tropicália*, estreava em São Paulo, no Teatro Oficina, o espetáculo *O Rei da Vela*, dirigido por José Celso Martinez CORRÊA. O texto em que se baseou o espetáculo foi a peça, do mesmo nome, escrita por Oswald de ANDRADE entre 1933 e 1937, e nunca antes encenada.

Assim como OITICICA, José Celso tinha o texto do Manifesto Antropofágico de Oswald, de 1928, como uma referência central. Emprestando a irreverência do *teatro de revista** brasileiro e a exuberância do *carnaval**, o espetáculo do Oficina não somente revolucionou os padrões teatrais da época, como revelou um dramaturgo que tocava nos nervos da cultura brasileira. Enquanto o resgate por OITICICA de imagens folclóricas do Brasil, como frutas e araras, formava o pano de fundo para uma radical incisão no panorama internacional das artes plásticas, a utilização, pelo Oficina, de padrões teatrais considerados populares e superficiais, serviu para desvendar uma profundidade desconhecida naquele autor e apontar novos rumos para o teatro.

A influência desse espetáculo sobre os artistas brasileiros da época, e na conformação de uma ideia de Tropicalismo, foi imensa. Ao mesmo tempo, um filme como *Terra em Transe*, de Glauber ROCHA, exibido pela primeira vez em abril de 1967, simultaneamente à exposição "Nova Objetividade", na qual havia sido apresentada *Tropicália* de Hélio OITICICA, pode ser considerado como pré-tropicalista. Num texto escrito em 1987, quando foram comemorados vinte anos da Tropicália (CORRÊA, 1987: 74), José Celso informa que *O Rei da Vela* era dedicado a *Terra em Transe* de Glauber ROCHA. Mas o filme-manifesto do Tropicalismo será *O Bandido da Luz Vermelha,* de Rogério SGANZERLA, que vai renovar a linguagem cinematográfica de forma semelhante àquela que OITICICA e José Celso tinham realizado nas artes plásticas e no teatro, incorporando elementos estigmatizados da cultura popular e ironizando as posturas políticas mais sisudas do Cinema Novo e dos Centros Populares de Cultura, área de influência do Partido Comunista Brasileiro.

Na música popular, Caetano VELOSO e Gilberto GIL vão liderar uma revolução que fundia a sofisticação da Bossa Nova com a energia da Jovem Guarda, e que abria um diálogo entre formas eruditas de literatura, como a poesia concreta, e formas populares relegadas, como a música caipira e as baladas românticas. Essa explosão na ordem das coisas da chamada música popular brasileira foi emblematicamente deflagrada com o LP *Tropicália*, lançado em 1968.

No teatro, o Oficina vai estrear, também naquele ano, seu novo espetáculo *Roda Viva*, a partir de texto do compositor e dramaturgo Chico BUARQUE DE HOLLANDA. O espetáculo aprofundou a renovação cênica iniciada em *O Rei da Vela* e criou dentro do grupo uma cisão entre os *atores** mais antigos e o chamado *coro**, formado por jovens atores e atrizes recém-egressos de um curso de teatro. Essa cisão levaria a uma renovação do Oficina a partir do espetáculo *Gracias Señor*, de 1971, e à radicalização da proposta de ruptura com a tradição teatral iniciada com *O Rei da Vela*. *Gracias Señor* foi um marco na transição entre o Oficina tropicalista, dos anos 60, e a Usyna Uzona, nome que o grupo viria a adotar, no final dos anos 70. (LFR)

 Alternativo (Teatro), Antropofagia (Teatro e).

 Favaretto, 1979; Veloso, 1997.

U

UNIVERSITÁRIO (TEATRO)

Teatro universitário é um assunto extenso e de significativa complexidade na medida em que pode ser equivalente a *teatro amador** e/ou teatro do estudante. Da mesma maneira, teatro universitário refere-se a edifícios construídos pelas universidades (públicas e/ou particulares) com a finalidade de abrigarem espetáculos teatrais, recitais de música, além de outras solenidades. Embora exista essa diversidade, este verbete irá restringir-se à ideia de teatro universitário como sinônimo de atividades teatrais desenvolvidas por estudantes universitários, vinculados a cursos de Artes Cênicas ou não, para destacar algumas experiências, tanto em termos estéticos quanto históricos.

O diálogo entre estudantes universitários e teatro pode ser localizado em diferentes momentos da história brasileira e sob distintos aspectos. No decorrer do século XIX, a Faculdade de Direito do Largo São Francisco, em São Paulo, acolheu vários estudantes que muito contribuíram para a literatura dramática. De acordo com a estudiosa Elizabeth Ribeiro AZEVEDO, "os estudantes introduziram novos hábitos, foram agentes de cosmopolitização, extravasaram suas ideias e paixões políticas. Seu teatro foi o produto de uma intelectualidade que, nem de longe, era a expressão 'espontânea' da vida da cidade. Destacando-se como centro da *intelligentsia* nacional, nada mais natural de que aqui fossem discutidos os problemas brasileiros mais prementes. Uma das formas privilegiadas por esse grupo foi o teatro. [...] A Academia celebrizou-se, desde sua inauguração, como aglutinadora de talentos e, muito antes da existência de uma Faculdade de Letras, congregava os que se interessavam por humanidades e literatura, em especial" (2000: 18-19). Dessa feita, destacaram-se na dramaturgia: *Macário*, de Manuel Antônio Álvares de AZEVEDO; *A Morte do Capitão-mor*, de Luís Nicolau Fagundes VARELA; *Sangue Limpo*, de Paulo EIRÓ; *Meia Hora de Cinismo*, de Joaquim José da FRANÇA JÚNIOR, entre outros textos teatrais.

Já no século seguinte, antes de destacar os trabalhos propriamente ditos, deve-se recordar: pode ser atribuída às experiências universitárias, da primeira metade do século XX, a ideia de *modernidade* que, a partir da década de 1940, norteou os debates intelectuais e artísticos no teatro brasileiro. Embora seja recorrente mencionar que a *modernidade* chegou aos palcos cariocas em 1943, com a peça *Vestido de Noiva* (Nelson RODRIGUES), encenada pelo grupo Os Comediantes, sob a direção de ZIEMBINSKI, não se deve ignorar que essa concepção de *moderno* ganhou contornos definidos por intermédio do teatro universitário presente no Rio de Janeiro e em São Paulo e através do diálogo deste com o repertório artístico da Europa Ocidental (especialmente França, Inglaterra e Alemanha) e dos Estados Unidos.

Sobre a importância desses grupos *amadores** para a cena brasileira posteriormente, Jacó

GUINSBURG e Nanci FERNANDES afirmam: "Em face de um palco profissional pobre e estagnado, o período compreendido entre 1938 e 1942 assistiu à intensa e renovadora atuação dos *amadores** cariocas. E sua repercussão sobre os estudantes da FFCL e seus incipientes esforços filodramáticos não pode ser desconsiderada, tanto pelo papel axial então desempenhado pela capital federal no processo cultural brasileiro e pela dinâmica das relações entre as elites carioca e paulista, quanto pela abertura para a atualização estética e as revisões críticas surgidas no bojo do espírito universitário e das lições ventilantes de muitos dos docentes, em boa parte bastante jovens, vindos do exterior" (1997: 148).

Uma das primeiras iniciativas com relação ao teatro universitário ocorreu em 1937, quando da eleição de Jerusa CAMÕES para a presidência do Diretório Estudantil da Escola Nacional de Música do Rio de Janeiro. Com o apoio do ministro Gustavo CAPANEMA, o *grupo** Teatro Universitário (TU) por ela dirigido estabeleceu-se na sede da União Nacional dos Estudantes (UNE), na Praia do Flamengo n. 132. Esse grupo foi responsável pela montagem de peças estrangeiras, como *Dias Felizes* (Claude-André PUGET), *O Pai* (STRINDBERG), *Romeu e Julieta* (SHAKESPEARE), e de textos brasileiros, dentre os quais estão *Gonzaga ou a Revolução de Minas* (Castro ALVES), *Dirceu e Marília* (Afonso ARINOS), *Judas em Sábado de Aleluia* (Martins PENA). Ao lado disso, as atividades do TU motivaram diversos estudantes, dentre os quais estavam Sérgio BRITTO, Fernando TORRES, Nathalia TIMBERG, Vanda LACERDA, Sérgio CARDOSO, Hélio SOUTO, Milton CARNEIRO, entre outros, a abandonarem seus cursos de origem e optarem profissionalmente pela atividade teatral.

No que se refere à contribuição do TU para o processo de *modernização*, cabe recordar as seguintes palavras de Jerusa CAMÕES: "No sentido de contribuir para essa alteração de mentalidades, acho que o nosso trabalho foi significativo. Por isso, costumo dizer que fomos necessários no nosso tempo. Mas sei também que hoje não seríamos mais necessários naquilo que fomos" (*DIONYSOS*, 1978a: 29).

Nesse mesmo período, com vistas a dinamizar a atividade teatral, sob a liderança de Paschoal Carlos MAGNO, surgiu o Teatro do Estudante do Brasil (TEB), que acolheu universitários e não universitários. Acerca das motivações desse projeto, Paschoal assim se manifestou: "O *Teatro do Estudante* nasceu de minha mais total loucura. Eu tinha chegado da Europa e via aqui a situação melancólica do teatro brasileiro, um teatro sem muita orientação técnica, representado por *atores** e atrizes sem a menor preparação. Digo melancólico, porque havia uma crescente ausência de público e um número cada vez maior de *companhias** que multiplicavam seus frágeis esforços, suas energias, sem encontrar eco por parte da plateia e da imprensa. Naturalmente, é preciso não esquecer que antes de nosso retorno ao Brasil, algumas pessoas isoladas haviam realizado obras gigantescas. [...] Eu me refiro, por exemplo, a esses dois homens que eu considero extraordinários na história do teatro brasileiro, que foram Álvaro MOREYRA e Renato VIANNA" (*DIONYSOS*, 1978a, p. 3).

Ao lado dessa preocupação especificamente teatral, Paschoal Carlos MAGNO foi um agitador cultural. Criou os festivais do Teatro do Estudante. Construiu e manteve o Teatro Duse. Elaborou, em 1962, um projeto de descentralização da atividade teatral e, nesse mesmo ano, "elaborou um roteiro que incluiu Rio de Janeiro, Minas, Bahia, Sergipe e Alagoas. Ele já tinha viajado para o norte do país com textos de IBSEN, SHAKESPEARE, Gil VICENTE, SÓFOCLES, e sabia que a experiência seria gratificante e multiplicadora. A Caravana deveria permanecer um dia em cada local oferecendo uma feira de livros, exposição de artes plásticas, música de câmara etc. E o que mais se destacou nessa empreitada foi que a Caravana reuniu alguns teatros de estudantes. Vários elencos foram acionados e convidados para integralizar o projeto de Paschoal" (BUCCI, 1994: 16).

À frente do TEB, Paschoal Carlos MAGNO foi responsável por espetáculos como *Leonor de Mendonça* (Gonçalves DIAS), *Romanescos* (Edmond ROSTAND), *Hécuba* (EURÍPIDES), *Romeu e Julieta* e *Hamlet* (SHAKESPEARE). Revelou atores como MARIA FERNANDA, FREGOLENTE, Luiz LINHARES, Yara SALLES, Paulo PORTO, Sônia OITICICA e consagrou a trajetória artística de Sérgio CARDOSO, como protagonista da tragédia shakespeariana, que contou com a participação de Cacilda BECKER, em 1948. Aliás, a referida atriz atuou também, em 1941, nas montagens de *Altitude 3200* (Julien LUCHAIRE) e *Dias Felizes* (Claude-André PUGET). Othon BASTOS, sobre sua experiência artística no Teatro Duse, afirmou: "Com o Paschoal aprendi a fazer cenários, fui assistente de cenógrafo, de iluminação, sonoplastia, aprendi a usar a maquilagem e fui contrarregra. Durante um ano e meio aprendi todos os segredos de um espetáculo e fiquei familiarizado com a técnica do teatro. Foi importante conhecer todos e respeitar tudo que acontece nos bastidores" (KHOURY, 1983: 76).

A iniciativa de Paschoal Carlos MAGNO impulsionou a criação, em 1940, na cidade de Porto Alegre (RS), do Teatro do Estudante que ficou sob a responsabilidade da União Estadual dos Estudantes (UEE). Esse teatro teve em seu elenco nomes como Walmor CHAGAS e José LEWGOY e encenou peças como *O Fazedor de Reis*, em 1941, *O Maluco Número 4*, de Armando GONZAGA, 1943, além de *É Proibido suicidar-se na Primavera*, de Alenjandro CASONA, e *A Mulher sem Pecado*, de Nelson RODRIGUES. No decorrer da década de 1950 integraram-se ao grupo Antônio ABUJAMRA e Fernando PEIXOTO. "Em fins de 1954 e primeiros meses de 1955, o Teatro do Estudante perderia quase todos os seus integrantes e nasceriam três grupos novos de *teatro amador**, destinados a transformar o movimento teatral gaúcho nos anos seguintes – a Comédia da Província, o Teatro Universitário da União Estadual dos Estudantes e o Clube de Teatro da Federação de Estudantes Universitários do Rio Grande do Sul" (PEIXOTO, 1997: 46).

O Teatro Universitário foi fundado em 19/04/1955 e estreou no Instituto de Belas Artes, no mês seguinte, com os espetáculos *O Marinheiro* (Fernando PESSOA), direção de Antonio ABUJAMRA, e *Feliz Viagem a Trenton* (Thornton WILDER), direção de Carlos MURTINHO. Nesse mesmo ano, além de outras montagens, o TU promoveu, com o *encenador** Ruggero JACOBBI, três palestras sobre a questão teatral: "Situação do teatro no Brasil", "A Expressão Dramática" e "A Função dos Amadores e Pequenos Teatros". Por sua vez, o Clube de Teatro da Federação de Estudantes Universitários do Rio Grande do Sul, em novembro de 1955, estreou com a encenação de *Nossa Cidade*, de Thornton WILDER, e, em 1956, levou aos palcos a peça *Seis Personagens à Procura de um Autor*, de Luigi PIRANDELLO.

Quanto ao teatro universitário em São Paulo, há que se recordar: na década de 1930, o professor de Filologia e Literatura Latina, da Faculdade de Filosofia, Ciências e Letras da Universidade de São Paulo, Georges RAEDERS, realizou a sua primeira experiência pedagógica em conjunto com a atividade teatral em 1937, no Teatro Municipal, com a seguinte programação: *Les Precieuses Ridicules* (MOLIÈRE) e *A Luva* (Júlio DANTAS). A empreitada bem-sucedida propiciou, em 1939, a consolidação do grupo sob o nome de Teatro Universitário (TU) com a encenação de *Noite de Reis* (SHAKESPEARE).

Em 1942, com a criação dos fundos universitários de pesquisa pelo reitor da USP, Jorge AMERICANO, Lourival Gomes MACHADO e Décio de Almeida PRADO constituíram o Grupo Universitário de Teatro (GUT), com alunos dos cursos de Filosofia, Ciências Sociais, Direito e com artistas de *rádio-teatro**. Em 1946, o GUT e o Grupo de Teatro Experimental (GTE), de Alfredo MESQUITA, promoveram, no Teatro Boa Vista, o *Teatro das Segundas-Feiras*, no qual apresentaram *Todo Mundo e Ninguém* e o *Auto de Mofina Mendes*, ambos de Gil VICENTE. "Neste último, Mofina Mendes contracenava com dois pastores que foram representados por Décio de Almeida PRADO e por Lourival Gomes MACHADO que, no programa, constam com pseudônimos, apesar de sua disponibilidade para desempenhar qualquer papel: desde maquiagem até miar ou latir e simular vozerio na ribalta. Talvez esse seja um indício de uma hierarquia profissional da década de 40 que, em alguns casos, foi-se alterando profundamente. No tempo do GUT, o teatro era considerado uma atividade artística pouco respeitável, desempenhada por boêmios, beberrões e mulheres liberadas. O *teatro amador** era suportado com reservas, como uma doença juvenil, que seria sanada com a maturidade. Principalmente as moças sofriam os protestos contra os ensaios gerais, que se prolongavam pela noite afora e avisos solenes de que aquelas festividades nos desviariam dos destinos respeitáveis. Ser autor, diretor ou crítico teatral tinha outra dignidade" (LEITE, 1997: 167).

A Escola Politécnica da USP também teve a sua incursão teatral com o Grupo Teatral Politécnico (GTP), com o objetivo de contribuir para o aprimoramento da cultura no meio universitário. A sua estréia data de 31/03/1950, com renda revertida para a Casa do Politécnico, com as encenações de *O Traído Imaginário* (MOLIÈRE) e *A História do Homem e do Queijo* (Aurélio FERRETI). Em

1951 foi a vez de *Nossa Cidade* (Thornton WILDER), *Sganarello* (MOLIÈRE) e *O Imbecil* (Luigi PIRANDELLO). Em 1952, *Última Edição do Diabo* (Alejandro CASONA) e, em 1953, *O Doente Imaginário* (MOLIÈRE). Além disso, o GTP promoveu leituras dramatizadas e apresentações em forma de *jogral**. Em 1961, em consequência de relações com o Teatro de Arena, o grupo participou de um seminário de dramaturgia dirigido por Fauzi ARAP, com orientação de Augusto BOAL, no qual o núcleo da Poli elaborou o texto *Dr. Vitalício de Tal, Catedrático*.

Desse período data também o Teatro dos Universitários de São Paulo (TUSP), cuja primeira iniciativa foi em 1955, decorrente da solicitação dos centros acadêmicos ao Reitor, referendando a proposta do XVI Congresso da UNE, em 1953, acerca do estímulo às atividades teatrais nas universidades. Sob a direção de Ruy AFFONSO, iniciou seus trabalhos em 1956, com os ensaios da peça *As Bocas Inúteis* (Simone de BEAUVOIR), que foram suspensos por falta de verba. Em 1957 estreou o seu *Coral Falado* com o seguinte programa: trechos do poema *Morte e Vida Severina*, uma cena de *Romeu e Julieta*, textos de Gil VICENTE, Osório Duque ESTRADA, Manuel BANDEIRA e cenas do texto de BEAUVOIR que fora objeto de trabalho no ano anterior. Após essa empreitada, o TUSP foi desativado.

Já em Pernambuco, na Faculdade de Direito do Recife, surgiu o Teatro Universitário de Pernambuco (TUP), sob os auspícios de Felipe GOMES, à época presidente do Diretório Acadêmico. O TUP estreou em 26/05/1948, com a montagem de *As Férias de Apolo* (Jean BERTHET) sob a direção de ADACTO FILHO e, até o ano de 1958, desenvolveu uma atuação próxima ao Teatro de Amadores de Pernambuco (TAP), que foi rompida quando sua direção artística ficou a cargo de Graça MELLO. Nesse novo momento, os seus espetáculos tiveram boa repercussão e foram premiados em importantes festivais nacionais. Um dos mais importantes entusiastas do TUP foi o Prof. João Alfredo G. da Costa LIMA (vice-reitor e posteriormente reitor da Universidade do Recife), "uma espécie de defensor do grupo, durante o reitorado Joaquim AMAZONAS, transformando-se depois em mantenedor oficial, através de verba vinculada, distribuída todos os anos" (PONTES, 1966: 59). Em tais circunstâncias, o TUP desenvolveu o seu trabalho sem problemas econômicos, sem maiores ousadias estéticas e constituiu um público com membros de diferentes segmentos sociais. Todavia, em meados da década de 1960, o "TUP se afasta de suas diretrizes iniciais e se aproxima do espírito do Teatro do Estudante. Isto se nota no repertório e na cada vez mais constante realização de espetáculos nos subúrbios e cidades do interior do Estado sob o patrocínio de entidades operárias e estudantis" (PONTES, 1966, p. 60-61).

Uma outra experiência seminal ocorreu na Universidade da Bahia, por iniciativa do reitor Edgar SANTOS, que esteve à frente do cargo no período de 1946 a 1961 e "caiu com a entrada em cena do governo de Jânio QUADROS e sob a pressão de um movimento estudantil culturalmente reacionário que se julgava politicamente revolucionário. [...] No tempo em que permaneceu no posto, construiu (em todos os sentidos) a Universidade. Significativamente, realizou um projeto antigo dos baianos, nascido no ano mesmo de seu nascimento – criar na Bahia um instituto de ensino superior, 'capaz de receber e disciplinar a vocação humanística da terra' [...]. E aí promoveu uma transformação cultural espetacular na Bahia, num movimento que ainda hoje tem suas fortes consequências na vida nacional" (RISÉRIO, 1995: 61). Para tanto, em meados das décadas de 1950 e 60, esse projeto contou com a participação da arquiteta Lina BO BARDI, do músico Hans J. KOELLREUTTER, do diretor teatral Martim GONÇALVES, da bailarina e coreógrafa Yanka RUDSKA, além de Agostinho da SILVA à frente do Centro de Estudos Afro-orientais (CEAO) e do fotoetnógrafo Pierre VERGER, entre outros.

No que tange à Escola de Teatro, ela formou atores, produziu espetáculos e constituiu um repertório artístico ao encenar textos de Bertolt BRECHT, TCHÉKHOV, Tennessee WILLIAMS, STRINDBERG, Paul CLAUDEL, Artur AZEVEDO, Ariano SUASSUNA, Antonio CALLADO, ao lado de outros dramaturgos. O ator Othon BASTOS, ao refletir sobre sua trajetória artística, fez a seguinte avaliação sobre esse período: "Eu passei dois anos na Bahia e participei de várias peças definitivas: *As Três irmãs*, de TCHÉKHOV, *Um Bonde chamado Desejo*, de Tennessee WILLIAMS, onde trabalhei com MARIA FERNANDA fazendo a Stella e eu fazendo o Kowalsky. Quem dirigiu o espetáculo foi o mesmo diretor que tinha dirigido o *Bonde* na Broadway, com Anthony QUINN.

Sob a direção de Antonio PATIÑO fizemos *Almanjarra* de Artur AZEVEDO; fizemos também *O Auto da Compadecida* de Ariano SUASSUNA, e eu fiz o *papel** do palhaço. [...] Tinha sempre gente saindo pelo ladrão porque os espetáculos eram de graça. A Universidade não podia cobrar um centavo sequer. (Pausa.) O que adquiri de tarimba fazendo essas peças... foi notável" (KHOURY, 1983: 85-86).

Os trabalhos apresentados, até o momento, demonstram a presença de um Teatro Universitário constituído pelo empenho de professores, alunos, diplomatas e críticos, em dinamizar a cena teatral brasileira, com o intuito de inseri-la no debate internacional. Porém, ao lado desse interesse, não se deve ignorar a presença de interesses pedagógicos, como também a preocupação com o estabelecimento de uma educação humanista que pudesse nortear os jovens que ingressavam na universidade.

Esse foi um capítulo de grande importância na história do teatro brasileiro, mas não o único em relação às iniciativas atribuídas ao teatro universitário. No decorrer da década de 1950, na cidade de São Paulo, o diálogo entre teatro e universidade assumiu novas feições. Nesse período, Ruggero JACOBBI, por sugestão de Paschoal Carlos MAGNO, decidiu organizar um teatro de estudantes, a partir de uma perspectiva original. Em 1952, divulgou-se a notícia da criação do Teatro Paulista do Estudante (TPE), porém a proposta não se efetivou. Em 1954, Ruggero ministrou um curso de teatro, com o patrocínio das comemorações do IV Centenário da Cidade de São Paulo, que foi "frequentado por estudantes de esquerda, em sua maioria, comunistas, bastante mobilizados politicamente, como Gianfrancesco GUARNIERI e Oduvaldo VIANNA FILHO. JACOBBI intui que aqueles jovens poderão efetivar o projeto de criação do TPE" (RAULINO, 2000: 159/160). Nesse momento, o TPE vinha ao encontro das expectativas do próprio movimento estudantil, pois como observou GUARNIERI: "Era necessário então fazer um trabalho sério entre todos os estudantes. Chegamos à conclusão que o movimento cultural e principalmente o movimento artístico seriam um meio eficaz de organização, onde se poderia discutir, reforçar os grêmios, de estruturar diretórios e procurar criar um debate cultural no meio estudantil" (KHOURY, 1983: 23). Em 1956,

o TPE uniu-se ao Teatro de Arena de São Paulo e as perspectivas em articular um diálogo mais explícito entre teatro e política ganharam as searas do teatro profissional. Esta experiência motivou o aparecimento de outras criações teatrais, tais como o Centro Popular de Cultura (CPC) da UNE, no Rio de Janeiro. Embora a UNE tivesse acolhido outras iniciativas de teatro universitário, o CPC apresentou características muito próprias. Em primeiro lugar, não foi constituído por estudantes universitários, mas por artistas (Oduvaldo VIANNA FILHO, Chico de ASSIS, Leon HIRZMANN, Carlos LYRA, Arnaldo JABOR, Ferreira GULLAR etc.) e intelectuais (Carlos Estevam MARTINS, entre outros) que deixaram de atuar no circuito profissional, com o objetivo de estimular o debate político e social em torno da *revolução democrático-burguesa*. Para tanto, apresentaram espetáculos nas ruas, em associações e em universidades de diversas regiões do país. São desse período textos como *A Mais-Valia vai Acabar Seu Edgar* e *Brasil, Versão Brasileira*, ambos de Oduvaldo VIANNA FILHO; *A Vez da Recusa*, de Carlos Estevam MARTINS; *O Petróleo ficou Nosso*, de Armando COSTA. As atividades do CPC foram bruscamente interrompidas com o golpe militar de 1964, que colocou a UNE na ilegalidade.

Neste balanço deve-se mencionar também o surgimento, em 1958, nas dependências da Faculdade de Direito do Largo São Francisco, de um grupo composto por José Celso Martinez CORRÊA, Carlos Queiroz TELLES, Renato BORGHI e Amir HADDAD, entre outros, que no decorrer da década de 1960 se tornou um dos mais importantes do país, o Teatro Oficina.

Após a experiência do Oficina, em 1963 o Centro Acadêmico XI de Agosto da Faculdade de Direito da USP reorganizou a sua área teatral, com Júlio LERNER na direção do grupo. Para tanto, foi lançado o boletim *TEATRO – Ajude a Terminar o que está Quase Pronto*, a fim de sensibilizar a comunidade acadêmica em relação ao projeto, que teve em seu repertório os seguintes espetáculos: *Histórias para serem Contadas* (Osvaldo DRAGUN), *Pedreira das Almas* (Jorge ANDRADE), *A Peste* (Albert CAMUS), *Evangelho Segundo Zebedeu* (Idibal PIVETA/César VIEIRA),

No que diz respeito ao teatro universitário, na década de 1960, em São Paulo, é preciso destacar a política implementada pela Comissão Estadual de Teatro (CET), da Secretaria de Estado dos Negócios do Governo, sob a presidência de Nagib ELCHMER, a partir do Plano de Desenvolvimento do Teatro Paulista. "Todavia não se pode atribuir exclusivamente a esta gestão, o privilégio de ter 'descoberto' a modalidade, nem que esta administração seja identificada como pioneira no incentivo ao teatro feito por universitários via setor público. [...] Assim, a bem da verdade e sem tirar o brilho e a importância inquestionável de Nagib ELCHMER e equipe à frente da CET de 1963 a 1965, sua administração apenas conseguiu viabilizar uma fórmula de incentivo à atividade teatral dos universitários, algo que já vinha sendo buscado desde a criação da Comissão" (BUCCI, 1994: 56-57).

Por sua vez, no âmbito estudantil ocorreu, em março de 1965, o I Congresso Paulista de Teatro Universitário que aprovou uma Declaração de Princípios, na qual se destaca a singularidade dessa prática teatral: a) não possuir as preocupações financeiras das companhias profissionais; b) propiciar uma condição cultural mais ampla, proveniente da formação universitária, em contraponto à atuação de outros *grupos* amadores**.

Nesse processo foi criado, em 1964, o Teatro da Universidade Católica (TUCA), pelo Diretório Central dos Estudantes (DCE) da Pontifícia Universidade Católica (PUC), a partir da proposta de um estudante de Direito, Antonio MERCADO, sendo que nessa iniciativa houve uma componente política muito forte. Marinho PIACENTINI (aluno da Faculdade de Engenharia Industrial [FEI] e militante da Ação Popular [AP]), em depoimento concedido para a tese de Magno BUCCI, relata que recebeu como missão política contatar a CET para viabilizar verbas para o Teatro Universitário. Com o êxito da tarefa, tornou-se o líder da AP na PUC, comandando a célula TUCA. Acerca desse processo, Henrique SUSTER, também em depoimento a BUCCI, afirmou: "A liderança política da universidade sofreu com a Lei Suplicy de LACERDA, um revés de não poder militar politicamente, de não atuar politicamente. O que acontece? Começou-se a descobrir quais as formas de atuar politicamente, de forma, digamos, subliminar, de forma que não causasse algum problema, do indivíduo não ser preso, essas coisas todas. Então chegou-se à conclusão de que seria por meio de alguma atividade artística, por meio de uma atividade cultural" (BUCCI, 1994: 69/70).

O primeiro trabalho do TUCA, *Morte e Vida Severina* (poema de João Cabral de MELO NETO, direção de Silnei SIQUEIRA, músicas de Chico BUARQUE DE HOLLANDA), teve, no Brasil, uma recepção positiva em diferentes segmentos sociais. No plano internacional, o espetáculo foi inscrito no III Festival de Teatro Universitário de Nancy, França, onde conquistou o prêmio máximo. Na sequência, ocorreu a encenação de *O & A*, direção de Roberto FREIRE. Ao fim dessa temporada, encerrou-se um momento da história do grupo. Marinho PIACENTINI assumiu a direção, após várias disputas internas e o paulatino afastamento dos militantes da AP do movimento estudantil. Houve a montagem de *Pedro Páramo* (Juan RUFFO), que recebeu menção honrosa no Festival de Manizales. Em 1970, durante a preparação de *Terceiro Demônio* (*criação coletiva**), a PUC solicitou ao TUCA a desocupação do teatro. O grupo, não mais vinculado à Pontifícia Universidade Católica, mudou o nome para TUCA-BRASIL. Marinho PIACENTINI foi contratado pelo Equipe Vestibulares e elaborou mais duas versões de *Terceiro Demônio*, sendo que a última ocorreu em 1972. Após esse trabalho, o TUCA-BRASIL encerrou suas atividades.

Na Universidade Mackenzie surgiram os grupos Teatro do Mackenzie (TEMA); Grupo de Teatro da Engenharia Metalúrgica (METAL); e Teatro da Balança (TEBA), dos Acadêmicos de Direito. O primeiro foi responsável pela montagem de *A Capital Federal* (Artur AZEVEDO), em 1966. Com o fim do TEMA, os estudantes de metalurgia, motivados pela atividade teatral, criaram o METAL que, sob a direção de Manoel de Lemos BARROS NETO, encenou *Os Degraus* (Augusto SOBRAL). Já o TEBA, motivado tanto pelo TEMA/METAL, quanto pelas iniciativas do TUCA e do Teatro de Arena, assumiu uma feição mais politizada, o que lhe deu uma expressiva singularidade no interior de uma universidade que apoiara o golpe militar de 1964. Nesse sentido, com a montagem de *O Dragão* (Jewgenij SCWARZ), direção de Afonso GENTIL, o grupo ficou sem espaço para ensaiar, sem verbas e sem estrutura à disposição de suas atividades, tornando-se isolado no âmbito da universidade.

Outro destaque no período foi o Teatro Sedes Sapientiae (TESE), vinculado à Faculdade Sede Sapientiae (SEDES), que obteve sucesso com a encenação de *As Troianas* (EURÍPIDES), em 1966. No ano seguinte, porém, foi vetado pelas freiras o espetáculo que versaria sobre o tema da manipulação do poder. Paulo VILLAÇA, à época atuando na montagem de *Navalha na Carne* (Plínio MARCOS), era o diretor artístico do grupo. Após esses acontecimentos, em 1967 VILLAÇA saiu do TESE. O grupo ficou a cargo de Alberto GUZIK que, em 1968, iniciou os preparativos de *Café* (Mário de ANDRADE). Porém, esse trabalho teve somente duas apresentações para convidados, porque durante uma série de acontecimentos na rua Maria Antônia, a Faculdade Sedes Sapientiae foi invadida, as paredes pichadas e o espetáculo ameaçado. Mais uma vez, as freiras solicitaram a suspensão da atividade.

Em 1969, o TESE e o Grupo Vereda encenaram, sob a direção de José Rubens SIQUEIRA, *Numância* (Miguel de CERVANTES), concebido como uma parábola à situação de arbítrio no Brasil. Após essa montagem, o TESE instalou-se no Teatro Vereda, sob a direção de Roberto LAGE e estreou o espetáculo *Chico Rei* (Walmir AYALA), que teve boa acolhida do público e do SEDES. O segundo trabalho, *Baal* (Bertolt BRECHT), aproximou o grupo das atividades acadêmicas do SEDES, por intermédio de trabalhos com fins didáticos. Ao lado disso, constituiu um núcleo experimental de pesquisas referentes a teorias e métodos de interpretação.

O resultado dessa empreitada, no plano interno, apontava para a construção de interpretações críticas da história brasileira; no âmbito externo, para a criação do I Concurso Nacional de Dramaturgia Brasileira. "Embalado por essa forma de *resistência** e na certeza que estava no caminho certo, o TESE inicia 1972 com toda pujança. Integrando um vasto programa comemorativo dos 50 anos da Semana de Arte Moderna, promovido por universitários, o grupo de teatro decide montar um texto de Oswald de ANDRADE que ainda não havia conhecido o palco, *A Morta*. [...] Os órgãos de segurança, segundo Roberto LAGE, conseguiram infiltrar no TESE, a pretexto de fazerem teatro, quatro estudantes de outras faculdades que colaboravam com a repressão. [...] Nessa época, segundo LAGE, o trabalho de conscientização estava adiantado. E em virtude do nível de politização do grupo, acrescido da espionagem, a estreia de *A Morta* foi interditada pela censura. Na opinião de LAGE, a montagem da peça não foi proibida de ser apresentada apenas pela leitura que fazia do momento político. [...] De fato, a direção do TESE abrigava simpatizantes de esquerda. De fato, a direção do TESE, tanto a artística quanto a administrativa, era simpatizante da Vanguarda Popular Revolucionária (VPR) e colaborava destinando, além de recursos próprios, bilheterias que o TESE conseguia arrecadar através de alguns espetáculos" (BUCCI, 1994: 111/112).

O Teatro dos Universitários de São Paulo (TUSP), em maio de 1966, retornou à cena cultural paulistana. Vários aspectos contribuíram para essa retomada: a) os resultados do I Congresso Nacional de Teatro Universitário; b) a necessidade em arregimentar quadros, para as atividades de resistência, dos grupos de militância política; c) o impacto do espetáculo *Morte e Vida Severina* do TUCA. Nesse sentido, o TUSP surgiu como atividade cultural, vinculada ao movimento estudantil de esquerda. Embora mantivesse uma proximidade com a Organização Revolucionária Marxista-Política Operária (POLOP), acolheu, em seu interior, diversas tendências, à exceção da AP, da qual o TUSP era oposição.

Em verdade, o projeto inicial do TUSP era a criação de um centro cultural. Em meio a essa intenção, houve a edição de dois números da revista *aParte*, ciclo de conferências, cursos e leituras dramáticas. Em 1967, aconteceu a primeira encenação, *A Exceção e a Regra* (Bertolt BRECHT), sob a direção de Paulo JOSÉ, à época integrante do Teatro de Arena. Em 1968, a direção artística ficou sob a responsabilidade de Flávio IMPÉRIO e André GOUVEIA, que mantiveram, até o início de 1969, uma postura radical, tanto em termos políticos quanto estéticos. Em 1968 Flávio IMPÉRIO dirigiu, também de Bertolt BRECHT, *Os Fuzis de D. Tereza Carrar*. Enquanto o primeiro trabalho visou apresentações em sindicatos, o segundo destinou-se mais ao público estudantil e excursionou, ficando dois meses em cartaz no Rio de Janeiro. Com a decretação do AI-5, o espetáculo saiu de cena e o TUSP encerrou suas atividades.

Uma outra experiência digna de menção é a do Grupo Experimental da Faculdade de Filosofia, Ciências e Letras de Assis (FAFIA), na década de 1970, sob a liderança de Sérgio NUNES, que chegou à faculdade para cursar Letras e depois Filosofia. A primeira montagem foi *A Roupa Nova do Imperador* (Winifred WARD), que contou com a participação de alunos de vários cursos. Em 1975, foi criado o Centro de Artes na FAFIA, o que possibilitou o recebimento de verbas da Secretaria do Estado da Cultura, Ciência e Tecnologia, promoção dos festivais de arte. Em 1976, houve a encenação de *A Falecida* (Nelson RODRIGUES), que teve Mário Fernando BOLOGNESI como um dos atores do espetáculo. Nesse mesmo ano, o Governo do Estado alterou a Coordenadoria do Ensino Superior do Estado de São Paulo e criou uma terceira universidade: "O novo diretor da faculdade, professor João de ALMEIDA, não estimulou as produções culturais e, acima de tudo, criou obstáculos para sua realização. Num aspecto mais amplo, a reitoria da recém-criada Universidade do Estado de São Paulo (UNESP), introduziu mudanças estruturais nos *campi*, como foi o caso de Assis, que teve seu curso de Filosofia transferido para Marília. [...] Cabe lembrar que, juntamente com a transferência do curso de Filosofia, também partiu o seu corpo docente e, assim, o instituto de Assis perdeu vários dos incentivadores teatrais, em especial, o professor Álvaro Martins de ANDRADE, idealizador do I Festival de Artes" (DUTRA, 2002: 159-160).

Ainda na década de 1970, em maio de 1976, surgiu a segunda iniciativa em oficializar a atividade teatral amadora na USP, vinculada à Coordenadoria de Atividades Culturais (CODAC), através de uma resolução do Reitor Orlando Marques de PAIVA. A estruturação do projeto ficou a cargo do professor Décio de Almeida PRADO, mas esta não se viabilizou porque o substituto de Marques de PAIVA determinou que o TUSP deveria buscar financiamento fora da Universidade. Em fins da década de 1970, o TUSP promoveu dois espetáculos. O primeiro, *Partilha*, composto por textos de poetas brasileiros e portugueses, interpretado por Walmor CHAGAS e patrocinado pela Secretaria de Cultura do Estado de São Paulo. O segundo, *O Banquete*, adaptação do texto de Mário de ANDRADE por José Rubens SIQUEIRA, com apoio do SNT/DAC/FUNARTE/MEC.

Ao final do ano de 1979, Décio de Almeida PRADO solicitou seu desligamento e o TUSP tornou-se somente uma sala de espetáculos. Em 1989, a CODAC foi extinta. Surgiu a Pró-Reitoria de Cultura e Extensão e o TUSP passou a integrar o seu organograma. Uma das primeiras iniciativas desse período foi a realização de um festival de teatro. Em 1991 surgiu a primeira versão do Festival de Teatro Universitário.

Atualmente, o TUSP está sediado no prédio do Centro Universitário Maria Antônia, antiga FFCL. O seu espaço cênico não é convencional, portanto abriga diversas atividades, tais como: espetáculos, oficinas, palestras, debates, encontros etc. No que se refere a espetáculos teatrais, além do Grupo TUSP, apresentam-se, em sua sede, para temporadas regulares ou eventuais, outros grupos e companhias que se destacam pelo trabalho de pesquisa e experimentação. O Grupo TUSP foi criado em 1996 e durante quatro anos foi alimentado pelas oficinas livres de teatro do TUSP, que tinham o formato de oficina-montagem. Em 2001, iniciou-se o projeto de profissionalização e o grupo e a oficina tornaram-se independentes.

O grupo caracteriza-se por uma produção dramatúrgica. Seu repertório é composto pelos seguintes espetáculos, sob a direção de Abílio TAVARES: *Prova de Fogo* (1997, Consuelo de CASTRO); *Juízo Final – Comédia Triste* (1998, Antônio Rogério TOSCANO); *Miss Brasil 2000 – Uma Fantasia Musical* (1999, Antônio Rogério TOSCANO); *Horizonte* (2000, Antônio Rogério TOSCANO); *A Farsa de Inês Pereira e do Escudeiro* (2001, Gil VICENTE/Adaptação: Décio de Almeida PRADO); *A Arrombada* (2001, Antônio Rogério TOSCANO) e *Interior* (2002, Abílio TAVARES). De acordo com Abílio TAVARES, "o espetáculo *Interior* foi construído a partir de histórias pessoais vividas pelos atores. Permaneceu um ano em cartaz, em São Paulo, e há mais de um ano viaja pelo Brasil. Em março de 2005, o Grupo TUSP estreia um novo espetáculo: *Segredo*. Por sua ampla atuação junto à comunidade universitária e à comunidade externa, pela repercussão de seu trabalho, recentemente, o grupo conquistou uma importante vitória: numa atitude inédita no teatro brasileiro, a Universidade de São Paulo criou em seu plano de carreira a função de ator e abriu dez vagas para contratação de atores, em regime de CLT, efetivando assim a institucionalização do grupo. Em oito anos de atividades, o Grupo TUSP montou sete espetáculos, recebeu dezesseis indicações para premiação e ganhou onze prêmios".

Ao lado da Universidade de São Paulo, várias instituições desenvolvem atividades teatrais junto aos seus órgãos de extensão. O Grupo de Teatro Universitário, da Universidade Federal do Maranhão (UFMa), promove cursos de formação de profissionais para a montagem de espetáculos. A Universidade Católica de Goiás (UCG), por intermédio de seu programa cultural, mantém o Grupo de Teatro Guará.

A Universidade Estadual de Maringá (UEM), desde 1987 acolhe o Teatro Universitário e a Oficina de Teatro, estabelecidos em um espaço que propicia versatilidade em sua ocupação e processo criativo. O grupo proporciona a formação e a manutenção de atores, pertencentes à comunidade acadêmica e à população regional e geral. Já os alunos da PUC-Campinas criaram o Grupo de Teatro, com vistas a pesquisar fundamentos da linguagem teatral. Em 1998, o grupo apresentou uma *performance* sobre Bertolt BRECHT e uma peça de Federico García LORCA, por ocasião do centenário desses dois artistas. Em 2002, apresentou *Radiofonizando*, sobre a história do rádio nas décadas de 1950, 60 e 70. Em 2003, a história do circo foi revisitada em *O Grande Circo da Vida*.

No caso da Unicamp, desde 1985 ela abriga o Lume, Núcleo Interdisciplinar de Pesquisas Teatrais da Universidade Estadual de Campinas, criado por Luís Otávio BURNIER, em parceria com o ator Carlos SIMIONI e a musicista Denise GARCIA. Além das atividades de pesquisa, o Lume combina apresentações de espetáculos, *workshops*, demonstrações técnicas e palestras sobre seus métodos de pesquisa, treinamentos e representações em circuito nacional e internacional.

Por fim, junto a esses exemplos de teatro universitário – tendo em vista que as experiências no Brasil são inúmeras –, merecem destaque os festivais de teatro. Estes têm sido o grande espaço no qual o teatro universitário se manifesta, pois essas oportunidades permitem trocas de experiências, desenvolvimento de discussões teóricas e de pesquisas de linguagem. Nesse aspecto, um trabalho bem sucedido é o Festival de Teatro Universitário de Blumenau, criado em 1987, por iniciativa de Dalto GONÇALVES, Daniel Curt PASSE e José Ronaldo FALEIRO, com o apoio dos artistas de Blumenau. (RP)

 Amador (Teatro).

V

VANGUARDA (TEATRO DE)

A definição de vanguarda, em sua versão moderna, associa-se à ideia de uma produção artística que avança para além dos conceitos e recursos consagrados pela sua época, projetando uma sensibilidade futura através da ampliação antecipada das fronteiras estéticas. Concerne, historicamente, nessa acepção, àqueles artistas que, no período final do século XIX e início do XX, promoveram uma revolução no curso da tradição ocidental, rompendo com os paradigmas clássicos e instaurando novos vetores para a produção artística. Na extensão desse sentido abrange, a partir daí, todos os segmentos artísticos que, a cada tanto, pretendem introduzir conceitos e realizações inovadoras, alterando a compreensão do fenômeno artístico.

No teatro, o termo é estabelecido em referência aos movimento artísticos do Modernismo e, em seguida, às vanguardas históricas, abrangendo estas segmentos artísticos tão heterogêneos como o Expressionismo, o Futurismo italiano, o Cubofuturismo russo, o Dadaísmo e o Surrealismo.

No Brasil, o termo não se encontra historicamente vinculado a nenhum movimento teatral em particular, exceto por referências de natureza genérica a artistas ou grupos de artistas dotados de maior ousadia no uso dos recursos expressivos. É o caso de escritores ligados ao movimento modernista, como Oswald de ANDRADE, autor de três peças escritas na década de 1930 (*O Rei da Vela*, *A Morta* e *O Homem e o Cavalo*), e Mário de ANDRADE, que experimentou a forma teatral em *Moral Cotidiana* e em *Café*. Podem-se lembrar também algumas realizações que foram consideradas de vanguarda nos anos de 1920 e 30, tais como as de Renato VIANNA, à frente dos grupos Batalha da Quimera, Colmeia e Caverna Mágica; de Álvaro MOREYRA em seu Teatro de Brinquedo; e de Flávio de CARVALHO com o Teatro da Experiência. Os dois primeiros artistas no Rio de Janeiro, o último em São Paulo, são provas incontestes de que as relações entre *Modernismo e teatro** não foram tão pobres como se acreditou durante muito tempo. (SG)

 Absurdo (Teatro do), Modernismo (Teatro e), Surrealista (Teatro).

VAUDEVILLE

Palavra francesa que designa *comédia** musicada, cheia das mais complicadas situações, e que nasceu ligada a canções, mais particularmente às canções de Oliver BASSELIN, natural de uma região da Normandia denominada o "Vale do Vira" (*Vau de Vire* ou *Val de Vire*). Uma das características das canções de Oliver BASSELIN era a de que elas se apoiavam em estribilhos ou bordões. O termo *vaudeville* passou, portanto, a significar esse determinado tipo de canção popular, de características musicais simples e com refrão.

Durante o século XVIII, os teatros de feira parisienses sofreram severas perseguições da Corte. Irreverentes e populares, os *atores** que atuavam nas ruas foram, a um certo ponto, impedidos de falar e até de cantar. As canções vaudevilescas eram muito conhecidas. Com o objetivo claro de confundir a *censura**, esses feirantes criaram as *comédies en vaudeville*, em que o público cantava (jamais os atores!) as conhecidas canções com outras letras que eram exibidas no momento da representação. Tratava-se de *paródias** agressivas à realeza, sobrepostas às melodias de domínio público. Pouco a pouco, o termo *vaudeville* generalizou-se para se aplicar às peças musicadas com intrigas complicadas, baseadas em coincidências de caráter extraordinário. As *comédies-en-vaudeville* apresentavam sempre canções, com letras que ajudavam a ação a progredir. O gênero *vaudeville*, como é conhecido entre nós, baseia-se no *quiproquó** e no equívoco, nos quais são frequentes as burlas, os enganos, os golpes. A verdadeira natureza do *vaudeville* francês do século XVIII, o seu real espírito, consiste na comicidade das situações, no encadeamento dos acontecimentos, de uma forma que se assemelha a uma reprodução mecânica da vida. No *vaudeville*, é comum encontrarmos o protagonista marchando ao sabor de acontecimentos imprevisíveis, dos quais tenta escapar, embora encontre sempre, pelo caminho, novas ciladas. SCRIBE, LABICHE e FEYDEAU foram os mestres desse gênero, e muito representados no Brasil na segunda metade do século XIX e primeiras décadas do XX. Apesar disso, não tivemos, exatamente, um repertório de *vaudevilles* no Brasil. Nossa maior tradição em *teatro musicado** está nas *revistas** e nas *operetas**. Contudo, o espírito vaudevilesco está muito presente nas paródias de operetas francesas feitas por brasileiros do século XIX, como Francisco Corrêa VASQUES *(Orfeu na Roça)*, Artur AZEVEDO *(A Filha de Maria Angu; A Casadinha de Fresco)*, Joaquim SERRA *(O Traga-moças)* e Augusto de CASTRO *(O Barba de Milho)*, entre outros. Mas é a *burleta** o gênero mais próximo do *vaudeville* no Brasil. E o exemplo mais evidente é *A Capital Federal*, de Artur AZEVEDO, cuja estrutura tem o movimento do *vaudeville* francês com todas as suas convenções. (NV)

Comédia de Intriga, Farsa.

VEDETE

Cançonetista sensual e de valor, que estava à frente de um elenco de *music hall** ou de *teatro de revista**. Além de bela voz e bela figura, a vedete deveria ter o domínio da plateia, pois seu principal número chamava-se, exatamente, o "número de plateia", sempre muito esperado pelo público masculino. Nesses trechos do espetáculo, a vedete, por convenção, descia até o auditório e brincava com os espectadores, exercendo o seu poder de sedução enquanto cantava canções cujas letras continham um duplo sentido.

Vítor Pavão dos SANTOS afirma que a vedete era a verdadeira protagonista de uma revista. E explica: "A vedete chama-se *étoile* ou *vedette* em França, *star* nos países de língua inglesa. Em Portugal, é a vedeta. É prerrogativa da vedete ter o nome no cartaz à frente de toda a gente e em letras mais gordas. Porém, nas apresentações ou *apoteoses** é ela a última a aparecer, criando o desfile da *companhia** o necessário suspense para a sua entrada" (1978: 68).

Dentre as grandes vedetes brasileiras destacaram-se Otília AMORIM, Margarida MAX, Mara RÚBIA, Araci CORTES, Virgínia LANE e Dercy GONÇALVES. (NV)

 Musical (Teatro), Rebolado (Teatro), Revista (Teatro de).

VENTRÍLOQUO

Ventríloquo é o artista que anima o boneco à vista do público com a habilidade de falar e projetar a voz sem abrir sua boca e mover os lábios. Isso cria a ilusão de que o som sai de outra fonte, o boneco, e não do ator-animador. Enquanto manipula, ele também dissimula o timbre natural da própria voz e dialoga com o boneco, o que reforça a ilusão de que ele tem vida.

O *ventríloquo*, apoiado num roteiro dramatúrgico que serve de base para suas atuações cria sua personagem estruturando-o de tal modo que com ele improvisa em contextos e situações diferentes. Dentre as principais carcterísticas dessa personagem estão a irreverência, a crítica social, respostas desconcertantes com o objetivo de provocar o riso na plateia. No Brasil, a prática de muitos ventríloquos está associada ao trabalho do mágico e do palhaço. Diversos artistas se iniciam como mágicos ou palhaços e em seguida agregam a ventriloquia às suas atividades.

Um dos mais conhecidos ventríloquos brasileiros, na década de 1950, foi o paulista de Rio Claro, Prof. Oscar BELLAN e seu boneco Cazuza. Na mesma época, o Prof. SANDER, em Curitiba, trabalha com os seus bonecos Cirillo e Zezinho. Ainda no Rio de Janeiro, Big JONES foi responsável pela formação de diversos ventríloquos, dentre eles DOM CATALDI que atua com seu boneco Pepito. Bill BOOM, também conhecido como Tio Bill, atuou em São Paulo com o seu boneco Pinóquio. O ventríloquo Basílio Artero SANCHEZ, conhecido como Mister Basart, criou em 1982 o Museu de Arte Mágica, no Bairro Ipiranga em São Paulo. No local são encontradas diversas peças da arte da ventriloquia.

Atualmente a ventriloquia é uma arte que vem se transformando com o trabalho de artistas como Augusto BONEQUEIRO, de Fortaleza, que atua com seu boneco Fuleiragem desde os anos de 1980; Chico SIMÕES, de Brasília, trabalhando com seu boneco Misericórdia da Paixão; Valdeck de GARANHUNS, que se apresenta em São Paulo com "Biniditu"; Wilson VASCONCELOS, o palhaço Gelatina, que atua como ventríloquo desde criança, com seu boneco Juca. (VB)

Z

ZARZUELA

Gênero musical tipicamente espanhol, tanto pela forma (diálogos intervalados com canções ou pequenos conjuntos), como pelo assunto, em geral cômico ou burlesco, com evidentes aproximações com a *opera buffa* italiana, a *opéra comique* francesa, o *singspiel* alemão e o *musical play* inglês. O termo *zarzuela* provém das representações com música que, nos princípios do século XVII, se realizavam na propriedade do príncipe D. FERNANDO, La Zarzuela, próxima a Madri (o Palácio de La Zarzuela é ainda hoje a residência oficial do rei da Espanha) (BORBA & GRAÇA, 1963). Já naquele século, era o espetáculo lírico de escolha do público espanhol, o qual sempre preferiu a variedade cênica e ação rápida, que caracterizam a zarzuela, à lentidão de desenvolvimento e de ação da *ópera** tradicional. Ainda no século XVII, *companhias** espanholas levaram-na à Itália e França e ela chegou a exercer influência nas cenas líricas de ambos os países, tanto na parte literária quanto na musical. Menção especial à zarzuela aparece pela primeira vez nas obras de CALDERÓN DE LA BARCA, *Eco y Narciso* e *El Golfo de las Sirenas*.

Ao que parece, a encenação das primeiras zarzuelas, no Brasil, deveu-se à iniciativa do tenorino e professor de canto José Zapata y AMAT, chegado ao Rio de Janeiro em 1848. Logo após, começou a musicar textos de poetas brasileiros, o que lhe trouxe grande prestígio. Graças a seus esforços e de seus colaboradores instalou-se na capital do Império, em 1857, a Imperial Academia de Música e Ópera Nacional, da qual foi o primeiro diretor e gerente. Propunha-se a nova instituição a promover a representação de cantatas e idílios, de óperas italianas, francesas e espanholas, sempre no idioma nacional, e a montar, uma vez por ano, uma ópera nova de compositor brasileiro. José AMAT, grande conhecedor do *teatro musicado** de sua terra, recomendou a encenação de zarzuelas para princípio das atividades, que se iniciaram em 17 de julho de 1857, com a encenação, no Ginásio Dramático, da zarzuela *A Estreia de Um Artista*, traduzida e adaptada por José Feliciano de CASTILHO. Esse mesmo autor português adaptou a zarzuela *Brincar com Fogo*, de Asenjo BARBIERI, encenada logo em seguida e de que participaram os consagrados barítonos Eduardo Medina RIBAS (português) e CHARPENTIER (francês). Ainda nesse ano de 1857, mais uma zarzuela, *As Colisões de um Ministro*, de Francisco Asenjo BARBIERI, foi encenada em tradução e *adaptação** de Quintino BOCAIUVA (ANDRADE, 1967, II: 90-93).

Ao inaugurar-se a Estrada de Ferro São Paulo-Rio de Janeiro, em 1877, apresentou-se, na capital paulista e em outras cidades da província, a Grande Companhia Espanhola de Zarzuelas – Circo Dramático, perante uma plateia que lotava o desconfortável Teatro São José. Encenou-se, entre outras, a zarzuela *Os Madgyars*, do conhecido compositor e diretor de orquestra Joaquín

GAZTAMBIDE. Participaram do espetáculo nada menos de 80 comparsas e uma banda militar completa.

Em Madri, durante o mês de julho de 1886, estreou uma das mais bem-sucedidas zarzuelas do século XIX: *La Gran Via*, de PÉREZ Y GONZALEZ, com músicas de CHUECA e VALVERDE. Não demorou muito para que atravessasse o Atlântico, tendo chegado ao Brasil em abril de 1888, para desencadear certa influência espanhola sobre nossos autores de *operetas** e *teatro de revista**, gêneros então em voga. Nesse texto, há personagens alegóricas como ruas, praças, bairros e tipos populares da capital espanhola do final do século. E sua trama, sem ser perfeitamente organizada, pode ser assim resumida: Dona Municipalidade vai dar à luz a Gran Via e todas as ruas de Madri se interessam pelo nascimento que está prestes a chegar, sugerindo diferentes nomes para o futuro bebê. A busca do nome propicia a inclusão de inúmeras alusões políticas e o desfile de tipos urbanos próximos ao universo da plateia. Na *apoteose** final, o cenário mostra o que seria a Gran Via, em forma de maquete, sustentada por quatro grandes colunas representando a Ciência, a Justiça, o Trabalho e a Virtude, esta última considerada a qualidade essencial para que se colocasse em prática o projeto de expansão da parte central madrilenha descongestionando-a de seu traçado arcaico

Vários autores brasileiros traduziram, adaptaram ou escreveram zarzuelas. Moreira SAMPAIO, no ano de 1889, traduziu *A Gran Via, Cadiz,* de Xavier de BURGOS, e escreveu a zarzuela *A Ortografia*. Oscar PEDERNEIRAS, por sua vez, escreveu *O Boulevard da Imprensa*, "revista alusiva à *Gran Via* e *A Grande Avenida*, peça do mesmo gênero, espanhola aquela e esta portuguesa, ambas representadas no Rio" (SILVA, 1938: 287). Também Artur AZEVEDO, Figueiredo COIMBRA e Valentim MAGALHÃES foram apreciadores do gênero e fizeram traduções e adaptações, como, respectivamente, *As Duas Princesas, O Mundo da Lua* e *Consequências da Gran Via*.

O sucesso da zarzuela residia, sobretudo, nos números musicais e na graça das coreografias apoiadas em espetáculos encenados à altura. (CEM e NV)

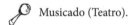 Musicado (Teatro).

BIBLIOGRAFIA

ABRAMO, L.
1997.   *Vida e Arte: Memórias de Lélia Abramo*. Campinas: Editora da Unicamp; São Paulo: Editora da Fundação Perseu Abramo.

ABREU, B.
1963.   *Esses Populares Tão Desconhecidos*. Rio de Janeiro: Raposo Carneiro.

ABREU, L. A.
1997.   *Comédia Popular Brasileira*. São Paulo: Siemens.
2002.   O Coletivo Construtor. In: *Teatro da Vertigem – Trilogia Bíblica*. São Paulo: Publifolha, p. 59.
2003a. Processo Colaborativo: Relato e Reflexões sobre uma Experiência de Criação. *Cadernos da ELT*. Santo André, v.1, n.0, p. 33-41, março.
2003b. Odisseia: Doze Passos de um Processo de Criação. *Cadernos da ELT*. Santo André, v. 1, n. 0, p. 46-53, março.

ABREU, M.
1956.   O Teatro e o Carnaval. *Revista de Teatro da SBAT*. Rio de Janeiro, n. 293, p. 17, set.-out.

AFFONSO, R.
1985.   *Cancioneiro de um Jogral de São Paulo*. São Paulo: Massao Ohno.

AGRA, L.
1998.   *Monstrutivismo – Reta e Curva nas Vanguardas*. Pontifícia Universidade Católica de São Paulo.Tese de doutorado em Comunicação e Semiótica.

AGUIAR, F.
1975.   *Os Homens Precários: Inovação e Convenção na Dramaturgia de Qorpo-Santo*. Porto Alegre: IEL/DAC/SEC.
1984.   *A Comédia Nacional no Teatro de José de Alencar*. São Paulo: Ática.

AGUIAR, T.
1992.   *O Teatro no Interior Paulista, do TEC ao Rotunda: Um Ato de Amor*. São Paulo: T.A. Queiroz.

AGUIAR E SILVA, V. M.
1976.   *Teoria da Literatura*. 2. ed. São Paulo: Martins Fontes.

ALBERT, S.
1968   A Revolta dos Estudantes. *Revista Civilização Brasileira*. Rio de Janeiro, maio-ago., p. 101- 129.

ALBUQUERQUE, S. J.
1995.   *Violent Acts: a Study of Contemporary Latin American Theatre*. Detroit: Waine State University Press.
2004.   *Tentative Transgressions: Homosexuality, AIDS, and the Theater in Brazil*. Madison: The University of Wisconsin Press.

ALCURE, A. S.
2001.   *Mamulengos dos Mestres Zé Lopes e Zé de Vina: Etnografia e Estudo de Personagens*. Rio de Janeiro: UniRio. Dissertação de mestrado.
2007.   *A Zona da Mata é Rica de Cana e Brincadeira: Uma Etnografia do Mamulengo*. Rio de Janeiro: UFRJ. Tese de doutorado

ALENCAR, J.
1960.   *Obra Completa*. Vol. IV. Rio de Janeiro, Aguilar.
2004.   *Comédias*. São Paulo: Martins Fontes.
2005.   *Dramas*. São Paulo: Martins Fontes.

ALENCAR, S.
1997.   *Atuadores da Paixão*. Porto Alegre. Secretaria Municipal de Cultura / FUNPROARTE.

ALMADA, I.
2004.   *Teatro de Arena. Uma Estética da Resistência*. São Paulo: Boitempo.

BIBLIOGRAFIA

ALMEIDA, M. I. B.
1987a. *Panorama Visto do Rio: Teatro Cacilda Becker.* Rio de Janeiro: Inacen.
1987b. *Panorama Visto do Rio: Companhia Tônia-Celi--Autran.* Rio de Janeiro: Inacen.

ALVARENGA, O. (Coord.)
1977. *Enciclopédia da Música Brasileira.* São Paulo: Art.

ALVARENGA, O.
1982. *Música Popular Brasileira.* 2. ed. São Paulo: Duas Cidades.

AMARAL, A. B.
1979. *História dos Velhos Teatros de São Paulo.* São Paulo: Governo do Estado.

AMARAL, A. M.
1991. *Teatro de Formas Animadas.* São Paulo: Edusp.
1994. *Teatro de Bonecos no Brasil.* São Paulo: Com Arte.
1997. *Teatro de Animação.* São Paulo: Ateliê Editorial.
2002. *O Ator e seus Duplos.* São Paulo, Senac/Edusp.
2005. O Inverso das Coisas. In: *Móin-Móin – Revista de Estudos Sobre Teatro de Formas Animadas,* n. 1. Jaraguá do Sul: SCAR-Udesc, p. 12-24.
2007. O Universo Compartilhado de Brincadeiras da Zona da Mata Pernambucana. In: *Móin-Móin – Revista de Estudos Sobre Teatro de Formas Animadas,* n. 3. Jaraguá do Sul: SCAR-Udesc, p. 35-61.

AMARAL, M. A.
1994. *Dercy de Cabo a Rabo.* 5 ed. São Paulo: Globo.

ANCHIETA.
1977. *Teatro de Anchieta.* São Paulo: Loyola.

ANDRADE, A.
1967. *Francisco Manuel da Silva e seu Tempo. 1808-1865. Uma Fase do Passado Musical do Rio de Janeiro à Luz de Novos Documentos.* 2 vols. Rio de Janeiro: Tempo Brasileiro.

ANDRADE, J.
1986. *Marta, a Árvore e o Relógio.* 2. ed. São Paulo: Perspectiva.

ANDRADE, M.
1944. Danças Dramáticas (I). Rodapé Mundo Musical. *Folha da Manhã,* São Paulo, 22 junho.
1959. *Danças Dramáticas do Brasil,* v. 3. São Paulo: Martins Fontes.
1982. *Danças Dramáticas do Brasil.* Edição organizada por Oneyda Alvarenga. 2. ed. 3 vols. Brasília: INL/Fundação Nacional Pró-Memória; Belo Horizonte: Itatiaia.
1989. *Dicionário Musical Brasileiro.* Coord. Oneyda Alvarenga e Flávia Camargo Toni. São Paulo: Instituto de Estudos Brasileiros da Universidade de São Paulo/Edusp; Belo Horizonte: Itatiaia; Brasília: Ministério da Cultura.

ANDRADE, M. & PETRY, S. R.
2007. As Matrizes Corporais de Maricota: Um Estudo sobre o Boi-de-Mamão. In: *Móin-Móin – Revista de Estudos Sobre Teatro de Formas Animadas,* n. 3. Jaraguá do Sul: SCAR-Udesc, p. 176-189.

ANDRADE, O.
1976a. *Teatro: A Morta; O Rei da Vela; O Homem e o Cavalo.* Rio de Janeiro: Civilização Brasileira.
1976b. *O Rei da Vela.* São Paulo: Abril Cultural.

ANDRADE, W. W.
2000. *O Livro de Jó, de Luís Alberto de Abreu; Mito e Invenção Dramática.* Dissertação de Mestrado. Faculdade de Filosofia, Letras e Ciências Humanas da Universidade de São Paulo.

ANSALDI, M.
1994. *Atos: Movimento na Vida e no Palco.* São Paulo: Maltese.

ANTOINE, A.
2001. *Conversas sobre a Encenação.* Trad. Walter Lima Torres. Rio de Janeiro: 7 Letras.

ANTUNES, A.
1997. *2 ou + Corpos no Mesmo Espaço.* São Paulo: Perspectiva.

ANTUNES, D.
2002. *Fora do Sério. Um Panorama do Teatro de Revista no Brasil.* Rio de Janeiro: Funarte.

ARAP, F.
1998. *Maré Nostrum: Sonhos, Viagens e Outros Caminhos.* São Paulo: SENAC.

ARAÚJO, A.
2002. E a Carne se Fez Verbo. In: *Trilogia Bíblica.* São Paulo: Publifolha, p. 81-84.

ARAÚJO, E.
1997. *O Teatro dos Vícios.* Rio de Janeiro: José Olympio/UnB.

ARAÚJO, R.B.
1996. *Festas: Máscaras do Tempo.* Recife: Fund. Cult. Cidade do Recife.

ARCHER, M.
2001. *Arte Contemporânea – uma História Concisa.* São Paulo: Martins Fontes.

ARÊAS, V. S.
1987. *Na Tapera de Santa Cruz – Uma Leitura de Martins Pena.* São Paulo: Livraria Martins Fontes.
1990. *Iniciação à Comédia.* Rio de Janeiro: Jorge Zahar.

ARISTÓTELES
1966. *Poética.* Tradução, Prefácio, Introdução, Comentário e Apêndice de SOUSA, E. Porto Alegre: Globo.

ARRABAL, J. & LIMA, M. A.
1982. *O Nacional e o Popular na Cultura Brasileira. Teatro. Seu Demônio é Beato.* São Paulo: Brasiliense.

ARRABAL, J.; LIMA, M. A. & PACHECO, T.
1979-1980. *Anos 70 – Teatro.* Rio de Janeiro: Europa.

ARTAUD, A.
1984. *O Teatro de seu Duplo.* São Paulo: Max Limonade.

1995. *Linguagem e Vida*. São Paulo: Perspectiva.
S.d. *O Teatro e seu Duplo*. Lisboa: Minotauro.

ARTE em Revista
1980. S. Paulo: Kairós, n. 3.
1980a. Que é o MCP?. n. 3, p. 68-71.
1980b. Que foi o MCP?" n. 3, p. 66-67.
1980. Manifesto do Teatro Popular do Nordeste, n. 3. p. 64-65.

ARRUDA, K. de.
2008. Lambe-lambe o Menor Espetáculo do Mundo. In: BELTRAME, V. (Org). *Teatro de Bonecos: Distintos Olhares sobre Teoria e Prática*. Florianópolis: Udesc.

ASENCIO, E.
1958. *De los Momos Cortesanos a los Autos Caballerescos de Gil Vicente*. Anais do Primeiro Congresso Brasileiro de Língua Falada no Teatro. Rio de Janeiro: Ministério da Educação e Cultura, p. 163-172.

ASSIS, M.
1950a. *Papéis Avulsos*. Rio de Janeiro: Jackson.
1950b. *Várias Histórias*. Rio de Janeiro: Jackson.
1950c. *Crítica Teatral*. Rio de Janeiro: Jackson.
2003. *Teatro de Machado de Assis*. São Paulo: Martins Fontes.

AUERBACH, E.
1970. *Introdução aos Estudos Literários*. São Paulo: Cultrix.
2001. Mimesis. São Paulo: Perspectiva.

ÁVILA, A.
1978. *O Teatro nas Minas Gerais: Séculos XVIII e XIX*. Ouro Preto: Prefeitura Municipal de Ouro Preto.
1994a. *O Lúdico e as Projeções do Mundo Barroco*. 2 vols. São Paulo: Perspectiva.
1994b. *Barroco: Teoria e Análise*. São Paulo: Perspectiva.

AZEVEDO, A.
1947. "Dois Dramalhões de Capa e Espada". *Boletim da SBAT*, Rio de Janeiro, n. 234, p. 6, abril.
1977. *Teatro a Vapor*. São Paulo: Cultrix/MEC.
1983. *Teatro de Artur Azevedo*. Tomo I. Rio de Janeiro: Inacen.
1985. *Teatro de Artur Azevedo*. Tomo II. Rio de Janeiro: Inacen.
1986. *O Tribofe*. Rio de Janeiro: Nova Fronteira/Fundação Casa de Rui Barbosa.
1987a. *Teatro de Artur Azevedo*. Tomo III. Rio de Janeiro: Inacen.
1987b. *Teatro de Artur Azevedo*. Tomo IV. Rio de Janeiro: Inacen.
1987c. Gavroche. In: *Teatro de Arthur Azevedo*. Tomo IV. Rio de Janeiro: Inacen, p. 562.
1995. *Teatro de Artur Azevedo*. Tomo V. Rio de Janeiro: Inacen.
1995. *Teatro de Artur Azevedo*. Tomo VI. Rio de Janeiro: Inacen.

AZEVEDO, A. & ROUÈDE, E.
2002. *Teatro de Aluísio Azevedo e Emílio Rouède*. São Paulo: Martins Fontes.

AZEVEDO, E. R.
2000. *Um Palco sob as Arcadas: O Teatro dos Estudantes de Direito do Largo São Francisco, em São Paulo, no século XIX*. São Paulo: Annablume/Fapesp.

AZEVEDO, L. H. C.
1938. *Relação das Óperas de Autores Brasileiros*. Rio de Janeiro: Serviço Gráfico do Ministério da Educação e Saúde.

BADER, W.
1987. *Brecht no Brasil: Experiências e Influências*. Rio de Janeiro: Paz & Terra.

BARBA, E.
1993. *La Canoa di Carta*. Bologna: Il Mulino.
1994. *A Canoa de Papel*. São Paulo: Hucitec.

BARBA, E. & SAVARESE, N.
1983. *Anatomia del Teatro*. Florença: Casa Usher.
1995. *A Arte Secreta do Ator*. Campinas: Hucitec/Editora da Unicamp.

BARBOSA, D. M.
1959. *A Noite Será Como o Dia (Autos de Natal)*. Rio de Janeiro: Agir.

BARBOSA, R.
1923. *A Queda do Império*. 2 vols. Rio de Janeiro: Castilho.

BARCELLOS, J.
1994. *CPC da UNE: Uma História de Paixão e Consciência*. Rio de Janeiro: IBAC/MINC/Nova Fronteira.

BARROS, O.
2005. *Corações de Chocolat: A História da Companhia Negra de Revistas (1926-27)*. Rio de Janeiro: Livre Expressão/Eduerj.

BARROS, R. S. M.
1973. *A Significação Educativa do Romantismo Brasileiro: Gonçalves de Magalhães*. São Paulo: Grijalbo/Edusp.

BARROSO, O.
1996. *Reis de Congo*. Fortaleza: Min. da Cultura/Faculdade Latino-americana de Ciências Sociais/Museu da Imagem e do Som.

BARSANTE, C.E.
1982. *Santa Rosa em Cena*. Rio de Janeiro: Inacen.

BARTHES, R.
1982. "L'Effet de réel". In: *Litterature et realité*, (org. de G. Genette et al.). Paris: Seuil, p. 81-90.

BASBAUM, R.
1998. A Questão da Autoria. In: TEIXEIRA, J. G. (org). *Performáticos, Performance e Sociedade. Revista Transe*. Brasília: UnB.

BIBLIOGRAFIA

BASTIDE, R.
1974. Sociologie du théâtre nègre brésilien. *Ciência e Cultura*, n. 26, p. 551-561.

BASTOS, A. S.
1898. *Carteira do Artista*. Lisboa: José Bastos.
1908. *Dicionário do Teatro Português*. Lisboa: Libânio da Silva.

BELTRAME, V.
1995. *Teatro de Bonecos no Boi-de-Mamão: Festa e Drama dos Homens no Litoral de Santa Catarina*. Dissertação de mestrado, Escola de Comunicações e Artes da Universidade de São Paulo.
2001. *Animar o Inanimado: A Formação Profissional no Teatro de Bonecos*. Tese de doutorado. Escola de Comunicações e Artes da Universidade de São Paulo.
2003. Maiakovski e o Teatro de Formas Animadas. In: *Urdimento – Revista de Estudos Teatrais na América Latina*, n. 5, Florianópolis.
2005a. *Teatro de Sombras: Técnica e Linguagem*. Florianópolis: Udesc.
2005b. A Marionetização do Ator. In: *Móin-Móin – Revista de Estudos Sobre Teatro de Formas Animadas*, n. 3. Jaraguá do Sul: SCAR-Udesc, p. 53-78.
2007. O Ator no Boi-de-Mamão: reflexões sobre tradição e técnica. In: *Móin-Móin – Revista de Estudos Sobre Teatro de Formas Animadas*, n. 3. Jaraguá do Sul: SCAR-Udesc, p. 158-177.
2008. *Teatro de Sombras: Distintos Olhares sobre Teoria e Prática*. Florianópolis: Udesc.

BENEDETTI, L.
1969. *Aspectos do Teatro Infantil*. Rio de Janeiro: SNT/MEC.

BENTLEY, E.
1967. *A Experiência Viva do Teatro*. Trad. de CABRAL, A. Rio de Janeiro: Jorge Zahar.

BERLINCK, M. T.
1984. *O Centro Popular de Cultura da UNE*. Campinas: Papirus.

BERNSTEIN, A.
2005. *A Crítica Cúmplice: Decio de Almeida Prado e a Formação do Teatro Brasileiro Moderno*. São Paulo: Instituto Moreira Salles.

BERTHOLD, M.
2000. *História Mundial do Teatro*. São Paulo: Perspectiva.

BEZERRA, T.T.M.
1999. *Os Cenógrafos e a Estética Ilusionista no Teatro Paulista de 1900 a 1940*. Dissertação de mestrado. Escola de Comunicações e Artes da Universidade de São Paulo.

BIANCO, N. R. & MOREIRA, S. V. (orgs.)
1999. *Rádio no Brasil: Tendências e Perspectivas*. Rio de Janeiro: Eduerj; Brasília: UnB.

BINER, P.
1968. *Le Living Theatre*. Lausanne: L'Âge d'Homme.

BIRRINGER, J.
1991. *Theatre, Theory, Post Modernism*. Bloomington e Indianapolis: Indiana University Press.
1998. *Media & Performance along the Border*. London: PAJ.

BOAL, A.
1975a. *Teatro do Oprimido e Outras Poéticas Políticas*. Rio de Janeiro: Civilização Brasileira.
1975b. *Tecnicas Latinoamericanas de Teatro Popular: Una Revolución Copernicana al Revés*. Buenos Aires: Corregidor.
1979. *Categorias do Teatro Popular*. Buenos Aires: Edições Cepe.
1983a. Etapas Evolutivas do Teatro de Arena de São Paulo. In: *Teatro do Oprimido*. Rio de Janeiro: Civilização Brasileira.
1983b. *Técnicas Latino-americanas de Teatro Popular*. São Paulo: Hucitec.
1987. O Papel de Brecht no Teatro Brasileiro. In.: BADER, W. (org.). *Brecht no Brasil: Experiências e Influências*. Rio de Janeiro: Paz e Terra.
1990. *Teatro de Augusto Boal 2*. São Paulo: Hucitec/SESC-SP.
2000. *Hamlet e o Filho do Padeiro: Memórias Imaginadas*. Rio de Janeiro: Record.
S. d. *Revolução na América do Sul*. São Paulo: Massao Ohno.

BOAL, A. & GUARNIERI, G.
1967. *Arena conta Tiradentes*. São Paulo: Sagarana.
1970. Arena conta Zumbi. *Revista de Teatro da SBAT*, Rio de Janeiro, n. 378, p. 31-59, nov./dez.

BOAL, J.
2000. *As Imagens de um Teatro Popular*. Prefácio e tradução revista por Augusto Boal. São Paulo: Hucitec.

BOLOGNESI, M. F.
2003. *Palhaços*. São Paulo: Editora da Unesp.

BONASSI, F.
2000. "Apocalipse 1,11" – O Processo do Texto. In: *Trilogia Bíblica*. São Paulo: Publifolha, p. 61-64.

BORBA FILHO, H.
1966a. *Espetáculos Populares do Nordeste*, São Paulo: Buriti.
1966b. *Fisionomia e Espírito do Mamulengo*. São Paulo: Cia. Editora Nacional.
1980. Teatro Arte do Povo. *Arte em Revista* n.3. São Paulo: Kairós, p. 60-63.
1982. *Apresentação do Bumba Meu Boi*. Recife: Guararapes.
1987. *Fisionomia e Espírito do Mamulengo*. Rio de Janeiro: Funarte.

BORBA, T. & GRAÇA, F. L.
1963. *Dicionário de Música*. 2 vols. Lisboa: Cosmos.

BORGHI, R.
1982. Entrevista de Renato Borghi ao Crítico Martim Gonçalves. *Dionysos*, n. 26. Rio de Janeiro: MEC/SNT.

BORNHEIM, G.
1998. *Páginas de Filosofia da Arte*. Rio de Janeiro: Uapê.

BORQUE, J. M. D.
1983. Estudio Preliminar. In: *Calderón de la Barca, Una Fiesta Sacramental Barroca*. Madrid: Taurus.
1986. *Teatro y Fiesta en el Barroco*. Madrid: Ediciones del Serbal.

BORRALHO, T. F.
2005. *O Boneco – Do Imaginário Popular Maranhense ao Teatro: Uma Análise de O Cavaleiro do Destino*. São Luís: Secretaria do Estado da Cultura/SESC.
2006. Os Elementos Animados no Bumba Meu Boi. In: *Móin-Móin. Revista de Estudos sobre o Teatro de Formas Animadas*. Jaraguá do Sul: SCAR/Udesc, ano 2, v. 2. p. 156-178.
2007. Casemiro Coco. In: *Móin-Móin – Revista de Estudos Sobre Teatro de Formas Animadas*, n. 3. Jaraguá do Sul: SCAR-Udesc, p. 145-157.

BORTOLOTTO, M.
2000. E Éramos Todos Thunderbirds. In: *Doze Peças de Mário Bortolotto*. Londrina: Atrito Art, vol. IV, p. 9-36.

BRAGA, C.
2003. *Em Busca da Brasilidade: Teatro Brasileiro na Primeira República*. São Paulo: Perspectiva.

BRANDÃO, C.
2005. *O Grande Teatro Tupi do Rio de Janeiro: o Teleteatro e suas Múltiplas Faces*. Juiz de Fora: Editora da UFJF.

BRANDÃO, C. A. L.
1999. *Grupo Galpão. 15 anos de Risco e Rito*. Belo Horizonte: O Grupo.

BRANDÃO, T.
1983. Oficina – O Trabalho da Crise. In: *Monografias 1979*. Rio de Janeiro: Ministério da Educação e Cultura/Instituto Nacional de Artes Cênicas, p. 7-62.
1996. *Peripécias Modernas: Companhia Maria Della Costa (1948-1974)*. Tese de doutorado. Instituto de Filosofia e Ciências Sociais da Universidade Federal do Rio de Janeiro.
2001. O Teatro Brasileiro do Século XX. *Revista do Patrimônio Histórico e Artístico Nacional*, n. 29, p. 300-335.
2002. *A Máquina de Repetir e a Fábrica de Estrelas: Teatro dos Sete*. Rio de Janeiro: Sete Letras.

BRECHT, B.
1967. *Teatro Dialético*. Rio de Janeiro: Civilização Brasileira.
1990. *Poemas de Bertolt Brecht*. São Paulo: Brasiliense.
1991. *Teatro Completo*. 2. ed. Rio de Janeiro: Paz e Terra, vol. 6.
S. d. *Escritos sobre Teatro*. Lisboa: Portugália.

BRITO, M.S.
1958. *História do Modernismo Brasileiro (I: Antecedentes da Semana de Arte Moderna)*. São Paulo: Saraiva.

BRITO, R. J. S.
1989. *A Linguagem Teatral de Artur Azevedo*. Dissertação de mestrado. Escola de Comunicações e Artes da Universidade de São Paulo.

BRITTO, S.
1993. *O Palco dos Outros: Caderno de Viagens (1973-1992)*. Rio de Janeiro: Rocco.
1996. *Fábrica de Ilusão: 50 Anos de Teatro*. Rio de Janeiro: Salamandra/Funarte.

BROCHADO, I.
2006. O Mamulengo Pernambucano e as Tradições Africanas do Teatro de Bonecos. In: *Móin-Móin – Revista de Estudos Sobre Teatro de Formas Animadas*, n. 2. Jaraguá do Sul: SCAR-Udesc, p. 138-155.
2007. A Participação do Público no Mamulengo Pernambucano. In *Móin-Móin – Revista de Estudos Sobre Teatro de Formas Animadas*, n. 3. Jaraguá do Sul: SCAR-Udesc. p. 36-60.

BUARQUE, C.
1978. *Ópera do Malandro*. São Paulo: Livraria Cultura.

BUARQUE, C. & GUERRA, R.
1975. *Calabar, o Elogio da Traição*. 3. ed. São Paulo: Círculo do Livro.

BUARQUE, C. & PONTES, P.
1975. *Gota d'Água*. Rio de Janeiro: Civilização Brasileira.

BUCCI, M. C.
1994. *Teatro Universitário – Uma Contribuição à Educação do Olhar, do Sentir, do Pensar, do Fruir...* Tese de doutorado. Escola de Comunicações e Artes da Universidade de São Paulo.

BÜCHNER, G.
2004. Woyzeck. In: GUINSBURG, J. & KOUDELA, I. (orgs.), *Büchner – Na Pena e na Cena*. São Paulo: Perspectiva.

BUENO, E.
2007. Prefácio. In: KEROUAC, J., *On the Road*. Porto Alegre: L&PM

BUENO, S.
1969. *Auto das Regateiras de Lisboa*. São Paulo: Saraiva.

BURNIER, L. O.
2001. *Arte de Ator. A Técnica da Representação*. Campinas: Editora da Unicamp.

BIBLIOGRAFIA

CACCIAGLIA, M.
1986. *Pequena História do Teatro no Brasil (Quatro Séculos de Teatro no Brasil)*. São Paulo: T. A. Queiroz/Edusp.

CADERNOS AEL
1992. Campinas: Unicamp, n. 1 (Operários e Anarquistas Fazendo Teatro).

CAETANO, J.
1956. *Lições Dramáticas*. Rio de Janeiro, MEC.

CAFEZEIRO, E. & GADELHA, C.
1996. *História do Teatro Brasileiro*. Rio de Janeiro: UFRJ/Funarte.

CALDAS, S. & LADEIRA I.
1989. *Fantoche & Cia*. São Paulo, Scipione.

CALMON, F.
1982. *Relação das Faustíssimas Festas*. Introdução e notas de ALVARENGA, O. e transcrição de MENEGAZ, R. Rio de Janeiro: Edições Funarte/INF.

CAMARGO, R. C.
1997. Reflexões sobre o Teatro Popular no Brasil e o Teatro Popular do SESI (1962-1992). *Urdimento*. Florianópolis: Universidade do Estado de Santa Catarina, n. 1, agosto.

CAMÕES, J.
1978. O Teatro Universitário. *Dionysos* (23). Rio de Janeiro: MEC/DAC–Funarte, Serviço Nacional de Teatro, p. 27-31.

CAMPOS, C. de A.
1988. *Zumbi, Tiradentes*. São Paulo: Perspectiva.
1998. *Maria Clara Machado*. São Paulo: Edusp.

CAMPOS, H.
1984. *Galáxias*. São Paulo: Ex Libris.

CANDIDO, A.
1965. *Literatura e Sociedade*. São Paulo: Nacional.
1971. *Formação da Literatura Brasileira*. 4. ed. São Paulo: Martins.

CANELLA, R. E. I.
2004. *A Construção da Personagem no João Redondo de Chico Daniel*. Natal: UFRN. Dissertação de mestrado.
2007. A Construção da Personagem no João Redondo de Chico Daniel. In *Móin-Móin – Revista de Estudos Sobre Teatro de Formas Animadas*, n. 3. Jaraguá do Sul: SCAR-Udesc. p. 122-144.

CANEN, A.; ARBACHE, A. P. & FRANCO, M.
2001. Pesquisando Multiculturalismo e Educação: O que Dizem as Dissertações e Teses. *Educação & Realidade*. v. 26, n.1, jan./jun., p. 161.

CANOVA, M. C.
1993. *La Comédie*. Paris: Hachette.

CARDIM, F.
1939. *Tratado da Terra e Gente do Brasil*. 2. ed. São Paulo: Nacional.

CARLIONI
1860. Teatro Francês – Estreia. *Revista Dramática* (16). São Paulo: Tipografia Literária, p. 63-64.

CARLSON, M.
1997. *Teorias do Teatro*. Trad. de Gilson César Cardoso de Souza. São Paulo: Editora da Unesp.

CARPEAUX, O. M.
1990. Teatro e Estado Barroco. *Estudos Avançados*, São Paulo, v. 4, n. 10. USP, p. 7-36.

CARREIRA, A.
2007a. *Teatro de Rua no Brasil e Argentina nos Anos de 1980: Uma Paixão no Asfalto*. São Paulo: Hucitec.
2007b. Teatro de Grupo: Diversidade e Renovação do Teatro no Brasil. *Subtexto: Revista de Teatro do Galpão Cine Horto*, Belo Horizonte, n. 4., nov., p. 9-11.

CARRETER, D. F. L.
1970. *Teatro Medieval*. Madrid: Castalia.

CARVALHO, E.
1989. *História e Formação do Ator*. São Paulo: Ática.

CARVALHO, S.
2002. A Escrita Cênica de *O Paraíso Perdido*. In: *Trilogia Bíblica*. São Paulo: Publifolha, p. 55-57.

CASCUDO, L. C.
1962. *Dicionário do Folclore Brasileiro*. Rio de Janeiro: Instituto Nacional do Livro.
1984. *Dicionário do Folclore Brasileiro*. Belo Horizonte: Itatiaia.
1988. *Dicionário do Folclore no Brasil*. 6. ed. Belo Horizonte, Itatiaia; São Paulo: Edusp.

CASÉ, R. O.
1995. *Programa Casé: o Rádio Começou Aqui*. Rio de Janeiro: Mauad.

CASTRO, C. de.
1968 *A Úlitma Greve*. São Paulo: Martins.
1989. *Urgência e Ruptura*. São Paulo: Perspectiva/Secretaria de Estado da Cultura.

CASTRO, R.
1992. *O Anjo Pornográfico: a Vida de Nelson Rodrigues*. São Paulo: Companhia das Letras.

CAVALCANTE, R. C.
1973. *ABC de João Augusto*. Folheto de cordel.

CENNI, F.
S. d. *Italianos no Brasil*. São Paulo: Livraria Martins.

CERQUEIRA, P. O. C.
1954. *Um Século de Ópera em São Paulo*. São Paulo: Editora Guia Fiscal.

CHAVES JR., E. B.
1971. *Memórias e Glórias de um Teatro: Sessenta Anos de História do Teatro Municipal do Rio de Janeiro*. Rio de Janeiro: Americana.

CHESNAIS, J.
1947.   *Histoire Générale des Marionnettes.* Paris: Bordas.

CHIAPPINI, L.
1997.   *O Foco Narrativo.* 8. ed. São Paulo: Ática.

CLARK, F.M.
1991.   *Impermanent Structures: Semiotic Readings of Nelson Rodrigues' Vestido de Noiva, Álbum de Família and Anjo Negro.* Chapel Hill: Department of Romance Languages.

COELHO, A. M. L. E.
2007.   *Cassimiro Coco de Cada Dia: Votando boneco no Ceará.* Fortaleza: IMEPH.

COELHO, F. & SERRA, J.
S.d.   *O Remorso Vivo.* 2. ed. São Paulo: Livraria Teixeira.

COHEN, R.
1998.   *Work in Progress na Cena Contemporânea.* São Paulo: Perspectiva.
2002.   *Performance como Linguagem.* 2. ed. São Paulo: Perspectiva.
2003.   *Performance e Telepresença – Comunicação Interativa nas Redes.* São Paulo: Concinittas.

CONESA, G.
1991.   Comédie. In: CORVIN, M. *Dictionnaire du théâtre.* Paris: Albin Michel, p. 182-183

CORNEILLE
S.d.   *O Cid e Horácio.* Rio de Janeiro: Ediouro.

CORRÊA, R. S. P.
1994.   O Teatro Colonial Brasileiro. In: NUNEZ, C. F. P. et al, *O Teatro Através da História.* Rio de Janeiro: Centro Cultural Banco do Brasil/Entourage Produções Artísticas, vol. 2, p.17-43.

CORRÊA, J. C. M.
1987.   Tempo em Transe. In: *Tropicália 20 Anos.* São Paulo: SESC-São Paulo.
1998.   *Primeiro Ato: Cadernos, Depoimentos, Entrevistas (1958-1974).* São Paulo: Editora 34.

CORVIN, M.
1991.   *Dictionnaire encyclopédique du théâtre.* Paris: Bordas.

COSTA, F. S.
1996.   *Festas: Máscaras do Tempo.* Recife: Fundação Cultural da Cidade do Recife.
2000.   *Poética do Ser e do não Ser, Procedimentos Dramatúrgicos do Teatro de Animação.* Tese de doutorado. Escola de Comunicações e Artes da Universidade de São Paulo.
2006.   *A Outra Face: A Máscara e a (Trans)formação do Ator.* São Paulo: ECA/USP, 2006. Tese de Livre Docência.
2007.   O Objeto e o Teatro Contemporâneo. In: *Móin-Móin – Revista de Estudos Sobre Teatro de Formas Animadas,* n. 4. Jaraguá do Sul: SCAR-Udesc.
2008.   Algumas Palavras sobre a Arte da Manipulação (ou da Animação) ou conforme os Desideratos de Cada Qual. In: BELTRAME, Valmor. *Teatro de Sombras: Distintos Olhares sobre Teoria e Prática.* Florianópolis: Udesc.

COSTA FILHO, J.
2003.   *Teatro Brasileiro Contemporâneo: Um Estudo da Escritura Cênico-dramatúrgica Atual.* Tese de doutorado. Instituto de Letras. Universidade do Estado do Rio de Janeiro. 2 vols.

COSTA, I. C.
1996.   *A Hora do Teatro Épico no Brasil.* Rio de Janeiro: Graal.
1998.   A Produção Tardia do Teatro Moderno no Brasil. In: *Sinta o Drama.* Petrópolis: Vozes.

COSTA, I.C. & CARVALHO, D.
2008.   A Luta dos Grupos Teatrais de São Paulo por Políticas Públicas para a Cultura: Os Cinco Primeiros Anos da Lei de Fomento ao Teatro. São Paulo: Cooperativa Paulista de Teatro, p. 21-22.

COSTA, J. D. R.
1973.   *Seis Entremezes de Cordel.* Texto recolhido e fixado por Luís Miguel Cintra e Jorge Silva Melo. Lisboa: Estampa Seara Nova.

COSTA, M. F.
1972.   *História do Teatro Cearense.* Fortaleza: Imprensa Universitária.

COUTINHO, C. N.
1981.   No Caminho de uma Dramaturgia Nacional-popular. *Arte em Revista* n. 6. São Paulo: Kairós, p. 60-61.

COUTINHO, E. T.
1993.   *Mimo e a Mímica: Uma Contribuição para a Formação do Ator Brasileiro.* Dissertação de mestrado. Escola de Comunicação e Artes da Universidade de São Paulo.

CRUCIANI, F. F.
1999.   *Teatro de Rua.* São Paulo: Hucitec.

CRUZ, O. R.
1960.   *O Teatro e sua Técnica.* São Paulo: Teixeira.

CRUZ, O. R. & CRUZ, E. R.
2001.   *Osmar Rodrigues Cruz: uma Vida no Teatro.* São Paulo: Hucitec.

CUNHA, F. C.
2000.   *Nelson Rodrigues Evangelista.* São Paulo: Giordano.

CURY, J. J.
2003.   *O Teatro de Oswald de Andrade: Ideologia, Intertextualidade e Escritura.* São Paulo: Annablume.

DAL BÓ, JUVENTINO.
1997.   Buratinni: a Tradição Italiana no Rio Grande do Sul. In: *Continente Sul-Sur: Revista do Instituto Estadual do Livro,* n. 5. Porto Alegre. p. 1-322.

BIBLIOGRAFIA

DAMASCENO, A.
1956. *Palco, Salão e Picadeiro em Porto Alegre no Século XIX*. Rio de Janeiro/Porto Alegre/ São Paulo: Globo.

DAMASCENO, L. H.
1994. *Espaço Cultural e Convenções Teatrais na Obra de Oduvaldo Vianna Filho*. Campinas, Editora da Unicamp.

DE MARINIS, M.
1980. *El Nuevo Teatro*. Barcelona: Paidós.
1997. *La Drammaturgia dell'Attore*. Bologna, Collezione Teatro Eurasiano 3, Bologna: I Quaderni Del Battello Ebbrio.

DINES, A.
1992. *Vínculos de Fogo*. São Paulo: Companhia das Letras.

DIONYSOS
1975. *Especial: Os Comediantes*. Rio de Janeiro, SNT/ MEC, n. 22.
1978a. *Especial: Teatro do Estudante do Brasil. Teatro Universitário. Teatro Duse*. Rio de Janeiro: MEC/DAC – Funarte/SNT, n. 23.
1978b. *Especial: Teatro de Arena*. Rio de Janeiro: MEC/ DAC – Funarte/SNT, n. 24.

DOMONT, B.
1997. *CPC da UNE. Um Sonho Interrompido*. São Paulo: Porto Calendário.

DÓRIA, G.
1975. *Moderno Teatro Brasileiro*. Rio de Janeiro: MEC-SNT.

DORT, B.
1977. *O Teatro e sua Realidade*. São Paulo: Perspectiva.

DUARTE, R. H.
1995. *Noites Circenses: Espetáculos de Circo e Teatro em Minas Gerais no Século XIX*. Campinas: Editora da Unicamp.

DUTRA, P.
1998. *Trajetórias de Criação do Mamulengo do Professor Benedito em Chão de Estrelas e Mais Além*. Dissertação de mestrado. Universidade Federal de Santa Catarina.

DUTRA, S. C.
2002. *Teatro Amador em Assis: Da Faculdade para a Cidade (1971/1980)*. Dissertação de mestrado. Faculdade de Ciências e Letras de Assis. Universidade Estadual Paulista.

ECO, U.
1981. *A Definição da Arte*. São Paulo: Martins Fontes.
1983. *O Nome da Rosa*. Rio de Janeiro, Nova Fronteira.

EDMUNDO, L.
1932. *O Rio de Janeiro no Tempo dos Vice-reis*. Rio de Janeiro: Instituto Histórico e Geográfico/Editora da Universidade de São Paulo.
1957. *O Rio de Janeiro do Meu Tempo*. 5 vols. Rio de Janeiro: Conquista.

EMMEL, I.
2007. O Hohnsteinerkasper em Pomerode (SC). In: *Móin-Móin – Revista de Estudos Sobre Teatro de Formas Animadas*, n. 3. Jaraguá do Sul: SCAR-Udesc, 2007. p. 207-228.

ENCICLOPÉDIAS
1949. *Italiana di Scienze, Lettere ed Arti*. Roma: Istituto della Enciclopedia Italiana, vol. XXV.
1950. M.W.D. *CHAMBER´S ENCYCLOPEDIA*. New Edition. London: George Newes, vol. X.
1982. *Garzanti dello Spetacollo* (org. Piero Gelli). Milano: Garzanti.
S. d. *Grande Enciclopédia Portuguesa e Brasileira*. Vol. XX. Lisboa: Rio de Janeiro,

ENIO, L. & VIEIRA, L. F.
2002. *Luiz Peixoto: Pelo Buraco da Fechadura*. Rio de Janeiro: Vieira & Lent.

ESSLIN, M.
1968. *O Teatro do Absurdo*. Trad. de Barbara Heliodora. Rio de Janeiro: Jorge Zahar.

EURÍPIDES.
2003. *Alceste – Electra – Hipólito*. São Paulo: Martin Claret.

EVEN, D.
1961. *A História do Musical Americano*. Rio de Janeiro: Lidador, p. 10-11, 54-55.

FACINA, A.
2004. *Santos e Canalhas: uma Análise Antropológica da obra de Nelson Rodrigues*. Rio de Janeiro: Civilização Brasileira.

FAGUNDES, A.
2002. *Sete Minutos*. (cópia digitada).

FARIA, J. R.
1987. *José de Alencar e o Teatro*. São Paulo: Perspectiva/Edusp.
1993. *O Teatro Realista no Brasil: 1855-1865*. São Paulo: Perspectiva/Edusp.
1998. *O Teatro na Estante*. Cotia: Ateliê Editorial.
2001. *Ideias Teatrais: O Século XIX no Brasil*. São Paulo: Perspectiva/Fapesp.

FARIA, J. R.; ARÊAS, V. & AGUIAR, F. (orgs.)
1997. *Décio de Almeida Prado: Um Homem de Teatro*. São Paulo: Edusp.

FAVARETTO, C. F.
1979. *Tropicália: Alegoria, Alegria*. São Paulo: Kairós.

FERNANDES, C.
2000. *Pina Bausch e o Wuppertal Dança-Teatro: Repetição e Transformação*. São Paulo: Hucitec.

FERNANDES, F.
1968. O Teatro Negro. In: NASCIMENTO, A. (org.) *Teatro Experimental do Negro, Testemunhos*. Rio de Janeiro: GRD.

FERNANDES, S.
1996. *Memória e Invenção: Gerald Thomas em Cena.* São Paulo: Perspectiva.
2000a. Notas sobre Dramaturgia Contemporânea. *O Percevejo.* Rio de Janeiro, v. 8, n. 9, p. 25-38.
2000b. *Grupos Teatrais – Anos 70.* Campinas: Editora da Unicamp.
2001a. Apontamentos sobre o Texto Teatral Contemporâneo. *Sala Preta.* São Paulo: n. 1, p. 69-80.
2001b. A Violência do Novo. *Bravo.* São Paulo: v. 5, n. 51, p. 134-139, dezembro.

FERNANDES, S. & ÁUDIO, R. (orgs.)
2006. *BR.3.* São Paulo: Perspectiva/Edusp

FERNANDES, S. & GUINSBURG, J. (orgs.)
1996. *Um Encenador de Si Mesmo: Gerald Thomas.* São Paulo: Perspectiva.

FERRACINI, R.
2000. *A Arte de Não Interpretar como Poesia Corpórea do Ator.* São Paulo: Editora Imesp.

FERRARETTO, L. A.
2000. *Rádio: o Veículo, a História e a Técnica.* Porto Alegre: Sagra Luzzatti.

FERREIRA, E. F. C.
1998. *Machado de Assis sob as Luzes da Ribalta.* São Paulo: Cone Sul.

FERREIRA, P.
1925. *Arte de Fazer Graça.* Rio de Janeiro: Empresa Brasil.
1939. *O Ator Vasques: o Homem e a Obra.* São Paulo: José Magalhães.
1967. *Como se Faz Rir e o Que Penso... Quando Não Tenho o Que Pensar.* São Paulo: Folco Masucci.
2000. *Procópio Ferreira apresenta Procópio.* Rio de Janeiro: Rocco.

FIGUEIREDO, F.
1944. *História Literária de Portugal.* Coimbra: Editorial Nobel.

FONTOURA, A. C.; COSTA, A.; MARTINS, C. E.; THIRÉ, C.; GARCIA, M. A. & VIANNA FILHO, O.
1989. O Auto dos 99%. In: PEIXOTO, F. (org.). *O Melhor Teatro do CPC da UNE.* São Paulo: Global.

FORESTIER, G.
1991. Comédie d'intrigue. In: CORVIN, M. *Dictionnaire du théâtre.* Paris: Albin Michel, p.185

FRAGA, E.
1988. *Qorpo Santo: Surrealismo ou Absurdo?* São Paulo: Perspectiva.
1992. *O Simbolismo no Teatro Brasileiro.* São Paulo: Art & Tec.
1998. *Nelson Rodrigues Expressionista.* São Paulo: Ateliê/Fapesp.

FRANCASTEL, P.
1954 *Peinture et Société.* Paris: Gallimard.

FRANCO, A.
1994. *O Teatro na Bahia Através da Imprensa – Século XX.* Salvador: Fundação Cultural Jorge Amado/Comitê de Fomento Industrial de Camaçari/Fundação Cultural do Estado da Bahia.

FREDERICO, C.
1998. A Política Cultural dos Comunistas. In: Moraes, J. Q. de (org.). *História do Marxismo no Brasil.* Campinas: Editora da Unicamp, vol. III, p. 275-304.

FRÓES, I.
1960. *Leopoldo Fróes: Biografia Romanceada Dividida em Três Atos.* Rio de Janeiro: SNT/MEC.

FURTADO, J. P.
2001. Abuso e Bom Uso: Discurso Normativo e Eventos Festivos nas *Cartas Chilenas.* In: JANCSÓ, I. & KANTOR, I. (orgs.), *Festa, Cultura e Sociabilidade na América Portuguesa.* São Paulo: Hucitec/Edusp/Imprensa Oficial, Fapesp, vol. II, p. 759-772.

FUSER, F.
1987. *A Turma da Polônia na Renovação Teatral Brasileira ou Ziembinski: O Criador da Consciência Teatral Brasileira?* Tese de doutorado. Escola de Comunicações e Artes. da Universidade de São Paulo.

FUSER, F. & GUINSBURG, J.
1992. A Turma da Polônia na Renovação Teatral Brasileira. In: SILVA. A. S. da (org.). *Diálogos sobre Teatro,* São Paulo: Edusp, p. 57-92.

GALIZIA, L. R.
1985. *Os Processos Criativos de Robert Wilson.* São Paulo: Perspectiva.

GAMA, O.
1981. *História do Teatro Capixaba: 395 Anos.* Vitória: Fundação C. A. de Almeida/Fundação Cultural do Espírito Santo.

GARCÍA, S.
1988. *Teoria e Prática do Teatro.* Trad. de Salvador Obiol de Freitas. São Paulo: Hucitec.

GARCIA, S.
1990. *O Teatro da Militância.* São Paulo: Perspectiva/Edusp.

GARCIA, S. (org.)
2002. *Odisseia do Teatro Brasileiro.* São Paulo: Senac.

GARDIN, C.
1993. *O Teatro Antropofágico de Oswald de Andrade.* São Paulo: Annablume.

GARRAIO, A.
S. d. *Manual do Curioso Dramático. Guia Prático da Arte de Representar.* Lisboa: Arnaldo Bordalo.

GARRIDO, E.
1904. *Martyr do Calvario.* Rio de Janeiro: Typ. América.

GENETTE, G.
1982. *Palimpsestes.* Paris: Seuil.

BIBLIOGRAFIA

GEORGE, D.
1985. *Teatro e Antropofagia*. São Paulo: Global.
1990. *Grupo Macunaíma: Carnavalização e Mito*. São Paulo: Perspectiva/Edusp.
1992. *The Modern Brazilian Stage*. Austin: University of Texas Press.
2000. *Flash and Crash Days. Brazilian Theatre in the Postdictatorship Period*. New York e London: Garland Publishing.

GINISTY, P.
Sd. *La Féerie*. Paris: Louis-Michaud.

GIRON, L. A.
2005. *Minoridade Crítica: a Ópera e o Teatro nos Folhetins da Corte (1826-1861)*. São Paulo: Edusp.

GLUSBERG, J.
1987. *A Arte da Performance*. São Paulo: Perspectiva.

GÓES, M.
1987. Verbetes brasileiros redigidos para a edição nacional do *Dicionário de Ópera*, de OSBORNE, C., tradução de GUIMARÃES, J. C. Rio de Janeiro: Guanabara.

GOLDBERG, R. L.
1979. *Performance-Live Art 1909 to the Present*. London: Thames and Hudson.

GOMES, D. & GULLAR, F.
1983. *Vargas ou Dr. Getúlio, sua Vida e sua Glória*. 2. ed. Rio de Janeiro: Civilização Brasileira.

GOMES, D.
1998. *Apenas um Subversivo.: Autobiografia*. Rio de Janeiro: Bertrand Brasil.

GOMES, T. M.
2004. *Um Espelho no Palco: Identidades Sociais e Massificação da Cultura no Teatro de Revista dos Anos 1920*. Campinas: Editora da Unicamp.

GONÇALVES, A. F. L.
1982. *Dicionário Histórico e Literário do Teatro no Brasil*. Vols. I a IV. Rio de Janeiro: Cátedra.

GORI, P.
1923. *Primeiro de Maio*. Santos: Biblioteca Kosmos.

GREINER, C. & BIÃO, A.
1998. *Etnocenologia. Textos Selecionados*. São Paulo: Annablume.

GRIPHUS
1884. *Galeria Teatral*. Rio de Janeiro: Tip. & Lit. de Moreira, Maximino.

GROTOWSKI, J.
1987. *Em Busca de um Teatro Pobre*. Rio de Janeiro: Civilização Brasileira.

GUERRA, M. A.
1993. *Carlos Queiroz Telles: História e Dramaturgia em Cena (Década de 70)*. São Paulo: Annablume.

GUIDARINI, M.
1990. *Nelson Rodrigues: Flor de Obsessão*. Florianópolis: Editora da UFSC.
1992. *Jorge Andrade: na Contramão da História*. Florianópolis: Editora da UFSC.

GUINSBURG, J.
1996. *Aventuras de uma Língua Errante: Ensaios de Literatura e Teatro Ídiche*. São Paulo: Perspectiva.
2001. *Da Cena em Cena*. São Paulo: Perspectiva.

GUINSBURG, J. (org.)
1978. *O Romantismo*. São Paulo: Perspectiva.
1999. *O Classicismo*. São Paulo: Perspectiva.
2002. *O Expressionismo*. São Paulo: Perspectiva.

GUINSBURG, J. & BARBOSA, A. M. (orgs.)
2005. *O Pós-Modernismo*. São Paulo: Perspectiva.

GUINSBURG, J. & FERNANDES, N.
1997. A Iniciação de um Crítico. In: FARIA, J. R. et al, *Décio de Almeida Prado: Um Homem de Teatro*. São Paulo: Fapesp/Edusp, p. 129-157.

GUINSBURG, J. & GARCIA, S.
1992. De Büchner a Bread & Puppet: Sendas do Teatro Político Moderno. In: SILVA, A. S. (org.). *Diálogos sobre Teatro*. São Paulo: Edusp/Com-Arte.

GUINSBURG, J. & KOUDELA, I. (orgs.)
2004. *Büchner: na Pena e na Cena*. São Paulo: Perspectiva.

GUINSBURG, J. & VARGAS, M.T.
1983. Cacilda: A Face e a Máscara. In: FERNANDES, N.; VARGAS, M. T. (orgs.). *Uma Atriz: Cacilda Becker*. São Paulo: Perspectiva, p. 205-301.

GUINSBURG, J. & SILVA, A. S.
1981. A Linguagem Teatral do Oficina. In: Silva, A. S. *Oficina: Do Teatro ao Te-ato*. São Paulo: Perspectiva.

GUZIK, A.
1986. *TBC: Crônica de um Sonho*. São Paulo: Perspectiva.

HAREWOOD, C. (Ed.).
1991. *Kobbé – O Livro Completo da Ópera*. Rio de Janeiro : Jorge Zahar.

HARTNOLL, P.
1983. *The Oxford Companion to the Theatre*. Oxford: Oxford University Press.

HATZFELD, H.
1964. *Estúdios sobre el Barroco*. Madri: Gredos.

HAUSER.
2000. *História Social da Arte e da Literatura*. 3 ed., São Paulo: Martins Fontes.

HELIODORA, B.
2000. *Martins Pena: uma Introdução*. Rio de Janeiro: Academia Brasileira de Letras.

HESSEL, L.; RAEDERS, G.
1972. *O Teatro Jesuítico no Brasil*. Porto Alegre: Editora da UFRGS.
1974. *O Teatro no Brasil: Da Colônia à Regência*. Porto Alegre: Universidade Federal do Rio Grande do Sul.
1979. *O Teatro no Brasil sob Dom Pedro II*. 1ª. Parte. Porto Alegre: Editora da UFRGS.
1986. *O Teatro no Brasil sob Dom Pedro II*. 2ª. Parte. Porto Alegre: Editora da UFRGS.

HINZMANN, J. & MERSCHMEIER, M.
2000. *Teatrodanza Hoy, Treinta Años de Historia de la Danza Alemana*. Kallmeyersche: Seelze.

HOGHE, R.
1986. *Pina Bausch, Histoire de Thêatre Dansé*. Paris: L'Arche.

HOLLANDA, H. B.
1980. *Impressões de Viagem: CPC, Vanguarda e Desbunde*. São Paulo: Brasiliense.
2004. *Asdrúbal Trouxe o Trombone: Memórias de uma Trupe Solitária de Comediantes que abalou os Anos 70*. Rio de Janeiro: Aeroplano.

HOLLANDA, H. B. (org.)
1991. *A Telenovela no Rio de Janeiro 1950-1963*. Rio de Janeiro: CIEC/FundaçãoMuseu da Imagem e do Som.

HOWARD, P.
2002. *What is Scenography*. London, New York: Routledge.

HUGO, V.
1964. *Oeuvres Completes, Théâtre II*. Paris: Gallimard, Bibliothèque de la Plêiade.
1985. *Oeuvres Completes, Théâtre I*. Paris: Robert Laffont, "Bouquins".
2002. *Do Grotesco e do Sublime. Tradução do "Prefácio de Cromwell"*. Trad. de Célia Berretini. São Paulo: Perspectiva.

HUPPES, I.
1993. *Gonçalves de Magalhães e o Teatro do Primeiro Romantismo*. Porto Alegre, Movimento; Lajeado: FATES.
2000. *Melodrama: O Gênero e Sua Permanência*. Cotia: Ateliê Editorial.

IBSEN, H.
2003. *Casa de Bonecas*. São Paulo: Nova Cultural.

IGLEZIAS, L.
1945. *O Teatro da Minha Vida*. Rio de Janeiro: Zélio Valverde.

INTERNET
http://portal.prefeitura.sp.gov.br/secretarias/cultura/fomento_cultura/0001.
http://www.kvc.minbuza.nl/archive/amsterdam/ukverslag feral.html (Pluralism in Art or Interculturalism?)
http://www.corpos.org
http://www.sescsp.org.br/sesc/hotsites/constelacao/programa.htm
http://www. teatrodecordel.com.br
http://www.teatroemcordel.com.br
http://www.pucsp.br/~cos-puc/budetlie/tec5.htm

IVERNEL, P. et al.
1977. *Le Théâtre d'Agit-Prop de 1917 à 1932*. 4 vols. Lausanne: La Cité/L'Âge d'Homme.

JACOBBI, R.
1958. *Goethe, Schiller, Gonçalves Dias*. Porto Alegre: Editora da UFRGS.
1962. *O Espectador Apaixonado*. Porto Alegre: Editora da UFRGS.

JACQUES, P. B.
2001. *Estética da Ginga: A Arquitetura das Favelas Através da Obra de Hélio Oiticica*. Rio de Janeiro: Casa da Palavra/Rio Arte.

JACQUOT, J.
1979. *Theatre Moderne. Hommes et Tendences*. Paris: CNRS.

JANCSÓ, I. & KANTOR, I. (orgs.)
2001. *Festa: Cultura e Sociabilidade na América Portuguesa*. São Paulo: Edusp/Hucitec/Imprensa Oficial/Fapesp.

JANSEN, J.
1974. *Teatro no Maranhão*. Rio de Janeiro: Ed. do Autor.

JONES, A.
1998. *Body Art: Performing the Subject*. Mineapolis: University of Minesota Press.

JONES, M.
1951. *Theatre-in-the-Round*. Toronto: Rhinehart.

JORNAL do Redemoinho
2006. *O Redemoinho e seus Objetivos*. Campinas, ano 2, n. 1, p. 5.

JURKOWSKI, H.
2000. *Métamorphofeses – La Marionnette au XX Siècle*. Charleville-Mézières: Institut International de la Marionnette.

KAISER, W.
1985. *Análise e Interpretação da Obra Literária*. 7. ed. Coimbra: Armênio Amado Editora.

KATZ, H.
1994. *O Brasil Descobre a Dança, a Dança Descobre o Brasil*. São Paulo: DBA.

KERSHAW, B.
1992. *The Politics of Performance – Radical Theatre as Cultural Intervention*. London: Routledge.

KHÉDE, S. S.
1981. *Censores de Pincenê e Gravata: Dois Momentos da Censura Teatral no Brasil*. Rio de Janeiro: Codecri.

KHOURY, S.
1983. *Atrás da Máscara – Depoimentos Prestados a Simon Khoury*. Rio de Janeiro: Civilização Brasileira, vols. 1 e 2.

KLINTOWITZ, J.
1986. *Máscaras Brasileiras*. São Paulo: Projeto Cultural Rhodia.

KOSSOY, B. (Coord. geral)
1996. *Cronologia das Artes em São Paulo 1975-1995 (Teatro)*. São Paulo: Centro Cultural.

KOUDELA, I. D.
1984. *Jogos Teatrais*. São Paulo: Perspectiva.
1991. *Brecht: Um Jogo de Aprendizagem*. São Paulo: Perspectiva/Edusp.
1992. *Um Voo Brechtiano*. São Paulo: Perspectiva/Fapesp.
1999. *Texto e Jogo*. São Paulo: Perspectiva.

KRIZINSKY, W.
1996. Os Teatros Estocásticos de Gerald Thomas. In: FERNANDES, S. & GUINSBURG, J. (org.), *Um Encenador de Si Mesmo: Gerald Thomas*. São Paulo: Perspectiva, p. 270-280.

KÜHNER, M. H.
1975. *Teatro Popular: Uma Experiência*. Rio de Janeiro: Francisco Alves.
1987. *Teatro Amador: Radiografia de uma Realidade (1974-1986)*. Rio de Janeiro: Instituto Nacional de Artes Cênicas.

KÜHNER, M. H. & ROCHA, H.
2001. *Para ter Opinião*. Rio de Janeiro: Relume Dumará/Secretaria das Culturas.

LABAKI, A., SAADI, F. & GARCIA, S. (orgs.)
2003. "Luís Alberto de Abreu: A Dramaturgia e o Eixo do Mundo". (Entrevista). *Folhetim*, Rio de Janeiro: n. 16, p. 96-131, jan-abr.

LACERDA, M. T. B.
1980. *Subsídios para a História do Teatro no Paraná: As Associações Literárias e Dramáticas e os Teatros no Paraná (1872-1892). A Associação Literária Lapeana e o Teatro São João (1873/1976)*. Curitiba, Instituto Histórico e Geográfico e Etnográfico Paranaense/Lapa, Prefeitura Municipal.

LARA, C. de
1987. *De Pirandello a Piolim: Alcântara Machado e o Teatro no Modernismo*. Rio de Janeiro: Inacen.

LAUAND, L. J.
1986. *Educação, Teatro e Matemática Medievais*. São Paulo: Perspectiva.

LEÃO, L.
2002. *Interlab – Labirintos do Pensamento Contemporâneo*. São Paulo: Iluminuras.

LEBEL, J. J.
1966. *El Happening*. Buenos Aires: Nueva Visión.

LEFÈBVRE, J.
1992. *Théâtre Allemand 1750-1850*. Lyon: Presses Universitaires de Lyon.

LEITE, M. L. M.
1997. "GUT: O Ritmo Vivaz". In: FARIA, J. R.; ARÊAS, V. & AGUIAR, F. (orgs.). *Décio de Almeida Prado: Um Homem de Teatro*. São Paulo: Edusp/Fapesp, p. 159-168.

LESCOT, J. P.
2005. Da Projeção da Luz Misturada à Matéria, Nasce o Teatro de Sombras. In: BELTRAME, Valmor. *Teatro de Sombras: Técnica e Linguagem*. Florianópolis: Udesc.

LEVI, C.
1997. *Teatro Brasileiro: Um Panorama do Sec. XX*. Rio de Janeiro: Funarte.

LICIA, N.
2002. *Ninguém se Livra de seus Fantasmas*. São Paulo: Perspectiva.

LIMA, E. F. W.
2000. *Arquitetura do Espetáculo: Teatros e Cinemas na Formação da Praça Tiradentes*. Rio de janeiro: Ed. da UFRJ.
2004. Teatro e Memória: Casas de Ópera nas Minas Gerais no Século XVIII. *Revista Urdimento*, n. 6, Udesc-PPGT, p. 67-80.

LIMA, M. A.
1979-1980. Quem Faz o Teatro. In: *Anos 70 – Teatro*. Rio de Janeiro: Europa.
1984. Perplexidades de um Crítico. *Arte em Revista*, n. 8, São Paulo: Kairós, p. 110.

LIMA, M. A. (org.)
1985. *Imagens do Teatro Paulista*. São Paulo: Imprensa Oficial do Estado.

LINS, A.
Algumas Notas sobre "Os Comediantes". In: *Dionysos*. Rio de Janeiro: MEC/SNT, Ano XXIV, Dezembro de 1975, n. 22. (Transcrito do *Correio da Manhã*, 02/01/1944).

LINS, R. L.
1979. *O Teatro de Nelson Rodrigues: uma Realidade em Agonia*. Rio de Janeiro: Francisco Alves/MEC.

LIOURE, M.
1963. *Le Drame*. Paris: Armand Colin.

LOPE DE VEGA
1964. Arte Nuevo de Hacer Comedias. In: *Obras Escogidas*. Madrid: Aguilar, v. II.

LOPES, A. L.
1993. *Nelson Rodrigues: Trágico então Moderno*. Rio de Janeiro: Tempo Brasileiro/Editora da UFRJ.

LOPES, E. S.
1992. *A Linguagem Experimental do Teatro Brasileiro: Anos 80*. Tese de mestrado, Escola de Comunicação e Artes da Universidade de São Paulo.

LOTT, A. M.
1987. *Teatro em Mato Grosso: Veículo da Dominação Colonial*. Brasília: Brasiliana.

LOYOLA, C.
1997. *Machado de Assis e o Teatro das Convenções*. Rio de Janeiro: Uapê.

LUKÁCS, G.
1976. *Il Dramma Moderno*. Milano, Sugar Co.

MACEDO, J. M.
1979. *A Torre em Concurso*. In: *Teatro Completo*. Tomo 1. Rio de Janeiro: MEC, SEAC, Funarte, Serviço Nacional de Teatro, p. 173-237.

MACHADO, B.
1937. *Gaspar, o Serralheiro*. São Paulo: Livraria Teixeira.

MACHADO, C. E. J.
1996. *Debate sobre o Expressionismo*. São Paulo: Editora da Unesp.

MACHADO, M. C.
1991. *Maria Clara Machado: Eu e o Teatro*. Rio de Janeiro: Agir.
S. d. *O Boi e o Burro a Caminho de Belém*. Rio de Janeiro: SNT.

MACIEL, D. A. V.
2004. *Ensaios do Nacional-Popular no Teatro Brasileiro Moderno*. João Pessoa: Editora Universitária/ UFPB.

MACIEL, L. C.
1973. *Nova Consciência – Jornalismo Contracultural. 1970-1972*. Rio de Janeiro: Eldorado.
1978. *A Morte Organizada*. Rio de Janeiro: Global/ Ground.
1981. *Negócio Seguinte*. Rio de Janeiro: Codecri.

MADEIRA, W. M.
2003. *Formas do Teatro de Comédia: a obra de Oduvaldo Vianna*. Tese de doutorado. Faculdade de Filosofia, Letras e Ciências Humanas da Universidade de São Paulo.

MAGALDI, S.
1956. A Experiência do Teatro de Arena. Entrevista com José Renato Pécora. In: *Teatro Brasileiro*, São Paulo: n. 4, p. 27, fevereiro.
1984. *Um Palco Brasileiro: O Arena de São Paulo*. São Paulo: Brasiliense.
1992. *Nelson Rodrigues: Dramaturgia e Encenações*. 2 ed. São Paulo: Perspectiva.
1997. *Panorama do Teatro Brasileiro* (1962). 3. ed. São Paulo: Global.
1998. *Moderna Dramaturgia Brasileira*. São Paulo: Perspectiva.
2003. Resposta a uma Agressão. In: *Depois do Espetáculo*. São Paulo: Perspectiva, p. 301-312.
2004a. *Teatro da Obsessão: Nelson Rodrigues*. São Paulo: Global.
2004b. *Teatro de Ruptura: Oswald de Andrade*. São Paulo: Global.

MAGALDI, S. & VARGAS, M. T.
2000. *Cem Anos de Teatro em São Paulo*. São Paulo: Senac.

MAGALHÃES JR., R.
1966. *As Mil e Uma Vidas de Leopoldo Fróes*. Rio de Janeiro: Civilização Brasileira.
1971. *Artur Azevedo e sua Época*. 4. ed. São Paulo: Lisa.
1972. *Martins Pena e sua Época*. 2. ed. São Paulo: Lisa.

MAGNANI, J. G. C.
1984. *Festa no Pedaço: Cultura Popular e Lazer na Cidade*. São Paulo: Brasiliense.

MAGNO, P. C.
1980. *Depoimento Pessoal*. Fortaleza: Edições UFC.

MAIAKÓVSKI, V.
1993. *Moscou em Chamas*. Trad. de L. Fraga. São Paulo: ECA/USP.

MAMMI, L.
2001. Teatro em Música no Brasil Monárquico. In: JANCSÓ, I. & KANTOR, I. (orgs.). *Festa – Cultura e Sociabilidade na América Portuguesa*. São Paulo: Hucitec/Edusp/Fapesp/Imprensa Oficial, vol. I, p.37-52.

MAMULENGO
1973-1989. *Revista da Associação Brasileira de Teatro de Bonecos* – ABTB. Rio de Janeiro, ns. 1 a 14.

MARAVALL, J. A.
1997. *A Cultura do Barroco*. Lisboa: Instituto Superior de Novas Profissões.

MARCONDES, M. A. (ed.)
1977. *Enciclopédia da Música Brasileira: Erudita, Folclórica e Popular*. São Paulo: Art.

MARINELLI, P. V.
1971. *Pastoral (The Critical Idiom)*. London: Methuen.

MARINHO, F.
2004. *Quem tem Medo de Besteirol?: a História de um Movimento Teatral Carioca*. Rio de Janeiro: Relume Dumará/Prefeitura do Rio.

MARINHO, H.
1904. *O Teatro Brasileiro: Alguns Apontamentos para a sua História*. Rio de Janeiro: Garnier.

MARIZ, V.
1981. *História da Música no Brasil*. Rio de Janeiro: Civilização Brasileira/INL/MEC.

MARTINS, A.
1988. *Arthur Azevedo: a Palavra e o Riso*. São Paulo: Perspectiva; Rio de Janeiro: Editora da UFRJ.

MARTINS, L. M.
1995. *A Cena em Sombras*. São Paulo: Perspectiva.
1997. *Afrografias da Memória*. São Paulo: Perspectiva; Belo Horizonte: Mazza Editora.

MARTINS, W.
1977. *História da Inteligência Brasileira. Vol. II (1794-1855)*. São Paulo: Cultrix/Edusp.

MARTUSCELLO, C.
1993. *O Teatro de Nelson Rodrigues: uma Leitura Psicanalítica*. São Paulo: Siciliano.

MATUCK, A.
1991. Telecommunication Art and PlayIntercities SP-Pittsburgh. In: *Leonardo*, MIT. Press, v. 24, n. 2.

MEDEIROS, M. B. (org.)
2002. *Arte e Tecnologia na Cultura Contemporânea*. Brasília, Editora UnB.

MEICHES, M. & FERNANDES, S.
1988. *Sobre o Trabalho do Ator*. São Paulo: Perspectiva/Edusp.

MEICHES, M. P.
1997. *Uma Pulsão Espetacular: Psicanálise e Teatro*. São Paulo: Escuta/Fapesp.

MEIRELES, C.
1966. *O Auto do Menino Atrasado*. Rio de Janeiro: Livros de Portugal.

MELIM, R.
2003. *Incorporações-Agenciamentos do Corpo no Espaço Relacional*. Tese de doutorado. Programa de Comunicação e Semiótica-PUC/SP.

MELO FILHO, O. F.
1953. *Notas e Pesquisas sobre o Boi-de-Mamão Catarinense*. Florianópolis, Comissão Catarinense de Folclore.

MENCARELLI, F. A.
1999. *Cena Aberta: a Absolvição de um Bilontra e o Teatro de Revista de Arthur Azevedo*. Campinas: Editora da Unicamp.

MENDES, E. G.
1988. *Otávio Gabus Mendes: Do Rádio à Televisão*. São Paulo: Lua Nova.

MENDES, M. G.
1982. *A Personagem Negra no Teatro Brasileiro entre 1838 e 1888*. São Paulo: Ática.
1993. *O Negro e o Teatro Brasileiro*. São Paulo: Hucitec.

MENDONÇA, C. S.
1926. *História do Teatro Brasileiro*. Rio de Janeiro: Mendonça Machado.

MENDONÇA, L.
1984. Dante Santaguida Deixou uma História Teatral Rica de Aventuras. In: *Mamulengo: Revista da Associação Brasileira de Teatro de Bonecos* – ABTB, n. 14: Curitiba

MESQUITA, A.
1967. Origens do Teatro Paulista. *Revista da Escola de Comunicações Culturais* n. 1. São Paulo: Universidade de São Paulo: p. 19-31.
1977. Depoimento. In: *Depoimentos II*. Rio de Janeiro: MEC/Funarte/SNT, p. 9-31.

METZLER, M.
2006. *A História do Teatro da Natureza*. São Paulo: Perspectiva.

MICHALSKI, Y.
1979. *O Palco Amordaçado*. Rio de Janeiro: Avenir.
1985. *O Teatro sob Pressão: Uma Frente de Resistência*. Rio de Janeiro: Jorge Zahar.
1995. *Ziembinski e o Teatro Brasileiro*. São Paulo: Hucitec/Funarte.
2004. *Reflexões sobre o Teatro Brasileiro no Século XX*. Rio de Janeiro: Funarte.

MICHALSKI, Y. & TROTTA, R.
1992. *Teatro e Estado*. São Paulo: Hucitec Ibac.

MILARÉ, S.
1994. *Antunes Filho e a Dimensão Utópica*. São Paulo: Perspectiva.

MODESTO, M.
2006. Animar Títeres, Manipular ou Interpretar? In: *Revista do 8º e 9º Festival Nacional de Teatro Infantil de Blumenau*. Blumenau: Cultura em Movimento. p. 10-11.

MOLIÈRE
1983. *Tartufo, Escola de Mulheres, O Burguês Fidalgo*. São Paulo: Abril Cultural.

MOLINARI, L. (org.)
1907. *Il Teatro Popolare (Raccolta Seconda)*. Milano, Tip. della Universitá Popolare.

MONTECCHI, F.
2005. Viagem pelo Reino da Sombra. In: BELTRAME, V. *Teatro de Sombras: Técnica e Linguagem*. Florianópolis: Udesc.

MORAES, D.
1997. *Vianinha: Cúmplice da Paixão. Uma Biografia de Oduvaldo Vianna Filho*. 2. ed. Rio de Janeiro: Record.

MORAES, E.
1958. *História do Carnaval Carioca*. Rio de Janeiro: Civilização Brasileira.

MOREYRA, A.
1954. *As Amargas, Não... (Lembranças)*. Rio de Janeiro: Lux.

MOSTAÇO, E.
1981. Sumário de um Teatro Marginalizado. *Arte em Revista*, n. 5, São Paulo: Kairós, p. 90-91.
1982. Alternativa: Independência ou Morte – Notas sobre o Circuito da Ideologia e Alice do Mesmo Lado do Espelho. *Arte em Revista*, n. 8, São Paulo: Kairós, p. 114-115.
1983. *Teatro e Política: Arena, Oficina e Opinião*. São Paulo: Proposta.
2005. O Pós-Moderno no Teatro. In: GUINSBURG, J. & BARBOSA, A. M. (orgs.), *O Pós-modernismo*. São Paulo: Perspectiva.

MOURA, C. E.
1978. Notas para a História das Artes do Espetáculo

na *Província de São Paulo. A Temporada Artística em Pindamonhangaba em 1877-1878*. São Paulo: Conselho Estadual de Artes e Ciências Humanas.
1997. *O Teatro que o Povo Cria. Cordão de Pássaros, Cordão de Bichos, Pássaros Juninos de Belém do Pará. Da Dramaturgia ao Espetáculo*. Belém: Secretaria de Estado da Cultura.

MOURA, C. F.
1976. *O Teatro em Mato Grosso no Século XVIII*. Belém: Universidade Federal de Mato Grosso/Sudam.
2000. *Teatro a Bordo de Naus Portuguesas*. Rio de Janeiro: Instituto Luso-Brasileiro de História.

MURCE, R.
1966. *Bastidores do Rádio – Fragmentos do Rádio de Ontem e de Hoje*. Rio de Janeiro: Expressão e Cultura.

NANDI, I.
1989. *Teatro Oficina: Onde a Arte não Dormia*. Rio de Janeiro: Nova Fronteira.

NASCIMENTO, A.
1980. *O Quilombismo, Documentos de uma Militância Pan-africana*. Petrópolis: Vozes.

NASCIMENTO, A. (org.)
1961. *Dramas para Negros e Prólogo para Brancos*. Rio de Janeiro: Edição do Teatro Experimental do Negro.

NÉSPOLI, B.
2007. Paulo Arantes: Um Pensador na Cena Paulistana. São Paulo, *O Estado de S.Paulo*, Caderno 2, 15 de julho, p. 8-9.

NONATO, R.
1967. *Aspectos do Teatro em Mossoró*. Rio de Janeiro: SNT.

NUNES, C. F. P. et al.
1994. *O Teatro Através da História. Volume II – O Teatro Brasileiro*. Rio de Janeiro: Centro Cultural Banco do Brasil.

NUNES, F. H.
2004. Bonecos Gigantes: um Olhar Poético. In: *Revista do 7º Festival Nacional de Teatro Infantil de Blumenau*. Blumenau: Cultura em Movimento, p. 23-25.

NUNES, M.
1956. *40 Anos de Teatro, 1913-1920*. 4 vols. Rio de Janeiro: SNT.

OLIVEIRA, M.
2002. *O Jogo da Cena do Cavalo-Marinho: Diálogos entre Teatro de Brincadeira*. Dissertação mestrado, PPGT/UniRIO.
2007. O Cavalo-Marinho e seus Elementos Animados. In: *Móin-Móin – Revista de Estudos Sobre Teatro de Formas Animadas*, n. 3. Jaraguá do Sul: SCAR-Udesc. p. 83-101.

ONG, W.
1997. *Oralidad y Escritura – Tecnologias de la Palabra*. México, Fondo de Cultura Econômica.

OSCAR, H.
1985. *O Teatro e a Semana de Arte Moderna de São Paulo*. Rio de Janeiro: Ed. do Autor.

PAIVA, S. C.
1991. *Viva o Rebolado! – Vida e Morte do Teatro de Revista Brasileiro*. Rio de Janeiro: Nova Fronteira.

PAIXÃO, M.
1916. *Espírito Alheio*. São Paulo: Teixeira.
S. d. *O Teatro no Brasil*. Rio de Janeiro: Brasília.

PALLOTTINI, R.
1997. *Cacilda Becker: o Teatro e suas Chamas*. São Paulo: Arte & Ciência.
1998. *Dramaturgia de Televisão*. São Paulo: Moderna.

PARÍCIO, P.
2006. *Títeres y demás parientes*. Binéfar: Piribeus.

PATRIOTA, R.
1999. *Vianinha: um Dramaturgo no Coração de seu Tempo*. São Paulo: Hucitec.

PAVIS, P.
1999. *Dicionário de Teatro*. Trad. de Guinsburg, J. & Pereira, M. L. São Paulo: Perspectiva.

PEIXOTO, F.
1980. *Teatro em Pedaços (1959-1977)*. São Paulo: Hucitec.
1981. *Brecht: Uma Introdução ao Teatro Dialético*. Rio de Janeiro: Paz e Terra.
1982. *Teatro Oficina (1958-1982): Trajetória de uma Rebeldia Cultural*. São Paulo: Brasiliense.
1985. *Teatro em Movimento (1959-1984)*. São Paulo: Hucitec.
1989. *Teatro em Questão*. São Paulo: Hucitec.
1991. *Brecht: Vida e Obra*. 4. ed. Rio de Janeiro: Paz e Terra.
1997. *Um Teatro Fora do Eixo*. 2. ed. São Paulo: Hucitec.
2002. *Teatro em Aberto*. São Paulo: Hucitec.

PEIXOTO, F. (org.)
1989. *O Melhor Teatro do CPC da UNE*. São Paulo: Global.

PEIXOTO, N. A.
2001. *João Cabral e o Poema Dramático: Auto do Frade (Poema para Vozes)*. São Paulo: Annablume/Fapesp.

PENA, L. C. M.
1965. *Folhetins: a Semana Lírica*. Rio de Janeiro: MEC/INL.

PEREIRA, M. L.
1998. Antônio Nóbrega, a Cara do Brasil. *Sete Palcos*, Coimbra, n. 3, p. 59-65, dezembro.

PEREIRA, N. V.
1996. *O Boi-de-Mamão: Raízes e Origens*. Florianópolis: Fundação Cultural Açorianista.

PEREIRA, V. H. A.
1988. O TEN e a Modernidade. *Dionysos*, n. 28.
1998. *A Musa Carrancuda*. Rio de Janeiro: Fundação Getúlio Vargas.
1999. *Nelson Rodrigues e a Obs-Cena Contemporânea*. Rio de Janeiro: Editora da UERJ.

PETTY, M.
2007. Móin-Móin, Margarethe. In *Móin-Móin – Revista de Estudos Sobre Teatro de Formas Animadas* n. 3. Jaraguá do Sul: SCAR-Udesc, p. 229-240.

PIAGET, J.
1975 *A Formação do Símbolo na Criança*. Rio de Janeiro: Jorge Zahar.

PICON-VALLIN, B.
2008. A Propósito do Teatro de Grupo. Ensaio sobre os Diferentes Sentidos do Conceito. In: GARCIA, S. & SAADI, F., *Próximo Ato: Questões da Teatralidade Contemporânea*. São Paulo: Itaú Cultural, p. 82-89.

PIMENTA, D.
2005. *Antenor Pimenta: Circo e Poesia*. São Paulo: Imprensa Oficial do Estado de São Paulo.

PIMENTEL, A. A.
1988. *O Mundo Mágico de João Redondo*. 2. ed. Rio de Janeiro: MEC/FUNDACEN.
2007. João Redondo: Um Teatro de Protesto. In: *Móin-Móin – Revista de Estudos Sobre Teatro de Formas Animadas*, n.3. Jaraguá do Sul: SCAR-Udesc, p.102-121.

PIMENTEL, A. F.
1951. *O Teatro de Nelson Rodrigues*. Rio de Janeiro: Edições Margem.

PINTO, F.
1988. Revolução em Ritmo de Samba. *Palco e Plateia* n. 6, p. 24-25.

PIRAGIBE, M. F.
2007. *Papel, Tinta, Madeira, Tecido. Um Estudo da conjugação de aspectos dramatúrgicos e espetaculares no teatro contemporâneo de animação: a experiência da Companhia Pequod*. Dissertação de mestrado. Rio de Janeiro: UniRio.

PLAZA, J. & TAVARES, M.
1998. *Processos Criativos com Meios Digitais*. São Paulo: Hucitec.

PONTES, J.
1966. *O Teatro Moderno em Pernambuco*. São Paulo: DESA.

POUGIN, A.
1985. *Dictionnaire Historique et Pittoresque du Théâtre et des Arts qui s'y rattachent*. Paris: d'Aujourd' hui. 2 vols. [1. ed. 1885].

POUND, E.
1976. *ABC da Literatura*. São Paulo: Cultrix.

PRADO, A. A.
2004. *Trincheira, Palco e Letras*. São Paulo: Cosac & Naify.

PRADO, L. A.
2002. *Cacilda Becker: Fúria Santa*. São Paulo: Geração.

PRADO, D. A
1972. *João Caetano*. São Paulo: Perspectiva/Edusp.
1975. "O Teatro". In: ÁVILA, A. (org.), *O Modernismo*. São Paulo: Perspectiva.
1984a. *João Caetano e a Arte do Ator*. São Paulo: Ática.
1984b. *Procópio Ferreira*. São Paulo: Brasiliense.
1986. Do Tribofe à Capital Federal. In: AZEVEDO, A. *O Tribofe*. Estabelecimento do texto, notas e estudo lingüístico de VALENÇA, R. T. Rio de Janeiro: Nova Fronteira/Fundação Casa de Rui Barbosa, p. 253-281.
1987a. *Exercício Findo*. São Paulo: Perspectiva.
1987b. A Personagem no Teatro. In: CANDIDO, A. et al. *A Personagem de Ficção*. São Paulo: Perspectiva, p. 81-101.
1988. *O Teatro Brasileiro Moderno*. São Paulo: Perspectiva.
1993a. *Teatro de Anchieta a Alencar*. São Paulo: Perspectiva.
1993b. *Peças, Pessoas, Personagens: O Teatro Brasileiro de Procópio Ferreira a Cacilda Becker*. São Paulo: Companhia das Letras.
1996. *O Drama Romântico Brasileiro*. São Paulo: Perspectiva.
1997. *Seres, Coisas, Lugares: Do Teatro ao Futebol*. São Paulo: Companhia das Letras.
1999. *História Concisa do Teatro Brasileiro*. São Paulo: Edusp.
2001. *Apresentação do Teatro Brasileiro Moderno*. 2. ed. São Paulo: Perspectiva.
2002. *Teatro em Progresso*. 2. ed. São Paulo: Perspectiva.

PRADO, D. A., PÉCORA, J. R. & TORLONI, G. M.
1951. O "Teatro de Arena" como Solução do Problema da Falta de Teatros no Brasil. *Anais do Primeiro Congresso Brasileiro de Teatro*. Rio de Janeiro, p. 101-106

PRADO, G.
2003. Experimentações Artísticas em Redes Telemáticas. *Revista Ars*, ECA-USP.

PREISS, J. H.
1988. *A Música nas Missões Jesuíticas nos Séculos XVII e XVIII*. Porto Alegre: Martins Livreiro.

PRISZKULNIK, E.
1997. *O Teatro Ídiche em São Paulo*. Dissertação de mestrado. Faculdade de Filosofia, Letras e Ciências Humanas da Universidade de São Paulo.

PUPO, M. L. S. B.
1991. *No Reino da Desigualdade*. São Paulo: Perspectiva/Fapesp.

RABAÇA, C. A. & BARBOSA, G.
1978.   *Dicionário de Comunicação*. Rio de Janeiro: Codecri.

RABAÇAL, A. J.
1976.   *As Congadas no Brasil*. São Paulo. Secretaria da Cultura, Ciência e Tecnologia, Conselho Estadual de Cultura.

RABETTI, M. L.
1989.   *Contribuição para o Estudo do Moderno Teatro Brasileiro: A Presença Italiana*. Tese de doutorado. Faculdade de Filosofia, Letras e Ciências Humanas da Universidade de São Paulo.

RAMOS, L. F.
1999.   *O Parto de Godot e Outras Encenações Imaginárias*. São Paulo: Hucitec/Fapesp.

RANGEL, O.
1954.   *Escola Teatral de Ensaiadores: Da Arte de Ensaiar*. Rio de Janeiro: SNT.
S. d.   *Técnica Teatral*. Rio de Janeiro: s.e.

RATTO, G.
1996.   *A Mochila do Mascate*. São Paulo: Hucitec.

RAULINO, B.
2000.   *Ruggero Jacobbi: Presença Italiana no Teatro Brasileiro*. São Paulo: Perspectiva.

REBELLO, L. F.
1977.   *O Primitivo Teatro Português*. Lisboa: Instituto de Cultura Portuguesa.
1984.   *História do Teatro de Revista em Portugal*. Apud, VENEZIANO, N., *O Teatro de Revista no Brasil: Dramaturgia e Convenções*. Campinas: Editora da Unicamp.

REGULAMENTO do Palco do Theatro do Gymnasio
1868.   Lisboa, Typographia F. Portugueza. Documento original compulsado no Museu Nacional do Teatro, em Lisboa, por Amilton Monteiro.

REIS, A.
1999.   *Cinira Polônio: a Divette Carioca*. Rio de Janeiro: Arquivo Nacional.

REVISTA Civilização Brasileira
1968.   Rio de Janeiro: Civilização Brasileira, Caderno Especial 2 (Teatro e Realidade Brasileira).

REVISTA de Teatro da SBAT
1987.   Rio de Janeiro: SBAT, n. 462, abr/mai/jun.

REVISTA Sete Palcos
1998.   Coimbra, n. 3, setembro.

REVISTA Dramatica
1860.   São Paulo, n. 16, Typografia Literária, p. 64.

REWALD, R. A.
2005.   *Caos/Dramaturgia*. São Paulo: Perspectiva.

RIBEIRO, M. L. C. R.
1997.   *Oswald de Andrade: um Teatro por Fazer*. Rio de Janeiro: Diadorim/Editora da UFJF.

RIDENTI, M.
2000.   *Em Busca do Povo Brasileiro. Artistas da Revolução, do CPC à Era da TV*. Rio de Janeiro/São Paulo: Record.

RINALDI, M.
2002.   O Que Fazemos na Sala de Ensaio. In: *Trilogia Bíblica*. São Paulo: Publifolha, p. 45-54.

RISÉRIO, A.
1995.   *Avant-Garde na Bahia*. São Paulo: Instituto Lina Bo e P. M. Bardi.

ROCHA, A. P.
1921.   *Relatório da SBAT Referente ao Ano de 1921*. Rio de Janeiro: 25 de maio.

ROCHA, D.
1989.   A História do Café-concerto. *Revista de Teatro da SBAT*, Rio de Janeiro, n. 469, p.6-7, jan./fev.

ROCHA, J. T.
1998.   Ciclo Natalino. In: CONSTANTINO, M.; BORBA, A. & MEDEIROS, S. (colaboração). *Encarte Cultural Brincantes*. Recife, Prefeitura da Cidade do Recife; *Jornal do Commercio*.

ROCHA, V. L. & VILA, N. V. H.
1993.   *Cronologia do Rádio Paulistano: Anos 20 e 30*. São Paulo: Centro Cultural São Paulo.

RODRIGUES, E.
1972.   *Nacionalismo e Cultura Social*. Rio de Janeiro: Laemmert.

RODRIGUES, N.
1949.   Teatro Desagradável. *Dionysos* n. 1. Rio de Janeiro: MEC/SNT, p.16-21.
1993.   *Nelson Rodrigues – Teatro Completo*. Rio de Janeiro: Nova Aguilar.
1997.   *Flor de Obsessão: As 1000 Melhores Frases de Nelson Rodrigues*. Org. e seleção de Castro, R. São Paulo: Companhia das Letras.

ROMANO, L.
2005.   *O Teatro do Corpo Manifesto: Teatro Físico*. São Paulo: Perspectiva.

ROMERO, S.
1901.   *Martins Pena*. Porto: Chardron.

ROSA, T. S.
1953.   *Teatro: Realidade Mágica*. Rio de Janeiro: Serviço de Documentação do Ministério da Educação e da Saúde – Departamento de Imprensa Nacional.

ROSENFELD, A.
1968.   *Teatro Alemão. 1ª Parte: Esboço Histórico*. São Paulo: Brasiliense.
1969.   O Teatro Agressivo. In: *Texto/Contexto*. São Paulo: Perspectiva.
1976.   O Fenômeno Teatral. In: *Texto e Contexto*. 3. ed., São Paulo: Perspectiva.
1982.   *O Mito e o Herói no Moderno Teatro Brasileiro*. São Paulo: Perspectiva.

1985. *O Teatro Épico*. São Paulo: Perspectiva.
1986. A Visão do Ciclo. In: ANDRADE, J., *Marta, a Árvore e o Relógio*. 2. ed. São Paulo: Perspectiva.
1987. Literatura e Personagem. In: CANDIDO, A. et al, *A Personagem de Ficção*. São Paulo: Perspectiva, p. 9-49.
1993. O que é *Mise en Scène*. In: *Prismas do Teatro*. São Paulo: Perspectiva, p. 75-106.

ROUBINE, J.-J.
1982. *A Linguagem da Encenação Teatral: 1880-1980*. Rio de Janeiro: Jorge Zahar.
2003. *Introdução às Grandes Teorias*. Rio de Janeiro: Jorge Zahar.

ROUX, R.
1991. *Le Théâtre Arena (São Paulo 1953-1977)*. 2 vols. Aix-en-Provence: Université de Provence.

RUBIM, A. A. C.
1998. Marxismo, Cultura e Intelectuais no Brasil. In: *História do Marxismo no Brasil*. Campinas: Editora da Unicamp, Vol. III.

RUIZ, R.
1987. *Hoje tem Espetáculo? As Raízes do Circo no Brasil*. Rio de Janeiro: Inacen.
1988. *O Teatro de Revista no Brasil, das Origens à Primeira Guerra Mundial*. Rio de Janeiro: MEC/Inacen.

RUY, A.
1958. O Primeiro Teatro no Brasil. *Anais do Primeiro Congresso Brasileiro de Língua Falada no Teatro*. Rio de Janeiro: Biblioteca Nacional/MEC, p. 459-467.
1959. *História do Teatro na Bahia*. Salvador, Progresso.

SÁ, N.
1997. *Divers/idade: Um Guia para o Teatro dos Anos 90*. São Paulo: Hucitec.

SADIE, S. (ED.)
2001. *The New Grove Dictionary of Music an Musicians*. London, MacMillan, 2 ed., 29 vs.

SALOMÃO, I.
2000. *Nelson, Feminino e Masculino*. Rio de Janeiro: 7 Letras.

SAMPAIO, L. P. & FURLANETTO, B.
1991. Verbetes brasileiros redigidos para a edição nacional de *O Livro Completo da Ópera*, de KOBBÉ, G. editado pelo Conde de Harewood, tradução de Marques, C. Rio de Janeiro: Jorge Zahar.

SAMPAIO, M.
1894. *A Cornucópia do Amor*. Cópia manuscrita.

SAMPAIO. M. F.
1982. *História do Rádio e da Televisão no Brasil e no Mundo*. Rio de Janeiro: Achiamé.

SANCHEZ-COLBERG, A.
1996. *German Tanztheater: Traditions and Contraditions – A Choreological Documentation of Tanztheater from its Roots in Ausdruncktanz to the Present*. Dissertação de PhD, London, Laban Centre for Movement and Dance.

SANT' ANNA, A. R.
1985. *Paródia & Paráfrase*. 2. ed. São Paulo: Ática.

SANT'ANNA, C.
1997. *Metalinguagem e Teatro: a Obra de Jorge Andrade*. Cuiabá: Editora da UFMT.

SANTOS, F. A. G.
1979. *Mamulengo: Um Povo em Forma de Bonecos*. Rio de Janeiro: MEC/Funarte.
2007. Mamulengo: O Teatro de Bonecos Popular do Brasil. In: *Móin-Móin – Revista de Estudos Sobre Teatro de Formas Animadas N.3*. Jaraguá do Sul: SCAR-Udesc.

SANTOS, I. M. F.
1999. *Em Demanda da Poética Popular. Ariano Suassuna e o Movimento Armorial*. Campinas: Editora da Unicamp.

SANTOS, V.
2002. *Riso em Cena: Dez Anos de Estrada dos Parlapatões*. São Paulo: Estampa.

SANTOS, V. P.
1978. *A Revista à Portuguesa*, Lisboa: O Jornal, p. 68.

SARAIVA, A. J.
1965. *Gil Vicente e o Fim do Teatro Medieval*. 2 ed. Lisboa: Europa-América.

SAROLDI, L. C. & MOREIRA, S. V.
1984. *Rádio Nacional: o Brasil em Sintonia*. Rio de Janeiro: Funarte.

SARTINGEN, K.
1998. *Brecht no Teatro Brasileiro*. São Paulo: Hucitec.

SAYERS, R.
1958. *O Negro na Literatura Brasileira*. Rio de Janeiro: O Cruzeiro.

SCALA, F.
2003. *A Loucura de Isabella e Outras Comédias da Commedia dell'arte*. Organização, tradução, introdução e notas de BARNI, R. São Paulo: Iluminuras/Fapesp.

SCHECHNER, R.(ed.)
S.d. *The Drama Review*. New York: New York University.

SCHILLER, F.
2004. Sobre o Uso do Coro na Tragédia. In: *A Noiva de Messina*. Trad. de DIAS, G. São Paulo: Cosac & Naify, p. 185-196.

SCHMIDT, A.
1959. *O Romance de Paulo Eiró*. São Paulo: Clube do Livro.

SEIDL, R.
1937. *Artur Azevedo: Ensaio Bio-bibliográfico*. Rio de Janeiro: ABC.

SERRONI, J. C.
2002. *Teatros: Uma Memória do Espaço Cênico no Brasil.* São Paulo: Senac.

SERVOS, N.
2001. *Pina Bausch ou l' Art de dresser un poisson rouge.* Paris: L'Arche.

SHAKESPEARE, W.
1978. *Romeu e Julieta; Macbeth; Hamlet, Príncipe da Dinamarca; Otelo, o Mouro de Veneza.* São Paulo: Abril Cultural.

SILVA, A. C. A.
2003. *A Gênese da Vertigem: O Processo de Criação de O Paraíso Perdido.* Dissertação de mestrado. Escola de Comunicações e Artes da Universidade de São Paulo.

SILVA, A. S.
1981. *Oficina: do Teatro ao Te-ato.* São Paulo: Perspectiva.
1989. *Uma Oficina de Atores: a Escola de Arte Dramática de Alfredo Mesquita.* São Paulo: Edusp.

SILVA, F. L. P.
1981. *O Teleteatro Paulista nas Décadas de 50 e 60.* São Paulo: Idart.
1996. "Radionovela: A Indústria do Sonho". *Facom: Revista da Faculdade de Comunicação.* São Paulo: Faap, n. 3, p. 19-25.

SILVA, L.
1936. *João Caetano e sua Época.* Rio de Janeiro: Imprensa Nacional.
1938. *História do Teatro Brasileiro.* Rio de Janeiro: Ministério de Educação e Saúde.

SILVEIRA, M.
1976a. *Contribuição Italiana ao Teatro Brasileiro (1895-1964).* São Paulo: Quíron/INL.
1976b. *A Outra Crítica.* São Paulo: Símbolo.

SIQUEIRA, J. R.
1995. *Viver de Teatro: uma Biografia de Flávio Rangel.* São Paulo: Nova Alexandria.

SMITH, W.
1930. *Italian actors of the Renaissance.* New York: Coward-McCann.

SOARES, D.
1978. Boi-de-Mamão Catarinense. In: *Cadernos de Folclore,* n. 27. Rio de Janeiro: MEC/SEC/Funarte.

SOARES, L. M.
1983. O Teatro Político do Arena e de Guarnieri. In: *Monografias 1980,* Rio de Janeiro: Instituto Nacional de Artes Cênicas, p. 11-103.

SOBRINHO, J. S.
1961. *O Teatro em Sabará: da Colônia à República.* Belo Horizonte: Bernardo Álvares.

SONTAG, S.
1987. Happenings: uma Arte de Justaposição Radical. In: *Contra a Interpretação.* Porto Alegre: L&PM, p. 305-317.

SOUZA, A.
2008. Reflexões sobre a Animação à Vista do Público. In: BELTRAME, Valmor. *Teatro de Sombras: Distintos Olhares sobre Teoria e Prática.* Florianópolis: Udesc.

SOUSA, J. G.
1960. *O Teatro no Brasil.* 2 vols. Rio de Janeiro: MEC/INL.
1979. *Machado de Assis e Outros Estudos.* Rio de Janeiro: Cátedra/INL-MEC.

SOUTO, C.
2002. *Nelson "Trágico" Rodrigues.* Rio de Janeiro: Ágora da Ilha.

SOUTO-MAIOR, V. A.
1996. *Índice de Dramaturgas Brasileiras do Século XIX.* Florianópolis: Mulheres.

SOUZA, E. B.
1993. *Teatro de Rua: Uma Forma de Teatro Popular no Nordeste.* Dissertação de mestrado. Escola de Comunicações e Artes da Universidade de São Paulo.

SOUZA, G. M.
1980. *Exercícios de Leitura.* São Paulo: Duas Cidades.

SOUZA, S. C. M.
2002. *As Noites do Ginásio: Teatro e Tensões Culturais na Corte (1832-1868).* Campinas: Editora da Unicamp.

SPOLIN, V.
1978. *Improvisação para o Teatro.* São Paulo: Perspectiva.
2000. *Jogos Teatrais: O Fichário de Viola Spolin.* São Paulo: Perspectiva.
2001. *Jogo Teatral no Livro do Diretor.* São Paulo: Perspectiva.

STANTON, S. & BANHAM, M. (ed.)
1996. *Cambridge Paperback Guide to Theatre.* Cambridge: Cambridge University Press.

STOKLOS, D.
1992. *The Essential Theatre.* São Paulo: Ed. da Autora.

SUASSUNA, A.
1964. *Auto da Compadecida.* 4. ed. Rio de Janeiro: Agir.
1992. *Iniciação à Estética.* Recife, Editora da UFPE.

SÜSSEKIND, F.
1986. *As Revistas de Ano e a Invenção do Rio de Janeiro.* Rio de Janeiro: Nova Fronteira/Fundação Casa de Rui Barbosa.
1992. "A Imaginação Monológica". *Revista USP,* n. 14, junho, julho, agosto, p.43-49.

SZONDI, P.
2001. *Teoria do Drama Moderno (1850-1950).* São Paulo: Cosac & Naify.

BIBLIOGRAFIA

TELES, G. M.
1972. *Vanguarda Europeia e Modernismo Brasileiro*. Petrópolis: Vozes.

TELLES, N.; CARNEIRO, A. (orgs.)
2005. *Teatro de Rua: Olhares e Perspectivas*. Rio de Janeiro: E. papers.

THIBAULDAT, J.
2008. O Tempo dos Bandos. *Camarim*. Tradução de Monica Stival e Anderson Gonçalves. São Paulo: Cooperativa Paulista de Teatro, p. 56-61.

THOMASSEAU, J.-M.
2005. *O Melodrama*. São Paulo: Perspectiva.

TINHORÃO, J. R.
1972. *Música Popular: Teatro e Cinema*. Petrópolis, Vozes.
1998. *História Social da Música Popular Brasileira*. São Paulo: Editora 34.
2000. *As Festas no Brasil Colonial*. São Paulo: Editora 34.
2005. *Os Sons que vêm das Ruas*. 2. ed. São Paulo: Editora 34.

TITO FILHO, A.
1975. *Praça Aquidabã, sem Número*. Rio de Janeiro: Artenova.

TOLLER, E.
1983. As Massas e o Homem. In: MERKEL, U. (org.). *Teatro e Política: Poesias e Peças do Expressionismo Alemão*. Rio de Janeiro: Paz e Terra/Instituto Cultural Brasil-Alemanha.

TORNQUIST, H.
2002. *As Novidades Velhas: o Teatro de Machado de Assis e a Comédia Francesa*. São Leopoldo: Unisinos.

TORRES, A.
1998. *O Circo no Brasil*. Rio de Janeiro: Funarte.

TORRES, M. M. J.
2000. Ars Oratória Índia: A Gênese do Teatro Jesuítico da Missão no Brasil. *Folhetim*, Rio de Janeiro, n. 8, Teatro do Pequeno Gesto, set-dez., p. 48-59.

TROTTA, R.
1995. *Paradoxo do Teatro de Grupo*. Dissertação de mestrado. Rio de Janeiro: UniRio.

UBERSFELD, A.
1981. *L'Ecole du Spectateur*. Paris: Editions Sociales.
1993. *Le drame romantique*. Paris: Belin.

URBINATI, T.
1981. *Pensão Liberdade*. São Paulo: Hucitec.

UZEL, M.
2003. *O Teatro do Bando: Negro, Baiano e Popular*. Fundação Cultural Palmares: Salvador.

VACCARINO, E.
1995. *Parlez-moi d'amour, un colloque*. Paris: L'Arche.

VAMPRÉ, O. A.
1979. *Raízes e Evolução do Rádio e da Televisão*. Porto Alegre: Fundação Pe. Landell de Moura e Rede Brasil Sul de Comunicação.

VANNUCCI, A. (org.)
2005. *Crítica da Razão Teatral. O Teatro no Brasil visto por Ruggero Jacobbi*. São Paulo: Perspectiva.

VARGAS, M. T.
1966. Teatro Amador em São Paulo. *Dionysos* n. 15. Rio de Janeiro: MEC / SNT.

VARGAS, M. T. (coord.)
1980. *Teatro Operário na Cidade de São Paulo*. São Paulo: Secretaria Municipal de Cultura/Centro de Pesquisa de Arte Brasileira.
1981. *Circo. Espetáculo de Periferia*. São Paulo: Secretaria Municipal de Cultura, Departamento de Informação e Documentação Artísticas, Centro de Documentação e Informação sobre Arte Brasileira Contemporânea.

VÁRIOS AUTORES
2002. *Teatro da Vertigem. Triologia Bíblica*. São Paulo: Publifolha.

VASCONCELLOS, L. P.
1987. *Dicionário de Teatro*. Porto Alegre: L&PM.

VASSALLO, L.
1993. *O Sertão Medieval: Origens Europeias do Teatro de Ariano Suassuna*. Rio de Janeiro: Francisco Alves.
2000. O Grande Teatro do Mundo. *Cadernos de Literatura: Ariano Suassuna*. São Paulo: Instituto Moreira Salles, n. 10, novembro.

VEGA, L. F.
1964. Arte Nuevo de hacer Comedias. In: *Obras Escogidas*. Madrid: Aguilar, vol. II.

VEINSTEIN, A.
1955. *La mise em scène théatrale et sa condition esthétique*. Paris: Flammarion.

VELLINHO.
2008. *Ilo Krugli e a Construção de um Novo Espaço Poético para a Criança*. Dissertação de mestrado. Rio de Janeiro: UniRio.

VELOSO, C.
1997. *Verdade Tropical*. São Paulo: Companhia das Letras.

VENEZIANO, N.
1991. *O Teatro de Revista no Brasil: Dramaturgia e Convenções*. Campinas: Pontes/Editora da Unicamp.
1996. *Não Adianta Chorar: Teatro de Revista Brasileiro... Oba!* Campinas: Ed. da Unicamp.

VERGUEIRO, M. A.
2002. Da Interpretação. In: *Mãe Coragem e seus Filhos de Bertolt Brecht*. Programa do espetáculo.

VICENTE, J.
1969. Bivar e a Recuperação da Infância. *Revista de Teatro da SBAT*, Rio de Janeiro: SBAT, n. 367, p. 12-13, jan/fev.

1970   Teatro, Representação Litúrgica. *Revista de Teatro da SBAT*, Rio de Janeiro: SBAT, n. 375, p. 42, maio/jun.

VIANNA FILHO, O.
1980.   *Rasga Coração*. Rio de Janeiro: SNT.
1981.   *A Mais-Valia vai acabar, Seu Edgar*. In: MICHALSKI, Y. (org.). *Teatro de Oduvaldo Vianna Filho*. Rio de Janeiro: Ilha, vol. 1.
1983.   *Vianinha: Teatro, Televisão, Política*. Seleção, organização e notas de PEIXOTO, F. São Paulo: Brasiliense.

VIANNA, D.
1984.   *Companheiros de Viagem*. São Paulo: Brasiliense.

VICENTE, G.
1951.   *Obras completas*, vol. I. Lisboa: Sá da Costa.

VICTORINO, E.
1937.   *Actores e Actrizes*. Rio de Janeiro: A Noite.

VIGNAL, M. (org.)
1999.   *Dictionnaire de la Musique*. Paris: Larousse-Bordas/HER.

VIGÓTSKI, L. S.
1984.   *A Formação Social da Mente*. São Paulo: Martins Fontes.

VINCENZO, E. C.
1992.   *Um Teatro da Mulher*. São Paulo: Perspectiva/Edusp.

VIOTTI, S.
2000.   *Dulcina e o Teatro de seu Tempo*. Rio de Janeiro: Lacerda.

VOLTZ, P.
1964.   *La Comédie*. Paris: Armand Colin.

WARRACK, J. & WEST, E.
1992.   *The Oxford Dictionary of Opera*. Oxford: Oxford University Press.

WÖLFFLIN, H.
1952.   *Conceptos Fundamentales de la História del Arte*. Madrid: Espasa-Calpe.

ZANINI, W.
2003.   A Arte de Comunicação Telemática – A Interatividade no Ciberespaço. *Revista Ars*, ECA-USP.

ZANOTTO, I.M.
1979.   No Teatro um Tempo de Resistência. *Isto É*: Os Anos do Sufoco. 19/12/79, p. 73.
2003.   Descida aos Infernos. In: *Melhor Teatro: Plínio Marcos*, São Paulo: Global, p. 7-20

ZOLA, É.
1982.   *O Romance Experimental e o Naturalismo no Teatro*. Trad. de Italo Caroni e Célia Berrettini. São Paulo: Perspectiva.

ÍNDICE DE NOMES

Abdoh, Reza 171
Aboim, Aurora 306
Abramo, Athos 157
Abramo, Lélia 157, 158
Abramo, Lívio 157
Abramovic, Marina 266
Abramovich, Fanny 169
Abranches, Adelina 306
Abreu, Caio Fernando 17
Abreu, Luís Alberto de 17, 56, 110, 145, 156, 164, 223, 275, 280
Abreu, Modesto de 80
Abujamra, Antônio 136, 337
Abujamra, Clarice 118
Acconci, Vito 266
Adacto Filho 25, 338
Adam, Adolphe 241, 247
Adamov, Arthur 16, 150
Adelaide, Hermínia 115, 306
Adet, Émile 112
Affonso, Ruy 28, 178, 338
Afonso V, Dom 204
Agra, Lucio 206
Aguiar, Flávio 22, 126
Aguiar, Guilherme de 15
Aguiar, Lia de 322
Aguiar, Teresa 29
Aguiar e Silva, Vitor Manuel de 269
Aguillar, José Roberto 267
Aída, Celeste 80
Alba, Roberto 288
Albee, Edward 230, 231
Albert, Samuel 232, 234, 237
Albuquerque, Gonçalo Ravasco Cavalcanti de 53, 60
Albuquerque, Ivan de 136
Albuquerque, Luís de 141

Alciati, Mario 94
Alcoforado, Mariana 17
Alcure, Adriana Scheneider 71, 72, 82, 83, 191
Aleijadinho (Antônio Francisco Lisboa, dito) 39, 52
Aleikhem, Scholem 168
Asch, Scholem 168
Alencar, Godofredo de 262
Alencar, Iracema de 115, 139, 293, 294
Alencar, José de 15-17, 22, 33, 64, 75, 77, 88, 95, 97, 126, 128, 171, 187, 193, 241, 245, 262, 271, 285, 291-293, 301, 328
Alexandre, Frutuoso 24
Almada, Izaías 214
Almeida, A. Figueira de 246
Almeida, Abílio Pereira de 22, 25, 35, 40, 90, 148, 324-326
Almeida, Guilherme de 235, 271, 305
Almeida, João de 342
Almeida, Joaquim de 188
Almeida, Júlia Lopes de 322
Almeida, Manuel Antonio de 241, 246
Almeida, Mário de 28
Almeida, Pires de 329
Almeida, Teresa de 16
Almeida, Theodorik de 245
Almodóvar, Pedro 314
Alvarenga, Manuel Inácio da Silva 62
Alvarenga, Oneyda 117
Alves, Castro 15, 103, 128, 301, 336
Alves, Lopo 129
Alves, Renan 325
Alves, Rodrigues 32
Amado, Jorge 17, 234
Amaral, Antônio Barreto do 24, 180, 181
Amaral, Adelaide 101, 115, 171
Amaral, Ana Maria 32, 33, 66, 68, 70, 239, 330
Amaral, Ciro Pompeo do 291

ÍNDICE DE NOMES

Amaral, Gelson 85
Amaral, Lindolfo 302
Amaral, Maria Adelaide 296
Amat, José Zapata y 241, 242, 349
Amazonas, Joaquim 338
Amendoim, Manoel 55, 191
Americano, Jorge 337
Amoedo, Leolinda 115
Amoedo, Luís Carlos 101
Amoedo, Rodolfo 242
Amorim, Otília 79, 289, 346
Anchieta, José de 20, 23, 48, 58-60, 85-87, 271, 274, 328
Andalò, Giorgina 157
Andersen, Hans Christian 326
Anderson, Maxwell 326
Andrade, Álvaro Martins de 342
Andrade, Antônio Carlos de 151, 166
Andrade, Ayres de 56, 261, 279, 349
Andrade, Euclides 289
Andrade, Jorge 22, 28, 89, 143, 166, 174, 213, 219, 230, 263, 295, 296, 316, 317, 319, 324, 332, 339
Andrade, Marcelo 306
Andrade, Mário de 16, 17, 33, 73, 74, 108, 111, 116, 117, 137, 202, 218, 271, 341, 342, 345
Andrade, Oswald de 7, 16, 17, 19, 33, 88, 90, 108, 114, 122, 143, 150, 152, 202, 203, 218, 233, 246, 258, 263, 271, 305, 307, 317, 318, 332, 341, 345
Andrade, Welington Wagner de 280
Anouilh, Jean 294, 323
Ansaldi, Marilena 117
Antoine, André 134, 224, 225, 262
Antunes Filho, José Alves 17, 22, 33, 85, 111, 136, 139, 276, 294, 320, 323, 327
Antunes, Arnaldo 206, 267
Antunes, Delson 80
Apocalypse, Álvaro 68
Appia, Adolphe 84, 85, 135, 203
Aragão, Francisco Alberto Teixeira de 87, 181
Aranha, Graça 202, 218, 246, 271, 305
Arap, Fauzi 85, 105, 230, 296, 338
Araújo, Antônio 17, 20, 278, 280, 294, 318
Araújo, Carmosina 194
Araújo, Emanuel 60, 61
Araújo, Ferreira de 37
Araújo, Francisco Manuel Álvares de 293, 328
Araújo, João Gomes de 242, 244, 245
Araújo, Rita Barbosa de 197
Araújo, Sizenando Barreto Nabuco de 183, 293
Araújo, Veridiano 194
Arbache, Ana Paula 173
Archer, Michael 166
Arden, John 19
Arêas, Vilma 96-98, 106, 155, 156, 258
Areias, Antonio José 15, 90
Aristófanes 19, 97, 270
Aristóteles 96, 119, 121, 269
Arnaud, Antoine Vincent 331
Arnaud, George 291

Arnaud, Joseph 253
Aron, Robert 114
Arp, Hans 76
Arrabal, Fernando 114, 150, 230
Arrabal, José 22, 151, 214
Arraes, Miguel 251, 274, 301
Arraes, Guel 319
Arrieta, Emilio 241
Arruda, Kátia 179
Arruda, Neide 151, 166
Arruda, Sebastião 74
Artaud, Antonin 19, 45, 104, 113, 114, 118, 134, 150, 159, 165, 203, 276
Asencio, Eugenio 204
Assis, Chico de 19, 38, 56, 123, 272, 339
Assis, Machado de 17, 24, 63, 77, 82, 103, 104, 113, 126, 128, 129, 245, 246, 262, 271, 281, 292, 328
Assunção, Leilah 230, 232, 234
Assunção, Mota 30
Athayde, Roberto 19, 205, 230
Atto, Paolo 34
Auber, Daniel 55, 241
Auerbach, Erich 51
Augier, Émile 126, 261, 292, 328
Augusto, João 106, 302
Aurélio, Márcio 163, 195, 276
Autran, Paulo 16, 101, 113, 294
Avancini, Walter 319, 325
Avé-Lallemant, Robert 23
Ávila, Affonso 49, 51, 53, 57, 60-62, 82, 156, 182, 204
Axelrod, George 326
Ayala, Walmir 16, 341
Azambuja, Bernardo 24
Azevedo, Alexandre 101, 332
Azevedo, Aluísio 15, 16, 225, 258
Azevedo, Artur 15, 21, 28, 35-37, 56, 63, 74, 79, 96-99, 105, 108, 113, 122, 128, 129, 143, 155, 188, 205, 208, 210, 217, 226, 242, 247, 253, 258, 262, 271, 297, 298, 303, 325, 338-340, 346, 350
Azevedo, Dionísio 322, 324
Azevedo, Elizabeth Ribeiro 335
Azevedo, Francisco 47
Azevedo, Luiz Heitor 240, 243, 247
Azevedo, Manuel Antônio Álvares de 128, 300, 335
Azevedo, Odilon 78
Azevedo Júnior, Fernando 244

Babau, Carlinhos 191
Babo, Lamartine 208
Bagouet, Dominique 117
Baião, Ísis 19
Baiocchi, Maura 268, 277
Bakhtin, Mikhail 257
Balão, Jaime 244
Balentte, Mario de 69
Ball, Hugo 76
Balsemão, Dita 115

ÍNDICE DE NOMES

Balzac, Honoré de 236, 291, 326
Bandeira, Manuel 231, 338
Bandeira, Ricardo 199
Banham, Martin 81, 156
Barba, Eugenio 34, 35, 149, 171, 276, 277
Barbieri, Francisco Ansejo 241, 349
Barbosa, Ana Mae 278
Barbosa, Domingos Caldas 240
Barbosa, D. Marcos 51, 52
Barbosa, Gustavo 286, 327
Barbosa, Santos 30, 31
Barcellos, Jalusa 18, 214, 329
Barcelos, Jaime 323
Barrault, Jean-Louis 114
Barreiros, Artur 126
Barreto, Lima 17, 163, 291
Barreto, Paulo 43-45
Barrie, James M. 290
Barrière, Theodore 292
Barros Neto, Manoel de Lemos 340
Barros, C. Paula 246
Barros, José Borges de 60
Barros, Olavo de 287, 327
Barros, Rego 208
Barroso, Ari 208, 209, 297
Barroso, Oswald 103
Barthes, Roland 16, 136
Basbaum, Ricardo 267, 269
Basselin, Oliver 345
Bastide, Roger 229
Bastos, Othon 336, 338
Bastos, Antonio de Sousa 80, 90, 99, 102, 106, 115, 118, 162, 207
Bataille, Henry 305
Batista, Irmãs (Linda e Dircinha) 209
Batista, Mercedes 227
Baudelaire, Charles 304
Baumstein, Moysés 16
Bausch, Pina 117
Beaumarchais, Pierre-Augustin Caron de 98
Beauvoir, Simone de 338
Bebé (José Roberto de Almeida, dito) 48
Beck, Julian 104, 114, 165
Becker, Cacilda 45, 77, 89, 101, 235, 294, 336
Beckett, Samuel 16, 27, 64, 150, 155, 206, 230, 233
Bedran (família) 195, 306
Behan, Brendan 19
Béjart, Maurice 117
Bellan, Oscar 154, 347
Belling, Tom 47
Bellini, Vincenzo 241
Beltrame, Valmor 65, 69, 70, 72, 74, 189, 191, 193-195, 197, 239, 306
Benedetti, Aldo 323
Benedetti, Lucia 169, 171, 327
Benedetti, Ricardo 327
Benjamin, Walter 117
Bentley, Eric 148, 269, 270

Beolco, Ângelo 100
Bergman, Ingmar 314
Bergson, Henri 316
Berkoff, Steven 158
Berlinck, Manoel T. 18, 199
Berlioz, Louis Hector 261
Bernardelli, Irmãos (Rodolfo e Henrique) 242
Bernardes, Artur 32
Bernardet, Jean-Claude 145
Bernhardt, Sarah 332
Bernstein, Ana 113
Bernstein, Henri 294
Bertazzo, Ivaldo 267
Berthet, Jean 338
Berthold, Margot 96-98, 102
Bethencourt, João 35, 96, 98, 136, 148
Bettencourt, Carlos 74, 208, 296, 297
Betti, Paulo 16
Betti, Ugo 325
Beuys, Joseph 165, 266
Bezerra, Gabriel 195
Bezerra, Tânia Tomires Marcondes 85
Bianco, Enrico 227
Bianco, Nelia R. 291
Bianconi, Flavio 154
Bião, Armindo 149, 172
Billota, Miguel 80
Binder, Carl 252
Biner, Pierre 105
Biribinha (Geraldo Passos, dito) 48
Birinha (Raul Gregório Nogueira, dito) 48
Birringer, Johannes 160, 206
Bisson, André 291
Bittencourt, Polidoro 23
Bitzer, Billy 314
Bivar, Antonio 230, 231, 233, 234
Bivar, Diogo Soares da Silva de 103
Bizet, Georges 248
Blake, William 230, 233, 237
Blanco, Leandro 285
Blin, Roger 114
Bloch, Pedro 205, 303
Bo Bardi, Lina 81, 85, 338
Boal, Julián 214
Boal, Augusto 16-18, 38, 39, 45, 89, 90, 106, 107, 109, 120, 121, 123, 124, 136, 143, 144, 148, 160, 166, 172, 173, 178, 213, 220, 227, 254, 265, 272, 274, 275, 295, 296, 302, 329, 338
Bocaiuva, Quintino 97, 292, 293, 328, 349
Bochechinha (Rodrigo Maciel Camargo, dito) 48
Boccanera Júnior, Sílio 23
Bogus, Armando 294
Bohner, Gerhard 117
Boïeldieu, François-Adrien 241
Bollini, Flamínio 123, 135
Bolognesi, Mário Fernando 48, 92, 94, 255, 331, 342
Bonassi, Fernando 17, 145, 278, 280
Bonequeiro, Augusto 347

ÍNDICE DE NOMES

Bonitinho (Ailton Soares Macedo, dito) 48
Bonow Filho, Germano 27
Bontempo, Roberto 319
Boom, Bill 347
Borba Filho, Hermilo 26, 49, 52, 55, 69-74, 188, 189, 191, 273, 274, 301
Borba, Mara 118
Borba, Tomás 279, 349
Borelli, Sandro 118, 159
Borges, José Carlos Cavalcanti 274
Borghi, Ariel 318
Borghi, Renato 19, 318, 339
Borja, Vítor Porfírio de 96, 100
Bornheim, Gerd 64
Borralho, Tácito Freire 67, 69, 72-74, 82, 83, 197, 304
Bortolotto, Mário 223, 278, 319, 320
Bosch, Hieronymus 237
Bosco, Júlio 279
Bôscoli, Geysa 208
Botelho, Silvio 67
Bottoni, Gerolamo 245
Bouchardy, Joseph 197
Boucicault, Dion 126
Bourgeois, Anicet 197
Braga, Dias 15, 46, 75, 101, 126, 161, 197
Braga, Érico 288
Braga, Francisco Gonçalves 241, 242, 244, 245
Braga, Théo 162
Branco, Camilo Castelo 23
Brandão, Cristina 327
Brandão, Carlos Antônio L. 164
Brandão, Tania 80, 90, 96, 102, 114, 115, 162, 203, 204
Brasil, Bosco 278
Brasini, Mário 25
Braz, Wenceslau 31
Brecheret, Victor 200
Brecht, Bertolt 28, 66, 76, 104, 107, 121-125, 129, 142-146, 149, 150, 177, 203, 209, 217, 219, 220, 222, 223, 233, 248, 263, 270, 272, 295, 314, 318, 324, 325, 327, 329, 330, 338, 341, 343
Brecht, George 165
Breda, Alfredo 208
Brennand, Francisco 301
Bressane, Júlio 105, 267
Breton, André 114, 307
Breuer, Lee 171
Brígido, Leopoldo 244
Brito, Mário da Silva 29, 200
Brito, Rubens José Souza 248, 254
Britto, Sérgio 294, 323, 327, 336
Brönte, Emily 287, 291
Brook, Peter 110, 114, 129, 149, 171, 172, 314
Bruant, Aristide 75
Brueghel, Peter (o Velho) 177
Brunelleschi, Filippo 232
Brunswich, Léon Lévy 247
Bruscki, Paulo 268
Buarque de Hollanda, Chico 19, 28, 89, 109, 114, 145, 170, 209, 214, 221, 222, 271, 296, 319, 332, 333, 340
Bucci, Magno 336, 340, 341
Büchner, Georg 142, 216, 315
Buck, Pearl S. 326
Budasz, Rogério 240
Bueno, Silveira 40, 49, 51-53, 233, 237
Burden, Chris 266
Burgain, Luís Antônio 127, 197, 299
Burgos, Xavier de 350
Burnier, Luís Otávio 34, 35, 197, 276, 343
Busnach, William 225
Butturini, Mattia 240
Byron, George Gordon 270, 299

Cabral, Sadi 139
Cacciaglia, Mario 119
Cadilhe, José 271
Caetano, João 43, 44, 46, 95-97, 100, 101, 103, 113, 138, 140, 161, 197, 241, 258, 299, 300, 331
Cafezeiro, Edwaldo 30, 32, 57, 60
Cage, John 266
Caldara, Antonio 240
Caldas, Osíris 50
Caldas, Sarah 154
Calderón de la Barca, Pedro 21, 52, 53, 61, 142, 155, 270, 299, 331, 349
Callado, Antonio 338
Calmon, Francisco 61
Calmon, Pedro 49
Calungueiro, Daniel 78
Calvo, Aldo 85, 135
Camâra, Isabel 230, 234
Camargo, Aguinaldo de Oliveira 227
Camargo, Bento de 244
Camargo, Joracy 35, 47, 169, 201, 208, 288-290, 323, 326, 328
Camargo, Robson Corrêa 275
Camões, Jerusa 25, 336
Campello Neto, Antonio Heráclito 326
Campos, Augusto de 206
Campos, Carlos de 245, 288
Campos, Cláudia de Arruda 39, 146, 171, 296, 329
Campos, Haroldo de 173, 206
Campos, Jacy 327
Camus, Albert 230, 339
Candeias, Ozualdo 105
Candiani, Augusta 55, 241
Candido, Antonio 57, 235
Canella, Ricardo Elias Ieker 78, 175, 176
Canen, Ana 173
Canova, Marie-Claude 97
Cantoni, Rejane 206
Cantú, Cesare 157
Capanema, Gustavo 336
Capella, Vladimir 170
Caquito (Jurandir Rosalino Filho, dito) 48

Caravita, Giuseppe 240
Cardia, Gringo 85
Cardim, Fernão 20, 49, 51, 53, 58
Cardim, Gomes 245, 288
Cardona, João 47, 94
Cardoso S. J., Armando (Padre) 59
Cardoso, Lúcio 227
Cardoso, Pedro 64, 205
Cardoso, Sérgio 16, 101, 291, 294, 336
Cardozo, Joaquim 28, 49, 56, 71, 73, 271
Carequinha (George Savalla Gomes, dito) 47, 94
Carlioni 24
Carlson, Marvin 262
Carmo, Lina do 199
Carmontelle (Louis Carrogis, dito) 280
Carneiro, Ana 302
Carneiro, Milton 336
Carolina, Ana 247
Carpeaux, Otto Maria 57
Carrancini, Gaetano 36, 188
Carreira, André 302, 313
Carrero, Tônia 16, 101
Carreter, D. Fernando Lázaro 49, 51, 53, 141
Carrol, Lewis 151, 163, 319
Caruso, Marcos 77, 98, 148, 156, 275, 306, 319
Carvalho , Flávio de 150, 152, 201, 203, 267, 301, 345
Carvalho, Coelho de 332
Carvalho, Eleazar de 246
Carvalho, Enio 45
Carvalho, Joaquim Tomás Delgado de 242, 243
Carvalho, Sérgio de 17, 110, 145, 194, 280, 320
Cascudo, Luís da Câmara 49, 72-74,103, 106, 153, 199
Casé, Ademar 287
Casé, Rafael Orazem 291
Casona, Alejandro 337, 338
Castellar, Heloísa 325
Castellar, José 286, 325
Castilho, José Feliciano de 349
Castillo, Juan Ignacio Gonzalez del 303
Castro, Augusto de 37, 188, 253, 258, 346
Castro, Consuelo de 213, 230, 231, 234, 235, 237, 272, 296, 342
Castro, Jorge de 25
Castro, Vieira de 126
Catalano, Vicente 98, 322
Catallo, Pedro 31, 250, 328
Cattan, Benjamin 324
Cauê, Ruben Carvalho Silva 195
Cavalcante, Rodolfo Coelho 106
Cavalier, Helena 115
Cazé Peçanha (Carlos José de Araújo Pecini, dito) 269
Celestino, Vicente 78
Celi, Adolfo 135, 136, 194
Celso Júnior, Afonso 183
Celso, Conde Afonso 245
Cepelos, Batista 50
Cervantes, Miguel de 141, 341
César, Guilhermino 16, 27

Chacal (Ricardo de Carvalho Duarte, dito) 267
Chagas, Walmor 27, 337, 342
Chaikin, Joseph 276
Chancerel, Léon 169
Chaplin, Charles 155, 314
Charlequito (Manoel Naum Savala Monteiro, dito) 48
Charpentier 349
Charton, Anne-Arsène 261
Chateaubriand, Assis 321
Chaves Neto, João Ribeiro 296
Chaves, Xico 267
Chayefsky, Paddy 323
Chediak, Braz 319
Che Guevara, Ernesto 265
Cheiroso (Augusto Barreto, dito) 55
Chen, Ari 16
Chesnais, Jacques 154
Chiappini, Lígia 224
Chicharrão (José Carlos Queirolo, dito) 47
Chic-Chic (Otelo Queirolo, dito) 47
Christie, Agatha 325
Christo, Javacheff 248
Chueca, Federico 350
Chupetinha (Sérgio Ayres, dito) 48
Cibrão, Ernesto 157
Cimarosa, Domenico 240
Cipkus, Mile 167, 169
Cipkus, Rosa 167, 169
Civelli, Carla 27
Clairville, Louis 253, 258
Clark, Lígia 267, 268
Claudel, Paul 27, 142, 270, 328, 338
Claudiano Filho, Manuel 227
Clemens, Randolph 294
Cobra, Hilton 229
Cocteau, Jean 322, 324
Codá, Orlando 246
Coelho, Bete 249
Coelho, Euclides 66, 154
Coelho, Filomeno 30
Coelho, Luiz Candido Furtado 36, 46, 101, 113, 126, 225, 258, 262
Coelho, Germano 301
Coelho, Lucia 239
Coelho, Maria Luna Escudeiro 70, 83
Coelho Neto, Henrique Maximiano 15, 35, 37, 139, 169, 242-244, 271
Coelho Neto, J. E. 27
Coelho, Sérgio 130
Cohen, Renato 166, 206, 268, 269, 277
Coimbra, Argemiro Gabriel de Figueiredo 99, 208, 350
Coliva, Oreste 36
Colombo, Hipólito 80, 85
Colton, Joseph 294
Comolli, Jean-Louis 250
Conde, David 325
Conesa, Gabriel 96

ÍNDICE DE NOMES

Constant, Benjamin 298
Copeau, Jacques 25, 135, 203
Coppola, Pietro Antonio 241
Cordeiro, Carlos Antônio 128
Corneille, Pierre 92, 97, 98, 215, 270, 299, 327, 331
Corrêa, Luiz Antônio Martinez 163
Correa, Manuel Joaquim de Faria 245
Corrêa, Rosita Silveirinha Paneiro 53, 119
Corrêa, Rubens 105, 114, 136
Corrêa, Viriato 96, 98, 202, 208, 323
Corrêa, José Celso Martinez 17, 19, 33, 89, 105, 114, 136, 145, 150, 202, 233, 277, 294, 309, 318, 332, 339
Cortes, Araci 346
Corvin, Michel 80, 90, 114, 115, 133, 162, 166
Corvin, Norman 290
Costa e Silva, Nair da 27
Costa Filho, Odilo 169
Costa, Alberto 245
Costa, Armando 109, 120, 121, 123, 213, 220, 295, 301, 302, 329, 339
Costa, Cláudio Manoel da 62
Costa, Felisberto Sabino da 33, 70
Costa, Fernando Sabino da 68
Costa, Francisco Alves da (dito Mestre Chico Daniel) 78, 176, 191
Costa, Haroldo 227, 228
Costa, Iná Camargo 203, 204, 214
Costa, José Daniel Rodrigues 106
Costa, Jaime 40, 46, 96, 162, 274, 293
Costa, Ludovina Soares da 141
Costa, Marcelo Farias 24
Costa, Maria Della 16, 101, 203, 291, 315, 323
Costa, Primo da 187
Costa, Victor 325
Costa Filho, José da 280
Coutinho, Alberto de Souza 288
Coutinho, Azeredo 188
Coutinho, Carlos Nelson 296
Coutinho, Eduardo Tessari 199
Couto, Tomás do 62
Coward, Noel 326
Craig, Edward Gordon 32, 84, 135, 195, 203, 206
Crémieux, Hector 252
Cremoso (Júlio César Medeiros, dito) 48
Cristóbal, Júlio 208
Cronin, Archibald Joseph 325
Cruciani, Fabrizio F. 302
Crusoé, Romeu 227
Cruz, Dom Manoel da 61
Cruz, Dom Frei João da 141
Cruz, Osmar Rodrigues 27, 250
Cruz, Ramón de la 303
Cruz, Ulysses 16, 17
Cunha, Euclides da 136, 277
Cunha, Gabriela da 63
Cunha, Juliana Carneiro da 117
Cury, Marco Antonio 319

D'Almeida, Neville 105, 319
D'Amico, Silvio 135
D'Angelo, Jota 27
D'Aversa, Alberto 135, 231
D'Ávila, Ema 79
D'Este, Ercole 100
Dal Bó, Juventino 69
Damasceno, Athos 23, 157, 249, 279
Damiani, Gigi 30
Dancourt, Florente Carton 97
Dantas, Júlio 245, 288, 291, 322, 337
Daudet, Alphonse 291
De Giosa, Nicola 241
De Marinis, Marco 34, 35
De Mille, Cecil B. 290
Deburau, Jean-Gaspard 94
Debussy, Claude 75, 244
Decroux, Étienne 34, 158, 159
Deheinzelin, Lala 118
Del Encina, Juan 327
Del Nero, Cyro 84
Del Picchia, Menotti 21, 202, 218, 289
Del Rios, Jefferson 113
Del Vecchio, Denise 121
Delmastro, Clara 55
Dennery, Adolphe 197
Desprès, Suzanne 271
Dewey, John 176
Dias, Carlos 30
Dias, Antonio Gonçalves 33, 102, 104, 127, 128, 299, 300, 323, 336
Dias, José 85
Dias, Pedro 80
Dias, Sérgio 240
Dias, Severino Alves (dito Mestre Babau) 55, 191
Diaz, Enrique 206, 268, 294, 318
Dickens, Charles 325
Diderot, Denis 43, 270, 298
Dines, Alberto 247
Diniz, Júlio 287
Dom Cataldi (Mauro Sérgio Cataldi, dito) 347
Dominique Filho (Pierre-François Briancolleli, dito) 297
Domont, Beatriz 214
Donasci, Otavio 206, 267
Donizetti, Domenico Gaetano Maria 241
Dória, Luiz Gastão de Escragnolle 244
Dória, Gustavo 25, 113, 201-204, 275, 302
Dória, Jorge 96
Dornay, J. 126
Dornelles, Dagmar 118
Dort, Bernard 272
Dos Santos, José Severino (dito Mestre Zé de Vina) 191
Dostoiévski, Fiódor M. 230, 291, 324, 325
Dourado, Paulo 302
Doyle, Arthur Conan 287
Dragun, Osvaldo 339
Drummond de Andrade, Carlos 235, 236

ÍNDICE DE NOMES

Druwe, Miriam 118
Du Maurier, Daphne 323
Duarte, Anselmo 319
Duarte, Regina H. 92, 197
Duarte, Urbano 15
Ducange, Victor 197
Duccati, Emilio 244
Duchamp, Marcel 248, 266
Ducis, Jean-François 331
Dumas Filho, Alexandre 126, 261, 262, 292, 324, 328
Dumas, Alexandre 44, 127, 286, 287, 299
Durães, Manuel 79, 289
Dürrenmatt, Friedrich 124, 325
Durst, Walter George 290, 322, 324
Duse, Eleonora 63
Dutra, Patrícia 69, 189
Dutra, Sandro de Cássia 342
Duvignaud, Jean 172

Eagling, Ronald H. 26
Ebb, Fred 76
Eco, Umberto 124, 151
Edmundo, Luiz 70, 78, 330
Eggers, Roberto 245
Eichbauer, Hélio 85, 138
Eiró, Paulo 15, 24, 128, 301, 335
Einstein, Albert 316
Eisenstein, Serguei 314
Elias da Silva, José (dito Mestre Saúba) 191
Elchmer, Nagib 340
Eliot, T. S. 27
Ellison, Ralph 226
Elsner, Artur 246
Emmel, Hildor 69
Emmel, Ina 69
Ésquilo 19, 202, 270, 295, 332
Esslin, Martin 16
Esteves, Albino 246
Estrada, Osósrio Duque 245, 338
Etienne Filho, João 27
Eurípides 27, 28, 145, 215, 270, 271, 327, 336, 340
Even, David 207, 209
Evreinoff, Nikolai 76, 149, 151, 203

Fabbri, Diego 294
Fábregas, Augusto 208
Fagundes, Antonio 205, 223, 319
Faísca (Abílio da Silva Júnior, dito) 48
Falabella, Debora 319
Falabella, Miguel 64, 96, 156, 205
Falcão, João 278, 319
Falco, Rubens de 178
Faleiro, José Ronaldo 343
Fall, Leo 253
Fanucchi, Mário 322
Farc, Abraão 169

Faria, Adolfo de 63
Faria, João Roberto 22, 43, 75, 78, 84, 92, 96, 104, 112, 113, 126, 128, 188, 226, 235, 248, 254, 262, 281, 292, 293, 299, 329, 332
Faria, Reginaldo 319
Fausta, Itália 25, 31, 101, 132, 157, 202, 203, 291, 332
Favaretto, Celso Fernando 333
Fávero, Alexandre 306
Favart, Charles-Simon 247
Fawcett, Fausto 267
Felipe II 20, 180
Fellini, Federico 314
Felix, Otílio Caetano (dito Mestre Otílio) 191
Fernal, Antonio 31
Fernandes, Ciane 118
Fernandes, Florestan 228
Fernandes, Millôr 22, 35, 96, 98, 213, 295, 320, 329
Fernandes, Nanci 26, 336
Fernandes, Sílvia 17, 22, 46, 112, 137, 164, 249, 280
Fernandez, Oscar Lorenzo 243, 246
Fernando, Dom 349
Fernando, Jorge 64
Ferracini, Renato 35
Ferrara, Sérgio 124, 320
Ferraretto, Luiz Artur 287
Ferrari, Leon 267
Ferraz, Buza 76, 163
Ferraz, Eloína 162
Ferraz, Violeta 80
Ferre, Everton 199
Ferré, Luiz 68
Ferreira, Bibi 96, 227, 319, 326
Ferreira, Carlos 225
Ferreira, Cláudio 195
Ferreira, Cordélia 287
Ferreira, Domingos José 241
Ferreira, Ítala 79
Ferreira, Manoel José (dito Mestre Manoel Marcelino) 191
Ferreira, Manuel Luís 82, 329
Ferreira, Procópio 44, 46, 47, 84, 90, 96, 98, 101, 139, 162, 205, 258, 274, 289, 293
Ferrer, Francisco 30
Ferrer, Mariano 31, 250
Ferreti, Aurélio 337
Feuillet, Octave 63, 280, 291
Feydeau, Georges 155, 261, 346
Fialho, D. José 87
Fieliger, Erna 253
Figueira, Andrade 183
Figueiredo, Fidelino 40, 49, 51, 53
Figueiredo, Guilherme 22
Filgueiras, Caetano 253, 258
Fischer, Vera 319
Fletcher, Lucille 322
Floreal, Mário 289
Flores, Paulo 302
Folly, Val 118

ÍNDICE DE NOMES

Fonseca, Deodoro da 242
Fonseca, Rubem 17
Fontana, Emílio 27
Fontana, Ferdinando 244, 245
Fontoura, Antônio Carlos 109, 120, 295, 301, 319, 329
Formiguinha (Pery François, dito) 47
Fornari, Ernani 219
Forestier, Georges 97, 98
Fortes, Paulo 246
Fóscolo, Avelino 31, 328
Fosse, Bob 76
Foster, Paul 19
Fraga, Denise 306
Fraga, Eudinyr 16, 305, 307
Fraga, Davina 139
França Júnior, Joaquim José da 22, 35, 56, 95, 97, 155, 157, 258, 264, 293, 335
França, Cleber 199
França, João Isidoro 24
França, Rafael 267
Francastel, Pierre 232, 237
Francini, Mauro 85, 135
Francis Paulo 113
Franco, Aninha 24, 27, 250
Franco, Affonso Arinos de Melo 25
Franco, Monique 173
Frateschi, Celso 121
Frederico, Celso 214
Fregolente, Ambrósio 336
Frei Caneca (Joaquim do Amor Divino Rabelo Caneca) 145, 271
Freire-Filho, Aderbal 277
Freire Jr., Francisco José 208
Freire, Ednaldo 56, 275
Freire, Marina 25
Freire, Napoleão Moniz 85
Freire, Paulo 301
Freire, Roberto 28, 340
Freud, Sigmund 316
Freyre, Gilberto 57, 332
Frias, David Correia Sanches de 126
Frondoni, Angelo 241
Furtado, Joaci Pereira 204
Fusco, Rosário 227
Fuser, Fausto 168
Fuzarca (Albano Pereira Neto, dito) 47

Gabrieli, Oswaldo 239
Gadelha, Carmen 30, 32, 60
Galizia, Luiz Roberto 172, 206, 267-269, 276
Galvão, João Severiano da Costa 15
Gama, Oscar 23
Gama, Marcelo 30
Gama, Miguel do Sacramento Lopes (Padre) 73
Garanhus, Valdeck de 191, 347
Garcia, Eduardo Chianca de 327
Garcia, Clóvis 27, 113

Garcia, Denise 343
Garcia, José Maurício Nunes (Padre) 240, 241
Garcia, José Wagner 206
Garcia, Lea 227
Garcia, Marco Aurélio 109, 120, 123, 220, 302, 329
Garcia Márquez, Gabriel 236
Garcia, Santiago 112, 199, 272, 280
Garcia, Silvana 18, 121, 129, 130, 162, 164, 199, 296
Garcia, Victor 150, 233
Garibaldi, Anita 36
Garin, Caroline 256
Garolli, André 320
Garraio, Augusto 115
Garrido, Alda 79, 90, 96, 293
Garrido, Eduardo 50, 197, 202
Garrincha (Manuel Francisco dos Santos, dito) 39
Gaster, Lison 304
Gattai, Zélia 17
Gaulier, Philippe 158
Gaus, Alberto 199
Gay, John 325
Gaztambide, Joaquín 349-350
Gazzo, Michael 323
Genet, Jean 19, 114, 155, 230
Genette, Gerard 257
Gentil, Afonso 340
George, David 17, 33, 151, 249, 318
Gershwin, George 207
Gerson, Brasil 288
Geyer, Heinz 245
Ghiaroni, Giuseppe 285
Ghislanzoni, Antonio 242
Gianoukas, Grace 319
Gibe (Gilberto Fernandes, dito) 162
Gide, André 291
Gil, Felipe 250
Gil, Gilberto 33, 333
Gil, Gláucio 96, 98, 251
Gilbert, William Schwenck 253
Ginisty, Paul 188
Ginsberg, Allen 230
Giraudoux, Jean 27, 327
Gish, Lilian 314
Glass, Philip 248, 249
Gleiser, Elias 169
Glória, Darlene 319
Glusberg, Jorge 269
Góes, Esther 318
Góes, Moacyr 85, 247, 319
Gógol, Nikolai 16, 17
Goldberg, Rose Lee 269
Goldoni, Carlo 138, 270, 274, 294, 320, 327
Gomes, Carlos 241, 242, 244
Gomes, Denilto 118
Gomes, Dias 28, 89, 166, 213, 221, 291, 295, 296, 319, 325, 326, 332
Gomes, Felipe 338
Gomes, Ida 169

ÍNDICE DE NOMES

Gomes, Ignez 306
Gomes, José Pedro de Santana 244
Gomes, Roberto 64, 193, 262, 271, 283, 294, 305
Gomes, Tapajós 246
Gomes, Vicentini 199
Gomes Júnior, João 244, 245
Gonçalves, Augusto de Freitas Lopes 90, 115, 140, 162
Gonçalves, Dalto 343
Gonçalves, Dercy 47, 77, 79, 90, 346
Gonçalves, Marina 227
Gonçalves, Martim 136, 338
Gonçalves, Paulo 21, 22, 271, 305
Gondim Filho, Isaac 49
Goodwin, Al 289
Gonzaga, Armando 46, 56, 90, 96, 98, 202, 337
Gonzaga, Chiquinha 74, 208
Gonzaga, Tomás Antônio 42, 61, 204
Górecki, Henryk 249
Gori-Gori (Fernando Guimarães Brandão, dito) 48
Gori, Pietro 30, 157, 250
Górki, Maxim 125, 318, 322, 324, 328
Gounod, Charles-François 247
Gouveia, André 341
Gouvêia, Célia 117
Gouveia, Cristóvão de 58
Gouveia, Júlio 169, 170, 326
Goya, Francisco José de 237
Gozzi, Carlo 270
Gramsci, Antonio 214
Granatto, Ivald 267, 268
Grande Otelo (Sebastião Bernardes de Souza Prata, dito) 80, 90
Grassi, Ângela 110-111
Grave, Jean 30
Greco, Irina 294
Greiner, Christine 149, 172
Griffith, David Wark 314
Grijó Sobrinho 79
Grillo, Hector 68
Grimaldi, Joseph 94
Grimm, Irmãos (Jacob e Wilhelm) 326
Griphus (José Alves Visconti Coaracy, pseudônimo) 80, 90, 115, 162
Grisar, Albert 241
Grisolli, Paulo Afonso 136
Groisman, Michel 268
Grotóvski, Jerzi 34, 45, 114, 149, 159, 276
Guanabarino, Oscar 243
Guarnieri, Camargo 243, 246
Guarnieri, Gianfrancesco 28, 38, 89, 106, 107, 109, 120, 121, 123, 136, 143, 144, 166, 212, 213, 220, 228, 246, 264, 265, 272, 295, 296, 316, 319, 324, 325, 328, 339
Guerra, Ademar 19, 136, 150, 247, 327
Guerra, Ruy 145, 222, 296, 319
Gui, Eugênio 251
Guia, Chico da (Mestre) 191
Guilbert, Yvette 76

Guimarães Júnior, Luís 281
Guimarães, Bernardo 128
Guimarães, Manuel Joaquim Ferreira 253, 258
Guimarães, Pinheiro 97, 292, 293, 328
Guimarães, Vicente 169
Guimard, Gabriel 199
Guinsburg, Jacó 26, 113, 114, 128, 152, 168, 169, 199, 216, 249, 272, 278, 301, 336
Gullar, Ferreira 144, 213, 221, 295, 329, 339
Gumiel Renée 118
Gurgel, Francisco Inácio do Amaral 285
Gusmão, Miguel Arcanjo de 90
Guzik, Alberto 17, 113, 169, 294, 341

Haar, Mira 110
Haddad, Amir 22, 136, 150, 302, 339
Hadwin, Irmãos (George e Benjamin) 256
Haggard, H. Rider 286
Halévy, Ludovic 247, 252, 253, 258
Hálkin, Sch. 168
Halprin, Ann 165
Hamburguer, Alex 267
Hamilton, Patrick 294
Harewood, Conde de (George Henry Hubert Lascelles) 252, 279
Hartnoll, Phyllis 114
Haskel, Arnold 167
Hasselman, Sebastião 26, 27
Hatzfeld, Helmut 57
Hauptmann, Gerhart 140, 224
Hayes, Alfred 325
Hecht, Ben 324
Hegel, Georg Wilhelm Friedrich 269
Heleodoro, Joaquim 101
Heliodora, Barbara 98, 112
Heller, Jacinto 46, 63, 90, 101
Hellman, Lillian 324, 325
Henreid, Elizabeth 76
Henrique, Waldemar 28
Herbal, José 227
Herder, Johann Gottfried 127
Hermann, Alexandre 279
Hérold, Louis-Joseph-Ferdinand 241
Herzog, Vladimir 144
Hessel, Lothar 15, 42, 52
Hillel, Iácov 198
Hilst, Hilda 16, 200
Hilton, James 325
Hinzmann, Jens 118
Hírschbein, Péretz 168
Hirsh, Felipe 318
Hirzmann, Leon 319, 339
Hoghe, Raimund 118
Hollanda, Heloísa Buarque de 214, 327
Houdini, Harry 279
Howard, Pamela 84
Hudinilson Jr. (Hudinilson Urbano Júnior) 267

ÍNDICE DE NOMES

Hugo, Victor 127, 128, 228, 242, 287, 299-301, 326
Hull, Edith Maude 286
Huppes, Ivete 198, 332
Huxley, Aldous 230

Ibsen, Henrik 19, 28, 109, 216, 224, 261, 262, 291, 323-326, 328, 336
Iglezias, Luiz 40, 171, 208
Império, Flávio 85, 150, 341
Inge, William 324
Ionesco, Eugène 16, 27, 155, 230, 233, 324, 325
Ivernel, Philippe 18
Ivo, Ismael 118

Jabor, Arnaldo 264, 319, 329, 339
Jacintha, Maria 305
Jacob, Dionísio 110
Jacobbi, Ruggero 27, 101, 135, 136, 139, 323, 337, 339
Jacon, Nitis 34
Jacques, Paola Berenstein 332
Jacquot, Jean 204
James, Henry 324
Jancsó, István 42, 60
Jannings, Emil 91
Jarry, Alfred 17, 32, 163, 195
Jatobá, Capitão 191
Jércolis, Jardel 208
Jesus, Paulinho de 195
João IV, Dom 205
João V, Dom 62
João VI, Dom 43, 180, 240, 331
Jobim, Tom 209
Jones, Amelia 269
Jones, Big 347
Jones, Margo 37
Jonson, Ben 131, 294
Jooss, Kurt 117
Jordão, Geraldo 25
Jorge, Fred 291
José, Paulo 341
José I, Dom 180
Joyce, James 316
Juku, Sankai 277
Jurubeba (Valdir Sampietro Leme, dito) 48

K, Alice 172, 173
Kac, Eduardo 206, 268
Kafka, Franz 248
Kahns, Cláudio 250
Kaiser, Wolfgang 142
Kander, John 76
Kanto, Modesto 80
Kantor, Iris 42, 60
Kantor, Tadeusz 149, 165, 248, 276

Kaprow, Alan 165
Karam, Guilherme 64
Karman, Ricardo 206, 278
Katz, Helena 118
Kean, Edmundo 44
Keaton, Buster 155
Keller 31
Kellog, Virginia 324
Kern, Jerome 207
Kerouac, Jack 230, 233
Kershaw, Baz 158
Kesselring, Joseph 324
Kessler, Leo 241, 271
Khéde, Sonia S. 87, 104
Khlébnikov, Velimir 206
Khoury, Simon 337, 339
Kinas, Fernando 278
Kingsley, Sidney 325
Kleemann, Fredi 169
Kleist, Heinrich Von 195
Klintowitz, Jacob 196
Kobachuk, Manoel 68, 69, 195
Kobachuk, Marilda 69
Koellreutter, Hans J. 338
Koestler, Arthur 290
Koning, Victor 253, 258
Kopelman, Isa 169, 172
Kopezky, Waldir 32
Kopke, João 245
Kosmo, Wanda 323
Kossoy, Boris 17
Koudela, Ingrid Dormien 177, 216, 263
Kramer, Eric 291
Krauss, Rosalind 267
Kresnik, Johann 117
Krizinsky, Wladimir 249
Kroeber, Carlos 27
Krotozinski, Lali 206
Krugli, Ilo 68, 170, 192, 302
Kubitschek, Juscelino 211
Kühner, Maria Helena 29, 170, 214, 251, 296
Künneke, Eduard 253
Kusnet, Eugênio 124, 125
Kusuno, Takao 118
Kutchat, Daniela 206
Kuxixo (Hudson Rocha Camargo, dito) 48
Kydd, Thomas 131

La Bruyère, Jean de 96
Labaki, Aimar 41, 278, 280
Laban, Rudolf von 117, 118
Labiche, Eugene 77, 155, 261, 326, 346
Lacaz, Guto 267, 268
Lacerda, Maria Luiza 68, 154
Lacerda, Maria Thereza B. 157
Lacerda, Flávio Suplicy de 340
Lacerda, Vanda 336

ÍNDICE DE NOMES

Ladeira, César 287
Ladeira, Idalina 154
Lage, Roberto 341
Lago, Mário 208
Laguna, Luís 251
Lakus, Rosa 169
Lane, Virgínia 346
Lang, Aidan 247
Lara, Cecília de 202
Laranjeiras, Manuel 30
Lauand, Luiz Jean 20
Lazary, Ângelo 80, 85
Leal, Alberto 286
Leão, Lúcia 206
Leão, Raimundo Matos de 170
Lebel, Jean Jacques 166
Lebesque, Morvan 325
Leclercq, Théodore 280
Lecocq, Charles 253
LeCompte, Elizabeth 171
Lecoq, Jacques 247
Lederer, George W. 207
Lee, Fernando 118
Lefèbvre, Joël 128, 301
Lehár, Franz 253
Leiner, Moisés 27
Leitão, Arnaldo Câmara 290
Leite, José da Costa 106
Leite, Luiza Barreto 25
Leite, Miriam Lifchitz Moreira 337
Leite, Serafim S. J. (Padre) 58, 301
Lemaître, Frederick 300
Lemos, Artur Iberê de 245
Lemos, Tite de 151
Lemos, Túlio de 322
Lenormand, Henri-René 316
Lenz, Jakob Michael Reinhold 127, 298
Leonardos, Stella 169
Leopoldina, Princesa 25
Lepage, Robert 171, 172
Lerner, Dorothy 118
Lerner, Júlio 169, 339
Lesage, Alain-Réne 297
Lescot, Jean Pierre 306
Lessa, Bia 17, 85, 137, 206, 268, 277
Lessa, Orígenes 289
Lessing, Gotthold Ephraim 127, 129, 298, 299
Leterrier, Eugène 247, 258
Leuven, Adolphe 247
Levi, Clovis 151
Lewgoy, José 27, 337
Licia, Nydia 16, 101, 294, 323, 327
Lieders, Rafael 195
Ligeirinho (Silvio Zanchettini, dito) 47
Lima, Augusto de 242
Lima, Campos 30
Lima, Dácio 197
Lima, Dermeval Costa 322

Lima, Domingos Gusmão de 28
Lima, Evelyn Furquim W. 132
Lima, Ismine 179
Lima, João Alfredo G. da Costa 338
Lima, Jorge de 324
Lima, Laura 268
Lima, Luís de 199
Lima, Mariangela Alves de 22, 112, 113, 120, 151, 162, 214, 232, 236
Lima, Pontes de Paula 27
Lima, Romero de Andrade 275
Lincke, Paul 253
Linhares, Luiz 336
Lins, Álvaro 316, 320, 332
Lins, Osman 251, 274, 319
Lioure, Michel 128, 301
Lips, Nestório 289
Lispector, Clarice 17
Lloyd, Harold 155
Lobato, Monteiro 17, 326
Lobo, Edu 221
Lobo, Elias Álvares 241
Lomani, B. G. 241
Lombardi, Rômulo 85
London, Jack 324
Long, John Luter 325
Lope de Vega, Félix 16, 52, 53, 62, 141, 142, 155, 212, 270, 299, 331
Lopes, Antônio de Castro 331
Lopes, Beth 34, 130, 159
Lopes, Elisabeth Silva 151
Lopes, Júlia 79
Lopes, Saint-Clair 287, 291
Lopes, Valentim José da Silveira 293
Loran, Berta 169
Lorca, Federico García 26, 66, 236, 246, 290, 301, 323, 324, 343
Loyola, Ignácio de 58
Lukács, Georg 204
Luce, Clare Boothe 323, 325
Luchaire, Julien 336
Lugné-Poe, Aurélien 271
Lumière, Irmãos (Auguste e Louis) 314
Lutfi, Seme 268
Luz, Carmen 229
Lyra, Carlos 209, 339

Macedo, Joaquim Manuel de 16, 35, 56, 74, 77, 95, 97, 103, 128, 174, 242, 258, 262, 271, 285, 287, 293, 300, 306, 328, 330
Macedo, Zezé 90
Machado, Antônio Alcântara 201
Machado, Antonio Pedro Baptista 31
Machado, Carlos Eduardo J. 152
Machado, Carlos 139
Machado, Lourival Gomes 26, 337
Machado, Maria Clara 27, 52, 139, 170, 246, 271

ÍNDICE DE NOMES

Machado, Salvador 42
Machado, Simão Ferreira 61
Machado, Zécarlos 317
Maciel, Diógenes André Vieira 214
Maciel, Luiz Carlos 105
Madeira, Wagner Martins 304
Maersch, Adolph 241
Maeterlinck, Maurice 195, 203, 244, 270, 291, 304, 305
Maffei, Francesco Scipione 62
Magaldi, Sábato 17, 26, 38, 44, 57, 96-98, 106-108, 112-114, 122, 124, 143, 146, 158, 178, 199, 203, 204, 229, 234, 236, 275, 305, 315, 316, 320, 332
Magalhães Jr., Raimundo 47, 98, 323
Magalhães, Domingos José Gonçalves de 46, 64 ,92, 97, 102, 103, 127, 271, 299, 300, 305, 331
Magalhães, Eugênio de 15, 161
Magalhães, Paulo 90, 171, 326
Magalhães, Valentim 208, 350
Magnani, José Guilherme Cantor 198
Magnani, Umberto 41
Magno, Paschoal Carlos 25, 28, 29, 112, 139, 202, 301, 315, 336, 337, 339
Magritte, René 277
Maia, Abigail 101, 303
Maia, Alexandre 24
Maia, Reinaldo 278
Maiakóvski, Vladimir 123, 199, 270, 272
Maio, Aldo de 323
Malaguti, H. 244
Malcher, José Cândido da Gama 242
Malfatti, Anita 200
Malheiro, Luiz 247
Malina, Judith 104, 165
Mallarmé, Stéphane 304
Mamet, David 314
Mammi, Lorenzo 21, 82
Mandieta, Ana 266
Mange, Germano 94
Manger, Ítzik 168
Manuel, Antônio 267
Manzo, Henrique 85
Maquiavel, Nicolau 16, 212, 251
Maranhão, Armando 27
Maravall, José Antonio 57
Marceau, Marcel 199
Márcio, Flávio 230
Marcondes, Marcos Antônio 117
Marcos, Plínio 19, 50, 89, 152, 166, 226, 230, 231, 234, 265, 272, 295, 319, 324, 341
Marenco, Leopoldo 157
Maria Fernanda, Meirelles Correia Dias 323, 336, 338
Maria I, Dona 61, 100, 240
Marin, Maguy 117
Marinelli, Peter Vincent 52
Marinho, Flávio 64, 156
Marinho, Noemi 156
Mariz, Vasco 144, 247
Marley, Marly 162

Marlowe, Christopher 108, 131, 270
Marroig, Públio 80
Martini, Jandira 77, 98, 148, 156, 250
Martins, Antônio de Sousa 101
Martins, Carlos Estevam 109, 120, 123, 212, 220, 301, 329, 339
Martins, Leda Maria 226, 227
Martins, Wilson 128, 301
Mascagni, Pietro 242
Matheus, Rodrigo 159
Matos, Gregório de 60
Matos, José Ferreira de 61
Matuck, Artur 206, 267
Maugham, Somerset 294, 323, 324
Maul, Carlos 332
Maupassant, Guy de 75, 291, 323
Maurício, Julio 239
Mauro, José 285, 286
Max, Margarida 346
Mayer, Rodolfo 205, 291
Mazzaroppi, Amácio 322
Mazzetti, Maria 66
McCoy, Horace 324
Meceni, Carlos 170
Medeiro, Anísio 85
Medeiros, Bia 206
Medeiros, Francisco 118, 159, 195
Medeiros, Furtado 31
Medeiros, Maria Beatriz de 206
Meiches, Mauro 46
Meierhold, Vsévolod 123, 195, 203, 272, 273, 314
Meilhac, Henri 247, 252, 253, 258
Meira, Tarcísio 319
Meireles, Cecília 52
Meireles, Márcio 229, 276
Meirelles, Fernando 268
Méliès, Georges 314
Melim, Regina 269
Mello, Alexandre de 318
Mello, Graça 169, 338
Mello, Renata 118
Mello, Zuleika 169
Melo Filho, Osvaldo Ferreira 194
Melo Neto, João Cabral de 28, 49, 52, 109, 251, 271, 295, 340
Melo, Fernando 85
Menandro 97, 270
Mendes, Cassiano Gabus 290, 322, 324
Mendes, Edith Gabus 290
Mendes, Miriam Garcia 15, 228
Mendes, Otávio Gabus 289, 290
Mendonça, Luiz 27, 50-52, 251, 301
Mendonça, Paulo 231
Mendonça, Sólon Alves de (dito Mestre Sólon) 191
Meneses, Agrário de 128, 271, 301
Meneses, Cardoso de 187
Meneses, Ferreira de 126
Meneses, Rodrigo Otávio de Oliveira 128

ÍNDICE DE NOMES

Menezes, Cardoso de 183, 208, 296
Menezes, Luís da Cunha Pacheco 61, 204
Menezes, Maria Wanderley 323, 327
Menezes, Philadelpho 206
Mercado, Antonio 340
Mérimée, Prosper 248
Merschmeier, Michael 118
Mesquita, Alfredo 25, 26, 78, 123, 139, 202, 294, 315, 337
Mesquita, Henrique Alves de 241
Mesquita, Regina Elena 246
Mesquita, Salvador de 62
Mesquitinha (Olímpio Bastos, dito) 79, 96
Metastasio (Pietro Trapassi, dito) 62, 240
Montecorboli, Enrico 157
Metzler, Marta 332
Meyerbeer, Giacomo (Jakob Liebmann Beer, dito) 241
Michaelis, Carolina 40
Michalski, Yan 16, 89, 102, 111-113, 133, 135, 139, 169, 229, 235, 272, 296
Michel, Marc 77
Michelangelo (Michelangelo Buonarroti, dito) 249
Mignone, Francisco 243, 245, 246
Miguez, Filipe 198, 258
Miguez, Leopoldo 242, 243
Milanez, Abdon 253
Miller, Arthur 109, 142, 219, 291, 294, 324
Milton, John 17
Mina, Simone 85
Miranda, Carmen 209
Miranda, Nicanor 250
Miranda, Ronaldo 246
Mnouchkine, Ariane 110, 171, 172, 319
Modena, Gustavo 157
Modesto, Magda 193, 239
Möeller, Charles 85
Molière (Jean-Baptiste Pochelin, dito) 16, 38, 92, 96-98, 130, 134, 138, 141, 142, 155, 215, 270, 274, 289, 327, 337, 338
Molinari, Luigi 30
Monserrat, Nicholas 325
Montecchi, Fabrizio 306
Monteiro, Carlota 249
Monteiro, Jerônimo 289, 290
Monteiro, Luiza 199
Montenegro, Fernanda 248, 294, 319, 323
Montfleury, Antoine Jacob 98
Montherlant, Henry de 326
Monti, Vincenzo 331
Moraes, Átila de 90, 133
Moraes, Conchita 133, 289
Moraes, Dulcina de 46, 78, 101 ,115, 133, 136, 274
Moraes, Eneida de 80
Moraes, José Eduardo Garcia de 268
Moraes, José Gomes Pinto de 180, 245
Moraes, Paulo de 319
Moraes, Rubens Borba de 60
Moraes, Vinícius de 209, 228, 325
Morais, Edith de 289

Morais, Marcílio 230, 296
Morales, Felipe 30
Moravia, Alberto 231
Moréas, Jean 304
Moreira, Antonio Leal 240
Moreira, Fonseca 258
Moreira, Victor 50
Moreira, Rui 229
Moreira, Sonia Virgínia 291
Moreno, Carlos 111
Moreyra, Álvaro 150, 201, 203, 294, 336, 345
Moreyra, Eugênia 150, 203, 294
Morineau, Henriette 169, 294
Morrow, John 291
Mosel, Ted 325
Mossurunga, Bento 208
Mostaço, Edélcio 39, 107, 114, 130, 151, 166, 278
Motta, Sebastião Dias da 24
Motta, Sonia 118
Moura, Carlos Eugênio de 55, 260, 279
Moura, Carlos Francisco 23, 62, 204, 205, 256
Moya, Álvaro 325
Mozart, Wolfgang Amadeus 247
Muniz, Dulce 121
Muniz, Lauro César 56, 213, 272, 295, 296, 325
Muniz, Mariana 118
Murce, Renato 287, 291
Murnau, Friedrich Wilhelm 317
Murtinho, Carlos 337
Musset, Alfred de 270, 280
Muzzio, Henrique Cesar 261

Namura, Denise 199
Nandi, Ítala 318
Napoleão I 100
Napoleão, Artur 126, 242
Nardi, Catin 69, 195
Nascimento, Abdias do 227
Nascimento, Josino do 24
Navarro, Olga 291, 325
Nazareno, Paulo 69
Nello, Nino 158, 303, 304
Neme, Mário 26
Nepomuceno, Alberto 242-244
Nero, Claudio Cesar Augusto Germânico 92
Néspoli, Beth 311, 313
Neto, Dionísio 206, 278
Neves, Eduardo das 79
Neves, João das 19, 136, 170, 173, 214, 230, 272, 296
Neves, Vítor Ribeiro 245
Nicol, Madalena 26, 101, 291, 322
Nicolay, Faure 279
Nicolay, Rosina 279
Nikolais, Alwin 117
Nimitz, Riva 169
Nóbrega, Antônio 39, 56, 58, 71, 137, 199, 275
Nóbrega, Humberto Melo 246

385

ÍNDICE DE NOMES

Nóbrega, Manuel da 48, 58-60
Nogueira, Alcides 16, 163
Nonato, Raimundo 23
Noronha, Francisco de Sá 208, 247, 253
Novaes, Figueiredo 297
Novelli, Ermete 157, 249, 332
Nunes, Celso 151
Nunes, Djalma 208
Nunes, Mário 29, 44, 50 ,132, 201, 208
Nunes, Sérgio 341
Nunes, Fábio Henrique 67

O'Casey, Sean 203
O'Flaherty, Liam 326
O'Kelly, Joseph 241
O'Neill, Eugene 152, 203, 219, 227, 290, 316, 322, 323, 325, 327
Oboler, Arch 290
Obry, Olga 306
Octaviano, José 246
Offenbach, Jacques 77, 247, 252, 253, 258
Ohno, Kauno 277
Oiticica, Hélio 173, 267, 332, 333
Oiticica, José 31, 139
Oiticica, Sônia 336
Olavo, Agostinho 25, 227
Oldenburg, Claes 165
Olinda, Duda de 199
Olinda, Marquês de 138
Oliveira, Antonio Joaquim 42
Oliveira, Benjamin de 47, 79, 197
Oliveira, Dalva de 209
Oliveira, Domingos 98
Oliveira, Germano Francisco de 101
Oliveira, Januário de (dito Mestre Ginu) 55, 191
Oliveira, Juca de 35, 77, 98, 148, 156, 205, 275
Oliveira, Luís de 291
Oliveira, Manuel Botelho de 62
Oliveira, Mariana 70, 83
Oliveira, Maurício 291
Oliveira, Pedro dos Santos (dito Mestre Boca Rica) 191
Oliveira, Pernambuco de 85, 169, 327
Oliveira, Thalma de 285, 286, 291
Oliveira, Valdemar de 26, 294
Oppenheim, Dennis 266
Orthof, Sylvia 170
Orton, Joe 114, 230
Osborne, John 19, 230
Oscar, Henrique 113, 202
Oscarito (Oscar Teresa Dias, dito) 40, 80, 90, 96
Oswald, Henrique 243, 244
Ourofino, Raul 125

Pacheco, Francisco Assis 208, 242, 243
Pacheco, Nazareth 268
Pacheco, Plínio 51
Pacheco, Tânia 151
Pacini, Giovanni 241
Packer, Amilcar 268
Paçoca (Antonio Quintino da Silva, dito) 48
Paçoquinha (Alexandre Francisco Pinheiro, dito) 48
Pagano Sobrinho, Fioravante 322
Pagneux, Monika 158
Paisiello, Giovanni 241
Paiva, Marcelo Rubens 16
Paiva, Orlando Marques de 342
Paiva, Salviano Cavalcanti de 36, 208, 293, 297
Paixão, Múcio da 57, 63, 77, 126, 180-183, 329
Pallottini, Renata 56, 321, 327
Pamplona, Fernando 81
Pane, Gina 266
Pape, Lígia 267
Passe, Daniel Curt 343
Passos, Olegário 290
Paternostro, Carmen 118
Patiño, Antonio 339
Patrizzio, Conde Ernesto 279
Paula, Antonio José de 100
Paula, José Agrippino de 150, 165, 233, 267
Paula, Victor de 156
Pavis, Patrice 17, 35, 95, 97, 98, 100, 108, 114, 119, 122, 124, 146, 149, 151, 172, 173, 208, 224, 257, 263, 269, 292, 328
Peçanha, Nilo 32
Pederneiras, Oscar 208, 350
Pederneiras, Raul 99, 208
Pedreira, Brutus 25, 227
Pedro I, Dom 246
Pedro II, Dom 88, 242
Pedro III, Dom 61
Pedro, Antônio José 100
Pedroso, Bráulio 19, 295
Pedroso, Marcos 85
Peixoto, Fernando 18, 41, 109, 121, 124, 125, 136, 214, 220, 296, 302, 329, 337
Peixoto, Luiz 74, 208, 297
Pellico, Silvio 157
Pena, Afonso 32
Pena, Martins 26, 30, 35, 56, 95-97, 103, 104, 127, 141, 155, 197, 208, 258, 262, 264, 274, 281, 283, 293, 299, 300, 306, 326, 336
Penafiel, Chico 268
Penn, Richard 285
Penna, Sérgio 269
Peque 94
Pêra, Marília 19, 96, 205, 319
Pereira da Silva, Francisco 56, 73
Pereira, Adelaide 306
Pereira, Alcebíades 94
Pereira, Antonio 71
Pereira, Antônio Maria Barroso 253, 258
Pereira, Hamilton Vaz 17, 163
Pereira, Maria Lúcia 71
Pereira, Nazareno 239

ÍNDICE DE NOMES

Pereira, Nereu do Vale 64, 65
Pereira, Pascoal 208
Pereira, Pedro de Sá 208
Pereira, Vicente 64, 96, 156
Pereira, Victor Hugo Adler 228
Pereira, William 130
Periquito (Afonso Schumann, dito) 47
Peres, Lucília 115
Pérez y Gonzalez, Felipe 350
Pernetta, Emiliano 271
Perrault, Charles 326
Perré, Renato 239
Pessoa, Fernando 27, 178, 337
Petraglia, Cláudio 325
Pettinati, Francisco 156
Petty, Mery 69
Piacentini, Marinho 340
Piaget, Jean 177
Picanço, Miguel 291
Picasso, Pablo 232
Piccarolo, Antonio 245
Pignatari, Décio 206
Pimenta, Antenor 91
Pimenta, Daniele 129, 198
Pimentel, Altimar de Alencar 56, 68, 69, 71, 82, 83, 150-151, 176, 191
Pimentel, José 51
Pinheiro, Lara 118
Pinheiro, Mário 79
Pinheiro, Reinaldo 319
Pinho, José de Moraes 189, 227, 274
Pinter, Harold 19, 230
Pintinho (Willian Ayres, dito) 48
Pinto, Apolônia 98, 115
Pinto, Aylor 94
Pinto, Edgard Roquette 287
Pinto, Fernando 81
Pinto, José Maria de Souza 24
Pinto, Teixeira 161
Pinto, Walter 36, 207, 297
Piolin (Abelardo Pinto) 47, 94
Piquito (Osmar dos Santos, dito) 48
Pirandello, Luigi 26, 203, 316, 323, 324, 326, 337, 338
Pires, Cornélio 288
Pires, Meira 29, 250
Pisani, Oswaldo 27
Pisca-pisca (Gilson Oliveira, dito) 47, 48
Piscator, Erwin 123, 142, 203, 219, 272, 315
Pitta, Danielle Rocha 149
Piveta, Idibal 339
Pixerécourt, Guilbert de 197
Pixinguinha (Alfredo da Rocha Vianna Filho, dito) 208
Planchon, Roger 136
Planquette, Robert 253
Plauto 156, 270, 327
Plaza, Julio 206
Plonka, Marcos 169
Polloni, Sandro 16, 203, 274, 323

Polônio, Cinira 79, 101, 115
Polydoro (José Manoel Ferreira da Silva, dito) 47
Pombal, Marquês de 180
Pongetti, Henrique 22, 169, 227, 327
Ponte Preta, Stanislaw (Sergio Porto, dito) 293
Pontes, Joel 50, 51, 338
Pontes, Paulo 121, 145, 213, 214, 222, 271, 272, 295, 296, 332
Porter, Cole 207
Porto, Marques 208
Porto, Paulo 319, 336
Porto-Alegre, Araújo 103, 300
Portugal, Marcos 240, 241
Possi Neto, José 76, 247
Possolo, Hugo 57, 257
Pottecher, Maurice 273
Pougin, Arthur 35, 62, 79, 187
Pound, Ezra 93, 173
Pradier, Jean-Marie 148, 172
Prado, Antonio Arnoni 32
Prado, Adélia 9
Prado, Clô 22
Prado, Décio de Almeida 20, 22, 23, 25, 26, 29, 36, 37, 39, 40, 42, 44-47, 52, 57, 74, 80, 90, 96-98, 102, 107, 113, 124, 128, 141, 155, 156, 188, 198, 201-204, 215, 229-232, 234, 254, 258, 294, 300, 301, 315, 317, 328, 337, 342
Prado, Gilbertto 206, 268
Prado, Juvenal 85
Prado, Luís André do 203
Praga, Marco 157
Prata, Mário 230, 272, 296
Pratt, Oscar 40
Praxedes, J. 208
Prévert, Jacques 326
Prévost, Abade 286
Preziosi, Margarida 253
Priestley, John Boyton 323, 324
Prieto, Adriana 319
Prina, Carlos 322
Priszkulnik, Esther 169
Proust, Marcel 230, 316
Puccini, Giacomo 245
Puget, Claude-André 336
Pujol, Vítor 208
Pupo, Maria Lúcia de Souza Barros 171
Pururuca (Brasil João Carlos Queirolo, dito) 47
Puxa-Puxa 48

Qorpo Santo (José Joaquim de Campos Leão, dito) 16, 35, 305, 307
Quadros, Jânio 338
Quaresma, Hélio 325
Queiroga, Antônio Augusto de 92, 299, 331
Queirolo, Alcides 47
Queirolo, Harry 94
Queirós, Bernardo 240

ÍNDICE DE NOMES

Queirós, Eça de 37, 225, 262, 286, 291
Queiroz, Emiliano 319
Queiroz Filho, J. 244
Queiroz, Rachel de 325
Quinn, Anthony 338
Quintiliano, Antônio 208
Quintiliano, Otávio 208

Rabaça, Carlos Alberto 286, 327
Rabaçal, Alfredo João 103
Rabelo, Sílvio 274
Rabetti, Beti 135, 203, 204
Rachou, Ruth 118
Racine, Jean 81, 92, 102, 270, 299, 331, 332
Raeders, Georges 15, 26, 42, 52, 337
Rainstein, Pola 169
Ramiro, Mário 206, 267
Rangel, Flávio 136, 213, 295, 320, 323, 329
Rangel, Otávio 80, 90, 115, 138, 162, 193, 306
Ranzato, Virgilio 253
Rasi, Mauro 64, 96, 156
Rattingan, Terence 325
Ratto, Gianni 41, 84, 85, 135, 294
Raulino, Berenice 135, 339
Ravache, Irene 125
Rebello, Luiz Francisco 21, 99, 122, 141, 143, 204
Reco-Reco (Nei Ayres Neto, dito) 48
Regnard, Jean-François 96
Reinhardt, Max 76, 203
Reis, João dos 241
Reis, Vicente 188
Relampo, Irmãos (Zé, Miguel e Antonio) 78
Remarque, Erich Maria 325
Renato Pécora, José 37, 38, 136, 143, 317
Republicano, Antonio de Assis 245
Rewald, Rubens 280
Rey, Marcos 325
Rezende, Lírio 31
Ribas, Eduardo Medina 349
Ribas, Marcos 68
Ribas, Raquel 68
Ribeiro, Bernardo José 240
Ribeiro, Evaristo 27
Ribeiro Filho, João Martins 322
Ribeiro, Francisco Bernardino 92, 299, 331
Ribeiro, Ivani 286, 290, 291
Ribeiro, Joaquim 227
Ribeiro, Jorge 322
Ribeiro, Maria Angélica 15, 293
Ricci, Irmãos (Luigi e Federico) 241
Richebourg, Émile de 286
Ridenti, Marcelo 214
Rimbaud, Arthur 230, 237
Rinaldi, Miriam 280
Rio, João do 22, 262, 283, 289, 305
Ripolin (Alcides Queirolo, dito) 47, 94
Ripper, João Guilherme 246

Ripper, Luís Carlos Mendes 85
Risério, Antonio 338
Roberg, Sylas 291
Robles, Emanuel 291, 323, 324
Rocha, A. P. 183
Rocha, Abel 246
Rocha, Aurimar 65
Rocha, Daniel 77, 207
Rocha, Eliana 250
Rocha, Gisela 118
Rocha, Glauce 319
Rocha, Glauber 33, 317, 333
Rocha, Helena 214, 296
Rocha, José Maria Tenório da 153
Rocha, Justiniano José da 92, 112, 299, 331
Rocha, Vera Lucia 289
Rodrigues, Arlindo 81
Rodrigues, Clarêncio 195
Rodrigues, Dulce 205
Rodrigues, Edgar 31, 250
Rodrigues, Ironildes 227
Rodrigues, Joffre 319
Rodrigues, Nelson 7, 19, 26, 32, 44, 78, 90, 93, 101, 108, 118, 135, 137, 143, 148, 152, 198-200, 203, 205, 218, 219, 227, 231, 246, 258, 263, 290, 291, 307, 315, 316, 319, 327, 332, 335, 337, 342
Rodrigues, Pedroso 202
Roit, Alexandre 57
Rolland, Romain 203
Romagnesi, Antoine 297
Romano, Lúcia 160
Romero, Sílvio 97
Ronconi, Luca 110, 210
Rosa, Abadie Faria 96, 202, 208
Rosa, Guimarães 16, 17, 236, 324
Rosa, Noel 208, 297
Rosa, Pedro (Mestre) 191
Rosa, Tomás Santa 25, 85, 22, 316
Rosário, Artur Bispo do 39
Rose, Reginald 325
Rosenfeld, Anatol 18, 19, 53, 107, 113, 114, 122, 134, 142, 143, 146, 151, 166, 169, 215-217, 229, 230, 263, 315
Rosset, Cacá 85, 163
Rossi, Ernesto 44
Rossi, Ítalo 178, 294, 323
Rossini, Gioachino Antonio 241
Rostand, Edmond 336
Roswadowska, Rafaela de 241
Rotbaum, Jacob 168
Rotrou, Jean 98
Roubine, Jean-Jacques 133, 134, 275
Rouède, Emílio 37, 225, 226
Roulien, Raul 46, 288, 303
Roussel, Raymond 30
Ruberti, Salvatore 245
Rúbia, Mara 346
Rubim, Antonio Albino Canelas 214

ÍNDICE DE NOMES

Rudska, Yanka 338
Rueda, Lope de 141
Ruffo, Juan 340
Ruiz, Pepa 79, 208
Ruiz, Roberto 36, 48, 94, 99, 208, 255, 297, 298, 331
Ruy, Affonso 24, 57, 62, 82, 132

Sá, Nelson de 112, 275
Sacramento, Paulino 208
Sala, Vera 118
Salce, Luciano 135
Salles, Campos 32
Salles, Yara 336
Salomão, Waly 267
Salvini, Tommaso 44
Sampaio, Carlos 183
Sampaio, Francisco Moreira 35, 37, 79, 188, 208, 258, 297, 350
Sampaio, José 162
Sampaio, José Silveira 22, 65, 96, 98, 148, 169, 307
Sampaio, Luiz Paulo 247
Sampaio, Mário Ferraz 291
Sander (Prof.) 347
Sanchez, Basílio Artero 347
Sanchez-Colberg, Ana 158
Sangiorgi, Filippo 241
Sant'anna, Affonso Romano de 257
Sant'anna, Sérgio 17
Santa Tereza, Frei Francisco Xavier de 60
Santaguida, Dante 69
Santana, Edson 121
Santana, Fernando 69
Santana, Ivani 206
Santo Agostinho 86
Santoro, Cláudio 246
Santos, Antônio Severino dos (dito Mestre Antônio Biló) 191
Santos, Denise 179
Santos, Edgar 139, 338
Santos, Fernando Augusto Gonçalves dos 67-69, 175, 189, 191
Santos, Idelette Muzart F. dos 39
Santos, Ismênia dos 46, 101, 115, 225
Santos, Luiz José dos (dito Mestre Luiz da Serra) 191
Santos, Lucélia 319
Santos, Marquesa de 246
Santos, Miguel 208
Santos, Nelson Pereira dos 319
Santos, Teodorico dos 227
Santos, Valmir 57, 112, 164
Santos, Vital 49
Santos, Vítor Pavão dos 346
Saraiva, Antônio José 21, 40, 49, 51, 53
Sarcey, Francisque 262, 263
Sardinha, Dom Pero Fernandes 33
Sardou, Victorien 261
Saroldi, Luiz Carlos 291

Saroyan, William 290
Sarri, Domenico 240
Sartingen, Kathrin 144
Sartre, Jean-Paul 28, 230, 325
Satie, Erik 75
Savarese, Nicola 34, 35
Saxe-Meiningen, Duque de (Georg II) 134
Sayers, Raymond 15
Scala, Flaminio 102
Scarlatti, Domenico 240
Schafer, Henrique 318
Schechner, Richard 171, 172, 268, 269, 276
Schemberg, Mário 235
Scherman, Maurício 169
Schiller, Johann Christoph Friedrich von 108, 127, 207, 274, 294, 298, 299
Schlegel, Auguste Wilhelm von 127, 298, 299
Schmidt, Afonso 24
Schnitzler, Arthur 27
Schoer, A. 323
Schulberg, Budd 325
Schlünzen, Margarethe 69
Schumann, Albert 94
Sckera, Sérgio 162
Scott, Evelyn 291
Scott, Walter 299
Scribe, Eugène 55, 155, 261-263, 346
Scrivano, Vicente 27
Scwarz, Jewgenij 340
Segalóvitch, Zusman 168
Segreto, Pascoal 74, 101
Seidler, Carl 24
Seixas, Pedro Teixeira de 241
Sekler, Harry 168
Sellars, Peter 171, 172
Sena, Odila Cardoso de 195
Sêneca, Lucius Annaeus 19
Serafim, Arinda 227
Serelepe (Marcelo Benvenuto, dito) 48
Serra, Joaquim 36, 126, 253, 346
Serreau, Geneviève 232
Serroni, José Carlos 38, 39, 82, 85, 86, 132
Servos, Norbert 118
Setúbal, Paulo 25, 290
Sezefreda, Estela 101
Sfat, Dina 169
Sganzerla, Rogério 105, 333
Shakespeare, William 17, 19, 23, 25, 26, 32, 35, 58, 127-129, 131, 142, 155, 202, 215, 270, 290, 291, 298-300, 305, 324, 325, 326, 327, 331, 336, 337
Shaw, Bernard 203, 328
Shelley, Percy Bysshe 114
Sherriff, Robert Cedric 325
Shlemmer, Oskar 206
Sienkiewicz, Henrik 286, 287
Silva Filho, Amândio 79
Silva Filho, José Lopes da (dito Mestre Zé Lopes) 191
Silva, Agostinho da 338

ÍNDICE DE NOMES

Silva, Alípio César Pinto da 244
Silva, Antonio Carlos de Araújo 280
Silva, Antônio José da (O Judeu) 61, 62, 82, 97, 240, 274, 299
Silva, Armando Sérgio da 20, 105, 309, 314, 317
Silva, Benedito da 67
Silva, Cardoso 285, 286
Silva, Eurico 90
Silva, Flávio Luiz Porto e 114, 286, 291, 327
Silva, Florindo Joaquim da 101
Silva, Francisco Manuel da 241
Silva, Jaime 80, 85
Silva, Joaquim Norberto de Sousa 128, 300, 331
Silva, José Ferreira da 245
Silva, Lafaiete 57, 102, 350
Silva, Manuel Francisco da 175
Silva, Minelvino Francisco 106
Silva, Umberto da 118
Silveira, Guilherme da 225
Silveira, Miroel 29, 90, 112, 156, 157, 291, 322
Silveira, Tasso da 227
Sílvia, Maria 28
Simioni, Carlos 34, 343
Simões, Chico 191, 347
Simões, Lucília 43, 45, 288
Simões, Lucinda 115, 225
Simon, Neil 326
Simoni, Luigi Vincenzo de 241
Simplício (Francisco Flaviano de Almeida, dito) 162
Sinhô (João Barbosa da Silva, dito) 208, 297
Siqueira, José Rubens 118, 246, 341, 342
Siqueira, Silnei 28, 340
Siraudin, Paul 253, 258
Siwa (Maria Aparecida Augusto de Castro, dita) 162
Slade, Peter 176
Smallbones, Irene 26
Smith, Winifred 100
Soares, Aristóteles 274
Soares, Doralécio 65, 194
Soares, Lúcia Maria 21
Soares, Marta 118
Sobral, Augusto 340
Soffredini, Carlos Alberto 56, 163, 172, 198, 230, 275
Sófocles 19, 77, 202, 270, 294, 320, 324, 325, 332, 336
Soinin, W. O. 323
Solis, Antonio de 62
Solis, Rudolphe 75
Sontag, Susan 166
Sorge, Reinhold Johannes 315
Sousa, José Galante de 20, 24, 57, 80, 82, 87, 88, 90, 96-98, 100, 102, 103, 115, 126, 140, 162, 182, 248, 254, 329
Southward, Ruth 326
Souto, Eduardo 208
Souto, Hélio 336
Souza, Alex de 191, 192
Souza, Cláudio de 46, 56, 98, 201, 290
Souza, Cristiano de 101, 132, 162, 332

Souza, D. Luis Antonio de 180
Souza, Eliene Benício de 302
Souza, Eucir de 318
Souza, Ferreira de 90, 161
Souza, Flávio de 98, 110, 230, 319
Souza, J. R. 323
Souza, Naum Alves de 33, 85, 98, 111, 230, 258, 316
Souza, Ruth de 227
Spagnolo, Marino 31, 328
Spalding, Valter 245
Spolin, Viola 176, 177
Staël, Madame de (Anne Louise Germaine Necker, dita) 299
Staerke, Ruth 246
Stálin, Josef 211
Stanislávski, Constantin 45, 107, 124, 134, 203, 224, 225
Stanton, Sarah 81, 156
Steinbeck, John 325, 326
Stendhal (Henry Beyle, dito) 114, 299
Sternheim, Carl 140
Stevenson, Robert Louis 286, 324
Stockler, Maria Esther 165, 267
Stoklos, Denise 7, 146, 147, 159, 199, 267, 276
Stolz, Rosina 241
Stradelli, Ermano (Conde) 242
Strasberg, Lee 225
Strauss, Johann 253
Strauss, Richard 247
Strehler, Giorgio 110
Stresser, Augusto 244
Strindberg, August 19, 27, 224, 234, 325, 327, 336, 338
Stuart, Afonso 40
Suassuna, Ariano 28, 35, 39, 49, 50, 53, 56, 71, 148, 156, 189, 222, 246, 251, 271, 273, 274, 283, 301, 319, 325, 338, 339
Sukorsky, Wilson 206
Sullivan, Arhtur 253
Suppé, Franz 253
Süssekind, Flora 36, 249, 298
Suster, Henrique 340
Switters, Kurt 206, 266
Sylos, Honório de 288
Synge, John Millington 203
Szondi, Peter 146, 203, 204

Tadini, Giuseppe 244
Talma, François Joseph 300
Tamberlick, Enrico 241
Tardieu, Jean 125
Tarkington, Booth 326
Taunay, Alfredo d'Escragnolle (Visconde de) 193, 225, 244, 271, 281
Tavares, Abílio 342
Tavares, Constantino do Amaral 293
Tavares, Heckel 208
Tavares, Monica 206
Taylor, Benny 289

ÍNDICE DE NOMES

Tchékhov, Anton 134, 203, 219, 290, 338
Teixeira e Souza, Antonio Gonçalves 299, 331
Teixeira, Ana Claudia 199
Teixeira, Antonio 240
Teixeira, João Gabriel 149
Teixeira, Orlando 188
Teixeira, Sebastião 246
Teles, Gilberto Mendonça 152
Telles, Carlos Queiroz 143, 145, 205, 213, 296, 323, 339
Telles, Narciso 302
Temperani, Júlio (dito Fifi) 94
Terêncio, Publius 270
Tertuliano, Quinto Septímio Florente 86
Thaís, Maria 320
Thiériot, Jacques 16, 33
Thiré, Cecil 109, 120, 123, 220, 301, 329
Thomas, Daniela 85, 86
Thomas, Gerald 17, 85, 130, 137, 195, 206, 247-249, 277, 317
Thunderbird, Luiz 269
Tico-Tico (Kaumer Pery, dito) 47
Tigre, Manuel Bastos 208
Timberg, Nathalia 169, 336
Tinhorão, José Ramos 60, 78, 79, 205
Tinianov, Iúri Nikolaevitch 257
Tiradentes (Joaquim José da Silva Xavier, dito) 265, 277
Tiririca (Henrique Graziani, dito) 48
Tito Filho, Arimatéia 24, 249
Tito, Luiz 325
Todor, Eva 101, 171
Tolentino, Eduardo 294, 316, 317, 320
Toller, Ernst 216
Tolstói, Leon 31, 325, 326
Tomas, Charles 125
Torloni, Geraldo Mateus 37
Torres, Antônio 48, 94, 231, 255
Torres, Fernanda 248, 249, 317
Torres, Fernando 294, 323, 336
Torres, Joaquim Alves 249
Torres, Magda Jaolino 57, 59
Torres, Mariana 100
Torresmo (Brasil José Carlos Queirolo, dito) 47
Toscano, Antônio Rogério 342
Tragtenberg, Livio 206
Trevisan, Dalton 17
Trindade, Solano 227, 228
Trinta, Joãozinho 81
Trotta, Rosyane 102, 113, 164
Tunga (Antonio José de Barros Carvalho e Mello Mourão, dito) 268
Turguêniev, Ivan Sergueievitch 327
Túrkov, Zigmunt 168
Twain, Mark 325, 326
Tzara, Tristan 76

Ubersfeld, Anne 128, 134, 298

Urbinatti, Tin 121, 252
Uzel, Marcos 229

Vaccarini, Bassano 85, 135
Vaccarino, Elisa 118
Valadão, Jece 319
Valente, Assis 297
Valentim, Karl 76
Valle, Paulo Antônio do 128
Valle, Vincenzo 242
Valli, Virginia 66
Valverde, Carlos 289
Valverde, Joaquim 350
Vampré, Octavio Augusto 291
Van Druten, John 294
Vanloo, Albert 247, 258
Vannucci, Alessandra 203, 204
Varejão, Antonio Aquiles de Miranda 242, 293
Varela, Luís Nicolau Fagundes 335
Vargas, Getúlio 40, 221, 277
Vargas, Maria Thereza 26, 27, 30-32, 92, 112, 113 ,158, 168, 199, 249, 250, 279, 329
Varney, Louis 253
Varnhagen, Francisco Adolfo de 128, 300
Vasco, Neno (Gregório Nazianzeno de Vasconcellos, dito) 30
Vasconcellos, José Mauro de 325
Vasconcellos, Luiz Paulo 154
Vasconcelos, José 162
Vasconcelos, José Rufino Rodrigues de 103
Vasconcelos, Luiz Carlos 137, 275
Vasconcelos, Wilson 347
Vasques, Francisco Corrêa 15, 37, 44, 46, 84, 96, 101, 157, 161, 253, 258, 346
Vasquez, Rodolfo Garcia 320
Vassalo, Lígia 39, 156
Vasseur, Leon 247
Veber, Pierre 24
Veiga, Pedro 169
Veinstein, André 134
Velásquez, Glauco 244
Vellinho, Miguel 192
Velluti, Maria 101
Veloso, Caetano 33, 333
Veneziano, Neyde 36, 99, 105, 122, 143, 148, 207, 208, 210, 254, 297, 298
Venosa, Ângelo 241
Vento, André 80
Ventura, Francisco 49
Ventura, Padre 62, 82, 132, 240
Ventura, Giovanni 157
Verdi, Giuseppe 55, 56, 241, 242, 247
Verga, Giovanni 202
Verger, Pierre 338
Vergueiro, Maria Alice 124
Veríssimo, Érico 324
Veríssimo, Luís Fernando 17

391

ÍNDICE DE NOMES

Verlaine, Paul 304
Versiani, Antônio 324
Viana, José de Araújo 244
Vianello, Giovanni 303
Vianna Filho, Oduvaldo (Vianinha) 18, 35, 38, 89, 109, 120, 121, 123, 143, 144, 205, 212-214, 219, 220, 231, 232, 264, 272, 295, 296, 302, 316, 317, 319, 320, 325, 329, 339
Vianna, Deocélia 291
Vianna, Márcio 114, 277
Vianna, Oduvaldo 22, 56, 96, 98 ,155, 203, 208, 214, 285, 286, 288, 289, 294, 303 ,304, 326, 328, 329
Vianna, Renato 150, 183, 201-203, 245, 328, 336, 345
Vicente, Gil 26, 48, 51, 52, 59, 97, 142, 155, 156, 270, 274, 327, 336-338,342
Vicente, José 105, 230, 231, 233-237
Victoriano (Victoriano da Costa Vianna?) 62
Victorino, Eduardo 47, 50, 80, 90, 101, 115, 162, 188, 306
Vieira, César 56, 339
Vieira, Damasceno 157
Vieira, Fernando 199
Vieira, Luís Fernando 74
Vieira, Manoel 79
Vieira, Paim 85
Vietri, Geraldo 326
Vignal, Marc 279
Vigny, Alfred de 127
Vigótski, Lev Semionovitch 177
Vilar, Jean 114, 136, 273
Vilela, Diogo 205
Villaça, Paulo 341
Villalba Filho, Epaminondas 244
Villa-Lobos, Heitor 243-246
Villar, Fred 94
Villela, Gabriel 50, 53, 130, 137, 163, 198, 247, 275, 277
Villeneuve, Junius Constantin de 241
Vinci, Leonardo da 240
Violla, J. C. 118
Viotti, Sérgio 133
Vitória, Alexandrina (Rainha) 256
Vitrac, Roger 114, 163
Viviani, Alfredo 304
Voltaire (François Marie Arouet, dito) 62, 92, 240, 270, 299, 331
Voltz, Pierre 97
Von Pfuhl, Oscar 170
Vostell, Wolf 165, 266

Wagner, Felipe 169, 178
Wagner, Richard 247, 248, 304
Wallace, Lewis 287
Ward, Herbert 243
Ward, Winifred 176, 341
Warhol, Andy 266

Warrack, John Hamilton 247
Watkin, Edwar 291
Weber, Mia 253
Wedekind, Frank 76, 163
Weidenan, Jerome 324
Weigel, Hèlene 318
Weill, Kurt 76, 207, 209
Weiss, Peter 150
Welles, Orson 290
Wellington, Alec 26
Weltmann, Moisés 286
Wesker, Arnold 19
West, Ewan 247
Westernhout, Niccoló van 244
Whiting, John 19
Wilde, Oscar 22, 287, 290, 291, 325, 326
Wilder, Thornton 142, 337, 338
Wilke, Regina 110
Williams, Ben Ames 325
Williams, E. 323
Williams, Havy 256
Williams, Tennessee 19, 27, 37, 294, 324, 325, 338
Wilson, Robert 205, 206, 276
Wilson, Tibério 227
Wölfflin, Heinrich 57
Woolf, Virgínia 17

X, Márcia 267
Xavier, Nelson 319

Yazbek, Samir 130
Yutaka, Paulo 172, 199, 267, 268

Zambelli, Jackson 34
Zampari, Franco 26, 135, 202
Zanata, Mauro 199
Zanotto, Ilka 113, 230, 231, 236, 237
Zanini, Walter 206
Zavattini, Cesare 326
Zeitel, Amália 169
Zeloni, Otello 162
Zemel, Berta 169
Zerboni 125
Zevaco, Michel 286
Ziegfeld, Florenz 207
Ziembinski, Zbigniev 26, 44, 85, 101, 135, 136, 203, 315, 316, 335
Zola, Émile 134, 224-226, 325
Zorrilla, Rojas 61
Zuckmayer, Carl 169
Zumbi dos Palmares 39, 265
Zwicker Jr., Roland 199
Zylber, Silvio 139

TEATRO NA PERSPECTIVA

O Sentido e a Máscara
Gerd A. Bornheim (D008)

A Tragédia Grega
Albin Lesky (D032)

Maiakóvski e o Teatro de Vanguarda
Angelo M. Ripellino (D042)

O Teatro e sua Realidade
Bernard Dort (D127)

Semiologia do Teatro
J. Guinsburg, J. T. Coelho Netto e Reni C. Cardoso (orgs.) (D138)

Teatro Moderno
Anatol Rosenfeld (D153)

O Teatro Ontem e Hoje
Célia Berrettini (D166)

Oficina: Do Teatro ao Te-Ato
Armando Sérgio da Silva (D175)

O Mito e o Herói no Moderno Teatro Brasileiro
Anatol Rosenfeld (D179)

Natureza e Sentido da Improvisação Teatral
Sandra Chacra (D183)

Jogos Teatrais
Ingrid D. Koudela (D189)

Stanislávski e o Teatro de Arte de Moscou
J. Guinsburg (D192)

O Teatro Épico
Anatol Rosenfeld (D193)

Exercício Findo
Décio de Almeida Prado (D199)

O Teatro Brasileiro Moderno
Décio de Almeida Prado (D211)

Qorpo-Santo: Surrealismo ou Absurdo?
Eudinyr Fraga (D212)

Performance como Linguagem
Renato Cohen (D219)

Grupo Macunaíma: Carnavalização e Mito
David George (D230)

Bunraku: Um Teatro de Bonecos
Sakae M. Giroux e Tae Suzuki (D241)

No Reino da Desigualdade
Maria Lúcia de Souza B. Pupo (D244)

A Arte do Ator
Richard Boleslavski (D246)

Um Vôo Brechtiano
Ingrid D. Koudela (D248)

Prismas do Teatro
Anatol Rosenfeld (D256)

Teatro de Anchieta a Alencar
Décio de Almeida Prado (D261)

A Cena em Sombras
Leda Maria Martins (D267)

Texto e Jogo
Ingrid D. Koudela (D271)

O Drama Romântico Brasileiro
Décio de Almeida Prado (D273)

Para Trás e Para Frente
David Ball (D278)

Brecht na Pós-Modernidade
Ingrid D. Koudela (D281)

O Teatro É Necessário?
Denis Guénoun (D298)

O Teatro do Corpo Manifesto: Teatro Físico
Lúcia Romano (D301)

O Melodrama
Jean-Marie Thomasseau (D303)

Teatro com Meninos e Meninas de Rua
Marcia Pompeo Nogueira (D312)

O Pós-dramático: Um Conceito Operativo?
J. Guinsburg e Silvia Fernandes (orgs.) (D314)

João Caetano
Décio de Almeida Prado (E011)

Mestres do Teatro I
John Gassner (E036)

Mestres do Teatro II
John Gassner (E048)

Artaud e o Teatro
Alain Virmaux (E058)

Improvisação para o Teatro
Viola Spolin (E062)

Jogo, Teatro & Pensamento
Richard Courtney (E076)

Teatro: Leste & Oeste
Leonard C. Pronko (E080)

Uma Atriz: Cacilda Becker
Nanci Fernandes e Maria T. Vargas (orgs.) (E086)

TBC: Crônica de um Sonho
Alberto Guzik (E090)

Os Processos Criativos de Robert Wilson
Luiz Roberto Galizia (E091)

Nelson Rodrigues: Dramaturgia e Encenações
Sábato Magaldi (E098)

José de Alencar e o Teatro
João Roberto Faria (E100)

Sobre o Trabalho do Ator
Mauro Meiches e Silvia Fernandes (E103)

Arthur de Azevedo: A Palavra e o Riso
Antonio Martins (E107)

O Texto no Teatro
Sábato Magaldi (E111)

Teatro da Militância
Silvana Garcia (E113)

Brecht: Um Jogo de Aprendizagem
Ingrid D. Koudela (E117)

O Ator no Século XX
Odette Aslan (E119)

Zeami: Cena e Pensamento Nô
Sakae M. Giroux (E122)

Um Teatro da Mulher
Elza Cunha de Vincenzo (E127)

Concerto Barroco às Óperas do Judeu
Francisco Maciel Silveira (E131)

Os Teatros Bunraku e Kabuki: Uma Visada Barroca
Darci Kusano (E133)

O Teatro Realista no Brasil: 1855-1865
João Roberto Faria (E136)

Antunes Filho e a Dimensão Utópica
Sebastião Milaré (E140)

O Truque e a Alma
Angelo Maria Ripellino (E145)

A Procura da Lucidez em Artaud
Vera Lúcia Felício (E148)

Memória e Invenção: Gerald Thomas em Cena
Sílvia Fernandes (E149)

O Inspetor Geral **de Gógol/Meyerhold**
Arlete Cavaliere (E151)

O Teatro de Heiner Müller
Ruth C. de O. Röhl (E152)

Falando de Shakespeare
Barbara Heliodora (E155)

Moderna Dramaturgia Brasileira
Sábato Magaldi (E159)

Work in Progress na Cena Contemporânea
Renato Cohen (E162)

Stanislávski, Meierhold e Cia
J. Guinsburg (E170)

Apresentação do Teatro Brasileiro Moderno
Décio de Almeida Prado (E172)

Da Cena em Cena
J. Guinsburg (E175)

O Ator Compositor
Matteo Bonfitto (E177)

Ruggero Jacobbi
Berenice Raulino (E182)

Papel do Corpo no Corpo do Ator
Sônia Machado Azevedo (E184)

O Teatro em Progresso
Décio de Almeida Prado (E185)

Édipo em Tebas
Bernard Knox (E186)

Depois do Espetáculo
Sábato Magaldi (E192)

Em Busca da Brasilidade
Claudia Braga (E194)

A Análise dos Espetáculos
Patrice Pavis (E196)

As Máscaras Mutáveis do Buda Dourado
Mark Olsen (E207)

Crítica da Razão Teatral
Alessandra Vannucci (E211)

Caos e Dramaturgia
Rubens Rewald (E213)

Para Ler o Teatro
Anne Ubersfeld (E217)

Entre o Mediterrâneo e o Atlântico
Maria Lúcia de S. B. Pupo (E220)

Yukio Mishima: O Homem de Teatro e de Cinema
Darci Kusano (E225)

O Teatro da Natureza
Marta Metzler (E226)

Margem e Centro
Ana Lúcia V. de Andrade (E227)

Ibsen e o Novo Sujeito da Modernidade
Tereza Menezes (E229)

Teatro Sempre
Sábato Magaldi (E232)

O Ator como Xamã
Gilberto Icle (E233)

A Terra de Cinzas e Diamantes
Eugenio Barba (E235)

A Ostra e a Pérola
Adriana Dantas de Mariz (E237)

A Crítica de um Teatro Crítico
Rosangela Patriota (E240)

O Teatro no Cruzamento de Culturas
Patrice Pavis (E247)

Teatro em Foco
Sábato Magaldi (E252)

A Arte do Atro entre os Séculos XVI e XVIII
Ana Portich (E254)

O Teatro no Século XVIII
Renata S. Junqueira e Maria Gloria C. Mazzi (orgs.) (E256)

A Gargalhada de Ulisses
Cleise Furtado Mendes (E258)

A Cena em Ensaios
Béatrice Picon-Vallin (E260)

Teatro da Morte
Tadeusz Kantor (E262)

Escritura Política no Texto Teatral
Hans-Thies Lehmann (E263)

Na Cena do Dr. Dapertutto
Maria Thais (E267)

A Cinética do Invisível
Matteo Bonfitto (E268)

Do Grotesco e do Sublime
Victor Hugo (EL05)

O Cenário no Avesso
Sábato Magaldi (EL10)

A Linguagem de Beckett
Célia Berrettini (EL23)

Idéia do Teatro
José Ortega y Gasset (EL25)

O Romance Experimental e o Naturalismo no Teatro
Emile Zola (EL35)

Duas Farsas: O Embrião do Teatro de Molière
Célia Berrettini (EL36)

Marta, A Árvore e o Relógio
Jorge Andrade (T001)

O Dibuk
Sch. An-Ski (T005)

Leone de'Sommi: Um Judeu no Teatro da Renascença Italiana
J. Guinsburg (org.) (T008)

Urgência e Ruptura
Consuelo de Castro (T010)

Pirandello do Teatro no Teatro
J. Guinsburg (org.) (T011)

Canetti: O Teatro Terrível
Elias Canetti (T014)

Idéias Teatrais: O Século XIX no Brasil
João Roberto Faria (T015)

Heiner Müller: O Espanto no Teatro
Ingrid D. Koudela (Org.) (T016)

Büchner: Na Pena e na Cena
J. Guinsburg e Ingrid Dormien Koudela (Orgs.) (T017)

Teatro Completo
Renata Pallottini (T018)

Barbara Heliodora: Escritos sobre Teatro
Claudia Braga (org.) (T020)

Machado de Assis: Do Teatro
João Roberto Faria (org.) (T023)

Três Tragédias Gregas
Guilherme de Almeida e Trajano Vieira (S022)

Édipo Rei de Sófocles
Trajano Vieira (S031)

As Bacantes de Eurípides
Trajano Vieira (S036)

Édipo em Colono de Sófocles
Trajano Vieira (S041)

Agamêmnon de Ésquilo
Trajano Vieira (S046)

Antígone de Sófocles
Trajano Vieira (S049)

Teatro e Sociedade: Shakespeare
Guy Boquet (K015)

Eleonora Duse: Vida e Obra
Giovanni Pontiero (PERS)

Linguagem e Vida
Antonin Artaud (PERS)

Ninguém se Livra de seus Fantasmas
Nydia Licia (PERS)

O Cotidiano de uma Lenda
Cristiane Layher Takeda (PERS)

História Mundial do Teatro
Margot Berthold (LSC)

O Jogo Teatral no Livro do Diretor
Viola Spolin (LSC)

Dicionário de Teatro
Patrice Pavis (LSC)

Dicionário do Teatro Brasileiro: Temas, Formas e Conceitos
J. Guinsburg, João Roberto Faria e Mariangela Alves de Lima (LSC)

Jogos Teatrais: O Fichário de Viola Spolin
Viola Spolin (LSC)

Br-3
Teatro da Vertigem (LSC)

Zé
Fernando Marques (LSC)

Últimos: Comédia Musical em Dois Atos
Fernando Marques (LSC)

Jogos Teatrais na Sala de Aula
Viola Spolin (LSC)

Uma Empresa e seus Segredos: Companhia Maria Della Costa
Tania Brandão (LSC)

Este livro foi impresso na cidade de São Paulo,
nas oficinas da Yangraf Gráfica e Editora Ltda., em novembro de 2009,
para a Editora Perspectiva S.A.